中村裕一著

# 中国古代の年中行事

## 第五冊　補遺

汲古書院

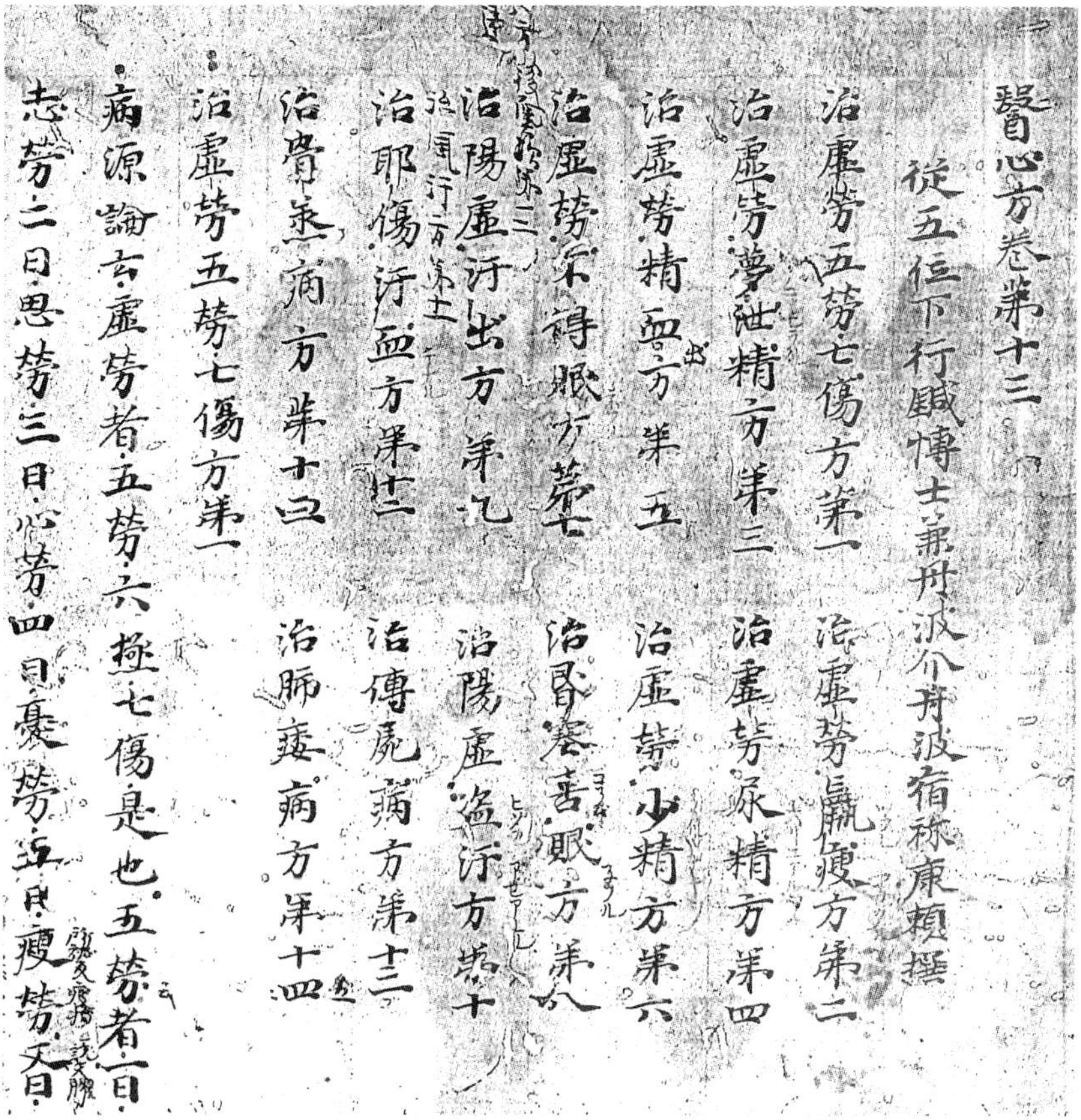

口絵１　『医心方』巻第十三　巻首　国宝　国立国会図書館蔵

末尾から二行目に「病源論云、……」とあるのは、隋の巣元方の『巣氏諸病源候総論』巻三虚労病諸候上・凡三十九論・虚労候に「夫虚労者、五労六極七傷、是也。五労者、一曰志労。…………」とある箇所を引用している。

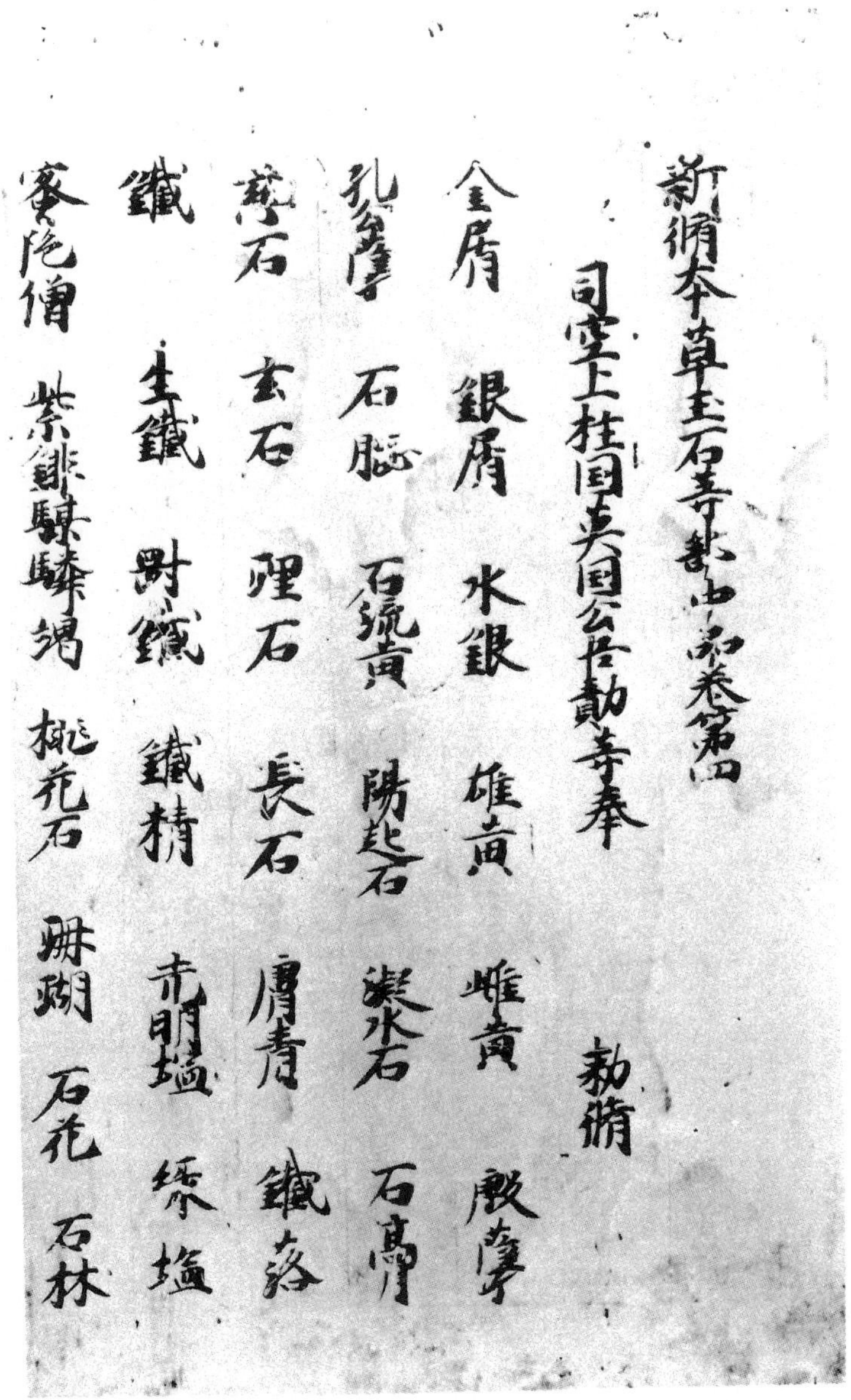
新修本草玉石等部中品巻第四
司空上柱国英国公臣勣等奉　勅脩
金屑　銀屑　水銀　雄黄　雌黄　殷孽
孔公孽　石脳　石流黄　陽起石　凝水石　石膏
慈石　玄石　理石　長石　膚青　鐵落
鐵　生鐵　鋼鐵　鐵精　光明塩　緑塩
密陀僧　紫鉚騏驎竭　桃花石　珊瑚　石花　石林

口絵２　『新修本草』巻第四　巻首　国宝　鎌倉時代鈔本　仁和寺蔵

「奉勅脩」とある。「奉勅脩」については210頁を参照。

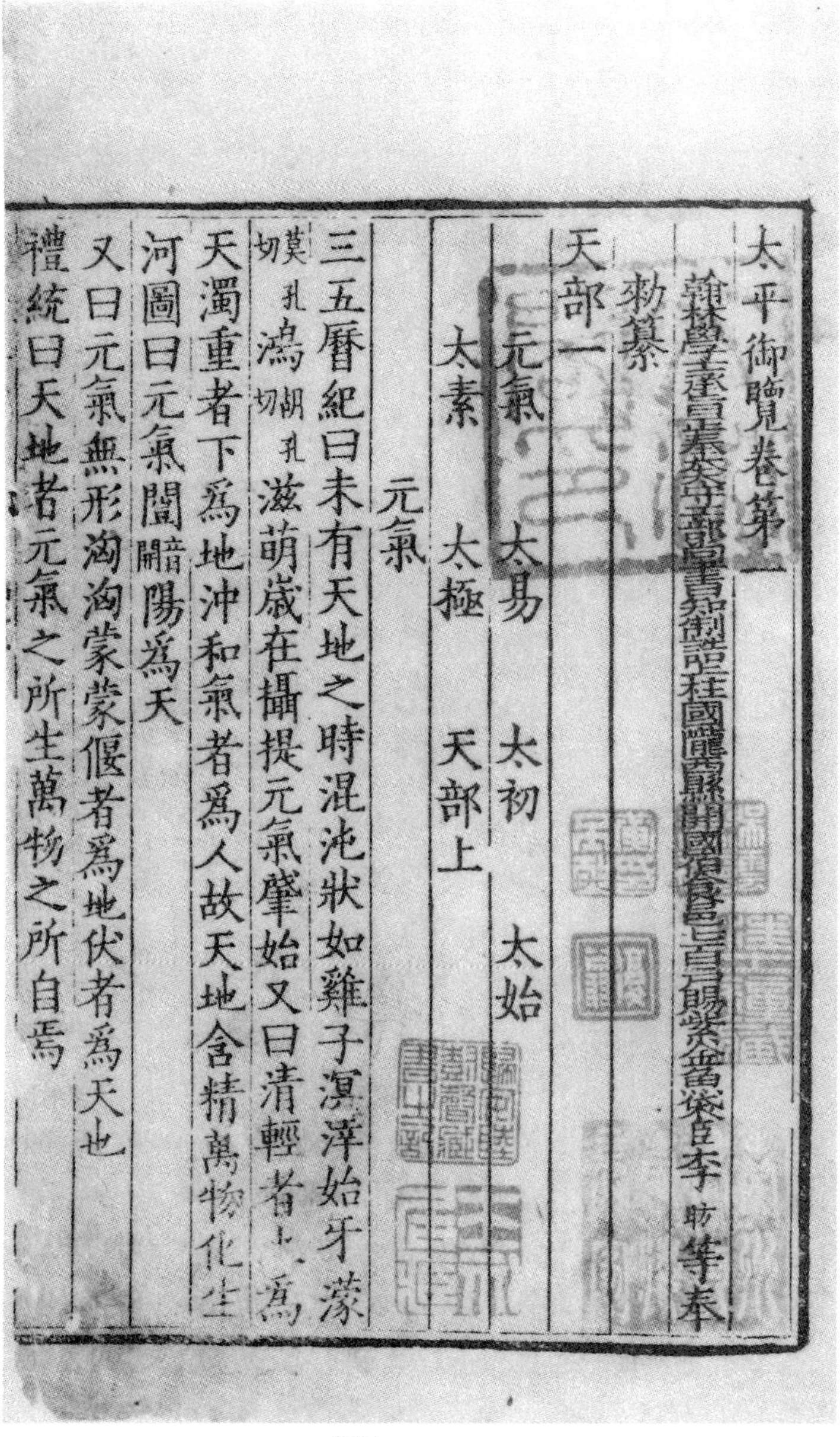
太平御覽卷第一
翰林學士承旨正奉大夫守尚書右丞知制誥柱國隴西縣開國侯食邑一千二百戶賜紫金魚袋臣李　昉等奉
勑纂
天部一
元氣　太易　太初　太始
太素　太極　天部上
元氣
三五曆紀曰未有天地之時混沌狀如雞子溟涬始牙濛（莫孔切）鴻（胡孔切）滋萌歲在攝提元氣肇始又曰清輕者上爲天濁重者下爲地沖和氣者爲人故天地含精萬物化生
河圖曰元氣闓（音開）陽爲天
又曰元氣無形洶洶蒙蒙偃者爲地伏者爲天也
禮統曰天地者元氣之所生萬物之所自焉

口絵3　宋版『太平御覧《ぎょらん》』巻第一　巻首　静嘉堂文庫蔵

「奉勅纂」とある。「奉勅纂」については211頁を参照。

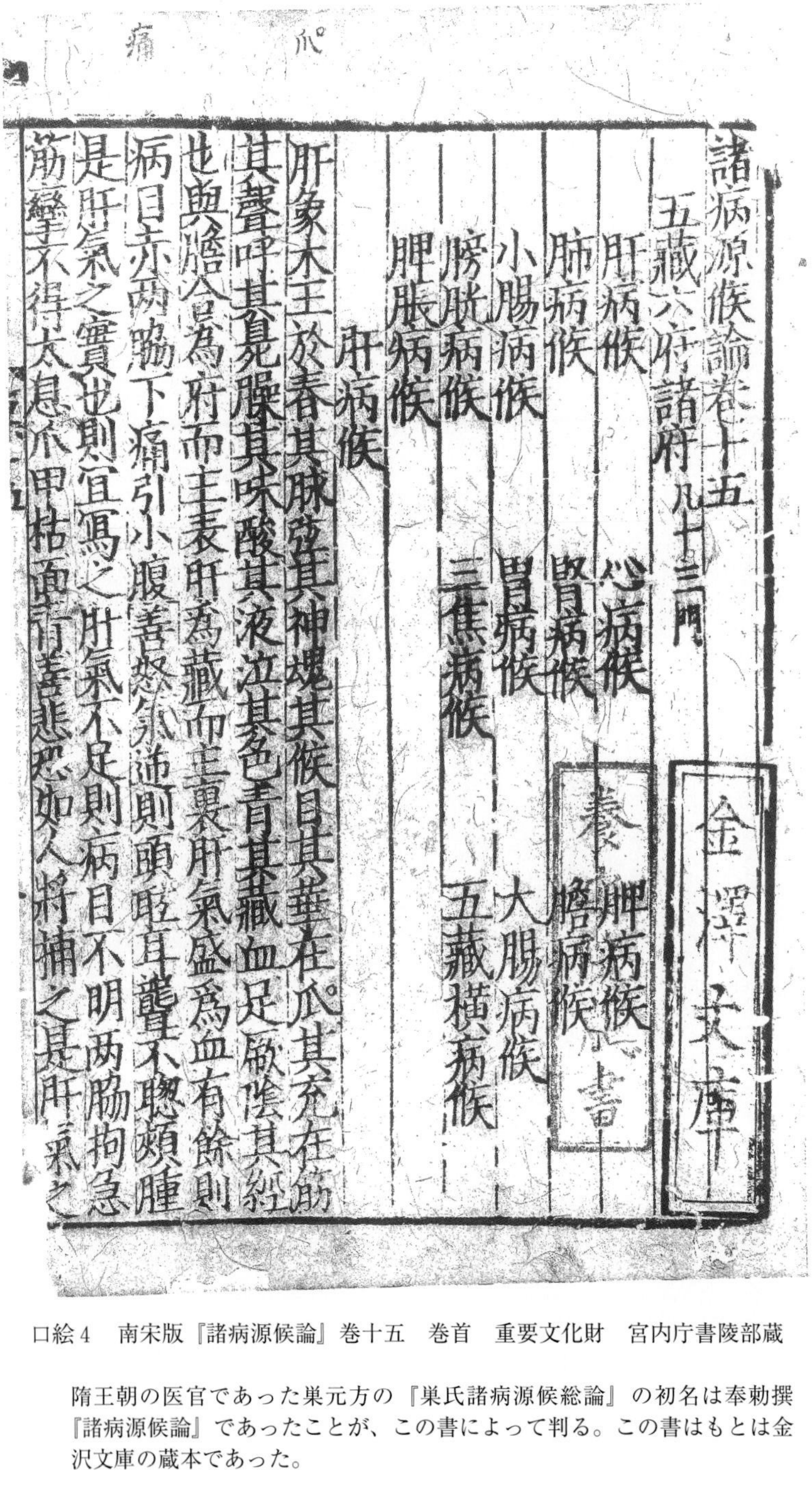

諸病源候論卷十五
五藏六府諸病候凡十三門
肝病候　心病候　脾病候
肺病候　腎病候　膽病候
小腸病候　胃病候　大腸病候
膀胱病候　三焦病候　五藏橫病候
脾脹病候
肝病候
肝象木王於春其脉弦其神魂其候目其華在爪其充在筋其聲呼其臭臊其味酸其液泣其色青其藏血足厥陰其經也與膽合膽為府而主表肝為藏而主裏肝氣盛為血有餘則病目赤兩脇下痛引小腹善怒氣逆則頭眩耳聾不聰頰腫是肝氣之實也則宜寫之肝氣不足則病目不明兩脇拘急筋攣不得太息爪甲枯面青善悲恐如人將捕之是肝氣之



口絵 4　南宋版『諸病源候論』巻十五　巻首　重要文化財　宮内庁書陵部蔵

隋王朝の医官であった巣元方の『巣氏諸病源候総論』の初名は奉勅撰『諸病源候論』であったことが、この書によって判る。この書はもとは金沢文庫の蔵本であった。

# 中国古代の年中行事

第五冊　補遺　中国の古食忌と索引

# 序に替えて

一〇世紀以前の中国の歳時を『中国古代の年中行事』と題し、春夏秋冬の四分冊とし、汲古書院創立四〇周年記念冊として出版した。『中国古代の年中行事』では、各月の末尾に食忌・食禁の項目を設け、『医心方』の月食禁、『四時纂要』の各月の食忌、『養生月覧』所載の各月の食忌を取捨し、月別に配列した。『中国古代の年中行事』の刊行が終了してから、中国古代（ここにいう古代とは、単に「古い」という意味で使用している。深い意味はない）の食忌・食禁は、九八四年、日本で著作された丹波康頼の『医心方』を通じて、平安時代の殿上人の食生活にも大きな影響を与え、その食忌・食禁を模倣したであろう、庶民の食生活にも影響を与えていると考えるに至った。

八・九世紀の中国の年中行事が日本の宮廷の年中行事や節日の成立に影響を与え、宮廷の年中行事に影響され、庶民の年中行事が成立し、現在の屠蘇酒や節分行事・盂蘭盆・重数節日（三月三日の上巳・五月五日の端午・七月七日の七夕・九月九日の重陽）があるように、中国古代の食忌・食禁は日本古代の食生活史や食文化史を考察する上において、看過できない問題であり、現代の日本の食忌・食禁の根底には、中国古代の食忌・食禁があると想定される。それゆえに、中国古代の食忌・食禁は、中国古代の庶民生活史だけでなく、日本の庶民生活史を解明する上で、年中行事と並んで解き明かすべき課題と確信する。

年中行事に関連して一言述べる。日本の年中行事において、なくてはならない行事の一である「除夜の鐘」は、中国起源の行事ではない。一日を二四等分する定時法においては、午前零時に元日を迎えることになり、行く年来る年と称して、鐘を撞くことが恒例行事となっている。明治五年一二月二日（一八七二年一二月三一日）まで、太陰太陽暦が使用され、翌日（明治六年正月元日）から太陽暦を採用し、一日を二四等分する定時法に移行した。したがって、午前零時ころに撞く「除夜の鐘」は、最も早くても明治五年一二月二日であり、明治四年以前に午前零時前後に、鐘を撞《つ》く「除夜の鐘」は存在しない。大晦日の夜に悪霊を除去する行事があるから、大晦日の夜を「除夜」という。

前近代中国においては、日の出から日没までを昼とし、日没から日の出までを夜としていた。前近代中国においては日の出が一日の始まりであり、日の出以前は前日に属する。新年の正月元日は日の出の時刻以降であるから、現在のように、午前零時に鐘を撞いて一日の始まりを告知することはない。ただ、深夜に寺院が鐘を撞いて時刻を知らせ、それを合図として寺院の次の行事に移行することはあった。これは寺院の日常行事を告知するためである。したがって、現在の日本的な「除夜の鐘」は前近代中国には存在しないから、「除夜の鐘」を中国から継受しようにもできない。この行事は太陽暦と定時法を受け入れた、明治六年以降に開始された日本的行事である。

閑話休題、医学や科学が未発達の時代、身を健康に處す方法は神仏の加護をひたすら願い、経験則に頼るしかなかった。その時代の食忌・食禁が今から考えて、非合理であっても、民衆はそれに依拠せざるを得なかった。そこで中国の古食忌・古食禁の個々を明確にしておこうと思い立ち、『中国古代の年中行事』に用いた『養生月覧』等々の史料に加えて、後漢の張機（字は仲景。一五〇?～二一九）の『金匱要略方論』、晋の葛洪（抱朴子。二八三～三四三。『晋書』巻七二）の『肘後《ちゅうご》備急方』、隋王朝の医官である巣元方の『巣氏諸病源候総論』、七世紀中葉の孫思邈《ばく》（?～六八二）の『千金方』（『備急千金要方』の初名）、六五九年になった奉勅修『新修本草』、八世紀中葉の王燾《とう》が述作した『外臺秘要方』の史料を追加して、一〇世紀ころまでの食忌・食禁の史料を整理しておこうと考えた次第である。この企図は王朝名でいうと宋・元・明時代の食忌・食禁が明確になると、風俗史としての意味が判然としてくると考えている。

史料を収集し始めてみると、何と非合理なことが書いてあると思うことが度々あった。しかし、合理・非合理は関係がない。古代の人々は、その非合理な食忌・食禁に準拠して生活した事実がある。この事実は動かしがたい。私は鰻と梅干し、天ぷらと西瓜等々の食べ合わせを教えられ、その場面になったとき、些か躊躇したし、食べることを中止することもあったことを考えれば、中国の古食忌・古食禁を非合理と片付け、一笑に付すわけにはいかないのである。昔からの言い伝えが、陰に陽に大きな影響を与えているのであり、合理を自負する現代人も案外に非合理な面が多くあり、古人の食忌・食禁を非合理の極みと片付けることはできない。

現代の非合理な食忌・食禁を例に採ろう。現代、節分に恵方巻を食べる習俗がある。節分の夕刻、その年の恵方の方向を向いて、巻寿司一本を切らないで、食べれば吉という極めて粗野で行儀の悪い習俗である。巻寿司一本を丸かぶりすれば吉と、長年の学校教育を受け、合理的であると自負する現代人が年中行事の一として、この習俗を真顔で行っているのである。私の子どものころに、この習俗はなかった。私の二〇歳代の後半に、この習俗が大阪の海苔問屋において発生し、コンビニの展開と共に全国に拡大していった事実を目の当たりにしている。

大安や仏滅行事をみても、同様のことはいえる。大安の日を選んで行事を行い、また結婚式を挙行している。大安の日に行事を執り行えば、一件落着ということになっている。しかし、現実は一件落着ではない。いくら大安の日を選択して、行事を執り行っても問題は生じている。大安や仏滅の日の行事挙行、いや大安や仏滅の設定自体、非合理の極みである。日本以外に大安や仏滅を設定する国は存在するであろうか。大安や仏滅に効き目があるものなら、世界に大安・仏滅が採用されるはずである。

丙午（ひのえうま）の俗信を例にとろう。丙午の年に生まれた子供は気性が荒いという俗信が江戸時代に生まれ、日本の近代史において、他年に比較して丙午の年は出生率は低いといわれる。出生率に丙午の俗信が影響を与えているのである。丙午の俗信は結婚話まで影響を与えている。婚約まで話が進んで、女性が丙午生まれということで破談になった話が幾例もある。昭和四〇年ころまで、この俗信を打破しようと、地域をあげて撲滅運動した例もある。この丙午の俗信は、血液型から人の性格をいうのと大差はない。合理を自負する現代人の恵方巻の事実や大安・仏滅の諸行事、また丙午の俗信等々からみて、古食忌・古食禁を根拠希薄として笑い飛ばすことはできないだろう。

古代の情報量は現代に比較して絶対的に少ない。そして大部分が文字無き民であって、もし書物があっても読むことができないのである。都に居住する民衆がこの有様であるから、書物もなく情報量も少ない、草深い田舎の民衆は推して知るべしであろう。食忌に関する情報は先人から申し送られた「言い伝え」しかないのである。

決定的に現代と異なるのは、医学が未発達という点である。現代では医療に頼ることができる。古代人はそれに依存することができないから、ひたすら神仏の加護を願い、身を処すしか方法はなかった。その気配りの一が食忌・食禁であろう。食忌・食禁に気を配ることが、生きる最初のなすべき事であった。

日本の例ではあるが、鎌倉時代末期の『拾芥抄《しゅうがいしょう》』下巻・養生部第三九に、次のような食べ合わせ一覧がある。

胡麻　韮《きゅう》（にら）、蒜、栗、胡桃、生菜　　麻子　酒、六畜肉、石決明（鮑の殻を乾燥したもの）、牡蠣、茯苓
大豆　五参（ごじん）＊、龍胆（りんどう）、猪　　小豆　青魚肝　猪肝　魚鮓《すし》、鯉諸肝
大麦　白稲米、稴米（うるち粟米）　　小麦　鯉、菰首（まこもの芽）　蕎麦　猪羊肉
秝《れき》米　猪肚、半夏、菖蒲　　黍米（きび）　蜜糖　穄米　瓠子（ひさご）、大麦
粳米（うるち米）　蒼耳（おなもみ）　　稲米　酒　酢　葅《そ》（つけもの）　餅　冷水
粭糖（飴糖）　麋粥《びしゅく》（かゆ）　生菜　黍粥（きびかゆ）　菰　蒜《さん》（のびる）　酒　鱯《こ》（おおなまず）　鮧（なまず）
麺　枇杷　薺（なずな）　　油餅　胡瓜　蒜（のびる）　韮（にら）
塩　熊　　蜜　笋（竹の子）　棗　李　菰子　白黍
酒　諸甜　柿　蟹物（諸甜物　柿　蟹）　　酢　蛤　肉　茯苓　芹

……………………（この「食べ合わせ」一覧の図版は四四頁を参照）……………………

＊　五参《じん》（五蔘）とは人参（ニンジン、セリ科ニンジン属の二年草の根を乾燥したもの。薬用の人参はオタネニンジン（朝鮮人参・高麗人参）といい、ウコギ科の植物であり、植物分類学上、ニンジンとは異なる植物）、沙参（シャジン、キキョウ科の唐シャジン、その近縁種のツリガネニンジンの根を乾燥したもの）、丹参（タンジン、シソ科アキギリ属の植物、その根を乾燥したもの。サルビアは仲間）、玄参（ゲンジン、ゴマノハグサ科の多年草ゴマノハグサの根を乾燥したもの）、苦参（クジン、クララ、眩草、マメ亜科の多年草の根を乾燥したもの）をいう。

この「食べ合わせ」は『医心方』巻第二九に依拠したものであろうが、わざわざ「食べ合わせ」の一覧表を日用百科事典ともいうべき『拾芥抄《しゅうがいしょう》』に載せているところを見ると、この程度の食に関する知識は、須知しておくものであったのであろう。

平安時代の殿上人の日記には、毎日方角の吉凶等々を記入している。これは殿上人の毎日の行動規範となったものである。日記の吉凶と「食べ合わせ」一覧から、平安時代の殿上人は与えられた情報が非合理であろうと、吉凶にすがり、食べ合わせを遵守しようとしていたと理解できる。殿上人でさえ、このあり様であるから、民衆は推して知るべしである。殿上人の吉凶や食忌・食禁は記録の上に残るが、民衆の食忌・食禁は記録には残らない。

一三世紀初頭の張世南は『遊宦紀聞』巻一に、『図経本草』は各戸に常備するべき書であり、薬の薬性と飲食の避忌は周知するべきと述べる。

> 図経本草、人家最不可缺。医者處方、則便可知薬性。飲食果菜、則便可知避忌。
>
> 「図経本草」、人家最も缺くべからず。医者の處方、則《すなわち》便薬性を知るべし。飲食の果菜、則《すなわち》便避忌を知るべし。

確かに張世南のいう通りではあるが、現実はこれと異なる。『事林広記』や『居家必用事類全集』は、現在でいうところの家庭百科事典であり、一四世紀になると、印刷粗悪な廉価本が出版されたが、大部分を占める庶民は「文字無き民」のゆえに、読むことはできなかったから、購入可能な家は限定され、家庭百科事典の販売は極めて限定されたものであった。

生命に関係するものであるから、食忌や食禁は案外に遵守されたと想定できる。食忌・食禁に最も忠実であったのは皇帝であり、官人であった。皇帝の食事は食忌・食禁に抵触しないように、殿中省尚食局の「主食」が造る規定であり、うっかりであっても食忌・食禁に抵触する御膳を造れば、「大不敬」罪に問われ極刑に処せられる（故意であれば社稷の転覆を謀る「謀反《ぼうはん》」罪が適用）。尚食局の「主食」が食忌・食禁に違反する食膳を造るはずはない。尚食局の「主食」が規範にした食忌・食禁は『新修本草』に記す食忌・食禁である。『新修本草』の食忌・食禁と、まったく異なる皇帝用の食忌・食禁が存在したとは思えない。

官人は官府から昼食として「廊餐《ろうさん》」と呼ぶ廊下食が提供され、これを食べ、午後には退朝した。都の中央官府の場合、九寺の一である光禄寺太官署の厨房において廊下食は造られたから、廊下食に食忌・食禁に抵触する昼食が造られるはずがないからである。地方官であっても、地方の官府において「廊餐」に相当する昼食が造られるから、都の廊下食と同じである。官人は周囲から食忌・食禁を教えられ、自らも書物を読んで食忌・食禁の何たるかを会得し、廊下食を何十年も食べることによって、食忌・食禁を熟知していたはずである。退朝してから食忌を無視した食事を摂取したとは思えない。

服薬食忌は食べ合わせ食忌よりも、より一層厳格に守られた食忌であった。病気であるから服薬する。服薬食忌を厳守しなかったら、治るべき病気が治癒しない。服薬食忌は痛み苦しみから解放されようとして、厳守されたであろう。『新修本草』に記載する服薬食忌例は数が多くない。服薬食忌通りに服薬することは困難なことではない。

中国古代の食忌の探求は中国食文化の探求の一といってよい。何の素材をどのように調理したかを探求することも、食文化の探求の一ではあるが、食忌・食禁を解き明かすことも、無形の食文化研究である。このような食文化研究があってもよいであろう。黙して語ることのない民衆、いや語ろうとしても文字を持たず、語る手段のない民衆の生活史を明らかにすることは、従来の研究の主流を占める、王朝史研究の反省として大事なことであろう。この意味において食忌・食禁に関する書を出版する次第である。

『中国古代の年中行事』の出版以来、索引作成の依頼が度々あった。本を書いた本人が、目次で記事の所在を確認する有様となった。索引の必要性を自覚し、索引を作ることにした。作業を開始してはみたが、辞書の字がよく見えない。辞書用の眼鏡を作る必要があったし、パソコンはすぐに暴走する年代もので、原稿を書くために新調する必要があった。最新のパソコンはよくできている。何とか完成させた。食忌・食禁に関する論考を『中国古代の年中行事』の補遺とし、索引を付け、『中国古代の年中行事　第五冊　補遺　中国の古食忌と索引』と題する次第である。

初版の『中国古代の年中行事』第五冊（汲古書院　二〇一八）四一頁の一四行目以降に、次のように述べた。

冬の期間、地面が凍結し、青物の露地野菜が期待できない華北地域で「七種粥」の行事が消滅し、旧正月の時期に青物の野菜が確保できる華中・華南地域に「七種」の習俗が残存した事実は、華中・荆州江陵府の年中行事を伝える『荆楚歳時記』に七種粥の記事があるように、七種粥の起原は華中にあることを暗示するものであろう。

その後に、『荆楚歳時記』の著者を考察した『荆楚歳時記新考』（汲古書院　二〇二一）を出版した。この書において、『荆楚歳時記』は一〇世紀以来より通説となっている宗懍の著書ではなく、隋の杜公瞻の著作（七世紀初頭作）とした。『荆楚歳時記』の著者が杜公瞻であるなら、『荆楚歳時記』の内容の全てが荆楚地方の歳時や習俗ではないことになる。そうすれば七種粥も荆楚地方の起原とする必要がなくなる。一地方に過ぎない荆楚の習俗を日本の殿上人が採用するはずはないのである。それゆえ、初版『中国古代の年中行事』第五冊の右の記事は、無意味な記事ということになるが、この度の増刷りでは大幅な文章変更はできないため、原形をそのまま残すことにした。右の記事は今となっては意味のない無効の記事である。

# 目次

序に替えて……3
第一章　中国古代の月別食忌と食宜……33
一　正月の食忌と食宜……34
1　元日　五辛盤（春盤）　34
2　四日　立春の春盤　37
3　立春に胡餅を食べる　38
4　七日　七種粥を食べる　40
5　肉を食べない　42
6　鼠の残食を食べない　43
7　生葱を食べない　45
8　蓼《たで》を食べない　48
9　虎・豹・狸の肉を食べない　49
10　韮《にら》の羹を食べない　58
11　薤《らっきょう》の羹を食べる　59
12　未熟な果実を食べない　59
13　正月の月建の日に、雄の鴙《きじ》肉を食べない　60
二　二月の食忌と食宜……61
1　寅の日、魚を食べない　61
2　九日　魚と鼈《べつ》を食べない　62
3　九日　鮮魚を食べない　62
4　鶏子（鶏卵）を食べない　63
5　韮《きゅう》を食べるべし　63
6　蓼《たで》を食べない　64
7　兎の肉を食べない　65
8　生の冷たいものを食べない　65
9　小蒜《さん》（のびる）を食べない　66

10　陰地の流水・泉水を飲まない　66
11　二月の月建の日に、雄の鳺肉《きじ》を食べない　67

三　三月の食忌と食宜……68
1　一日　肉と五辛を食べない　68
2　三日　鳥獣・五辛を食べない　71
3　陳虀《ちんさい》を食べない　74
4　陳葅《ちんそ》を食べない　75
5　芹を食べない　75
6　生の薤《かい》を食べない　78
7　韮《にら》を食べるべし　79
8　小蒜《さん》（のびる）を食べない　79
9　脾を食べない　80
10　庚寅の日に魚を食べない　81
11　生の葵菜を食べない　81
12　鶏子を食べない　84
13　蛟龍の肉と魚肉を食べない　84
14　三月の月建の日に、雄の鳺《きじ》肉を食べない　85

四　四月の食忌と食宜……85
1　筍（笋）を食べる　85
2　桜桃を食べる　87
3　大蒜《だいさん》（にんにく）を食べない　92
4　八日　野菜を食べない　94
5　雉を食べない　96
6　胡荽を食べない　96
7　鶏肉を食べない　97
8　生薤《かい》を食べない　98
9　蛇肉を食べない　98
10　鱓魚《うつぼ》を食べない　99
11　胡葱を食べない　101
12　螺《ら》を食べない　102
13　鶉《うずら》の肉を食べない　103
14　四月の月建の日に、雄の鳺肉を食べない　105

五　五月の食忌と食宜……106
1　未熟な果実を食べない　106
2　韮《にら》を食べない　108
3　麞《のろ》鹿の肉を食べない　109
4　鹿肉を食べない　109
5　馬肉を食べない　109
6　滋味を薄くする　110

7　夏至　角黍《かくしょ》（粽《そう》）を食べる　110
8　夏至　鵞を食べる　111
9　夏至　葅亀《そき》を食べる　112
10　煮餅（うどんの類）と水引餅を食べない　113
11　夏至の前後、脂濃いものを摂らない　114
12　五月の月建の日に、雄の鴙肉を食べない　115

六　五月五日の食忌と食宜……115
1　角黍《かくしょ》（粽《そう》）を食べる　115
2　鵞を食べる　119
3　葅亀《そき》を食べる　119
4　粽子《ちまき》を多く食べない　119
5　生の諸菜を食べない　122
6　鯉魚の骨を焼いて食べる　123
7　猪肝と鯉の卵を合食しない　123
8　芥菜及び雉肉を食べない　125
9　鱉子《べっし》と鮑魚の子を合食しない　125
10　青花・黄花の菜や韮《にら》を食べない　127

七　六月の食忌と食宜……128
1　澱んだ水を飲まない　128
2　落下した果実を食べない　130
3　鶩《ぼく》（あひる）の肉を食べない　131
4　雁の肉を食べない　131
5　芹菜を食べない　131
6　韮《にら》を食べない　132
7　脾を食べない　134
8　茱萸《しゅゆ》を食べない　134
9　羊の肉を食べない　139
10　露葵を食べない　139
11　生の葵菜を食べない　141
12　三伏日　湯餅を食べる　143
13　六月の月建の日に、雄の鴙《きじ》肉を食べない　147

八　七月の食忌と食宜……148
1　生の蜜を食べない　148
2　麦を食べない　151
3　落地した果実・生麦を食べない　152

4 茱萸《しゅゆ》を食べない 152
5 雁を食べない 153
6 蓴《じゅん》（じゅんさい）を食べない 153
7 立秋の後五日、瓜を食べない 156
8 薐芰《りょうき》（ひし）を食べない 157
9 七日 同心膾《なます》を食べる 158
10 七日 湯餅を食べる 159
11 七月の月建の日に、雄の鴇肉を食べない 160

九 八月の食忌と食宜 …… 160
1 猪肺と胎胙《たいそ》を食べない 160
2 陰地の水を飲まない 161
3 葫《こ》（にんにく）を食べない 162
4 薑《きょう》（はじかみ）を食べない 163
5 鶉《うずら》の肉を食べる 165
6 韮《にら》と露葵を食べる 166
7 生蒜《せいさん》（にんにく）を食べない 166
8 鶏子（鶏卵）を食べない 166
9 鶏肉を食べない 167
10 胡荽《こすい》を食べない 167
11 八月の月建の日に、雄の鴇肉を食べない 168

一〇 九月の食忌 …… 169
1 霜のかかった野菜を食べない 169
2 薑《きょう》（はじかみ）を食べない 169
3 猪肉を食べない 170
4 被霜の瓜と肉を食べない 171
5 脾を食べない 172
6 犬の肉を食べない 172
7 麞《くじか》の肉を食べない 173
8 甘みを省き鹹を減じる 173
9 生葵を食べない 173
10 九日 麻葛餻《まかつこう》を食べる 174
11 九月の月建の日に、雄の鴇肉を食べない 175

一一 一〇月の食忌と食宜 …… 176
1 黍臛《しょかく》を食べる 176
2 麻豆羹飯を食べる 177
3 被霜の生菜を食べない 178
4 椒を食べない 179
5 螺《ら》・蜯《ほう》を食べない 182
6 猪肉を食べない 182

7 生の薤《らっきょう》を食べない 183
8 亥日 餅を食べる 184
9 一〇月の月建の日に、雄の鴆肉を食べない 185

一二 一一月の食忌と食宜……186
1 夏を経た肉脯を食べない 186
2 亀・鼈《べつ》を食べない 188
3 鴛鴦《おしどり》を食べない 188
4 生菜を食べない 189
5 生の薤《らっきょう》を食べない 190
6 鼠の肉・燕の肉を食べない 190
7 蝦・蚌《ほう》・著甲のものを食べない 191
8 冬至に餛飩を食べる 191
9 冬至に赤小豆粥を食べる 193
10 甲子《かっし》の日、獣肉を食べない 196
11 一一月の月建の日に、雄の鴆肉を食べない 196

一三 一二月の食忌と食宜……197
1 狗と鼠の残食を食べない 197
2 生の葵菜を食べない 197
3 生の薤《らっきょう》を食べない 199
4 蟹と鼈を食べない 200
5 脾（脾臓）を食べない 200
6 亀・鼈《べつ》を食べない 201
7 亀の肉・鼈の肉と猪肉を食べない 201
8 牛肉を食べない 202
9 自死する鳥・牛を食べない 202
10 鱔《ぜん》（うつぼ）を食べない 202
11 自死する豕《し》肉（子豚の肉）を食べない 202
12 一二月は蝦・蚌・著甲のものを食べない 203
13 梶の木・桑の木で炙った牛肉を食べない 203
14 一二月の月建の日に、雄の鴆肉を食べない 204

一四 特別な日の食忌……204
1 毎月一〇日、獣肉を食べない 205

2　午の日、祭肉を食べない　205
3　甲子《かっし》の日、一切の獣肉を食べない　205
4　甲子の日、亀・鼈《べつ》・鱗物・水族の類を食べない　205
5　丙午の日、雉肉を食べない　206
6　壬子の日、猪の五臓及び黒い獣の肉を食べない　206
7　壬子の日、諸《もろもろ》の五臓を食べない　206
8　六甲の日、黒い獣を食べない　207
9　六甲の日、鱗や甲羅のあるものを食べない　207
10　六甲の日、亀・鼈《べつ》を食べない　207
11　六甲の日、螺《ら》・蚌《ほう》と菜を食べない　208
12　六甲の日、蝦の鬚なく、腹が黒いものを食べない　208

第二章　中国の古食忌……209

第一節　『医心方』の食忌……213
1　過食の戒め　213
2　食べ合わせの戒め　215
3　冷・熱の食べ合わせ　218
4　熱い膩《じ》物と冷たい酢漿《さくしょう》　218
5　熱い食べものと冷たい酢漿　219
6　甜粥《てんしゅく》と薑《きょう》　219

7　飴《い》と粥　220
8　甘味と生菜　221
9　干秫《かんじゅつ》米と猪肥　221
10　小麦と菰（まこも）　223
11　小麦と菰菜　223
12　小麦と菰首（まこもの芽）　223
13　蒜と飴餳《いとう》　223
14　蕎麦と猪肉　224
15　生葱と鶏肉・雄雉の肉　225
16　葱・薤《かい》・白蜜　225
17　葱と桂　226
18　生葱と蜜　226
19　生葱と鯉魚　226
20　生葱と棗　227
21　葱と陳薤《ちんかい》（古いらっきょう）　227
22　葵菜（冬葵）と猪肉　227
23　陳薤と新薤　228
24　葵と黍　228
25　五辛と猪肉・生魚　228
26　辛きものを合食しない　229
27　諸の刺菜と麋《くじか》の肉・蝦　229
28　藜《れい》（あかざ）・苦菜・生薤《せいかい》　229
29　芹菜と生の猪肝　232
30　戎葵と鳥子　233
31　干薑《きょう》と兎の肉　234
32　甘草と蕪夷・蓼《たで》　234
33　蓼と生魚　235
34　蓼の葉と生魚　236
35　芥菜と兎の肉　236
36　生菜と蟹　236
37　栗と生魚　236
38　李《すもも》の実と雀の肉　237
39　烏梅と猪膏　237
40　李と蜜　238
41　棗と葱　239
42　杏子と猪膏　239
43　菰首と白蜜　239
44　菱の実と白莧《けん》　240

45　蝦と麋の肉・梅・李・生菜　240
47　諸菜と螺・蜊　241
49　猪肉と魚　242
51　猪肝と鯽《そく》魚の卵　243
53　諸肝と小豆　245
55　生の鹿肉と蝦汁　245
57　鹿肉と鯷魚（なまず）　246
59　白蜜と白黍　247
61　白蜜と葱《ねぎ》・韮《にら》　249
63　甜《てん》酪と大酢　250
65　乳汁と生肉　252
67　乳酪と水漿　253
69　生魚と蒜《にんにく》　253
71　竹筍と蜜　255
73　枇杷の実と炙肉・熱麺　259
75　鶉《うずら》の肉と猪肉　259
77　胡麻と韮《にら》・蒜《にんにく》　260
79　雁と生海鼠（生のなまこ）　261
81　葵と蕨《わらび》菜　262
46　螺《ら》・蜊《り》と芥（からし菜）　241
48　諸菜と螺・蜊・蝸　241
50　猪肝・脾と鯽魚　242
52　猪肝と鯉子・芥菜　244
54　生肉と乳汁　245
56　麋《くじか》の肉・鹿の肉と蝦・諸刺の牛菜　245
58　猪汁と杏仁粥　247
60　白蜜と棗　249
62　蜜と生葱　250
64　乳酪と魚膾　252
66　乳汁と生魚　252
68　鳥肉と卵　253
70　白苣《きょ》（ちしゃ）と酪　254
72　竹筍と鯽《そく》魚　256
74　薺《せい》（なず菜）と麺　259
76　大豆と猪肉　259
78　蘭蒿《あららぎ》草と鹿脂　261
80　李《すもも》の実と牛蘊　262
82　猪肉と葵菜　263

83　鹿と雉　264
84　鯽《そく》魚と鹿肉　264
第二節『新修本草』の食忌……264
1　天門冬を服せば、鯉魚を食べることを禁止する　264
2　葈《し》耳（おなもみ）と猪肉・米泔《かん》（米のとぎ汁）を合食しない　266
3　病人は熊の肉を食べない　268
4　羊の肝と猪肉・梅・小豆を合食しない　269
5　青牛の腸は犬の肉・犬の血と合食しない　270
6　白馬の青蹄なるものは食べない　271
7　白犬の血は白鴨《おう》の血等々と合食しない　273
8　麞《きん》（く鹿）の肉と鵠《こう》（白鳥）の肉を合食しない　274
9　妊婦は兎の肉を食べない　274
10　兎の肉と白鴨《おう》の肉を合食しない　275
11　兎の肉と獺《だつ》（かわうそ）の肉を合食しない　275
12　麋《び》（おお鹿）の肉と蝦・生菜・梅・李と合食しない　276
13　豚肉を食べ飲酒して、稲藁に寝ない　276
14　白猪の蹄に青色が雑るものは食べない　277
15　猪膏は烏梅を忌む　277
16　獺《だつ》（かわうそ）の肉と兎の肉を合食しない　278

17　鴨《おう》（あひる）の卵は葫蒜《にんにく》・李と合食しない　278
18　烏・鴨《おう》の肉は犬の肝・犬の腎臓と合食しない　279
19　鴨は芥葉と蒸して合食しない　279
20　鴨卵と鼈《べつ》の肉を合食しない　280
21　口を閉じず自死した鳥を食べない　280
22　雀の肉と李を合食しない　280
23　雀の肉と醤（ひしお）を合食しない　281
24　燕の肉を食べない　282
25　山上の湖沼の鯉魚は食べてはいけない　283
26　鯉鮓《さ》（鯉のなれ鮨）と小豆藿《かく》（小豆の葉）　290
27　鯉の卵と猪肝を合食しない　293
28　鮧《てい》魚（なまず）を食べる時の注意点　294
29　魚頭に白色の連珠のような文様がある魚、胆なき魚、鰓《えら》なき魚を食べない　295
30　魚と魚汁は鸕鷀《ろじ》の肉と合食しない　296
31　鯽《そく》魚（ふな）は猴《さる》の肉・雉の肉と合食しない　300
32　鰍《しゅう》（どじょう）・鱔《ぜん》（うつぼ）は白犬の血と合食しない　300
33　鯉魚の子は猪の肝と合食しない　301
34　青魚の鮓《すし》は生の胡荽《こすい》（こえんどろ）や麦醤（麦びしお）と合食しない　301
35　蝦の鬚のないもの、腹が黒いもの、煮て腹が白くなるものは食べない　302

36　生蝦の膾《なます》は鴨《おう》（あひる）の肉と合食しない　303
37　鯸鮧魚《こうてい》（河豚）は大毒があり、食べてはならない　303
38　鼈《べつ》（鼈の俗字）の肉を食べれば病気となる　310
39　目が陥没する鼈を食べ、また鴨子《おうし》と鼈を合食しない　310
40　鼈を莧菜《けん》と合食しない　311
41　鼈の下部に「王」の字形のあるものは食べない　316
42　鹿心の柿は多食しない　316
43　朮《おけら》を服せば、桃を食べることを禁止する　317
44　李は雀肉と合食しない　318
45　葫《こ》（にんにく）と肉の膾は食べない　319
46　葫《こ》と青魚の鮓《すし》を合食すれば黄疸を発す　320
47　寒熱を患う者は扁豆（ふじ豆）を食べない　320

第三節　『備急千金要方』の食忌……321
1　葵菜と鯉の鮓《すし》を食べない　321
2　芥菜と兔の肉を共に食べない　322
3　亀の肉・鼈《べつ》の肉と猪肉を共に食べない　322
4　秋の果・秋の菜と亀の肉を共に食べない　323
5　六甲の日に、亀・鼈《べつ》を食べない　323
6　螺《ら》・蚌《ほう》と菜を食べない　323
7　蝦の膾《なます》を猪肉と食べない　324
8　蝦に鬚がなく、腹下が黒いものは食べない　324
9　生の麑《げい》肉と蝦汁を共に食べない　324
10　生の麑《げい》肉と雉肉を共に食べない　324

11　鼈《べつ》の肉・兎の肉に芥子醤を混ぜない　325
12　鼈の三足なるものを食べない　326
13　鼈の肉を莧菜や蕨菜と食べない　326
14　飲酒して亀の肉を食べれば、菰《まこも》・白菜を食べない　326
第四節　『外臺秘要方』の食忌……327
1　白犬の血・腎は白鶏・白鵝《が》の肝に雑えない　327
2　白羊の肉は鶏肉に雑えない　327
3　犬の肝は烏・鶏・狗・兎の肉を雑えない　327
4　猪肉は烏梅と合食しない　327
5　兎の肉は獺《だつ》の肉と白鶏の心臓と合食しない　329
6　白馬の肉の黒頭の部分は食べない　330
7　麋《び》（おお鹿）の肉は蝦・獺・生菜と合食しない　330
8　麋の脂は梅・李と合食しない　331
9　麋の肉は鵠（白鳥）の肉を雑えて食べない　331
10　羊の肝は烏梅・白梅・山椒と雑え食べない　331
11　牛の腸は犬の血・犬の肉と合食しない　332
12　青蹄である白馬の肉は食べない　333
13　白猪の白蹄・青爪であるものは食べない　333
14　羽茎が六ある鶏は食べない　334
15　黒色の鶏の白頭のものは食べない　334

16 鹿の白膽を誤食してはならない 335
17 猪肉を食べ、草中に寝てはならない 335
18 雄鶏の肉は生の葱・生の芥菜と合食しない 335
19 鶏子・鴨子《おうし》は蒜《さん》（にんにく）・桃・李・鼈《べつ》の肉・山鶏《やまどり》の肉と合食しない 336
20 雀の肉を牛肝の落地して、塵の付かないものと雑え食べない 336
21 曝脯の乾燥不十分なものは食べない 336
22 祭肉の自動し、祭酒の自竭するものは飲食しない 337
23 鳥獣が自死し、口開かず、翼の合わないものは食べない 337
24 鳥獣の焼死したものは食べない 337
25 病人は熊の肉と猴《さる》の肉を食べてはならない 337
26 山羊の肉は鶏卵と合食しない 338
27 鶏卵は鯉魚と合食しない 338
28 食物に蝿や蜂が群がっているものは食べない 338
29 水と酒を飲む場合、自影が見えないものは飲まない 338
30 丙午の日、雉の肉を食べない 338
31 壬子の日、猪の五臓と黒き獣の肉を食べない 339
32 甲子《かっし》の日、亀・鼈《べつ》・鱗物・水族の類を食べない 339
第五節 『医心方』の失味……339

1　熊脂と魚の羹　339
2　魚の膾《なます》と鶏肉・鳩肉　340
3　芥子醤と魚の膾　340
4　炙肉の汁と醤　341
5　蒜《さん》・薺《せい》と椒　342
6　青州棗と白蜜　343
7　酢漿粥と酪　345
8　酸棗《そう》と酒　345
9　乳麋《び》と魚鮓《さ》　346
10　魚膾《なます》と兎の羹　346
11　乳麋《び》（乳粥）と魚肉　346
12　蒜《さん》・薺《せい》（なずな）と芥子醤　346
13　大豆と小豆　347
14　菘子と蕪荑　347
15　大豆と小麦　349
16　小芥と蘘荷《じょうか》　349
17　芸薹《うんたい》と大芥　349
18　韮《にら》と薤《らっきょう》　350
19　大芥と水蘓　351
20　蓼《たで》と小芥　352
21　糯《だ》（もち米）と食酢・酢葅《そ》　352
22　餘白録　『外臺秘要方』の王燾《とう》について　353

第三章　『事林広記』の食忌……354

第一節　『事林広記』の飲食害人……355

1　黄鱨《ぎぎ》を食べた後に荊芥を食べない　355
2　鯽《そく》魚を麦門冬と合食しない　357
3　蜜を盛った瓶で作った鮓《さ》は食べない　358
4　肉を炙って動かず、乾かないものは食べない　358
5　菌類の下に紋のないものは食べない　359
6　肉汁の通気しないものは危険　359

7 新しい蕈《じん》（地菌類）の毛のあるものは食べない 359
8 簷《のき》からの滴水で生育した菜は食べてはならない 359
9 禽・獣の肝、青いものは食べない 360
10 鳥の自死し、口閉ざるものは食べない 360
11 蟹の目、相い向うものは食べない 361
12 頭髪 魚鮓内にあるものは食べない 362
13 祭酒（御神酒）の自ら耗るものは飲まない 362
14 魚頭に白あり、脊《せき》上に連なるものは食べない 363
15 河豚の眼赤いものは食べない 363
16 神を祭る肉、故なく動くものは食べない 363
17 羊の肝の竅《あな》あるものは食べない 364
18 生菓（果実）を長時間放置し、傷んだものは食べない 364
19 瓜の両蔕《たい》・両鼻は食べない 365
20 鱟《こう》魚（かぶとがに）の小さいものは食べない 365
21 不完全な肉脯は食べない 366
22 飲酒のあと、羊・豕《し》（子豚）の脳を食べない 367

第二節 『事林広記』の飲食相反……367

1 螃蟹を灰酒と同食しない 367
2 粟米と杏仁を共食しない 367
3 薤菜《かいさい》と牛肉を同食しない 368
4 兔の肉と乾姜を同食しない 368
5 兔の肉と白鶏の肉を同食しない 369
6 死馬の肉を食べれば、倉米を食べない 369
7 鯽《そく》魚と芥菜を同食しない 369
8 猪の肉と生姜を同食しない 370
9 鶏肉と葫蒜《こさん》を同食しない 371
10 羊の肉と豆醬《まめびしお》を同食しない 372
11 糖蜜と小鰕を同食しない 372
12 羊の肝と生椒を食べない 372
13 棗・李と蜂蜜を同食しない 373
14 飲酒の後に芥辣《かいらつ》を食べない 374
15 兔の肉と鵞（がちょう）の肉を同食しない 374
16 飲酒のあと胡桃を多食しない 374
17 猪の肝と鵪鶉《あんじゅん》を同食しない 375
18 粥を食べた後に白湯を飲まない 375

19　牛肉と白酒を同食しない　375
20　鱉《べつ》肉を食べたら、莧《けん》菜を食べない　377
21　麦醤と鯉魚を同食しない　378

第四章　服薬食忌 …… 379

第一節　『新修本草』の服薬食忌 …… 383

1　朮《じゅつ》を服用する時、桃李・雀の肉・胡荽《こすい》・大蒜《だいさん》・青魚の鮓《さ》等を忌む　383
2　藜蘆《れいろ》を服用する時、狸の肉を忌む　385
3　巴豆を服用する時、蘆笋の羹と野猪の肉を忌む　385
4　黄連・桔梗を服用する時、猪肉を忌む　386
5　地黄を服用する時、蕪荑を忌む　387
6　半夏《はんげ》・菖蒲を服用する時、飴糖《いとう》及び羊肉を忌む　387
7　細辛を服用する時、生菜を忌む　389
8　甘草を服用する時、菘菜を忌む　390
9　牡丹を服用する時、生の胡荽《すい》を忌む　390
10　商陸《やまごぼう》を服用する時、犬の肉を忌む　391
11　常山を服用する時、生葱・生菜を忌む　392
12　空青・朱砂を服用する時、生の血物を忌む　393

13 茯苓を服用する時、醋《さく》のものを忌む 394
14 鼈甲を服用する時、莧《けん》菜（ひゆ菜）を忌む 394
15 天門冬を服用する時、鯉魚を忌む 395
16 薬を服用すれば、生の胡荽及び蒜・雑生菜を食べない 396
17 薬を服用すれば、諸の滑物・果実らを食べない 396
18 薬を服用すれば、猪・犬の肉・油膩《じ》・肥羹・魚膾・腥臊らの物を食べない 396
19 薬を服用すれば、死尸《しし》及び産婦の汚穢を見ない 396
第二節 『事林広記』の服薬食忌……397
1 朱砂を服用する時は、生血を避ける 397
2 大棗を服用する時は、地黄を避ける 398
3 烏頭《うず》・烏喙《うかい》を服用する時は、豉《し》汁を避ける 398
4 水銀・粉生銀を服用する時は、生血を避ける 400
5 孔公孽《げつ》・陽起石・礬《はん》石・硇《こう》砂・半夏《はんげ》を服用する時は、羊の血を避ける 400
第五章 道教と年中行事……402
一 はじめに……403

二　清代蘇州の年中行事……404
財神の生日　404　玉皇大帝の生日　405　劉猛将軍の生日　407
三官大帝の生日　409
三　二月・三月の神々……411
土地神の生日　411　城隍《じょうこう》神の出巡　414　玄壇神の生日　416
東岳神の生日　418
四　衆生済度に尽くす神仙たち……423
呂神仙の生日　423　張天師の魔よけ符　424　鍾　馗　427
関帝（関羽《かんう》）の生日　429
五　治水・治病に祈られる神々……431
二郎神の生日　431　娘娘《にゃんにゃん》の生日　433　竈《そう》神の送迎　436
門　神　438
六　おわりに……441
本書の要約……443

# 図版目次

口絵1　『医心方』巻第十三　巻首　国宝　平安時代鈔本　国立国会図書館蔵（デジタルコレクション）
口絵2　『新修本草』巻第四　巻首　国宝　鎌倉時代鈔本　仁和寺蔵　京都
口絵3　宋版『太平御覧』巻第一　巻首　陸心源蔵本　静嘉堂文庫蔵　東京
口絵4　南宋版『諸病源候論』巻第十五　巻首　重要文化財　金沢文庫本　宮内庁書陵部蔵

（1）『拾芥抄』巻下・養生部第三九　国立国会図書館蔵（デジタルコレクション）……44
（2）南宋本『大唐六典』（中華書局　一九九一）巻第七尚書工部・虞部郎中員外郎職掌の条……55
（3）宋版『外臺秘要方』巻第一巻首　重要文化財　静嘉堂文庫蔵　東京……95
（4）元版『備急千金要方』巻之八巻首　静嘉堂文庫蔵　東京……133
（5）元版『千金方』巻第三　静嘉堂文庫蔵　東京……136
（6）小野蘭山『本草綱目啓蒙』　享和三年（一八〇三）刊本　国立国会図書館蔵（デジタルコレクション）……140
（7）「十二月食忌」（泰定乙丑《いっちゅう》（一三二五）版『事林広記』辛集巻六薬忌門）……183
（8）『医心方』巻八巻首部分　国宝　平安時代鈔本　国立国会図書館蔵（デジタルコレクション）……210
（9）『茶経』一之源（『百川学海』本）……230
（10）「神龍散頒刑部格」（敦煌文献・スタイン四六七三の部分）……289
（11）「職制律」の「諸造御膳有誤」の条（敦煌文献・ペリオ三六九〇）……313

（12）「飲食相反」（泰定乙丑《いっちゅう》（一三二五）版『事林広記』辛集巻六薬忌門）……355
（13）団扇図　新城公主（太宗皇帝二一女　六三三～六六三）墓東壁北幅侍女図二一。陝西省歴史博物館編『新城、房陵、永泰公主墓壁画』（文物出版社　二〇〇二）所載……366
（14）「服薬食忌例」（『経史證類大観本草』巻二序例下）……380

附　録

一　紅葉山文庫本『養生月覧』（国立公文書館内閣文庫蔵）……449
正月……456　二月……468　三月……473
四月……480　五月……485　六月……498
七月……503　八月……512　九月……516
一〇月……520　一一月……524　一二月……527
二　『中国古代の年中行事』索引……537

# 凡　例

（1）漢字は常用漢字を使用する。ただし、龍、餘、闕、萬、灌、證、藝、假、歐、臺、處、圓は旧漢字を用いる。

（2）引用史料には「膾」と「鱠」を使用する史料がある。本書は「膾」に統一した。

（3）史料の訓読は現代かなづかいによる。

（4）原史料以外に引用する漢数字は、「十」は「一〇」、「十二」は「一二」のように表記する。

（5）引用史料において、［ ］内に示す漢字は筆者の推定する補字である。

（6）南宋の周守忠が編纂した『養生月覧』二巻は、嘉定一五年（一二二二）にできた書である。『四庫全書総目』巻一三一子部四一雑家類存目八に「養生雑纂二十二巻附月覧二巻。両淮塩政採進本」とあり、『養生雑纂』に附された書である。明清時代の書目類には書名が見えず、中国では逸書となった感があるが、日本には写本が伝存している。本書は写本のうち、内閣文庫が所蔵する徳川将軍家の紅葉山文庫本『養生月覧』を使用する。

（7）『唐・新修本草』は安徽科学技術出版社から一九八一年に出版された輯復本である。『新修本草』の復元本は他にあるが、『唐・新修本草』が簡便に入手できる書である。本書は『唐・新修本草』を利用する。

（8）張機（字は仲景。一五〇?～二一九）の『金匱要略方論』は、一一世紀の宮廷の書庫にあった『金匱玉函要略方』の後半部分が、張機の『傷寒論』の「雑病」部であることが判明し、一一世紀に医官の林億らによって『雑病』部の校訂が行われ、『傷寒論』と重複しない雑病・方剤・婦人病の部分だけを取り出して一書とした。これが『金匱要略方論』である。この書は『金匱要略方論方』とか『金匱方論』の名称があるが、本書では『金匱要略方論』と表記する。

（9）孫思邈《ばく》の『千金方』は七世紀中葉に著作された。一一世紀に医官・林億らの校訂が行われた時、『備急千金要方』と改名された。以後、この書は『備急千金要方』と『千金方』の二通りの書名を持つことになる。『養生月覧』は『千金方』と出典を明記するから『千金方』を覧たのであろう。同一事項中に『備急千金要方』と『千金方』とを引用すると、両書は別書のようであるが、両書は同一書である。

（10）『新編纂図増類群書類要　事林広記』は同名の書が多くある。ここで使用する『事林広記』は、目録の末尾に「泰定乙丑《いっちゅう》（一三二五）仲冬　増補」と刊語のある書の和刻本である。この和刻本は元禄一二年（一六九九）に京都の今井七郎兵衛・中野五郎左衛門後印本であり、『和刻本　類書集成　1』（汲古書院　一九七六）に所収されている。

（11）附録とした『養生月覧』は、守屋美都雄博士が『中国古歳時記の研究』（帝国書院　一九六三）を出版された時に「附　養生月覧合校本」として、内閣文庫の紅葉山文庫本『養生月覧』の写真版を掲載された。しかし、『養生月覧』四頁分を一頁としたため、文字が小さく大変に判読し難い。それゆえ、本書では読みやすくするため『養生月覧』一頁を一頁とし四倍とした。諸本との校勘は『中国古歳時記の研究』の「附　養生月覧合校本」にある。

本書に引用する『養生月覧』は附録の当該条を参照のこと。

# 第一章　中国古代の月別食忌と食宜

『中国古代の年中行事』を書いた時、各月の末尾に「食忌」と題して、『医心方』・『四時纂要』・『養生月覧』の食忌に関する記事を配列した。これによって、季節と食忌に関する古代中国人の思いの一端は、窺い知ることができると考えたからである。今回は葛洪（抱朴子。二八三〜三四三）の『肘《ちゅう》後備急方』、七世紀初頭の巣元方の『巣氏諸病源候総論』（この書は奉勅撰であるから、初名が『巣氏諸病源候総論』では奇妙である。初名は『諸病源候論』といい、一一世紀に校訂があり、校訂本から『巣氏諸病源候総論』と改名された。一〇世紀の『医心方』が引用する巣元方の書は校訂前であるから「巣氏」の二字と「総」字がない）、孫思邈《ばく》（？〜六八二。『旧唐書《くとうじょ》』巻一九一、『新唐書《しんとうじょ》』巻一九六）の『千金方』、八世紀の王燾《とう》の『外臺秘要方』等々の書から史料を補充して、「中国古代の月別食忌と食宜」とした。

非合理な食忌もあるが、食忌・食禁は中国古代において、案外に厳守されたと想定できる。食忌を破ろうとした時、「そういえば食忌があった」と思い出し、一瞬ではあるが、食忌を破ることに対する抑止力となることはあったと思う。医学や科学が未発達の時代、人々は神仏の加護を願うとともに、先人が経験則に基づいて創りあげた食忌に抵触することを恐れ、なるべく食忌に沿った食生活を送っていたであろう。

食忌は「これこれの食品を食べれば害がある」と記され、「これを食べなければ害がある」とはいってはいない。それゆえ、忌避するべき食品を食べなければ、実害はないのである。これは従い易い。月別の食忌は、その月だけ食忌の食品を忌避すればよいのであり、食忌を遵守することは容易であった。

一四世紀（元王朝から明王朝時代）の『飲食須知』（賈銘撰。海寧の人。華山老人と号す）にも、月別の食忌をいう記事はあるが、同じような記事を羅列しても意味はない。一四世紀以降の史料は省略する。

## 一　正月の食忌と食宜

### 1　元日　五辛盤（春盤）

元日、備新暦日、爆竹於庭前以辟悪鬼。出荆楚歳時記。進屠蘇酒、方具十二月門。造仙木。即今桃符也。玉燭宝典云、仙木。象鬱壘桃樹、百鬼所畏。歳旦、置門前、插柳枝門上、以畏百鬼。又歳旦、服赤小豆二七粒、面東以虀汁下、即一年不疾病。闔家悉令服之。又歳旦、投麻子二七粒、小豆二七粒於井中、辟瘟。又上椒酒五辛盤於家長、以献寿。朔旦、可受符籙。（唐の韓鄂《かんがく》の『四時纂要』正月・禳鎮）

元日、新しき暦日を備え、庭前に爆竹し以て悪鬼を辟く。「荆楚歳時記」に出ず。屠蘇酒を進め、方は十二月の門に具す（屠蘇酒は『四時纂要』十二月に詳述しているという意味）。仙木を造る。［仙木］は即ち今の桃符なり。「玉燭宝典」（隋の杜臺卿の著書）に云わく、「仙木」と。鬱壘《うつるい》・桃樹を象《かたど》り、百鬼の畏る所なり。歳旦、門前に置き、柳枝を門上に挿し、以て百鬼を畏れしむ。又た歳旦に、赤小豆二七粒（二×七＝一四粒）を服し、東に面して虀《せい》（なます）汁を以て［飲み］下せば、即ち一年疾病せず。闔家《こうか》（一家残らず）悉く之を服せしむ。また歳旦に、麻子二七粒（麻の実、二×七＝一四粒）、小豆二七粒（二×七＝一四粒）を井中に投ずれば、瘟《おん》（はやり病）を辟く。又た椒酒（山椒を浸した酒）・五辛盤を家長に上《たてまつ》り、以て寿を献ず。朔旦、符籙《ふろく》（道教の護符）を受くべし。

前近代の元日は現代の時刻制度と異なり、日の出が一日の始まりである。元日の日の出（午前六時五八分ころ）が元日の始まりであり、新年の始まりである。日の出以前は前夜、すなわち、大晦日の夜に属する。新しき暦日を備え、庭前に爆竹し、元日を迎え、多幸と無病息災を願い、未明から種々の行事を行う。その行事の一に五辛盤がある。『経史證類大観本草』巻八草部・中品之上「乾薑《きょう》」（蒸して乾した姜）に引用された孫真人（孫思邈のこと。真人とは道教でいう仙人）の『食忌』に、

正月之節、食五辛、以辟癘気。　正月の節、五辛を食らい、以て癘気（悪気・邪気）を辟《さ》く。

とあり、一一世紀後半の龐《ほう》元英（『宋史』巻三〇一に列伝のある北宋の宰相・龐籍の子）の『文昌雑録』巻三は、

唐歳時節物。……（中略）……。元日則有屠蘇酒・五辛盤・咬牙餳。

唐の歳時の節物。……（中略）……。元日は則ち屠蘇酒・五辛盤・咬牙餳《こうがとう》（膠《こう》牙餳ともいう。固いあめ）有り。

とあり、唐代の一般家庭の元日食として五辛盤があった。唐代の宮廷における元日の朝会儀式（元会という）において、提供される飲食に「屠蘇酒・五辛盤・咬牙餳」はないから、『文昌雑録』にいう元日の節物は、民間の元日節物を伝えるものである。白楽天の「歳日家宴」（四部叢刊本『白氏文集《もんじゅう》』巻五四）では、五辛盤を春盤といっている。

元日に五辛盤を食べるのは、『荊楚歳時記』の註に、

荘子所謂、春正月、飲酒、茹葱以通五蔵（＝五臓）也。又食医心鏡曰、食五辛、以辟癘気。

『荘子』（『荘子』逸文）の所謂、「春正月、酒を飲み、葱を茹《くら》い以て五臓に通ずるなり」。又た「食医心鏡」（著者不明）に曰わく、「五辛を食らい、以て癘《れい》気（悪気・邪気）を辟く」＊と。

と説明し、唐の孫真人（孫思邈）は癘気（悪気・邪気）を避けるためと説明する＊＊。

孫真人食忌云、正月節食五辛、以辟癘気。（『歳時広記』巻五正月「五辛盤」）

孫真人の「食忌」に云わく、「正月の節に五辛を食らい、以て癘気を辟く」と。

五辛の種類に関して、『荊楚歳時記』の註に引用された、周處（二三六～二九七、『晋書』巻五八）の『風土記』には、

周處風土記曰、元日造五辛盤、正月元日、五薫錬形。注、五辛所以発五蔵之気、即大蒜小蒜韮菜雲臺胡荽是也。

周處の「風土記」に曰わく、「元日に五辛盤を造り、正月元日、五薫錬形す」と。注に、「五辛は五蔵の気を発する所以、即ち大蒜《さん》・小蒜・韮《きゅう》菜・雲《うん》臺・胡荽《こすい》是れなり」と。

とあり、三世紀の周處の時代では、大蒜《おおひる》（にんにく）小蒜（のびる）韮《きゅう》菜（にら）芸臺《うんだい》（蕓臺　あぶら菜）胡荽（こえんどろ　香菜）とする。宋の王応麟（一二二三～一二九六）の『小学紺珠』巻一〇器用類・五菜の註に、『歳時広記』（一〇世紀の徐鍇の書。現在は散逸）に依るとして「五辛之盤、大小蒜韮芸薹胡荽」とある。八世紀の五辛も同様と断定できないが、『風土記』と同じ五辛盤と考えてよいであろう。『本草綱目』巻二六菜部「五辛菜」の「集解」には、五辛菜を「葱・蒜・韮・蓼・蒿芥（よもぎ）」とする。これは一五・一六世紀の五辛であろう。

＊　『食医心鏡』は『本草綱目』巻一上序例上・歴代諸家本草に「昝《さん》殷　食医心鏡」とある。『宋史』巻二〇七藝文志に「昝殷　産宝三巻　食医心鑑二巻」と著録される。守屋美都雄博士は平凡社東洋文庫『荊楚歳時記』三五頁註（25）において、『食医心鏡』は『食医心鑑』のことかも知れないとされる。

馬端臨の『文献通考』巻二二二経籍考四九子・医家に、昝《さん》殷の「産宝二巻」を説明して、

鼂氏曰、唐昝殷撰。殷蜀人。大中初、白敏中守成都、………

鼂《ちょう》氏（『郡斎読書志』の著者・宋の晁公武のこと）曰わく、「唐の昝殷の撰。殷は蜀の人。大中の初め（八四七）、白敏中守成都（白敏中が成都尹であった時という意味）、………」と。

とあり、昝殷は唐末の四川の人という。唐末の昝殷の『食医心鑑』が、七世紀の杜公瞻が『荊楚歳時記』に付けた註にあるはずはない。『食医心鏡』と『食医心鑑』は別書である。また『本草綱目』にいう『食医心鏡』は『食医心鑑』の誤りである。

＊＊　孫思邈《ばく》（?～六八二）は『旧唐書《くとうじょ》』巻一九一方伎伝、『新唐書《しんとうじょ》』巻一九六隠逸伝に列伝がある。『旧唐書』巻一九一孫思邈伝は、本章「三月の食禁と食宜」の「1　一日　肉と五辛を食べない」に釈読をしている。

## 2　四日　立春の春盤

唐四時宝鏡、立春日、食蘆菔春餅生菜、号春盤。（『歳時広記』巻八立春「作春餅」）

唐の「四時宝鏡」に、「立春の日、蘆菔《ろふく》（大根）・春餅（日本の餅ではない）・生菜を食らい、春盤と号《よ》ぶ」と。

冬至から一五日ごとに季節の節目《ふしめ》として節気を設け、年間に二四の節気がある。三番目の節気が立春であり、冬至から数えて四五日目に当たる。太陰太陽暦において、冬至は毎年変化する。天宝二年（七四三）の暦を基準とすれば、天宝元年の冬至は一一月一七日であるから、天宝二年の立春は、正月四日となる。

『歳時広記』巻八立春「饋春盤（春盤を饋《おく》る）」に、

摭遺、東晋李鄂、立春日、命以蘆菔芹芽為菜盤、饋貺。江淮人多傚之。

「摭遺《せきい》」（一二世紀の劉斧の著書）に＊、「東晋の李鄂《がく》、立春の日、命じて蘆菔・芹芽を以て菜盤を為らしめ、饋貺《ききょう》（贈ること）す。江淮《こうわい》（長江と淮河）の人多く之に傚《なら》う」と。

とあり、東晋（三一七～四二〇）時代の立春菜盤をいうから、立春の春盤は、四世紀以来の習俗を継承したものである。

『斉人月令』（『古今事文類聚』前集巻六天時部・立春詩話所引）には、春盤を説明して、

斉人月令、立春日、食生菜、取迎新之意。

「斉人月令」（孫思邈《ばく》撰）に、「立春の日、生菜を食らうは、迎新の意を取る」と。

とあり、春盤は「迎新」の象徴であるとし、『養生月覧』巻上・正月所引の『千金月令』（孫思邈撰）には、

凡立春日、食生菜、不可過多。取迎新之意。及進漿粥、以導和気。

凡《すべ》て立春の日、生菜を食らうも、多きに過ぐべからず。迎新の意を取る。及び漿粥を進め、以て和気を導く。

とあり、春盤は迎新の初物であるから、多食してはならないという＊＊。

＊　『摭遺《せきい》』は『宋史』巻二〇六藝文志五・小説類に「劉斧　翰府名談二十五巻。又摭遺二十巻。青瑣高議十八巻」とある書であろうか。『摭遺』は宋以前の経籍志・藝文志に登場しないから、宋代の書であろう。『摭遺』は一二世紀中葉にできた呉曾の『能改斎漫録』に引用されるから、一二世紀中葉以前にできた書である。

＊＊　北宋の呉淑（『宋史』巻四四一。咸平五年：一〇〇二卒）の『事類賦』巻四歳時部・春「飲之漿粥」に「斉民月令（斉人月令）曰、立春之月、食生菜、不可過。取迎新之意而已。及進漿粥、以導和気」とあり、「生菜を食べるのは立春の月」とするが、生菜を食べる時期が長きに過ぎる。「立春の日」の誤記であろう。

## 3　立春に胡餅を食べる

〔開成六年正月〕六日、立春節。賜胡餅寺。粥時行胡餅、俗家皆然。（『入唐《にっとう》求法《ぐほう》巡礼行記』巻三開成六年正月六日）

開成六年（八四一）正月六日、立春節。胡餅を寺に賜う。粥の時に胡餅を行《ぎょう》ず（行＝食べるの意）、俗家皆な然り。

日本の入唐請益《にっとうしょうえき》僧（請益は「しょうやく」ともいう。短期留学僧）の圓仁（七九四～八六四。帰国後、第三代天台座主《ざす》となる。「大師」号を賜与され、慈覚大師という。下野国（栃木県）の生まれ、出自は壬生《みぶ》氏。『入唐求法巡礼行記』は第一九次遣唐使節の随員として入唐した、圓仁の九年に渉る在唐時代の日記。中国文献にない貴重な記録が多くあり、『東方見聞録』と双璧をなすといわれる）は、長安の立春には寺院も俗家も、こぞって胡餅を食べる慣習があることを伝える。当時は太陰太陽暦であるから、立春は一定せず、開成六年（八四一）の立春は正月六日であった。それゆえ「六日、立春節」とあるのである。天宝二年（七四三）の立春は正月四日である。太陰太陽暦では正月元日前に立春が来ることもある。朔旦立春といい、正月元日が立春である場合もある。朔旦立春は三〇年に一度あり、非常に縁起の良い日とされている。

長安の立春には、僧・俗ともに胡餅を賞味した。「胡餅を寺に賜う」とあるから、王朝とゆかりの深い諸寺院には、宮廷から胡餅が下賜された。圓仁は開成六年（八四一）当時、長安の皇城（官府街）の東に位置する崇仁坊の東南隅にある資聖寺（最初は太宗文皇帝の皇后・文徳皇后追福のため尼寺として造営された。圓仁在唐のころは奉勅俗講を開催する寺であった）に居住していた。立春節に長安の僧・俗が胡餅を食べることは『入唐求法巡礼行記《にっとうぐほう》』によって、初めて判明する事実であり、既存の唐代文献に立春胡餅の史料はない。

胡餅は「胡」字が付くから、胡瓜や胡麻と同じように西域から伝来した食物・物産という俗説がある。唐の徐堅の『初学記』巻二六服食部・餅第一七に、

釈名云、餅并也。溲麦麺使合并也。胡餅言以胡麻著之也。説文曰、餅麺餈也。揚雄方言曰、餅謂之飥、或謂之餦、或謂之餛。

「釈名」（後漢の劉熙の作）に云わく、「餅は并なり。麦麪を溲《こ》ね合并《あわ》せしめるものなり。胡餅、言いは胡麻を以て之（＝餅）に著くるなり」と。「説文」（『説文解字』の略称。後漢の許慎の著作。西暦一〇〇年に成立）に曰わく、「餅は麺餈《し》（餈は蒸した餅）なり」と。揚雄（前五三～後一八）の「方言」に曰わく、「餅之を飥《たく》と謂い、或いは之を餦《ちょう》と謂い、或いは之を餛《こん》と謂う」と。

とあり、胡餅は胡麻をまぶした小麦粉の加工品であり、西域から伝来したから胡餅というのではない。

『斉民要術』巻九餅法第八二「髓《ずい》餅法」に、

以髓脂蜜合、和麺。厚四五分、広六七寸。便著胡餅鑪中、令熟、勿令反覆。餅肥美、可経久。

髓脂（骨の中にある脂）蜜を以て合わせ、麺に和《まぜ》る。厚さ四・五分、広さ六・七寸。便ち胡餅鑪《ろ》（胡餅鑪はインドのナンを焼くような形状の窯か）中に著け、熟（ここでは焼くの意味）さしめ、反覆せしむる（両面を焼く）こと勿れ。餅は肥美にして、久を経ること可（長期保存できる）。

とある。鑪は爐とも書くから「金」扁にこだわり鉄板と断定しないほうがよい。胡餅鑪はインドのナンを焼くような形状の窯を想定することは可能である。次に示す白楽天の詩には「炉」とある。

胡麻餅は白楽天の「寄胡餅、与楊萬州（胡餅に寄せ、楊萬州に与う）」（『白氏文集《はくしもんじゅう》』巻一八律詩）に、

胡麻餅様学京都、麪脆油香新出炉。胡麻餅、様は京都に学び、麪脆《めんもろ》く、油香しくして、新たに炉より出ず。

とあるから、胡餅は小麦の粉を、水で溶いて半練り状にし、胡麻を半面または両面にまぶし、炉で焼いた小麦粉の食品であって、日本の所謂「餅」ではない。

## 4　七日　七種粥を食べる

正月七日、謂之人日。採七種菜、以為羹。（宋の黄朝英の『靖康緗素雑記《しょうそ》』巻四所引の『荆楚歳時記』）

正月七日、之を人日と謂う。七種の菜を採り、以て羹《あつもの》を為る。

また、唐の歐陽詢《おうようじゅん》（五五七〜六四一。『旧唐書《くとうじょ》』巻一八九上・儒学上）等の『藝文類聚《げいもんるいじゅう》』巻四歳時部・人日に、

荆楚歳時記曰、正月七日為人日、以七種菜為羹。

「荆楚歳時記」に曰わく、「正月七日を人日と為し、七種の菜を以て羹を為る」と。

とある。七世紀の華北地域は、七日人日に七種の羹（七種粥、六一菜）を食し、無病息災を願った。人日の七種粥は、華北地域における正月七日の習俗であり、黄河流域独特の習俗であったが、次第に華中に拡大したようである。

唐人《ひと》も人日には七種粥を食べた。八世紀中葉の洛陽の行事を伝える『金谷園記』（李邕《りよう》の撰。日本の鎌倉時代初期にできた『年中行事秘抄』正月所引。李邕の父は『文選』に註を加えた李善である。金谷園は洛陽の西にあった）に、

正月七日、以七種菜作羹。食之、令人無萬病。

正月七日、七種の菜を以て羹を作る。之を食らわば、人をして萬病なからしむ。

とあり、洛陽では正月七日に無病息災を願い、七種粥を食べている。七菜の種類は明らかでない。

戴叔倫（『新唐書《しんとうじょ》』巻一四三）の「和汴州李相公勉、人日喜春（汴《べん》州の李相公《しょうこう》・勉に和し、人日　春を喜ぶ）」（『全唐

詩』巻二七三『歳時雑詠』巻五、『唐詩紀事』巻三九）と題する詩に次のように詠む。

　年来日日春光好、今日春光好更新。　年来り日日春光好《よ》し、今日の春光好く更に新し。
　独献菜羹憐応節、遍伝金勝喜逢人。　独り菜羹を献じ憐節に応ずるを憐み、遍く金勝を伝え人に逢うを喜ぶ。
　煙添柳色看猶浅、鳥踏梅花落已頻。　煙柳色を添え看るに猶お浅く、鳥踏み梅花落ちること已に頻なり。
　東閤此時聞一曲、翻令和者不勝春。　東閤此の時一曲を聞く、翻令して和するは春に勝《た》えず。

人日の菜羹であるから、これは七菜の羹（七種粥）であろう＊。「李相公《しょうこう》・勉（李勉という名の宰相）」は宣武軍節度使の李勉（『旧唐書《くとうじょ》』巻一三一）であり、李勉は、建中年間（七八〇～七八三）に宣武軍節度使になっているから、この詩は建中年間の正月七日の作品であろう。この七菜の羹は、黄河と大運河の結節点である汴《べん》州における七菜の羹である。一〇世紀の張手美家の料理に「六一菜。人日」（『清異録』巻下所載）とあり、『膳夫録』（『重較説郛《じゅうこうせっぷ》』匀《いん》九五所収）の「汴州節食」には「人日、六上菜（六上菜は六一菜の誤り）」とある。「六一菜」は七菜の羹のことである。張手美家の料理は蘇州地方の料理であり、『膳夫録』は汴州の料理であるから、洛陽の行事を伝える『金谷園記』にみえる七草粥は、人日の洛陽独自の食物ではなく、広く普及した人日の食物であるとしてよい。

　七種粥の習俗は二〇世紀においては、元日の屠蘇酒と共に廃れてしまい、広東省と湖北省の一部地域に残存しているのみであるという（長尾龍造『支那民俗誌』巻二正月・下・第一章第六節「七草」）。冬の期間、地面が凍結し、青物の露地野菜が期待できない華北地域で「七草粥」の行事が消滅し、旧正月の時期に青物の野菜が確保できる華中・華南地域に「七種」の習俗が残存した事実は、華中・荊州江陵府の年中行事を伝える『荊楚歳時記』に七種粥の記事があるように、七種粥の起原は華中にあることを暗示するものであろう。（この記事に関しては「序に替えて」の末尾を参照。）

　日本の七種粥は平安時代の宮中に始まり、民間にまで拡大したものといわれている。中国唐代の宮廷では正月七日に七種粥を食べる習俗はなく、正月七日の食料として、官吏の廊餐の一に七種粥が付加されることもないから、日本の七種粥は中国唐代の宮廷行事に影響されているのではないことは明白である。平安時代に七種粥が始ったころ、遣唐使節の派遣は中止されているから、遣唐使節が導入した国家的行事とするのは無理がある。唐王朝においても、王朝の年中行事と七種粥は何ら関係がない。日本の七種粥はもの知りの殿上人が、中国の七種粥行事を記した『荊楚歳時記』や唐代の年中行事に関する書物等々を読み、私的に開始した行事が宮廷に広まり、さらに民間にまで拡大したものと理解される。

＊　『歳時雑詠』巻五人日と『唐詩紀事』巻二九戴叔倫では、「菜羹」を「菜根」に作るが、七日人日の菜根では意味不明である。

## 5　肉を食べない

本草食禁云、正月、一切宍不食、吉。（『医心方』巻第二九・月食禁）

「本草食禁」に云わく、「正月、一切の宍《にく》（宍は肉の古字）食らわざるは、吉なり」と＊。

『本草食禁』という書名は、唐代の経籍志・藝文志・宋代の書目類にも見えない。唐代の巷間には存在したが、王朝の書庫にはなくて、経籍志・藝文志に著録されなかったとも考えられる。寛平三年（八九一）ごろに藤原佐世《すけよ》によって作られた『日本国見在《げんざい》書目録』には「食禁一巻」とあるが、『本草食禁』という書名は見えない。『本草食禁』は『本草』の「食禁」と読むべきではないかとも想定される。そうであれば『本草』には「食禁」という項目が存在したことになる。しかし『経史證類大観本草』を通覧しても、「食禁」という項目はない。『医心方』には『本草食禁』と『本草食禁雑法』を引用するから、経籍志・藝文志では存在を知ることのできない書が、唐代にはあったのかも知れない。『本草食禁』は経籍志・藝文志に記載されない未知の書としておく。

＊　『医心方』は「肉」を「宍」と書く。中国文献は「宍」字を餘り使用しない。『巣氏諸病源候総論』の「養生方」と『養生要集』に文字の並びも同じ記事があり、両書は同系統の書と考えられるに、「養生方」は「肉」と書き、『養生要集』は「宍」と書く。

食肉の禁忌があった平安時代の『医心方』は「肉」を忌み、「肉」字を「宍」字に書き換えた可能性が高い。

## 6　鼠の残食を食べない

養生要集云、正月、勿食鼠残食。立作鼠瘻、発出於頭頂。或毒入腹脾、下血不止。或口中生瘡、如月蝕、如豆許。

（『医心方』巻第二九・月食禁）

「養生要集」に云わく、「正月、鼠の残食（食べ残し）を食らうこと勿れ。立ちどころに鼠瘻《そろう》（頸部のリンパ節結核）を作し、頭頂に発出す。或いは毒は腹脾に入り、下血して止まらず。或いは口中に瘡《そう》（できもの）を生じ、月蝕［の瘡］の如く、豆許《ばか》り（豆のほど大きさ）の如し」と＊。

七世紀初頭の隋王朝の医官・巣元方が述作した『巣氏諸病源候総論』巻三四瘻病諸候・鼠瘻候に、

養生方云、正月、勿食鼠残食。作鼠瘻、発於頸項。或毒入腹、下血不止。或口生瘡、如有蝨食。

「養生方」に云わく、「正月、鼠の残食を食らうこと勿れ。鼠瘻（腫れ物）を作し、頸項に発す。或いは毒は腹に入り、下血して止まらず。或いは口に瘡を生じ、蝨食あるが如し」と。

とある。この記事は前掲した『養生要集』の記事とほぼ一致するから、『巣氏諸病源候総論』に引用する「養生方」は『養生要集』の別称か、『養生要集』と関係の深い書であることは確実である＊＊。

『経史證類大観本草』巻二一蟲部中品・鼷鼠《けいそ》（はつか鼠）有毒に、鼠瘻の特徴を述べる。

凡正月、食鼠残、多為鼠瘻。小孔下血者、是此病也。

凡《すべ》て正月、鼠残（鼠の食べ残し）を食らわば、多く鼠瘻を為す。小孔（傷口の穴）の下血は、是れ此の病なり。

この記事を読んで、「正月早々から鼠の食べ残しを、人が食べるとは、何たることか」と思った。しかし、よくよく考えてみると、正月という時期でもあり、外はまだ新芽も芽吹いておらず、食べ物もない。鼠が人間の貯蔵する食料・食品を掠め取り、齧ることは充分にあり得ることである。鼠が齧ったことに気がつかず、人が鼠の残物を口にすることは極めて危険である。

鼠が齧った食物に人間が接触すると、食物に付着した鼠の黴菌が直接的・間接的に人間に移ることになり、病気を発症することになる。その病気の最たるものはペスト菌であり、鼠の血を吸ったノミ・シラミが今度は

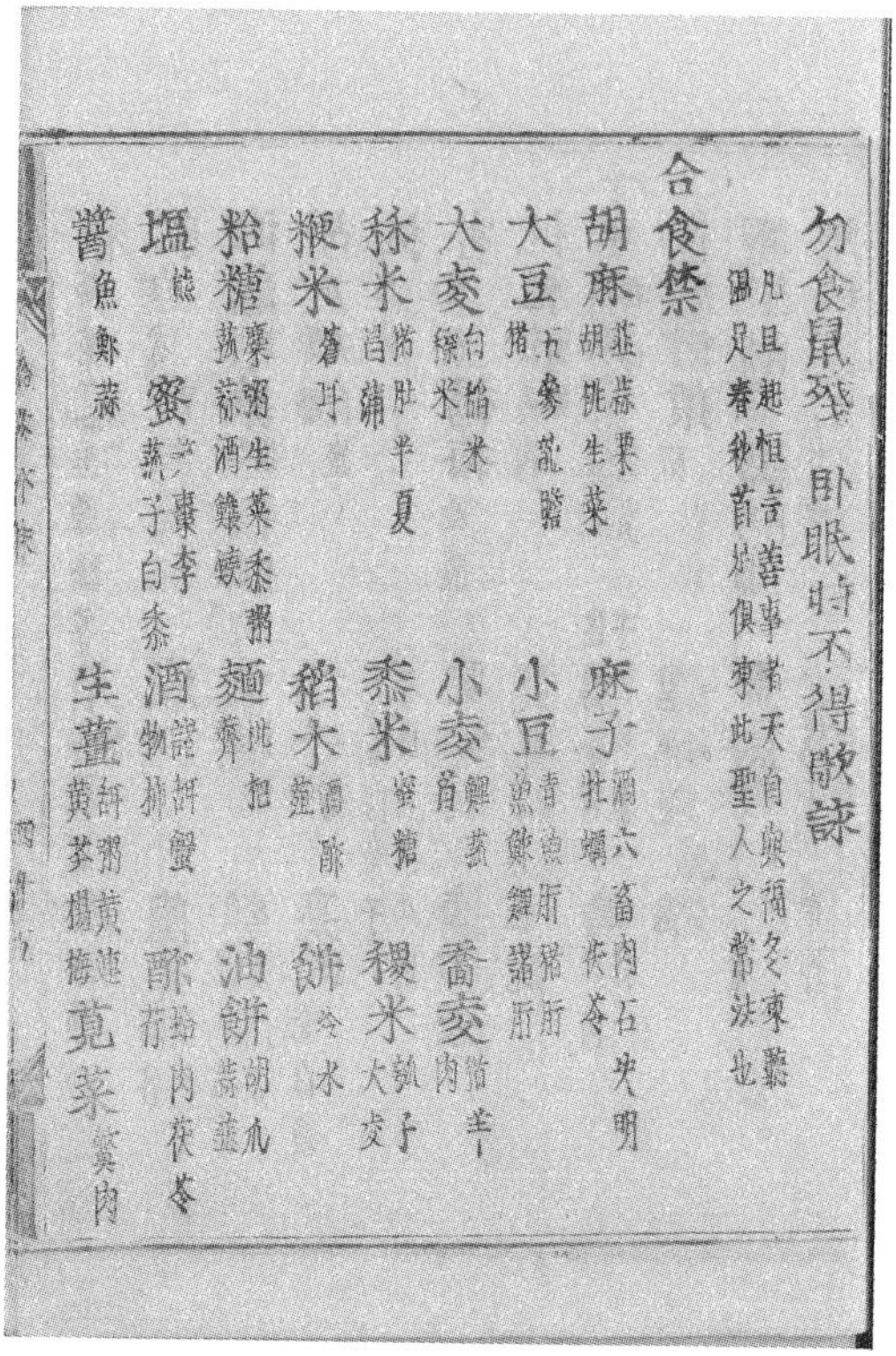
勿食鼠残　臥眠時不得歌詠

合食禁

胡麻　麻子

大豆　小豆

大麦　小麦

秫米　黍米

粳米

麺　油餅

塩　蜜　酒　酢

醬　生薑　莧菜

図版１　『拾芥抄』巻下養生部第三九に「勿食鼠残」とある。「合食禁」の部分は、本書の「序に替えて」において引用した部分である。

人間の血を吸い、その刺し口から菌が侵入し、感染が拡大することになる。感染すると一日から七日後に四〇度近い発熱症状が出て、頭痛、嘔吐の症状を呈し、リンパ節に腫れや痛みが発生する。場合によっては敗血症から腺ペストに移行する。「リンパ節に腫れ」と書いたが、これは『養生要集』や『巣氏諸病源候総論』に「作鼠瘻」とあるのと一致する。

鼠の食べ残した穀物に触れ、また口にすることは、鼠の保有する菌に触れることである。それゆえに『養生要集』や『巣氏諸病源候総論』は、このことを警告しているのである。鼠が原因で発生する病気は黒死病である。一四世紀に中国に発生した黒死病は、中国の人口を半減させ、世界に黒死病《ペスト》を蔓延させる元となった。「鼠の残食を食らうこ

と勿れ」とは意味なく、呪いのように述べているわけではないのである。『医心方』からの知識であろうが、日本の南北朝時代の洞院公賢の『拾芥抄《しゅうがいしょう》』巻下・養生部第三九の養生方に「勿食鼠残」とある。「勿食鼠残」は平安時代の殿上人には、周知された食忌の一であったようである。

＊　『養生要集』は『隋書』巻三四経籍志に「養生要集十巻　張湛撰」とあるから、隋以前の書である。

＊＊　隋の巣元方の撰になる『巣氏諸病源候総論』は『新唐書《しんとうじょ》』巻五九藝文志《げいもん》「巣氏諸病源候総論　五十巻」、『宋史』巻二〇七藝文志に「巣元方　巣氏諸病源候論　五十巻」とあり、『宋史』巻四六一方技伝上にある王懐隠伝に、巣元方は隋の太医令であったする。宋の陳振孫（字は伯玉、号は直斎）の『直斎書録解題』巻一三医書類には、

巣氏病源論五十巻。案文献通攷、作巣氏病源候論五巻。

隋太医博士巣元方等撰。大業六年也。

「巣氏病源論五〇巻」。「文献通攷」を案ずるに、「巣氏病源候論五巻」に作る。

隋の太医博士・巣元方等撰。大業六年なり。

とある。大業六年は六一〇年であるから、日本でいえば聖徳太子の時代の医書である。

## 7　生葱を食べない

張文仲、…………（中略）…………。謹按仲景方云、正月勿食生葱。（『外臺秘要方』巻三一解飲食相害成病百件）

張文仲、…………（中略）…………。謹んで「仲景方」を按ずるに云わく、「正月、生葱を食らうこと勿れ」と。

右の記事は八世紀の王燾《とう》（唐初の宰相である王珪の曾孫。三五三頁を参照）の『外臺秘要方』巻三一解飲食相害成病百件に、「張文仲」と明記し、それに続く細字で書かれた記事である。

張文仲は『旧唐書《くとうじょ》』巻一九一と『新唐書』巻二〇四に列伝がある。『旧唐書』巻一九一張文仲伝には、

張文仲、洛州洛陽人也。少与郷人李虔縦京兆人韋慈蔵、並以医術知名。文仲則天初、為侍御医。時特進蘇良嗣於殿庭因拝跪便絶倒、則天令文仲慈蔵随至宅、候之。………（中略）………。文仲、久視年、終於尚薬奉御。撰随身備急方三巻、行於代。

張文仲、洛州洛陽の人なり。少《わか》くして郷人の李虔縦・京兆の人の韋慈蔵（八世紀初めに光禄卿となる）と、並びに医術を以て名を知らる。文仲は則天［武后］の初め（六八五年ころ）、侍御医と為る。時に特進（正二品の文散官）の蘇良嗣 殿庭に於いて拝跪し便ち絶倒するに因り、則天は文仲・慈蔵をして随い宅に至らしめ、之に候《さぶら》わしむ。……（中略）……。文仲、久視の年（七〇〇）、尚薬奉御（正五品下　殿中省尚薬局の長官）に終わる。随身備急方三巻を撰し、代（代は世に同じ。太宗皇帝の諱《いみな》「世民」を避忌して「代」を使用）に行わる。

とあり、『新唐書』巻五九藝文志・医術類に「張文仲　随身備急方三巻」とある。

張文仲は久視年（七〇〇、「久視」という年号は一年だけ）に卒している。王燾《とう》の『外臺秘要方』は天宝一一載（七五二。天宝三年正月丙辰朔日より、「年」を「載」と改称する）の自序があるから、王燾が『随身備急方』を見て、記事を引用することは可能であり、『外臺秘要方』に「張文仲方」が多く引用されている。このことを考慮すれば、『外臺秘要方』に張文仲とあり、それに続く右の「謹按仲景方云、正月勿食生葱」は、張文仲の『随身備急方』の記事を引用したと判断してよい。『外臺秘要方』独自の記事であれば、「張文仲。云々」と書く必要は、まったくないからである。

『随身備急方』にある「仲景」とは、『金匱要略方論』を著した後漢の張機（一五〇?～二一九）の字《あざな》であるから、「仲景方」とは張仲景の處方である。『随身備急方』は『金匱要略方論』を参照していたことになる。現行の『金匱要略方論』巻下「菓実菜穀禁忌并治第二五」に次のようにある。

正月、勿食生葱。令人面生遊風。

正月、生葱を食らうこと勿れ。人の面《かお》に游風（脂漏性皮膚炎、顔に白い粉を吹く病気）を起こさしむ。

また『医心方』巻第二九・月食禁の正月に、

〔養生要集〕又云、不食生葱。発宿病。

「養生要集」に、又た云わく、「生葱を食らわず。宿病（長く治癒しない病気）を発す」と。

とあり、九世紀末の韓鄂《かんがく》の『四時纂要』正月・食忌に、

勿食生葱。令人起游風。　生葱を食らうこと勿れ。人をして游風を起こさしむ。

とあり、一三世紀の『養生月覧』巻上・正月に、孫思邈《ばく》（？～六八二）の『千金方』を出典として次のようにある＊。

正月、不得食生葱。令人面上起遊風。同上（千金方）。

正月、生葱を食らうことを得ざれ。人の面上に遊風を起こさしむ。上に同じ（「千金方」）。

南宋の李石の『続博物志』巻七にも次のようにある。

正月、不食生葱。　正月、生葱を食らわず。

＊『千金方』は『隋書』巻三四経籍志・医方に「千金方三巻　范世英撰」とあり、『新唐書《しんとうじょ》』巻五九藝文志・医述類に「范世英千金方三巻」とあり、また「孫思邈　千金方三十巻」とある。『旧唐書《くとうじょ》』経籍志には著録がなく、『宋史』巻二〇七藝《げい》文《もん》志・医書類に「孫思邈　千金方三十巻」とある。『千金方』は南朝の范世英の書と唐の孫思邈の書の二書あるが、『養生月覧』に引用する『千金方』は、孫思邈の『千金方』である。『千金方』三〇巻は、北宋の治平三年（一〇六六）林億等の校訂を受け刊行された時、『備急千金要方』と書名を変更された。『千金方』は旧の書名であり、『備急千金要方』は校訂が加えられた後の書名である。『旧唐書』巻一七一裴潾《はいりん》伝に付伝された張皐《こう》伝があり、そこには、處士・張皐の疏（疏は皇帝に奉る文書の一形式）が引用され、その一節に、

高宗朝處士孫思邈者、精識高道、深達摂生、所著千金方三十巻、行之於代。其序論云、凡人無故、不宜服薬。薬気偏有所助、令人臓気不平。思邈此言、可謂洞於事理也。

高宗朝の處士（無位無官の士）の孫思邈《ばく》は、精《つぶ》さに高道を識り、深く摂生に達し、著す所の「千金方」三〇巻、之代（世と同じ）に行わる。其の序論に云わく、「凡《すべ》て人故なく、宜しく薬を服すべからず。薬気偏く助く所有り、人の臓気を不平ならしむ。思邈の此の言、事理に洞《あきらか》と謂うべきなり」と。

とあり、『千金方』の序論が引用されている。また『旧唐書《くとうじょ》』巻一九一孫思邈伝に、『千金方』の編纂をいう。

自注老子荘子、撰千金方三十巻、行於代。又撰福禄論三巻、摂生真録及枕中素書会三教論各一巻。

自ら「老子」「荘子」に注し、「千金方」三〇巻を撰し、代（世に同じ。太宗皇帝の諱「世民」を避忌して「代」とする）に行わる。又た「福禄論」三巻を撰し、「摂生真録」及び「枕中素書」・「会三教論」各々一巻［を撰す］。

## 8　蓼《たで》を食べない

勿食蓼。（唐の韓鄂《かんがく》の『四時纂要』正月・食忌）

蓼を食らうこと勿れ。

食用の蓼はイヌタデ属サナエタデ節の柳蓼（ヤナギタデ）をいう。「蓼食う虫　………」の蓼もこの種である。標準和名「ヤナギタデ」は、葉が柳に似ていることによる。

一四世紀の泰定乙丑《いっちゅう》（一三二五）版『事林広記』辛集巻六薬忌門「十二月食忌」の正月に、

正月、………（中略）………。勿食生蓼。令人傷腎。

正月、………（中略）………。生蓼を食らうこと勿れ。人をして腎を傷《そこな》わしむ。

とある。似た記事は『医心方』巻第二九・合食禁に、

［養生要集］又云、食蓼、噉生魚、令気奪、或令陰核（性器）疼、至死。

「養生要集」に又た云わく、「蓼を食らい、生魚を噉《くら》わば、気を奪い、或いは陰核疼《うず》き、死に至らしむ」と。

とあるが、『医心方』は蓼を食べない時期をいわない。蓼に関する食忌は『養生要集』の時代（七世紀以前）からあったが、蓼と生魚の合食であって、正月に蓼を食べないという食忌は、七世紀中葉の『千金方』等々の文献に登場しないから、八世紀以降に成立した食忌である可能性がある。

## 9　虎・豹・狸の肉を食べない

黄帝云、正月、勿食虎豹狸肉、傷人神、損寿。（『備急千金要方』巻八〇食治・鳥獣第五・狸）

「黄帝」に云わく、「正月、虎の肉・豹の肉・狸の肉を食らうこと勿れ、人神（精神）を傷《そこな》い、寿（寿命）を損なう」と＊。

九世紀末の韓鄂《かんがく》の『四時纂要』正月・食忌に、

此月、勿食虎豹狸肉。令人傷神。

此の月、虎の肉・豹の肉・狸の肉を食らうこと勿れ。人をして神を傷わしむ。

とあり、また一二世紀初頭の『経史證類大観本草』巻一七獣部・中品「虎」に引用する『食療本草』に、

又正月、勿食虎肉。　又た正月、虎の肉を食らうこと勿れ。

とあり、同じく『経史證類大観本草』巻一七獣部・中品「狸」に引用する『食療本草』に、

正月、勿食［狸］、傷神　正月、狸を食らうこと勿れ、神を傷う

とあり、また、『経史證類大観本草』巻一七獣部・中品「豹」に引用する『食療本草』に、

正月、食之傷［人］神。　正月、之（＝豹）を食らわば人神を傷《そこな》う。

とあって、洞庭湖の北に位置する郢《えい》州の豹が挿絵としてある。一一世紀の郢州には豹が生息していたのである。

一三世紀の『養生月覧』巻上・正月の条に、『千金方』（『備急千金要方』の初名）を出典として、

正月、勿食虎豹狸肉。令人傷神、損気。千金方。

正月、虎の肉・豹の肉・狸の肉を食らうこと勿れ。人をして神を傷《そこな》い、気を損なわしむ。「千金方」。

とあり、唐の孫思邈《ばく》（?～六八二）の『千金方』を引用して、同じことをいう。泰定乙丑《いっちゅう》（一三二五）版『事林広記』辛集巻六薬忌門「十二月食忌」の正月にも次のようにある。

正月、勿食虎豹狸肉、令人傷神。

正月、虎の肉・豹の肉・狸の肉を食らうこと勿れ、人をして神を傷わしむ。

正月一ヶ月、虎や豹や狸の肉を食べるなと『千金方』等々はいうが、狸はともかくとして、虎や豹が人間の近くに生息するものであろうか。漢方薬として虎骨や虎掌があるから、虎が生息していたことは漠然と理解できる。

『後漢書《じょ》』巻七一列伝三一宋均伝に、

遷九江太守。郡多虎暴、数為民患。常募設檻穽而猶多傷害。檻爲機以捕獣、穽謂穿地陥之。均到下記属県曰、夫虎豹在山、黿鼉在水、各有所托。且江淮之有猛獣、猶北土之有鶏豚也。今為民患、咎在残吏。而労勤張捕、非憂恤之本也。其務退姦貪、思進忠善、可一去檻穽、除削課制。其後伝言、虎相与東游度江。［建武］中元元年、山陽楚沛多蝗、其飛至九江界者、輒東西散去。由是名称遠近。

九江太守に遷る。郡に虎暴多く、しばしば民患を為す。常に募して檻・穽《せい》を設くも、而して猶お傷害多し。檻は機を為り以て獣を捕え、穽は地を穿ち之を陥すを謂う。均到り、記（文書）を属県（陰陵・寿春・浚遒・成徳・西曲陽等々の県）に下して曰わく、「夫れ虎豹は山に在り、黿鼉《げんた》（大亀と鰐）は水に在り、各々托する所有り。且つ江淮の猛獣有るは、猶お北土に鶏豚有るがごときなり。今民の患いを為すこと、咎《とが》は残吏（残酷な役人）に在り。而るに労勤し張捕するは、憂え恤《あわ》れむの本に非ざるなり。其れ務めて姦貪を退け、忠善を進めんことを思い、一に檻穽を去《す》て、課制を除削すべし」と。其の後伝えて言わく、虎相い与《とも》に東游して江を度《わた》ると。建武中元元年（五七）、山陽（山東省南西部地域）・楚・沛《はい》（江蘇省徐州市）蝗《いなご》多きも、其の飛んで九江の界（江西省北部）に至るものは、輒《すなわ》ち東西に散じ去る。是れ由り名は遠近に称せらる。

とあり、後漢の九江郡（唐代の江州）には虎が多数生息し、居民に害をなしていた。宋均伝の話は紀元一世紀中葉ころのことである。誇張はあろうが、長江下流域の猛獣の数は、河北において飼育される鶏や豚の数に匹敵するといわれる程であった。

羅願（一一三六～一一八四）の『爾雅翼』巻一九釈獣二・虎に、漢の揚雄（前五三～後一八）の『方言』を引用し、虎の生息地域と虎の別名をいう。

方言、虎、陳魏宋楚之間、或謂之李父。江淮南楚之間、謂之李耳、或謂之於䖘。自関東西、或謂之伯都。

「方言」に、「虎は、陳・魏・宋・楚の間、或いは之を李父と謂う。江淮・南楚の間、之を李耳と謂い、或いは之を於䖘《うと》（『方言』の注によれば、江南山夷の虎の異称）と謂う。関（函谷関）より東西、或いは之を伯都という」と。

紀元前後における虎の生息地域は中国主要部に渉り、虎には李父・李耳・於䖘・伯都という異名があった。

時代は下って、七世紀以降の唐代ではどうか。乾隆四八年（一七八三）の『欽定日下《じっか》旧聞考』巻一五八・雑綴二に、唐の狄仁傑（六三〇～七〇〇。『旧唐書《くとうじょ》』巻八九。『新唐書《しんとうじょ》』巻一一五）が幽州昌平県令であった時、県内の虎退治をした話がある。昌平県は北京の中心部から北北西約五〇粁の所にあり、居庸関・明の一三陵・一三陵水庫の南にある。『大明一統志』巻一京師・順天府・祠廟に、昌平県に狄仁傑祠があると記す。狄仁傑が昌平県令になったとする記録はない。彼は六九七年ころ、幽州都督の任にあり、善政を行ったから祠が建立され、都督として昌平県付近で虎退治を行った話が、時間の経過とともに誤伝して、昌平県令として虎退治を行ったことになり、狄仁傑祠が建立されたものであろう。唐代では辺境である現在の北京近郊に虎が出没しても不思議ではない。

『新唐書』巻一一六陸璪《りくそう》伝に、

出為太原少尹。累徙西河太守、封平恩県男。属邑多虎、前守設檻穽。璪至徹（徹＝撤）之、而虎不為暴。
出《いで》て太原少尹（北都太原府の次官。長官は尹）と為る。西河太守に累徙《るいし》（累は栄転を意味するから、累徙は栄転遷官）し、平恩県男［爵］に封ぜらる。属邑虎多く、前守（陸璪より以前の西河太守）は檻・穽《せい》（落し穴）を設く。璪至りて之を撤《とりのぞ》き、而して虎は暴を為さず。

とある。地方長官を太守というのは天宝年間（七四二～七五六）だけであるから、陸璪は天宝年間に西河太守となったのである。西河郡・汾州は汾水が南流する山西省にある。『旧唐書《くとうじょ》』巻三七・五行志に、

［大暦］四年九月己卯、虎入京城長寿坊元載私廟、将軍周皓格殺之。
大暦四年（七六九）九月己卯、虎 京城長寿坊の元載の私廟に入り、将軍の周皓格《う》ちて之を殺す。

とある。また、『新唐書《しんとうじょ》』巻三五・五行志には、

建中三年九月己亥夜、虎入宣陽里、傷人二。詰朝獲之。
建中三年（七八二）九月己亥の夜、虎 宣陽里に入り、人二を傷つく。詰朝（早朝）に之を獲う。

とある。人口百萬の長安でも時として虎が出没するから、森林の多い地域であれば虎の数も多いと想定できる。西暦四〇〇年に鳩摩羅什（くまらじゅう）によって翻訳された『妙法蓮華経』（「法華経」）のうちの『観世音菩薩普門品《ぼん》第二五』（通称「観音経」）の一節に、

若悪獣囲繞、利牙爪可怖、念彼観音力、疾走無辺方。
若し悪獣に囲繞せられ、利《するど》き牙爪怖るべきも、彼《か》の観音の力を念ずれば、無辺の方に疾走せん。

とあるが、このような世界が印度伝来の仏典の中だけではなく、唐代の中国には実在したのである。

虎の生息例を列挙しても際限がない。一二世紀の福州の『淳熙《じゅんき》三山志』巻四一土俗類四・物産・獣に、

虎。山深處有之。異時或忽至城邑。　山深き處之有り。異時或いは忽ちに城邑に至る。

豹。尾赤而文黒為赤豹。又有黒豹。文圓者為銭文豹。
豺《さい》。季秋之月、攫獣以祭天。方言呼為豺犬。
狼。似虎而小、性主貪。

尾赤くして文（文は模様）黒きは赤豹と為す。又た黒豹有り。文（文は模様）圓きは銭文豹と為す。
季秋の月（九月）、獣を攫《と》り以て天を祭る。方言呼びて豺犬と為す。
虎に似て而《すなわ》ち小、性は主貪なり。

とある。三山には猛獣としては虎・豹・豺《さい》・狼が生息していた。三山とは福建・福州州治に烏石山（うせきざん。高い所が八六米の丘）于山（うさん。福州州治のほぼ中央にある小高い丘）屏山が鼎立するので、福州を別名で三山という。『淳熙《じゅんき》三山志』に出てくる虎は厦門《アモイ》虎であり、嘗ては広東省、江西省、湖南省にも厦門虎は生息した。

福建地方は一〇世紀以降に中国化が急激に進行し人口が増加した地域である。一二世紀の福建地方の中心地の三山地方が右のような状態であるから、八世紀の三山地方は虎や豹が『淳熙三山志』が書かれた時代よりは多かったと想定でき、中国全体において、時代を遡るほど虎や豹の数は多かったと想定してよい。『宋史』巻六六五行志に、

乾道七年、潮州野象数百食稼農。設穽田間、象不得食。率其群、囲行道車馬、歛穀食之、乃去。

乾道七年（一一七二）、潮州の野象数百 稼農を食らう。穽《せい》を田間に設くに、象食らうこと得ざれ。其の群を率い、行道の車馬を囲み、歛穀《かんこく》（欲する穀物）之を食らい、乃《すなわ》ち去る。

とあり、一二世紀の潮州に野生の象が生息していた。

『唐律疏議』雑律「施機槍、作坑穽（機槍〈槍を設置したからくり〉を施し、坑穽〈落とし穴〉を作る）」に、猛獣捕獲の装置設置に伴う罰則規定をいう。

諸施機槍、作坑穽者、杖一百。以故殺傷人者、減闘殺傷一等。若有標幟者、又減一等。

疏議曰、有人施機槍及穿坑穽、不在山沢、擬捕禽獣者、合杖一百。以施槍等故、而殺傷人者、減闘殺傷罪一等。

若於機槍坑穽之處、而立標幟、欲使人知、而人誤犯致死傷者、又減一等、謂総減闘殺傷罪二等。若不殺傷人、従杖一百減一等、合杖九十。

其深山迥沢及有猛獣犯暴之處、而施作者、聴。仍立標幟。不立者、笞四十。以故殺傷人者、減闘殺傷罪三等。

疏議曰、深山迥沢、謂非人常行之所。或雖非山沢、而有猛獣犯暴之處、施作機槍坑穽者、不合得罪。仍立標幟。不立者、笞四十。若不立標幟、而致殺傷人者、減闘殺傷罪三等。若立標幟、仍有殺傷、此由行人自犯、施機槍坑穽者不坐。

諸《すべ》て機槍（槍を設置したからくり）を施し、坑穽《せい》（落とし穴）を作る者は、杖一〇〇。故を以て人を殺傷する者は、闘殺傷（殺人や傷害の罪）より一等を減ず。若《も》し標幟有る者は、又た一等を減ず。

疏議して曰わく、人の機槍を施し及び坑穽を穿つに、山沢に在らず、禽獣を捕うに擬すること有る者は、合《まさ》に杖一〇〇。槍等を施すの故を以て、人を殺傷したる者は、闘殺傷の罪より一等を減ず。若し機槍坑穽の處、標幟を立て、人をして知らしめんと欲したるに、人誤り犯して死傷を致らしむ者、又た一等を減ずとは、総じて闘殺傷の罪より二等を減じるを謂う。若し人を殺傷せざれば、杖一〇〇より一等を減じ、合《まさ》に杖九〇たるべし。

其れ深山・迥《けい》沢（遙かな沢）及び猛獣の犯暴有るの處、而して施し作る者は、聴す。仍お標幟を立つ。立てざる者は、笞四〇。故を以て人を殺傷したる者は、闘殺傷（殺人や傷害の罪）の罪より三等を減ず。

疏議して曰わく、深山・迥沢とは、人の常に行くに非ざるの所を謂う。或いは山沢に非ざると雖も、猛獣の犯暴有るの處、機槍・坑穽を施作する者、合《まさ》に罪を得べからず。仍お標幟を立つ。立てざる者は、笞四〇。若し標幟を立てず、而して人を殺傷に致したる者、闘殺傷の罪より三等を減ず。若し標幟を立て、仍お殺傷有らば、此れ行人自ら犯すに由り、機槍・坑穽を施す者は坐せず。

右の法規にある装置よって、唐代は猛獣を捕獲していた。この装置は全土にあるから、統一した法規を作って装置

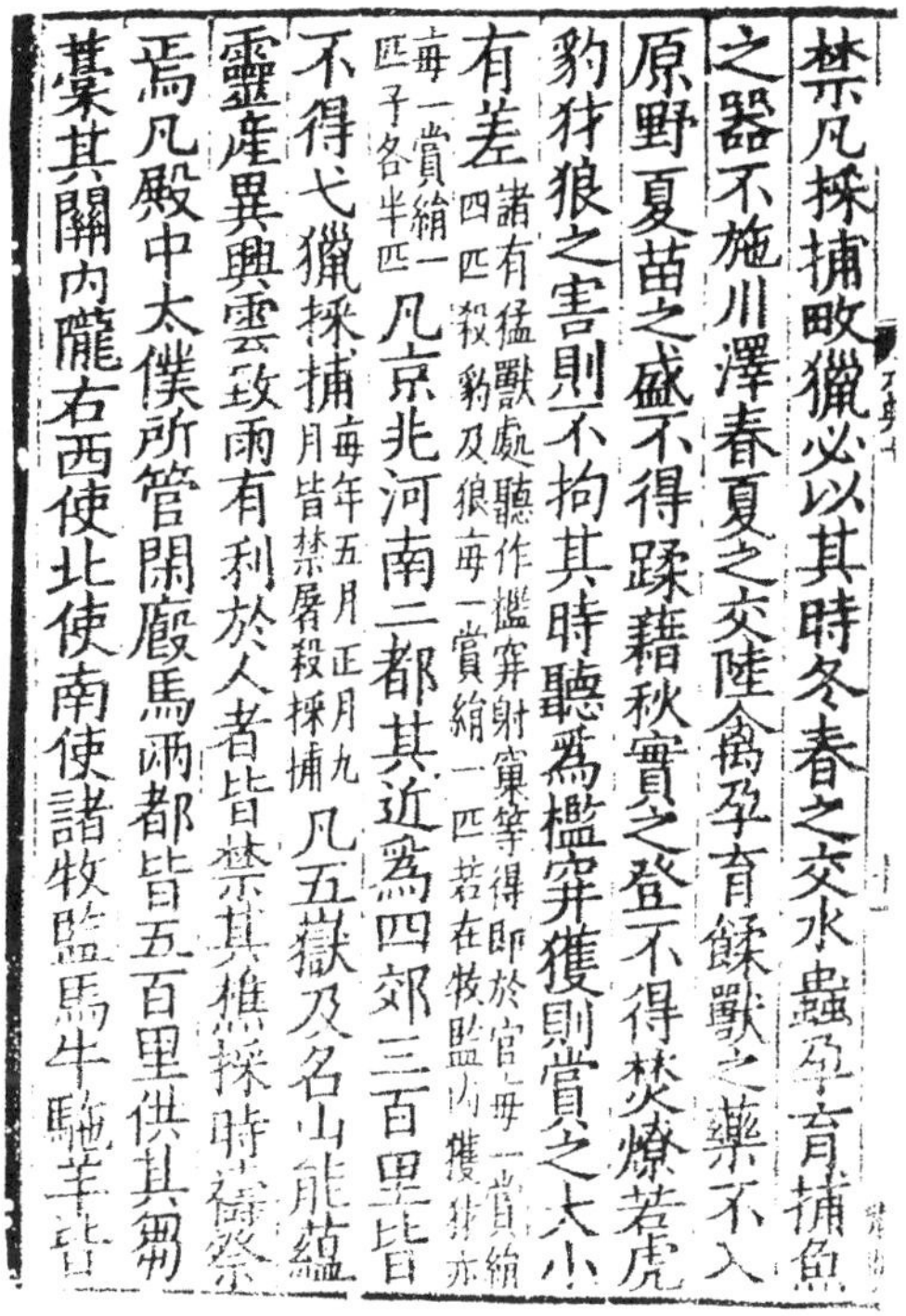
禁凡採捕畋獵必以其時冬春之交水蟲孕育捕魚之器不施川澤春夏之交陸禽孕育餧獸之藥不入原野夏苗之盛不得蹂藉秋實之登不得焚燎若虎豹豺狼之害則不拘其時聽爲檻穽獲則賞之大小有差諸有猛獸處聽作檻穽射窠等得即於官毎一賞絹四匹殺豹及狼毎一賞絹一匹若在牧監内獲者亦毎一賞絹一匹子各半匹凡京兆河南二都其近爲四郊三百里皆不得弋獵採捕毎年五月正月九月皆禁屠殺採捕凡五嶽及名山能蘊靈產異興雲致雨有利於人者皆禁其樵採時禱祭焉凡殿中太僕所管閑廄馬兩都皆五百里供其芻藁其關内隴右西使北使南使諸牧監馬牛駝羊皆

図版２　南宋本『大唐六典』（中華書局　1991）巻七尚書工部・虞部郎中員外郎職掌の条

の設置を規制し、運営したのである。この猛獣を捕獲装置の遍在によって、虎や豹が唐代の中国に生息していたこととしてよい。この法規は唐代に突然に創作されたものではなく、『後《ご》漢書《かんじょ》』宋均伝にあったように、唐代以前の歴代王朝にもあったが、「唐律」が残存したことに、唐代の猛獣捕獲装置が目立つだけで、唐代以前においても猛獣捕獲は実施された。すなわち、虎や豹が多くいたと想定してよい。

『爾雅注疏』巻一一釈獣第一八に、

熊虎醜、其子狗、絶有力麙。注、律曰、捕虎一、購銭三千。其狗半之。

「熊虎は醜、其の子は狗、絶えて力有るは麙《がん》」と。注に、「律に曰わく、虎一を捕えれば、銭三千を購《あがな》う。其の狗（虎の子）之に半《なかば》す」と。

とある。『爾雅』の注は晋の郭璞《かくはく》（二七六～三二四）の注である。その注にいう「律」とは「漢律」であり、紀元前後の漢代では、虎一頭捕獲すれば賞三千銭で、虎の子は一五〇〇銭であった。

『大唐六典《りくてん》』巻七尚書工部・虞部郎中員外郎職掌の条に、

凡採捕畋猟、必以其時。冬春之交、水蟲孕育、捕魚之器、不施川沢。春夏之交、陸禽孕育、餧獣之薬、不入原野。夏苗之盛、不得蹂藉。秋実之登、不得焚燎。若虎豹豺狼之害、則不拘其時、聴為檻穽、獲則賞之、大小有差。

凡て採捕・畋猟、必ず其の時を以てす。冬春の交、水蟲孕育し、捕魚の器、川沢に施さず。春夏の交、陸禽孕育し、餧獣の薬、原野に入らず。夏苗の盛、蹂藉すること得ざれ。秋実の登、焚燎すること得ざれ。虎・豹・豺《さい》（山いぬ）狼の害の若きは、則ち其の時に拘らず、檻（餌を置いた檻）穽《せい》（落とし穴）を為《つく》るを聴《ゆる》し、獲れば則ち之を賞し、大小もて差有り。

とある。唐代に虎・豹を退治するため、季節の制限なく、罠が所々に仕掛けることが公認され、賞金までが出た。唐代の山野には、人間に危害を加えるほど虎や豹は生息していたのである。

右の記事の後に細字で次の記事がある。

諸有猛獣［之］處、聴作檻穽射窠（窩に同じ）等、得即［送於］官。毎一［頭］賞絹四匹、［捕］殺豹及狼、毎一［頭］賞絹一匹。若在牧監内獲豺、亦毎一［頭］賞絹一匹、子各半匹。

諸《すべ》て猛獣有るの處、檻・穽《せい》・射窠《しゃこう》（巣を弓で射る装置）等を作るを聴す。得れば即ち官に送れ。［虎は］一頭毎《ごと》に絹四匹を賞し、豹及び狼を捕殺せば、一頭毎に絹一匹を賞す。若し牧監内に在りて豺を獲ば、亦た一頭毎に絹一匹を賞し、子は各々半匹。

右の「諸有猛獣之處、………」は唐の雑令である＊＊。絹一匹は幅一・八尺（一尺＝〇・三米）・長さ一〇尺であるから、四匹はその四倍の長さ、約一二米の長さとなる。絹一匹の価格は五〇〇文ほどであるから、虎を捕らえれば銭二貫となる計算になる＊＊。ちなみに唐代の成人男子の労働は一日三三文で、男子の全課役は日数に換算すると五〇日である。虎一匹の捕獲報酬は二〇〇〇銭ほどであるから、虎一匹の捕獲は全課役以上の価値があることになる。

豹に関しては、『新修本草』獣禽部巻第一五「獣中」豹肉の註に、豹至希有、為用亦鮮。唯尾可貴。　豹至ること希有にして、為用すること亦た鮮《すくな》し。唯だ尾は貴とすべし。

とあり、餘り使用されなかった。しかし、豹尾は用途があった。車駕の鹵簿《ろぼ》用として、豹尾を土貢として貢納した州がある。『新唐書《しんとうじょ》』巻三九地理志・忻州定襄郡に「土貢、麝《じゃ》香・豹尾」とあり、『新唐書』巻三九地理志・代州鴈門郡に「土貢、蜜青・碌彩・麝香・豹尾・白鵰《ちょう》（白い大鷲）羽」とあり、『新唐書』巻三九地理志・朔州馬邑郡に「土貢、白鵰羽・豹尾・甘草」とあり、『新唐書』巻三九地理志・蔚州興唐郡に「土貢、熊鞹《かく》（毛のない熊皮）・豹尾・松実」とあり、『新唐書』巻三九地理志・営州柳城郡に「土貢、人葠《しん》（葠＝参）・麝香・豹尾・皮骨䯊《とつ》（不明）」とある。『通典《つてん》』巻六食貨典六賦税下・大唐の「天下諸郡毎年常貢」に「定襄郡。貢豹尾十枚。今忻州」とあり、忻州・定襄郡は土貢（土地の産物を貢納すること）として、年間一〇頭の豹を捕獲する必要があり、『通典』巻六食貨六賦税下・大唐の「天下諸郡毎年常貢」に「帰徳郡。貢豹尾三枚。今燕州」とあり、今の高句麗国境に近い燕州では、土貢（土地の産物を貢納）として年間三頭の豹を捕獲した。唐代では、虎や豹は入手可能な猛獣であった。正月に虎・豹を食べないという食忌は、森林地域・草原地域においては、荒唐無稽な食忌ではない。

＊　『備急千金要方』にいう「黄帝」は『漢書《かんじょ》』巻三〇藝文志に「神農黄帝食禁七巻」とある書であろうか。『隋書』経籍志や『旧《く》唐書《とうじょ》』経籍志・『新唐書』藝文《げいもん》志・『宋史』藝文志に「黄帝」の二字を冠する食経に関する書はない。また「黄帝」の二字を書名中に有する食経に関する書もない。「神農黄帝食禁七巻」が『隋書』経籍志に著録されないから、隋の時代には「神農黄帝食禁七巻」が散逸していたことにはならない。著録洩れということもある。『旧唐書』経籍志、『新唐書』藝文志、『太平御覧《ぎょらん》』巻首にある「経史図書綱目」（引用書一覧）に「神農黄帝食禁七巻」がないことは、一〇世紀の段階で「神農黄帝食禁七巻」は散逸していたと想定される。

＊＊　『大唐六典《りくてん》』巻七尚書工部・虞部郎中員外郎職掌の条の細字部分は、唐の「雑令」である。詳細は池田温「中国古代の猛獣対策法規」（『瀧川政次郎博士米寿記念「律令制の諸問題」』汲古書院　一九八四）を参照。唐の「雑令」の復元に関しては、池田

温編『唐令拾遺補』八五九頁を参照。池田温氏は右の「雑令」が『大唐六典』に記載されていることによって、開元七年「雑令」とされる。玄宗皇帝御撰の『大唐六典』に、注を加えた代表者は李林甫である。注とは『大唐六典』の細字部分のことではないのか。注を加えた時に開元二五年令が完成しているのにもかかわらず、わざわざ古い開元七年「雑令」に注記するものであろうか。もっとも、この「雑令」は開元七年と開元二五年令が同文であった可能性が高い。しかし、同文であるから『大唐六典』の「雑令」が開元七年「雑令」ということにはならないであろう。

＊＊＊　絹と銭の換算は、日野開三郎『唐代租庸調の研究　1　色額篇』（自家版　一九七四）六四八頁以下を参照。

## 10　韮《にら》の羹を食べない

正月、韮始青、可以食。凡韮不可以作羹。食損人。作薤佳。凡作薤、必先削一所、地去上一寸土取。韮不洗、便投沸湯中、漉出鋪所、削新土上。良久、然後入水淘択。（『養生月覧』巻上・正月に引用する『千金月令』）

正月、韮《きゅう》始めて青し、以て食らうべし。凡《すべ》て韮以て羹を作るべからず。食らわば人を損なう。薤《かい》（らっきょう）を作るは佳し。凡て薤を作るに、必ず先ず一所を削り、地より上一寸の土を取り去る。韮は洗わず、便ち沸湯の中に投じ、漉して鋪所に出し、新土の上を削る。良《やや》久しくして、然る後に水に入れ淘択す＊。

＊　『千金月令』は『新唐書《しんとうじょ》』巻五九藝文《げいもん》志・農家類に「孫氏千金月令　孫思邈《ばく》」とある。孫思邈は『旧唐書《くとうじょ》』巻一九一方伎伝、『新唐書』巻一九六隠逸伝、『雲笈七籤』巻一一三に伝記があり、京兆府華原県の人で、生年に関しては色々疑問があるが、七世紀前半に生きた人としてよいであろう。『旧唐書』巻一九一方伎伝の孫思邈伝は、本節三月の「一日、肉と五辛を食べない」に全文を示している。『千金月令』に関しては、守屋美都雄『中国古歳時記の研究』（帝国書院　一九六三）を参照。

明の徐光啓の『農政全書』巻二七樹藝蓏《ら》部に、

千金月令云、冬至日、取葫蘆、盛葱根茎汁、埋于庭中。夏至発開、尽為水。以漬金玉銀石青各三分、自銷暴乾、如飴。可休糧、久服。名曰金夜（夜＝液）漿。

「千金月令」に云わく、「冬至の日、葫蘆を取り、葱根茎汁を盛り、庭中に埋む。夏至に発開せば、尽《ことごと》く水と為る。以て金玉・銀石・青 各《おのおの》三分を漬け、自ずと暴乾を銷《け》すこと、飴の如し。糧を休め、久しく服すべし。名づけて金液漿と曰う」と。

とあるが、『農政全書』（一七世紀に完成）の時代まで、『千金月令』の完本が存在したのであろうか。

## 11　薤《らっきょう》の羹を食べる

史料は前項の「韮《きゅう》（にら）の羹を食べない」に示した『養生月覧』巻上・正月に引用する『千金月令』にある。『養生月覧』は『四庫全書』未収本であり、中国では散逸した書である。『養生月覧』は南宋の嘉定一五年（一二二二）に周忠文が『養生雑纂』の附篇として完成させた書であり、その書には現在は散逸した書が多数引用され、貴重な知見を提供している。『養生月覧』は内閣文庫に二種類の手写本がある＊。本書の附録一（四四九頁以下）を参照。

＊『養生月覧』に関しては、守屋美都雄『中国古歳時記の研究』（帝国書院　一九六三）を参照。

## 12　未熟な果実を食べない

養生方云、秋三月、此謂容平。………（中略）………。［養生方］又云、正月、勿食未成核果及桃棗。発癰癤、不爾発寒熱、変黄疸。又為泄痢。（『巣氏諸病源候総論』巻一七痢病諸候・水穀痢候）

「養生方」に云わく、「秋三月、此れを容平と謂う。………（中略）………」と。「養生方」に又た云わく、「正月、未だ成らざる核果及び桃・棗を食らうこと勿れ。癰癤《ようせつ》（はれもの）を発し、爾《しか》らざれば寒熱（周期的に悪寒と発熱を繰り返す病。マラリア）を発し、黄疸《おうだん》に変る。又た泄痢を為す」と。

正月に未熟な果実が存在するものであろうか。桃は夏の果実であり、棗も秋までの果実である。正月に未熟な桃を食べることはできない。この食忌は無意味であり、問題のある史料である。

八世紀の王燾《とう》の『外臺秘要方』巻二五水穀痢方に、

養生方云、秋三月、此謂容平。………（中略）………。［養生方］云、五月、勿食未成核果及桃李。発癰癤、不爾発寒熱、変黄疸。又為洩痢。出第一七巻中。

「養生方」に云わく、「秋三月、此れ容平と謂う。………（中略）………」と。「養生方」に又た云わく、「五月、未だ成らざる核果及び桃・李を食らうこと勿れ。癰癤《ようせつ》を発し、爾《しか》らざれば寒熱を発し、黄疸《おうだん》に変る。又た洩痢を為す」と。第一七巻中に出ず。

とある。『外臺秘要方』は『巣氏諸病源候総論』巻一七痢病諸候・水穀痢候の記事をみて、記事を引用したが、その記事は「五月」と明記されていた。

正月に「未だ成らざる核果及び桃・棗」はないから、現行本『巣氏諸病源候総論』の「正月」は「五月」の誤写である。『巣氏諸病源候総論』が転写されていく過程で、「五月」が「正月」と誤写されたのである。天宝一一載（七五二）に『外臺秘要方』は完成したが、そのころの『巣氏諸病源候総論』には「五月」とあった。したがって、天宝一一載以降、『巣氏諸病源候総論』が転写されていく過程で、「五月」が「正月」と誤写されたことになる。正月が誤写であるから、正月に「未熟な果実を食べない」という項目は存在しないことになる。

### 13　正月の月建の日に、雄の鴙《きじ》肉を食べない

［本草食禁］又云、月建日、勿食雄鴙肉。傷人神。（『医心方』巻第二九・日食禁）

「本草食禁」又た云わく、「月建の日、雄の鴙肉を食らうこと勿れ。人神を傷《そこな》う」と*。

月建の「建」とは、北斗七星の柄の部分の三星を斗柄といい、斗柄の延長部分を「建（おざす）」という。北斗七星

の斗柄が初昏に寅の方位を指すことを建寅という。夏王朝は建寅の月を正月とした。戦国時代の各国は夏王朝の後継者であるという意味を込めて、夏王朝の夏暦を採用し、始皇帝の二六年（前二二一）から前漢の太初元年（前一〇四）の太初暦の採用まで、歳首を正月ではなく一〇月としたが、正月建寅は始皇帝の時代も変化していない。太初暦の採用以降、歴代王朝は夏暦の夏正を採用した。夏暦の正月は寅であるから、正月の「月建の日」とは「寅の日」のことで、この日に「雄の鴆肉を食べない」ことをいうものである。

＊「本草食禁」に関しては、正月「5　肉を食べない」に解説している。

## 二　二月の食忌と食宜

### 1　寅の日、魚を食べない

本草食禁云、二月寅日、食［魚］、不吉。（『医心方』巻第二九・月食禁）

「本草食禁」に云わく、「二月寅の日、魚を食らうは、吉ならず」と＊。

孫思邈《ばく》の『備急千金要方』巻八〇食治・鳥獣第五・鯽《そく》魚（ふな）には「二月寅日」を「二月庚寅日」とする。

二月庚寅日、勿食魚。大悪。　二月庚寅の日、魚を食らうこと勿れ。大いに悪し。

一五世紀前半の『普済方』巻二五七食治門・総論に「二月庚寅日、勿食魚。大悪」とあるが、この記事は『備急千金要方』の再録である可能性が大であり、「庚寅日」が正解とすることはできない。

日本の『拾芥抄《しゅうがいしょう》』巻三九養生方の「十二月食禁物」の二月の条に「寅日、不食魚」とある。これは『医心方』巻第二九・月食禁の記事を写した可能性が大であるから、『医心方』は「寅日、不食魚」とあったことが確認できる。

＊「本草食禁」に関しては、正月「5　肉を食べない」に解説している。

### 2　九日　魚と鼈《べつ》を食べない

「本草食禁」、又云、二月九日、食魚鼈、傷人寿。（『医心方』巻第二九・月食禁）

「本草食禁」に、又た云わく、「二月九日、魚・鼈（すっぽん）を食らわば、人寿（寿命）を傷《そこな》う」と＊。

『医心方』の引用する『本草食禁』では、二月九日に魚・鼈を食べれば、命に関わることとなると警告する。

輯復本『唐・新修本草』（安徽科学技術出版社　一九八一）を通覧すると「食禁」という項目は存在しない。また『経史證類大観本草』を見ても「食禁」という項目はなく、「二月九日、食魚鼈、傷人寿」という記事もない。

＊「本草食禁」に関しては、正月「5　肉を食べない」に解説している。

### 3　九日　鮮魚を食べない

九日、勿食鮮魚。仙家大忌。（唐の韓鄂《かんがく》の『四時纂要』二月・食忌）

九日、鮮魚を食らうこと勿れ。仙家（仙人を志す熱心な道教信者）大いに忌む。

また一四世紀の泰定乙丑《いっちゅう》（一三二五）版『事林広記』辛集巻六薬忌門「十二月食忌」の二月にも次のようにある。

初九日、勿食魚。仙家大忌。　初の九日（月の最初の九日）、魚を食らうこと勿れ。仙家大いに忌む。

これは『四時纂要』の記事を再録したことは明らかである。

『四時纂要』以前の文献に「九日に鮮魚を食べることを忌む」という記事はないから、この食忌は九世紀ころに開始された食忌であろう。

### 4　鶏子（鶏卵）を食べない

二月、勿食鶏子。令人常悪心。（『備急千金要方』巻八〇食治・鳥獣第五・丹雄鶏肉）

二月、鶏子（鶏卵）を食らうこと勿れ。人をして常に悪心ならしむ。

九世紀末の韓鄂《かんがく》の『四時纂要』二月・食忌にも「勿食鶏子。令人常悪心」と同文があり、一三世紀の『養生月覧』巻上・二月に、孫思邈《ばく》（？～六八二）の『千金方』を出典として、

勿食鶏子。令人常悪心。千金方。　鶏子を食らうこと勿れ。人をして常に悪心ならしむ。「千金方」。

とあり、泰定乙丑（一三二五）版『事林広記』辛集巻六薬忌門「十二月食忌」の二月にもある。

食鶏子、［令人］悪心。　鶏子を食らわば、人を悪心ならしむ。

この食忌は孫思邈《ばく》の『千金方』に初出する食忌であるから、七世紀に成立した食忌であろう。

＊　『千金方』と『備急千金要方』の関係は凡例に述べている。『養生月覧』は、出典を『千金方』としているから、『養生月覧』は『備急千金要方』ではなく、『千金方』を覧たのである。

### 5　韮《きゅう》を食べるべし

二月三月、宜食韮。大益人心。（『備急千金要方』巻七九食治・菜蔬第三・韮）

二月・三月、宜しく韮（にら）を食らうべし。大いに人の心を益す。

一三世紀の『養生月覧』巻上・二月に、孫思邈（？～六八二）の『千金方』を出典として次のようにある。

宜食韮。大益人心。同上（千金方）。　宜しく韮を食らうべし。大いに人心を益す。上に同じ（「千金方」）。

この食忌は孫思邈の『千金方』に初出する食忌であるから、七世紀に成立した食忌であろう。

## 6　蓼《たで》を食べない

二月、勿食蓼。傷人腎。（後漢の張機の『金匱要略方論』巻下「菓実菜穀禁忌并治第二五」）

二月、蓼（タデ科イヌタデ属の総称。狭義にはヤナギタデを指す）を食らうこと勿れ。人の腎を傷《そこな》う。

八世紀の王燾《とう》の『外臺秘要方』巻三一解飲食相害成病百件に「張文仲」とあり、その細字註に次のようにある。

謹按仲景方云、………（中略）………。二月、勿食蓼。

謹んで「仲景方」を按ずるに云わく、「………（中略）………。二月、蓼を食らうこと勿れ」と。

張文仲（?～七〇〇）は『旧唐書《くとうじょ》』巻一九一方技伝と『新唐書《しんとうじょ》』巻二〇四方技伝に列伝がある医官である。『外臺秘要方』と張文仲の関係は、本章正月の「7　生葱を食べない」において述べた。『外臺秘要方』に「張文仲」とあり、それに続く右の「二月、勿食蓼。………」の記事は、張文仲の『隨身備急方』の記事を引用したと判断してよい。『外臺秘要方』は右のような要領で、「張文仲。………」を引用することが時々あるが、このような場合は、張文仲の記事を引用していると判断してよい。

孫思邈《ばく》（?～六八二）の『備急千金要方』巻七九食治・菜蔬第三・蓼に、

二月、勿食蓼。傷人腎。扁鵲云、蓼久食、令人寒熱、損骨髄、殺丈夫、陰気少精。

二月、蓼を食らうこと勿れ。人の腎を傷《そこな》う。「扁鵲《へんじゃく》」に云わく＊、「蓼久しく食らえば、人をして寒熱（周期的に悪寒と発熱を繰り返す病。マラリア）せしめ、骨髄を損ない、丈夫（一人前の男子）を殺し、気を陰《くら》くし精を少なくせしむ」と。

また九世紀末の韓鄂《かんがく》の『四時纂要』二月・食忌にも次のようにある。

是月、勿食蓼。傷腎。　是の月、蓼を食らうこと勿れ。腎を傷う。

＊「扁鵲《へんじゃく》」は人名。戦国時代（前四〇三〜前二二一）の人で、中国の医聖といわれる。『史記』巻一〇五に扁鵲伝がある。旧の姓名は秦・越人という。後に扁鵲といわれるようになった。『漢書』藝文志に『扁鵲内経』九巻・『扁鵲外経』一二巻が著録されている。『扁鵲内経』と『扁鵲外経』は『隋書』経籍志に著録がない。であるのに、孫思邈の『備急千金要方』は、この箇所だけでなく『扁鵲経』を多く引用している。これはどういうことであろうか。考えるに、『隋書』経籍志に著録がないのは、『隋書』編纂の時に記録洩れとなっただけのことで、『扁鵲内経』・『扁鵲外経』は民間に存在していたのであろう。

## 7　兎の肉を食べない

二月、勿食兎肉、傷人神気。（『備急千金要方』巻八〇食治・鳥獣第五・兎肝）

二月、兎の肉を食らうこと勿れ、人の神気（精神）を傷《そこな》う。

大観二年（一一〇八）に完成した『経史證類大観本草』巻一七獣部・中品「兎」の「食療」の註に「二月、食之（兎のこと）傷神」とあり、九世紀末の韓鄂《かんがく》の『四時纂要』二月・食忌に、

［是月］、勿食兎。傷［人］神［気］。　是の月、兎を食らうこと勿れ。人の神気を傷《そこな》う。

とあり、泰定乙丑《いっちゅう》版『事林広記』辛集巻六薬忌門「十二月食忌」の二月に「二月、勿食兎、傷神」とある。

## 8　生の冷たいものを食べない

二月之節、不可食生冷。千金月令。（『養生月覧』巻上・二月）

二月の節、生冷（生の冷たいもの）を食らうべからず。「千金月令」。

この記事に対応する他の文献はない。今は散逸した唐の孫思邈《ばく》（？〜六八二）の『千金月令』独自の記事であったのであろう。一三世紀の周忠文の『養生月覧』は、現在は散逸している文献を引用する点において貴重である。

＊『千金月令』は唐の孫思邈《ばく》の撰になり、『新唐書《しんとうじょ》』巻五九藝文志農家類に「孫氏千金月令三巻　孫思邈」とある。『千金月令』に関しては、守屋美都雄『中国古歳時記の研究』（帝国書院　一九六三）を参照。

### 9　小蒜《さん》（のびる）を食べない

張文仲、…………二月、勿食小蒜。（『外臺秘要方』巻三一解飲食相害成病百件）

張文仲（?～七〇〇）、…………二月、小蒜を食らうこと勿れ。

羅願（一一三六～一一八四）の『爾雅翼』巻五釈草・葫《こ》に、

蒜有大小、大蒜為葫、小蒜為蒜。　蒜《さん》に大小有り、大蒜《おおびる》を葫《こ》と為し、小蒜を蒜《のびる》と為す。

とあり、蒜に大小があり、大蒜を葫・葫蒜という。葫・葫蒜は「にんにく」である。小蒜は蒜ともいい、中国原産の蒜で、小蒜・蒜は「のびる（野蒜）」である。

右の記事は、八世紀の王燾《とう》の『外臺秘要方』巻三一解飲食相害成病百件に、「張文仲」と明記して所載される。張文仲（?～七〇〇）と『外臺秘要方』の関係は、本章正月の「7　生葱を食べない」に述べた。右の記事はもともと張文仲の『隨身備急方』にあり、『外臺秘要方』がそれを引用したものである。『外臺秘要方』は右のような要領で、「張文仲、………」とある記事を引用することがあるが、このような場合は、すべて張文仲の『隨身備急方』の記事を引用していると判断してよい。

### 10　陰地の流水・泉水を飲まない

［養生要集］二月、又云、行久遠、行途中、勿飲陰地流泉水。夏発瘧久、喜作噎、損脾。令人咳嗽少気、不能息。

（『医心方』巻第二九・月食禁）

「養生要集」の二月に、又た云わく、「久遠に行き、行途の中、陰地の流［水・陰地の］泉水を飲むこと勿れ。夏に瘧（一定の期間をおいて発熱する病・マラリヤ）を発すること久しく、喜《よ》く噎《いつ》（しゃくり）を作し、脾（脾臓）を損なう。人をして咳嗽し、少気にせしめ、息すること能《あた》わず」と。

また大観二年（一一〇八）の『経史證類大観本草』巻五玉石部・下品の末尾にある「陰地流泉」にも、
二月八月、行途之間、勿飲之。令人夏発瘧瘴、又損脚令軟。

二月・八月、行途の間、之を飲むこと勿れ。人をして夏に瘧瘴（周期的に悪寒と発熱を繰り返すという特徴をもつ病。マラリア）を発し、又た脚を損ない軟《よわ》くせしむ。

とあって、『養生要集』二月と同じことをいう。

『本草綱目』巻五水之一・諸水有毒にもある。

陰地流泉有毒。二八月、行人飲之、成瘴瘧、損脚力。

陰地の流［水］・泉［水］毒有り。二・八月、行人之を飲めば、瘴瘧（瘧瘴に同じ）を成し、脚力を損なう。

## 11　二月の月建の日に、雄の鴙《きじ》肉を食べない

［本草食禁］又云、月建日、勿食雄鴙肉。傷人神。（『医心方』巻第二九・日食禁）
「本草食禁」又た云わく、「月建の日、雄の鴙肉を食らうこと勿れ。人神を傷《そこな》う」と＊。
「月建」に関しては、本書六〇頁の正月「13　正月の月建の日に、雄の鴙肉を食べない」に述べた。夏暦の二月の月建は一二支の卯であるから、二月の「月建の日」とは「卯の日」であり、二月の卯の日に「雄の鴙肉を食べない」ことをいう。

＊　「本草食禁」に関しては、本節の正月「5　肉を食べない」に解説している。

## 三　三月の食忌と食宜

### 1　一日　肉と五辛を食べない

枕中方云、三月一日、勿食一切肉及五辛。（『医心方』巻第二九・月食禁）

「枕中方」に云わく、「三月一日、一切の肉及び五辛（大蒜《だいさん》（にんにく）・小蒜（のびる）・韮《きゅう》菜（にら）・芸《うん》臺（あぶら菜）・胡荽《こすい》（こえんどろ））を食らうこと勿れ」と。

『医心方』は『枕中方』という書を引用しているが、唐の陸羽（『新唐書《しんとうじょ》』巻一九六）の『茶経』七「茶之事」に、

枕中方、療積年瘻、苦茶蜈蚣並炙、令香熟、等分搗篩、煮甘草湯、洗以末傅之。

「枕中方」に、「積年の瘻（首のまわりの腫れもの）を療すに、苦茶・蜈蚣《ごしょう》（ムカデ　呉公ともいう）並びに炙り、香熟せしめ、等分に搗《ひ》き篩《ふる》いて、甘草湯を煮て、洗いて［粉］末を以て之に傅《つ》く」と。

とあり、陸羽以前（八世紀中葉以前）に『枕中方』は存在していた（布目潮渢著『茶経詳解』淡交社　二八六頁参照）。

『四庫全書総目』巻一四七子部五七・道家類存目に、

枕中書一巻　江蘇巡撫採進本。旧本題晋葛洪撰。考隋唐宋藝文志、但有墨子枕中記及枕中素書而、無葛洪枕中書。

「枕中書」一巻　江蘇巡撫採進本。旧本は「晋の葛洪撰す」と題す。隋・唐・宋の藝文志を考うに、但だ「墨子枕中記」及び「枕中素書」有りて、葛洪の「枕中書」なし。

とある。大観二年（一一〇八）の『経史證類大観本草』巻六草部・上品之上「天門冬」に、

孫真人枕中記、天門冬末、服方寸匕、日三無間、山中人間恒勿廢。久服益若、釀酒服之、去癥瘕。………

孫真人の「枕中記」に、「天門冬末（ユリ科のクサスギカズラの根を乾燥し、粉末にしたもの）、服すこと方寸（一辺三糎）の匕《ひ》（匙）、日に三たび間なく、山中の人間《じんかん》恒に廃すこと勿れ。久しく服さば若さを益し、酒を醸し之を服さば、癥瘕《ちょうか》（腹中のしこり病）を去る」と。………

とあり、『枕中記』は孫真人すなわち孫思邈《ばく》（?～六八二）が編纂した書であるという。『旧唐書《くとうじょ》』巻一九一孫思邈伝に、孫思邈は『枕中素書』を著作したといい、『太平広記』巻二一神仙二一・孫思邈には『枕中素書』の著述をいい、『新唐書《しんとうじょ》』巻五九藝文志《げいもんし》・神仙に「枕中素書一巻」とある。『枕中方』は『枕中素書』もしくは『枕中記』の處方部分の言い換えである可能性が高い。

唐の孫思邈は『旧唐書』巻一九一と『新唐書』巻一九六に列伝がある。『旧唐書』の列伝は次のようである。

孫思邈、京兆華原人也。七歳就学、日誦千餘言。弱冠、善談荘老及百家之説、兼好釈典。洛州総管独孤信見而歎曰、此聖童也。但恨其器大、難為用也。周宣帝時、思邈以王室多故、乃隠居太白山。隋文帝輔政、徴為国子博士、称疾不起。嘗謂所親曰、過五十年、当有聖人出、吾方助之以済人。及太宗即位、召詣京師、嗟其容色甚少、謂曰、故知有道者誠可尊重、羡門広成、豈虚言哉。将授以爵位、固辞不受。顕慶四年、高宗召見、拝諫議大夫、又固辞不受。上元元年、辞疾請帰。特賜良馬及鄱陽公主邑司［宅］以居焉。当時知名之士宋令文孟詵盧照鄰等、執師資之礼、以事焉。………（中略）………。思邈自云、開皇辛酉歳生、至今年九十三矣。詢之郷里、咸云数百歳人、話周斉間事、歴歴如眼見、以此参之、不啻百歳人矣。然猶視聴不衰、神采甚茂、可謂古之聡明博達不死者也。初魏徴等受詔、脩斉梁陳周隋五代史、恐有遺漏、屢訪之、思邈口以伝授、有如目覩。東臺侍郎孫處約将其五子侹儆俊佑佺、以謁思邈。思邈曰、俊当先貴、佑当晩達、佺最名重、禍在執兵。後皆如其言。太子詹事盧斉卿童幼時、請問人倫之事。思邈曰、汝後五十年位登方伯、吾孫当為属吏、可自保也。後斉卿為徐州刺史、思邈孫溥果為徐州蕭県丞。思邈初謂斉卿之時、溥猶未生、而預知其事。凡諸異迹、多此類也。永淳元年卒、遺令薄葬、不蔵冥器、祭祀無牲牢。経月餘、顔貌不改、挙屍就木、猶若空衣、時人異之。自注老子荘子、撰千金方三十巻、行於代。又撰福禄論三巻、摂生真録及枕中素書会三教論各一巻。子行、天授中、為鳳閣侍郎。

孫思邈《ばく》、京兆華原（京兆府華原県）の人なり。七歳にして学に就き、日誦すること千餘言。弱冠（元服前）にして、善く荘老及び百家の説を談じ、兼ねて釈典（仏典）を好む。洛州総管の独孤《どっこ》信（『周書《しゅうじょ》』巻一六）見《まみ》え歎じて曰わく、「此れは聖童なり。但だ其の器大なるも、用を為し難きを恨むなり」と。周の宣帝（在位五七八～五七九）の時、思邈は王室多故を以て、乃《すなわ》ち太白山（長安の西、岐州郿《び》県にあり）に隠居す。隋の文帝輔政し、徴《め》して国子博士と為すも、疾と称して起きず。嘗て所親に謂いて曰わく、「五〇年を過ぎ、当《まさ》に聖人の出ずる有り、吾方《まさ》に之を助け以て人を済《すく》うべし」と。太宗即位するに及んで、召して京師に詣《いた》らしむに、其の容色甚だ少《わか》きに嗟し（感嘆すること）、謂いて曰わく、「故の有道を知る者は、誠に尊重するべし、羨門《せんもん》の広成（古の仙人の広成）、豈に虚言ならんや」と。将《まさ》に授けるに爵位を以てするに、固く辞して受けず。顕慶四年（六五九）、高宗召見し、諫議大夫を拝せしめんとするに、又た固く辞して受けず。上元元年（六七四）、疾と辞して帰らんと請う。特に良馬及び鄱《は》陽《よう》公主の邑司の宅（鄱陽公主邑司は鄱陽公主府を主宰する官人。『長安志』によれば、鄱陽公主邑司宅は長安の光徳坊にあったする。鄱陽公主は高祖皇帝か太宗文皇帝の皇女であろうが、唐代文献にその名はない）を賜い、以て居らしむ。当時知名の士の宋令文（宋之問の父）孟詵《もうせん》（『旧唐書』巻一九一方技伝。『食療本草』三巻の著者、『医心方』に頻出する『食経』の著者）盧照鄰（『旧唐書《くとうじょ》』巻一九〇上・文苑上）ら、師資（『春秋穀梁伝』巻九僖公三三年冬十有二月に「注釈曰、師者教人、以不及。故謂師為師資也（注釈して曰わく、師は人を教え、及ばざるを以《おも》う。故に師を謂いて師資と為すなり）」とある）の礼を執り、以て事《つか》う。………（中略）………。思邈自ら云わく、「開皇辛酉の歳（開皇二一年・仁寿元年・六〇一）に生れ、今に至り年九三」と。之を郷里に詢《と》うに、咸な云わく「数百歳の人」と*。周・斉（北周・北斉）の間の事を話すに、歴歴として眼で見るが如く、此れを以て之を参ずるに、百歳の人に啻《ただ》ならず。然れども猶お視聴衰えず、神采甚だ茂なりて、古の聡明博達不死の者と謂うべきなり。初め魏徴ら詔を受け、斉・梁・陳・周・隋の「五代史」を脩むるに、遺漏有るを恐れ、屢《しば》しば之に訪ね、思邈《ばく》口づてに以て伝授し、目覩の如く有り。東臺侍郎（門下侍郎＝門下省次官）の孫処約は其の五子の侹・儆・俊・佑・佺を将《ひき》い、以て思邈に謁す。思邈曰わく、「俊は先貴に当たり、佑は晩達に当たり、佺は最も名重じられ、禍は執兵に在り」と。後に皆な其の言の如し。太子詹事の盧斉卿童幼の時、請いて人倫の事を問う。思邈曰わく、「汝は後五〇年して位は方伯（諸侯の上に位置する官）に登り、吾が孫は当に属吏と為るべし、自ら保つべきなり」と。後に斉卿は徐州刺史と為り、思邈の孫・溥《ふ》は果して徐州蕭県の丞（県の通判官）と為る。思邈初めて斉卿に謂うの時、溥は猶お未《いま》だ生れず、而して其の事を預知す。凡《すべ》て諸《もろもろ》の異迹、多きこと此《かく》の類なり。永淳元年（六八二）卒し、薄葬し、冥器（埋葬用の陶磁器や石製の器物　当時まだ唐三彩はない）を蔵さず、祭祀に牲牢なきを遺令（遺言して命令すること）す。月餘を経て、顔貌改まらず、屍を挙げ木に就けるに、猶お空衣の若し、時人之を異とす。自ら「老子」「荘子」を注し、「千金方」（一〇六六年に『備急千金要方』と書名変更となる）三〇巻を撰（撰は述作）し、代（＝世）に行わる。又た「福禄論」三巻を撰し、「摂生真録」及び「枕中素書」「会三教論」各々一巻。子の行は、天授中（六九〇～六九二）、鳳閣侍郎（中書侍郎＝中書省通判官＝次官）と為る。

＊孫思邈の年齢に関して、孫思邈は独孤信と出会ったことがあると『旧唐書』の孫思邈伝にある。独孤信は五〇二～五五七の人であるから、孫思邈は五五七年以前に生まれていたことになり、一三〇歳以上の寿であったことになる。一方、列伝には「開皇辛酉歳（開皇二一年・仁寿元年・六〇一）に生れ、今に至り年九三」とあるから、年齢は六〇一年生まれ、六八二年に卒しているから、八〇の寿であったことになる。

## 2　三日　鳥獣・五辛を食べない

三月三日、勿食鳥獣五臓及一切果菜五辛等物、大吉。（『備急千金要方』巻八〇食治・鳥獣第五・狐陰茎）

三月三日、鳥獣の五臓及び一切の果菜・五辛（大蒜《だいさん》・小蒜・韮《きゅう》菜（にら）・芸《うん》臺（あぶら菜）・胡荽《こすい》（こえんどろ。今の香菜・コリアンダー））らの物を食らうこと勿らば、大いに吉。

また『医心方』巻第二九・月食禁に次のようにある。

又［崔禹錫食経］云、三月三日、食鳥獣及一切菓菜五辛、傷人。

又た崔禹錫の「食経」に云わく、「三月三日、鳥獣及び一切の菓菜（果実と野菜）五辛（大蒜《さん》・小蒜・韭《きゅう》菜・芸《うん》臺・胡荽《こすい》）を食らわば、人を傷《そこな》う」と＊。

三月三日に野菜を禁止する記事は、八世紀の王燾《とう》の『外臺秘要方』巻三一解飲食相害成病百件に、

張文仲、…………三月三日四月八日、勿食百草。

張文仲、…………三月三日・四月八日、百草（全ての野菜）を食らうこと勿れ。

とある。張文仲（?～七〇〇）は七世紀後半の医官であり、『旧唐書《くとうじょ》』巻一九一方技伝と『新唐書《しんとうじょ》』巻二〇四方技伝に列伝があり、『新唐書』巻五九藝文志・医術類に「張文仲　随身備急方三巻」と医書を著録する。

張文仲は七〇〇年に尚薬奉御（正五品下　殿中省尚薬局の長官）で卒しており、王燾の『外臺秘要方』には天宝一一載（七五二。天宝三年正月丙辰朔より、「年」を「載」と改称する）の自序があるから、『外臺秘要方』が『随身備急方』から記事を引用することは可能である。『外臺秘要方』に張文仲とあり、それに続く「三月三日・四月八日、勿食百草」の記事は、張文仲の『随身備急方』の記事としてよい＊＊。

類似する記事は、九世紀の段成式の『酉陽雑俎《ゆうようざっそ》』巻一一広知に、

三月三日、不可食百草心。　三月三日、百草の心（心は芯に同じ）を食らうべからず。

とあり、九世紀末の韓鄂《かんがく》の『四時纂要』三月・食忌にも、

勿食鳥獣五臓及百草、仙家大忌。

鳥獣の五臓及び百草を食らうこと勿れ、仙家（仙人を志す熱心な道教信者）大いに忌む。

とあり、一三世紀の『養生月覧』巻上・三月にも、孫思邈《ばく》の『千金方』（『備急千金要方』の初名）を引用して、

三月三日、勿食鳥獣五臓及一切果菜五辛等物。大吉。千金方。

三月三日、鳥獣の五臓及び一切の果菜（果実・野菜）五辛等の物を食らうこと勿らば、大いに吉なり。「千金方」。

とあり、また『養生月覧』巻上・三月には、王燾《とう》の『外臺秘要方』を出典として

三月三日、勿食百草。外臺秘要方。　三月三日、百草を食らうこと勿れ。「外臺秘要方」。

とあるが、『外臺秘要方』は張文仲の『随身備急方』から引用していることは、前述した通りである。

『歳時広記』巻一八上巳（じょうし）・上に、

養生必用、三月三日、勿食鳥獣五臓及一切果品蔬菜五辛、大吉。

「養生必用」に、「三月三日、鳥獣の五臓及び一切の果品・蔬菜・五辛を食らうこと勿れば、大いに吉」と。

とあるが、これは『養生必用』が『千金方』の記事を再録したものである＊＊＊。

泰定乙丑（一三二五）版『事林広記』辛集巻六薬忌門「十二月食忌」の三月にも次のようにある。

勿食鳥獣五臓及百草。仙家大忌。

鳥獣の五臓及び百草を食らうこと勿れ。仙家大いに忌む。

＊　五辛に関して、『荊楚歳時記』元日の条に所引の周處の『風土記』に、

周處風土記曰、元日造五辛盤、正月元日、五薫錬形。注、五辛所以発五蔵之気、即大蒜小蒜韭菜芸臺胡荽是也。

周處の「風土記」に曰わく、「元日に五辛盤を造り、正月元日、五薫錬形す」と。注に、「五辛は五蔵の気を発する所以、即ち大蒜《だいさん》（にんにく）小蒜（のびる）韭《きゅう》菜・芸《うん》臺・胡荽《こすい》（こえんどろ。コリアンダー）是れなり」と。

とあり、大蒜《たいさん》・小蒜・韮《きゅう》菜・芸薹《うんたい》・胡荽《こすい》とする。唐代の五辛も同様と断定できないが、一三世紀の王応麟の『小学紺珠』巻一〇器用類・五菜の細字註に「五辛之盤、大小蒜・韭・芸薹・胡荽。歳時広記（一〇世紀の徐鍇《じょかい》の書。現在は散逸）」とあるから、三世紀末の『風土記』と同じ五辛盤と考えてよい。『本草綱目』巻二六菜部「五辛菜」の「集解」には、五辛菜を「葱・蒜・韭・蓼・蒿芥」とする。

** 張文仲の『随身備急方』と『外臺秘要方』に関しては、本節正月の「7 生葱を食べない」を参照。

*** 『養生必用』は『養生必用方』といい、北宋の初虞世が編纂した一六巻からなる養生書。

### 3 陳虀《ちんさい》を食べない

養生方云、三月、勿食陳虀。必遭熱病。（『巣氏諸病源候総論』巻九時気病諸候・熱病諸候・熱病候）

「養生方」に云わく、「三月、陳虀（陳は古い：古いあえもの）を食らうこと勿れ。必ず熱病に遭う」と。

『医心方』巻第二九・月食禁にも類似する記事がある。

養生要集云、三月、勿食陳虀。一夏必遭熱病、発悪瘡、得黄疸、口中饒唾。虀者蔓菁葅之属。

「養生要集」に云わく、「三月、陳虀を食らうこと勿れ。一夏に必ず熱病に遭い、悪瘡（でき物）を発し、黄疸を得、口中に唾饒《おお》し。虀とは蔓菁《まんせい》の葅《そ》（大根の漬け物）の属なり」と。

右の『巣氏諸病源候総論』と『医心方』の記事が類似することは注目するべきことである。両書の記事は正確には一致しない。これは両書のいずれかに引用の節略があるためであり、文言が完全に一致する必要はない。「養生方」は『養生要集』と書名は異なるが、同一書ではないかと疑う。

蔓菁は「かぶ」のこと、蕪菁《ぶせい》と同じ。六世紀前半の『斉民要術』巻三蔓菁第一八の細字註に、

爾雅曰、蕦葑蓯。注、江東呼為蕪菁、或為菘。菘蕦音相近、蕦則蕪菁。字林曰、蘴蕪菁苗也。乃斉魯云。広志云、

蕪菁、有紫花者白花者。

「爾雅」（紀元前二世紀ころに成立した辞書）に曰わく、「蕦《しゅ》は葑《ふう》（蕪菁）蓯《じゅう》（蕪菁）なり。注に、「江東（長江下流域）呼びて蕪菁《ぶせい》（かぶ）と為し、或いは菘《しょう》（かぶ）と為す」と。菘・蕦の音相い近し、蕦は則ち蕪菁なり。「字林」（南朝・宋の呂忱《しん》の撰、文字の訓詁を記す）に曰わく、「蘴《ほう》は蕪菁の苗なり。乃ち斉・魯（いずれも黄河下流域にあった国名）云う」と。「広志」（南朝の郭義恭の撰）に云わく、「蕪菁、紫花なるもの・白花なるもの有り」と。

とある。『爾雅』の註記によれば、蔓菁は江東（長江下流域）では、蕪菁というとある。『字林』によれば、斉魯（黄河下流域）では、蕪菁の苗を「蘴」という。蔓菁というのは黄河流域ということになる。

## 4　陳菹《ちんそ》を食べない

三月、不可食陳菹。（九世紀の段成式の『酉陽雑俎』巻一一広知）

三月、陳菹（古い漬け物）を食らうべからず。

三月、不得食陳菹、夏熱病、発悪瘡。

大観二年（一一〇八）に完成した『経史證類大観本草』巻一一草部・下品之下「諸草有毒」に、

三月、陳菹（ふるいつけもの）を食らうことを得ざれ。夏に熱病し、悪瘡《そう》（でき物）を発す。

とある。また『養生月覧』巻上・三月に、『経史證類大観本草』等々を出典として次のようにある。

三月、不得食陳菹。夏熱病、発悪瘡。本草。

三月、陳菹を食らうことを得ざれ。夏に熱病し、悪瘡を発す。「本草」

## 5　芹を食べない

崔禹錫［食経］云、三月、芹子不可食。有龍子、食之煞（殺の俗字）人。（『医心方』巻第二九・月食禁）

崔禹錫の「食経」に云わく、「三月、芹子を食らうべからず。龍子（蜥蜴《とかげ》）有り、之を食らわば人を煞《ころ》す」と。

右の『医心方』の記事を説明するのが、隋王朝の医官である巣元方が大業六年（六一〇）に述作した『巣氏諸病源候総論』巻一九蛟龍病候・蛟龍病にある、次の記事である。

蛟龍病者、云、三月八月、蛟龍子生、在芹菜上。人食芹菜、不幸随食入人、腹変成蛟龍。其病之状、発則如癲。

蛟龍病なるものとは、云わく、「三月・八月、蛟龍（蜥蜴）の子生れ、芹菜の上に在り。人 芹菜を食らい、不幸にして食に随い人の腹に入らば、蛟龍に変成す。其の病の状、発せば則ち癲《てん》（錯乱状態にあること）の如し」と。

すなわち、三月には蛟龍の子が生れ、芹菜の上にあるから、この月は蛟龍の子を摂取しないように留意するということであろう。一一世紀の陸佃の『埤《ひ》雅』巻一釈魚・蛟に次のように説明する。

蛟龍属也。其状似蛇、而四足細頸、頸有白嬰、大者数囲。

蛟は龍の属なり。其の状は蛇に似て、而して四足にして細頸、頸に白嬰（白い首飾り）有り、大なるものは数囲（数抱えの長さ）なり。

崔禹錫の『食経』という書名は『旧唐書《くとうじょ》』経籍志や『新唐書《しんとうじょ》』藝文志《げいもん》にはみえない。一〇世紀には、散逸書となっていたようである。寛平三年（八九一）に藤原佐世《すけよ》によって作られた『日本国見在《げんざい》書目録』には「食経四巻　崔禹錫撰」とあり、日本に伝来していた。崔禹錫の『食経』に関して、瀧川政次郎氏は『隋書』巻三四経籍志に「崔氏食経。四巻」とある書を、崔禹錫の『食経』に比定する。（瀧川政次郎『律令諸制及び令外官の研究　法制史論叢第四冊』角川書店一九六七　一四四頁）。

瀧川氏の根拠は『日本国見在書目録』の巻数と一致すること、これに加えて、『旧唐書』巻四七経籍志に「食経九巻　崔浩撰」とあり、『新唐書』巻五九藝文志・医術類に「崔浩　食経九巻」とあって、崔浩の『食経』は九巻であり、巻数が合致しないから、『隋書』の「崔氏食経　四巻」は、崔浩の『食経』ではなく、崔禹錫の『食経　四巻』と推定するようである。

崔浩（『魏書』巻三五）が『食経』を著作したことは著名な事実であり、彼の列伝には『食経』の序文が引用されている。北朝史において崔氏といえば、崔浩を措いてほかにはなく、「崔氏食経」といえば、崔浩の『食経』のことを指すのが普通である。一二世紀中葉の鄭樵《ていしょう》の『通志』巻六九藝文《げいもん》略第七・食経に「崔氏食経。四巻。崔浩」とある。鄭樵は『日本国見在書目録』に「食経四巻　崔禹錫撰」とある事実を知るよしもないから、『隋書』の「崔氏食経四巻」を崔浩の『食経』と常識的に理解したのである。巻数が異なる点を考慮すれば、『隋書』巻三四経籍志の「崔氏食経　四巻」を、崔浩の『食経』とするのは無理があると考える人があろうが、経籍志や藝文志において巻数が変化するのは、よくあることで、巻数から「崔氏食経　四巻」を崔禹錫の『食経』とし、崔禹錫を隋時代すなわち七世紀初頭以前の人とする、瀧川氏の説に全面的には賛同できない。

なぜならば、『隋書』巻三四経籍志に「崔氏食経　四巻」に並んで、歴史的にも著名な「崔浩　食経九巻」の著録がないのは何故か。『旧唐書《くとうじょ》』経籍志と『新唐書《しんとうじょ》』藝文《げいもん》志に「崔浩　食経九巻」を著録するが、この『食経』に並んで、「食経四巻　崔禹錫撰」が著録されないのは何故なのか。「崔浩　食経九巻」は著名な書である。この書が『隋書』巻三四経籍志に著録されないで、無名の「食経四巻　崔禹錫撰」が著録されるのか。崔浩の「食経九巻」は一〇世紀に散逸していないから、『旧唐書』経籍志と『新唐書』藝文志に著録されたのであり、『隋書』が編纂された七世紀には存在していた。「崔氏食経　四巻」は崔浩の『食経』である可能性がある。

崔禹錫は同名の人物が『全唐詩』にある。『全唐詩』巻一一一に、

崔禹錫、字洪範。融之子。登顕慶三年進士第、開元中、為中書舎人。卒贈定州刺史。

崔禹錫、字《あざな》は洪範。融の子なり。顕慶三年（六五八）進士の第に登り、開元中（七一二～七四一）、中書舎人と為る。

卒して定州刺史を贈らる。

とある。この記事は南宋の計敏夫の『唐詩紀事』巻一四崔禹錫からの引用である。『唐詩紀事』には、

禹錫字洪範。登顕慶三年進士第、為中書舎人。　禹錫　字《あざな》は洪範。顕慶三年進士の第に登り、中書舎人と為る。

とあり、顕慶三年の進士及第で、中書舎人となったと言い、崔融の子供とはいわない。『唐詩紀事』の記事は無理がない。顕慶三年の進士なら、大失態がなければ、六七〇年ころ、中書舎人（正五品上）に到達しているはずである。

『全唐詩』は崔禹錫は崔融の子という。『旧唐書《くとうじょ》』九四崔融伝の末尾に、

二子、禹錫翹。開元中、相次為中書舎人。

二子、禹錫・翹《きょう》。開元中（七一三年以降）、相い次ぎ中書舎人と為る。

とある。崔融の子の崔禹錫が『食経』を書いた崔禹錫であろうか。顕慶三年（六五八）の進士合格が五〇年して中書舎人になるのは遅きに失する。話は整合しない。一八世紀の『全唐詩』の編者が、強引に崔融の子に付会した結果である。『食経』の崔禹錫と中書舎人の崔禹錫は同名異人である。

## 6　生の薤《かい》を食べない

三月、勿食生者。（『経史證類大観本草』巻二八菜部・中品「薤」）

三月、生の［薤（らっきょう）］を食らうこと勿れ。

一三世紀の『養生月覧』巻上・三月に次のようにある。

三月、勿食生薤。本草。　三月、生薤を食らうこと勿れ。「本草」。

三月の生薤を食べない食忌は、『経史證類大観本草』が初出であるから、一〇世紀ころに成立した食忌であろう。

## 7　韮《にら》を食べるべし

二月三月、宜食韮。大益人心。（『備急千金要方』巻七九食治・菜蔬第三・韮）

二月・三月、宜しく韮《きゅう》を食らうべし。大いに人心を益す。

一三世紀の『養生月覧』巻上・三月に、『本草』を出典として次のようにある。

三月、宜食韮、大益人心。本草。　三月、宜しく韮を食らうべし、大いに人心を益す。「本草」。

輯復本『唐・新修本草』や『経史證類大観本草』を点検したが、この記事はない。『養生月覧』の出典誤記であり、『養生月覧』は『備急千金要方』を引用しないで『千金方』を引用するから、出典を『千金方』とするべきである＊。

＊『千金方』と『備急千金要方』の関係は凡例に述べている。

## 8　小蒜《さん》（のびる）を食べない

三月、勿食小蒜。傷人志性。（三世紀の『金匱要略方論』巻下「菓実菜穀禁忌并治第二五」）

三月、小蒜を食らうこと勿れ。人の志性（人神）を傷《そこな》う。

羅願（一一三六～一一八四）の『爾雅翼』巻五釈草・葫に、

蒜有大小、大蒜為葫、小蒜為蒜。　蒜に大小有り、大蒜を葫と為し、小蒜を蒜と為す。

とあり、蒜に大小があり、大蒜を葫《こ》・葫蒜という。葫・葫蒜は「にんにく」である。小蒜は蒜ともいい、中国原産の蒜で、小蒜・蒜は「のびる（野蒜）」である。

八世紀の王燾《とう》の『外臺秘要方』巻三一解飲食相害成病百件に、「張文仲」と明記して、

謹按仲景方云、………（中略）………。三月、勿食小蒜。

謹んで「仲景方」を按ずるに云わく、「………（中略）………。三月、小蒜（のびる）を食らうこと勿れ」と。

この記事は、もともと張文仲（?〜七〇〇）の『隨身備急方』にあったものを、八世紀の『外臺秘要方』が引用したものである。『隨身備急方』と『外臺秘要方』の関係は、本章正月の「7　生葱を食べない」において述べた。

小蒜を食べない記事は、孫思邈《ばく》（?〜六八二）の『備急千金要方』巻七九食治・菜蔬第三・小蒜にも、

三月、勿食小蒜。傷人志性。　三月、小蒜を食らうこと勿れ。人の志性（人神）を傷《そこな》う。

とあり、『養生月覧』巻上・三月に、孫思邈の『千金方』を出典として次のようにある。

三月、勿食小蒜。傷人志性。千金方。　三月、小蒜を食らうこと勿れ。人の志性を傷う。「千金方」。

『備急千金要方』によって、小蒜を食べないという三世紀の食忌は、七世紀の食忌でもあったことが判明する。

## 9　脾を食べない

是月、勿食脾。土王在脾故也。（唐の韓鄂《かんがく》の『四時纂要』三月・食忌）

是の月、脾（脾臓）を食らうこと勿れ。土王（五行土王説では、土が萬物の中心にあり、季月（各季のうちの最後の月）に土が強勢となる。土は五臓のうち脾臓に配当される）脾に在るの故なり。

一三世紀の『養生月覧』巻上・三月に、『千金方』（『備急千金要方』の初名）を出典として次のようにある。

三月、勿食脾。乃是季月、土旺在脾故也。千金方。

三月、脾（脾臓）を食らうこと勿れ。乃ち是れ季月（三月・六月・九月・一二月）、土旺は脾（脾臓）に在るの故なり。「千金方」。

「土王」は「土用」に同じ。「季月」とは三月・六月・九月・一二月をいう。夏の土用のみが著名であるが、土用は年に四回ある。陰陽五行説では、春・夏・秋・冬をそれぞれ木・火・金・水とし、土を各季節の終わりの一八日間

に配当したことから、立春、立夏、立秋、立冬の前の一八日間を土用という。立秋前の一八日間を夏土用という。厳密にいうと、この期間を暑中といい、暑中見舞い状を出す時期でもある。一八日間が過ぎると残暑となる。日本では土用が過ぎても暑いから、残暑見舞い状は的確ではない。この差異は大陸性気候の中国の暦を、海に囲まれた気候が異なる日本に、機械的に適用するから不自然なことになるのである。

『新唐書《しんとうじょ》』巻五九藝文志《げいもんし》・医術類に「孫思邈《ばく》千金方三十巻」とあり、『千金方』は『養生月覧』が引用しているから、一三世紀には完本が存在していた。ちなみに『宋史』巻二〇七藝文志六には「孫思邈千金方三十巻」とある『千金方』は三〇巻で、同じ書である『備急千金要方』は九三巻である。この違いは何か。検討を要する。

## 10　庚寅の日に魚を食べない

此月庚寅日、勿食魚。［食魚］、大凶。（唐の韓鄂《かんがく》の『四時纂要』三月・食忌）

此の月庚寅の日、魚を食らうこと勿れ。魚を食らわば、大凶なり。

泰定乙丑《いっちゅう》（一三二五）版『事林広記』辛集巻六薬忌門「十二月食忌」の三月に、『四時纂要』と同様のことをいう。

庚寅日、食魚、大凶。　庚寅の日、魚を食らわば、大凶なり。

庚寅は六〇日に一回であるから、庚寅の日が三月にあるとは限らない。

## 11　生の葵菜を食べない

四季［月］、勿食生葵。令人飲食不化、発日（日＝百）病。非但食中薬中、皆不可用。深宜慎之。

（『金匱要略方論』巻下「菓実菜穀禁忌并治第二五」）

四季月（三月・六月・九月・一二月）、生《なま》の葵を食らうこと勿れ。人をして飲食不化ならしめ、百病を発せしむ。但だ食中・薬中に非ざれば、皆な用うべからず。深く宜しく之を慎むべし。

孫思邈《ばく》（?～六八二）の『備急千金要方』巻七九食治・菜蔬第三・葵菜にも、

四季之月土王時、勿食生葵菜。令人飲食不化、発宿病。

四季の月（三月・六月・九月・一二月）は土王の時、生《なま》の葵菜を食らうこと勿れ。人の飲食をして化せしめず、宿病（長く治癒しない病気）を発せしむ。

とあり、また大観二年（一一〇八）の『経史證類大観本草』巻二七菜部・上品は「冬葵子」と「蜀葵」の項がある。これは「冬葵子」と「蜀葵」が、別の葵であることを明瞭に語るものであり、「冬葵子」は「葉為百菜主。其心傷人」とあり、冬葵は百菜の主であるという。そして「冬葵子」の項に引用された「食療」に、

四季月、食生葵、令飲食不消化、発宿疾。

四季月（三月・六月・九月・一二月）、生葵を食らわば、飲食をして消化せしめず、宿疾を発せしむ。

とあり、一三世紀の『養生月覧』巻下・九月に、『千金方』を出典として、

秋季之月土王時、勿食生葵菜。令人飲食不化、発宿病。同上（千金方のこと）。

秋の季の月（九月）は土王の時、生の葵菜を食らうこと勿れ。人をして飲食化せしめず、宿病（長く治癒しない病気）を発せしむ。上に同じ（「千金方」）。

とあり、また『養生月覧』巻上・三月に、唐の孟詵《もうせん》の『食療本草』を出典として次のようにある＊。

春季月、食葵、令飲食不消化。発宿疾。食療本草。

春の季月、葵（冬葵）を食らえば、飲食をして消化せしめず。宿疾（長く治癒しない病気）を発す。「食療本草」。

右に葵菜に関する医書・養生書を列挙した。百菜の王、蔬菜の主といわれ、古代中国の常食野菜であったが、葵菜の実態は充分把握されてはいない。日本の『倭名類聚鈔』は葵を「阿布比　アフヒ」とするが、この葵は鑑賞用の蜀

葵・戎葵のことで、蜀葵・戎葵は百菜の王、蔬菜の主とはならない。『史記』巻一一九循吏列伝に、

公儀休者、魯博士也。以高弟為魯相、奉法循理、無所変更、百官自正。使食禄者不得与下民争利、受大者不得取小。客有遺相魚者。相不受。客曰、聞君嗜魚、遺君魚。何故不受也。相曰、以嗜魚故不受也。今為相、能自給魚。今受魚而免、誰復給我魚者。吾故不受也。食茹而美。抜其園葵而棄之。見其家織布好、而疾出其家婦、燔其機云、欲令農士工女安所讐其貨乎。

公儀休（魯の穆公の宰相。穆公の在位期間は前四一〇～前三七七。公儀休は前四〇〇年ころの人）は、魯の博士なり。高弟（才学優等）を以て魯の相と為り、法を奉じ理に循い、変更する所なく、百官自ら正し。禄を食《は》む者をして下民と利を争うを得ず、大を受くる者をして小を取るを得ざらしむ。客 相に魚を遺《おく》る者有り。相受けず。客曰わく、「君魚を嗜むを聞き、君に魚を遺る。何の故に受けざるなり」と。相曰わく、「魚を嗜む以ての故に受けず。今相と為り、能く自ら魚を給す。今魚を受けて免ぜられなば、誰か復た我に魚を給せん者ぞ。吾れ故に受けざる」と。茹（野菜の総名）を食らいて美《うま》し。其の園葵を抜いて之を棄つ。其の家の織布の好きを見て、疾《すみや》かに其の家婦を出し、其の機《はた》を燔《や》いて云わく、「農士工女をして安くに其の貨を讐《う》る所あらしめんと欲するか」と。

とあり、公儀休が廃棄処分とした葵菜は具体的には、どの葵であろうか。『経史證類大観本草』巻二七菜部・上品に「冬葵子」と「蜀葵」の項があることを想起すれば、公儀休の葵菜は何か、ほぼ推測はつくであろう。

青木正児氏は「葵藿《きかく》考」（『青木正児全集　第八巻』所収　春秋社　一九七一）において、江戸時代の小野蘭山の『本草綱目啓蒙』（享和三年・一八〇三年刊）の説を紹介し、冬葵が古来食用に供せられ、蔬菜の主といわれた葵菜とする。

＊『食療本草』は孟詵《もうせん》の著作である。『新唐書《しんとうじょ》』巻五九藝文志に、

孟詵　食療本草三巻。又補養方三巻。必効方十巻。

孟詵　「食療本草」三巻。又た「補養方」三巻。「必効方」一〇巻。

とあり、『宋史』巻二〇七藝文志六に「孟詵　食療本草六巻」とあり、『玉海』巻六三に「孟詵　食療三巻」とある。『食療本草』

完本は現存しないが、大観二年（一一〇八）に完成した『経史證類大観本草』に「食療」と表記して引用が多くある。『経史證類大観本草』巻一補注所引書伝に「食療本草」とあり、その註記に三巻本をいう。

唐同州刺史孟詵撰。張鼎又補其不足者八十九種。并旧為二百二十七条。凡三巻。

唐の同州刺史・孟詵《もうせん》撰す。張鼎《ちょうてい》又た其の不足するものを補うこと八九種。旧に并せ二二七条と為す。凡《すべ》て三巻。

## 12　鶏子を食べない

勿食鶏子。令人一生昏乱。（唐の韓鄂《かんがく》の『四時纂要』三月・食忌）

鶏子（鶏卵）を食らうこと勿れ。人の一生を昏乱せしむ。

## 13　蛟龍の肉と魚肉を食べない

三月、勿食蛟龍肉及一切魚肉。令人飲食不化、発宿病、傷人神気、失気恍惚。

（『備急千金要方』巻八〇食治・鳥獣第五「鯽魚」）

三月、蛟龍（蜥蜴）の肉及び一切の魚肉を食らうこと勿れ。人 飲食して化せず、宿病（長く治癒しない病気）を発し、人の神（精神）気を傷《そこな》い、気を失い恍惚とせしむ。

一三世紀の『養生月覧』巻上・三月に、孫思邈（?～六八二）の『千金方』（『備急千金要方』の初名）を引用して次のようにある。

三月、勿食蛟龍肉及一切魚肉。令人飲食不化、発宿病、傷人神、気恍惚。此出千金方。

三月、蛟龍の肉及び一切の魚肉を食らうこと勿れ。人の飲食して化せず、宿病（長く治癒しない病気）を発し、人の神を傷い、気を恍惚とせしむ。此れ「千金方」に出ず。

一一世紀の陸佃の『埤《ひ》雅』巻一釈魚・蛟に次のように説明する。

蛟龍属也。其状似蛇、而四足細頸、頸有白嬰、大者数囲。

蛟は龍の属なり。其の状は蛇に似て、而して四足にして細頸、頸に白嬰（白い首飾り）有り、大なるものは数囲（数囲は大人の両手幅の長さの数倍の長さ）なり。

### 14　三月の月建の日に、雄の鴙《きじ》肉を食べない

〔本草食禁〕又云、月建日、勿食雄鴙肉。傷人神。（『医心方』巻第二九・日食禁）

「本草食禁」又た云わく、「月建の日、雄の鴙肉を食らうこと勿れ。人神を傷《そこな》う」と*。

「月建」に関しては、本書六〇頁の正月「13　正月の月建の日に、雄の鴙肉を食べない」に述べた。夏暦の三月の月建は辰であるから、三月の「月建の日」とは「辰の日」のをいう。三月月建の日に「雄の鴙肉を食べない」とは、三月の辰の日に「雄の鴙肉を食べない」ことをいう。

* 「本草食禁」は、本章正月「5　肉を食べない」に解説している。

## 四　四月の食忌と食宜

### 1　筍（笋）を食べる

二月、食淡竹筍、四月五月、食苦竹筍。蒸煮炙酢、在人所好。（『斉民要術』巻五種竹第五一）

二月に淡竹（はちく）の筍《じゅん》（竹の子）を食らい、四月・五月に苦竹（まだけ・真竹）の筍を食らう。蒸す・煮る・炙

る・酢もの、人の好む所に在り。

一四世紀の元王朝の時代に書かれた、闕名氏（『千頃堂書目』巻一二には、一五世紀初期の人・熊宗立の編とする）の『居家必用事類全集』戊集・竹木類「種竹法」にも、

二月、食淡竹笋、四月、食苦竹笋。　二月、淡竹《はちく》の笋《じゅん》（竹の子）を食らい、四月に、苦竹《まだけ》の笋を食らう。

とある。真竹（まだけ）を苦竹というのは、真竹は「えぐ味」が多いからであり、はちくを淡竹というのは、その反対で「えぐ味」が少ないからである。賛寧（九一九～一〇〇一、僧侶であり仏教史家）の『筍譜』の「慈竹筍」＊に、

四月生、江南人多以灰煮、食之。　四月に生じ、江南の人多く灰を以て煮て、之《これ》（竹の子）を食らう。

とあるのは、竹筍の「えぐ味」を除去する「あく抜き」作業のことをいうものであろう。五月一三日は「竹の生日」（南朝・梁の劉勰《りゅうきょう》の『文心雕龍《ちょうりゅう》』）というから、四月・五月は竹の最盛期であったのである。

竹の種類は淡竹（茶筅・提灯・傘に用いる。呉竹・唐《から》竹ともいう）、苦竹（竹細工に適す）、孟宗竹（江南竹・ワセ竹、食用に適す）、女竹（めだけ）、黒竹、布袋竹、四方竹、隈笹、千島笹、都笹などがある。

筍を食べることは、『楚国先賢伝』（『太平御覧《ぎょらん》』巻九六五竹部・筍）の孟宗の話によって、人口に膾炙している。

孟宗、字恭武。至孝、母好食竹筍。宗入林中、哀号方冬、筍為之出、因以供養。時人皆以為孝感所致。

孟宗（?～二七一、三国時代の呉国の人。荊州・江夏郡の出身。「二四孝」の一人）、字は恭武。至孝にして、母は竹筍を食らうことを好む。宗は林中に入り、哀号（悲しみ叫ぶこと）するに方に冬なれど、筍之が為《ため》に出で、因りて以て供養す。時人皆な以て孝感（孝行な行為が神を感動させること）の致す所と為す。

孟宗が母のために掘り出した筍は、淡竹や苦竹ではなく、中国江南地方が原産である江南竹の竹筍であり、江南竹は孟宗に由来して、孟宗竹といわれるようになった。別名は江南竹・ワセ竹といい、竹類では最大である。

孟宗竹の日本移入の端緒に関しては、安貞二年（一二二八）に曹洞宗の開祖・道元禅師（承陽大師ともいう）が宋か

ら将来した等々の説もあるが、本格的に全国へ移植が始まったのは、元文三年（一七三八）に薩摩藩による琉球国経由の移入による。この時に移入された孟宗竹は、鹿児島市の島津藩主の別邸・仙巌園に移植され、ここから全国へ移植が始まる。仙巌園こそは日本の孟宗竹発祥の地である。現在、孟宗竹は北海道函館市以南に広く分布し、極めて一般的な竹となっている。

四月は筍の最盛期である。唐の孫思邈《ばく》の『千金月令』（『養生月覧』巻上・四月所引）に、四月に筍を食べることと、その調理方法を述べる。

四月之節、宜食笋。以寛湯湧満（満＝沸）、先旋湯転、然後投笋於中、令其自転、不得攪。攪即破。候熟出之。如此則色青而軟、軟而不爛、可以食。和皮擘開、内粳米飯細切羊肉、并土蘇椒醎豉汁塩花等、却以麺封之、文火焼、聞香即熟。去皮厚一寸、截之以進、笋味此最佳。同上（千金月令）。

四月の節、宜しく笋を食らうべし。寛湯を以て湧沸し、先ず旋湯して転《ころが》し、然る後に笋を中に投じ、其れ自ら転さしむ。攪《かきまぜ》ることを得ざれ。攪れば即ち破れる。熟するを候ち之《これ》を出す。此の如《ごと》くせば則ち色青にして軟、軟にして爛れず、以て食らうべし。皮を和らげて擘《ちぎ》り開き、粳米（うるち米）の飯・細切の羊の肉を内《い》れ、土蘇（蘆菔すなわち大根）椒（山椒）醎《かん》豉《し》汁（塩辛い豆の発酵食品の汁）塩花等を并《あわ》せ、却《かえっ》て麺を以て之を封じ、火焼に文《つと》め、香を聞かば即ち熟す。皮厚さ一寸を去り、之《これ》を截り以て進めれば、笋味此れ最も佳し。上に同じ（『千金月令』）。

＊　慈竹は地下茎で根を張る種類ではなく、株立ちの竹で、熱帯性の竹。慈竹の棹長は六～一二米、直径は三～六糎、節間の長さは三〇～五〇糎、別名を「孝竹」「子母竹」という。

## 2　桜桃を食べる

四月十五日、自〔政事〕堂厨至百官厨、通謂之桜筍厨。（『歳時広記』巻二夏「桜筍厨」所引の唐の『輦《れん》下《か》歳時記』）

四月一五日、政事堂厨（宰相府の厨房）より百官の厨に至り、通じて之を桜筍厨と謂う。

四月一五日は官府の厨房を桜筍厨という。これは桜桃厨の誤りではない。四月一五日の官府の厨房は桜桃で溢れかえるとともに、筍でも溢れかえったから、桜筍厨というのである。北宋の銭易の『南部新書』乙集にも、

長安四月以後、自［政事］堂厨至百官厨、通謂之桜笋厨。公餗《そく》之盛、常日不同。

長安の四月以後、政事堂厨より百官の厨に至り、通じて之を桜笋厨と謂う。公餗《そく》の盛、常日に同じからず。

とあるから、「桜笋厨」は「桜桃厨」の誤りではない。なお公餗は官給の食事をいう。

南宋の呉曾の『能改斎漫録』巻一五方物・桜笋厨も、

韓致光湖南食含桃詩云、苦笋恐難同象匕、酪漿無復瑩蠙蛛。自注云、秦中謂三月為桜笋時。乃知李綽秦中歳時記所謂「四月十五日、自［政事］堂厨至百司厨、通謂之桜笋厨」非妄也。

韓致光の「湖南食含桃詩（湖南に含桃を食らう詩）」に云わく、「苦笋恐難同象匕、酪漿無復瑩蠙蛛（苦笋同じく匕に象る難きを恐れ、酪漿 復た瑩蠙蛛《ひんしゅ》なし）」と。自ら注して云わく、「秦中（陝西省。関中ともいう）の三月を謂いて桜笋の時と為す」。乃《すなわ》ち李綽《しゃく》の「秦中歳時記」の所謂「四月五日、政事堂厨より百司厨に至り、通じて之を桜笋厨と謂う」とは、妄《うそ》に非ざるなるを知るなり。

とあり、「桜笋厨」に作る。桜笋厨は季節のものである桜桃と笋（竹の子）が満ち溢れる厨房という意味であろう。四月は禁苑で採れる桜桃と筍が官府の厨房に運ばれ、官府から提供される食事である廊餐を賑わした。

桜桃は「さくらんぼ」の一種で、中国原産のものを桜桃という。光緒二五年（一八九九）になった清代末期の北京年中行事記である、敦崇の『燕京歳時記』蘆筍・桜桃の条に、四月に北京では、筍と桜桃を賞味するという。

四月中、蘆筍与桜桃、同食最為甘美。

四月中、蘆筍（蘆の根に生える筍に似た植物）と桜桃、同じく食らえば最も甘美と為す。

桜桃に関して『太平御覧《ぎょらん》』巻九六九果部「桜桃」に引用された『呉氏本草経』（三国・魏の本草書）には、

桜桃、一名朱桃、一名麦英也。　「桜桃、一名は朱桃、一名は麦英なり」と。

とあり、北魏の賈思勰《かしきょう》の『斉民要術』巻四「種桃柰（桃・柰《からなし》を種える）」第三四桜桃の条に、桜桃には朱桃・麦英・荊桃の別名があるという。「朱桃」は桜桃の色に由来し、「麦英」は麦秋のころの桜桃をいう。「荊桃」は歐陽詢（五五七〜六四一。『旧唐書《くとうじょ》』巻一八九上・儒学上）等の『藝文類聚《げいもんるいじゅう》』巻八六菓部上・桜桃に、

爾雅曰、楔荊桃。今之桜桃。

「爾雅」（紀元前二世紀ころ成立した辞書）に曰わく、「楔は荊桃」と。今の桜桃なり。

とあり、徐堅の『初学記』巻二八果木部・桜桃第四に、

爾雅曰、楔荊桃。郭璞注、今桜桃也。楔音戛。

「爾雅」に曰わく、「楔は荊桃」と。郭璞《かくはく》（二七六〜三二四）の注に、「今の桜桃なり。楔の音は戛《かつ》」と。

とあり、羅願（一一三六〜一一八四）の『爾雅翼』巻一〇釈木・桜桃に、

桜桃朱、実甘美、飛鳥所含、故又名含桃。爾雅謂之荊桃。

桜桃朱く、実は甘美、飛鳥の含む所、故に又た含桃と名づく。「爾雅」は之を荊桃と謂う。

とあり、桜桃である。

『太平御覧』巻九六九果部「桜桃」に引用された郭義恭の『広志』には、

桜桃大者、如弾丸。有長八分者白色多肌者。凡三種。

桜桃の大なるもの、弾丸の如し。長さ八分なるもの・白色にして肌《き》多きもの有り。凡《すべ》て三種。

とあり、明の李自珍の『本草綱目』巻三〇果部・桜桃の「集解」には、

頌曰、桜桃処処有之、而洛中者最勝。其木多陰。先百果熟、故古人多貴之。其実熟時、深紅者、謂之桜珠、味皆

不及。極大者、有若弾丸、核細而肉厚、尤難得。時珍曰、桜桃樹不甚高。春初開白花、繁英如雪。葉圓有尖及細歯。結子一枝数十顆。三月熟時、須守護。否則鳥食無遺也。塩蔵蜜煎皆可。

頌《しょう》に曰わく、「桜桃は処処に之《これ》有り、而して洛中（洛陽）の者最も勝れり。其の木多く陰し、百果に先んじて熟す、故に古人は多く之《これ》を貴ぶ。其の実の熟せし時、深紅なる者は、之《これ》を桜珠と謂い、味皆な及ばず。極めて大なる者に、弾丸の若きもの有り、核細くして肉厚く、尤も得難し」と。時珍曰わく、「桜桃の樹甚だしくは高からず。春の初め白き花を開き、繁英は雪の如し。葉は圓く尖《とが》り及び細歯有り。子を結ぶこと一枝に数十顆。三月熟せる時、須らく守護すべし。否らざれば則ち鳥食らいて遺《のこ》すなきなり。塩蔵・蜜煎皆な可なり」と。

とある。桜桃は時代によって変化するものではないから、唐代も明代も同じであって、『本草綱目』の説明は唐代にそのまま適用してよいであろう。

官の厨房が溢れるほど桜桃と筍があれば、民間に売り出せばよい。しかし、そうはいかないのが中国の官僚制である。官は原則として商売してはならないのである。『隋唐嘉話』巻中に、

高宗時、司農欲以冬蔵餘菜売之百姓。以墨勅示僕射蘇良嗣、判曰、昔公儀相魯、猶抜去園葵。況臨御萬邦。而販蔬鬻菜、事竟不行。

高宗の時、司農は冬蔵の餘菜を以て之を百姓に売らんと欲す。墨勅を以て僕射《ぼくや》の蘇良嗣に示すに、判じて曰わく、「昔 公儀（＝公儀休）は魯に相たり、猶お園葵を抜去するがごとし。況んや萬邦に臨御するにおいてをや」と。而して蔬（青もの）を販《う》り菜を鬻《ひさ》ぐこと、事竟《つい》に行わず（公儀休の話は八三頁に引用している）。

官で栽培した農産物は民間市場に出さず、官で消費することを原則としたために、収穫の最盛期になると、同一の農産物が官の厨房に溢れたのである。

白楽天は桜桃の花を「感桜桃花、因招飲客」（『白氏文集《はくしもんじゅう》』巻一八律詩）と題する詩において、

桜桃昨夜開如雪、鬢髪今年白似霜。　桜桃昨夜開き雪の如《ごと》く、鬢髪今年白く霜に似たり。

と詠い、劉禹錫も「和楽天、譙李周美中丞宅池上、賞桜桃花（楽天に和し、李周美中丞宅の池上《いけのほとり》に譙し、桜桃の花を賞《め》でる）」（『劉夢得文集』外集巻四）と題する詩において、

桜桃千萬枝、照耀如雪天。　桜桃千萬の枝、照り耀くこと雪の天の如《ごと》し。

王孫譙其下、隔水疑神仙。　王孫其の下に譙すれば、水を隔てて神仙なるかと疑う。

と詠う。白楽天が「桜桃花下歎白髪（桜桃の花の下 白髪を歎く）」（『白氏文集』巻一六律詩、「江州司馬、四五歳」）と題する詩に、

紅桜満眼日、白髪半頭時。　紅桜眼に満つる日、白髪頭に半ばなる時。

と詠うように、桜桃の花は淡い桃色のものもあるが、桜桃の花は雪のように白いものもあったのである。

また、白楽天の「三月三十日作」（四部叢刊本『白氏文集』巻五二格詩雑体）と題する詩に、

今朝三月尽、寂寞春事畢。　今朝三月尽き、寂寞として春事畢《おわ》る。

黄鳥漸無声、朱桜新結実。　黄鳥漸く声なく、朱桜新たに実を結ぶ。

と詠うから、三月から四月にかけて、関中地方は桜桃の花が満開であったろうと想像される。

鄭望之の『膳夫録』（『重較説郛《じゅうこうせつぷ》』勻《いん》九五所収）には、桜桃には呉桜桃・蝋珠・水桜桃の三種類があるという。

桜桃、其種有三、大而殷者、曰呉桜桃、黄而白者、曰蝋珠、小而赤者、曰水桜桃。食之皆不如蝋珠。

桜桃、其の種三有り、大にして殷《おお》いなるものは、呉桜桃と曰い、黄にして白きものは、蝋珠と曰い、小にして赤きものは、水桜桃と曰う。之《これ》を食らうに皆な蝋珠に如《し》かず。

呉桜桃に関して、白楽天の「呉桜桃」（『白氏文集《はくしもんじゅう》』巻二四律詩）と題する詩に、

含桃最説出東呉、香色鮮濃気味殊。　含桃最も東呉に出ずると説き、香色鮮濃気味殊なり。

洽恰挙頭千萬顆、婆娑拂面両三株。　洽恰《こう》として頭を挙ぐ千萬顆、婆娑として面を拂う両三株。
鳥偸飛処銜将火、人摘争時蹋破珠。　鳥偸み飛ぶ処火を銜《は》み将《も》ち、人摘みて争う時珠を蹋《ふ》み破る。
可惜風吹兼雨打、明朝後日即応無。　惜むべし風吹き兼ねて雨打つは、明朝後日即ち応《まさ》に無かるべし。

とあり、東呉（蘇州）に産する桜桃が高く評価されていたのである。

### 3　大蒜《だいさん》（にんにく）を食べない

養生要集云、四月、不［可］食大蒜。傷人五内。（『医心方』巻第二九・月食禁）

「養生要集」に云わく、「四月、大蒜（おおひる）を食らうべからず。人の五内（五臓）を傷《そこな》う」と。

『太平御覧《ぎょらん》』巻二二時序部・夏中には、唐の姚称の『摂生月令』を引用し、四月の食忌や禁止事項をいう＊。

摂生月令曰、四月為乾。生気は卯、死気は酉。是月也、萬物以成、天地化生。勿冒極熱。勿大汗後当風。勿暴露星宿。皆成悪病。勿食大蒜（蒜の俗字）。勿含（含は食の誤記）生薤。勿食鶏肉。勿食虵䱇。是月、肝臓以病神気、不行火気、漸臨水力、漸衰稍補腎、助肺調和元気、無失其時。是月八日、不遠行、宜安心静念、沐浴斎戒、必得福慶。

「摂生月令」に曰わく、「四月を乾と為す。生気は卯（生気は卯の方向）、死気は酉（死気は酉の方向）。是の月や、萬物以て成り、天地化生す。極熱を冒すこと勿れ。大汗の後に風に当たること勿れ。暴露して星宿すること勿れ（屋外で寝ないこと）。皆な悪病を成す。大蒜を食らうこと勿れ。生薤《かい》（生のらっきょう）を食らうこと勿れ。鶏肉を食らうこと勿れ。虵《じゃ》（へび）䱇《ぜん》（うつぼ）を食らうこと勿れ。是の月、肝臓 神気（精神）を病むを以て、火気に行かず、漸いに水力に臨み、漸衰してようよう腎を補い、肺を助け元気に調和し、其の時を失うなし。是の月八日、遠行せず、宜しく安心静念し、沐浴（沐は髪を洗う　浴は身体を洗う）斎戒せば、必ずや福慶を得べし。

九世紀末の韓鄂《かんがく》の『四時纂要』四月・食忌にも、
　勿食蒜。傷気損神。　蒜《さん》（にんにく）を食らうこと勿れ。気を傷い神《そこな》（精神）を損なう。
とあり、一三世紀の『養生月覧』巻上・四月に、孫思邈（?～六八二）の『千金方』を出典として、
四月、勿食葫。傷人神、損膽気、令人喘悸、脇（脅）助気。千金方。
四月、葫《こ》（ユリ科の多年草、大蒜《だいさん》に同じ。おおひる・にんにく）を食らうこと勿れ。人神を傷い、膽気を損ない、人をして喘悸せしめ、助気を脅《そこな》わしむ。「千金方」。
とある。顧野王（五一九～五八一。『陳書』巻三〇、『南史』巻六九）の奉令撰（「令」は皇太子の発する文書。奉令は皇太子の命を奉じるという意味）『玉篇』巻一三艸部に「葫。戸都切。大蒜也」とある。葫は大蒜である。
四月に蒜をたべないことは、『経史證類大観本草』巻二九菜部下品「葫」に引用する『食医心鏡』に、
四八月、勿食生蒜。傷人神、損膽気。　四月・八月、生蒜を食らうこと勿れ。人の神を傷い、膽気を損なう。
とあり、『養生月覧』巻上・四月にも、『食医心鏡』を引用して生蒜を食べないことを述べる＊＊。
四月、勿食生蒜。傷人神、損膽氣。食医心鏡。
四月、生蒜を食らうこと勿れ。人神を傷い、膽気を損なう。「食医心鏡」。
　南宋の李石の『続博物志』巻七に、
四月、勿食大蒜。　四月、大蒜《おおひる》（にんにく）を食らうこと勿れ。
とあり、陳元靚《せい》の泰定乙丑版『事林広記』辛集巻六薬忌門「十二月食忌」の四月に、
　勿食蒜。傷気損神。　蒜を食らうこと勿れ。気を傷い神（精神）を損なう。
とあるから、この食忌は一三世紀末の宋末・元初の時代にも受け継がれていた。
＊　『摂生月令』に関しては、『旧唐書《くとうじょ》』経籍志と『新唐書《しんとうじょ》』藝文志《げいもん》は著録せず、『宋史』巻二〇五藝文志・道家附釈氏神仙類に、

「姚称　摂生月令図一巻」とあり、『宋史』巻二〇七藝文志六・医書類に「摂生月令図一巻」とある。本来は図が付随していたようである。

一二世紀の『通志』巻六七藝文略・道家三に「摂生月令一巻　呉興姚称撰」とある。呉興は湖州のことで、『太平寰宇記』巻九四湖州の「呉興四姓」の一に姚氏があるから、『摂生月令』は唐代の呉興の人・姚称の著作としてよいだろう。

＊＊『養生月覧』に引用する『食医心鏡』は『旧唐書』経籍志や『新唐書』藝文志、また『直斎書録解題』、『郡斎読書志』『文献通考』経籍考にはみえない書である。しかし、大観二年（一一〇八）に完成した『経史證類大観本草』には多くの引用がある。

『食医心鏡』は『荊楚歳時記』に、

於是長幼悉正衣冠、以次拝賀、進椒柏酒、飲桃湯、進屠蘇酒膠牙餳、下（上の誤記）五辛盤、進敷于散、服却鬼丸、各進一鶏子。凡飲酒次第従小起。梁有天下、不食葷。荊自此不復食鶏子、以従常則。

是において長幼悉く衣冠を正し、次（順序）を以て拝賀し、椒柏酒（山椒と柏の葉に浸した酒）を進め、桃湯を飲み、屠蘇酒・膠《こう》牙餳を進め、五辛盤を上り、敷于散を進め、却鬼丸を服し、各々一鶏子（鶏卵）を進む。凡《すべ》て飲酒の次第は小より起まる。梁　天下を有《たも》ち、葷を食らわず、荊（荊州地域）は此れより復た鶏子を食らわず、以て常則による。

と『荊楚歳時記』の本文があり、この記事に付された註記に『食医心鏡』の記事が次のようにある。

又食医心鏡曰、食五辛、以辟厲気。　又た「食医心鏡」に曰わく、「五辛を食らい、以て厲気を辟く」と。

杜公瞻は七世紀初頭の人であるから、そのころ『食医心鏡』は存在していた。また『肘《ちゅう》後備急方』の附方に『食医心鏡』が引用されている。附方の作成時期は八世紀以降である。そして、『経史證類大観本草』に多くの引用があるから、『食医心鏡』は『隋書』経籍志や唐代の経籍志・藝文志に著録されていないが、巷間には存在していたことになる。

## 4　八日　野菜を食べない

〔養生要集〕又云、四月八日、勿食百草菜宍（宍は衍字？）。（『医心方』巻第二九・月食禁）

「養生要集」に又た云わく、「四月八日、百草菜（全ての野菜）を食らうこと勿れ」と。

四月八日は仏陀の生誕日である。『養生要集』が成立した南朝の時代に、すでに四月八日は節日であった。同じ記事は八世紀の王燾《とう》の『外臺秘要方』巻三一に、「張文仲」とあって、

三月三日四月八日、勿食百草。　三月三日・四月八日、百草（全ての野菜）を食らうこと勿れ。

とある。これは七世紀の医官である張文仲（?〜七〇〇）の『隨身備急方』に、この記事があり、これを『外臺秘要方』が引用したのである。このことはすでに述べた＊。

『太平御覧《ぎょらん》』巻二二時序部・夏中に、

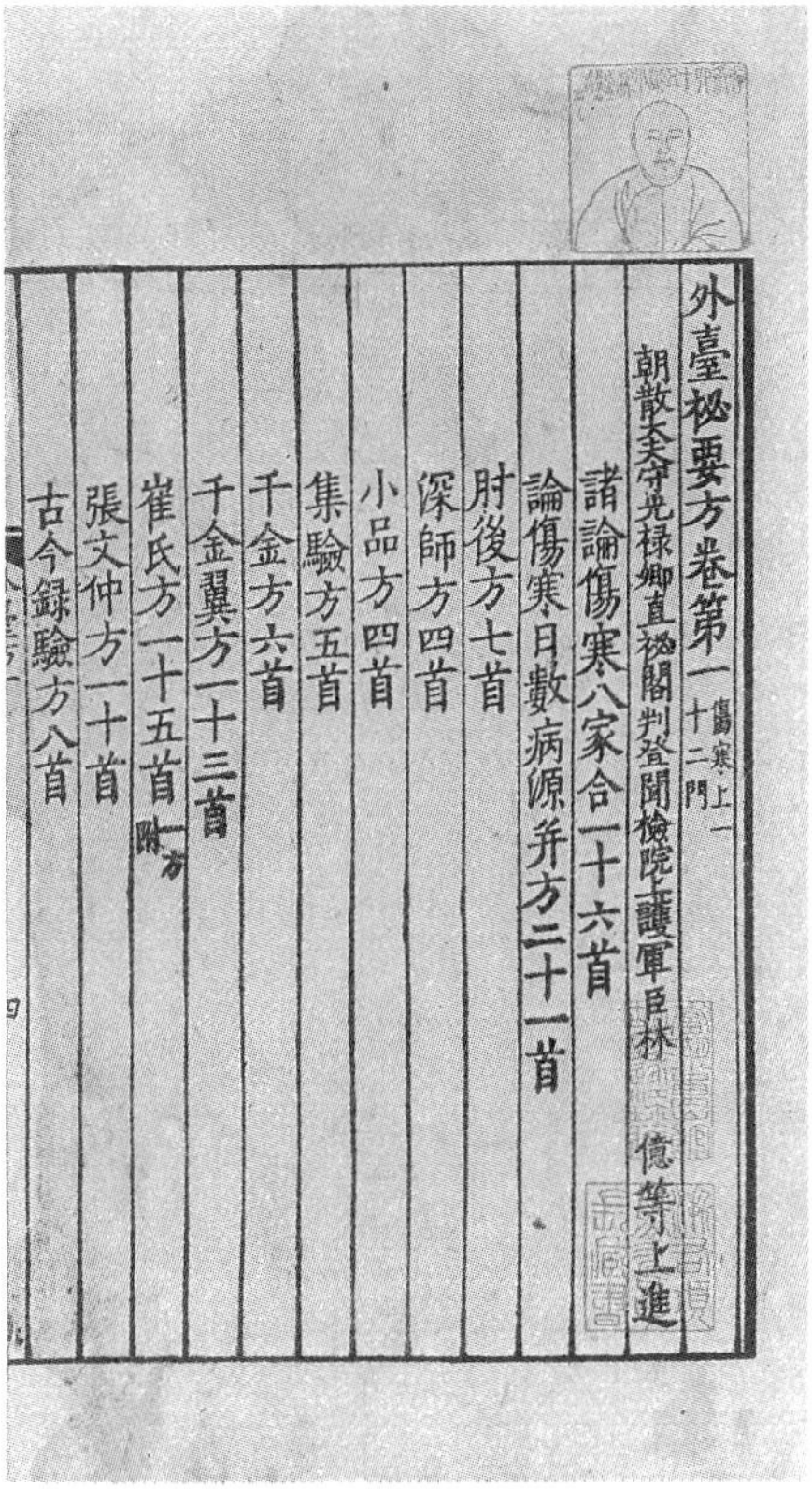
外臺秘要方巻第一　傷寒上一 十二門
朝散大夫守光禄卿直秘閣判登聞検院上護軍臣林億等上進
諸論傷寒八家合一十六首
論傷寒日數病源并方二十一首
肘後方七首
深師方四首
小品方四首
集驗方五首
千金方六首
千金翼方一十三首
崔氏方一十五首 附一方
張文仲方一十首
古今録驗方八首

図版3　宋版『外臺秘要方』巻第一
重要文化財　静嘉堂文庫蔵

斉人月令曰、四月八日、不宜殺草木。

「斉人月令」に曰わく、「四月八日、草木を殺すべからず」＊＊と。

とあるのは、四月八日に百草菜を食べないことに通じるものであろう。一三世紀の『養生月覧』巻上・四月にも、『外臺秘要方』を出典として次のようにある。

四月八日、勿食百草。

四月八日、百草を食らうこと勿れ。

『養生月覧』は一度も『隨身備急方』を引用しない。一三世紀には『隨身備急方』は散逸していたのである。

＊　『隨身備急方』と『外臺秘要方』の関係は、本節正月の「5　蓼を食べない」の項を参照。

＊＊　『宋史』巻二〇五藝文志四農家類に「孫思邈斉人月令三巻」とあり、『斉人月令』は孫思邈《ばく》（?～六八二）の撰述。守屋美都雄氏は『千金月令』と同一書ではないかとされる。詳細は守屋美都雄『中国古歳時記の研究』（帝国書院　一九六三）を参照。しかし、宋の王堯臣等の『崇文総目』巻四歳時類には「孫氏千金月令三巻」と「斉人月令一巻」が同一項にあるから、『千金月令』と同一書とするのは、『崇文総目』の記載からは疑問がある。

### 5　雉を食べない

勿食雉。令人気逆。（唐の韓鄂《かんがく》の『四時纂要』四月・食忌）

雉を食らうこと勿れ。人をして気をして逆にせしむ。

陳元靚《せい》の泰定乙丑《いっちゅう》版『事林広記』辛集巻六薬忌門「十二月食忌」の四月に、

勿食雉。令人気逆。　雉を食らうこと勿れ。人をして気をして逆にせしむ。

とある。この食忌は一三世紀末の宋末・元初の時代の俗信でもあったことが判明する。

### 6　胡荽を食べない

四月八月、勿食胡荽。傷人神。（『金匱要略方論』巻下「菓実菜穀禁忌并治第二五」）

四月・八月、胡荽（こえんどろ。セリ科の一年草。コリアンダー）を食らうこと勿れ。人の神を傷う。

加えて、八世紀中葉の王燾《とう》の『外臺秘要方』巻三一解飲食相害成病百件に、張文仲、…………四月、勿食胡荽。　張文仲、…………四月、胡荽《こすい》を食らうこと勿れ。

とある。これは今は散逸した七世紀末の医官・張文仲の『隨身備急方』に「四月、勿食胡荽」とあったことを示すものである。『外臺秘要方』と張文仲の関係は、すでに本章正月の「7　生葱を食べない」（四六頁）において述べた。

胡荽は今の香菜・コリアンダーである。張騫が西域から将来したとされる野菜で、『和名類聚抄』には「魚膾尤為要（魚膾尤も要と為す）」とあり、『延喜式』巻三九内膳司には、胡荽の耕作労力の規定があり、平安時代には宮廷の蔬菜の一であった。

## 7　鶏肉を食べない

四月に鶏肉を食べないことは、『太平御覧《ぎょらん》』巻二二時序部八・夏中に引用する、唐の姚称の『摂生月令』に記事がある。『摂生月令』の記事全文は九二頁に引用したから、ここでは必要箇所のみを示す。

摂生月令曰、四月為乾。………。是月也、萬物以成、天地化生。………（中略）………。勿食鶏肉。………

「摂生月令」に曰わく、「四月を乾と為す。………。是の月や、萬物以て成り、天地化生す。………（中略）………。鶏肉を食らうこと勿れ。………」と。

とあり、孫思邈《ばく》（?～六八二）の『備急千金要方』巻八〇食治・鳥獣第五・丹雄鶏肉に、

四月、勿食暴（＝曝）鶏肉。作内疽、在胸腋下、出漏孔。丈夫少陽、婦人絶孕、虚労乏気。

四月、暴《さら》した鶏肉を食らうこと勿れ。内疽《しょ》（悪性のできもの）を作し、胸腋の下に在りて、漏孔を出だす。丈夫は陽を少なくし、婦人は孕を絶ち、虚労たりて気を乏しくす。

とあり、一三世紀の『養生月覧』巻上・四月に、孫思邈の『千金方』を出典として次のようにある。

四月、勿食暴（＝曝）鶏肉。作内疸（疸は疽の誤写）。………。同上。

四月、曝した鶏の肉を食らうこと勿れ。内疽《そ》を作す。………。上に同じ（「千金方」）。

また『養生月覧』巻上・四月にも、唐の姚称の『摂生月令』を出典として

勿食鶏肉。勿食生薤。同上（「同上」は摂生月令のこと）。

鶏肉を食らうこと勿れ。生薤《せいかい》（生のらっきょう）を食らうこと勿れ。上に同じ（「摂生月令」）。

とある。また一三世紀後半の陳元靚《せい》の『歳時広記』巻二夏「調寝餗（寝・餗《そく》を調える）」にも、同じ記事がある。

勿食大蒜。勿食生薤。勿食鶏肉蛇蟮（蟮は鱓の誤記）。

大蒜《さん》（にんにく）を食らうこと勿れ。生薤を食らうこと勿れ。鶏肉・蛇・鱓《ぜん》（うつぼ）を食らうこと勿れ。

## 8　生薤《かい》を食べない

『太平御覧《ぎょらん》』巻二二時序部八・夏中に引用する『摂生月令』に、生薤を食べない記事がある（全文は前掲「3　大蒜を食べない」の記事を参照）。一三世紀の『養生月覧』巻上・四月にも、『摂生月令』を引用して次のようにある。

四月、勿食鶏肉。勿食生薤。同上（「同上」は摂生月令のこと）。

四月、鶏肉を食らうこと勿れ。生薤を食らうこと勿れ。上に同じ（「摂生月令」を指す）。

また一三世紀後半の陳元靚《せい》の『歳時広記』巻二夏「調寝餗（寝・餗を調える）」にも、次に示すような記事がある。

勿食大蒜。勿食生薤。勿食鶏肉蛇蟮（蟮は鱓の誤記）。

大蒜を食らうこと勿れ。生薤を食らうこと勿れ。鶏肉・蛇・鱓を食らうこと勿れ。

## 9　蛇肉を食べない

黄帝云、四月、勿食蛇肉鱓魚。損神害気。（『備急千金要方』巻八〇食治・鳥獣第五・鱓魚）

「黄帝」に云わく、「四月、蛇肉・鱓《ぜん》魚（うつぼ）を食らうこと勿れ。神（神経）を損ない気を害す」と。
とあり、また前掲した『太平御覧《ぎょらん》』巻二二時序部八・夏中にも、『摂生月令』を引用し、同じ記事がある＊。

摂生月令曰、四月為乾。………。是月也、萬物以成、天地化生。………（中略）………。勿食虵鱓。………

「摂生月令」に曰わく、「四月を乾と為す。………。是の月や、萬物以て成り、天地化生す。………（中略）………。虵（へび）鱓を食らうこと勿れ。………」と。

また宋末の陳元靚《せい》の『歳時広記』巻二夏・「調寝餗（寝・餗《そく》調える）」の一節にもある。

摂生月令、………（中略）………。勿食鶏肉蛇蟮（蟮は鱓の誤記）。………

「摂生月令」に、………（中略）………。鶏肉・蛇・鱓を食らうこと勿れ。………

南宋の『養生月覧』巻上・四月に、孫思邈《ばく》の『千金方』（『備急千金要方』の初名）を出典として次のようにある。

四月、勿食蛇肉鮮肉（鮮肉は鱓肉の誤記）。損神、害気。同上（「同上」は千金方のこと）。

四月、蛇肉・鱓肉を食らうこと勿れ。神を損ない、気を害す。上に同じ（「千金方」）。

諸本は「鱓」を「蟮」や「鮮」に誤るが、『太平御覧』の「鱓」が正解であろう。蛇と並記される生き物として蟮（じか蜂）では不自然であるし、鮮は食物ではない。

＊　『摂生月令』に関しては、四月「3　大蒜《だいさん》を食べない」（九二頁）を参照。

## 10　鱓《うつぼ》魚を食べない

黄帝云、四月、勿食蛇肉鱓魚。損神害気。（『備急千金要方』巻八〇食治・鳥獣第五・鱓魚。）

「黄帝」に云わく、「四月、蛇肉・鱓魚を食らうこと勿れ。神を損ない気を害す」と。

とあり、前掲した『太平御覧』巻二二時序部八・夏中にも、『摂生月令』にも「蛇・鱓」を食べないとあった。九世紀末の韓鄂《かんがく》の『四時纂要』四月・食忌に次のようにある。

勿食鮮魚（鱓魚の誤記）。害人。　　鱓魚（うつぼ、または、うなぎ目に属する魚）を食らうこと勿れ。人を害す。

鮮魚は通常「新鮮な魚」という意味であるから、「鮮魚を食べれば人を害す」では意味が通らない。鮮魚は『備急千金要方』にあるように鱓魚の誤りあろう。

一三世紀の『養生月覧』巻上・四月に、孫思邈《ばく》（?～六八二）の『千金方』（『備急千金要方』と同一書）を出典として次のようにある＊。

四月、勿食蛇肉鮮肉（鮮肉は鱓肉の誤記）。損神、害気。同上。

四月、蛇肉・鱓（うつぼ）の肉を食らうこと勿れ。神を損ない、気を害す。上に同じ（『千金方』）。

また、陳元靚《せい》の泰定乙丑《いっちゅう》版『事林広記』辛集巻六薬忌門「十二月食忌」の四月には、同じことを述べて、

勿食鱔魚。害人。　　鱔《ぜん》魚（うつぼ）を食らうこと勿れ。人を害す。

とあるから、やはり『四時纂要』の「鮮魚」は「鱓魚」の誤りであり、「鱔」は「鱓」と同音であるから「鱔魚」は「鱓魚」と同じとなる。「鱓魚」は「うつぼ」である。この食忌は一三世紀末の俗信でもあった。

羅願（一一三六～一一八四）の『爾雅翼』巻二九釈魚・鱓に、

鱓似蛇而無鱗。黄質黒文、体有涎沫。生水岸泥窟中、所在有之。

鱓　蛇に似て鱗なし。黄質黒文、体に涎沫（ぬめり）有り。水岸の泥窟中に生き、所在（どこにでも）に之有り。

とあり、一二世紀の福建・福州の地誌である『淳《じゅん》熙《き》三山志』巻四二土俗類四・物産・水族に＊＊、

鱓魚　鰻に似て細く長い。水岸の泥窟中に生きる。

とあり、『経史證類大観本草』巻二〇蟲魚部上品「鱣《てん》魚」の細字註に、

臣禹錫等謹按蜀本図経云、「似鰻鱺魚而細長、亦似蛇。而生水岸泥窟中、所在皆有之。

臣禹錫（掌禹錫、一一世紀の人。「宋史」巻二九四）等謹んで「蜀本図経」を按ずるに云わく、「鰻鱺《れい》魚（日本鰻）に似て細く長く、亦た蛇に似る。而して水岸の泥窟中に生き、所在皆な之有り」と。

とあるから、鱓魚は鰻ではなく、鰻や雷魚に似る魚である。

＊　『千金方』と『備急千金要方』の関係は凡例に述べている。

＊＊　福州州治に烏石山（うせきざん。高い所が八六米の丘）于山（うさん。福州州治のほぼ中央にある小高い丘）屛山が鼎立するので、福州を別名で「三山」という。

## 11　胡葱を食べない

四月、勿食胡葱。令人気喘多驚。（『経史證類大観本草』巻二九菜部・下品「胡葱」に引用する「孫真人」）

四月、胡葱（あさつき）を食らうこと勿れ。人の気を喘《あえ》がしめ驚かすこと多し。

胡葱はヒガンバナ科ネギ属の球根性多年草。野菜として葉や鱗茎を食用とする。別名は「イトネギ」、「センブキ」、「センボンネギ」、「センボンワケギ」、「ヒメエゾネギ」。

羅願（一一三六～一一八四）の『爾雅翼』巻五釈草・茖《かく》（ぎょうじゃにんにく）に、

茖山葱。釈者引説文云、葱生山中者、名茖。細茎大葉者是也。葱有冬葱漢葱胡葱茖葱凡四種。冬葱夏衰冬盛、茎葉倶軟美。山南江左有之。漢葱冬枯、其茎実硬而味薄。胡葱茎葉麤短根、若金𦶇能已腫。茖葱生於山谷、不入薬用。

茖は山葱。釈者「説文」（『説文解字』の略称。後漢の許慎の著作。西暦一〇〇年に成立）を引きて云わく、「葱 山中に生えるものは、茖と名づく。細茎・大葉なるもの是れなり」と。葱に冬葱・漢葱・胡葱・茖葱（ぎょうじゃにんにく）の凡《すべ》て四種有り。冬葱は夏に衰《おとろ》え冬盛ん、茎・葉倶に柔らかく美し。山南（秦嶺山脈の南・漢水流域）江左

（長江下流域、江蘇省・浙江省）之有り。漢葱は冬に枯れ、其の茎・実《たね》硬くて味薄し。胡葱の茎・葉麁《あら》く短根、金鐙《きんと》（草の名であるが具体的現代名は不明）の若く能く已腫（非常にふくれる）す。茖葱は山谷に生え、薬用に入らず。

とあり、葱には四種類があり、その一が胡葱である。『経史證類大観本草』巻二九菜部下品・「胡葱」には「今附」とあり、一一世紀になって本草書に記載された葱である。

『太平御覧《ぎょらん》』巻九九六百卉《き》部三・苜蓿《もくしゅく》には、

博物志曰、張騫使西域、所得蒲陶胡葱苜蓿。

「博物志」に曰わく、「張騫《ちょうけん》西域に使し、得るところは蒲陶《ぶどう》・胡葱（あさつき）・苜蓿（馬ごやし）」と。

とある。物品の中国流入は張騫に附会されて語られることが多く、張騫将来説はあまり信頼できない。西域伝来の果実は張騫将来したとする説が多いが、本当に張騫が将来したかは疑問である。

『斉民要術』巻一〇「五穀果蓏菜茹非中国物産者」に、

博物志曰、張騫使西域、還得安石榴胡桃蒲桃。

「博物志」に曰わく、「張騫西域に使し、還りて安石榴《ざくろ》・胡桃・蒲桃を得る」と。

とあり、『斉民要術』が引用する『博物志』には、「胡葱」はなく「胡桃」とあり、『斉民要術』に引用された『博物志』によれば、「胡葱」は張騫が将来したものではないことになる＊。しかし、胡葱とあるから中央アジア原産の葱と考えてよいだろう。

＊『爾雅翼』巻五釈草・苜蓿には「博物志曰、張騫使西域、得蒲陶胡葱苜蓿」とあり、『爾雅翼』の著者が覧た『博物志』には「胡葱」の文字があったようである。

### 12　螺《ら》を食べない

養生方云、四月、勿食螺鶏肉。作内癰、在胸掖（掖は腋の誤写）下、出瘻也。
（『巣氏諸病源候総論』巻三三癰疽病諸候・下内癰候）

「養生方」に云わく、「四月、螺《ら》（巻貝の総称）鶏肉を食らうこと勿れ。内癰《よう》（体内にできる腫れ物）を作《な》し、胸腋の下に在り、瘻《ろう》（首に生ずる腫れ物）を出《いだ》すなり」と。

「養生方」は『医心方』が頻用する『養生要集』の近縁本であろう。なぜなら、語順が同じ記事が何条も存在するからである。同じ事を述べて語順が同じというのは、確率的には同一系統の本としか考えられない。

### 13　鶉《うずら》の肉を食べない

孟詵食経云、四月以後及八月已前、鶉宍（宍は肉の古字）不可食之。（『医心方』巻第二九・月食禁）

孟詵《もうせん》の「食経」に云わく、「四月以後八月已前に及んで、鶉《じゅん》（うずら。キジ目キジ科ウズラ属）の宍《にく》は之を食らうべからず」と。

孟詵は唐王朝の進士科及第の官僚で、『旧唐書《くとうじょ》』巻一九一方技伝と『新唐書《しんとうじょ》』巻一九六隠逸伝に列伝が立てられている。次には『旧唐書』巻一九一方技伝所載の孟詵（孟子三一代の子孫）伝を引用しておく。

孟詵、汝州梁人也。挙進士。垂拱初、累遷鳳閣舎人。詵少好方術、嘗於鳳閣侍郎劉禕之家、見其勅賜金、謂禕之曰、此薬金也。若焼火其上、当有五色気。試之果然。則天聞而不悦、因事出為臺州司馬、後累遷春官侍郎。睿宗在藩、召充侍読。長安中、為同州刺史、加銀青光禄大夫。神龍初、致仕、帰伊陽之山第、以薬餌為事。詵年雖晩暮、志力如壮。嘗謂所親曰、若能保身養性者、常須善言莫離口、良薬莫離手。睿宗即位、召赴京師、将加任用、固辞衰老。景雲二年、優詔賜物一百段、又令毎歳春秋二時、特給羊酒糜粥。開元初、河南尹畢構以詵有古人之風、改其所居為子平里。尋卒。年九十三。詵所居官、好勾剔為政、雖繁而理。撰家［礼］祭礼各一巻、喪服要二巻、補養方必効方各三巻。

孟詵《もうせん》、汝州梁の人なり。進士に挙げらる。垂拱の初め（元年は六八五）、累《しき》りに鳳閣《ほうかく》舎人（中書舎人の別名）に遷る（「累」とは、既定の官途を順調に進むこと）。詵は少《わか》くして方術を好み、嘗《かつ》て鳳閣侍郎（中書侍郎の別名、中書省次官）の劉禕之《いし》の家において、其の勅賜の金を見て、禕之に謂いて曰わく、「此れは薬金（毒薬を塗布した金塊？）なり。若《も》し其の上を焼火せば、当《まさ》に五色の気有るべし」と。之を試すに果して然り。則天聞きて悦ばず、事に因りて（こじつけること）出して臺州司馬（臺州の通判官）と為し、後に累りに春官侍郎（尚書吏部の通判官）に遷る。睿宗藩に在り（皇太子の時）、召して侍読《じとう》に充つ。長安中（七〇一～七〇四）、同州刺史と為り、［文散官の］銀青光禄大夫（従三品）を加う。神龍の初め（元年は七〇五）、致仕（退官）し、伊陽（洛陽の西南にある地名）の山第に帰し、薬餌《やくじ》を以て事と為す。詵の年は晩暮（官の定年は七〇歳が一応の規定であるから、七〇歳以上）と雖も、志力は壮［年］の如し。嘗て所親に謂いて曰わく、「若し能く身を保し性を養わんとする者、常に善言を須《もっ》て口より離す莫く、良薬手より離す莫し」と。睿宗位に即き、召して京師に赴かしめ、将に任用を加えんとするに、固く衰老を辞す。景雲二年（七一〇）、優詔（詔という字を信頼すれば、慰労制書）して賜物一百段（賜物一〇段は絹三匹・布三端・綿四屯の割合であるから、賜物一百段は絹三匹・布三端・綿四屯×一〇となる）、又た毎歳春秋の二時をして、特に羊・酒・糜《び》粥《しゅく》（かゆ）を給す。開元の初め（七一二）、河南尹（東都・洛陽のある河南府の長官を尹という）の畢《ひつ》構は、詵の古人の風有るを以て、其の所居を改め子平里と為す。尋いで卒す。年九三。詵の居る所の官、勾剝を好み政を為し、繁と雖も理《おさ》まる。「家礼」「祭礼」各々一巻、「喪服要」二巻、「補養方」「必効方」各三巻を撰（撰は述作）す＊。

＊孟詵の著作に関しては、『新唐巻』巻五九芸文志・医術類に「孟詵食療本草三巻、又補養方三巻、必効方十巻」とあり、『宋史』巻二〇七藝文志六・医書類に「孟詵食療本草六巻」とあるが、『食経』はない。孟詵の『食経』は『食療本草』のことであろう。

## 14　四月の月建の日に、雄の鴙肉を食べない

［本草食禁］又云、月建日、勿食雄鴙肉。傷人神。（『医心方』巻第二九・日食禁）

「本草食禁」又た云わく、「月建の日、雄の鴙《きじ》肉を食らうこと勿れ。人神を傷《そこな》う」と*。

『医心方』巻第二九・月食禁に、

食経云、四月建巳、勿食雉宍。　「食経」に云わく、「四月建巳に、雉の宍《にく》を食らうこと勿れ」と**。

とある。「食経云、四月建巳、勿食雉宍」とある箇所だけみると、「四月に雉の宍をたべない」ことと理解されなくもないが、『医心方』巻第二九・日食禁に「月建日、勿食雄鴙肉」とあるから、四月月建の日に、雉の肉をたべないことと理解できる。

「月建」に関しては、本書六〇頁の正月「13　正月の月建の日に、雄の鴙肉を食べない」に述べた。夏暦の四月の建（おざす）は巳であるから、四月の「月建の日」とは「巳の日」のことをいう。四月月建の日に「雄の鴙肉を食べない」とは、四月の巳の日に「雄の鴙肉を食べない」ことをいう。

*　「本草食禁」に関しては、正月「5　肉を食べない」に解説している。

**　『医心方』に出てくる「食経」は崔禹錫の『食経』、馬琬の『食経』、朱思簡の『食経』、孟詵の『食経』、『神農食経』である。崔禹錫の『食経』は『隋書《ずいしょ》』経籍志や『旧唐書《くとうじょ》』経籍志また『新唐書《しんとうじょ》』藝文《げいもん》志にはみえないが、『日本国見在《げんざい》書目録』に「食経四巻　崔禹錫撰」とあり、日本に伝来していた。孟詵《もうせん》の『食経』は、孟詵の列伝にも見えず、『旧唐書』経籍志また『新唐書』藝文志にはみえないから、孟詵の『食療本草』を『食経』と言い換えて表記している可能性が強い。『医心方』では「崔禹錫食経」、「孟詵食経」、「神農食経」と表記されて引用されるから、単に「食経」として引用されるのは馬琬の『食経』、朱思簡の『食経』ということになる。したがって、本条に「食経云、四月建巳、勿食雉宍」とある「食経」は、馬琬の『食経』、朱思簡の『食経』

のいずれかであることになる。

## 五　五月の食忌と食宜

### 1　未熟な果実を食べない

養生要集云、五月、勿食不成菓及桃李（「李」は「棗」の誤記）。発瘫癤、不爾夜寒極、作黄疸、下為泄利（泄利は泄痢　腹下し）。（『医心方』巻第二九・月食禁）

「養生要集」に云わく、「五月、成らざる菓（熟しない果実）及び桃・李（すもも）を食らうこと勿れ。瘫癤《ようせつ》（はれもの）を発し、爾《しか》らざれば夜に寒極（周期的に悪寒と発熱を繰り返す病）し、黄疸を作《な》し、下して泄痢を為す」と。

隋の巣元方の『巣氏諸病源候総論』巻三二癰疽《ようそ》病諸候上・癰候にも、類似する記事がある。

養生方云、五月、勿食不成核果及桃棗。発癰癤、不爾発寒熱、変為黄疸、又為泄利（泄利は泄痢）。

「養生方」に云わく、「五月、成らざる核果及び桃・棗《なつめ》を食らうこと勿れ。癰癤《ようせつ》を発す。爾《しか》らざれば寒熱を発し、変じて黄疸を為す。又た泄痢を為す」と。

とあり、『巣氏諸病源候総論』巻三三癰疽《ようそ》病諸候下・痤癤《ざせつ》候に、

又「養生方」云、五月、勿食不成核果及桃棗。発癰癤也。

又た「養生方」に云わく、「五月、成らざる核果及び桃・棗を食らうこと勿れ。癰癤を発するなり」と。

とあり、王燾《とう》の『外臺秘要方』巻三七「癰疽発背、證候等論并法」（癰疽背に発する、證候等の論并びに法）」に、

又凡食諸生果、皆召其痾。養生法（＝養生方）云、勿食不成核之果。勿食和汚粒之。食、皆為瘡癰。略為網挙、

以暁将来耳。
又た凡て諸《もろもろ》の生果を食らわば、皆な其の痾《あ》（生果に起因する長引く病）を召く。「養生方」に云わく、「成らざる核果を食らうこと勿れ。汚粒に和《まぜ》て之を食らうこと勿れ。食らわば、皆な瘡癰《そうよう》（できもの）を為す」と。ほぼ綱挙を為り、以て将来を暁かにするのみ。

とある。「養生法」は『巣氏諸病源候総論』の「養生方」と同じであろう。

また加えて、『経史證類大観本草』巻二三果部の末尾にある「諸果有毒」に、

桃杏仁雙有毒。五月、食未成核果、令人発癰節（癰癤）及寒熱。又秋夏果落地、為悪蟲。縁食之、令人患九漏。
桃花食之、令人患淋。李仁不可和鶏子。食之、患内結不消。
桃・杏仁雙《きょうにんふたつ》ながら毒有り。五月、未だ成らざる核果を食わば、人をして癰癤（できもの）及び寒熱（周期的に悪寒と発熱を繰り返す病）を発せしむ。又た秋夏に果の地に落つれば、悪蟲《ちゅう》を為す。縁《よ》りて之を食らわば、人をして九漏を患わしむ。桃花之を食らわば、人をして淋（尿が出にくい病）を患わしむ。李仁は鶏子（鶏卵）に和《まじ》うべからず。之を食らわば、内結の不消を患う。

とあり、一三世紀の『養生月覧』巻上・五月にも、同じような記事がある。

五月、食未成核果、令人発癰節（＝癰癤）及寒熱。本草。
五月、未だ成らざる（半熟・未熟のこと）核果を食らわば、人をして癰癤及び寒熱（周期的に悪寒と発熱を繰り返す病）を発せしむ。「本草」。

『養生月覧』は右の記事の出典を「本草」とするが、「五月、食未成核果、令人発癰節及寒熱」は『経史證類大観本草』の記事と一致する。

## 2　韮《にら》を食べない

五月、勿食韮。令人乏気力。（『金匱要略方論』巻下「菓実菜穀禁忌并治第二五」）

五月、韮《きゅう》（にら）を食らうこと勿れ。人をして気力を乏しくせしむ。

唐の孫思邈《ばく》（?～六八二）の『備急千金要方』巻七九食治・菜蔬第三・薤《かい》（らっきょう）にも次のようにある。

五月、勿食韮。損人滋味、令人乏気力。

五月、韮を食らうこと勿れ。人の滋味《うまみ》を損ない、人をして気力を乏しくせしむ。

また、『医心方』巻第二九・月食禁に次のようにある。

崔禹［錫食経］云*、五月、不可食韮。傷人目精。

崔禹錫の「食経」に云わく、「五月、韮を食らうべからず。人の目精を傷《そこな》う」と。

天宝一一載（七五二）の自序がある王燾《とう》の『外臺秘要方』巻三一解飲食相害成病百件に、

張文仲、…………　五月、勿食韮。　張文仲、…………　五月、韮を食らうこと勿れ。

とある。この記事は張文仲（?～七〇〇）の書物に「五月、勿食韮」とあり、それを『外臺秘要方』が引用したことを示している。『新唐書《しんとうじょ》』巻五九藝文《げいもん》志・医術類に「張文仲　随身備急方三巻」とあり、彼には『随身備急方』という医書がある。『随身備急方』と『外臺秘要方』の記事の関係は、本章正月「7　生葱を食べない」において述べた。

＊　「崔禹云」は「崔禹錫食経云」の省略形か「錫食経」の脱字であろう。崔禹錫の『食経』は『日本国見在《げんざい》書目録』に「食経四巻　崔禹錫撰」とある。崔禹錫の『食経』は『隋書』経籍志や『旧唐書《くとうじょ》』経籍志また『新唐書』藝文志にはみえない。崔禹錫に関しては、三月の「5　芹をたべない」に述べた。

## 3　麞《のろ》鹿の肉を食べない

本草食禁云、不食麞鹿及一切宍（宍は肉の古字）。（『医心方』巻第二九・月食禁）

「本草食禁」に云わく、「麞鹿及び一切の宍《にく》を食らわず」と＊。

唐の孫思邈《ばく》（?～六八二）の『備急千金要方』巻八〇食治・鳥獣第五・麞に、

黄帝云、五月、勿食麞肉。傷人神氣。

「黄帝」に云わく、「五月、麞肉を食らうこと勿れ。人の神気を傷《そこな》う」と。

とある。一三世紀の『養生月覧』巻上・五月にも、孫思邈の『千金方』を出典として同じ記事がある。

勿食獐内（「獐内」は「麞肉」の誤写）、傷人神。千金方。　麞《のろ》肉を食らうこと勿れ。人の神を傷う。「千金方」。

＊「本草食禁」に関しては、正月「5　肉を食べない」に解説している。

## 4　鹿肉を食べない

五月、勿食鹿肉。傷人神氣。………（中略）………。凡餌薬之人、不可食鹿肉。服薬必不得力所以然者、以鹿常食解毒之草、是故能制毒、散諸薬故也。（『備急千金要方』巻八〇食治・鳥獣第五・鹿）

五月、鹿肉を食らうこと勿れ。人の神気（精神）を傷う。………（中略）………。凡《すべ》て餌薬の人、鹿肉を食らうべからず。薬を服さば必ず力を得ず。然る所以は、鹿は常に解毒の草を食らうを以て、是れの故に能く毒を制し、諸薬を散ずるの故なり。

## 5　馬肉を食べない

五月、勿食馬肉。傷人神気。（『備急千金要方』巻八〇食治・鳥獣第五・黄犍沙牛黒牯牛尿）
五月、馬肉を食らうこと勿れ。人の神気（精神）を傷《そこな》う。
一三世紀の『養生月覧』巻上・五月に、孫思邈《ばく》の『千金方』（『備急千金要方』の初名）を引いて次のようにある＊。
勿食馬肉、傷人神気。同上（千金方）。　馬肉を食らうこと勿れ。人の神気を傷う。上に同じ「千金方」。
＊『千金方』と『備急千金要方』の関係は凡例に述べている。

## 6　滋味を薄くする

薄滋味。薑椒桂蘭之属曰滋、甘酸魚肉之属曰味。（隋の杜臺卿の『玉燭宝典』五月）
滋味を薄くす。薑・椒・桂・蘭の属を滋と曰い、甘酸（甘味と酸味）魚肉の属を味と曰う。
「薄滋味」とは、薑・椒・桂・蘭を滋といい、甘酸・魚肉を味という。顧野王（五一九〜五八一。『陳書』巻三〇、『南史』巻六九）の『玉篇』巻五口部に、
味。武沸切。五味、金辛木酸水鹹火苦土甘。　味。武・沸の切。五味は、金辛・木酸・水鹹・火苦・土甘なり。
とあり、五味とは辛・酸・鹹・苦・甘であるという。

## 7　夏至　角黍《かくしょ》（粽《そう》）を食べる

風土記注云、俗先以（以＝此）二節［一］日、用菰葉裹黍米、以淳濃灰汁煮之、令爛熟、於五月五日夏至啖之。黏黍、一名糉、一名角黍。蓋取陰陽尚相裹、未分散之時象也。

（『斉民要術』巻九糉糉《そうい》法第八三に引用する周處の『風土記』）

「風土記」の注に云わく、「俗は此の二節（端五と夏至）に先んずること一日＊、菰（まこも）の葉を用い黍米《しょまい》を

裹《つつ》み、淳濃の灰汁を以て之を煮て、爛熟せしめ、五月五日・夏至に之を啖《くら》う。黏黍《ねんしょ》は、一に糉《そう》（ちまき）と名づけ、一に角黍《かくしょ》と名づく」と。蓋《けだ》し陰陽尚お相い裹み、未《いま》だ分散せざるの時象なり。

夏至は太陰太陽暦の五月後半で、太陽の黄経が九〇度に達した日（太陽暦の六月二一日または二二日）に始り、小暑（七月七日または八日）の前日までの、約一五日間であるが、太陽暦の第一日目の六月二一日または 二二日をいう。このころ北半球では昼間が最も長い。天宝二年（七四三）の夏至は太陰太陽暦では五月二三日である。

夏至は紀元前後の漢王朝の時代に、重要な節日で官吏は休暇五日であり、七世紀から一〇世紀の唐王朝の時代でも、「假寧令」によれば、官吏は休暇三日であった。三世紀中葉以降、夏至に角黍を食べ、新しく成立した重数節日の「五月五日」（端午）にも角黍を食べる習俗となった。それゆえ紀元前後の夏至には、角黍を食べる習俗があったことになる。本来、角黍は夏至の食物であったが、二世紀末ころ、新たに成立した重数節日である「五月五日」（端午）では、夏至と同じ習俗が五月五日にも展開されるようになったのである。

＊『玉燭宝典』には「俗先此二節日」とあるが、『斉民要術』巻九に周處の『風土記』を引用して「俗先以二節日」とある。『斉民要術校釈』（農業出版社　一九八二　北京）の五一七頁②において、二節に先立つ一日という意味であるから、「一」字を補字するべきという。従うべきである。なお「俗先以二節一日」は意味から考えて、「俗先此二節一日」が正解であろう。

## 8　夏至　鶩を食べる

風土記曰、仲夏端五、方伯協、極烹鶩、用角黍亀鱗、順徳。注云、端始也。謂五月初五也。四仲為方伯、俗重之、五月五日与夏至同。鶩春孚雛。至夏至月、皆任啖也。俗先此二節［一］日、又以菰葉裹粘米、雑以粟。以淳濃灰汁煮之、令爛熟。二節日所尚、啖之也。（『玉燭宝典』五月に引用する『風土記』）

「風土記」に曰わく、「仲夏の端五、方伯《ほうはく》協して、鶩《ぼく》を極烹し、角黍《かくしょ》・亀鱗を用うは、徳に順《したが》う。注に云わく、

『端は始めなり。五月の初五を謂うなり』と。四仲（仲春・仲夏・仲秋・仲冬）を方伯（方位を掌る神）と為し、俗之を重んずること、五月五日と夏至と同じ。鴎《おう》（あひる）は春に雛を孚《はぐく》む。夏至の月に至り、皆な啖《くら》うに任《た》うなり。俗は此の二節（端午と夏至）に先んじること一日、又た菰葉（まこもの葉）を以て粘《ねん》米（もち米）を裹《つつ》み、雑《まじ》えるに粟を以てす＊。淳濃の灰汁を以て之を煮て、爛熟せしむ。二節の日の尚ぶ所、之を啖うなり。

『斉民要術』巻六鵞・鴨第六〇に、五月に鵞や鴨（あひる）を食べる理由を、周處の『風土記』を引用して述べる。

風土記曰、鴨春季雛、到夏五月、則任啖。故俗五六月、則烹食之。

「風土記」に曰わく、「鴨、春季の雛、夏五月に到り、則ち啖《くら》うに任《た》う。故に俗は五・六月、則ち烹て之を食らう」と。

＊　「粟」に関して、守屋美都雄『中国古歳時記の研究』（帝国書院　一九六三）三〇六頁下段の註4は、『太平御覧』巻三一時序部一六・五月五日の条に引用された『風土記』や『歳時広記』巻二一端午上の「烹鶩鳥」では「栗」とするから、「粟」は「栗」の誤記とする。しかし『斉民要術』巻九糉饐《そうい》法に、粽《そう》の製法として「粟黍《ぞくしょ》法」があるから、「粟」字のままでよい。

## 9　夏至　菹亀《そき》を食べる

又煮肥亀、擘択去骨、加塩豉苦酒蘇蓼、名曰菹亀。并以薤薺、用為朝食。所以応節気。裹粘米、一名糉、一曰角黍。蓋取陰陽尚相包裹、未分散之象也。亀骨表肉裏、外陽内陰之形。

（隋の杜臺卿の『玉燭宝典』五月に引用する『風土記』）

又た肥亀を煮て、擘《さ》きて骨を択去し、塩豉《えんし》（塩辛い発酵食品の汁）苦酒（食酢）蘇蓼《そりょう》（紫蘇と蓼。『斉民要術』巻三に「荏蓼《にんりょう》」があり、「荏・エゴマ」は蘇の類とある）を加え、名づけて菹亀と曰う。并せて薤《かい》（らっきょう）薺《せい》（なずな）を以てし、用て朝食と為す。節気に応ずる所以なり。粘米を裹《つつ》むこと、一に糉《そう》と名づけ、一に角黍《かくしょ》と曰う。蓋《けだ》し陰陽尚お相い包裹《つつ》み、未だ分散せざるの象を取るなり。亀は骨表《おもて》にし肉裏なれば、外は陽、内《うち》は陰の形なり。

右の記事は前掲した「鶩を食べる」に続く記事である。この部分だけを読めば、「菹亀」は五月五日の料理となるが、「五月五日」を節日とするに伴ってできた新料理ではあるまい。もとは夏至の料理であったが、角黍と同じように五月五日の料理となったものであろう。

周處（?〜二九七。『晋書』巻五八）の『風土記』は、端午の成立を伝える史料として、重要であるとともに、夏至の行事が、端午に移行していることを知る上でも重要な史料である。

## 10　煮餅（うどんの類）と水引餅を食べない

是月也、陰陽争、血気散。……（中略）……。距立秋、毌食煮餅及水溲餅。（崔寔《しょく》の『四民月令』五月）

是月や、陰陽争い、血気散ず。……（中略）……。立秋に距《いた》るまで、煮餅（餅とは小麦粉を固形化したものをいい、小麦粉以外の粉を固形化したものは餌といい、日本の餅とは同じでない。煮餅は小麦粉を固形化したものを煮た食品、うどんの類である）及び水溲餅《すいしゅうへい》（発酵していない餅、もしくは切り麺）を食らうこと毌《なか》れ。

五月に煮餅（うどんの類）及び水溲《しゅう》餅を食べないことは、『四民月令』に記事があり、漢代以来の食忌である。北魏の賈《か》思《し》勰《きょう》の『斉民要術』巻三雑説第三〇に、

距立秋、無食煮餅及水引餅。夏月食水時、此二餅得水、即堅強難消。不幸便為宿食傷寒病矣。試以此二餅置水中即可験。唯酒引餅、入水即爛矣。

立秋に距《いた》るまで、煮餅及び水煮餅を食らうことなし。夏月は水を食らう時、此の二餅は水を得ば、即ち堅強となり消（＝消化）に難し。不幸にして便ち宿食・傷寒（急性感染症）の病と為る。試みに此の二餅を以て水中に置けば即ち験あるべし。唯だ酒引餅、水に入れれば即ち爛（ドロドロ）たり。

とあり、この食忌は以後にも継承され、九世紀末の韓鄂《かんがく》の『四時纂要』五月・雑忌に、

此月、君子斎戒、節嗜慾、薄滋味、無食肥濃、無食煮餅。

此の月、君子は斎戒し、嗜慾を節し、滋味を薄くし、肥濃（脂濃くて、味の濃いもの）を食らうことなく、煮餅を食らうことなし。

とあるから、九世紀までも継承されていたことが判明する。

## 11　夏至の前後、脂濃いものを摂らない

是月也、陰陽争、血気散。………（中略）………。陰気入蔵（蔵＝臓）、腹中塞、不能化膩。先後日至各十日、薄滋味、毋多食肥醲。（後漢の崔寔の『四民月令』五月）

是月や、陰陽争い、血気散ず。……（中略）……。陰気臓に入らば、腹中塞がりて、膩《じ》（あぶら）を化すること能《あた》わず。日至（夏至）に先後する各々一〇日、滋味を薄くし、多く肥醲《ひじょう》（脂ものと濃い酒）を食らうこと毋《なか》れ。

とあり、同じことは、北魏の賈思勰《かしきょう》の『斉民要術』巻三雑説第三〇に、

是月也、陰陽争、血気散。夏至先後各十五日、薄滋味、勿多食肥醲。

是の月や、陰陽争い、血気散ず。夏至の先後各々一五日、滋味を薄くし、肥醲を多食すること勿れ。

とあり、九世紀末の韓鄂《かんがく》の『四時纂要』四月・雑忌に次のようにある。

此月、君子斎戒、節嗜慾、薄滋味、無食肥濃、無食煮餅。

此の月、君子は斎戒し、嗜慾を節し、滋味を薄くし、肥濃（脂濃いもの、味の濃いもの）を食らうことなく、煮餅（小麦粉を固形化し、それを煮た食品）を食らうことなし。

とあり、泰定乙丑《いっちゅう》版『事林広記』辛集巻六薬忌門「十二月食忌」の五月にもある。

勿食肥濃。勿食煮餅。君子当斎戒、節嗜慾、薄滋味。
肥濃を食らうこと勿れ。煮餅を食らうこと勿れ。君子当《まさ》に斎戒し、嗜慾（全ての欲望）を節し、滋味を薄くするべし。

### 12　五月の月建の日に、雄の鴙肉を食べない

［本草食禁］又云、月建日、勿食雄鴙肉。傷人神。（『医心方』巻第二九・日食禁第五）
「本草食禁」又た云わく、「月建の日、雄の鴙《きじ》肉を食らうこと勿れ。人神を傷《そこな》う」と＊。

「月建」に関しては、本書六〇頁の正月「13　月建の日に雄の鴙肉を食べない」に述べた。夏暦の五月の月建は午であるから、五月の「月建の日」とは「午の日」のことをいう。五月月建の日に「雄の鴙肉を食べない」とは、五月午日に「雄の鴙肉を食べない」ことをいう。

＊「本草食禁」に関しては、正月「5　肉を食べない」に解説している。

## 六　五月五日の食忌と食宜

### 1　角黍《かくしょ》（粽《そう》）を食べる

唐歳時節物。……（中略）……。五月五日、則有百索糉子。（宋代の龐《ほう》元英の『文昌雑録』巻三）
唐の歳時の節物。……（中略）……。五月五日、則ち百索・糉子《そうし》有り。

とある。糉子は角黍と同じ食品である。唐の李肇《りちょう》の『翰林志』に、端午の翰林学士に対する賜物として＊、

衣一副・金花銀器一事・百索一軸・青団鏤竹（青竹を切り円くした）大扇一柄・角糉三服・粆蜜。

とあるうちの、角糉《かくそう》は角黍・糉子と同じ食品である。

宋末の陳元靚《せい》の『歳時広記』巻二一端午・上「作角黍（角黍を作る）」に、

歳時雑記、端午糉子、名品甚多、形製不一。有角黍錐糉茭糉筒糉秤糉鎚糉。又有九子糉。

「歳時雑記」（北宋の呂原明の著書）に、「端午の糉子《そうし》、名品甚だ多く、形製一ならず。角黍・錐糉《すいそう》・茭糉《こうそう》・筒糉・秤糉《しょうそう》・鎚糉《ついそう》有り。又た九子糉有り」と。

とあり、角黍《かくしょ》には形状によって、錐糉・茭糉・筒糉・秤糉・鎚糉・九子糉の名称があるという。

時代は下るが、一六世紀の『本草綱目』巻二五穀之四・糉の「釈名」に、

角黍。時珍曰、糉俗作粽。古人以菰蘆葉褁黍米煮成。尖角、如糉櫚葉心之形、故曰糉、曰角黍。近世多用糯米矣。今俗五月五日以為節物、相餽送。或言、為祭屈原、作此投江、以飼蛟龍也。

角黍。時珍曰わく、糉は俗に「粽」に作る。古人菰蘆の葉を以て黍米を褁《つつ》み煮て成す。尖《せん》角にして、糉櫚葉心の形の如《ごと》し、故に糉《そう》と曰い、角黍《かくしょ》と曰う。近世多く糯米を用う。今俗五月五日以て節物と為し、相い餽送《きそう》す。或るひと言う、「屈原を祭らんが為に、此れを作り江に投げ、以て蛟龍を飼うなり」と。

と角黍の製法をいうが、北魏の賈思勰《かしきょう》の『斉民要術』巻九糉䊦《そうい》法第八三にも、角黍の製法をいう。

風土記注云、俗先以（以は此の誤記）二節［一］日、用菰葉裹黍米、以淳濃灰汁煮之、令爛熟、於五月五日夏至啖之。黏黍一名糉、一名角黍。蓋取陰陽尚相裹未分散之時象也。食経云、粟黍法。先取稲、漬之使釈。計二升米、以成粟一斗、著竹篡内、米一行、粟一行、裹、以縄縛。其縄相去寸所一行。須釜中煮、可炊十石米間、黍熟。

「風土記」の注に云わく、「俗に此の二節（端午と夏至）に先んずること一日＊＊、菰《まこも》の葉を用い黍米を裹み、淳濃の灰汁を以て之を煮、爛熟せしめ、五月五日・夏至に之を啖《くら》う。黏黍《ねんしょ》は一に糉《そう》（ちまき）と名づく、一に角黍と名づく」と。蓋《けだ》し陰陽尚お相い裹《つつ》み未だ分散の時象を取るなり。「食経」に云わく、「粟黍（あわちまき）の法。

先ず稲を取り、之を漬け釈《うるけ》しむ。二升の米を計り、以て粟一斗と成し、竹簳《ちくげき》（竹製の箕）の内に著け、米を一行（一列に並べる）、粟一行、［上を］裹み、縄を以て縛る。其の縄は相い去る寸所に一行す。釜中に煮るを須《ま》つに、一〇石の米を炊けるばかりの間に、黍熟れる」と。

粽《そう》饐《い》は角《かく》糉《そう》・角黍・糉子の別名である。『大唐六典《りくてん》』巻一五光禄寺太官署令職掌の条の「凡朝会燕会、九品已上並供其膳食（凡て朝会燕会、九品以上並びに其の膳食を供す）」の註に、「五月五日、加粽饐（五月五日、粽饐（ちまき）を加う）」とあり、『大唐六典』巻四尚書礼部・礼部郎中員外郎職掌の「凡諸王已下、又有節日食料」の註に、

謂、寒食麦粥。正月七日三月三日煎餅。正月十五日晦日膏糜。五月五日粽饐。……（中略）……。皆有等差、各有配食料。

謂うこころは、寒食は麦粥。正月七日・三月三日は煎餅。正月一五日・晦日は膏糜《こうび》（餻《こう》糜《び》）。五月五日は粽饐。……（中略）……。皆な等差有り、各々食料を配ること有り。

五月五日は常食料に加えて、官人には粽《そう》饐《い》（角《かく》糉《そう》・角黍《かくしょ》・糉子）が支給された。

粽饐に関しては、北魏の賈《か》思《し》勰《きょう》の『斉民要術』巻九糉饐法第八三に説明がある。

食次曰、饐用秫稲米末、絹羅、水蜜溲之、如強湯餅麺。手搦之、令長尺餘広二寸餘。四破、以棗栗肉上下著之、偏与油塗竹箬裹之、爛蒸。奠二、箬不開、破去両頭、解去束附。

「食次」に曰う、「饐（あんこもち）。秫《もち》稲米の末（粉）を用い、絹羅し、水蜜もて之を溲《こ》ね、強きこと湯餅麺の如《ごと》し。手もて之を搦み、長さ尺餘・広さ二寸餘とせしむ。四に破《き》り、棗栗《そうりつ》の肉を以て上下に之を著け、偏与せる油塗の竹箬《ちくじゃく》（竹の皮）もて之を裹《つつ》み、爛し蒸す。奠《てん》（供えもの）は二とし、箬《じゃく》（竹の皮）は開かず、両頭を破去し、束附《しばり》を解去す」と。

＊

「衣一副を賜う」とは、具体的にはどのようなことをいうのか。『大唐六典《りくてん》』巻三尚書戸部・金部郎中員外郎職掌に、

凡時服、称一具者、全給之。一副者、減給之。　凡《すべ》て時服、一具と称うは、全て之を給し、一副とは、減じて之を給す。

と時服支給に関する規定がある。「一具」という語は『旧唐書』や『新唐書』の列伝にはみえないが、「一副」は「賜衣一副」と形で列伝にみえる。例えば『旧唐書』巻九三王晙伝に「手勅慰勉仍賜衣一副（手勅もて慰勉し仍《な》お衣一副を賜う）」とあり、『文苑英華』に「賜衣一副」に対する謝状や謝表が多くある。

『大唐六典』は「凡時服、称一具者、全給之。一副者、減給之」の註において「一具と一副」を説明する。

一具者、春秋、袍一絹汗衫頭巾一白練袴一絹褌一鞾一量並氈。夏則以衫代袍、以単袴代裌袴、餘依春秋。冬則袍加綿一十両襖子八両袴六両。一副者、除襖子汗衫褌頭巾鞾。餘同上。

一具とは、春・秋は、袍（長い上着）一・絹の汗衫（肌着）頭巾一・白練の袴一・絹の褌（ふんどし）一・鞾（くつ。靴の本字）一量並びに氈（毛氈）。夏は則ち衫を以て袍に代え、単袴を以て裌袴（袷の袴）に代え、餘は春秋に依る。冬は則ち袍に綿一〇両・襖子（短い上着）八両・袴六両を加う。一副とは、襖子・汗衫・褌・頭巾・鞾を除く。餘は上に同じ。

「賜衣一具」とは、春と秋では袍一・絹の汗衫・頭巾一・白練の袴一・絹褌一・鞾一を賜与し、賜与されることをいい、夏は衫・単袴・頭巾一・絹褌一・鞾一を賜与し、賜与されることをいい、冬では袍一・綿一〇両・襖子八両・袴六両・絹汗衫・頭巾一・白練袴一・絹褌一・鞾一を賜与し、賜与されることをいう。

「賜衣一副」とは、春と秋では袍一・白練の袴一を賜うことをいい、夏は衫・単袴を賜うことをいい、冬は袍一・綿一〇両・袴六両・白練の袴一を賜うことをいう。この時服支給の規定は開元二五年「倉庫令」の節略文である。詳細は中村裕一『大唐六典の唐令の研究』（汲古書院　二〇一四）三〇七頁以下を参照。

＊＊　『斉民要術』巻九に周處の『風土記』を引用して「俗先以二節日」とあるが、『玉燭宝典』に「俗先此二節日」とあり、「以」は意味から考えて「此」の誤記とするべきである。『玉燭宝典』には「俗先此二節日」とあり、『斉民要術』巻九に周處の『風土記』を引用して「俗先以二節日」とある。『斉民要術校釈』（農業出版社　一九八二　北京）は、五一七頁②において、「二節に先

立つ一日」という意味であるから、「一」字を補字するべきという。従うべきである。

### 2　鷲を食べる

端午に鷲鳥を食べる史料は、本章五月の「8　夏至　鷲を食べる」を参照。

### 3　葅亀《そき》を食べる

風土記曰、仲夏端五、俗重此日、与夏至同。煮肥亀、令極熟、去骨、加塩豉蒜蓼、名曰葅亀。表陽陰内之形、所以賛時也。（陳元靚《せい》の『歳時広記』巻二二端五・中「啖葅亀（葅亀を啖う）」）

「風土記」に曰わく、「仲夏の端五、俗は此の日を重んずること、夏至と同じ。肥亀を煮て、極熟せしめ、骨を去り、塩・豉《し》・蒜《せん》（にんにく）・蓼《たで》を加う、名づけて葅亀と曰う。表陽陰内の形、時を賛《ほ》む所以なり。

とあり、『太平御覧』巻三一時序部一六・五月五日にも、晋の周處（二三六～二九七、『晋書』巻五八）の『風土記』を引用しているが、隋の杜臺卿（『隋書』巻五八）の『玉燭宝典』五月に引用する『風土記』と比較すると省略が多い。『玉燭宝典』五月に引用する『風土記』は、本章五月の「9　夏至　葅亀を食べる」に示したから、引用は省略する。

### 4　粽子《ちまき》を多く食べない

五月五日、綜子（綜は粽の誤記）等勿多食。食訖、以菖蒲酒投之、取菖蒲根節促者七茎、各長一寸、漬酒中、服之、治傷損。（『養生月覧』巻上・五月の条所引の『千金月令』＊）

五月五日、粽子《そうし》（ちまき。糉とも書き、角黍ともいう）等を多く食らうこと勿れ。食らい訖れば、菖蒲酒を以て之に投じ（「菖蒲酒を以て之に投じる」とは奇妙な言い回しであるが、ちまきを食べれば菖蒲酒を飲むことをいう）、菖蒲の根節の促《おしつま》るもの七茎、各々長さ一寸を取り、酒中に漬け、之を服せば、傷損を治す。

粽子（糉子《そうし》）を食べる時期は、『斉民要術』巻九糉糦《そうい》法第八三に引用された、三世紀の周處の『風土記』に、

風土記注云、俗先以（以は此の誤記）二節［一］日、用菰葉裹黍米、以淳濃灰汁煮之、令爛熟、於五月五日夏至啖之。黏黍、一名糉、一名角黍。蓋取陰陽尚相裹、未分散之時象也。

「風土記」の注に云わく、「俗は此の二節（端午と夏至）に先んずること一日＊＊、菰《まこも》の葉を用い黍米《しょまい》（きび）を裹《つつ》み、淳濃の灰汁を以て之を煮て、爛熟せしめ、五月五日・夏至に之を啖《くら》う。黏黍《ねんしょ》（きび餅）は、一に糉《そう》（ちまき）と名づけ、一に角黍《かくしょ》と名づく」と。蓋《けだ》し陰陽尚お相い裹み、未だ分散せざるの時象なり。

とあり、五月五日と夏至の食べ物という。粽子等の多食禁止は、最初に示した唐の孫思邈《ばく》（？～六八二）の『千金月令』記載の記事であるから。粽子等の多食禁止は七世紀・八世紀に流布した食忌であった。

粽子（糉子）の作り方は、『斉民要術』巻九糉糦法第八三に述べる。

食経云、粟黍法。先取稲、漬之使釈。計二升米、以成粟一斗、著竹篡内、米一行、粟一行、裹、以縄縛。其縄相去寸所一行。須釜中煮、可炊十石米間、黍熟。

「食経」に云わく、「粟黍（あわちまき）の法。先ず稲を取り、之を漬け釈《うるけ》しむ。二升の米を計り、以て粟一斗と成し、竹篡《ちくげき》（箕のこと）の内に著け、米を一行（一列に並べる）、粟一行、［上を］裹み、縄を以て縛る。其の縄は相い去る寸所に一行す。釜中に煮るを須《ま》つに、一〇石の米を炊けるばかりの間に、黍熟れる」と。

現在、粽子《そうし》は竹皮で包むが、この起源は華中にあるらしい。一二世紀後半の福州（福建省の一州）の地方志である『淳熙《じゅんき》三山志』巻四〇土俗類・歳時・端午・角黍に＊＊、

楚人、是日、以竹筒貯米、祭屈原、名筒粽。四方相伝、皆以為節物。今州人、以大竹葉裹米、為角黍。亦有為方粽、以相餽遺。

楚人、是の日、竹筒を以て米を貯え、屈原（前三四三～前二七八。戦国時代の楚の政治家・詩人。氏は屈、諱は平または正則、字が原。秦の張儀の謀略を見抜き、楚の懐王を諫めたが受け入れられず、楚国に絶望して入水自殺した。戦国時代を代表する詩人でもある）を祭り、筒粽《そうそう》と名づく。四方相い伝え、皆な以て節物と為す。いま州人、大竹の葉を以て米を裹《つつ》み、角黍《かくしょ》と為す。亦た方粽（四角い粽）を為り、以て相い餽遺《きい》する有り。

とある。この記事は竹皮に粽子を包むことを伝える。

菖蒲は池・川などに生える多年生の草で、単子葉植物の一種。ショウブ目ショウブ科のショウブ属に属する。ユーラシア大陸に広く分布する。アヤメ科のハナショウブとは、全く別の植物である。「菖蒲」と表記されるが、正しくは「白菖」と書き、漢方の菖蒲は小型の近縁種である石菖を指す。

欧陽詢（五五七～六四一。『旧唐書』巻一八九上・儒学上）等の『藝文類聚《げいもんるいじゅう》』巻八一草部上「菖蒲」に「呉氏本草曰、菖蒲。一名尭韭《ぎょうきゅう》、一名昌陽」とあり、『太平御覧《ぎょらん》』巻九九九百卉《き》部六・菖蒲に「呉氏本草曰、菖蒲。一名尭韭」とあり、別名を尭韭という。

爽やかな香りを持つことから、端午の節日に使われ、江戸時代に「しょうぶ」の音が「尚武」に通じることから、男児の節日材料として珍重された。

＊　『千金月令』は唐の孫思邈（?～六八二）の著書で、『新唐書《しんとうじょ》』巻五九藝文《げいもん》志・農家類によれば三巻から構成される。『千金月令』に関しては、守屋美都雄『中国古歳時記の研究』（帝国書院　一九六三）を参照。

＊＊　『斉民要術』巻九に周處の『風土記』を引用して「俗先以二節日」とあるが、『玉燭宝典』に「俗先此二節日」とあり、「以」は意味から考えて「此」の誤記とするべきである。『玉燭宝典』には「俗先此二節日」とあり、『斉民要術』巻九に周處の『風土記』を引用して「俗先以二節日」とある。『斉民要術校釈』（農業出版社　一九八二　北京）は、五一七頁②において、二節に先立つ一日という意味であるから、「一」字を補字するべきという。従うべきである。

＊＊＊　福州市に烏石山（うせきざん。高い所が八六米の丘）于山（うさん。福州州治の中央にある小高い丘）屛山が鼎立するので、福州を別名で「三山」という。

## 5　生の諸菜を食べない

五月五日、勿食一切生菜。発百病。（『金匱要略方論』巻下「菓実菜穀禁忌并治第二五」）

五月五日、一切の生菜を食らうこと勿れ。百病を発す。

葛洪（抱朴子と号す。二八三～三四三）の『肘《ちゅう》後備急方』巻七治防避飲食諸毒方第六七「雑果菜諸忌」に、

五月五日、不可食生菜。　五月五日、生菜を食らうべからず。

とある。『金匱要略方論』は後漢の張機（字は仲景、一五〇?～二一九）の述作したものである。『金匱要略方論』は「五月五日」と言う。これは張機が生きた二世紀後半に、重数節日（三月三日、五月五日、七月七日、九月九日）が成立していたことを示すものであろう。晋の葛洪も「五月五日、不可食生菜」というから、葛洪以前の時代に重数節日が成立していたことは確実である＊。次に示す「黄帝云」の史料に、「五月五日、勿食一切菜。発百病」とある。「黄帝云」は『神農黄帝食禁』と想定した。この書は『漢書《かんじょ》』藝《げい》文《もん》志に著録されているから、紀元前の書である。「黄帝云」が『神農黄帝食禁』とすると、重数節日は紀元前の時代に、習俗として定着していたかどうかは別問題として、中国において意識されていたことになる。

五月五日の菜食禁止は、『医心方』巻第二九・月食禁にもある。

又［養生要集］云、五月五日、莫食一切菜。発百病。

又た「養生要集」云わく、「五月五日、一切の菜を食らうこと莫れ。百病を発す」と。

唐の孫思邈《ばく》（?～六八二）の『備急千金要方』巻七九食治・菜蔬第三・蘄《きん》菜（せり）に、

黄帝云、五月五日、勿食一切菜。発百病。

「黄帝」に云わく、「五月五日、一切の生菜を食らうこと勿れ。百病を発す」と。

とあり、また『医心方』巻第二九・月食禁に、五月五日に野菜を食べた結果を述べる。

又〔養生要集〕云、五月五日、食諸菜、至月尽（月尽＝月末）、令冷陽、令人短気。

又た「養生要集」に云わく、「五月五日、諸菜を食らわば、月尽に至り、冷陽ならしめ、人を短気ならしむ」と。

一三世紀の『養生月覧』巻上・五月に、孫思邈の『千金方』を出典として次のようにある＊＊。

五月五日、勿食一切菜。発百病。瑣砕録。又出千金方。

五月五日、一切の菜を食らうこと勿れ。百病を発す。「瑣砕録」。又た「千金方」に出ず。

＊　池田温「中国古代における重数節日の成立」（『中国古代史研究』第六所収　研文出版　一九八九）を参照。

＊＊　『千金方』と『備急千金要方』の関係は凡例に述べている。

### 6　鯉魚の骨を焼いて食べる

五月五日、取鯉魚枕骨、焼服、止久痢。千金方。（『養生月覧』巻上・五月）

五月五日、鯉魚の枕骨（頭骨）を取り、焼きて服せば、久痢（長期の下痢）を止む。「千金方」。

### 7　猪肝と鯉の卵を合食しない

又〔養生要集〕云、五月五日、猪肝不可合食鯉之子、子不化、成瘕。（『医心方』巻第二九・月食禁）

又た「養生要集」に云わく、「五月五日、猪肝　鯉子（鯉の卵）を合わせ食らうべからず、子（鯉の卵）は〔消〕化せず、瘕（腹にこりを生じる病）を成す」と。

『養生要集』は五月五日に鯉子（鯉の卵）と猪肝との合食禁止をいう。三世紀初頭の張機の『金匱要略方論』巻下「禽獣魚虫禁忌并治第二四」に、

鯉魚鮓不可合小豆藿食之。其子不可合猪肝、食之害人。

鯉魚の鮓《さ》（なれ鮨）小豆藿《かく》（小豆の葉）に合わせ之を食らうべからず。其の子 猪肝に合わすべからず、之を食らわば人を害す。

とあり、鯉の鮓は猪肝と合食してはならないというが、『金匱要略方論』は食忌を五月五日と月日を限定しない。もともと鯉子と猪肝の食忌は、これが原形であり、さらに重数節日の習俗が加わり、五月五日の食忌となり、端午と鯉の関係が生まれたものである。

晋の葛洪（抱朴子。二八三～三四三）の『肘《ちゅう》後備急方』巻七治防避飲食諸毒方第六七「雑果菜諸忌」に、

五月五日、不可食生菜。　五月五日、生菜を食らうべからず。

とあるが、五月五日と鯉の関係はいわないから、五月五日と鯉の関係は、葛洪以後、『養生要集』が成立までの間に成立したものであろうか。であれば、『養生要集』は四世紀以降の書となる。

唐の孫思邈《ばく》（?～六八二）の『備急千金要方』巻八〇食治・鳥獣第五・鯽《そく》魚にも、『養生要集』と同じ記事がある。

五月五日、勿以鯉魚子共猪肝。食必不消化、成悪病。

五月五日、鯉魚の子を以て猪肝と共にする勿れ。食らわば必ず消化せず、悪病を成す。

一三世紀の『養生月覧』巻上・五月にも、孫思邈の『千金方』を出典として次のようにある＊。

五月五日、勿以鯉魚子共猪肝食。必不消化、成悪疾。同上（千金方）。

五月五日、鯉魚の子を以て猪肝と共に食らうこと勿れ。必ず消化せず、悪疾を為す。上に同じ（『千金方』）。

陳元靚《せい》の『歳時広記』巻二一端五・上「謹飲食（飲食を謹む）」にも、『千金方』を出典とする記事がある。

千金方、五月五日、勿食鯉魚子。共猪肝食之、必不消化、能成悪病。

「千金方」に、「五月五日、鯉魚の子（鯉の卵）を食らうこと勿れ。猪肝と共に之を食らわば、必ず消化せず、能く悪病を成す」と。

前項の「諸菜を食べない」において示した『千金方』は「黄帝云、……」とあったが、五月五日に鯉魚子を食べないという記事には「黄帝云、……」とはなく、「五月五日、勿食鯉魚子。……」とある。五月五日に鯉魚子を食べないという食忌は黄帝が定めた食忌ではないからである。五月五日に鯉魚子を食べないという食忌は、神話伝説の時代に遡及するほど古い食忌ではないことになる。重数節日が誕生した後に成立した食忌で、四世紀以降『養生要集』が成立するまでに生まれた食忌であろう。

＊『千金方』と『備急千金要方』の関係は凡例に述べている。

## 8　芥菜及び雉肉を食べない

又［養生要集］云、五月五日、不可食芥菜及雉宍（宍は肉の古字）。（『医心方』巻第二九・月食禁）

又た「養生要集」に云わく、「五月五日、芥菜《かいさい》（あぶらな科おおばからし菜）及び雉の宍《にく》を食らうべからず」と。

一四世紀の元王朝の時代に書かれた、闕名氏（『千頃堂書目』巻一二には、一五世紀初期の人・熊宗立の編）の『居家必用事類全集』癸集・人元寿「菜蔬」にも、類似する記事がある。

五月五日、勿食菜。芥菜同兎肉食、成悪病。

五月五日、菜を食らうこと勿れ。芥菜 兎の肉と同じく食らわば、悪病と成る。

## 9　鼈子《べつし》と鮑魚の子を合食しない

黄帝云、五月五日、以鼈子、共鮑魚子、食之、作癉黄。（『備急千金要方』巻八〇食治・鳥獣第五・鼈肉）

「黄帝」に云わく、「五月五日、鼈《べつ》子（すっぽんの卵）を以て、鮑魚（「くさや」に類する乾燥魚）の子と共に、之を食らわば、癉《たん》黄（たんおう）を作す」と。

一三世紀の『養生月覧』巻上・五月に、『千金方』を出典として次のようにある。

五月五日、鼈子共鮑魚子食之、作癉黄。同上（千金方）。

五月五日、鼈《べつ》子（すっぽんの卵）は鮑魚の子と共に之を食らえば、癉黄と作す。上に同じ（「千金方」）。

鮑魚について、『斉民要術』の序に、

仲長子曰、鮑魚之肆、不自以気為臭。四夷之人、不自以食為異。生習然也。

仲長子（仲長統。『後漢書』巻七九仲長統伝）曰わく、「鮑魚の肆《し》（みせ）、自ずから気を以て臭と為さず、四夷の人、自ずから食を以て異と為さず」と。生れ習い然らしむなり。（鮑魚の肆は自分達の肆が臭いと思わない。四夷の人は自分達の食事を異様とは思わない」と。これは生れながらの習慣をそうさせるのである）

とあるから、鮑魚は臭気紛々たるものであったらしい。『唐・新修本草』虫魚部巻第一六鮑魚の註に、

所謂鮑魚之肆、言其臭也。俗人呼為鰛魚、字似鮑。

いわゆる鮑魚の肆、其の臭を言うなり。俗人呼びて鰛《えふ》魚と為す、字は「鮑」に似る。

とあり、鮑魚は臭い加工魚であったことは確かである。顧野王（五一九～五八一。『陳書』巻三〇、『南史』巻六九）の奉令撰『玉篇』巻二四魚部に、

鮑。歩巧切。漬魚也。今謂裹魚。　　鮑。歩・巧の切。漬魚なり。今裹《こく》魚と謂う。

とあり、鮑魚は漬け魚であるといい、前漢の史游（前一世紀の人）の『急就篇』巻三鯉鮒蟹鱓鮐鮑鰕に、

鯉鮒蟹鱓鮐鮑鰕。………（中略）………。鱓似蛇。鮐海魚也。鮑亦海魚、加之以塩而不乾者也。

鯉・鮒・蟹・鱓・鮐・鮑・鰕。……（中略）……。鱓《ぜん》（うつぼ）は蛇に似る。鮐《たい》（ふぐ。鮐は「い」とも読む）は海魚なり。鮑（魚の塩漬け）亦た海魚、之に加えるに塩を以てして乾かざるものなり。

とあり、鮑魚は海魚であり、塩に浸し乾かざるものとある。

唐の杜佑の『通典』巻四九礼典九・吉礼八・祫禘上・周の祫祭に、「鮑魚鱐」とあり、その註に、

鮑者於糒室中糗乾之魚。鱐者析乾之魚。鱐音所求反。

鮑は糒《ひょく》室（肉を炙る室）中に於いて糗乾するの魚。鱐《しゅく》は析《さば》き乾かすの魚。鱐の音は所・求の反。

とあり、鮑魚は専用の部屋で乾燥させた乾魚と理解できる。

『経史證類大観本草』巻二一蟲魚部・上品「鮑魚」の註に、

臣禹錫等謹按蜀本図経、注云、十月後、取魚去腸、縄穿淡乾之。凡魚皆堪食、不的取一色也。

臣禹錫（掌禹錫、一一世紀の人。「宋史」巻二九四）等謹んで「蜀本図経」を按ずるに、「注」に云わく、「一〇月の後、魚を取り腸を去り、縄もて穿ち之を淡乾す。凡《すべ》て魚皆な食らうに堪え、一色を的取せざるなり」と。

とあるから、魚の内臓を除去し、縄に通し一夜干しにしたものであるらしい。鮑魚の異臭は人間の死臭と同じとする書もあるが、鮑魚が生きている時から死臭と同じ臭いとは考えにくい。果たして、そうであれば、そのような魚を捕獲しないであろう。捕獲したあとで加工し、臭い魚にしたものである。

### 10　青花・黄花の菜や韮《にら》を食べない

食経云、五月五日、勿食青黄花菜及韮。皆不利人、成病。（『医心方』巻第二九・月食禁）

「食経」に云わく、「五月五日、青花・黄花の菜及び韮《きゅう》を食らうこと勿れ。皆な人に利せず、病と成る」と。

五月五日に青花・黄花の菜を食べると病気になるというが、五月四日であれば、病気にならないのであろうか。説

得力に欠ける食忌である。

八世紀の王燾《とう》の『外臺秘要方』巻三一解飲食相害成病百件に、「張文仲」とあって、

病人、不可食胡荾芹菜及青花黄花菜。

病人、胡荾《こすい》（こえんどろ。セリ科の一年草　今は芫荽という）・芹菜及び青花・黄花の菜を食らうべからず。

とある。『医心方』の『食経』は青花・黄花を食べると病となるといい、『外臺秘要方』は病人は青花・黄花を食べてはいけないといい、順序が逆になっている。この方が幾分かは説得力がある。

『外臺秘要方』に「張文仲」とあって「病人、不可食胡荾芹菜及青花黄花菜」のような記事がある場合、七世紀末の張文仲の處方である『隨身備急方』に「病人、………」とある記事があり、それを後代の『外臺秘要方』が引用したものである。このことは、すでに本章正月「7　生葱を食べない」に述べた。

## 七　六月の食忌と食宜

### 1　澱んだ水を飲まない

養生方云、六月、勿食沢中水。令人成鼈瘕也。（『巣氏諸病源候総論』巻一九癥瘕病諸候・鼈瘕候）

「養生方」に云わく、「六月、沢中（池と沼）の水を食らうこと勿れ。人をして鼈瘕《べっか》（鼈に起因して腹にしこりができる病気）と成らしむなり」と。

右の記事の「食」は「飲」と同じ意味で使用している。「酒を食らう」と現在でもいうから、決して間違いではない。同じことを伝えて、『医心方』巻第二九・月食禁には、

養生要集云、六月、勿飲沢中停水。喜食鱉肉、成鱉瘕。

「養生要集」に云わく、「六月、沢中（池と沼）の停水（澱んだ水）を飲むこと勿れ。喜《よ》く鱉《べつ》の肉（鼈の肉に同じ）を食らわば、鱉瘕を成す」と。

とあり、『医心方』は沢の水を飲んで、鱉の肉（すっぽん）の肉を食べるとなっている。

また九世紀末の『四時纂要』六月・食忌には、

勿食諸脾。勿飲沢水。令人病鼈癥。

諸脾を食らうこと勿れ。沢水を飲むこと勿れ。人をして鼈癥《べっちょう》（鼈に起因する腹のしこり）を病ましむ。

とあり、一二世紀の『経史證類大観本草』巻五玉石部・下品の末尾にある「陰地流泉」には、

五月六月、勿飲沢中停水。食著魚鱉精、令人鱉瘕病也。

五月・六月、沢中の停水を飲むこと勿れ。食らわば魚［精］・鼈《べつ》精を著け、人をして鼈瘕を病ましむなり。

とあり、淳熙一六年（一一八九）ころの張杲《こう》の『医説』巻七「陰地流泉、不可飲（陰地の流泉、飲むべからず）」に、

［陰地流泉］、五月六月、勿飲沢中停水。食著魚鼈精、令人病鼈瘕也。本草。

陰地の流水・泉水、五月・六月、沢中の停水を飲むこと勿れ。食らわば魚［精］・鼈精を著け、人をして鼈瘕《べっか》を病ましむなり也。「本草」。

とあり、陳元靚《せい》の泰定乙丑《いっちゅう》版『事林広記』辛集巻六薬忌門「一二月食忌」の六月にも、

六月、勿食生葵。宿疾者尤不可食。勿食沢水。令人病鼈癥。

六月、生葵を食らうこと勿れ。宿疾（長く治癒しない病気）の者尤も食らうべからず。沢水を食らうこと勿れ。人をして鼈癥《べっちょう》を病ましむ。

とあり、『本草綱目』巻五水之一・諸水有毒に、

沢中停水。五六月、有魚鼈精。人飲之、成瘕病。

沢中の停水。五・六月、魚・鼈の精有り。人之を飲めば、瘕病を成す。

とあり、沢水を飲んで鼈肉（すっぽんの肉）を食べるとはない。

『医心方』以外の文献は五月・六月の沢水を飲むを、水中に溶け出ている鼈の成分が、人間の体内に入り病気を引き起こすと考えている。『医心方』だけが水と鼈の肉とする。

## 2　落下した果実を食べない

［養生要集］又云、不得食自落地五菓。経宿者、蚍蜉螻蛄蟯蜋遊上、喜為漏。（『医心方』巻第二九・月食禁）

「養生要集」に又た云わく、「自ら地に落つ五菓を食らうことを得ざれ。経宿（時間が経過すること）のもの、蚍《ひ》蜉《ふ》（大蟻）螻蛄《ろうこ》（おけら）蟯蜋《きょうろう》（くそむし）は上に遊び、喜《よ》く漏（虫の大小便）を為す」と。

七世紀初頭の隋王朝の太医博士である巣元方の『巣氏諸病源候総論』巻三四瘻病諸候・瘻病候に、

養生方云、六月、勿食自落地五果。経宿、蚍蜉螻蛄蟯蜋遊上、喜為九瘻。

「養生方」に云わく、「六月、自ら地に落ちる五果を食らうこと勿れ。経宿せば、蚍蜉（大蟻）・螻蛄（おけら）・蟯蜋（くそむし）は上に遊び、喜く九瘻（九瘻は九漏か。多くの大小便）を為す」と。

とある。この記事は『医心方』の記事と類似する。『医心方』は出典が『養生要集』といい、『巣氏諸病源候総論』は「養生方」という。記事が一致しないのは引用の差異であり、引用文献にはままあることである。

『巣氏諸病源候総論』には「養生方」が多く引用され、その記事を『養生要集』と比較すると類似する所が多い。おそらく「養生方」は『養生要集』と同一の書であろう。正式名称は『養生要集』であるから、「養生方」は『養生要集』の處方部分を指すのではないかと考える。

### 3　鶩《ぼく》（あひる）の肉を食べない

黄帝云、六月、勿食鶩肉。傷人神気。（『備急千金要方』巻八〇食治・鳥獣第五・丹雄鶏肉）

「黄帝」に云わく、「六月、鶩（あひる）の肉を食らうこと勿れ。人の神気を傷《そこな》う」と。

『医心方』巻第二九・月食禁に、

雀禹（崔禹［錫］の誤記）［食経］云、勿食雁鶩。傷人精気。

崔禹錫の「食経」に云わく、「雁・鶩を食らうこと勿れ。人の精気を傷う」と。

とあり、また『養生月覧』巻上・六月に、唐代の『千金方』を引用して次のようにある。

勿食鶩肉。傷人神気。同上。　鶩の肉を食らうこと勿れ。人の神気を傷う。上に同じ（「千金方」）。

五月五日は周處（?〜二九七）の時代から、鶩《ぼく》を賞味する風習があるが、六月になると一転して賞味が止る。『医心方』が引用する崔禹錫の『食経』は、寛平三年（八九一）ごろに藤原佐世《すけよ》によって作成された『日本国見在《げんざい》書目録』に「食経四巻　崔禹錫撰」とある。崔禹錫の『食経』は『旧唐書《くとうじょ》』経籍志また『新唐書《しんとうじょ》』藝文志《げいもんし》・『宋史』藝文志には著録しない。崔禹錫に関しては、本章三月の「5　芹を食べない」に述べている。

### 4　雁の肉を食べない

史料は前項の「3　鶩の肉を食べない」に示した崔禹錫の「食経」にある。

### 5　芹菜を食べない

［崔禹錫食経］又云、五六月、芹菜不可食。其茎孔中有虫、之令人迷悶。（『医心方』巻第二九・月食禁）

崔禹錫の「食経」に又た云わく、「五・六月、芹菜を食らうべからず。其の茎の孔中に虫有り、之れ人をして迷悶せしむ」と。

唐の徐堅の『初学記』巻二七宝器部「萍第一五。叙事」に、

爾雅曰、苹蓱也。郭璞曰、江東謂之藻。其大者蘋。周處風土記曰、萍蘋、芹菜之別名也。呂氏春秋曰、菜之美者、崑崙之蘋焉。礼記曰、季春之月、萍始生。淮南子曰、萍樹根於水、木樹根於土。

「爾雅」に曰わく、「苹《へい》は蓱《へい》なり」と。郭璞《かくはく》（二七六～三二四）曰わく、「江東（長江下流域）之を藻と謂う」と。「其の大なるものは蘋《ひん》」と。周處の「風土記」に曰わく、「萍・蘋、芹菜の別名なり」と。「呂《りょ》氏春秋」に曰わく、「菜の美《うま》きものは、崑崙の蘋。「礼記《らいき》」に曰わく、「季春の月、萍始めて生ず」と。「淮南子《えなんじ》」に曰わく、「萍《へい》樹は水に根づき、木樹は土に根づく」と。

とあり、芹菜は萍・蘋《ひん》という別名がある。顧野王（五一九～五八一。『陳書』巻三〇）の『玉篇』巻一三艸部に、

萍。部丁切。萍草無根、水上浮。蓱。同上。　萍。部・丁の切。萍草は根なし、水上に浮く。蓱《へい》。上に同じ。

とあり、芹菜である萍は根なしで、水上に浮かぶという。要は水際に生える芹のことである。

## 6　韮《にら》を食べない

食韮、目昏。千金方。（『養生月覧』巻上・六月）

韮《きゅう》を食らえば、目昏《くら》し。「千金方」。

『千金方』は南朝の范世英の三巻本『千金方』と唐の孫思邈《ばく》の『千金方』がある。范世英の『千金方』は一〇世紀の『太平御覧《ぎょらん》』に引用がない。一〇世紀までに散逸した書であろう。『養生月覧』に引用する『千金方』は、『新唐書《しんとうじょ》』巻五九藝文《げいもん》志・医術類に「孫思邈　千金方三十巻」とあり、『宋史』巻二〇七藝文志六・医書類に「孫思邈　千金方

三十巻」とある孫思邈の『千金方』である。『旧唐書《くとうじょ》』巻一九一孫思邈《ばく》伝に、『千金方』の編纂をいう。

自注老子荘子、撰千金方三十巻、行於代。又撰福禄論三巻、摂生真録及枕中素書会三教論各一巻。

自ら「老子」・「荘子」に注し、「千金方」三〇巻を撰（撰は述作）し、代（世と同じ）に行わる。又た「福禄論」三巻を撰し、「摂生真録」及び「枕中素書」「会三教論」各々一巻［を撰す］。

『千金方』三〇巻は一〇六六年に校訂され、『備急千金要方』と改名されたから、一一世紀以降は『千金方』と『備急千金要方』の書名で行用された。『旧唐書』巻一七一裴潾《りん》伝に『千金方』の序文が引用されている。

高宗朝處士孫思邈者、精識高道、深達摂生、所著千金方三十巻、行之於代。其序論云、凡人無故、不宜服薬。薬気偏有所助、令人臓気不平。思邈此言、可謂洞於事理也。

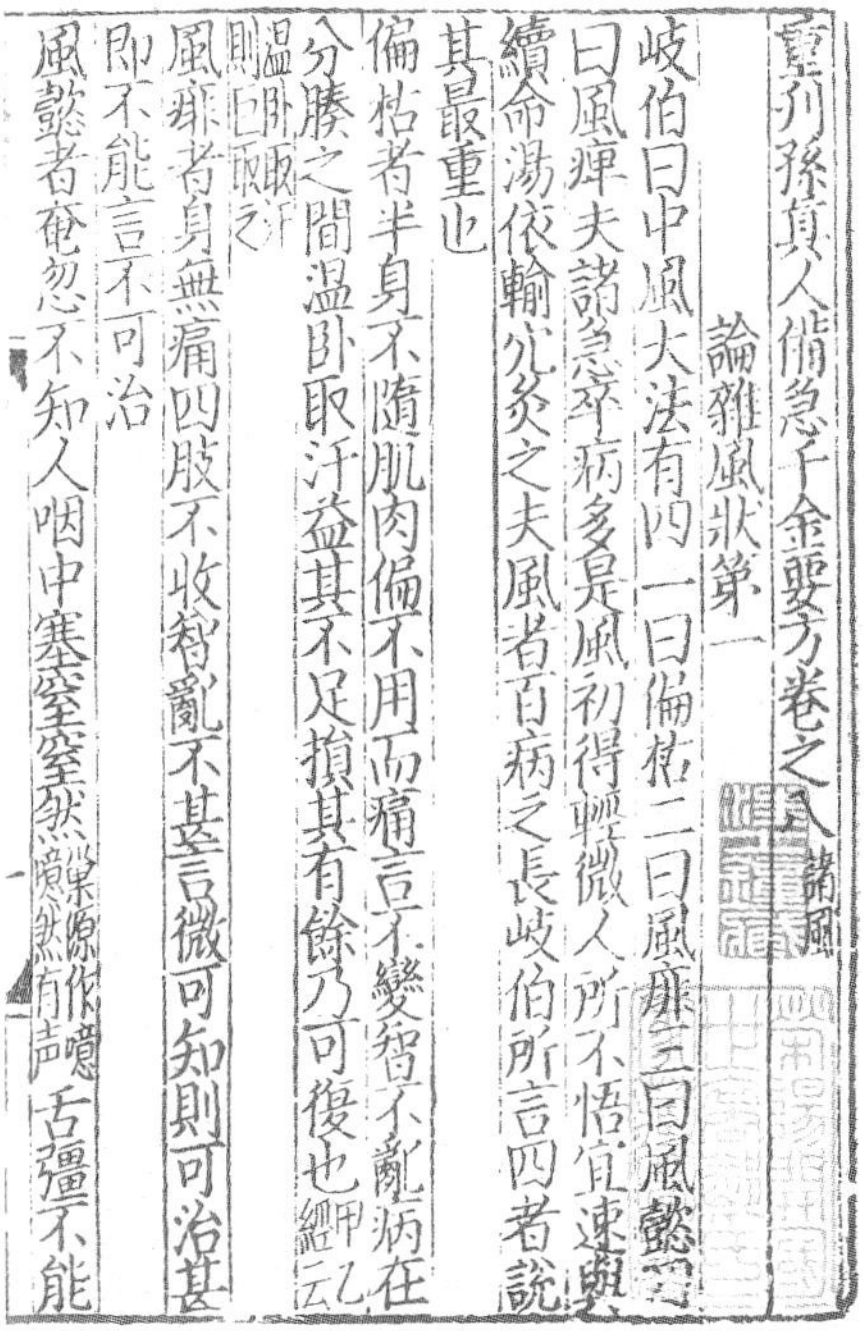
重刊孫眞人備急千金要方卷之八　諸風
論雜風狀第一
岐伯曰中風大法有四一曰偏枯二曰風痱三曰風懿四曰風痺夫諸急卒病多是風初得輕微人所不悟宜速與續命湯依輸穴灸之夫風者百病之長岐伯所言四者說其最重也
偏枯者半身不隨肌肉偏不用而痛言不變智不亂病在分腠之間温卧取汗益其不足損其有餘乃可復也甲乙經云温卧取汗則巳取之
風痱者身無痛四肢不收智亂不甚言微可知則可治甚即不能言不可治
風懿者奄忽不知人咽中塞窒窒然巢源作噫噫然有聲舌彊不能

図版４　元版『備急千金要方』巻之八
静嘉堂文庫蔵

高宗（唐王朝第三代皇帝。在位六五〇〜六八九）朝の處士（處士は臣の身分で偶することができない偉人をいう言葉）の孫思邈《ばく》は、精さに高道を識り、深く摂生に達し、著す所の「千金方」三〇巻、之代に行わる。其の序論に云わく、「凡《すべ》て人故なく、宜しく薬を服すべからず、薬気偏く助く所有り、人の臓気を不平ならしむ」と。思邈の此の言、事理に洞ずる（事理を悟り知る）と謂うべきなり。

### 7　脾を食べない

勿食諸脾。勿飲沢水。令人病鼈瘕。（唐の韓鄂《かんがく》の『四時纂要』六月・食忌）

諸の脾［臓］を食らうこと勿れ。沢水（池と沼）を飲むこと勿れ。人をして鼈瘕《べっちょう》（鼈に起因する病）を病ましむ。

一三世紀の『養生月覧』巻上・六月に、孫思邈の『千金方』を出典として次のようにある。

勿食脾。乃是季月、土旺在脾故也。同上（千金方のこと）。

脾［臓］を食らうこと勿れ。乃《すなわ》ち是れ季月（三月・六月・九月・一二月）、土旺（土気の勢いが盛んなること）は脾［臓］に在るの故なり。上に同じ（「千金方」）。

「土旺」は「土用」に同じ。四季月（三月・六月・九月・一二月）の土用の時という意味である。一年一二月を春、夏、秋、冬の四季節に分け、一月・二月・三月を春とし、四月・五月・六月を夏とし、七月・八月・九月を秋とし、一〇月・一一月・一二月を冬とする。各季節の最初の月を孟月といい、中間月を仲月といい、終わりの月を季月という。それゆえ、季月は三月・六月・九月・一二月の四回ある。立春、立夏、立秋、立冬の前の一八日を土用という。この時は土気の勢いが盛んなるといわれ、土木工事が休止になることもあった。土用の期間となる日を「土用の入り」といい、「土用の丑」とは土用期間中に一〇干一二支の「丑の日」をいう。「土用の丑」をいうのは、一九世紀以降の日本だけであり、中国には「土用の丑の日」に行事はない。

### 8　茱萸《しゅゆ》を食べない

六月七月、勿食茱萸。傷神気。（『金匱要略方論』巻下「菓実菜穀禁忌并治第二五」）

六月・七月、茱萸を食らうこと勿れ。神気（精神）を傷《そこな》う。

六月と七月に茱萸を食べない食忌は、張機（字は仲景、一五〇?～二一九）の二世紀末にあった食忌である。

唐の孫思邈《ばく》（?～六八二）の『備急千金要方』巻七九食治・菜蔬第三・食茱萸にも茱萸の食忌をいう。

黄帝云、六月七月、勿食茱萸。傷神気、令人起伏気、咽喉不通徹、賊風中人口、僻不能語。

「黄帝」に云わく、「六月・七月、茱萸《しゅゆ》を食らうこと勿れ。神気を傷《そこな》い、人をして気を起伏さしめ、咽喉通徹せず、賊風（害悪をなす風）人の口に中《あた》り、僻けて語る能わず」と。

「黄帝」が『神農黄帝食禁』の略称であれば、この書は『漢書《かんじょ》』巻三〇藝文《げいもん》志に著録されるから、紀元前に六月と七月に茱萸を食べない食忌は存在したことになる。

『経史證類大観本草』巻一三木部・中品「呉茱萸」に、

孫真人食忌云、六月七月、勿食［茱萸］。傷人気、発瘡痍。

孫真人の「食忌」に云わく、「六月・七月、茱萸を食らうこと勿れ。人の気を傷い、瘡痍《そうい》（きず）を発す」と。

とあり、一三世紀の『養生月覧』巻上・六月に、孫思邈の『千金方』を出典として、

勿食茱萸。傷人氣。同上（千金方のこと）。

茱萸を食らうこと勿れ。人の気を傷う。上に同じ（「千金方」）。

とあり、また南宋の李石の『続博物志』巻七にもある。

六月七月、勿食茱萸。成血痢。

六月・七月、茱萸を食らうこと勿かれ。血痢（血が混じった下痢）を成す。

茱萸には呉茱萸、食茱萸（カラスザンショウ）、山茱萸がある。呉茱萸と食茱萸は、同じミカン科に属する落葉小高木で、多数の小花が密集し、花は黄白色で雌雄異株である。「庭の山茱萸の木、鳴る鈴かけて、……」と歌われるように、庭木として利用される山茱萸はミズキ科ミズキ属の落葉小高木で、庭木として利用される「はなみずき」、山

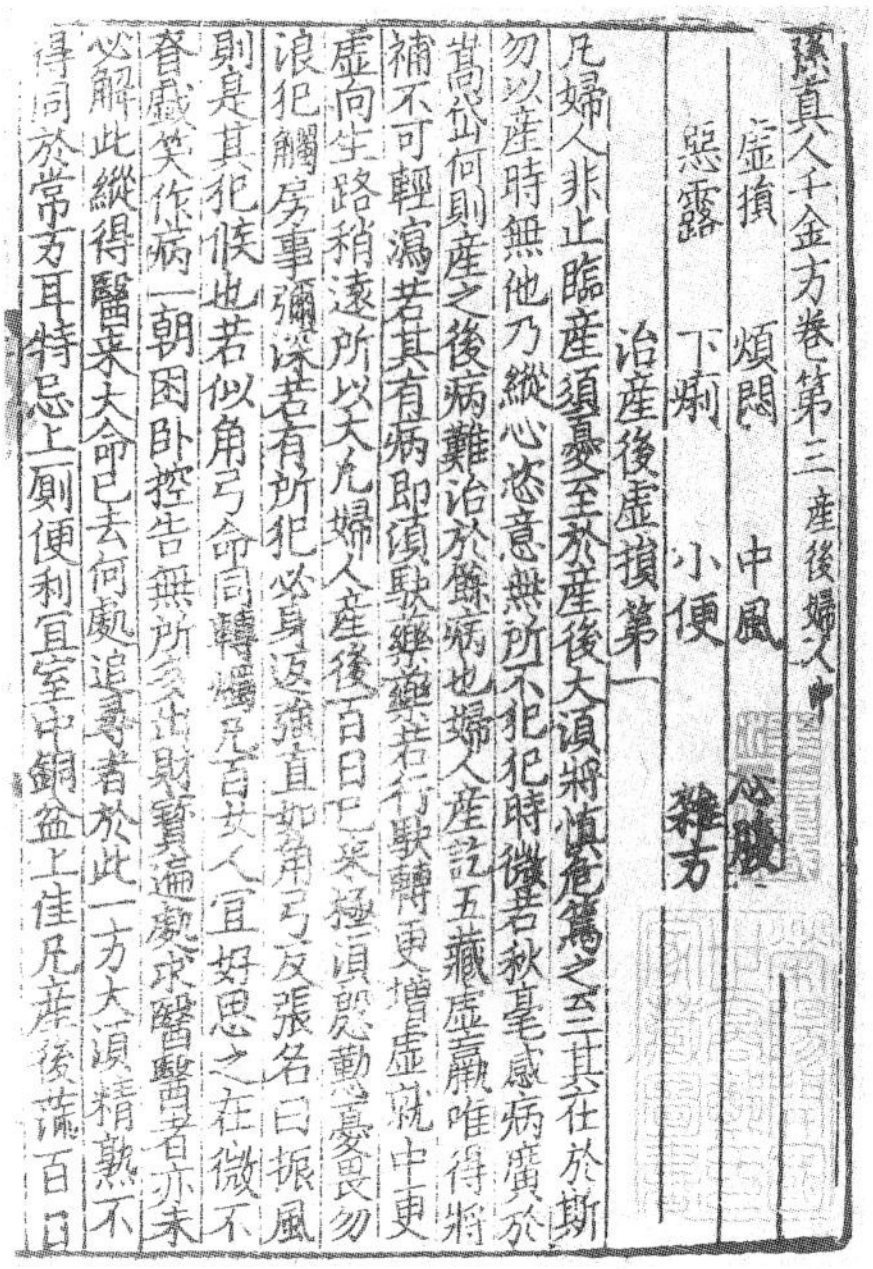

図版５　元版『千金方』巻第三　静嘉堂文庫蔵

法師と同類である。日本では山茱萸を春黄金花（はるこがねばな）とか秋珊瑚（あきさんご）という。花期は三月で、早春に小さな黄色の花が塊状に咲き、春の訪れを告げる花木の一つである。秋にはグミのような鮮紅色の楕円形の果実が熟す。山茱萸はサンシュユであるから、山茱萸の実を酒に漬したものを「サンシュユ」という。茱萸は通俗的にはグミといわれるが、実はグミではない。グミはグミ科グミ属の低木につける実で、名称として便宜的に「茱萸」の漢字を使用するだけのことである。

重陽と関係する茱萸はミカン科の呉茱萸である。七世紀初頭に撰述された『藝文類聚《げいもんるいじゅう》』巻八九木部下・茱萸《しゅゆ》に、

説文曰、樧似茱萸、出淮南。風土記曰、茱萸樧也。九月九日、熟色赤、可采時也。

「説文《もん》」（『説文解字』の略称。後漢の許慎の著作。一〇〇年に成立）に曰わく、「樧《さつ》（ごしゅゆ・かわはじかみ）は茱萸に似て、淮南《わいなん》に出ず」と。「風土記」に曰わく、「茱萸は樧なり。九月九日、色赤に熟す。采るべき時なり」と。

とあり、『太平御覧《ぎょらん》』巻九九一薬部八・茱萸に、

［神農］本草経曰、茱萸、一名藙 音毅。味辛温。生川谷間。湊理、根去三蟲、久服軽身。生上谷。

「神農本草経」に曰わく、「茱萸、一名は藙 音は毅《ぎ》。味は辛、温。川谷の間に生ず。湊理（肌のきめをよくす）し、根は三蟲《ちゅう》（三尸蟲、道教の説では人間の腹中には上尸・中尸・下尸の三蟲《ちゅう》がおり、人の陰事を天帝に讒訴するという）を

去り、久しく服さば身を軽くす。上谷に生ず」と。

とあり、『経史證類大観本草』巻一三木部・中品「呉茱萸」に、

図経曰、呉茱萸、生上谷川谷及冤句。今處處有之、江浙蜀漢尤多。木高丈餘、皮青緑色、葉似椿而闊厚、紫色。三月開花、紅紫色、七月八月、結実、似椒子。嫩時微黄。至成熟則深紫。九月九日、採陰乾。

「図経」（『図経本草』）に曰わく、「呉茱萸、上谷・川谷及び冤句《えんく》（曹州・済陰郡）に生ず。いま處處に之有り、江浙（長江下流域）蜀（四川省）漢（漢水流域）尤も多し。木の高さ丈餘にして、皮は青緑色、葉は椿に似て闊厚（大きくて分厚い）、紫色なり。三月に花を開き、紅紫色なり。七月・八月に、実を結び、椒子に似る。嫩《わか》い時は微黄なり。成熟に至れば則ち深紫なり。九月九日、採りて陰乾す」と。

とあり、呉茱萸はミカン科であるから、柑橘と関係の深い浙江地方に由来するもので、浙江の古名が「呉」であるから、呉茱萸といわれるのである。

羅願（一一三六～一一八四）の『爾雅翼』巻一一釈木・榝《さつ》には次のようにいう。

一名藙。今之茱萸也。其味苦辛、置之食中能去臭。……（中略）……。今蜀郡作之。九月九日、取茱萸、折其枝、連其実広長四五寸、一升実可和十升膏。然鄭氏及説文、皆以煎茱萸為藙、蓋藙必煎乃用爾。今蜀人猶呼其実為艾子、蓋藙之訛也。

一名は「藙《ぎ》」なり。今の茱萸なり。其の味は苦辛、之を食中に置けば能く臭いを去る。……（中略）……。今蜀郡は之を作る。九月九日、茱萸を取り、其の枝を折り、其の実を連ぬに広さ・長さ四・五寸、一升の実一〇升の膏に和《あえ》るべし。然るに鄭氏（『礼記注疏』巻二八内則「三牲用藙」の鄭玄の註）及び「説文」（『説文解字』の略称。後漢の許慎の著作。一〇〇年に成立）は、皆な煎茱萸を以て「藙《ぎ》」と為す、蓋《りだ》し「藙」は必ず煎り乃ち用うのみ。いま蜀人猶お其の実を呼びて艾《がい》子と為すがごとし。蓋《けだ》し「藙」の訛《なまり》なり。

六世紀中葉の賈思勰《かしきょう》の『斉民要術』巻四「種茱萸（茱萸《しゅゆ》を種《う》える）」第四四に、

　食茱萸也、山茱萸則不任食。　食茱萸なり、山茱萸は則ち食らうに任《た》えず。

とあり、一三世紀の陳耆卿の『赤城志』（臺州の地誌）巻三六風土門一・茱萸に、

　似椒而浅青色者、曰山茱萸。粒大而黄黒者、曰呉茱萸。又有一種、紫色。九日、人以泛觴。

　椒（山椒）に似て浅青色のものは、山茱萸と曰う。粒大にして黄黒のものは、呉茱萸と曰う。又た一種有り、紫色。九日、人以て觴（さかずき）に泛《うか》ぶ。

とあり、山茱萸は食用に供さないが、山茱萸酒と名づくる酒がある。この酒は山茱萸の実の種を除去し、果肉だけを酒に漬けたものであるから、山茱萸は食用ではないといわれるが、種《たね》が食用に適さないのである。

『太平御覧《ぎょらん》』巻九九一薬部八・山茱萸に、

　呉氏本草曰、山茱萸、一名鬾 音伎 実、一名鼠矢、一名鶏足。

　「呉氏本草」に曰わく、「山茱萸、一名は鬾《き》 音は伎 実、一名は鼠矢《そし》、一名は鶏足」と。

とある。山茱萸は古くは鬾実《きじつ》・鼠矢・鶏足ともいわれた。『太平御覧』巻九九一薬部八・山茱萸に、

　本草経曰、山茱萸、一名蜀酸棗。平。生山谷。

　「本草経」に曰わく、「山茱萸、一名は蜀酸棗《そう》。平なり。山谷に生ず」と。

とある。『太平御覧』に引用する『本草経』は、陶弘景（四五六～五三六）が註を加えた書であるから、六世紀ころに山茱萸は蜀酸棗《そう》ともいわれた。

『呉氏本草』は三国・魏の呉晋の撰になる書で、『太平御覧』に『呉氏本草』・『呉氏本草経』として多く引用され、『呉晋本草』と同じ書である。『旧唐書《くとうじょ》』巻四七経籍志下・医術類に「呉氏本草因六巻。呉晋撰」とあり、『新唐書《しんとうじょ》』巻五九藝文《げいもん》志・医術類に「呉氏本草因六巻。呉晋」とある。

『斉民要術』巻四種茱萸（茱萸を種《う》える）第四四に、

術曰、井上宜種茱萸。茱萸葉落井中、飲此水者、無瘟病。雑五行書曰、舎東種白楊茱萸三根、増年益寿、除患害也。又術曰、懸茱萸子於屋内、鬼畏不入也。

「術」に曰わく、「井の上《ほとり》宜しく茱萸を種えるべし。茱萸の葉 井中に落ち、此の水を飲む者、瘟《おん》病（はやり病）なし」と。「雑五行書」に曰わく、「舎東に白楊・茱萸《しゅゆ》三根を種えれば、増年寿を益し、患害を除くなり」と。又た「術」に曰わく、「茱萸子（茱萸の実）を屋内に懸ければ、鬼畏れて入らざるなり」と。

とあり、茱萸は辟悪の霊力があると信じられた。「術」は前漢の劉安の「淮南萬畢術《わいなんまんぴつじゅつ》」のことである。

### 9　羊の肉を食べない

六月、勿食羊肉。傷人神気。（『備急千金要方』巻八〇食治・鳥獣第五・青羊）

六月、羊の肉を食らうこと勿れ。人の神気（精神）を傷《そこな》う。

一三世紀の『養生月覧』巻上・六月に、孫思邈《ばく》（？～六八二）の『千金方』を出典として次のようにある。

勿食羊肉。傷人氣。同上（千金方のこと）。　羊の肉を食らうこと勿れ。人の気を傷う。上に同じ（「千金方」）。

『千金方』と『備急千金要方』は同一の書で、一一世紀に『備急千金要方』ともいわれるようになった。

### 10　露葵を食べない

博物志曰、人食落葵、為狗［所］齧。則瘡不差、或致死。（『太平御覧《ぎょらん》』巻九八〇菜茹部五・落葵）

「博物志」に曰わく、「人 落葵を食らわば、狗の齧《か》む所と為る。則ち瘡《きず》は差《いえ》ず、或いは死を致す」と。

『斉民要術』巻三種葵（葵を種える）第一七の冒頭にある註に『博物志』を引用している。

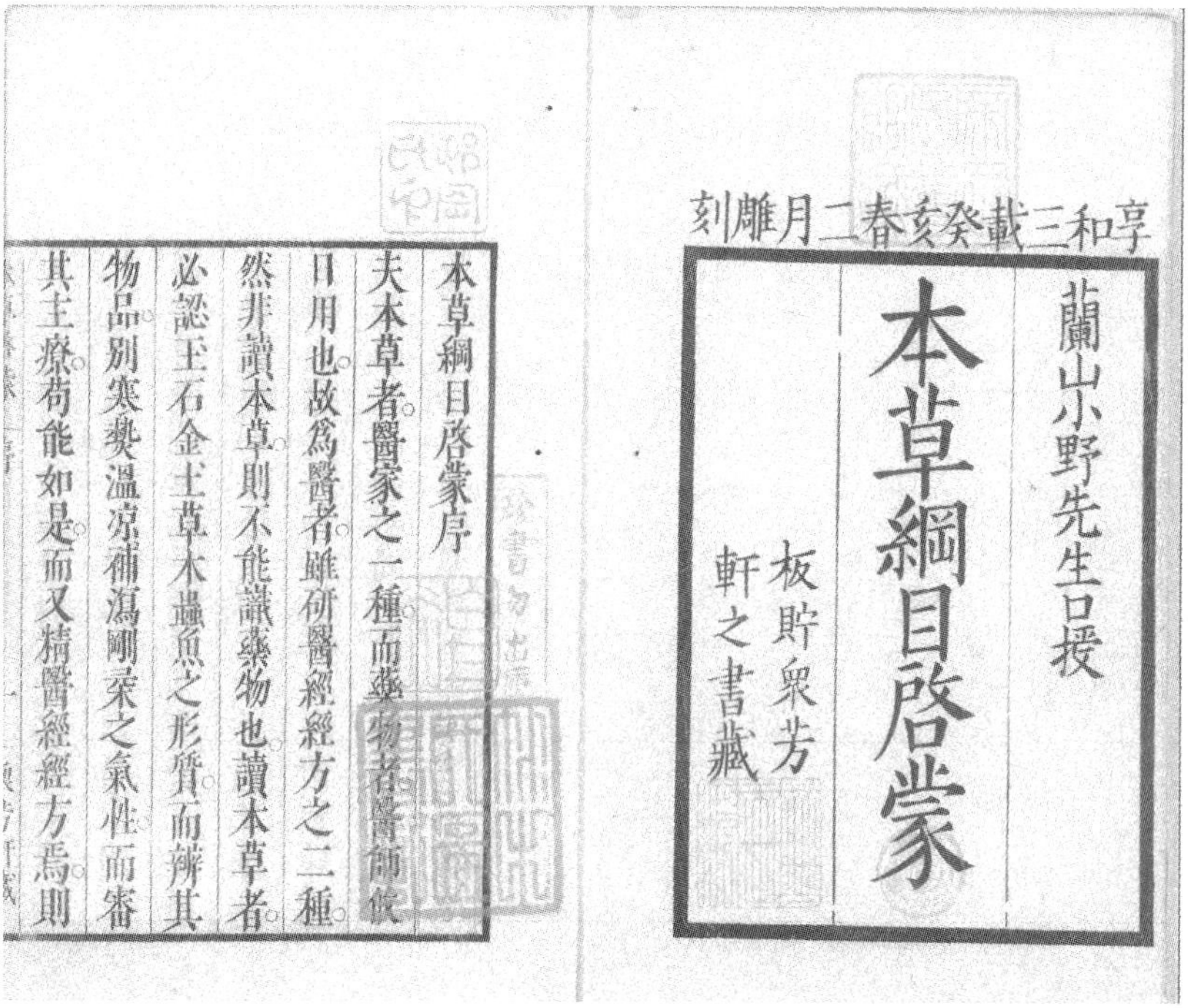


図版 6　『本草綱目啓蒙』　国立国会図書館蔵

広雅曰、蘬丘葵也（丘は衍字）。広志曰、胡葵其花紫赤。博物志曰、人食落葵、為狗所齧。作瘡則不差、或至死。

「広雅」（魏の張揖の書）に曰わく、「蘬《き》は葵なり」と。「広志」（郭義恭撰）に曰わく、「胡葵 其の花紫赤なり」と。「博物志」に曰わく、「人落葵を食らわば、狗の齧む所と為る。瘡《きず》を作り則ち差《いえ》ず、或いは死に至る」と*。

夏の季月、落葵を食べる者は犬に噛まれるという俗信は、張華が生きた三世紀には、すでにあった。

露葵と落葵は同じものであろう。『爾雅』釈草の「蔠葵・蘩露」の郭璞《かくはく》の註に、

承露也、大茎小葉、華黄色。

露を承くるや、大茎小葉にして、華は黄色なり。

とあり、羅願（一一三六～一一八四）の『爾雅翼』巻四釈草・葵に、次のようにある。

葵為百菜之主。味尤甘滑。………（中略）………。古者葵称露葵、又終葵。一名繁露。今摘葵必待露。

葵は百菜（全ての野菜）の主《ぬし》（＝筆頭）と為す。味は尤も甘滑。………（中略）………。古くは葵を露葵、又た終葵と称う。一名は繁露。今葵を摘むに必ず露を待つ。

九世紀末の韓鄂の『四時纂要』六月・食忌に、

食露葵者、犬噬、終身不差。　露葵を食らう者は、犬噬みて、［その傷は］終身差《い》えず。

とあり、九世紀になっても、露葵と狗のことはいわれている。一三世紀の『養生月覧』巻上・六月に次のようにある。

夏季月、食露葵者、大（大は犬の誤記）噬、終身不産（産は差の誤記）。四時纂要。

夏の季月（六月）、露葵を食らう者は、犬噬みて、［その傷は］終身をして差《い》えず。「四時纂要」。

ここにいう露葵は百菜の主である。中国文献に登場する食用の葵菜に関しては不明であったが、青木正児氏は「葵《き》藿考《かく》」（『青木正児全集　第八巻』所収　春秋社　一九七一）において、江戸時代の小野蘭山の『本草綱目啓蒙』（享和三年・一八〇三年刊）の説を紹介し、冬葵が古来食用に供せられた葵菜とする。

＊魏の張揖の『広雅』巻一〇釈草に「蘬帰葵也」とあり、『太平御覧《ぎょらん》』巻九七九菜茹部四・葵に「広雅曰、蘬葵也」とある。繆啓愉校釈の『斉民要術校釈』（農業出版社　一九八二）一二八頁注①において、「丘」は衍字という。

## 11　生の葵菜を食べない

四季［月］、勿食生葵。令人飲食不化、発日（日は百の誤り）病。非但食中薬中、皆不可用。深宜慎之。

（『金匱要略方論』巻下「菓実菜穀禁忌并治第二五」）

四季月（三月・六月・九月・一二月をいう）、生葵を食らうこと勿れ。人をして飲食不化ならしめ、百病を発せしむ。但だ食中・薬中に非ざれば、皆な用うべからず。深く宜しく之を慎むべし。

この記事で『金匱要略方論』の時代に、季月土旺という考えがあったことが判る。孫思邈《ばく》（?～六八二）の『備急千金要方』巻七九食治・菜蔬第三・葵菜にも、

四季之月土王時、勿食生葵菜。令人飲食不化、発宿病。

四の季月（三月・六月・九月・一二月）土王の時、生の葵菜を食らうこと勿れ。人の飲食を不化ならしめ、宿病（長く治癒しない病気）を発せしむ。

とあり、また『経史證類大観本草』巻二七菜部・上品「冬葵子」に引用された『食療』にも、同じような記事がある。

四季月、食生葵、令飲食不消化、発宿疾。

四の季月、生葵を食らわば、飲食消化せしめず、宿疾（長く治癒しない病気）を発せしむ。

「四季之月土王時」とは、四季月（三月・六月・九月・一二月）の土用の時という意味である。このことは六月の「脾を食べない」において説明した。土用が終了すると、それぞれ立春・立夏・立秋・立冬となる。

九世紀末の韓鄂《かんがく》の『四時纂要』六月・食忌に、

是月、勿食生葵。宿疾尤不可食。

是の月、生葵を食らうこと勿れ。宿疾（長く治癒しない病気）あるもの尤も食らうべからず。

と、土用に生葵を食べることを忌む記事がある。『養生月覧』巻上・六月に、次のようにある。

夏季之月、土王時、勿食生葵菜。令人飲食不消化、発宿病。千金方。

夏の季月、土王（土用に同じ）の時、生の葵菜を食らうこと勿れ。人の飲食をして消化せしめず、宿病（長く治癒しない病気）を発す。「千金方」。

泰定乙丑《いっちゅう》版『事林広記』辛集巻六薬忌門「十二月食忌」の六月に、

勿食生葵。宿疾者尤不可食。　　生葵を食らうこと勿れ。宿疾の者尤も食らうべからず。

とある。この記事は『四時纂要』の記事に近いから、『四時纂要』の記事を再録したものであろう。
葵菜は古い中国の常食野菜であり、葵菜は冬葵である。このことは本章三月の「11 生の葵菜を食べない」(八一頁)に述べている。

## 12 三伏日 湯餅を食べる

此月三伏、何謂。其日、食湯餅、去瘴気、徐(=除)悪病。(敦煌・ペリオ文献二七二一「雑抄」)

此の月三伏、何の謂いぞや。其の日、湯餅(うどんの類)を食らえば、瘴気(湿熱から発生する毒気)を去り、悪病を除く。

三伏とは、夏至以後の第三の庚日を初伏とし、第四の庚日を中伏とし、立秋(立秋は夏至と秋分の中間)後の最初の庚日を末伏とし、この初伏、中伏、末伏を三伏という。天宝二年(七四三。天宝三年正月丙辰朔より、「年」を「載」と改称する)の暦でいうと、夏至が旧暦の五月一三日である。この日から三巡目の庚日は六月一二日、四巡目の庚日は六月二二日、立秋は太陽の視黄経が一三五度となる時をいう。夏ではあるが、朝夕の風に秋を感じる時期で、一日の長さも次第に短くなる。新暦では八月八日ころにあたる。天宝二年(七四三)の暦では、前年の天宝元年の冬至は一一月一七日であるから、天宝二年の立秋は旧暦の七月九日となる。立秋後の最初の庚日は、旧暦の七月一三日(庚戌)であり、この日が末伏である。一二ケ月では、七月・八月・九月が秋季に配当されるが、暦では、立秋から立冬までが秋季である。天宝二年の立冬は一〇月一三日であるから、七月九日以降、一〇月一三日までが秋である。

『旧唐書《くとうじょ》』巻九玄宗紀下・天宝五載(七四六)六月に、

勅、三伏内、令宰相辰時還宅。　　勅す、「三伏の内、宰相をして辰時に宅に還らしむ」と。

とあり、三伏の期間、宰相は辰時(午前一〇時ころ)に退朝せよという勅命が出ている。暑いからであろう。『宋史』

巻一六神宗紀三・元豊三年五月乙丑の条に、

　詔、自今三伏内、五日一御前殿。　詔す、「今より三伏の内、五日に一たび前殿に御す」と。

とある。これも三伏の期間は暑いからであろう。

唐代には三伏に湯餅を食べ、悪気・邪気を払う習俗があった。中国古代の餅とは、小麦粉の固形加工品をいい、小麦以外の穀粉の固形加工食品を餌《じ》という。湯に入れた餅であるから湯餅という。熱い食べ物であり、一二世紀の呉曾の『能改斎漫録』は、湯餅を煮餅・煮麺と断言している＊。うどんの類を想起すればよい。

麦に関して、後漢の崔寔《さいしょく》の『四民月令』六月に次のようにあり、

　六月初伏、薦麦瓜於祖禰。斉（＝斎）饌掃滌如薦麦魚。

　六月の初伏、麦・瓜を祖禰《でい》に薦む。斎《ものいみ》し饌《そなえ》・掃滌《そうでき》は麦・魚を薦むときの如《ごと》し。

六月の初伏には祖禰（祖先）に麦と瓜を供物した。麦と瓜を供物としたのは、麦と瓜が収穫時期であったからで、麦から作る湯餅を食べるのは新嘗《にいなめ》の意味もある。唐の孫思邈《ばく》の『千金月令』（『重較説郛《じゅうこうせっぷ》』匀《いん》六九所収）に、

　伏日、進湯餅。名為辟悪。　伏日に、湯餅を進む。名づけて辟悪と為す。

とあり、九世紀の韓鄂《かんがく》の『四時纂要』六月に、

　伏日、進湯餅。歳時記云、食之辟悪。

伏日に、湯餅を進む。「歳時記」に云わく、「之を食らわば悪を辟く」と。

とある。右にいう「歳時記」とは『荊楚歳時記』のことである。『荊楚歳時記』には次のようにある。

　伏日並作湯餅、名為辟悪餅。

　　按魏氏春秋、何晏以伏日食湯餅、取巾拭汗、面色皎然。乃知非傅粉。則伏日湯餅、自魏以来有之。

伏日並びに湯餅を作り、名づけて辟悪餅と為す。

「魏氏春秋」（晋の孫盛の撰、二〇巻）を按ずるに、「何晏は伏日を以て湯餅を食らい、巾を取り汗を拭くに、面色皎《こう》然（白いこと）たり。乃《すなわ》ち粉を傅《つ》けるに非ざるを知る」と。則ち伏日の湯餅、魏より以来之有り。

また、隋の杜臺卿（『隋書』巻五八）の『玉燭宝典』六月の「附説」に、

荊楚記云、伏日、並作湯餅。名為避悪。案束晳餅賦云、玄冬猛寒、清晨之会、涕凍鼻中、霜成口外、充虚解戦、湯餅為最。然則此非其時。当以麦熟、嘗新、因言辟悪耳。

「荊楚記」に云わく、「伏日には、並びに湯餅を作る。名づけて避悪と為す」と。束晳《そくせき》の「餅賦」（「餅賦」は現存しないが、『藝文類聚《げいもんるいじゅう》』巻七二食物部・餅に、この記事の引用がある）を案ずるに云わく、「玄冬は猛寒、清晨の会、涕は鼻中に凍り、霜は口外に成る、虚を充たし戦（ふるえ、おののき）を解くは、湯餅を最と為す」と。然らば則ち此れはその時に非らず。麦熟すを以て、新を嘗《な》むるに当たり、因りて辟悪と言うのみ。

とある。六世紀の華中地域でも、伏日には饂飩《おんとん》に類する湯餅を食し、悪気を払う習慣があった。湯餅を食べて汗を拭いたのであるから、湯餅は熱処理を加えた熱い食品である。

湯餅は「魏より以来之有り」と『荊楚歳時記』の註にいうが、三国・魏の時代から湯餅が始まったという意味ではない。三国・魏の時代に湯餅が存在したといっているのである。

北宋の元豊年間（一〇七八～一〇八五）の人である高承の『事物紀原』巻九酒醴飲食部・湯餅には、

魏晋之代、世尚食湯餅。今索餅是也。語林、有魏文帝与何晏熱湯餅。即是其物、出於漢魏之間也。

魏晋の代、世は湯餅を食らうを尚ぶ。今の索餅（索は縄状のものをいうから、「索餅」とは極太のうどんのようなものか。和名では无岐奈和という）是れなり。「語林」（一〇巻、東晋の処士・裴啓の撰）に、「魏の文帝、何晏に熱い湯餅を与う有り」と。即ち是れ其の物、漢・魏の間に出ずるなり。

とあり、湯餅は漢・魏の時（三世紀前半）にあった。

三世紀の劉熙《りゅうき》の『釈名』巻四釈飲食（飲食を釈す）に、

湯餅蝎餅髓餅金餅索餅之属、皆随形而名之也。

湯餅・蝎餅・髓餅・金餅・索餅の属、皆な形に随いて之に名づくなり。

とある。劉熙に関しては『三国志』蜀書巻一二許慈伝に、

許慈、字仁篤。南陽人也。師事劉熙、善鄭氏学、治易尚書三礼毛詩論語。建安中、与許靖等倶自交州入蜀。

許慈、字《あざな》は仁篤。南陽人のなり。劉熙に師事し、鄭氏（鄭玄《じょうげん》）の学を善《よく》し、易・尚書・三礼（『儀礼《らい》』・『礼記《らい》』・『周礼《らい》』）・毛詩・論語を治む。建安中（一九六～二二〇）、許靖らと倶に交州（ベトナム）より蜀に入る。

とあるから、劉熙は建安年間より以前の人ということになる。その劉熙の『釈名』に湯餅があるから、湯餅は二世紀には確実にあったことになる。『釈名』に解説する必要があったから、二世紀に登場する食品ではなく、それ以前にあったと考えてよいことになる。漢代では「湯餅」ではない表現があった可能性もあるから、湯餅は紀元前の前漢時代からあった食品と考えてよい。

湯餅とは具体的には、どのような小麦粉の食品であろうか。この点について、先に示した呉曾の『能改斎漫録』巻一五は、煮麵・煮餅というが、北宋の歐陽脩の『帰田録』巻二に、

飲食四方異宜、而名号亦随時俗、言語不同。至或伝者、転失其本。湯餅、唐人謂之不托、今俗謂之餺飥矣。晋束晳餅賦、有饅頭薄持起溲牢九（牢丸）之号、惟饅頭至今名存、而起溲牢九（牢九＝牢丸）、皆莫暁為何物。薄持、荀氏又謂之薄夜、亦莫知何物也。

飲食は四方宜を異にし、而して名号亦た時俗に随い、言語同じからず。或いは伝わるに至りては、転《うた》た其の本を失う。湯餅、唐人《とうひと》之を不托《ふたく》と謂い、今俗之を餺飥《ふたく》と謂う。晋の束晳《そくせき》の「餅賦」に、饅頭・薄持・起溲《きしゅう》・牢丸《ろうがん》（牢は獣肉、丸は丸いものであるから、肉を小麦粉で包んだもの。焼売？）の号有り、惟だ饅頭今に至るまで名存し、而

して起溲・牢丸は、皆な何物為《た》るかを暁かにする莫《な》し。薄持（「薄托」の誤り。薄飥・うすもちのこと）、荀氏（『四時列饌伝』の著者）は又た之を薄夜（「薄托」の誤り）と謂い、亦た何の物かを知る莫《な》きなり。

とあり、湯餅は唐代では不托といわれ、宋代では餺飥といわれた。湯餅を不托というのは、手のひらに載せて餅を作ることを掌托といい、不托は手のひらに載せないで作ることである。唐代にはめん棒で小麦粉の生地を延ばす方式が出現する。この方法で作るから不托というのであろう＊＊。

＊　南宋の呉曾の『能改斎漫録』巻一五方物・弁湯餅。

＊＊　南宋の黄朝英の『靖康緗素《せいこうしょうそ》雑記』巻二湯餅、宋の程大昌の『演繁露』巻一五不托に説明がある。

## 13　六月の月建の日に、雄の鴙肉を食べない

〔本草食禁〕又云、月建日、勿食雄鴙肉。傷人神。（『医心方』巻第二九・日食禁）

「本草食禁」又た云わく、「月建の日、雄の鴙《きじ》肉を食らうこと勿れ。人神を傷《そこな》う」と＊。

「月建」に関しては、本書六〇頁の正月「13　月建の日に、雄の鴙肉を食べない」に述べた。

通常では子月は正月であるのに、月建の子月は一一月（冬至月）に配当され、一二月は建丑月、正月は建寅月となっている。これは夏・殷・周と続く周王朝の暦に起因する。周王朝は冬至のある月を「正月」とし、年の始めと考えていた。周王朝の末期に、暦月の順番を示すために生まれた一二支は、周王朝の年始の月（＝正月）から、順に「子・丑・寅・卯……」と割り振った。これを周王朝の暦である周正《しゅうせい》という。秦漢王朝以後の暦は夏王朝の夏正《かせい》を標準としたが、暦月の順番は周王朝時代に決められた時からの連続性を保ったため、正月は一二支の三番目の寅の月（建寅月）となっているのである。

＊　「本草食禁」に関しては、正月「5　肉を食べない」（四二頁）に解説している。

# 八　七月の食忌と食宜

## 1　生の蜜を食べない

養生要集云、七月、勿食生蜜。令人暴夏（夏は「下」の誤記）、発霍乱。（『医心方』巻第二九・月食禁）

「養生要集」に云わく、「七月、生蜜を食らうこと勿れ。人をして暴《にわか》に下し、霍乱を発せしむ」と。

七世紀初頭の隋王朝の医官である巣元方の『巣氏諸病源候総論』巻二二霍乱病諸候・霍乱候に、

養生方云、七月、食蜜、令人暴下、発霍乱。

「養生方」に云わく、「七月、蜜を食らわば、人をして暴《にわか》に下し、霍乱を発せしむ」と

とあり、八世紀の玄宗皇帝の時代に、王燾《とう》が著作した『外臺秘要方』巻六霍乱病源論に、

養生方云、七月、食蜜、令人暴下、発霍乱。出第二十二巻中。

「養生方」に云わく、「七月、蜜を食らわば、人をして暴に下し、霍乱を発せしむ」と。第二二巻中に出ず。

とある。「出第二十二巻中」とは前掲した『巣氏諸病源候総論』巻二二に記事があるという意味であり、『外臺秘要方』の「養生方」は、『巣氏諸病源候総論』からの再引用である。

『医心方』が引用する「養生要集」の記事は、『巣氏諸病源候総論』では「養生方」という名称で引用されていることがわかる。同内容の記事が『養生要集』と「養生方」にあるのは、両書は書名を異にする同一内容の書であろうことを連想させる。『巣氏諸病源候総論』は『養生要集』を「養生方」と書名を変更したのであろうか。なお「養生方」なる書は経籍志や藝文志に著録がない。『巣氏諸病源候総論』は『医心方』に『病源論』という書名で引用があ

るから、『医心方』が「養生方」の存在を知らなかったわけではない。

『養生要集』は経籍志や藝文志に著録されている。しかし『養生要集』の内容は現存する中国文献では、『初学記』と『太平御覧《ぎょらん》』に若干条の引用があるに過ぎない。馮復京の『六家詩名物疏』、陳大章の『詩伝名物集覧』に引用する『養生要集』は『初学記』や『太平御覧』からの再引用に過ぎない。『医心方』に多く引用があり、中国文献に引用が少ない『養生要集』が、『巣氏諸病源候総論』と『外臺秘要方』に「養生方」という書名で引用されていることが判明することは、『養生要集』を考える上で貴重である。

「養生方」と『養生要集』の記事は完全に一致しない。『医心方』が『養生要集』を引用する時、正確に引用しなかった可能性もあり、『巣氏諸病源候総論』が「養生方」を引用する時、正確な引用でなかったとも考えられる。「養生方」と『養生要集』の記事が近似するという事実が重要である。

一二世紀の張杲《こう》の『医説』巻四翻胃に、

　霍乱。養生方云、七月、食蜜、令人暴下。鶏峰方。

霍乱。「養生方」に云わく、「七月、蜜を食らわば、人をして暴《にわか》に下らしむ」と。「鶏峰方」。

とあり、『巣氏諸病源候総論』と同じことをいう。「鶏峰方」は、この記事を引用する處方書の名であろう。『医説』は「鶏峰方」から右の記事を引用したのである。陳振孫（字は伯玉、号は直斎）の『直斎書録解題』巻一三医書類に、

　鶏峰備急方一巻　太医局教授張鋭撰。紹興三年為序。大抵皆単方也。

「鶏峰備急方」一巻　太医局教授・張鋭の撰。紹興三年（一一三三）に序を為る。大抵皆な単方なり。

とあり、『宋史』巻二〇七藝文志六に「張鋭鶏峰備急方一巻」とあり、一六世紀の李時珍の『本草綱目』巻一上・序例上「引拠古今医家書目」に「鶏峰備急方　張鋭」とある。『医説』は張鋭の『鶏峰備急方』という単方に引用された「養生方」を再引用したのである。

「養生方」を引用する書に、前述した張杲《こう》の『医説』がある。『医説』巻七「魚無腮、不可食（魚 腮《えら》なきは、食らうべからず）」に、

養生方云、魚無腮、不可食。食之、令人五月発癩。巣氏病源。

「養生方」に云わく、「魚 腮なきもの、食らうべからず。之を食らわば、人をして五月に癩（らい病）を発せしむ」と。「巣氏病源」。

とある。この記事の出典は『巣氏病源』（『巣氏諸病源候総論』のこと）といい、この記事は「鶏峰方」すなわち『鶏峰備急方』から引用していない。この記事が「鶏峰方」になかったからかも知れない。ともかく「養生方」は一二世紀の中国において散逸しており、『鶏峰備急方』や『巣氏諸病源候総論』から再録せざる得なかったのである。

孫思邈《ばく》（？～六八二）の『備急千金要方』巻八〇食治・鳥獣第五・石蜜には、

黄帝云、七月、勿食生蜜。令人暴下、発霍乱。

「黄帝」に云わく、「七月、生蜜を食らうこと勿れ。人をして暴《にわか》に下さしめ、霍乱を発せしむ」と。

とあり、「黄帝」なる書を引用し、『医心方』や『巣氏諸病源候総論』・『外臺秘要方』と同じことをいう。

九世紀末の韓鄂《かんがく》の『四時纂要』七月・食忌に、

勿食生蜜。令人発霍乱。　　生蜜を食らうこと勿れ。人をして霍乱を発せしむ。

とあり、南宋の『養生月覧』巻下・七月にも、『千金方』を出典として、

勿食生蜜。令人暴下、発霍乱。同上（千金方）。

生蜜を食らうこと勿れ。人をして暴かに下して、霍乱を発せしむ。上に同じ（「千金方」）。

とある。陳元靚《せい》の一四世紀の泰定乙丑《いっちゅう》版『事林広記』辛集巻六薬忌門「十二月食忌」の七月にも、

七月、………（中略）………。勿食蜜。令人霍乱。

七月、………（中略）………。蜜を食らうこと勿れ。人をして霍乱せしむ。

とあり、一四世紀の元王朝の時代に書かれた、闕名氏（『千頃堂書目』巻一二には、一五世紀初期の人・熊宗立の編という）の『居家必用事類全集』癸集・人元寿「昆虫」にも、蜜を食すことを禁止する記事がある。

蜜。七月、勿食。発霍乱。　蜜。七月、食らうこと勿れ。霍乱を発す。

なお霍乱とは、真夏に急に倒れる軽度の日射病、あるいは激しく吐き下しする病気の古称であり、一病を指す名称ではなく、ある程度幅があり、現代でいう急性胃腸炎、コレラ（虎列剌）、疫痢なども霍乱病の一種に該当する。

## 2　麦を食べない

又［養生要集］云、不食麦。変為蟯虫。（『医心方』巻第二九・月食禁）

又た「養生要集」に云わく、「麦を食らわざれ。［もし食らわば、麦］変じて蟯虫《ぎょう》（回虫に似た虫）と為る」と。

蟯虫の詳細は不明であるが、七世紀初頭の巣元方の『巣氏諸病源候総論』巻一八「九蟲病諸候」蟯蟲候に、

蟯蟲猶是九蟲内之一蟲也。形甚小、如今之蝸蟲。

蟯蟲猶お是れ九蟲内の一蟲なり。形甚だ小なりて、今の蝸蟲《まいまい》の如し。

とあるが、なお理解できない。『巣氏諸病源候総論』巻三五瘡病諸候・癬候に、

按九蟲論云、蟯蟲在人腸内、変化多端。発動亦能為癬。而癬内実、有蟲也。

「九蟲論」を按ずるに云わく、「蟯蟲人の腸内に在り、変化すること多端なり。発動せば亦た能く癬《せん》と為る。而《すなわ》ち癬の内実、蟲に有るなり」と。

とある。蟯蟲は腸内に潜伏し、癬（かゆさ）をなす原因となる虫であるらしい。蟯虫は住血吸虫か。

### 3　落地した果実・生麦を食べない

果子落地、経宿、虫蟻食之者。人大忌食之。（『金匱要略方論』巻下「菓実菜穀禁忌并治第二五」）

果子（果実）地に落ち、経宿（時間が経過すること）せば、虫・蟻之を食らう。人大いに之を食らうを忌む。

『金匱要略方論』は落地した果実を食べない月をいわない。『医心方』巻第二九・月食禁には、

朱思簡食経云、七月、不得食落地菓子及生麦。

朱思簡（詳細不明）の「食経」に云わく、「七月、地に落ちる菓子（果実）及び生麦を食らうを得ざれ」と。

とあり、朱思簡の『食経』を引用して、七月とする。これによって『金匱要略方論』の記事も七月においた。

### 4　茱萸《しゅゆ》を食べない

六月七月、勿食茱萸。傷神気。（『金匱要略方論』巻下「菓実菜穀禁忌并治第二五」）

六月・七月、茱萸（ミカン科の果実。グミ（胡頽子）ではない）を食らうこと勿れ。神気（精神）を傷《そこな》う*。

八世紀の王燾《とう》の『外臺秘要方』巻三一解飲食相害成病百件に、「張文仲」とあって、

謹按仲景方云、………（中略）………。七月、勿食茱萸。

謹んで「仲景方」を按ずるに云わく、「………（中略）………。七月、茱萸《しゅゆ》を食らうこと勿れ」と。

とある。仲景とは『金匱要略方論』の著者である張機の字である。張文仲は『金匱要略方論』を覧て、右の記事を彼の著書である『隨身備急方』に引用し、それを八世紀の王燾《とう》が『外臺秘要方』に再録したことを意味する。

孫思邈《ばく》（？〜六八二）の『備急千金要方』巻七九食治・菜蔬第三・茱萸に、

黄帝云、六月七月、勿食茱萸。傷［人］神気、令人起伏気、咽喉不通。

「黄帝」に云わく、「六月・七月、茱萸を食らうこと勿れ。人の神気を傷《そこな》い、人をして気を起伏せしめ、咽喉通ぜらましむ」と。

とあり、『経史證類大観本草』巻一三木部・中品「食茱萸」に引用する孫真人の『食忌』に、

［孫真人食忌］云、六月七月、勿食［茱萸］。傷人気、発瘡痍。

孫真人の「食忌」に云わく、「六月・七月、茱萸《しゅゆ》を食らうこと勿れ。人の気を傷い、瘡痍《そうい》（きず）を発す」と。

とあり、一三世紀の『養生月覧』巻下・七月に、

勿食茱萸。傷神気。同上（千金方）。　茱萸を食らうこと勿れ。神気を傷う。上に同じ（「千金方」）。

とある。茱萸には食用の呉茱萸（ミカン科）と、そうでない山茱萸（「さんしゅゆ」ともいう。ミズキ科）がある。

＊　茱萸に関しては、本節六月の「8　茱萸を食べない」（一三四頁）に解説している。

### 5　雁を食べない

孫真人、六月七月、勿食鴈。傷神。（『経史證類大観本草』巻一九禽部・鴈に引用する『孫真人』）

「孫真人」に、「六月・七月、鴈を食らうこと勿れ。神（精神）を痛む」と。

とあり、一三世紀の『養生月覧』巻下・七月に次のようにあるが、

勿食雁。傷神。孫真人食忌。　雁を食らうこと勿れ。神を傷う。孫真人の「食忌」。

『養生月覧』は右に示した『経史證類大観本草』から史料を引用している。

### 6　蓴《じゅん》（じゅんさい）を食べない

此月、勿食蓴。是月、燭蟲着上、人不見。（唐の韓鄂《かんがく》の『四時纂要』七月・食忌）

此の月、蓴《しゅん》（じゅんさい）を食らうこと勿れ。是の月、燭蟲（蝋燭の一種）上に着くも、人は見えず。

陳元靚《せい》の泰定乙丑《いっちゅう》版『事林広記』辛集巻六薬忌門「十二月食忌」の七月にも、

七月、勿食蓴。是月、蝋虫着上、人不見。……

七月、蓴を食らうこと勿れ。是の月、蝋虫 上に着くも、人は見えず。……

とあり、『金匱要略方論』巻下「菓実菜穀禁忌并治第二五」に、

蓴多病。［食］、動痔疾。　蓴 病多し、［食］らわば、痔疾を動かす。

とあり、月はいわないが、蓴を食べると病気になるという。『医心方』巻三〇・五菜部第四に引用される蓴には、

蘇敬注云、久食大宜人。孟詵《もうせん》云、多食動痔。……和名奴奈波。

蘇敬の注（『新修本草』の注）に云わく、「久しく食らわば大いに人に宜し」と＊。孟詵（孟詵の『食経』、実は『食療本草』三巻のこと）云わく、「多く食らわば痔を動かす」と。……和名ぬなわ。

とある。『新修本草』では、大いに食べよといい、孟詵の『食経』では多食は禁物と正反対のことをいう。

七月の蓴を食べない理由は『斉民要術』巻八羹臛《かく》法第七六にある。

食膾魚蓴羹。芼羹之菜、蓴為第一。四月蓴生、茎而未葉、名作雉尾蓴、第一肥羹。葉舒長足、名曰絲蓴。五月六月用絲蓴。入七月、尽九月十月内、不中食、蓴有蝸蟲著故也。蟲甚細微、与蓴一体。不可識別、食之損人。十月、水凍蟲死、蓴還可食。従十月尽至三月、皆食瓌蓴。瓌蓴者、根上頭、絲蓴下茇。絲蓴既死、上有根茇、形似珊瑚、一寸許、肥滑處任用。深取即苦渋。

膾魚（刺身）を食らう［時の］蓴羹。芼羹《もうかん》の菜、蓴を第一と為す。四月に蓴生じ、茎にして未だ葉ならず、名づけて雉尾《ちび》蓴と作し、第一に肥えた羹なり。葉舒び足を長くせば、名づけて絲《し》蓴と曰う。五月・六月は絲蓴を用う。七月に入り、九月・一〇月を尽す内、食らうに中《あた》らず、蓴 蝸蟲有り著く故なり。蟲甚だ細微、蓴と一体なり。

識別するべからず、之を食らわば人を損なう。一〇月、水凍り蟲死し、蓴《しゅん》還《ま》た食らうべし。一〇月より三月に至り、皆な壞《かい》蓴を食らう。壞蓴とは、根の上頭、絲蓴の下茇（根株）なり。絲蓴既に死し、上に根茇有り、形珊瑚に似て、一寸許《ばか》り、肥滑なる處任用す。深取れば即ち苦渋なり。

七月以降は目に見えないほど小さい蝸蟲が蓴に付き、食害を起こすからである。蓴は五月・六月が賞味に適している。

『斉民要術』巻六養魚第六一に、蓴の栽培上の注意点を述べている。

種蓴法。近陂湖者、可於湖中種之、近流水者、可決水為池種之。以深浅為候、水深則茎肥葉少、水浅則葉多而茎瘦。蓴性易生、一種永得。宜潔浄、不耐汚、糞穢入池即死矣。種一斗餘許、足以供用也。

蓴を種える法。陂湖に近き者、湖中に之を種えるは可、流水に近い者、決水（水を導くこと）して池を為り之を種えるも可。深浅を以て候と為し、水深ければ則ち茎肥え葉少なく、水浅ければ則ち葉多くて茎瘦る。蓴の性易く生じ、一たび種えれば永く得る。宜しく潔浄にすべく、汚に耐えず、糞穢《ふんわい》池に入らば即ち死す。一斗餘許《ばか》りを種え、以て供用するに足るなり。

蓴は池でも湖でも栽培できるが、清水を好む植物である。

『斉民要術』巻六養魚第六一・蓴の細字註に、蓴の概略を述べている。

南越志云、石蓴似紫菜、色青。詩曰、思楽泮水。言采其茆。毛云、茆鳬葵也。詩義疏云、茆与葵相似。葉大如手、赤圓、有肥、断著手中、滑不得停也。茎大如箸。皆可生食、又可汋滑美。江南人謂之蓴菜、或謂之水葵。本草云、治消渇熱痺。又云、冷、補下気。雑鯉魚作羹。亦逐水而性滑。謂之淳菜、或謂之水芹。服食之家、不可多噉。

「南越志」（南朝宋の沈懐文の撰）に云わく、「石蓴 紫菜に似て、色は青」と。「詩」（「詩経」・魯頌・泮《はん》水）に曰わく、「それ楽しいかな泮水。ここに其の茆《ぼう》を采る」と。「毛」（毛氏が註を付した「詩経」・「毛詩」）に云わく、「茆《ぼう》は鳬葵なり」と。「詩義疏」（毛詩の註）に云わく、「茆《ぼう》と葵 相似る。葉大にして手の如く、赤く圓なり。肥有り、断ち手中に著くも、滑りて停ることを得ざるなり。茎大にして箸の如し。皆な生食すること可なり、又た滑美なるを汋《と》るべきなり。江南の人之を蓴《しゅんさい》菜と謂い、或いは之を水葵と謂う。「本草」に云わく、「消渇（糖尿病）熱痺（不明）を治す」と。又た云わく、「冷にして、気を下すを補う。鯉魚に雑じえ羹を作る。亦た水を逐いて［生え］性は滑なり。之を淳《じゅんさい》菜と謂い、或いは之を水芹と謂う。服食の家、多く噉《く》らうべからず。

＊　蓴は『経史證類大観本草』巻二九菜部・下品に「蓴。味甘、寒、無毒。主消渴・熱痺（蓴。味は甘にして、寒、無毒なし。消渇・熱痺を主る）」とあり、注に「唐本注云、蓴久食、大宜人。合鮒魚為羹。食之、主胃気弱、不下食者、至效（唐本の注に云わく、「蓴久しく食らわば、大いに人に宜し。鮒魚と合わせ羹を為り、之を食らわば、胃の気弱を主り、食らいて下らざる者、効に至るなり）」」とあり、輯復本の『唐・新修本草』草菜部巻第一八・菜下「蒓」字（四七四頁）で復元されている。

## 7　立秋の後五日、瓜を食べない

立秋後五日、瓜不可食。千金方。（『養生月覧』巻下・七月）

立秋（八月七日ごろ）の後五日、瓜食らうべからず。「千金方」。

立秋は二四節気の第一三。「初めて秋の気立つが故なればなり」と説明される。現在の定気法では太陽黄経が一三五度の時で八月七日ごろ。恒気法では冬至から約二二八・二八日後で八月七日ごろ。夏至と秋分の中間で、昼夜の長短を基準に季節を区分する場合、この日から立冬の前日までが秋となる。暦の上ではこの日が暑さの頂点となる。翌日からの暑さを「残暑」というが、それは日本の気候と大陸の気候が異なるためで、中国ではこの日を境に気温が下がり始める。中国の気候に従えば、この以降は「残暑」となる。日本で「残暑」というのは、中国の二四節気を、日本の気候を考慮せず機械的に適応させているため、酷暑であるのに、「残暑」という表現を使用することになる。

## 8　蔆芰《りょうき》（ひし）を食べない

黄帝云、七月、勿食生菱芰。作蟯蟲。（『備急千金要方』巻七九食治・果実第二・芰実）

「黄帝」に云わく、「七月、生の蔆芰《りょうき》（ヒシ科の水生の一年草）を食らうこと勿れ。蟯《ぎょう》虫（寄生虫）を作す」と。

また『養生月覧』巻下・七月にも、ほぼ同文がある。

七月、勿食蔆芰。作蟯虫。千金方。

七月、蔆芰を食らうこと勿れ。蟯虫を作す。「千金方」。

この記事は、もともと七世紀の孫思邈《ばく》（?～六八二）の『千金方』にあったものである。

蔆芰《りょうき》に関して、『酉陽雑俎』巻一九広動植類之四・草篇に、

芰。今人但言菱芰。諸解草木書、亦不分別。唯王安貧武陵記言、四角三角曰芰《き》、両角曰菱《りょう》。今蘇州折腰菱、多両脚。成式曾於荊州有僧遺一斗郢城菱。三角而無傷、一曰刺。可以節莎。一曰挼。

芰。今人但だ菱芰と言う。諸の草木書を解くに、亦た分別せず。唯だ王安貧の「武陵記」に言う、「四角・三角を芰と曰い、両角を菱と曰う」と。今蘇州の折腰菱、両脚多し。成式曾て荊州において僧有りて一斗の郢《えい》城の菱を遺る。三角にして傷なし、一に刺と曰う。以て莎を節すべし。一に挼《だ》と曰う。

芰。一名水栗、一名薢茩。

芰。一名は水栗《すいりつ》、一名は薢茩《かいご》。

とあり、一一世紀の陸佃の『埤《ひ》雅』巻一五釈草・蔆に、

爾雅曰、蔆蕨攈。其葉似荇白華、実有紫角、刺人可食。一名芰屈到。嗜芰即此是也。亦名薢茩。説文云、楚謂之芰、秦謂之薢茩。今俗但言蔆芰。諸盜朱書（「諸草木書」の誤記）亦不分別。惟武陵記云、四角三角曰芰、両角曰蔆。其花紫色、昼合宵炕、随月転移、猶葵之随日也。

「爾雅」に曰わく、「蔆《りょう》は蕨攈《けつび》（わらびひし）なり」と。其の葉は荇《こう》（あさざ）に似て白華、実は紫角有り、人を

刺し食らうべし。一名は芰屈到《きくつとう》。嗜芰《しき》即ち此れ是れなり。亦た薢茩《かいご》と名づく。「説文」（『説文解字』の略称。後漢の許慎の著作。一〇〇年に成立）に云わく、「楚は之を芰《き》と謂い、秦は之を薢茩と謂う」と。今俗但だ薐芰《りょうき》と言う。諸《もろもろ》の草木書亦た分別せず。惟だ「武陵記」に云わく、「四角・三角を芰と曰い、両角を薐と曰う」と。其の花は紫色、昼に合い宵に炕《かわ》き、月に随い転移し、猶お葵《ひまわり》の日に随うがごときなり。

とあり、一三世紀初頭の『嘉泰会稽志』巻一七草部に、次のようにある。

薐、一名芰屈到。嗜芰即此是也。亦名薢茩。説文云、楚謂之芰、秦謂之薢茩。越人謂小者為刺、菱大者為腰菱。今俗但言菱芰。諸草木書亦不分別。惟武陵記云、四角三角曰芰、両角曰菱。其花紫色、昼合宵放。随月転移、猶葵之随日也。越中所産、進羅文菱、最大即所謂腰菱也。

薐、一名は芰屈到。嗜芰即ち此れ是れなり。亦た薢茩と名づく。「説文」に云わく、「楚は之を芰と謂い、秦は之を薢茩と謂う」と。越人小なるものを謂いて「刺」と為し、菱の大なるものを「腰菱」と為す。今俗但だ菱芰と言う。諸の草木書亦た分別せず。惟だ「武陵記」に云わく、「四角・三角は芰と曰い、両角は菱と曰う」と。其の花紫色、昼は合し宵は放つ。月に随いて転移し、猶お葵の日に随うがごときなり。越中産する所、進羅文の菱、最大は即ち所謂腰菱なり。

蟯虫の詳細は不明であるが、七世紀初頭の医官である巣元方『巣氏諸病源候総論』巻一八「九蟲病諸候」蟯蟲候に、次のようにある。

蟯蟲猶是九蟲内之一蟲也。形甚小、如今之蝸蟲。

蟯蟲猶お是れ九蟲《ちゅう》内の一蟲のごときなり。形甚だ小なりて、今の蝸蟲《まいまい》の如し。

### 9　七日　同心膾《なます》を食べる

雲仙散録金門歳節曰、洛陽人家、七夕、装同心膾。（『白孔六帖《りくじょう》』巻一六膾の「同心膾」）

「雲仙散録」（唐の馮贄《ふうし》の撰）に［引用する］「金門歳節」に曰わく、「洛陽の人家、七夕に、同心膾を装《かざ》る」と。

とあり、南宋の撰者未詳の『錦繡萬花谷』後集巻三五食饌に、

同心膾。金門歳節曰、洛陽人家、七夕、装同心膾。出雲仙散録。

同心膾。「金門歳節」に曰わく、「洛陽の人家、七夕に、同心膾を装る」と。「雲仙散録」に出ず。

とある。『白孔六帖《りくじょう》』と『錦繡萬花谷』とは、『雲仙散録』が引用する『金門歳節記』の記事を引用している。『雲仙散録』は、すでに南宋の洪邁が『容斎随筆』巻一浅妄書において、笑うべき書の一とする。事実、多くの問題点があることは否めない書である。『雲仙散録』に依拠して、同心膾を七夕の食べ物とするのは心許《もと》ない。

しかし、一三世紀後半の人である陳元靚《せい》の『歳時広記』巻二六・七夕・上「同心膾」に、

唐金門歳節、七夕、装同心膾。　唐の「金門歳節」に、「七夕に、同心膾を装《かざ》る」と。

とあるから、『雲仙散録』に引用する『金門歳節記』の記事は信頼してよいであろう。

「同心」とは夫婦をいうから、同心膾とは牽牛と織女を象った膾であろう。詳細は不明である。なお、『金門歳節記』は『金門歳節』『金門事節』ともいい、唐末の洛陽の歳時を記録した書であるが、著者は不詳である。

### 10　七日　湯餅を食べる

又［周處風土記］曰、魏時、人或問董勛云、七月七日為良日、飲食不同於古、何也。勛云、七月黍熟。七日為陽数、故以糜為珍。今北人唯設湯餅、無復有糜矣。（『太平御覧《ぎょらん》』巻三一時序部一六・七月七日）

又た周處（二三六～二九七、『晋書』巻五八）の「風土記」に曰わく、「魏の時（二二〇～二六五）、人 董勛《とうくん》（『問礼俗』の著者）に或問して云わく、『七月七日を良日と為し、飲食 古《いにしえ》と同じからざるは、何ぞや』と。勛云わく、『七

月黍熟す。七日を陽数と為す、故に糜《び》（かゆ）を以て珍と為す』と。今、北人（華北の人）唯だ湯餅（うどんの類）を設け、復た糜有るなし」と。

三世紀ころの華北の七月七日には、湯餅を食べる習慣があった。興味深いのは、三世紀ころの人が「七月七日を良日と為す」といっている点である。すなわち、三世紀に重数節日の七月七日が成立していることが、「七月七日を良日と為す」とある点から明確に看取できる。

11　七月の月建の日に、雄の鴙肉を食べない

〔本草食禁〕又云、月建日、勿食雄鴙肉。傷人神。（『医心方』巻第二九・日食禁）

「本草食禁」又た云わく、「月建の日、雄の鴙《きじ》肉を食らうこと勿れ。人神を傷《そこな》う」と＊。

「月建」に関しては、本書六〇頁の正月「13　月建の日に、雄の鴙肉を食べない」に述べた。夏暦の正月が建寅であるなら、七月の月建は申となる。七月の「月建の日」とは「申の日」のことをいう。七月月建の日に「雄の鴙肉を食べない」とは、七月の申の日に「雄の鴙肉を食べない」ことをいう。

＊「本草食禁」に関しては、正月「5　肉を食べない」に解説している。

## 九　八月の食忌と食宜

### 1　猪肺と胎《たい》胙《そ》を食べない

養生要集云、八月、勿食猪肺及胎胙。至冬定発咳。若飲陰地水、定作痎瘧。（『医心方』巻第二九・月食禁）

「養生要集」に云わく、「八月、猪の肺及び胎《たい》（はらご）胙《そ》（祭祀用のひもろぎ）を食らうこと勿れ。冬に至りて咳を定発す。若し陰地の水を飲めば、痎瘧《がいぎゃく》（マラリア?）を定作（定期的発作）す」と。

孫思邈《ばく》（?～六八二）の『備急千金要方』巻八〇食治・鳥獣第五・猳猪肉に、

八月、勿食猪肺及粭（粭は胎の誤記）。和食之、至冬発疽。

八月、猪の肺及び胎（はらご）を食らうこと勿れ。和《まぜ》て之を食らわば、冬に至り疽《そ》（悪性のできもの）を発す。

とあり、一三世紀の『養生月覧』巻下・八月にも同じ記事がある＊。

勿食猪肺及胎。和食之、至冬発疽（疽の誤字）。同上（千金方）。

猪の肺及び胎を食らうこと勿れ。和《まぜ》て之を食らわば、冬に至り疽を発す。上に同じ（「千金方」）。

＊『千金方』と『備急千金要方』は同じ書。両書の関係は凡例に述べている。

## 2　陰地の水を飲まない

養生要集云、八月、………（中略）………。若飲陰地水、定作痎瘧。（『医心方』巻第二九・月食禁）

「養生要集」に云わく、「八月、………（中略）………。若し陰地（日影）の水を飲まば、痎瘧《がいぎゃく》を定作す」と。

また、大観二年（一一〇八）に完成した『経史證類大観本草』巻五玉石部・下品の末尾にある「陰地流泉」に、

陰地流泉、二月八月、行途之間、勿飲之。令人夏発瘧瘴、又損脚令軟。

陰地の流［水］（日陰の流水）・泉［水］（日陰の泉水）、二月・八月、行途の間、之を飲むこと勿れ。人をして夏に瘧瘴（周期的に悪寒と発熱を繰り返すという特徴をもつ病。マラリア）を発し、又た脚を損ない軟《よわ》くせしむ。

とあり、淳煕一六年（一一八九）ころの張杲《こう》の『医説』巻「陰地流泉、不可飲（陰地の流・泉、飲むべからず）」に、

陰地流泉、二月八月、行塗（塗は途の誤記）之間、勿飲之。令人夏発瘧瘴、又損脚令軟。本草。

陰地（日影）の流［水］・泉［水］、二月・八月、行途の間、之を飲むこと勿れ。人をして夏に瘧瘴を発し、又た脚を損ない軟《よわ》くせしむ。「本草」。

とある。この記事は末尾に「本草」と細註があるから、『経史證類大観本草』巻五もしくは『政和新修経史證類備用本草』巻五からの引用である。

一三世紀の『養生月覧』巻下・八月に、『千金方』（『備急千金要方』の初名）を出典として、

八月、行途之間、陰地流泉、令人発瘧瘴。又損脚令軟。千金方。

八月、行途の間、陰地の流［水］・泉［水］、人をして瘧瘴《ぎゃくしょう》を発せしむ。又た脚を損ない軟《よわ》くせしむ。「千金方」。

とあり、『本草綱目』巻五水・諸水有毒にも次のようにある。

陰地流泉有毒。二八月、行人飲之、成瘴瘧、損脚力。沢中停水、五六月、有魚鼈精。人飲之成瘕病。

陰地の流・泉に毒有り。二・八月、行人之を飲めば、瘴瘧《しょうぎゃく》（瘧瘴に同じ。マラリア?）を成し、脚力を損なう。沢中の停水、五・六月、魚鼈《べつ》の精有り。人之を飲めば瘕《か》病（腹にこりを生じる病気）を成す。

『養生要集』の時代から『本草綱目』の時代まで、八月の陰地の流水・泉水には毒ありとされた。

### 3　葫《こ》（にんにく）を食べない

本草食禁云、不［可］食葫。令人喘。（『医心方』巻第二九・月食禁）

「本草食禁」に云わく、「葫（にんにく）を食らうべからず。人を喘《あえ》（息）がしむ」と＊。

「葫」とは、顧野王（五一九～五八一。『陳書』巻三〇、『南史』巻六九）の『玉篇』巻一三艸部に「葫。戸都切。大蒜《たいさん》也」とあり、輯復本『唐・新修本草』草菜部巻第一八・葫（史料六二七、四七六頁）の註に、

今人謂葫為大蒜、謂蒜為小蒜。以其気類相似也。性最薫臭、不可食。

今人葫を謂いて大蒜と為し、蒜を謂いて小蒜《しょうさん》（のびる）と為す。其の気類相い似るを以てなり。性最も薫臭、食らうべからず。

とあり、羅願（一一三六〜一一八四）の『爾雅翼』巻五釈草・葫《こ》に、

蒜有大小、大蒜為葫、小蒜為蒜。　　蒜に大小有り、大蒜《さん》（にんにく）を葫と為し、小蒜（のびる）を蒜と為す。

とあり、葫は「にんにく」である。

「葫を食べない」という記事は『備急千金要方』巻七九食治・菜蔬第三・葫にもある。

四月八月、勿食葫。傷人神、損膽気、令人喘悸。

四月・八月、葫《こ》を食らうこと勿れ。人の神を傷《そこな》い、膽気を損ない、人をして喘悸《ぜんき》（息切れ）せしむ。

一三世紀の『養生月覧』巻下・八月にも、『千金方』（『備急千金要方』の初名）を出典として次のようにある。

勿食葫。傷人神、損膽気、令人喘悸、脅助気。千金方。

葫を食らうこと勿れ。人神を傷《そこな》い、膽気を損ない、人をして喘悸せしめ、助気を脅《そこなわ》しむ。「千金方」。

『備急千金要方』と『千金方』は孫思邈《ばく》（?〜六八二）の著書ではある。北宋の一〇六六年に林億らによって校訂された時に、『千金方』は『備急千金要方』と改名された。

＊「本草食禁」に関しては、正月「5　肉を食べない」（四二頁）に解説している。

### 4　薑《きょう》（はじかみ）を食べない

八月九月、勿食薑。傷人神。（『金匱要略方論』巻下「菓実菜穀禁忌并治第二五」）

八月・九月、薑を食らうこと勿れ。人神（人の精神）を傷う。

八世紀の王燾《とう》の『外臺秘要方』巻三一解飲食相害成病百件に、「張文仲」とあり、

謹按仲景方云、………（中略）………。八月九月、勿食薑。

謹んで「仲景方」を按ずるに云わく、「………（中略）………。八月・九月、薑《はじかみ》を食らうこと勿れ」と。

とある。これは張文仲の書物に右の記事があり、それを『外臺秘要方』が引用したのである。これによって、張仲景の『金匱要略方論』に「八月九月、勿食薑。傷人神」という記事があったことが確認できる。

張文仲に関しては『旧唐書』一九一方伎伝に列伝がある。七世紀末に則天武后に仕えた医師で『隨身備急方』三巻がある。張文仲は七〇〇年に卒しており、『外臺秘要方』は天宝一一載（七五二）の自序があるから、『外臺秘要方』が『隨身備急方』を引用することは可能である。『外臺秘要方』に張文仲とあり、それに続く記事は『隨身備急方』の記事と判断してよいだろう。『外臺秘要方』は『隨身備急方』の記事を引用しているのである。

七世紀初頭の隋王朝の医官・巣元方の『巣氏諸病源候総論』巻二一嘔噦《おうえつ》諸病候・嘔吐候に、

養生方云、八月、勿食薑。一云、［勿食］被霜瓜。向冬発寒熱及温病（＝瘟病）。

「養生方」に云わく、「八月、薑を食らうこと勿れ」と。一に云わく、「被霜せる瓜を食らうこと勿れ。冬に向かい寒熱（周期的に悪寒と発熱を繰り返す病。マラリア）及び瘟《おん》病（＝流行病）を発す」と。

とあり、八世紀の『外臺秘要方』巻六嘔逆吐方に、

養生方云、八月、勿食薑。一云、［勿食］被霜瓜。向冬発寒熱及温病。

「養生方」に云わく、「八月、薑を食らうこと勿れ」と。一に云わく、「被霜せる瓜を食らうこと勿れ。冬に向かい寒熱及び瘟病を発す」と。

とある。この『外臺秘要方』の記事も『巣氏諸病源候総論』から引用したものであろう。

『医心方』巻第二九・月食禁に次のようにある。

又［本草食禁］云、不［可］食薑。傷神。

又た「本草食禁」に云わく、「薑《はじかみ》を食らうべからず。神（精神）を傷《そこな》う」と＊。

また一三世紀の『養生月覧』巻下・八月に、孫思邈《ばく》（？～六八二）の『千金方』（『備急千金要方』の初名）を出典として同じ記事がある。

八月、勿食姜。傷人神、損寿。同上（千金方のこと）。

八月、姜を食らうこと勿れ。人神を傷い、寿を損なう。上に同じ（「千金方」）。

一二世紀初期の人である李石の『続博物志』巻七にも、八月の薑をいう。

八九月、勿食薑并肝心肺。

八・九月、薑《きょう》并せて肝・心（心臓）・肺を食らうこと勿れ。

＊「本草食禁」に関しては、正月「5　肉を食べない」（四二頁）に解説している。

### 5　鶉《うずら》の肉を食べる

孟詵食経云、四月以後及八月已前、鶉宍（宍は肉の古字）不可食之。（『医心方』巻第二九・月食禁）

孟詵《もうせん》の「食経」に云わく、「四月以後八月已前に及んで、鶉《うずら》の宍《にく》は之を食らうべからず」と。

孟詵（孟子三一代子孫）は唐王朝の進士及第の官僚で、『旧唐書《くとうじょ》』巻一九一方技伝と『新唐書《しんとうじょ》』巻一九六隠逸伝に列伝があり、開元初年（元年は七一三）に九三歳で卒している。

『新唐書』巻五九藝文志に「孟詵食療本草三巻、又補養方三巻、必効方十巻」とあり、『宋史』巻二〇七藝文志六に「孟詵食療本草六巻」とあるが、『食経』は著録されていない。『医心方』に『食療本草』は一度も登場しない。孟詵の「食経」は、『医心方』が『食療本草』を言い換えたものであろう。孟詵の詳細に関しては、本節四月「13　鶉の肉を食べない」（一〇三頁）を参照のこと。

## 6　韮《にら》と露葵を食べる

可［食］韮、并可食露葵。千金月令。（『養生月覧』巻下・八月）

韮《きゅう》（にら）を食らうべし、并せて露葵を食らうべし。「千金月令」。

露葵は常食される葵菜であり、その実体は冬葵である＊。『千金月令』は散逸した書となっている＊＊。

＊　常食される葵に関しては、青木正児氏は「葵藿《きかく》考」（『青木正児全集　第八巻』所収　春秋社　一九七一）を参照。

＊＊　『千金月令』は唐の孫思邈《ばく》（？～六八二）の撰になる書。『新唐書』巻五九藝文志・農家類に「孫氏千金月令三巻　孫思邈」とある。『千金月令』に関しては、守屋美都雄『中国古歳時記の研究』（帝国書院　一九六三）を参照。

## 7　生蒜《せいさん》（にんにく）を食べない

勿食生蒜。傷人神、損瞻気。（『養生月覧』巻下・八月）

生蒜（生のにんにく）を食らうこと勿れ。人神（人の神経）を傷《そこな》い、瞻気を損なう。

## 8　鶏子（鶏卵）を食べない

勿食鶏子。傷神。（唐の韓鄂《かんがく》の『四時纂要』八月・食忌）

鶏子を食らうこと勿れ。神（精神）を傷う。

一三世紀の『養生月覧』巻下・八月に次のようにある。

勿食鶏子。傷補（補は神の誤写）。四時纂要。　鶏子を食らうこと勿れ。神（精神）を傷う。「四時纂要」。

陳元靚《せい》の泰定乙丑《いっちゅう》版『事林広記』辛集巻六薬忌門の「十二月食忌」にも同じ記事がある。

八月、………（中略）………。食鶏子、傷神。

八月、………（中略）………。鶏子を食らわば、神（精神）を傷《そこな》う。

この食忌は、九世紀末の『四時纂要』以前の文献にはないから、九世紀ころにできた食忌であろうか。

### 9　鶏肉を食べない

八月、勿食鶏肉。傷人神気。（『備急千金要方』巻八〇食治・鳥獣第五・丹雄鶏肉）
八月、鶏肉を食らうこと勿れ。人の神気（精神）を傷う。
『養生月覧』巻下・八月に、孫思邈《ばく》の『千金方』（『備急千金要方』の初名）を出典として次のようにある。
勿食鶏肉。傷神気。同上（千金方のこと）。　鶏肉を食らうこと勿れ。神気を傷う。上に同じ（「千金方」）。

### 10　胡荽《こすい》を食べない

四月八月、勿食胡荽。傷人神。（『金匱要略方論』巻下「菓実菜穀禁忌并治第二五」）

四月・八月、胡荽（こえんどろ。セリ科の一年草）を食らうこと勿れ。人神（精神）を傷う。

八月に胡荽を食べないことは『金匱要略方論』が成立した時代、すなわち、二世紀後半期には存在した食忌であったが、それ以後の文献に見えないから、三世紀以降には消滅した食忌であろうか。

胡荽は今の香菜・コリアンダーである。紀元前に張騫《ちょうけん》が西域の大夏（バクトラ国）から将来したとされる野菜で、『和名類聚抄』には「魚膾尤為要（魚膾尤も要と為す）」とあり、魚膾（刺身）には必要欠くべからざる野菜とする。『延喜式』巻三九内膳司には胡荽の耕作労力の規定があるから、奈良時代以降に日本に伝来していた。

## 11　八月の月建の日に、雄の鴂肉を食べない

［本草食禁］又云、月建日、勿食雄鴂肉。傷人神。（『医心方』巻第二九・日食禁）

「本草食禁」又た云わく、「月建の日、雄の鴂《きじ》肉を食らうこと勿れ。人神を傷《そこな》う」と＊。

一三世紀の『養生月覧』巻下・八月に、

勿食雉肉。傷神気。同上（千金方）。又云、八月健酉（「健酉日」は「建酉日」の誤記）、食雉肉、令人短気。

雉の肉を食らうこと勿れ。神気を傷う。上に同じ（「千金方」）。又た云わく、「八月建酉の日、雉肉を食らわば、人をして短気ならしむ」と。

とあり、『養生月覧』に引用する『千金方』にも「月建日」の記事がある。

「月建」に関しては、本書六〇頁の正月「13　月建の日に、雄の鴂肉を食べない」に述べた。夏暦の正月が建寅であるなら、八月の月建は酉となる。八月の「月建の日」とは「酉の日」のことをいう。八月月建の日に「雄の鴂肉を食べない」とは、八月酉の日に「雄の鴂肉を食べない」ことをいう。

『備急千金要方』巻八〇食治・鳥獣第五・丹雄鶏肉に、

黄帝云、八月建酉日、食雉肉、令人短気。八月、勿食雉肉。損人神気。

「黄帝」に云わく、「八月建酉の日、雉肉を食らわば。人をして短気ならしむ。八月、雉肉を食らうこと勿れ。人の神気を損なう」と。

とあるのは、八月酉の日に雉肉を食べない、八月の月建の日の食忌をいうものであろう。

＊　「本草食禁」に関しては、正月「5　肉を食べない」（四二頁）に解説している。

# 一〇　九月の食忌

## 1　霜のかかった野菜を食べない

養生要集云、九月、勿食被霜草。向冬発寒熱及温病。食欲吐、或心中停水、不得消、或為胃反病。（『医心方』巻第二九・月食禁）

「養生要集」に云わく、「九月、被霜せる草（野菜）を食らうこと勿れ。冬に向かい寒熱（周期的に悪寒と発熱を繰り返す病。マラリア）及び瘟《おん》病（＝はやり病）を発す。食らえば吐かんと欲し、或いは心中に停水し、消すを得ず、或いは胃反病（未消化のまま吐く病）と為る」と。

## 2　薑《きょう》（はじかみ）を食べない

八月九月、勿食薑。傷人神。（『金匱要略方論』巻下「菓実菜穀禁忌并治第二五」）

八月・九月、薑を食らうこと勿れ。人神を傷《そこな》う。

『医心方』巻第二九・月食禁の九月に次のようにある。

又［養生要集］云、不［可］食薑、令人魂病。

又た「養生要集」に云わく、「薑を食らうべからず。［食らわば］人を魂病（心の病い）にせしむ」と。

唐の孫思邈《ばく》（?～六八二）の『備急千金要方』巻七九食治・菜蔬第三・薑にも記事がある。

黄帝云、八月九月、勿食薑。傷人神、損寿。胡居士云、薑殺腹中長蟲、久服、令人少志少智、傷心性。

「黄帝」に云わく、「八月・九月、薑《はじかみ》を食らうこと勿れ。人神を傷《そこな》い、寿を損なう」と。胡居士（五世紀の医師である胡洽《ここう》のこと。「胡洽百病方二巻」・「胡居士方三巻」あり）云わく、「薑は腹中の長蟲《ちゅう》を殺す。久しく服せば、人をして少志・少智せしめ、心性を傷わしむ」と＊。

薑は姜と同じである。姜に注目して史料をみれば、一三世紀の『養生月覧』九月に、

又『千金方』曰、九月、勿食姜。傷人神、損寿。千金方。

又た「千金方」に曰わく、「九月、姜を食らうこと勿れ。人神を傷い、寿を損なう」と。「千金方」。

とあり＊＊、同じく『養生月覧』九月に、

九月、食姜、損目。此出千金方。　九月、姜《きょう》（しょうが）を食らわば、目を損なう。此れ「千金方」に出ず。

とあり、陳元靚《せい》の泰定乙丑《いっちゅう》版『事林広記』辛集巻六薬忌門の「十二月食忌」にもある。

九月、勿食姜蒜。損寿減智。食鶏子傷神。

九月、姜《きょう》・蒜《せん》（にんにく）を食らうこと勿れ。寿を損ない智を減ず。鶏子（鶏卵）を食らわば神（精神）を傷う。

＊　長蟲に関して、隋の巣元方『巣氏諸病源候総論』巻一八・九蟲病諸候・三蟲候に説明がある。

三蟲者、長蟲赤蟲蟯蟲也。為三蟲。猶是九蟲之数也。長蟲蚘蟲也。長一尺、動則吐清水、出則心痛、貫心則死。

三蟲とは、長蟲・赤蟲・蟯蟲なり。三蟲と為す。猶お是れ九蟲の数なり。長蟲は蚘蟲《けっちゅう》なり。長さ一尺、動けば則ち清水を吐き、出ずれ則ち心痛し、心を貫けば則ち死す。

＊＊　『千金方』と『備急千金要方』は同一書。両書の関係は「凡例」に述べている。

### 3　猪肉を食べない

又『養生要集』云、勿食猪宍（宍は肉の古字）。（『医心方』巻第二九・月食禁）

又た「養生要集」に云わく、「猪宍《ちょし》（しし肉）を食らうこと勿れ」と。

## 4　被霜の瓜と肉を食べない

黄帝云、九月、勿食被霜瓜。向冬発寒熱及温病。初食時、即令人欲吐也。

（『備急千金要方』巻七九食治・菜蔬第三・瓜）

「黄帝」に云わく、「九月、被霜せる瓜を食らうこと勿れ。冬に向かい寒熱（周期的に悪寒と発熱を繰り返す病。マラリア）及び瘟《おん》病（はやり病）を発す。初めて食らう時、即ち人をして吐かんと欲せしむるなり」と。

『医心方』巻第二九・月食禁に次のようにある。

本草食禁云、九月、不食被霜瓜及一切宍、大吉。

「本草食禁」に云わく、「九月、被霜せる瓜、及び一切の宍《にく》を食らわざれば、大いに吉なり」と*。

『経史證類大観本草』巻二七菜部・瓜蔕《かてい》（瓜のへた）に、「孫真人［食忌］」として、

九月、勿食被霜瓜。食之、令人成反胃病。

九月、被霜せる瓜を食らうこと勿れ。之を食らわば、人をして反胃病（消化せず吐き戻す病）に成らしむ。

とあり、一三世紀の『養生月覧』九月に、霜のかかった瓜を食べる弊害をいう。

九月、食霜下瓜、血必冬発。此出本草。又孫真人云、食霜下［瓜、血必］冬［発］。

九月、霜下る瓜を食らわば、血必ず冬発す。此れ「本草」に出ず。又た孫真人の「食忌」に云わく、「霜下る瓜を食らわば、血必ず冬発す（意味不明）」と。

「九月、食霜下瓜、血必冬発」は「本草」が出典とあるが、『経史證類大観本草』巻一一草部・下品之下の最後尾の「諸草有毒」に「九月、食霜下瓜、血必冬発」とあるから、『養生月覧』は『経史證類大観本草』を利用している

ことが確認できる。

＊「本草食禁」に関しては、正月「5　肉を食べない」に解説している。

### 5　脾を食べない

九月、勿食脾。乃季月土旺、在脾故也。同上（千金方のこと）。（『養生月覧』巻下・九月）

九月、脾（脾臓）を食らうこと勿れ。乃ち季月の土旺（土気の勢いが盛んなること）、脾に在るの故なり。上に同じ（「千金方」）。

「土旺」は「土用」に同じ。四季月（三月・六月・九月・一二月）の土用の時という意味である。土用については、本章三月の「9　脾を食べない」（八〇頁）において説明している。

### 6　犬の肉を食べない

九月、勿食犬肉。傷人神［気］。（『備急千金要方』巻八〇食治・鳥獣第五・狗）

九月、犬の肉を食らうこと勿れ。人神気（精神）を傷《そこな》う。

『経史證類大観本草』巻一七獣部・中品「狗」に引用する「食療」に、

自九月勿食犬肉。傷［人］神［気］。　九月より犬の肉を食らうこと勿れ。人神気を傷う。

とあり、一三世紀の『養生月覧』巻下・九月にも、孫思邈《ばく》の『千金方』を出典として次のようにある。

九月、勿食大肉（犬肉の誤写）。傷人神気。同上（千金方）。

九月、犬の肉を食らうこと勿れ。人神気を傷う。上に同じ（「千金方」）。

『養生月覧』を引用する『千金方』と『備急千金要方』は同一書である。

## 7　麞《くじか》の肉を食べない

九月、食麞肉、動気。同上（千金方のことか）。（『養生月覧』巻下・九月）

九月、麞《しょう》の肉（くじかの肉　のろの肉）を食らわば、気動く。上に同じ（「千金方」）。

この条の前に位置する記事の出典は「此出本草」とある。「九月、食麞肉、動気」も「本草」の記事かと考え、『経史證類大観本草』を点検すると「九月、食麞肉、動気」の記事がない。「此出本草」の前の記事は『千金方』から引用しているから、「九月、食麞肉、動気」も『千金方』から引用と想定した。

## 8　甘みを省き鹹を減じる

秋季之月末十八日、省甘減鹹、以養胃気。同上（千金方）。（『養生月覧』巻下・九月）

秋季の月末一八日、甘みを省き鹹《かん》（しおけ）を減じ、以て胃気を養う。上に同じ（「千金方」）。

## 9　生葵を食べない

四季［月］、勿食生葵。令人飲食不化、発日（＝百）病。非但食中薬中、皆不可用。深宜慎之。

（『金匱要略方論』巻下「菓実菜穀禁忌并治第二五」）

四季月（三月・六月・九月・一二月）、生葵を食らうこと勿れ。人をして飲食不化ならしめ、百病を発せしむ。但だし食中・薬中に非ざれば、皆な用うべからず。深く宜しく之を慎むべし。

唐の孫思邈《ばく》（?～六八二）の『備急千金要方』巻七九食治・菜蔬第三・葵菜にも、

四季之月土王時、勿食生葵菜。令人飲食不化、発宿病。

四の季の月（三月・六月・九月・一二月）は土王の時、生の葵菜を食らうこと勿れ。人の飲食化せず、宿病（長く治癒しない病気）を発せしむ。

とあり、『経史證類大観本草』巻二七菜部・上品「冬葵子」に引用された「食療」にも同じような記事がある。

四季月、食生葵、令飲食不消化、発宿疾。

四季月（三月・六月・九月・一二月）、生葵を食らわば、飲食消化せず、宿疾（長く治癒しない病気）を発せしむ。

一三世紀の『養生月覧』巻下・九月に、『千金方』を出典として次のようにある。

秋季之月土王時、勿食生葵菜。令人飲食不化、発宿病。同上（千金方のこと）。

秋の季月土王の時、生の葵菜を食らうこと勿れ。人の飲食化せず、宿病（長く治癒しない病気）を発せしむ。上に同じ（「千金方」）。

葵菜は古い中国の常食野菜であった。常食野菜としての葵は冬葵である。このことは、本章三月の「11　生の葵菜を食べない」において述べている。

「四季之月土王時」は、本章三月の「9　脾を食べない」（八〇頁）において説明している。

## 10　九日　麻葛餻《まかつこう》を食べる

九月九日、則有茱萸菊花酒餻。（龐《ほう》元英の『文昌雑録』巻三唐歳時節物）

九月九日、則ち茱萸《しゅゆ》・菊花酒・餻《こう》有り。

とあり、『太平御覧《ぎょらん》』巻三二時序部一七・九月九日に、唐の『斉人月令』を引用し＊、

斉人月令曰、重陽之日、必以糕酒登高眺迥、為時讌之遊賞、以暢秋志。酒必采茱萸甘菊、以泛之、既酔而還。

「斉人月令」（唐代の歳時記）に曰わく、「重陽の日、必ず糕《こう》（糕＝餻）・酒を以て高きに登り眺迥《ちょうけい》（眺迴に同じ）し、

時讌の遊賞を為し、以て秋志を暢《の》ぶ。酒は必ず茱萸《しゅゆ》・甘菊を采り、以て之を泛《うか》べ、既に酔いて還る」と。

とある。餻は糕と同じで、小麦粉以外の穀粉を固形化したもので、菓子の一である落雁はその一である。

重陽の食べ物として、『大唐六典《りくてん》』巻一五光禄寺太官署令職掌の条に「九月九日、加餻」とあり、九月九日は官で支給される常食料の他に、特別に「餻」が支給された。重陽には翰林学士にも「酒・糖・粉餻」が支給されたと、唐の李肇の『翰林志』にある。『大唐六典』巻四尚書礼部・膳部郎中員外郎職掌「凡諸王已下皆有小食料（凡て諸王已下皆な小食料有り）」の「又有節日食料（又た節日食料有り）」の註には、「九月九日、麻葛糕《まかっこう》」とあるから、『翰林志』と『文昌雑録』にいう九月九日の「餻」と「粉餻」は、正確には麻葛糕であろう。

麻葛糕とは、穀物の粉に胡麻と葛を混ぜ蒸した食品である＊＊。『膳夫録』（『重較説郛』匀《いん》九五所収）に、重九（九月九日）には「米錦」を食べるとあるが、「米錦」は米錦餻の省略形であろう。

＊　『宋史』巻二〇五藝文志四農家類に「孫思邈《ばく》　斉人月令三巻」とあり、『斉人月令』は孫思邈《ばく》（?～六八二）の選述。守屋美都雄氏は『千金月令』と同一書ではないかとされる。詳細は守屋美都雄『中国古歳時記の研究』（帝国書院　一九六三）を参照。しかし、宋の王堯臣の『崇文総目』巻四歳時類には「孫氏　千金月令三巻」と「斉人月令一巻」が同一項にあるから、『千金月令』と同一書とするのは、『崇文総目』の記載からは疑問がある。

＊＊　中村喬『中国の年中行事』（平凡社　一九八八）二一二頁以下。植木久行『唐詩歳時記』（明治書院　一九八〇）二一五頁。

## 11　九月の月建の日に、雄の鳩肉を食べない

〔本草食禁〕又云、月建日、勿食雄鳩肉。傷人神。（『医心方』巻第二九・日食禁）

「本草食禁」又た云わく、「月建の日、雄の鳩《きじ》肉を食らうこと勿れ。人神を傷《そこな》う」と＊。

「月建」は、本書六〇頁の正月「13　月建の日に、雄の鳩肉を食べない」に言及した。夏暦の正月が建寅であるな

ら、九月の月建は戊となる。九月の「月建の日」とは「戊の日」のことをいう。九月月建の日に「雄の鴆肉を食べない」とは、九月戊日に「雄の鴆肉を食べない」ことをいう。

＊「本草食禁」に関しては、本章正月「5　肉を食べない」（四二頁）に解説している。

## 一一　一〇月の食忌と食宜

### 1　黍臛《しょかく》を食べる

十月朔日、［家家為］黍臛。俗謂之秦歳首。（『荊楚歳時記』　この文、他にも脱字の可能性大である）

一〇月朔日、家家は黍臛《しょかく》（黍を用いた雑炊）を為る。俗は之（＝一〇月朔日）を秦の歳首と謂う。

『太平御覧《ぎょらん》』巻八四二百穀部六・黍には、

荊楚歳時記曰、十月十一日、［家家為］黍臛。俗謂之秦歳首。未詳黍臛之義。…………

「荊楚歳時記」に曰わく、「一〇月一一日、家家は黍臛を為る。俗は之（＝一〇月朔日）を秦の歳首と謂う。未だ黍臛の義を詳《つまび》らかにせず。…………」と。「未詳黍臛之義。……」は註の部分。

と『荊楚歳時記』を引用するが、「十月十一日」は明らかに「十月一日」の誤記である。歳首（元日）が月の一一日であるはずがない。

秦の歳首に関して、『史記』巻六始皇帝本紀・二六年（前二二一）の条に、

改年始、朝賀皆自十月朔。　年始を改め、朝賀は皆な一〇月朔に自《よ》る。

とあり、「正義」に、

周以建子之月為正、秦以建亥之月為正。故其年始用十月而朝賀。

周は建子の月を以て正（正は年始の意味）と為し、秦は建亥の月を以て正（正は年始の意味）と為す。故に其の年始一〇月を用て朝賀す。

とある。始皇帝は統治の二六年目、中国を統一し、皇帝号等々の新制度を創設するとともに、建亥の月・一〇月を以て年始とした。

一年一二ケ月に十二支を配当したものを月建という。したがって、正月は建寅、二月は建卯、三月は建辰、四月は建巳、五月は建午、六月は建未、七月は建申、八月は建酉、九月は建戌、一〇月は建亥、一一月は建子、一二月は建丑となる。夏正では建寅の月を正月とし、殷正では建丑の月を正月とし、周正では建子の月を正月とした。戦国各国が採用したのは夏正である。夏→殷→周と王朝は変遷したが、夏王朝を継承するのは、自国であるという正統性を示すためである。秦王朝は顓頊《せんぎょく》暦を採用し、月の配置は夏正によるが、年始が正月ではなく一〇月（建亥の月）となっていた。つまり顓頊暦では年始と正月を別々にしているだけで、実質的に夏暦である。この顓頊暦が秦王朝から前漢王朝初期にかけて用いられたが、太初元年（前一〇四）の改暦によって採用された太初暦において、年始を建寅の月（正月）とした。

## 2　麻豆羹飯を食べる

未詳黍臛之義。今北人此日、設麻羹豆飯（麻豆羹飯）、当為其始熟嘗新耳。

（『荊楚歳時記』「十月朔日、［家家為］黍臛。俗謂之秦歳首」の杜公瞻の註）

未《いま》だ黍臛《しょかく》の義を詳にせず。いま北人は此の日、麻豆羹飯《かんはん》を設《しつら》え、当《まさ》に其れ始めて熟し新を嘗《なめ》るを為すのみ。

『歳時広記』巻三七小春「食黍臛（黍臛を食らう）」に引用する『太清諸草木方』に＊、

太清諸草木方、十月一日、宜食麻豆鑽（＝麻豆饡）。

「太清諸草木方」に、「一〇月一日、宜しく麻豆饡を食らうべし」と。

とあり、一〇月一日に麻豆饡を食べるという。また『玉燭宝典』一〇月の附説に次のようにある。

今世、則炊乾飯、以麻豆羹、沃之。諺云、十月旦、麻豆鑽（＝麻豆饡）。字苑、以羹澆飯也。字林同。音子旦反。

今世、則ち乾飯を炊き、麻豆羹《かん》を以て、之に沃《そそ》ぐ。諺に云わく、「一〇月旦、麻豆鑽《さん》」と。［鑽とは］「字苑」に、「羹を以て飯に澆《そそ》ぐなり」と。「字林」も同じ。［鑽］の音は「子・旦の反」なり。

「饡」字は顧野王（五一九～五八一。『陳書』巻三〇、『南史』巻六九）の『玉篇』巻九食部に、

饡。子旦切。以羹澆飯也。　饡。子・旦の切。羹を以て飯に澆ぐなり。

とある。「鑽」は「穿《うが》つ」という字であり、食物には不適切な字であり、『玉篇』によって「饡」とするべきである。「鑽」とつくるのは『玉燭宝典』が転写されていく過程において、「饡」が「鑽」と誤写されたためであろう。

六世紀末の華北では、一〇月一日に麻豆羹飯を食べたのであり、七世紀以降の唐代でも同様であったと想定できる。胡麻と豆をすりつぶしたものを飯にかけたものが麻豆羹飯であり、麻豆鑽は麻豆羹飯と同じものである。一〇月一日には、中国の南北において同じ食品を食べたのである。

＊　正式には『太清諸草木方集要』という。『旧唐書《くとうじょ》』巻四七経籍志と『新唐書《しんとうじょ》』巻五九藝文《げいもん》志に著録され、『初学記』巻二七宝器部・芙蓉第一三に引用がある。『初学記』は開元一六年（七二八）完成しているから、八世紀初頭には存在していた書である。

## 3　被霜の生菜を食べない

養生要集云、十月、勿食被霜生菜。无面光沢、令目渋、発心傷腰疼。或致心瘧、手足清。

（『医心方』巻第二九・月食禁）

「養生要集」に云わく＊、「一〇月、被霜（霜の降りた）せる生菜を食らうこと勿れ。面に光沢を無《な》くし、目を渋くし（結膜炎）、心傷・腰疼を発す。或いは心の瘧《ぎゃく》（おこり）を致し、手足は清（清は冷の意味）」と。

唐の孫思邈《ばく》（？～六八二）の『備急千金要方』巻七九食治・菜蔬第三・蔪菜に、

十月、勿食被霜菜。令人面上無光沢、目渋痛又瘧、発心痛腰疼。或致心瘧。発時、手足十指爪、皆青困痿。

一〇月、被霜せる菜を食らうこと勿れ。人をして面上に光沢なからしめ、目は渋痛し（結膜炎）又た瘧《ぎゃく》（おこり）、心痛・腰疼を発す。或いは心の瘧を致す。発する時、手足の一〇指の爪、皆な青く困痿す。

とあり、一三世紀の『養生月覧』巻下・一〇月にも、孫思邈の『千金方』を出典とする記事がある＊＊。

十月、勿食被霜菜。令人面上無光沢、眼目澁痛。同上（「千金方」）。

一〇月、被霜せる菜を食らうこと勿れ。人の面上をして光沢なく、眼目澁痛ならしむ。上に同じ（「千金方」）。

唐の段成式の『酉陽雑俎』巻一一広知にも同様の記事がある。

十月、食霜菜、令人面無光。　一〇月、霜菜（霜を被った野菜）を食らわば、人の面をして光《つや》なからしむ

＊『養生要集』は『隋書』巻三四経籍志に「養生要集十巻　張湛撰」とあるから、隋代以前の書であることは疑いない。『旧唐書《くとうじょ》』巻四七経籍志に「養生要集十巻　張湛撰」とあり、『新唐書《しんとうじょ》』巻五九藝文《げいもん》志に「張湛　養生要集十巻」とある。西晋以降の養生書であろう。唐の徐堅の『初学記』巻二七草部と『太平御覧《ぎょらん》』に引用があるから、中国では一〇世紀までは完本が存在していたようである。

＊＊『千金方』と『備急千金要方』の関係は凡例に述べている。

## 4　椒を食べない

十月、勿食椒。損人心、傷心脉。（『金匱要略方論』巻下「菓実菜穀禁忌并治第二五」）

一〇月、椒（山椒）を食らうこと勿れ。人心を損ない、心脈（神経）を傷《そこな》う。

八世紀の王燾の『外臺秘要方』巻三一解飲食相害成病百件に、「張文仲」とあり、

謹按仲景方云、………（中略）………。十月、勿食椒。

謹んで按「仲景方」を按ずるに云わく、「………（中略）………。一〇月、椒（山椒）を食らうこと勿れ」と。

とある。これは張文仲の書物に「謹按仲景方云、………（中略）………。十月、勿食椒」という記事があったことを指すものであろう。張文仲と『外臺秘要方』の関係は、本章正月の「7　生葱を食べない」において述べている。

『医心方』巻第二九・月食禁・一〇月に、

［養生要集］又云、不食枡（=椒）。令人気痿。

「養生要集」に又た云わく、「椒（山椒）を食らわず。人の気をして痿《な》えしむ」と。

とあり、孫思邈《ばく》（?～六八二）の『備急千金要方』巻七九食治・菜蔬第三・蜀椒にも記事がある。

黄帝云、十月、勿食椒。損人心、傷血脈。

「黄帝」に云わく、「一〇月、椒を食らうこと勿れ。人心を損ない、血脈（血管）を傷う」と。

一〇月に山椒を食べないという食忌は、三世紀の『金匱要略方論』にあるから、この食忌は二世紀末にあることは確実である。またこの記事は「黄帝云」という書にあるという。「黄帝」は『漢書《かんじょ》』巻三〇藝《げい》文《もん》志に「神農黄帝食禁七巻」とある書に該当するとすれば、「一〇月に山椒を食べない」という食忌は、紀元前の時代から食忌として存在していたことになる。

九世紀末の韓鄂《かんがく》の『四時纂要』一〇月・食忌に、

勿食椒。損心。　椒（山椒）を食らうこと勿れ。心を損なう。

とあり、大観二年（一一〇八）に完成した『経史證類大観本草』巻一四木部・下品「蜀椒」に、

孫真人［食忌］云、十月、勿食椒。食之、損気傷心、令人多忘。

孫真人の「食忌」に云わく、「一〇月、椒（山椒）を食らうこと勿れ。之を食らえば、気を損ない心を傷《そこな》い、人をして多忘ならしむ」と。

とあり、一三世紀の『養生月覧』巻下・一〇月にも、孫思邈《ばく》の『千金方』（『備急千金要方』の初名）を出典とする記事がある。

十月、勿食椒。損心、傷血脉。千金方。

一〇月、椒（山椒）を食らうこと勿れ。心を損ない、血脉（血管）を傷う。「千金方」。

加えて南宋の李石の『続博物志』巻七に、

十月、勿食椒。　一〇月、椒（山椒）を食らうこと勿れ。

とあり、泰定乙丑《いっちゅう》版『事林広記』辛集巻六薬忌門「十二月食忌」の一〇月にも、次のようにある。

十月、勿食猪肉。発宿疾。勿食椒、損心。

一〇月、猪肉を食らうこと勿れ。宿疾を発す。椒（山椒）を食らうこと勿れ、心を損なう。

山椒に関して『斉民要術』巻四「種椒（椒を種《う》える）」第四三の細註に、

爾雅曰、檓大椒。広志曰、胡椒出西域。范子計然曰、蜀椒出武都、秦椒出天水。今青州有蜀椒種。本商人居、椒為業。

「爾雅」（紀元前二世紀ころ成立した辞書）に曰わく、「檓《き》は大椒」と。「広志」（南朝の郭義恭の撰）に曰わく、「胡椒は西域に出ず」と。「范子計然」（前五世紀の范蠡《れい》と范蠡の師である計然との問答集）に曰わく、「蜀椒は武都（武州・武都郡）に出で、秦椒は天水（秦州・天水郡）に出ず。今青州に蜀椒の種有り。本《もと》もと商人居し、椒を業と為す」と。

とあり、蜀椒や秦椒が山椒の名品であった。一二世紀の福建・福州の地誌である『淳熙《じゅんき》三山志』巻四二土俗類四・物産「椒」に、蜀椒、胡椒、土椒（蜀椒や秦椒以外の山椒）の別を述べる＊。

木有刺子、朶生而熱（熱は熟の誤記）。味辛。生蜀都、名蜀椒、西戎名胡椒、本土者名土椒。

木　刺子有り、朶《だ》生して熟す。味は辛。蜀都に生じるは、蜀椒と名づけ、西戎《せいじゅう》（この場合はインドを指す）は胡椒と名づけ、本土のものは土椒と名づく。

また『斉民要術』巻四「種椒（椒を種《う》える）」第四三に、

養生要論曰、臘夜令持椒臥房牀傍、無与人言、内井中、除瘟病。

「養生要論」に曰わく、「臘夜（王朝によって異なるが、唐王朝では冬至から三巡目の辰の日を臘日という。臘日の夜）椒を持ち房の牀傍に臥せしめ、人と言なく、井中に内《いれ》れば、瘟《おん》病（はやり病）を除く」と。

とあり、紀元前後の時代、元旦に椒酒を飲んだことを考えれば、山椒には霊力があると信じられていた。それは菖蒲や菊と同じように、山椒の香りに霊力があるとされる原因がある。

＊　福州の州治に烏石山（うせきざん。高い所が八六米の丘）于山（うさん。福州州治のほぼ中央にある小高い丘）屏山が鼎立するので、福州を別名で三山という。

## 5　螺《ら》・蚌《ほう》を食べない

〔養生要集〕又云、禁螺蚌猪宍。（『医心方』巻第二九・月食禁）

「養生要集」に又た云わく、「螺《ら》（巻貝の総称）蚌《ほう》（どぶ貝のことか）猪の宍《にく》を禁ず」と。

## 6　猪肉を食べない

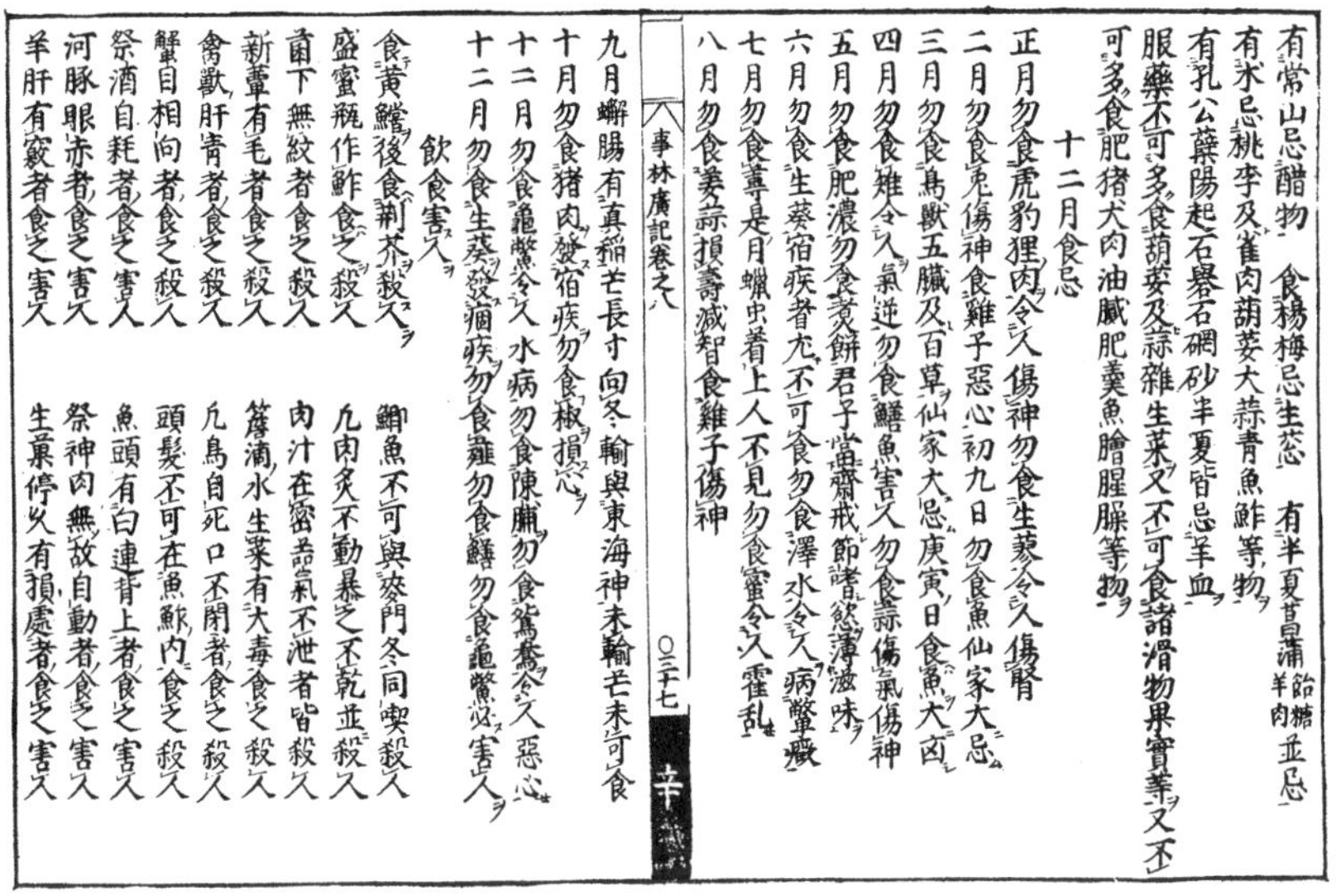
有常山忌醋物　食楊梅忌生葱　有半夏菖蒲飴糖羊肉並忌
有朮忌桃李及雀肉葫荽大蒜青魚鮓等物
有孔公孽陽起石礜石硇砂半夏皆忌羊血
服藥不可多食葫荽及蒜雜生菜又不可食諸滑物果實等又不
可多食肥猪犬肉油膩肥羮魚膾腥臊等物
十二月食忌
正月勿食虎豹狸肉令人傷神勿食生蓼令人傷腎
二月勿食兎傷神食雞子惡心初九日勿食魚仙家大忌
三月勿食鳥獸五臓及百草仙家大忌庚寅日食魚大凶
四月勿食雉令人氣逆勿食鱓魚害人勿食蒜傷氣傷神
五月勿食肥濃勿食煮餅君子當齋戒節嗜慾薄滋味
六月勿食生葵宿疾者尤不可食勿食澤水令人病鱉瘕
七月勿食蓴是月蝛虫着上人不見勿食蜜令人霍乱
八月勿食姜蒜損壽減智食雞子傷神
事林廣記卷之八　○三十七　辛
九月蟹腸有真稲芒長寸向冬輸與東海神未輸芒未可食
十月勿食猪肉發宿疾勿食椒損心
十一月勿食龜鱉令人水病勿食陳脯勿食鴛鴦令人惡心
十二月勿食生葵發痼疾勿食雞勿食鱔勿食龜鱉必害人
飲食害人
食黄鱨後食荊芥殺人　鯽魚不可與麥門冬同喫殺人
盛蜜瓶作鮓食之殺人　凡肉炙不動暴之不乾並殺人
菌下無紋者食之殺人　肉汁在密器氣不泄者皆殺人
新蕈有毛者食之殺人　簷滴水生菜有大毒食之殺人
禽獸肝青者食之殺人　凡鳥自死口不閉者食之殺人
蟹目相向者食之殺人　頭髪不可在魚鮓内食之殺人
祭酒自耗者食之害人　魚頭有白連背上者食之害人
河豚眼赤者食之害人　祭神肉無故自動者食之害人
羊肝有竅者食之害人　生菓停久有損處者食之害人

図版７　泰定乙丑版『事林広記』辛集巻六薬忌門「十二月食忌」

十月、勿食猪肉。損人神気。（『備急千金要方』巻八〇食治・鳥獣第五・豘卵）

一〇月、猪肉を食らうこと勿れ。人の神気（精神）を損なう。

前掲した「5　螺《ら》・蚌《ぼう》を食べない」に示した『医心方』巻第二九・月食禁に「又云、禁螺蚌猪宍」とあり、九世紀末の韓鄂《かんがく》の『四時纂要』一〇月・食忌に次のようにあり、猪肉を食べることを禁止している。

勿食猪肉。発宿疾。

猪肉を食らうこと勿れ。宿疾（長期に亘るの病気）を発す。

同じ記事は陳元靚《せい》の泰定乙丑《いっちゅう》版『事林広記』辛集巻六薬忌門の「十二月食忌」の一〇月にもある。

十月、勿食猪肉。発宿疾。勿食椒、損心。

一〇月、猪肉を食らうこと勿れ。宿疾を発す。椒を食らうこと勿れ、心を損なう。

## 7　生の薤《らっきょう》を食べない

十月十一月十二月、勿食生薤。令人多涕唾。（『備急千金要方』巻七九食治・薤）

一〇月・一一月・一二月、生薤《かい》（生のらっきょう）を食らうこと勿れ。人をして涕《なみだ》・唾《つば》を多からしむ。

『医心方』巻第二九・月食禁に、

千金方云、十月十一月十二月、勿食生薤。令人多涕唾。

「千金方」に云わく、「一〇月・一一月・一二月、生薤を食らうこと勿れ。人をして涕・唾を多からしむ」と。

とある。これによって『医心方』は孫思邈《ばく》（？～六八二）の『千金方』を閲覧しており、『千金方』三〇巻は平安時代の日本に将来していたことになる。『備急千金要方』は『千金方』の別名の同一書であるが、治平三年（一〇六六）に『備急千金要方』となったから、『医心方』に、その書名は登場しない。

一三世紀の『養生月覧』巻下・一〇月に、『千金方』を出典としてする記事がある。

十月、勿食生薤。令人涕唾。同上（「千金方」）。

一〇月、生薤を食らうこと勿れ。人をして涕・唾を多からしむ。上に同じ（「千金方」）。

この記事には「十月十一月十二月」となく、単に「十月」とあるが、これは『養生月覧』が月別に養生記事を並べる書であるから、一〇月の食忌を述べるに当たって「十一月十二月」の文字を省略したのであろう。

## 8　亥日　餅を食べる

雑五行書曰、十月亥日、食餅、令人無病。食経有髄餅法、以髄脂合和麵。（『太平御覧《ぎょらん》』巻八六〇飲食部一八・餅）

「雑五行書」＊に曰わく、「一〇月亥の日（一〇月の月建は亥である）、餅（餅は日本の餅を連想してはならない。「餅」は小麦粉を固形化したもの）を食らわば、人をして病なからしむ」と。「食経」に「髄餅の法」有り、「髄脂を以て麵に合わせ和る」と。

この『太平御覧』の『雑五行書』の記事は、『斉民要術』巻九餅法第八二の最後にある「治麵砂墋《しん》法」に、

雑五行書曰、十月亥日、食餅、令人無病。（この亥の子餅の話は『源氏物語』に出てくる）

「雑五行書」に曰わく、「一〇月亥の日、餅を食らわば、人をして病なからしむ」と。

とあり、『太平御覧《ぎょらん》』が引用する『雑五行書』の「食経有髄餅法、以髄脂合和麺」の部分は『斉民要術』巻九餅法第八二「髄餅法」に、

以髄脂蜜合、和麺。厚四五分、広六七寸。便著胡餅鑪中、令熟、勿令反覆。餅肥美、可経久。

髄脂・蜜を以て合わせ、麺に和ぜる。厚さ四・五分、広さ六・七寸。便ち胡餅鑪《ろ》（胡餅鑪はインドのナンを焼くような形状の窯か）中に著け、熟（ここでは焼くの意味）さしめ、反覆せしむる（両面を焼く）こと勿れ。餅は肥美にして、久を経ること可（長期保存できる）。

とあるから、『太平御覧』の記事は『斉民要術』巻九餅法第八二からの引用であることが判明する。

『斉民要術』巻九餅法全体を見ると、

餅法第八十二

食経曰作餅酵法。………（餅酵法を述べる）………。作白餅法。………（白餅法を述べる）………。

作焼餅法。………（焼餅法を述べる）………。［作］髄餅法。

という構成であり、「作餅酵法」は「食経に曰わく」と理解され、「作白餅法」も「食経に曰わく」と理解できるから、「髄餅法」も「食経有髄餅法」としたのであろう。

＊『雑五行書』は『斉民要術』に引用される書であるから、六世紀中葉以前に成立していた書。

## 9　一〇月の月建の日に、雄の鳩肉を食べない

［本草食禁］又云、月建日、勿食雄鳩肉。傷人神。（『医心方』巻第二九・日食禁）

「本草食禁」又た云わく、「月建の日、雄の鴙肉《きじ》を食らうこと勿れ。人神を傷《そこな》う」と＊。

「月建」に関しては、本書六〇頁の正月「13　月建の日に雄の鴙肉を食べない」に述べた。夏暦の正月が建寅であるなら、一〇月の月建は亥なる。一〇月の「月建の日」とは「亥の日」のことをいう。一〇月月建の日に「雄の鴙肉を食べない」とは、一〇月亥日に「雄の鴙肉を食べない」ことをいう。

＊「本草食禁」に関しては、本章正月「5　肉を食べない」（四二頁）に解説している。

## 一二　一一月の食忌と食宜

### 1　夏を経た肉脯を食べない

養生要集云、十一月、勿食経夏臭宍脯。宍動於腎、喜作水病及頭眩。不食螺蜯着用之物。

（『医心方』巻第二九・月食禁）

「養生要集」に云わく、「一一月、夏を経た臭いする宍脯《しほ》（乾し肉）を食らうこと勿れ。宍《にく》は腎に動き、喜《よ》く水病（不明）及び頭眩（頭痛で目が眩む）を作す。螺《ら》（巻貝の総称）蜯《ほう》（どぶ貝）や着甲（原文は「用」に作るが「甲」の誤記）のもの（甲羅のついたもの）を食らわず」と。

七世紀初頭の隋王朝の医官である巣元方の『巣氏諸病源候総論』巻二一水腫病諸候・水腫候に、

養生方云、十一月、勿食経夏自死（「自死」は「臭」の誤写か）肉脯。内（内は肉の誤記）動於腎、喜成水病。

「養生方」に云わく「一一月、夏を経た臭いする肉脯《にくほ》（乾し肉）を食らうこと勿れ。肉は腎に動き、喜《よ》く水病を成す」と。

とあり、意味不明な箇所があるが、先に示した『医心方』に引用する『養生要集』の記事と類似する一文がある。「養生方」と『養生要集』は関連のある書であろう。

また、孫思邈《ばく》（?～六八二）の『備急千金要方』巻八〇食治・鳥獣第五「狐陰茎（狐の陰茎）」にも、

　十一月、勿食経夏臭脯。成水病、作頭眩、丈夫陰痿。

　一一月、夏を経た臭脯《しゅうほ》（臭のある乾肉）を食らうこと勿れ。水病（不明）を成し、頭眩（頭痛で目が眩む）を作し、丈夫は陰痿（男性機能が萎えること）す。

とあり、八世紀の『外臺秘要方』巻二〇水腫方に、「養生方」からの引用として、

　養生方云、十一月、勿食経夏自死（「自死」は「臭」の誤写か）肉脯、内（内は肉の誤記）動於腎、喜成水病。

　「養生方」に云わく「一一月、夏を経た臭いする肉脯《にくほ》を食らうこと勿れ。肉は腎に動き、喜《よ》く水病を成す」と。

とある。『外臺秘要方』は『巣氏諸病源候総論』から、しばしば記事を引用しているから、この場合も、前掲した『巣氏諸病源候総論』の「養生方」からの引用としてよい。

九世紀末の韓鄂《かんがく》の『四時纂要』一一月・食忌に、

　〔是月〕、勿食陳脯。　是の月、陳脯《ちんほ》（古い乾し肉）を食らうこと勿れ。

とあり、一三世紀の『養生月覧』巻下・一一月には、右の『四時纂要』の記事を引用して次のようにある。

　十一月、勿食陳脯。同上（四時纂要）。又按千金方云、十一月、勿食経夏臭□。成水病、頭眩、陰處（陰處は陰痿の誤写）。

　一一月、陳脯（古い乾し肉）を食らうこと勿れ。上に同じ（「四時纂要」）。又た「千金方」を按ずるに云わく、「一一月、夏を経た臭□を食らうこと勿れ。水病と成り、頭眩（頭痛で目が眩む）し、陰痿（男性の生殖能力がなくなること）す」と。

とあり、陳元靚の泰定乙丑《いっちゅう》版『事林広記』辛集巻六薬忌門の「十二月食忌」の一一月にもある。

『巣氏諸病源候総論』の記事を『医心方』と『備急千金要方』の記事と比較・勘案すれば、『巣氏諸病源候総論』

の「自死」は「臭」の誤写であろうと判断できる。

『巣氏諸病源候総論』の「養生方」の記事は、『養生要集』の記事と類似する。「養生方」は、『養生要集』の節略文であるかも知れない。「養生方」の記事は『養生要集』の記事と密接に関係するものであろう。『養生要集』は現存する中国文献においては『初学記』と『太平御覧《ぎょらん》』に逸文が残るのみであり、『養生要集』に関係する記事が、『巣氏諸病源候総論』に存在することが判明したことは貴重である。

### 2　亀・鼈《べつ》を食べない

是月、勿食亀鼈。令人水病。（韓鄂《かんがく》の『四時纂要』一一月・食忌）

是の月、亀・鼈（すっぽん）を食らうこと勿れ。人をして水病ならしむ。

一三世紀の『養生月覧』巻下・一一月には、前掲の『四時纂要』を出典として次のようにある。

十一月、勿食亀鼈。令人水病。同上。

一一月、亀・鼈を食らうこと勿れ。人をして水病ならしむ。上に同じ（『四時纂要』）。

泰定乙丑版『事林広記』辛集巻六薬忌門の「十二月食忌」の一二月（一一月の誤り）の条にもある。

十二月（一一月の誤り）、勿食亀鼈。令人水病。　一一月、亀・鼈を食らうこと勿れ。人をして水病ならしむ。

一一月に亀・鼈を食べない記事は、『四時纂要』が初出であるから、この食忌は九世紀にできた『四時纂要』のころに成立した食忌であろう。

### 3　鴛鴦《おしどり》を食べない

勿食鴛鴦。令人悪心。（唐の韓鄂《かんがく》の『四時纂要』一一月・食忌）

鴛鴦《えんおう》（おしどり）を食らうこと勿れ。人をして悪心ならしむ。

『養生月覧』巻下・一一月には、右の『四時纂要』の記事を引用して次のようにある。

十一月、勿食鴛鴦。令人悪心。同上（四時纂要）。

一一月、鴛鴦を食らうこと勿れ。人をして悪心ならしむ。上に同じ（『四時纂要』）。

泰定乙丑《いっちゅう》版『事林広記』辛集巻六薬忌門「十二月食忌」の一一月に「勿食鴛鴦。令人悪心」とある。

「鴛鴦を食べない」という記事は、『四時纂要』以前の書には見えないから、九世紀ころにできた食忌であろう。

晋の崔豹の『古今注』巻中・鳥獣第四に、

鴛鴦水鳥凫類也。雌雄未嘗相離。人得其一、則一思而至死。故曰疋鳥。

鴛鴦は水鳥の凫《ふ》（まがも）類なり。雌雄未だ嘗《かつ》て相い離れず。人其の一を得ば、則ち一は思いて死に至る。故に疋鳥（雌雄一組で一疋）と曰う。

とあるのが、仲のよい夫婦をオシドリ夫婦という元となったが、それは俗説であり、季節ごとに相手を変え、抱卵は雌のみが行い、育雛も夫婦で協力することはない。鴛鴦はカモ目カモ科オシドリ属に分類される鳥類。東アジア（沿海州、朝鮮半島、日本、中国）に生息する渡り鳥である。

## 4　生菜を食べない

勿食生菜。患同九月。（唐の韓鄂《かんがく》の『四時纂要』一一月・食忌）

生菜を食らうこと勿れ。患うこと九月に同じ＊。

一三世紀の『養生月覧』巻下・一一月にも、右の『四時纂要』の記事を引用して次のようにある。

十一月、勿食生□（□は菜）。令人発宿疾。同上（四時纂要）。

一一月、生菜を食らうこと勿れ。人をして宿疾（長く治癒しない病気）を発せしむ。上に同じ（「四時纂要」）。

＊『四時纂要』には「勿食生菜。患同九月」とあるが、『四時纂要』九月には生菜を食べ、病気となる記事はない。本来的に『四時纂要』には九月に生菜を食す記事はなかったのであろう。その證拠に『四時纂要』を引用する『養生月覧』に「患同九月」の語はなく、「令人発宿疾」と改変している。

### 5　生の薤《らっきょう》を食べない

十一月十二月、勿食薤。令人多涕唾。（『金匱要略方論』巻下「菓実菜穀禁忌并治第二五」）

一一月・一二月、薤《かい》を食らうこと勿れ。人をして涕《なみだ》・唾《つば》を多からしむ。

一一月に薤を食べない食忌は『金匱要略方論』の時代からある古い食忌である。

『医心方』巻第二九・月食禁に次のようにある。

千金方云、十月十一月十二月、勿食生薤。令人多涕唾。

「千金方」に云わく、「一〇月・一一月・一二月、生の薤を食らうこと勿れ。人をして涕・唾を多からしむ」と。

また一三世紀の『養生月覧』巻下・一一月に、孫思邈《ばく》の『千金方』を出典として、

十一月、勿食生薤。令人多涕唾。千金方。

一一月、生の薤を食らうこと勿れ。人をして涕・唾を多からしむ。「千金方」。

とあり、『医心方』が引用する『千金方』の文言と一致する。

### 6　鼠の肉・燕の肉を食べない

黄帝云、十一月、勿食鼠肉燕肉。損人神気。（『備急千金要方』巻八〇食治・鳥獣第五・丹雄鶏肉）

「黄帝」に云わく、「一一月、鼠の肉・燕の肉を食らうこと勿れ。人の神気を損なう」と。

一三世紀の『養生月覧』巻下・一一月にも、孫思邈《ばく》（？～六八二）の『千金方』を出典として、次のようにある。

十一月、勿食鼠肉燕肉。損人神気。同上（千金方）。

一一月、鼠肉・燕肉を食らうこと勿れ。人の神気を損なう。上に同じ（「千金方」）。

### 7　蝦・蚌《ほう》・著甲のものを食べない

十一月十二月、勿食蝦蚌著甲之物。（『備急千金要方』巻八〇食治・鳥獣第五・蟹殼）

一一月・一二月、蝦《か》（えび）・蚌（湖沼に生息する貝）著甲の物（甲羅のある生き物）を食らうこと勿れ。

一三世紀の『養生月覧』巻下・一一月にも、『千金方』を出典として、次のようにある。

十一月、勿食鰕蚌著甲之物。同上（千金方）。

一一月、鰕・蚌・著甲の物を食らうこと勿れ。上に同じ（「千金方」）。

南宋の李石の『続博物志』巻七にも、甲羅のある生き物を食べないことをいう。

十一月十二月、勿食戴甲之物并脾腎。

一一月・一二月、戴甲の物（甲羅のある生物）并せて［鳥獣の］脾・腎を食らうこと勿れ。

### 8　冬至に餛飩を食べる

［十一月］廿六日、冬至節。僧中拝賀云、伏惟和尚久住世間、広和衆生。臘下及沙彌対上座説、一依書儀之制。沙彌対僧、右膝着地、説賀節之詞。喫粥時、行餛飩菓子。（『入唐求法巡礼行記《にっとうぐほう》』開成五年（八四〇）の条）

一一月二六日、冬至節なり。僧中拝賀して云わく、「伏して惟《おも》う和尚久しく世間に住り、広く衆生と和《なご》め」と。

臘下（受戒してからの年数の若い僧）及び沙彌《しゃみ》（仏門に入り十戒を受け、正式の僧となるための具足戒を受けるために修行している七歳以上、二〇歳未満の僧）上座に対して説《い》うに、一に書儀の制に依る。沙彌《しゃみ》僧に対しては、右膝地に着け、賀節の詞を説《い》う。喫粥の時、餛飩（うどんに類する食品）・菓子を行《ぎょう》ず（「行ず」とは食べること）。

右は日本の入唐 請益《しょうやく》僧である圓仁《えんにん》（七九四〜八六四。帰国後、第三代天台座主となる。「大師号」を賜与されて慈覚大師もいう。下野国・栃木県の生まれ、出自は壬生氏。『入唐求法巡礼行記《にっとうぐほう》』は第一九次遣唐使節の随員として、入唐した圓仁の九年に渉る在唐時代の日記。中国文献にない貴重な記録が多くある）が、長安に滞在していたときの長安の寺院の冬至の様子を伝えたものである。圓仁は開成五年当時、長安皇城（官庁がある区域）の真東に位置する崇仁坊の東南隅にある資聖寺に居住していた。食事のとき、餛飩と菓子（油で揚げた菓子）が食膳に出たとある。これは冬至に餛飩を食べることが一般化し、寺院にも導入されていることを示している。

一三世紀中葉の陳元靚《せい》の『歳時広記』巻三八冬至「食餛飩（餛飩を食らう）」に、

歳時雑記、京師人家、冬至多食餛飩。故有冬餛飩年飥飥之説。

「歳時雑記」に、「京師（北宋の都・開封府）の人家、冬至に餛飩を食らうこと多し」と。故に「冬（冬至）の餛飩・年（新年）の餺飥《はくにん》（餅状の食品）」の説有り。

とある。『歳時雑記』は呂原明の著書であり、呂原明は呂希哲が本名（諱《いみな》）で、字《あざな》を原明という。父は北宋王朝で宰相となった呂公著であり、『宋史』巻三三六に、通史である『資治通鑑《しじつがん》』の著者で宰相の司馬光と並んで列伝がある。そして、その附伝に呂希哲伝がある。呂原明には『歳時雑記』の他に『呂氏雑記』二巻がある。『歳時雑記』の内容は実見したことを記録したものであり、記事は信頼してよい。冬至に餛飩を食べることは長安地方だけではなく、一一世紀には黄河中流域にもあったことがわかる。

一九世紀の北京の年中行事書である敦崇の『燕京歳時記』一一月・冬至に、

冬至郊天令節。百官呈遞賀、民間不為節。惟食餛飩而已。与夏至之食麪同。故京師諺曰、冬至餛飩、夏至麪。

冬至は郊天（天壇で天を祭る）の令節なり。百官は賀を呈遞するも、民間は節を為さず。惟だ餛飩（うどんの類）を食らうのみ。夏至に之れ麪《めん》を食らうと同じ。故に京師の諺に曰わく、「冬至は餛飩《こんとん》、夏至は麪」と。

とあり、清王朝末期の北京でも冬至に餛飩を食べた＊。冬至の餛飩は千年以上の伝統ある食品であることになる。

宋の程大昌（一一二三～一一九五）の『演繁露』巻九餛飩に、

世言、餛飩是塞外渾氏屯氏為之。案方言、餅謂之飥。徒昆反。或謂之餦。音張。或謂之餛。音渾。則其来久矣。非出塞外也。並［太平］御覧。

世は言う、「餛飩は是れ塞外の渾氏・屯氏之を為る」と。「方言」（揚雄作）を案ずるに、「餅之を飥《たく》と謂う。徒・昆の反。或いは之を餦《ちょう》と謂う。音は張。或いは之を餛《こん》と謂う。音は渾。則ち其の来るや久し。塞外に出ずるに非ざるなり。並びに「太平御覧《ぎょらん》」。

とある。世間では餛飩は塞外の渾氏・屯氏が考案した食物といっているが、揚雄（前五三～一八）の『方言』には、餛飩は餅の一種であり、餅を飥《たく》といい、餦《ちょう》といい、餛《こん》というとあるから、餛飩は紀元前からある中国固有の食物であり、外国から伝来したものではないという。

＊　篠田統『中国食物史の研究』（八坂書房　一九七八）二九二頁。

### 9　冬至に赤小豆粥を食べる

共工氏有不才子、以冬至日死、為疫鬼、畏赤小豆。故冬至日、以赤小豆粥厭之。（韓鄂《かんがく》の『四時纂要』一一月禳鎮）

共工氏（中国古代神話に登場する神。洪水を起こす水神とされている。『史記』三皇本紀では女媧《じょか》氏の時代に、共工が天下の覇権を狙い反乱を起こすが祝融に敗れ、不周山に頭突きを喰らわせ破壊する。女媧はこれを補修し天地が崩れるのを防いだ。

『国語』では共工氏は至上帝として天地を治める神であったが、治世に失敗し、これを伏羲と女媧が修復したともある）に不才の子有り、冬至の日を以て死し、疫鬼と為る。赤小豆を畏る。故に冬至の日、赤小豆粥を以て之を厭《はら》う。

唐代の冬至には、赤小豆粥を食べ、疫を禳《はら》う習俗があった。この習俗は三世紀以前の漢魏の文献には登場しないから、三世紀以降に成立した習俗であろう。

『太平御覧《ぎょらん》』巻二八時序部一三・冬至に、

［沈約宋書］、又曰、冬至朝賀享祀、皆如元日之儀。又進履襪。崔駰襪銘、有建子之月、助養元気之事。後魏北涼司徒崔［浩］女儀云、近古婦人、常以冬至日進履襪於舅姑、皆其事也。襪亦作袜、並云伐反。作赤豆粥。荊楚記云、共工氏有不才子。以冬至日死、為人厲。畏赤豆。故作粥、以禳之。

沈約（四四一〜五一三）の「宋書」に、又た曰わく、「冬至の朝賀・享祀、皆な元日の儀の如《ごと》し。又た履襪《りべつ》（靴と靴下）を進む」と。崔駰（『後漢書』列伝五二）の〈襪銘〉に、『建子の月（冬至の月・一一月）、元気を助養するの事有り』と。後魏・北涼の司徒の崔浩の〈女儀〉に云う、『近古の婦人、常に冬至の日を以て履襪を舅姑《きゅうこ》に進む』と。皆な其の事なり。襪は亦た袜《ばつ》に作る、並びに云・伐の反。「赤豆粥を作る」と。〈荊楚《けいそ》記〉に云う、「共工氏に不才の子有り。冬至の日を以て死し、人厲《れい》（人の姿をした悪鬼）と為り。赤豆を畏る。故に粥を作り以て之を禳《はら》う」と。

とある。この記事を信頼すれば、冬至に赤豆粥を食べる習慣は南朝・宋（四二四〜四七九）の時代にあったことになる。ところが、沈約の『宋書』を点検しても『太平御覧』に引用する記事はない。

徐堅らが八世紀前半に完成させた奉勅撰の『初学記』巻四歳時部・下・冬至に、

沈約宋書曰、。又進履襪。崔駰襪銘、有建子之月、助養元気之事。後魏北涼司徒崔浩女儀云、近古婦、常以冬至日進履襪於舅姑、皆其事也。襪亦作袜、並云伐反。作赤豆粥。歳時記云、共工氏有不才子、以冬至日死、為人厲。畏赤豆。故作粥、以禳之。

とあり、『太平御覧《ぎょらん》』が引用する沈約の『宋書』とほぼ一致する記事がある。『太平御覧』が引用する『宋書』の記事は『初学記』からの再引用と考えてよい。

『太平御覧』の記事が『宋書』にないから、『初学記』の記事も当然のことながら『宋書』にないことになる。『宋書』において『太平御覧』や『初学記』に近い記事を求めれば、『宋書』巻一四礼儀志に、

漢以高帝十月定秦、旦為歳首。至武帝、雖改用夏正、然朔猶常饗会、如元正之儀。魏晋則冬至日、受萬国及百寮称賀、因小会。其儀亜於歳旦。晋有其注。

漢　高帝の一〇月を以て秦を定め、旦（一〇月朔）を歳首と為す。武帝に至り、改めて夏正（夏王朝の暦）を用うと雖も、然るに朔に猶お常に饗会し、元正の儀の如《ごと》し。魏・晋則ち冬至の日、萬国及び百寮の称賀を受け、因りて小会す。其の儀　歳旦に亜《つ》ぐ。晋に其の注（注儀の書）有り。

とあるのが最も近い記事である。

『太平御覧』巻二八時序部一三・冬至には、

沈約宋書曰、魏晋冬至日、受萬国及百僚称賀、因小会。其儀亜於歳朝也。

沈約の「宋書」に曰わく、「魏晋の冬至の日、萬国及び百僚の称賀を受け、因りて小会す。其の儀は歳朝に亜《つ》ぐなり」と。

とあり、『宋書』の記事をほぼ正確に引用する。これに加えて、「沈約宋書曰、冬至朝賀享祀、皆如元日之儀」の記事を『宋書』からの引用とするが、この記事は『宋書』にない。この記事は『初学記』の捏造記事であって、『初学記』が引用するから正しい記事と判断して、『太平御覧』が引用したものである。『初学記』と『太平御覧』に引用する『宋書』の「冬至朝賀享祀、皆如元日之儀。………」の記事は信頼に値しないから、「赤豆粥を作る」ことが南朝・宋にあったとすることはできない。『初学記』は、何故にこのような間違いを犯したのであろうか。

冬至の日に赤小豆粥を食べるとある最古の文献は、『荊楚歳時記』である。

冬至日、量日影。作赤豆粥、以禳疫。（『荊楚記』の本文）

按、共工氏有不才之子。以冬至死、為疫鬼、畏赤豆。故冬至日、作赤豆粥、以禳之。（『荊楚記』の註文）

冬至の日、日影を量る。赤豆粥を作り、以て疫《やく》（やく病）を禳《はら》う。

按ずるに、共工氏に不才の子有り。冬至を以て死し、疫鬼と為り、赤豆を畏る。故に冬至の日、赤豆粥を作り、以て之を禳う。

七世紀には冬至の日に赤小豆粥を食べる習慣があった。これが継承され、中国主要部に拡大し『四時纂要』の記事となったのである。

### 10　甲子《かっし》の日、獣肉を食べない

十一月、…………（中略）…………。甲子日、勿食一切獣肉、大吉。（『備急千金要方』巻八〇食治・鳥獣第五・狐陰茎）

一一月、………（中略）………。甲子の日、一切の獣肉を食らうこと勿れば、大いに吉なり。

甲子の日は六〇日に一回であるから、一一月に甲子の日がある年とそうでない年がある。

### 11　一一月の月建の日に、雄の鵵肉を食べない

［本草食禁］又云、月建日、勿食雄鵵肉。傷人神。（『医心方』巻第二九・日食禁）

「本草食禁」又た云わく、「月建の日、雄の鵵《きじ》肉を食らうこと勿れ。人神を傷う」と＊。

「月建」に関しては、本書六〇頁の正月「13　月建の日に、雄の鵵肉を食べない」に述べた。夏暦の正月が建寅であるなら、一一月の月建は子なる。一一月の「月建の日」とは「子の日」のことをいう。一一月月建の日に「雄の鵵

肉を食べない」とは、一一月子日に「雄の鴂肉を食べない」ことをいう。

＊「本草食禁」に関しては、本章正月「5　肉を食べない」に解説している。

# 一三　一二月の食忌と食宜

## 1　狗と鼠の残食を食べない

〔養生要集〕又云、十二月、不〔可〕食狗鼠残之物。変成心癇及漏。若小児食之、咽中生白瘡、死。

（『医心方』巻第二九・月食禁）

「養生要集」に又た云わく、「一二月、狗・鼠の残せる物を食らうべからず。変じて心癇《かん》（胃けいれん）及び漏（精液が漏れること）を成す。若《も》し小児之を食らわば、咽中に白瘡《そう》（白い吹き出もの）を生じ、死す」と＊。

隋の医官である巣元方が選述した『巣氏諸病源候総論』巻三四瘻《ろう》病諸候・瘻病候にも「狗鼠残肉」の記事はある。

〔養生方〕又云、十二月、勿食狗鼠残肉。生瘡及瘻、出頸項及口裏、或生咽内。

「養生方」に又た云わく、「一二月、狗・鼠の残肉を食らうこと勿れ。瘡（吹き出もの）及び瘻（腫れ物）を生じ、頸項（首筋）及び口裏（口内）に出て、或いは咽内に生ず」と。

ここでも『養生要集』と「養生方」の緊密な関連が窺うことができる。

＊ 鼠の残食を食べないことの理由は、本章正月の「6　鼠の残食を食べない」（四三頁）において述べた。

## 2　生の葵菜を食べない

四季［月］、勿食生葵。令人飲食不化、発日（日＝百）病。非但食中薬中、皆不可用。深宜慎之。
（『金匱要略方論』巻下「菓実菜穀禁忌并治第二五」）

四季月（三月・六月・九月・一二月）、生葵を食らうこと勿れ。人をして飲食不化ならしめ、百病を発せしむ。但だ食中・薬中に非ざれば、皆な用うべからず。深く宜しく之を慎むべし。

唐の孫思邈《ばく》（?～六八二）の『備急千金要方』巻七九食治・菜蔬第三・葵菜にも、

四季之月土王時、勿食生葵菜。令人飲食不化、発宿病。

四の季の月（三月・六月・九月・一二月）は土王の時、生の葵菜を食らうこと勿れ。人の飲食をして化せしめず、宿病（長く治癒しない病気）を発せしむ。

とあり、また大観二年（一一〇八）に完成した『経史證類大観本草』巻二七菜部・上品「冬葵子」に引用された「食療」にも同じような記事がある。

四季月、食生葵、令飲食不消化、発宿疾。

四季月、生葵を食らわば、飲食をして消化せしめず、宿疾（長く治癒しない病気）を発せしむ。

九世紀末の韓鄂《かんがく》の『四時纂要』一二月・食忌にも、

是月、勿食葵。発痼疾。　是の月、葵を食らうこと勿れ。痼疾（長く治らない病気）を発す。

とあり、一三世紀の『養生月覧』巻下・九月に、『千金方』を出典として次のようにある。

秋季之月土王時、勿食生葵菜。令人飲食不化、発宿病。同上（千金方のこと）。

秋季の月土王の時（土の気が強くなる）、生の葵菜を食らうこと勿れ。人をして飲食化せしめず、宿病（長く治癒しない病気）を発せしむ。上に同じ（『千金方』）。

何度も出てくる「四季之月土王時」は、本章三月の「9　脾を食べない」（八〇頁）において説明している。

泰定乙丑《いっちゅう》版『事林広記』辛集巻六薬忌門の「十二月食忌」の一二月に次のようにある。

十二月、勿食生葵。発痼疾。　一二月、生葵を食らうこと勿れ。痼疾（宿病に同じ）を発す。

葵菜は古い中国では常食野菜であった。常食野菜としての葵は冬葵である。このことは、本章三月の「11　生の葵菜を食べない」において述べている。

### 3　生の薤《らっきょう》を食べない

十一月十二月、勿食薤。令人多涕唾。（『金匱要略方論』巻下「菓実菜穀禁忌并治第二五」）

一一月・一二月、薤（らっきょう）を食らうこと勿れ。人をして涕（なみだ）唾（つば）を多からしむ。

唐の孫思邈（?～六八二）『備急千金要方』巻七九食治・菜蔬第三「薤」に、

十月十一月十二月、勿食生薤、令人多涕唾。

一〇月・一一月・一二月、生薤を食らうこと勿れ。人をして涕・唾を多からしむ。

とある。また『医心方』巻第二九・月食禁にも、

千金方云、十月十一月十二月、勿食生薤。令人多涕唾。

「千金方」に云わく、「一〇月・一一月・一二月、生薤を食らうこと勿れ。人をして涕・唾を多からしむ」と。

とある。この記事によって日本の平安時代には『千金方』が渡来していることが判る。

九世紀末の韓鄂《かんがく》の『四時纂要』一二月・食忌にも、

［是月］、勿食薤。　是の月、薤《かい》（らっきょう）を食らうこと勿れ。

とあり、『養生月覧』巻下・一二月にも、孫思邈《ばく》の『千金方』を出典としてあり、「生薤」を「生韮」とする。

十二月、勿食生韮。令人多涕唾。同上（千金方）。

一二月、生の韮《きゅう》（にら）を食らうこと勿れ。人をして涕・唾を多からしむ。上に同じ（『千金方』）。

## 4　蟹と鼈を食べない

十二月、勿食蟹鼈。損人神気。（『備急千金要方』巻八〇食治・鳥獣第五・蟹殻）

一二月、蟹《かい》（かに）・鼈（すっぽん）を食らうこと勿れ。人の神気（精神）を損なう。

また大観二年（一一〇八）に完成した『経史證類大観本草』巻二一蟲部・中品「蟹」に、

孫真人［食忌］、十二月、勿食蟹、傷［人］神［気］。

孫真人の「食忌」に、「一二月、蟹を食らうこと勿れ、人の神気を傷《そこな》う」と。

とあり、一三世紀の『養生月覧』巻下・一二月に、孫思邈の『千金方』を出典として、次のようにある。

十二月、勿食蟹鼈。損人神気。　　一二月、蟹・鼈を食らうこと勿れ。人の神気を損なう。

九世紀の韓鄂《かんがく》の『四時纂要』一二月・食忌は蟹だけの食忌とする。

［是月］、勿食蟹。　　是の月、蟹を食らうこと勿れ。

中国では「九雌十雄」といい、旧暦の九月は雌の上海蟹（中国モクズガニ）が、一〇月は雄の上海蟹が美味とされている。これは秋に気温が下がるに従って上海蟹の産卵時期が近づき、ミソや肉が溜まりだすからである。一二月は産卵に体力を使い、旨み成分がなくなってしまうからである。

## 5　脾（脾臓）を食べない

［是月］、勿食諸脾。（唐の韓鄂《かんがく》の『四時纂要』一二月・食忌）

是の月、諸《こ》れ脾を食らうこと勿れ。

一三世紀の『養生月覧』巻下・一二月にも、唐の孫思邈《ばく》の『千金方』を出典として、同じような記事がある。

十二月、勿食脾。乃是季月、土旺、在脾故也。千金方。

一二月、脾（脾臓）を食らうこと勿れ。乃ち是れ季月、土旺、脾に在るの故なり＊。「千金方」。

＊　土用・土旺は本章三月の「9　脾を食べない」（八〇頁）において説明している。

### 6　亀・鼈《べつ》を食べない

［一二月］、勿食亀鼈。必害人。（唐の韓鄂《かんがく》の『四時纂要』一二月・食忌）

一二月、亀・鼈《べつ》（すっぽん）を食らうこと勿れ。必ず人を害す。

また大観二年（一一〇八）に完成した『経史証類大観本草』巻二〇蟲魚部・上品「亀甲」に、

孫真人食忌、十二月、勿食亀肉。損命。不可輒食、殺人。

孫真人の「食忌」に、「一二月、亀の肉を食らうこと勿れ。命を損なう。輒《みだ》りに食らうべからず。人を殺す」と。

とあり、陳元靚の泰定乙丑《いっちゅう》版『事林広記』辛集巻六薬忌門の「十二月食忌」の一二月にも同じ記事がある。

十二月、………（中略）………。勿食亀鼈。必害人。

一二月、………（中略）………。亀・鼈《べつ》を食らうこと勿れ。必ず人を害す。

### 7　亀の肉・鼈の肉と猪肉を食べない

［黄帝］又云、［十二月］、亀鼈肉共猪肉食之、害人。（『備急千金要方』巻八〇食治・鳥獣第五・蟹殻）

「黄帝」に又た云わく、「一二月、亀・鼈の肉　猪肉と共に之を食らわば、人を害す」と。

8　牛肉を食べない

十二月、勿食牛肉。傷人神気。（『備急千金要方』巻八〇食治・鳥獣第五・黄犍沙牛黒牯牛尿）
一二月、牛肉を食らうこと勿れ。人の神気を傷《そこな》う。
九世紀末の韓鄂《かんがく》の『四時纂要』一二月・食忌に、
　［是月］、勿食牛肉。　　是の月、牛肉を食らうこと勿れ。
とあり、また一三世紀の『養生月覧』巻下・一二月にも、『千金方』を出典として次のようにある。
十二月、勿食牛肉。傷人神気。千金方。　一二月、牛肉を食らうこと勿れ。人の神気を傷う。「千金方」。

9　自死する鳥・牛を食べない

凡鳥牛自死者、若北首死者、［食之］、害人。（唐の韓鄂の『四時纂要』一二月・食忌）
凡《すべ》て鳥・牛の自死するもの、若しくは北首して死すもの、之を食らわば、人を害す。

10　鱔《ぜん》（うつぼ）を食べない

十二月、………（中略）………。勿食鱔。（泰定乙丑《いっちゅう》版『事林広記』辛集巻六薬忌門の「十二月食忌」の一二月）
一二月、………（中略）………。鱔《せん》（うつぼ）を食らうこと勿れ。

11　自死する豕肉《し》（子豚の肉）を食べない

食自死豕肉、令人体痒。（唐の韓鄂の『四時纂要』一二月・食忌）

自死せる豕肉《し》（子豚の肉）を食らわば、人の体を痒《よう》（かゆいこと）ならしむ。

『太平御覧《ぎょらん》』巻九〇三獣部一五・豕に、紀元前ころの中国各地の豬《ちょ》（豚の子）の名を伝えて次のようにある。

方言曰、豬。燕朝鮮之間、謂之豭。関東西、謂之彘、或謂之豕。南楚謂之豨、其子謂之豚、或謂之豯。音奚。呉揚之間、謂之豬子。

「方言」（漢の揚雄撰　晋の郭璞《かくはく》注）に曰わく、「豬。燕・朝鮮の間、之を豭《か》と謂う。関（函谷関）の東西、之を彘《てい》と謂い、或いは之を豕と謂う。南楚では之を豨《き》と謂い、其の子之を豚と謂い、或いは之を豯《けい》。音は奚《けい》。と謂う。呉揚の間、之を豬子《ちょし》と謂う。

## 12　一二月は蝦・蚌・著甲のものを食べない

十一月十二月、勿食蝦蚌著甲之物。（『備急千金要方』巻八〇食治・鳥獣第五・蟹殻）

一一月・一二月、蝦《か》（えび）蚌《ほう》（湖沼に生息する貝）著甲の物（甲羅を着けた生き物）を食らうこと勿れ。

『養生月覧』巻下・一二月にも、唐の孫思邈《ばく》（?～六八二）の『千金方』を出典として次のようにある。

十一月、勿食鰕蚌著甲之物。同上（千金方）。

一一月、鰕《か》（蝦類）蚌《ほう》・著甲の物を食らうこと勿れ。上に同じ（「千金方」）。

## 13　梶の木・桑の木で炙った牛肉を食べない

構枝及桑柴炙牛肉者、並令人生蟲。（唐の韓鄂《かんがく》の『四時纂要』一二月・食忌）

構枝（クワ科コウゾ属のかじの木の枝）及び桑柴（桑の枝）にて牛肉を炙るものは、並びに人をして蟲《ちゅう》を生ぜしむ。

蟲とは七世紀の『巣氏諸病源候総論』巻一八九蟲病諸候・九蟲候にある次の九蟲の内のいずれかであろう。

九蟲者、一曰伏蟲、長四分。二曰、蚘蟲、長一尺。三曰、白蟲、長一寸。四曰、肉蟲、状如爛杏。五曰、肺蟲、状如蠶。六曰、胃蟲、状如蝦蟇。七曰弱蟲、状如瓜弁。八曰、赤蟲、状如生肉。九曰、蟯蟲、至細微、形如菜蟲。伏蟲群蟲之主也。蚘蟲貫心、則殺人。白蟲相生子孫、転大長至四五尺、亦能殺人。

九蟲《ちゅう》は、一に曰わく伏蟲、長さ四分。二に曰わく、蚘《かい》蟲、長さ一尺。三に曰わく、白蟲、長さ一寸。四に曰わく、肉蟲、状は爛杏の如し。五に曰わく、肺蟲、状は蠶《さん》（かいこ）の如し。六に曰わく、胃蟲、状は蝦蟇《がま》（ガマ）の如し。七に曰わく弱蟲、状は瓜弁《かべん》の如し。八に曰わく、赤蟲、状は生肉の如し。九に曰わく、蟯蟲、至りて細微、形は菜蟲の如し。伏蟲は群蟲の主なり。蚘蟲は心（心臓）を貫き、則ち人を殺す。白蟲は相い子孫を生み、大に転じ長さは四・五尺に至り、亦た能く人を殺す。

### 14　一二月の月建の日に、雄の鴙肉を食べない

［本草食禁］又云、月建日、勿食雄鴙肉。傷人神。（『医心方』巻第二九・日食禁）

「本草食禁」又た云わく、「月建の日、雄の鴙肉《きじ》を食らうこと勿れ。人神を傷《そこな》う」と＊。

「月建」に関しては、本書六〇頁の正月「13　正月の月建の日に、雄の鴙肉を食べない」に述べた。夏暦の正月が建寅であるなら、一二月の月建は丑なる。一二月の「月建の日」とは「丑の日」のことをいう。一二月月建の日に「雄の鴙肉を食べない」とは、一二月丑日に「雄の鴙肉を食べない」ことをいう。

＊　「本草食禁」に関しては、本章正月「5　肉を食べない」（四二頁）に解説している。

## 一四　特別な日の食忌

## 1　毎月一〇日、獣肉を食べない

[本草食禁] 又云、十日、勿食諸獣宍、吉。(『医心方』巻第二九・日食禁)

「本草食禁」に又た云わく、「一〇日、諸獣の宍《にく》(肉)を食らうこと勿れば、吉」と＊。

＊　「本草食禁」に関しては、本章正月「5　肉を食べない」(四二頁)に解説している。

## 2　午の日、祭肉を食べない

[本草食禁] 又云、午日、勿食祭肉、吉。(『医心方』巻第二九・日食禁)

「本草食禁」に又た云わく、「午の日、祭肉を食らうこと勿らば、吉」と＊。

＊　「本草食禁」に関しては、本章正月「5　肉を食べない」(四二頁)に解説している。

## 3　甲子《かっし》の日、一切の獣肉を食べない

本草食禁云、甲子日、勿食一切獣肉。傷人神。(『医心方』巻第二九・日食禁)

「本草食禁」に云わく、「甲子の日、一切の獣肉を食らうこと勿れ。人神を傷《そこな》う」と＊。

『備急千金要方』巻八〇食治・鳥獣第五・狐陰茎にも同様の記事がある。

甲子日、勿食一切獣肉、大吉。　　甲子の日、一切の獣肉を食らうこと勿らば、大いに吉なり。

＊　「本草食禁」に関しては、本章正月「5　肉を食べない」(四二頁)に解説している。

## 4　甲子の日、亀・鼈《べつ》・鱗物・水族の類を食べない

甲子日。勿食亀鼈鱗物水族之類。（『外臺秘要方』巻三一解飲食相害成病百件）
甲子の日。亀・鼈《べつ》（すっぽん）鱗物・水族の類を食らうこと勿れ。

5　丙午の日、雉肉を食べない

丙午日、食鶏雉肉、丈夫焼死、目盲女人、血死妄見。（『備急千金要方』巻八〇食治・鳥獣第五・丹雄鶏肉）
丙午の日、鶏［肉］・雉肉を食らえば、丈夫は焼死し、目盲の女人は、血死妄見す。
八世紀の王燾《とう》の『外臺秘要方』巻三一解飲食相害成病百件にも次のようにある。
丙午日。勿食雉肉。　丙午の日。雉肉を食らうこと勿れ。

6　壬子の日、猪の五臓及び黒い獣の肉を食べない

壬子日、勿食猪五蔵及黒獣肉等。（『肘後備急方』巻七治防避飲食諸毒方第六七「雑果菜諸忌」）

壬子の日。猪の五蔵（五臓）及び黒獣の肉を食らうこと勿れ。

八世紀の王燾の『外臺秘要方』巻三一解飲食相害成病百件にも、同じ記事がある。

壬子日、勿食猪五臓及黒獣肉等。　壬子の日。猪の五臓及び黒獣の肉等を食らうこと勿れ。

7　壬子の日、諸《もろもろ》の五臓を食べない

［養生要集］又云、壬子日、勿食諸五蔵（＝臓）。（『医心方』巻第二九・日食禁）
「養生要集」又た云わく、「壬子の日、諸の五臓を食らうこと勿れ」と。

8　六甲の日、黒い獣を食べない

養生要集云、凡六甲日、勿食黒獣。（『医心方』巻第二九・日食禁）

「養生要集」に云わく、「凡《すべ》て六甲（甲子・甲戌・甲申・甲午・甲辰・甲寅）の日、黒き獣を食らうこと勿れ」と。

暦は一〇干一二支から構成され、甲子から始まるから、甲と組になる一二支は戌・申・午・辰・寅しかなく、七甲・八甲はない。それゆえ、六甲の日とは、甲子・甲戌・甲申・甲午・甲辰・甲寅に限定される。

9　六甲の日、鱗や甲羅のあるものを食べない

六甲日、勿食鱗甲之物。（『金匱要略方論』巻下「禽獣魚虫禁忌并治第二四」）

六甲の日、鱗・甲のものを食らうこと勿れ。

『医心方』巻第二九・日食禁に、『金匱要略方論』と同主旨の記事がある。

枕中方云、勿以六甲日食鱗甲之物。

「枕中方」に云わく、「六甲の日を以て鱗・甲のものを食らうこと勿れ」と。

『枕中方』に関しては本章の「三月の食禁と食宜」の「1　一日　肉と五辛を食べない」において説明した。

10　六甲の日、亀・鼈《べつ》を食べない

六甲日、勿食亀鼈。害人心神。（『備急千金要方』巻七九食治・鳥獣第五・蟹）

六甲の日、亀・鼈（すっぽん）を食らうこと勿れ。人の心神を害す。

一三世紀の『養生月覧』巻下・一二月に、唐の孫思邈《ばく》（?～六八二）の『千金方』を出典として、次のようにある。

十二月、勿食蟹鱉。損人神気。又六甲［の日］食之、害人心神。同上（千金方のこと）。

一二月、蟹・鱉（鼈に同じ。すっぽん）を食らうこと勿れ。人の神気を損なう。又た六甲の日（前頁に説明している）に之を食らわば、人の心神を害す。上に同じ（『千金方』）。

『千金方』と『備急千金要方』は同一の書である。一〇六六年に『備急千金要方』と改名された。『経史證類大観本草』と『政和新修経史證類備用本草』が最も多く『千金方』を引用している。食忌に関しては『養生月覧』が多い。

11　六甲の日、螺《ら》・蚌《ほう》と菜を食べない

六甲日、………（中略）………。螺蚌共菜食之、令人心痛三日一発。（『備急千金要方』巻七九食治・菜蔬第三・葵菜）

六甲の日（前頁参照）、………（中略）………。螺《ら》（巻貝の総称）蚌《ほう》（湖沼に生息するドブ貝）は菜と共に之を食らわば、人をして心痛三日に一たび発せしむ。

12　六甲の日、蝦の鬚なく、腹が黒いものを食べない

六甲日、………（中略）………。蝦無鬚、腹下通烏色者、食之害人。大忌。勿軽。

（『備急千金要方』巻八〇食治・鳥獣第五・蟹）

六甲の日（前頁参照）、………（中略）………。蝦《か》（えび）の鬚なく、腹下烏色（黒色）に通じるのもの、之を食らわば人を害す。大いに忌む。軽ろんずこと勿れ。

# 第二章　中国の古食忌

第二章は中国古代の日々の食忌に言及する。第一節の『医心方』巻第二九・合食禁に引用される書は、すべて中国の四世紀から九世紀に亘る養生書や食経であり、日本の書は一書もない。『医心方』は日本の書であるが、内容は中国医書であり、『医心方』巻第二九・合食禁は中国の古食忌を知る上で極めて有用であり、結果論ではあるが、『医心方』がなかったなら、中国の古食忌の多くは不明となっていたところである。

『医心方』は九八四年（日本の永観二年）に、宮内省典薬寮の鍼《はり》博士の丹波康頼が編撰した医書である。『医心方』巻第二九・合食禁には、約百通りの食べ合わせや失味を、中国の九世紀以前の医書や食経から引用している。「合食禁」には、張湛《たん》の『養生要集』を初め、晋の張華（二三二～三〇〇）の『博物志』、『神農食経』（著者不明）、唐の孫思邈《ばく》（?～六八二）の『千金方』*、孟詵《もうせん》（孟子三一代目の子孫）の『食経』（『食療本草』の言い換え?）は、崔禹錫《うしゃく》の『食経』、馬琬の『食経』、朱思簡の『食経』が引用されている。

張湛の『養生要集』は『旧唐書《くとうじょ》』巻四七経籍志・道家と『旧唐書』巻四七経籍志・医術に「養生要集十巻　張湛撰」とあり、『新唐書《しんとうじょ》』巻五九藝文《げいもん》志・神仙に「張湛　養生要集十巻」とあるもので、『隋書』巻三四経籍志・医法に「養生要集　張湛撰」とあるから、隋代以前の養生書である。張湛は唐代の『備急千金要方』巻一「論大医精誠第二」に「張湛曰、夫経方之難、………」とある。『養生要集』は『太平御覧《ぎょらん》』の引用書目である「太平御覧経史図書綱目」に「高湛養生論」としてある。中国では一〇世紀までは完本が存在していたが、張湛が高湛になり、『養生要集』が『養

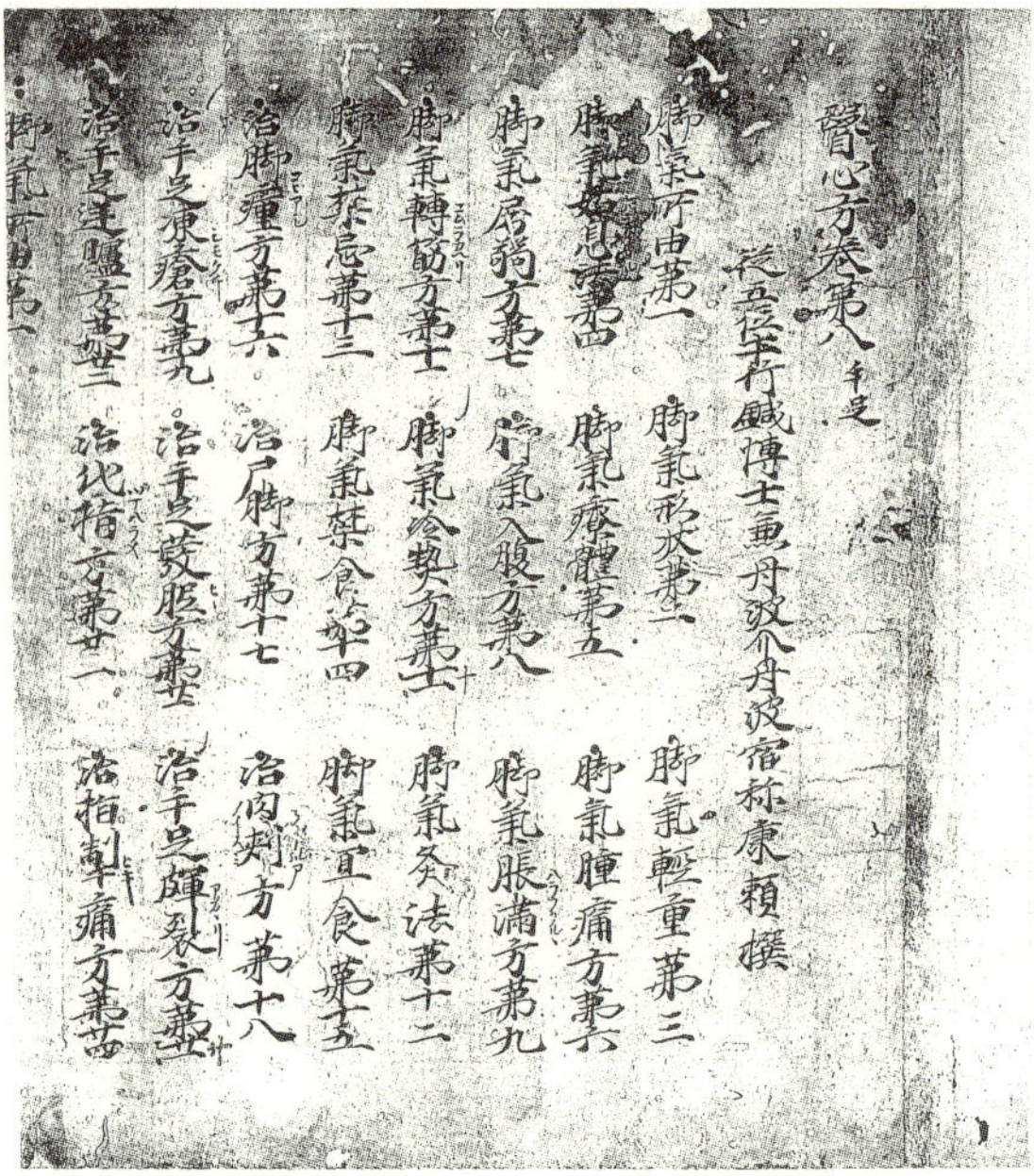
醫心方卷第八　手足
従五位下行鍼博士兼丹波介丹波宿祢康頼撰

図版８　『医心方』巻第八　国宝　国立国会図書館蔵

生論』に変わっている。『太平御覧《ぎょらん》』と『初学記』に数条の引用があるのみで、一〇世紀以降には散逸したようである。

第二節は七世紀中葉の蘇敬らの奉勅修『新修本草』の食忌を取り扱う。現在では、『新修本草』は逸書となっているが、敦煌文献に残巻が発見され、日本には伝来していた『新修本草』の古鈔本がある。宋代の本草書（『開宝本草』、『嘉祐補註本草』、『図経本草』、『證類本草』、『大観本草』、『政和本草』、『紹興本草』）と日本にある『新修本草』の古鈔本、敦煌文献の『新修本草』残巻から、『新修本草』の復元が進められてきた。第二節は輯復本の『唐・新修本草』（安徽科学技術出版社　一九八一）を用いて、『新修本草』所載の食忌の一端を窺うこととする。

なお、「奉勅修」という語に関して簡単に言及しておきたい（口絵２の古鈔本『新修本草』を参照。「奉勅脩」とある）。「奉勅修」は「奉勅撰」（撰は述作）と同じではない。「奉勅修」は勅を奉じて「修」という行為を行うことである。「修」は「整える、糺す、直す」の意味であり、『新修本草』を例にとるならば、従来の本草書を整理したのであり、「撰」とは異なる。「撰」は新しく文章等々を述作する意味である。「奉勅訳」（仏典に多い）とか、「奉勅刪定」（敦煌発見の神龍二年の「散頒刑部格」ペリオ三〇七八、スタイン四六七三）とか、「奉勅注」（『大唐六典《りくてん》』は玄宗皇帝の御撰と奉勅注からなる）という語も唐代にはある。また「奉勅校定」（宋版『説文解字』は漢の許慎撰と北宋の徐鉉等奉勅校定、宋版『爾雅疏』は邢昺《けいへい》等奉勅校定、いずれも静嘉堂文庫所蔵）もあるし、「奉勅重修」（『大宋重修広韻』は北宋の陳彭年等奉勅重修）もあるし、著名な李昉《りほう》等の『太平御覧《ぎょらん》』は「奉勅纂」であるし（口絵3を参照）、司馬光の『資治通鑑《しじつがん》』は「奉勅編集」である。奉勅とあれば、それはすべて「奉勅撰」ではない。『欽定蒙古源流』八巻は乾隆四二年（一七七七）に乾隆帝に対して奉勅撰進ではなく、奉勅訳進された。中国語訳された『欽定蒙古源流』が上呈されたからである。

『新修本草』を「奉勅撰」としている研究書があり、『新修本草』を皇帝に「奉勅撰進」したと書いている研究書を覧た。『新修本草』は「奉勅修」であるから、『新修本草』を皇帝に上呈することを、「奉勅撰進」として間違いはないのか。「奉勅修進」とするべきではないのか。勅命を奉じた仏典の翻訳は「奉勅訳」という。「奉詔訳」とある仏典をみかけるが、仏典の翻訳に詔書（制書）が下ることはない。「詔勅」といわれるように、詔書と勅書は皇帝の発する文書であるから、詔書と勅書は同じ王言と考え、厳密には「奉勅」とするべきであるのに、「奉詔」としているのである。仏典の翻訳が完成して、皇帝に上呈するとき「奉勅撰進」というのであろうか。『欽定蒙古源流』八巻のように「奉勅訳進」ではないのか。

『旧唐書《くとうじょ》』巻一八九上・儒学上・歐陽詢《おうようじゅん》伝に、

　武徳七年、詔與裴矩陳叔達撰藝文類聚一百卷。奏之、賜帛二百段。

　武徳七年（六二四）、詔して裴矩《はいく》・陳叔達と「藝文類聚《げいもんるいじゅう》」一百巻を撰せしむ。之を奏し、帛《しろきぬ》二百段を賜う。

とある。この記事を読めば、『藝文類聚』を撰述せよとの詔書が公布され、『藝文類聚』が編纂されたことになる。しかし、書物の編纂に国家の重大事に際して用いる詔書が発せられるであろうか。重大事に用いる詔書の本旨とは離れた付随事項の一として、『藝文類聚』を撰述せよとの一文が加えられ、その一文に従い『藝文類聚』が撰述されたと想定しなければならない。そうすれば、『藝文類聚』は奉詔撰となる。

同じことを述べて、『唐会要』巻三六修撰には、

武徳七年九月十七日、給事中歐陽詢奉勅撰藝文類聚、成上之。

武徳七年九月一七日、給事中の歐陽詢《おうようじゅん》は勅を奉じて「藝文類聚《げいもんるいじゅう》」を撰し、成りて之を上《たてまつ》る。

とあり、歐陽詢は奉勅して『藝文類聚』を撰述したとある。同じことを伝えて何故に『唐会要』には勅書とあるのか。勅書も詔書と同じく書物の編纂を命じるような軽い王言ではない。この場合も、勅書の本旨とは離れた付随事項の一として、『藝文類聚』を撰述せよという一文が書き添えられ、その一文に従って、『藝文類聚』が編纂されたと考えなければならない。この場合は奉勅撰となる。『藝文類聚』は「奉詔」か「奉勅」によって編纂されたと認めなければならない。「奉詔」か「奉勅」のいずれか一方は誤記である。

『藝文類聚』は詔書か勅書によって編纂が下命された。しかし、正史の編纂以外に、書物の編纂に詔書や勅書が常に下るのではない。詔書（制書）にしろ勅書にしろ、このような場面で公布される王言ではなく、王朝国家にとって重大な場面において発する王言である。通常は『新修本草』を編修したい旨の皇帝に対する臣僚の上奏が先にあり、皇帝は勅旨か勅牒という一段軽い王言によって、その可否を回答する。上奏するかどうかは宰相の裁量による。「可」となる案件のみを上奏するから、上奏が実現すれば皇帝の回答は「可」であり、「否」と回答することはない。「可」（「依れ」とか「宜依＝宜しく依るべし」とある）と回答があれば、奉勅して作業し、完成すれば『新修本草』の場合は「編修」したいと願い出たのであるから「奉勅修」となる。これは「奉勅撰」・「奉勅訳」（『般若心経』は沙門玄奘奉詔訳とある）「奉勅注」（『大唐六典』の注が奉勅注である）の場合も同じである。

第三節は『備急千金要方』の食忌を取り扱う。『備急千金要方』は唐の孫思邈《ばく》が七世紀末に撰述した医書で、初名は『千金方』という。一一世紀に校訂があり、校訂本が刊行された時、『備急千金要方』と命名された。一一世紀以降、『千金方』と『備急千金要方』が並行して行用された。『備急千金要方』巻七九食治・菜蔬第三・葵菜と巻八〇食

治・鳥獣第五に食忌に関する記事がある。

第四節は『外臺秘要方』の食忌を取り扱う。『外臺秘要方』は王燾《とう》（三五三頁を参照）が撰述した医書で、天宝一一載（七五二）の自序があるから、八世紀中葉の医書である。『新修本草』・『備急千金要方』・『外臺秘要方』では食忌が異なる。これは孫思邈《ばく》や王燾の考えから出た食忌で、差違があって当然であろう。その食忌を支持するかどうかは、個人の問題に帰する。王朝を代表する食忌となれば、奉勅修の『新修本草』の食忌が権威を有することになる。皇帝や官府の食膳は『新修本草』の食忌・食禁を基礎にしているから、基準となる食忌・食禁といってよい。

第五節は「医心方の失味」を取り扱う。「医心方の失味」に示す史料は『医心方』巻第二九・合食禁にあるが、本章第一節で扱う記事とは、少し性格が異なり、食べ合わせによる失味である。それを理由に失味に関する記事を削除し省略することもできないから、独立させて第五節としたものである。

＊『千金方』は『備急千金要方』の初名。『備急千金要方』は、北宋の治平三年（一〇六六）に、医官の林億らが『千金方』の校訂本を刊行した時の書名であるから、九八四年の『医心方』には引用できない。『千金方』は三〇巻、『備急千金要方』は九三巻の構成であり、北宋の校訂時に細分化され、原形に変更が加えられたようである。『千金方』と『備急千金要方』は同一書といわれるが、『備急千金要方』は後世の手が加えられた書であり、『千金方』と全くの同一書ではない。

## 第一節　『医心方』の食忌

### 1　過食の戒め

博物志云、雑食者、百疾妖耶（耶は邪の誤記）之所鍾焉。所食逾少、心逾開、年逾益。所食弥多、心逾塞、年逾

損焉。（『医心方』巻第二九・合食禁）

「博物志」に云わく、「食を雑うは、百疾・妖邪の鍾《あつ》まる所なり。食らう所いよいよ少なければ、心いよいよ開き、年いよいよ益す。食らう所いよいよ多ければ、心いよいよ塞ぎ、年いよいよ損なう」と。

『医心方』巻第二九・合食禁は、最初に西晋の張華（二三二～三〇〇）の『博物志』を引用して、過食を誡めている。原本の『博物志』は散逸したが、右の記事に対応するものは、現行本『博物志』巻五服食に、

孔子家語曰、食水者、乃耐寒而善浮（浮＝游）。食土者、無心而不息。食木者、多力不治。………（中略）………。不食者、不死而神。［神］仙伝曰、雑食者、百病妖邪之所鍾焉。西域有蒲萄酒、積年不敗。彼俗云、可十年。飲之酔、彌月乃解。所食逾少、心逾開、所食逾多、心逾塞、年逾損焉。

「孔子家語」に曰わく、「水を食らうは、乃《すなわ》ち寒に耐えて善く游ぶ。土を食らうは、無心にして息まず。木を食らうは、多力にして治めず。………（中略）………。食らわざるは、死せずして神たり」と。「神仙伝」に曰わく、「食を雑うは、百疾・妖邪の鍾まる所なり」と。西域に蒲萄酒有り、積年敗《くさ》らず。彼の俗云わく、「一〇年を可とす。之を飲めば酔い、彌日《びじつ》（次日）にして乃《すなわ》ち解《さめ》る」と。食らう所いよいよ少なければ、心いよいよ開き、食らう所いよいよ多ければ、心いよいよ塞ぎ、年いよいよ損なう。

とある。欧陽詢《おうようじゅん》（五五七～六四一。『旧唐書《くとうじょ》』巻一八九上・儒学上）等の『藝文類聚《げいもんるいじゅう》』巻七二食物部・酒に、

博物志曰、西域有蒲萄酒。積年不敗。彼俗伝云、可至十年。欲飲之酔、彌日乃解。

「博物志」に曰わく、「西域に蒲萄酒有り。積年敗らず。彼の俗伝えて云わく、『一〇年に至るを可とす。之を飲まんと欲すれば酔い、彌日（次日）にして乃《すなわ》ち解《さめ》る』」と。

とあり、『太平御覧《ぎょらん》』巻八四五飲食部三・酒下に＊、

又［博物志］曰、西域有蒲萄酒。積年不敗。彼俗伝云、可至十年。欲飲之酔、彌日乃解。

とあるから、現行本『博物志』巻五の記事は、『神仙伝』の雑食の記事と「西域有蒲萄酒」の記事を一文化したものであることが判明する。

＊　張華（二三二〜三〇〇）の蒲萄酒の記事は『太平御覧《ぎょらん》』巻九七二果部九・葡萄にも同じ記事がある。

## 2　食べ合わせの戒め

養生要集云、高本（高本は高平の誤記）王熙、［字］叔和、曰、食不欲雑。雑則或有［所］犯者。当時或無交（交は災の誤写）患、積久、為人作疾。（『医心方』巻第二九・合食禁）

「養生要集」に云わく、「高平（高平郡。山西省南東部の南は黄河をへだてて河南省と境を接する晋城市附近。『山西通志』は王叔和は山西省の人と明記する）の王熙、字《あざな》は叔和、曰わく、『食は雑《まじ》うを欲せず。雑うれば則ち或いは犯す所有るなり。時に当たり或いは災患なきも、積ること久しからば、人を為《し》て疾を作さしむ』」と。

『太平御覧』巻七二〇方術部一・養生に、「食べ合わせの戒め」部分の『養生要集』を引用している＊。

高（張の誤り）湛養生論（「養生要集」のこと）曰、王叔和、高平人也。博好経方、洞識摂生之道。嘗謂人曰、食不欲雑、雑則或有所犯。当時或無災患、積久為人作疾。尋常飲食、毎令得所多飡、令人彭亨短気、或致暴疾。夏至秋分、少食、肥膩餅臛之属、此物与酒食、瓜果相妨。当時必即病。入秋節変、陽消陰長、寒気総至、多至暴卒。良由渉夏、取冷大過、飲食不節故也。而不達者、皆以病至之日、便謂是受病之始、而不知其所由、来者漸矣、豈不惑哉。

張湛の「養生論」に曰わく、「王叔和は、高平（高平郡）の人なり。博く経方を好くし、摂生の道を洞識す。嘗《かつ》て人に謂いて曰わく、『食は雑《まじ》うを欲せず、雑うれば則ち或いは犯す所有り。時に当たり或いは災患なくも、積ること久しからば人を為《し》て疾を作さしむ。尋常の飲食、多飡《たそん》する所を得しめる毎《ごと》に、人をして短気を彭亨せしめ、或いは暴疾を致さしむ。夏至・秋分、食を少なくし、肥膩《ひじ》（脂濃いもの）餅臛《へいかく》（餅は小麦粉を固形化したもの、臛は羹）の属、此の物は酒食に与《あずか》り、瓜果相い妨ぐ。時に当たり必ず病に即く。秋に入り節変じ、陽消え陰長じ、寒気総て至り、多く暴卒（にわかに死亡すること）するに至る。良《まこと》に渉夏に由り、冷を取ること大いに過ぎ、飲食節せざるの故なり。而して達せざる者、皆な病い至るの日を以て、便ち是れ受病の始めと謂い、而して其の所由を知らず、来るは漸なり。豈に惑わざるかな』」と。

とあり、唐の孫思邈《ばく》（?～六八二）の『備急千金要方』巻七九食治・序論第一に、

高平王熙称、食不欲雑、雑則或有所犯。有所犯者、或有所傷。或当時雖無災苦、積久為人作患。又食啖鮭肴、務令簡少。魚肉果実、取益人者而食之。凡常飲食毎令節倹、若貪味多餐、臨盤大飽食訖、覚腹中彭亨短気、或致暴疾、仍為霍乱。又夏至以後、迄至秋分、必須慎肥膩餅臛酥油之属。此物与酒漿瓜果、理極相妨。夫在身所以多疾者、皆因春夏取冷大過、飲食不節故也。又魚膾諸腥冷之物、多損於人。断之益善。乳酪酥等、常食之、令人有筋力膽幹肌体潤沢。卒多食之、亦令臚脹、泄利漸漸自己。

高平の王熙称《い》わく、「食は雑うを欲せず、雑うれば則ち或いは犯す所有り。犯す所有れば、或いは傷う所有り。或いは時に当たり災苦なしと雖も、積ること久しからば人を為て患を作さしむ。又た鮭肴を食らい啖《く》らうこと、務めて簡少せしめよ。魚肉果実、人を益するを取りて之を食らえ。凡《すべ》て常に飲食は毎に節倹せしめ、若し貪味多餐し、盤に臨んで大いに飽食し訖らば、腹中に短気を彭亨するを覚え、或いは暴疾を致し、仍《な》お霍乱（霍乱とは日射病、あるいは激しく吐き下しする病気の古称で、現代でいう急性胃腸炎、コレラ、疫痢などに該当する）を為す。又た夏至以後、秋分に至る迄、必ず須らく肥膩・餅臛・酥《そ》油（液体乳製品と油脂）の属を慎むべし。此の物は酒漿・瓜果と、理極め相い妨ぐ。夫《そ》れ身に在りて多疾の所以は、皆な春夏冷を取ること大いに過ぎるに因り、飲食節せざるの故なり。又た魚膾・諸腥冷の物、多く人を損なう。之を断つはますます善し。乳の酪酥（酪は固形、酥は液体）

らは、常に之を食らわば、人をして筋力・膽幹・肌体《きたい》潤沢有らしむ。卒《にわか》に多く之を食らわば、亦た臚脹《ろちょう》せしめ、泄利（泄痢）は漸漸として已よりす」と。

とある記事も『養生要集』の「食べ合わせの戒め」の記事に対応するものであろう。

安政版の『医心方』には、王熙の出身地を述べて「養生要集云、高本王熙」とあり、「高本の王熙」とする。前掲した『太平御覧《ぎょらん》』と『備急千金要方』の記事によって「高本」を「高平」に改めた。一三世紀の陳振孫（字は伯玉、号は直斎）の『直斎書録解題』巻一三医書類・「脉訣機要三巻」に、

晋太医令高平王叔和撰。通真子注并序、不著名氏。熙寧以後人也。

晋の太医令・高平の王叔和撰す。通真子注し并びに序すも、［通真子は］名氏を著さず。熙寧以後の人なり。

とあり、『文献通考』巻二二二経籍考四九子部「医家」の条に、次のようにあることによる。

王叔和脉経十巻。鼂氏曰、晋王叔和撰。按唐甘伯宗名医伝曰、叔和西晋高平人。性度沈靖、博通経方、精意診處、尤好著述。

王叔和の「脉経」一〇巻。鼂《ちょう》氏（『郡斎読書志』の著者・宋の晁公武のこと）曰わく、「晋の王叔和撰す。唐の甘伯宗の「名医伝」（七巻。「歴代名医録」ともいう）を按ずるに曰わく、『叔和は西晋（二五六～三一六）の高平の人なり。性度（性質と度量）は沈靖、博く経方に通じ、精意診處し、尤も著述を好む』」と。

『養生要集』に西晋の王叔和のことが引用されていることにより、『養生要集』は四世紀以降の書であることが判明する。しかし史料不足で、これ以上のことは明らかにし難い。南朝時代の養生書であろう。

＊『太平御覧』は張湛の『養生要集』を二条引用しているが、いずれも「高湛養生論」とする。「太平御覧経史図書綱目」には嵆《けい》康《こう》（『晋書』巻四九）の『養生論』と並んで「高湛養生論」とある。巻七二〇方術部一・養生の記事は前掲した記事であり、他の一条は巻七二二方術部三・医二に引用され、記事は次のようである。

高湛養論生曰、王叔和、性沈静、好著述。考覈遺文、採摭群論、撰成脈経十巻、編次張仲景方論、編為三十六巻。大行於世。

高湛の「養論生」に曰わく、「王叔和、性は沈静にして、著述を好む。遺文を考覈し、群論を採摭し、「脈経」一〇巻を撰成し、張仲景の方論を編次し、編みて三六巻と為す。大いに世に行わる」と。

### 3　冷・熱の食べ合わせ

[養生要集] 又云、飲食冷熱、不可合食。傷人気。（『医心方』巻第二九・合食禁）

「養生要集」に又た云わく、「飲食は冷・熱、合わせ食らうべからず。人の気を傷《そこな》う」と。

### 4　熱い膩《じ》物と冷たい酢漿《さくしょう》

[養生要集] 又云、食熱膩物、勿飲冷酢漿。喜失声、嘶咽。嘶者声敗也。咽者気塞咽也。

（『医心方』巻第二九・合食禁）

「養生要集」に又た云わく、「熱き膩《じ》物（あぶら濃き物）を食らい、冷たき酢漿（すゆれみず）を飲むこと勿れ。喜《よ》く声を失い、嘶咽《しいん》す。嘶とは声敗《やぶ》るなり。咽とは気が咽を塞ぐなり＝息がつまる」と。

孫思邈《ばく》（?～六八二）の『備急千金要方』巻八一養性「道林養性第二」に、

又諸熱食鹹物後、不得飲冷酢漿水。喜失声、成尸咽。

又た諸《すべ》て鹹《かん》物を熱食するの後、冷たき酢漿水（すゆれみず）を飲むことを得ざれ。喜《よ》く声を失い、尸咽《しいん》（声のでない形だけの咽喉）と成る。

とあり、熱い物を食した後に酢漿水を飲んではいけないという*。

後漢の張機（字は仲景、一五〇?～二一九）の『金匱要略方論』巻下「菓実菜穀禁忌并治第二五」に、食熱物勿飲冷水。　熱き物を食らわば、冷たき水を飲むこと勿れ。

とあり、また、『金匱要略方論』巻下「菓実菜穀禁忌并治第二五」に、

食肥肉及熱羹、不得飲冷水。　肥肉及び熱き羹《あつもの》を食らわば、冷たき水を飲むことを得ざれ。

とあって、「冷酢漿《さくしょう》」ではなく「冷水」とするが、類似する記事である。

＊　酢漿は酷漿に同じ。「すゆれみず」という。澱粉質の浸透液を停留して細菌による糖化及び諸種の複発酵状態、特に乳酸発酵にしたもので、食品加工に用いる。

## 5　熱い食べものと冷たい酢漿

［養生要集］又云、食熱訖、勿以冷酢漿嗽口。令人口内歯臭。（『医心方』巻第二九・合食禁）

「養生要集」に又た云わく、「熱きを食らい訖らば、冷たき酢漿《しょう》（酢漿はかたばみ草のことであるが、この場合は酢水である）を以て口を嗽《すす》ぐこと勿れ。人の口内の歯を臭からしむ」と。

孫思邈《ばく》の『備急千金要方』巻八一養性「道林養性第二」に、

熱食訖、以冷酢漿漱口者、令人口気常臭、作䘌歯病。

熱きを食らい訖らば、冷たき酢漿を以て口を嗽ぐ者、人の口気常に臭からしめ、䘌歯病《じょくし》（虫歯）を作す。

とあり、『養生要集』に類似する記事がある。

## 6　甜粥《てんしゅく》と薑《きょう》

［養生要集］又云、食甜粥訖、勿食薑。食少許、即卒吐、或為霍乱。一云、勿食塩。（『医心方』巻第二九・合食禁）

「養生要集」に又た云わく、「甜粥（甘い粥）を食らい訖《おわ》らば、薑（姜に同じ）を食らうこと勿れ。食らうこと少

し許《ばか》りなれど、即卒《すぐ》に吐き、或いは霍乱を為す」と。一に云わく、「塩を食らうこと勿れ」と。

註記に「一云、勿食塩」とあるのは、以下のような記事になろう。

食甜粥訖、勿食塩。食少許、即卒吐、或為霍乱。

甜粥《てんしゅく》を食らい訖《おわ》らば、塩を食らうこと勿れ。食らうこと少し許《ばか》りなれど、即卒に吐き、或いは霍乱を為す。

三世紀初頭の張機（字は仲景、一五〇？～二一九）の『金匱要略方論』巻下「菓実菜穀禁忌并治第二五」に、

食甜粥、已食塩、即吐。　甜粥を食らい、已に塩を食らわば、即に吐く。

とあるのは、『養生要集』の記事の原形となったものである。

『金匱要略方論』に類似する記事は、唐の孫思邈《ばく》の『備急千金要方』巻八〇食治・穀米・塩にある。

黄帝云、食甜粥、竟食塩、即吐、或成霍乱。

「黄帝」に云わく、「甜粥を食らい、竟《おわ》りて塩を食らわば、即ち吐き、或いは霍乱を成す」と。

霍乱とは夏期に急に倒れる日射病、あるいは真夏に激しく吐き下しする病気の古称である。現代でいう急性胃腸炎、コレラ、疫痢などの総称に該当する。鬼でも霍乱には寝込むというところから「鬼の霍乱」という。

## 7　飴《い》と粥

〔養生要集〕又云、置飴粥中、食之殺人。食経云、此説大乖。恐或文誤也。（『医心方』巻第二九・合食禁）

「養生要集」に又た云わく、「飴《い》（うすみずあめ）を粥中に置き、之を食らわば人を殺すと」と。「食経」に云わく、「此の説大いに乖《そむ》けり。恐らくは或いは文の誤りなり」と。

飴に関しては『斉民要術』巻九餳餔第八九の註に、

史游急就篇云、饊。生但反。飴餳。楚辞曰、粔籹、蜜餌、有餦餭。餦餭亦餳也。柳下恵見飴曰、可以養老。然則

飴餔可以養老自幼。故録之也。

史游（前一世紀の人）の「急就篇」巻二棗杏瓜棣饊飴餳に云わく、「饊《さん》（おこし）。生・但の反。飴《い》（うすみずあめ）餳《とう》（かたみずあめ）」と。「楚辞」に曰わく、「粔籹《きょじょ》（おこし）、蜜餌《みつじ》（みずいりしとぎ）、餦餭《ちょうこう》（ほしあめ）有り」と。餦餭亦た餳なり。柳下恵（春秋時代の魯国の大夫。本名は展禽。柳下に食邑す。恵は諡《おくりな》、それゆえ柳下恵という）飴を見て曰わく、「以て老を養うべし」と（『淮南《わいなん》鴻烈解』巻一七説林訓。『淮南鴻烈』は『淮南子《えなんじ》』ともいう）。然らば則ち飴・餔《ほ》（にごりみずあめ）老を養うを以て自ら幼も可なり。故に之を録するなり。

とあり、飴の種類を述べる。『斉民要術』はこの後文に飴と餳の製法をいう。

### 8　甘味と生菜

［養生要集］又云、膳有甘味三日、勿食生菜。令人心痛。飴糖属也。（『医心方』巻第二九・合食禁）

「養生要集」に又た云わく、「膳に甘味なるもの三日有れば、生菜を食らうこと勿れ。人をして心痛せしむ。［甘味は］飴糖（うすみずあめ）の属なり」と。

飴に関しては、前項「飴と粥」に『斉民要術』を引用して説明している。

### 9　干秫《かんじゅつ》米と猪肥

［養生要集］又云、干秫米合猪肥食、使人終年不犯。（『医心方』巻第二九・合食禁）

「養生要集」に又た云わく、「干し秫《じゅつ》米（もち粟）猪肥（脂味の多い豚肉のこと）と合わせ食らわば、人をして終年不犯（色欲のないこと）ならしむ」と。

秫米（もち粟）に関して『経史證類大観本草』巻二五米穀部・中品・秫米に、

秫米。味甘。微寒。止寒熱、利大腸、療漆瘡。

秫米《じゅつまい》（もち米）。味は甘。微寒。寒熱（周期的に悪寒と発熱を繰り返す病）を止め、大腸に利し、漆瘡（漆かぶれ）を療す。

とあり、その註に、

唐本注云、此米功用、是酒秫也。今大都呼粟糯為秫稲。秫為糯矣。北土亦多以粟秫釀酒、而汁少於黍米。粟秫応有別功。但本草不載。凡黍稷粟秫秔糯此三穀之秈 音仙 秫也。臣禹錫等謹按顔師古刊謬正俗（『匡謬正俗』の誤記）、云、今之所謂秫米者、似黍米而粒小者耳。亦堪作酒。

唐本（『新修本草』）の注に云わく、「此の米の功用、是れ酒秫なり。今大都《すべて》粟糯を呼びて秫稲と為す。秫を糯《だ》（もち米）と為す。北土亦た多く粟秫を以て酒を釀《かも》し、而して汁は黍米より少なし。粟秫応《まさ》に別功有るべし。但だ「本草」は載せず。凡《すべ》て黍稷・粟秫・秔《こう》（うるち）糯此れ三穀の秈《せん》 音は仙 秫《じゅつ》（粘り気の少ない秫）なり。臣禹錫（掌禹錫、一一世紀の人。「宋史」巻二九四）等謹んで顔師古（五八一～六四五）の「匡謬正俗《きょうびゅうせいぞく》」を按ずるに、云わく、「今の所謂秫米は、黍米に似て粒小なるもののみ。亦た酒を作るに堪う」と＊。

とある。著者不明の『錦繡萬花谷　前集』（淳熙《じゅんき》一五年：一一八八年作）巻三八弁證に、

秫。本草秫米、味甘。唐本草注云、是稲秫也。今大郡、呼粟糯為秫稲、秫為糯耳。北土亦多以粟秫釀酒。顔師古刊謬正俗（『匡謬正俗』の誤記）云、今之所謂秫者、似黍而小。亦堪作酒。

秫。「本草」の秫米、味は甘。唐「本草」の注に云わく、「是れ稲秫なり」と。今大郡、粟糯を呼びて秫稲と為し、秫を糯と為すのみ。北土亦た多く粟秫を以て酒を釀す。顔師古の「匡謬正俗」に云わく、「今の所謂秫は、黍に似て小。亦た酒を作るに堪う」と。

とあり、「大都」を「大郡」とするが、「大郡」では意味不明となる。「大都」が正解である。

＊　唐の顔師古の『匡謬《きょうびゅう》正俗』巻八に「本草所謂秫米者、即今之似黍米、而粒小者耳。其米亦堪作酒。………」とある。

### 10　小麦と菰（まこも）

〔養生要集〕又云、小麦合菰食、復飲酒、令人消渇。（『医心方』巻第二九・合食禁）

「養生要集」に又た云わく、「小麦 菰の実を合わせ食らい、復た酒を飲まば、人をして消渇（糖尿病をいうが、ここでは飲酒とあるから、単に喉の渇きをいう）せしむ」と。

### 11　小麦と菰菜

〔養生要集〕又云、小麦合菰菜食、腹中生虫。（『医心方』巻第二九・合食禁）

「養生要集」に又た云わく、「小麦 菰菜（真菰の芽）に合わせ食らわば、腹中に虫を生ず」と。

### 12　小麦と菰首（まこもの芽）

〔養生要集〕又云、小麦不可合菰首、傷人。（『医心方』巻第二九・合食禁）

「養生要集」に又た云わく、「小麦は菰首（真菰の芽）を合わすべからず。人を傷《そこな》う」と。

### 13　蒜と飴餳《いとう》

〔養生要集〕又云、蒜勿合飴餳。食之傷人。（『医心方』巻第二九・合食禁）

「養生要集」に又た云わく、「蒜《さん》（にんにく）飴《い》（うすみずあめ）餳《とう》（かたみずあめ）を合わすこと勿れ。之を食らわば人を傷う」と。

漢の揚雄（前五三〜一八）撰・晋の郭璞《かくはく》注の『方言』巻一三に、

餳謂之餦餭。即乾飴也。飴謂之餕。音該。䬴謂之餚。以豆屑雑餳也。音髓。餳謂之餹。江東皆言餹。音唐。凡飴謂之餳。自関而東、陳楚宋衛之間、通語也。

餳《とう》之を餦餭《ちょうこう》と謂う。即ち乾飴《けんい》（飴を乾燥させ固くしたもの）なり。飴之を餕《がい》と謂う。音は該。䬴《うつ》之を餚《ずい》と謂う。豆屑を以て餳に雑うなり。音は髓。餳之を餹と謂う。江東（長江下流域）皆な餹と言う。音は唐。凡《すべ》て飴之を餳と謂う。関（函谷関）より東、陳・楚・宋・衛の間、通語なり。

とあり、餳は飴を固くしたものであり、函谷関より東では、飴・餳の区別はなく、餳といい、江東（長江下流域）では、餳を餹といっているとある。

## 14　蕎麦と猪肉（「蕎麦」という言葉は、六世紀の『斉民要術』雑説にある）

〔養生要集〕又云、食蕎麦、合猪宍（宍は肉の古字）、不過三日、成熱風病。（『医心方』巻第二九・合食禁）

「養生要集」に又た云わく、「蕎麦を食らい、猪宍《ちょし》を合わせば、三日を過ずして、熱風病（不明）と成る」と。

蕎麦はタデ科の一年生作物。中央アジア原産。日本には縄文時代には到来していた。一六世紀以前では「そばがき」や「そばもち」を食べ、一六世紀以降になって、現在の蕎麦切りが登場する。源順《したごう》の『和名類聚鈔』等では曾波牟岐（そばむぎ）あるいは久呂無木（くろむぎ）といい、「蕎麦」とは表記しなかった。「蕎麦」字の初出は、南北時代の『拾芥抄《しゅうがいしょう》』であるから、「蕎麦」という表記が一般化するのは、一五世紀ころであろうか。

『古今著聞集』巻一八飲食には、「道命阿闍梨、そまむぎの歌を詠む事」と題して、次のようにある。

道命阿闍梨修行しありけるに、山人の物をくはせたりけるを、これはなにものぞと問ひければ、かしこにひたはへて侍るそま麦なむ、これなりといふを聞きて、よみ侍るりける、ひたはえて鳥だにすゑぬそま麦にししつきぬべき心地こそすれ。

道命阿闍梨（大納言・藤原道綱の子、藤原道長の甥）は平安時代中期の僧・歌人。山里の住人より「そばがき」もしくは「そばもち」を出され、非常に驚いている。食べた経験がなく、都の殿上人は蕎麦は食物ということも知らなかったのであろう。この時代の蕎麦はあくまで農民が飢饉などに備える雑穀であった。

ところで、右の歌の意味であるが、蕎麦を食べて猪がつく心地がすると詠むが、これは蕎麦を食べたから、猪肉を合わせ食べたような気分、すなわち熱風病になるような気分であるという意味であろうか。そうすれば道命阿闍梨は『養生要集』に「食蕎麦、合猪宍、不過三日、成熱風病」とあるのを知っていたことになる。

### 15　生葱と鶏肉・雄雉の肉

［養生要集］又云、生葱合鶏雄雉食之、使人大竅、終年流血、殺人。（『医心方』巻第二九・合食禁）

「養生要集」に又た云わく、「生葱　鶏肉・雄雉の肉を合わせ之を食らわば、人の大竅《きゅう》（肛門。竅は穴）をして、終年流血せしめ、人を殺す」と。

張機（字は仲景、一五〇?～二一九）の『金匱要略方論』巻下「菓実菜穀禁忌并治第二五」に、類似する記事がある。

生葱和雄鶏雉白犬肉食之、令人七竅経年流血。

生葱　雄鶏の肉・雉の肉・白犬の肉を和《まぜ》て之を食らわば、人の七竅（竅は穴）経年流血せしむ。

### 16　葱・薤《かい》・白蜜

［養生要集］又云、葱薤不可合食白蜜。傷人五蔵（＝臓）。（『医心方』巻第二九・合食禁）

「養生要集」に又た云わく、「葱・薤（らっきょう）白蜜と合わせ食らうべからず。人の五臓を傷《そこな》う」と。

張機（字は仲景、一五〇?〜二一九）の『金匱要略方論』巻下「菓実菜穀禁忌并治第二五」に、類似する記事がある。

生葱不可共蜜食之。殺人。独顆（顆は頭とも表記する）蒜弥忌。（独頭蒜は「ひとつかしらの蒜」という）

生葱　蜜と共にし之を食らうべからず。人を殺す。独顆の蒜《さん》（房に分れていないにんにく）いよいよ忌む。

### 17　葱と桂

［養生要集］又云、葱桂不可合食。傷人。（『医心方』巻第二九・合食禁）

「養生要集」に又た云わく、「葱・桂（肉桂、シナモン）は合わせ食らうべからず。人を傷《そこな》う」と。

### 18　生葱と蜜

［養生要集］又云、食生葱、噉蜜、変作腹痢、気壅如死。（『医心方』巻第二九・合食禁）

「養生要集」に又た云わく、「生葱を食らい、蜜を噉《くら》わば、変じて腹痢を作し、気壅《ふさ》ぎ死すが如《ごと》し」と。

張機（字は仲景、一五〇?〜二一九）の『金匱要略方論』巻下「菓実菜穀禁忌并治第二五」に、

食糖蜜後、四日内、食生葱韭、令人心痛。

糖蜜を食らいて後、四日の内に、生葱・韭《きゅう》（にら）を食らわば、人をして心痛せしむ。

とある。『養生要集』と同文ではないが、蜜と生葱の記事がある。

### 19　生葱と鯉魚

［養生要集］又云、生葱不可合食鯉魚。成病。（『医心方』巻第二九・合食禁）

「養生要集」に又た云わく、「生葱　鯉魚を合わせ食らうべからず。病と成る」と。

## 20　生葱と棗

〔養生要集〕又云、生葱食、不得食棗。病人。（『医心方』巻第二九・合食禁）

「養生要集」に又た云わく、「生葱食らわば、棗《なつめ》を食らうを得ざれ。人を病ましむ」と。

この食忌は張機（字は仲景、一五〇？～二一九）の『金匱要略方論』巻下「菓実菜穀禁忌并治第二五」にある。

棗合生葱食之、令人病。　棗　生葱に合わせ之を食らわば、人をして病ましむ。

## 21　葱と陳薤《ちんかい》（古いらっきょう）

〔養生要集〕又云、噉〔葱〕、陳薤并食之、殺人。（『医心方』巻第二九・合食禁）

「養生要集」に又た云わく、「葱を噉《く》らい、陳薤《ちんかい》（陳は古い。薤はらっきょう）并せ之を食らわば、人を殺す」と。

## 22　葵菜（冬葵）と猪肉

〔養生要集〕又云、葵菜不可合食猪宍。奪人気、成病。（『医心方』巻第二九・合食禁）

「養生要集」に又た云わく、「葵菜　猪宍と合わせ食らうべからず。人の気を奪い、病と成る」と。

類似する記事は張機（字は仲景、一五〇？～二一九）の『金匱要略方論』巻下「禽獣魚虫禁忌并治第二四」にある。

猪肉和葵食之、少気。　猪肉　葵と和ぜて之を食らわば、気を少なからしむ（気持ちが萎える？）。

なお、本条は本節「82　猪肉と葵菜」と同じ内容の記事である。

中国文献に登場する食用の葵に関して、青木正児氏は「葵藿考《きかく》」（『青木止児全集　第八巻』所収　春秋社　一九七一）において、江戸時代の小野蘭山の『本草綱目啓蒙』（享和三年・一八〇三年刊）の説を紹介し、冬葵が古来食用に供せられた葵であるとする。

### 23　陳薤と新薤

［養生要集］又云、陳薤新薤、并食之、傷人。（『医心方』巻第二九・合食禁）

「養生要集」に又た云わく、「陳薤《ちんかい》・新薤、并せ之を食らわば、人を傷《そこな》う」と。

### 24　葵と黍

［養生要集］又云、葵不可合食黍。成病。（『医心方』巻第二九・合食禁）

「養生要集」に又た云わく、「葵（冬葵）黍（きび）と合わせ食らうべからず。病を成す」と。

### 25　五辛と猪肉・生魚

［養生要集］又云、五辛不合猪宍・生魚。食之殺人。（『医心方』巻第二九・合食禁）

「養生要集」に又た云わく、「五辛　猪宍《し》（猪の肉）・生魚を合わさず。之を食らわば人を殺す」と。

五辛の種類に関して、周処の『風土記』（宝顔堂秘笈本『荊楚歳時記』元日所引）には、

周処風土記曰、元日造五辛盤、正月元日、五薫錬形。注、五辛所以発五蔵之気、即大蒜小蒜韮菜雲台胡荽是也。

周處の「風土記」に曰わく、「元日に五辛盤を造り、正月元日、五薫錬形す。注に、『五辛は五蔵の気を発する所以、即ち大蒜《さん》（にんにく）小蒜（のびる）韮菜《きゅうさい》（にら）蕓薹《うん》（あぶらな）胡荽《すい》（こえんどろ。コリアンダー）是れなり』」と。

とあり、『風土記』は大蒜・小蒜・韮菜・蕓薹・胡荽《すい》とする。これは以下に示す『正一旨要』の五辛と同じである。

正一旨要云、五辛者、大蒜小蒜韮菜蕓薹胡荽是也。（『歳時広記』巻五正月「五辛盤」）

「正一旨要」に云わく、「五辛とは大蒜《だいさん》・小蒜・韮菜・蕓薹《うんたい》・胡荽《こすい》、是れなり」と。『風土記』と『正一旨要』にいう五辛が同じであるから、『風土記』と『正一旨要』の中間時期にある唐代の五辛も同様と断定できないが、『風土記』と同じ五辛盤と考えてよいであろう。

『本草綱目』巻二六菜部「五辛菜」の「集解」には、五辛を「葱・蒜・韮・蓼・蒿芥」とする。これは『本草綱目』のできた一六世紀ころの五辛であろう。

### 26　辛きものを合食しない

〔養生要集〕又云、凡辛物不可合食。使人心疼。（『医心方』巻第二九・合食禁）

「養生要集」に又た云わく、「凡《すべ》て辛き物は合わせ食らうべからず。人の心を疼《うず》かしむ」と。

### 27　諸の刺菜と麋《くじか》の肉・蝦

〔養生要集〕又云、諸刺菜不可合食麋宍及蝦。傷人。（『医心方』巻第二九・合食禁）

「養生要集」に又た云わく、「諸《もろもろ》の刺菜（トゲのある野菜。胡瓜や茄子）・麋宍《くんし》（くじかの肉）及び蝦《か》（えび）と合わせ食らうべからず。人を傷《そこな》う」と。

### 28　藜《れい》（あかざ）・苦菜・生薤《せいかい》

〔養生要集〕又云、梨（＝藜の誤記）苦菜合生薤食、身体腫。（『医心方』巻第二九・合食禁）

「養生要集」に又た云わく、「藜《れい》（あかざ）苦菜・生薤（生《なま》のらっきょう）に合わせ食らわば、身体腫る」と。

藜はアカザ科アカザ属の一年草の雑草。葉は食用となる。ヒユ科アカザ亜科ホウレンソウ属のホウレン草（菠薐草）

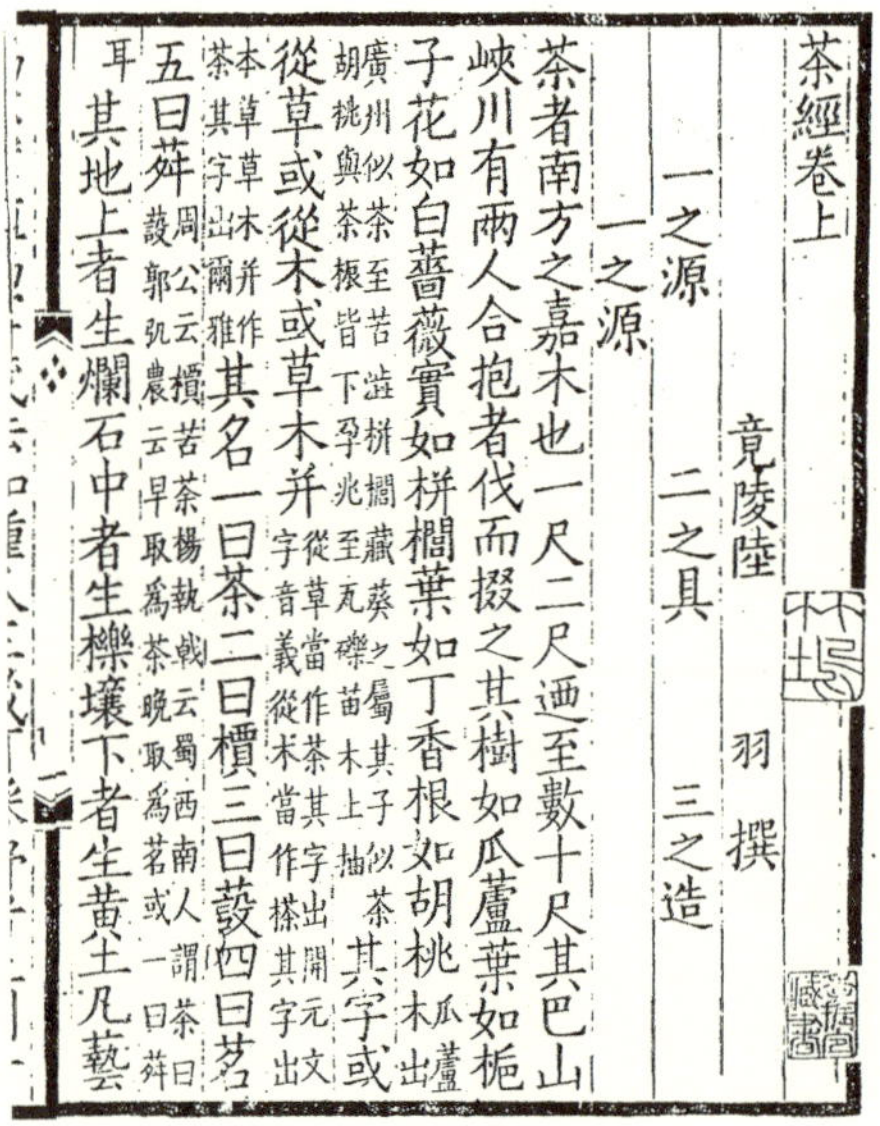
茶經卷上　竟陵陸羽撰
一之源　二之具　三之造
一之源
茶者南方之嘉木也一尺二尺迺至數十尺其巴山峽川有兩人合抱者伐而掇之其樹如瓜蘆葉如梔子花如白薔薇實如栟櫚葉如丁香根如胡桃（瓜蘆木出廣州似茶至苦澁栟櫚蒲葵之屬其子似茶胡桃與茶根皆下孕兆至瓦礫苗木上抽）其字或從草或從木或草木并（從草當作茶其字出開元文字音義從木當作梌其字出本草草木并作荼其字出爾雅）其名一曰茶二曰檟三曰蔎四曰茗五曰荈（周公云檟苦荼揚執戟云蜀西南人謂茶曰蔎郭弘農云早取爲茶晩取爲茗或一曰荈耳）其地上者生爛石中者生櫟壤下者生黄土凡藝

図版９　『茶経』一之源　百川学海本の双行註に「茶」字が736年に創字され、『開元文字音義』に登場したことを述べる。和刻本では「開元文字者義」とある。これでは意味不明。

と似た味がする。藜（アカザ）は蓚酸を多く含むため、生食には適さない。苦菜と並列される野菜が藜・薤とあるから、苦菜は一般的な苦い野菜ではなく、特定の植物である。

三国・魏の張揖の『広雅』巻一〇釈草に「游冬苦菜也（游冬は苦菜なり）」とあり、『斉民要術』巻一〇茶に「爾雅曰、茶苦菜、可食（「爾雅」に曰わく、「茶は苦菜なり。食らうべし）とある。唐の顔師古（五八一～六四五）の『匡《きょう》謬《びゅう》正俗』巻八苦菜に、

本草云、苦菜。味苦。名茶草、一名游東。生益州川谷及山陵旁陵（旁陵は「旁道」の誤記？）。冬不凋死。

「本草」に云わく、「苦菜。味は苦。茶草と名づけ、一名は游東。益州の川谷及び山陵の旁道に生える。冬に凋《ちょう》死せず。

とある。苦菜は「茶草」とあるが、「茶」字は開元二三年（七三六）三月にできた『開元文字音義』三〇巻に始めて登場する字であるから、七世紀の文献に「茶」字があるのは奇妙である。「茶草」とあったのを「茶」字出現以降に「茶草」と改字したものであろう。苦菜は茶であり、選であり、遊冬である。なお、『匡《きょう》謬《びゅう》正俗』にいう「本草」は『新修本草』ではなく、『神農本草経』を指す。顔師古（五八一～六四五）の時代に、奉勅修の『新修本草』（六五九年完成）はまだ存在しない。

以上によって、藜・生薤と食べ合わせとなる苦菜は、茶であるとして解決かというと、実はそうではないのである。それは茶が長江流域に産出する物品で、華中に限定されることによる。中国のどこにでもある苦菜を想定しなければならない。『唐・新修本草』菜部巻第一八・龍葵に、

龍葵。味苦。寒、微甘。滑。無毒。食之、解労少睡、去虚熱腫。其子療丁腫。所在有之。

龍葵《き》（山ほうづき・犬ほうづき・小なすび）。味は苦し。寒にして、微《かす》かに甘し。滑。毒なし。之を食らわば、労を解き睡を少くし、虚熱の腫を去る。其の子（実）は丁腫《しゅう》（ひどい腫れ）を療す。所在に之有り。

とあり、この注記に、

即関河間、謂之苦菜者。葉圓花白。子若牛李子、生青熟黒。但堪煮食、不任生啖。

即ち関・河の間（函谷関と黄河の間）、之を苦菜と謂うなり。葉は圓く花は白。子（＝実）は牛李（鼠李）の子（＝実）の若《ごと》く＊、生《そだ》てば青熟して黒。但だ煮食に堪え、生啖《せいたん》（生で食べる）に任《た》えず。

とあり、龍葵は苦菜といい、日本ではイヌホオズキ（犬酸漿）という。イヌホオズキはナス科ナス属の植物。無用の長物であるからバカナスとも呼ばれる。明の李時珍の『本草綱目』巻一六・草之五・龍葵の「釈名」に、龍葵は「苦菜・天茄子・水茄・天泡草・老鴉《ろうや》酸漿《ほおずき》草・老鴉眼睛草」の別名があるといい、

時珍曰、龍葵言其性滑如葵也。苦以菜味名。茄以葉形名。天泡・老鴉・眼睛、皆以子形名也。与酸漿相類、故加老鴉。………（中略）………。苦菜名同、物異也。

時珍曰わく、「龍葵とは其の性は滑にして葵の如きなるを言うなり。苦とは菜の味を以て名づく。茄とは葉形を以て名づく。天泡・老鴉・眼睛とは、皆な子（＝実）の形を以て名づくるなり。酸漿《ほおずき》と相い類す、故に老鴉を加う。………（中略）………。苦菜の名同じにして、物異なるなり」と。

とあり、『本草綱目』巻一六の龍葵の「集解」に、

弘景曰、益州有苦菜。乃是苦蘵《しき》。恭曰、苦蘵即龍葵也。俗亦名苦菜、非茶也。龍葵所在有之。関河間、謂之苦菜。葉煮食、不任生噉。

弘景（陶弘景）曰わく、「益州に苦菜有り」と。乃《すなわ》ち是れは苦蘵。恭（唐の蘇敬のこと）曰わく、「苦蘵は即ち龍葵なり。俗は亦た苦菜と名づく、茶に非ざるなり。龍葵所在に之有り。関・河の間（函谷関と黄河の間）、之を苦菜と謂う。葉煮て食らい、生噉《かん》するに任えず」と。＊＊

とある。龍葵はナス科ナス属の植物で、別名を苦菜といい、日本ではイヌホオズキ（犬酸漿）という

＊　牛李と鼠李に関しては、『太平御覧《ぎょらん》』巻九九一薬部八・鼠李に「呉氏本草曰、鼠李、一名牛李」とある。

＊＊　蘇敬の敬を「恭」とするのは、明の弘治帝（在位一四八七～一五〇五）廟号は孝宗。諡号を「建天明道誠純中正聖文神武至仁大徳敬皇帝」といい、「敬皇帝」の「敬」を避忌して、李時珍は「蘇敬」を「蘇恭」と表記している。

## 29　芹菜と生の猪肝

〔養生要集〕又云、芹菜合食生猪肝、令人腹中終年雷鳴。（『医心方』巻第二九・合食禁）

「養生要集」に又た云わく、「芹菜を生の猪の肝と合わせ食らわば、人の腹中を終年雷鳴せしむ」と。

芹菜について、唐の徐堅の『初学記』巻二七宝器部・萍第一五。叙事に、

爾雅曰、苹蓱也。郭璞曰、江東謂之薸。其大者蘋。周處風土記曰、萍蘋、芹菜之別名也。呂氏春秋曰、菜之美者、崑崙之蘋焉。礼記曰、季春之月、萍始生。淮南子曰、萍樹根於水、木樹根於土。

「爾雅」に曰わく、「苹《へい》は蓱《へい》なり。郭璞《かくはく》（二七六～三二四）曰わく、「江東（長江下流域）之を薸と謂う」と。其の大なるものは蘋《ひん》」と。周處の「風土記」に曰わく、「萍《へい》・蘋、芹菜の別名なり」と。「呂氏《りょし》春秋」に曰わく、「菜の美《うまし》ものは、崑崙の蘋」と。「礼記」に曰わく、「季春の月、萍始めて生ず」と。「淮南子《えなんじ》」（前二世紀に淮南王・劉安が編

纂させた書。『淮南鴻烈《わいなんこうれつ》』ともいう）に曰わく、「萍樹は水に根づき、木樹は土に根づく」と。

とあり、『爾雅』は苹《へい》（蓱・萍）の大なるものを蘋《ひん》といい、萍・蘋は長江下流域では藻というと郭璞《かくはく》は注でいっている。周處の『風土記』は芹菜は萍・蘋という別名があるという。顧野王（五一九〜五八一。『陳書』巻三〇、『南史』巻六九）の奉令撰『玉篇』巻一三艸部に、

萍。部丁切。萍草無根、水上浮。蓱。同上。　萍。部・丁の切。萍草は根なく、水上に浮く。蓱。上に同じ。

とあり、萍は根なく、水上に浮くという。『爾雅』と『風土記』と『玉篇』の説明を総合すると、芹菜は根なし草であり、藻ということになる。

## 30　戎葵と鳥子

〔養生要集〕又云、戎葵合食鳥子、令面失色。（『医心方』巻第二九・合食禁）

「養生要集」に又た云わく、「戎葵《じゅうき》（蜀葵）は鳥の子（鳥の卵）と合わせ食らわば、面《かお》をして失色せしむ」と。

『経史證類大観本草』巻一一草部・下品之下「諸草有毒」に、類似する記事がある。

食戎葵并鳥肉、令人面無顔色。　戎葵并せて鳥の肉を食らわば、人の面をして顔色なからしむ。

歐陽詢《おうようじゅん》（五五七〜六四一。『旧唐書《くとうじょ》』巻一八九上・儒学上）等の『藝文類聚《げいもんるいじゅう》』巻八一草部上・蜀葵に、

爾雅曰、菺戎葵。今蜀葵也。如木槿花。

「爾雅」に曰わく、「菺《けん》は戎葵」と。今の蜀葵なり。木槿（むくげ）の花の如し。

とあり、戎葵は蜀葵である。日本には平安時代までに渡来したようで、一〇世紀初頭の嵯峨天皇の侍医・深根輔仁の『本草和名』（『輔仁本草』ともいう）にみえる「加良阿布比（カラアフヒ）」は、戎葵・蜀葵に相当し、鑑賞が主であり野菜の王者である冬葵ではない。

## 31　干薑《きょう》と兎の肉

[養生要集] 又云、干薑勿合食兎。発霍乱。(『医心方』巻第二九・合食禁)

「養生要集」に又た云わく、「干薑《かんきょう》(乾燥生姜)は兎の[肉]と合わせ食らうこと勿れ。霍乱を発す」と。

張機(字は仲景、一五〇?~二一九)の『金匱要略方論』巻下「禽獣魚虫禁忌并治第二四」に、

　兎肉着乾薑食之、成霍乱。　兎の肉 乾薑に著け之を食らわば、霍乱を成す。

とあり、すでに三世紀に、この食忌は成立していた。

一二世紀の『経史證類大観本草』巻一八獣部・下品「諸肉有毒」にも、右の食忌をいう。

　食兎肉、食乾薑、令人霍乱。　兎の肉を食らい、乾薑を食らわば、人を霍乱せしむ。

霍乱とは夏季に生じる暑気あたり・日射病、あるいは真夏に激しく吐き下しする病気の古称である。現代でいう急性胃腸炎、コレラ(虎列剌)、疫《えき》痢などの総称に該当する。

## 32　甘草と蕪荑・蓼《たで》

[養生要集] 又云、食甘草、勿食無(無は[蕪荑]の誤写)及蓼。交、令人廃其陽道。

(『医心方』巻第二九・合食禁)

「養生要集」に又た云わく、「甘草(マメ科の多年草)を食らい、蕪荑《ぶい》(山楡の実)及び蓼を食らうこと勿れ。交えれば、人をして其の陽道(男子の生殖能力)を廃せしむ」と。

甘草は世界各地に自生するマメ科の多年草。『太平御覧《ぎょらん》』巻九八九薬部六・甘草に「本草経曰、甘草。一名美草、一名蜜甘」とある。甘草は根(一部は根茎を含む)を乾燥させたものを生薬として用いる。甘味成分は主としてグリチ

ルリチンである。この甘味は砂糖の五〇倍あり、低カロリーなため、食品の甘味料として使用される。

甘草は健康的な食品添加物でもあるとともに、各種の生薬を緩和・調和する目的で多数の漢方方剤に配合され、日本で発売されている漢方薬の約七割に用いられている。また、甘草だけで甘草湯という処方もあり、喉の痛みや、咳を鎮める効果があるとされる。

蕪荑《ぶい》に関しては、前漢の史游（前一世紀の人）の『急就篇』（唐の顔師古註）巻二「荑塩豉醯酢醤」に次のようにあり、楡の実を蕪荑という。

蕪荑。無姑之実也。無姑、一名橭楡。生於山中。其莢圓厚。剝取樹皮、合漬而乾之、成其辛味也。爾雅曰、無姑其実夷、故謂之蕪荑也。橭音姑。山楡也。

蕪荑。無姑《むこ》の実なり。無姑、一名橭楡《こゆ》。山中に生ず。其の莢《きょう》（さや）は圓く厚し。樹皮を剝取し、合わせ漬けて之を乾かさば、其の辛味を成すなり。「爾雅」（紀元前二世紀ころ成立した辞書）に曰わく、「無姑 其の実は夷、故に之を蕪荑と謂うなり」と。橭《こ》の音は姑《こ》。山楡《やまにれ》なり。

### 33　蓼と生魚

［養生要集］又云、食蓼、噉生魚、令気奪、或令陰核疼、至死。（『医心方』巻第二九・合食禁）

「養生要集」に又た云わく、「蓼を食らい、生魚を噉《くら》わば、気を奪わしめ、或いは陰核疼《うず》き、死に至らしむ」と。

張機（字は仲景、一五〇？〜二一九）の『金匱要略方論』巻下「菓実菜穀禁忌并治第二五」に同様の食忌がある。

蓼和生魚食之、令子（「子」字は「人」字の誤り？）奪気、陰欬（核の誤記？）疼痛。

蓼 生魚に和せ之を食らわば、人の気を奪い、陰核（性器）疼《うず》き痛ましむ。

34　蓼の葉と生魚

［養生要集］又云、蓼葉合食生魚、使人肌中生虫。（『医心方』巻第二九・合食禁）

「養生要集」に又た云わく、「蓼の葉　生魚と合わせ食らわば、人の肌《き》中に虫を生ぜしむ」と。

35　芥菜と兔の肉

［養生要集］又云、芥菜不可共兔肉。食［之］、成悪耶（耶は邪の誤写？）病。（『医心方』巻第二九・合食禁）

「養生要集」に又た云わく、「芥菜（あぶらな科おおばからし菜）は兔の肉と共にするべからず。之を食らわば、悪しき邪病を成す」と。

張機（字は仲景、一五〇？～二一九）の『金匱要略方論』巻下「菓実菜穀禁忌并治第二五」に同文の食忌がある。

芥菜不可共兔肉。食之、成悪邪病。　芥菜　兔の肉と共すべからず。之を食らわば、悪邪な病と成る。

36　生菜と蟹

［養生要集］又云、生菜不可合食蟹。是傷人。（『医心方』巻第二九・合食禁）

「養生要集」に又た云わく、「生菜　蟹と合わせ食らうべからず。是れ人を傷《そこな》う」と。

37　栗と生魚

［養生要集］又云、栗合生魚、食之、令人腹脹。（『医心方』巻第二九・合食禁）

「養生要集」に又た云わく、「栗　生魚と合わせ、之を食らわば、人をして腹脹《ふく》らましむ」と。

### 38　李《すもも》の実と雀の肉

［養生要集］又云、李実合雀肉食、令大行漏血。（『医心方』巻第二九・合食禁）

「養生要集」に又た云わく、「李の実 雀の肉と合わせ食らわば、大行（大便）をして血を混じらわしむ」と。

張機（字は仲景、一五〇?〜二一九）の『金匱要略方論』巻下「禽獣魚虫禁忌并治第二四」に同文がある。

雀肉不可合李子食之。　雀の肉 李子（すももの実）に合わせ之を食らうべからず。

『新修本草』果部巻一七果中・李核仁（輯復本『唐・新修本草』史料五八九、四五二頁）にもある。

凡李実熟、食之皆好。不可合雀肉食。又不可臨水上噉之。

凡《すべ》て李《すもも》の実熟さば、之を食らうこと皆な好し。雀の肉に合わせ食らうべからず。又た水の上《ほとり》に臨んで之を噉《く》らうべからず。

### 39　烏梅と猪膏

［養生要集］又云、烏梅不可合食猪膏。食之、傷人。（『医心方』巻第二九・合食禁）

「養生要集」に又た云わく、「烏梅（梅の実の薫製品）は猪膏と合わせ食らうべからず。之を食らわば、人を傷《そこな》う」と。

『新修本草』獣禽部巻一五獣下・豚卵（輯復本『唐・新修本草』「史料四七三、三八八頁）に、

食猪膏、又忌烏梅也。　猪膏を食らえば、又た烏梅を忌むなり。

とあり、『外臺秘要方』巻三一解飲食相害成病百件「諸鳥獣陸地肉物忌法」にも次のようにある。

猪肉、不可合烏梅食。一云、不可合羊肝。

猪肉、烏梅に合わせ食らうべからず。一に云わく、「羊肝に合わすべからず」と。

一四世紀に書かれた、闕名氏（一説に一五世紀初期の熊宗立の編）の『居家必用事類全集』癸集・人元寿「走獣」に、

　膏忌烏梅。　　膏は烏梅を忌む。

とあり、獣膏と烏梅は対立するものであった。

烏梅は未熟な梅の実を、薫製にしたもの。黒い色をしているから烏梅と名づけられた。強い酸味があり、表面は真っ黒である。煎じて風邪薬や胃腸薬として用いる。熱冷まし、下痢止め、咳止め、食物や薬物中毒、回虫駆除、止血、すり傷・切り傷の手当として民間薬として現在も用いられる。

烏梅は漢方薬としてだけでなく、当時は全く別の用途に使われた。梅には「クエン酸」（枸櫞酸）が多く含まれている。紅花から「紅」の色素を取り出す時、その天然のクエン酸を染色の媒染剤として利用した。紅花染め・口紅・頬紅に烏梅は、欠くことのできない天然の薬品である。

『斉民要術』巻四種梅杏（梅・杏を種《う》える）第三六の「作烏梅法（烏梅を作る法）」に、烏梅の製法をいう。

　亦以梅子核初成時摘取、籠盛、於突上薫之、令乾、即成矣。烏梅入薬、不任調食也。

　亦た梅子核初めて成る時を以て摘取し、籠に盛り、突上（煙突の上）に之を薫し、乾かしめれば、即ち成る。烏梅は入薬（薬用）、調食（調味料）に任《た》えざるなり。

## 40　李と蜜

［養生要集］又云、李実不可合蜜。合食、傷五内。（『医心方』巻第二九・合食禁）

「養生要集」に又た云わく、「李《すもも》の実は蜜と合わすべからず。合わせ食らえば、五内（五臓？）を傷《そこな》う」と。

張機（字は仲景、一五〇？～二一九）の『金匱要略方論』巻下「菓実菜穀禁忌并治第二五」に、

　棗李与蜂蜜同食、五臓不和。　棗《なつめ》・李は蜂蜜と同食せば、五臓和せざるなり。

とある。『養生要集』と同文ではないが、主旨は同じである。唐の孫思邈《ばく》（?～六八二）の『備急千金要方』巻七九食治・果実第二・杏核仁にも同主旨の記事がある。

黄帝云、李子不可和白蜜食。蝕人五内。

「黄帝」に云わく、「李子 白蜜に和《まぜ》て食らうべからず。人の五内（五臓）を蝕《むしば》む」と。

### 41　棗と葱

[養生要集] 又云、棗食、不得食葱。痛病人。（『医心方』巻第二九・合食禁）

「養生要集」に又た云わく、「棗《なつめ》を食らわば、葱《ねぎ》を食らうを得ざれ。痛みて人を病《や》ましむ」と。

張機（字は仲景、一五〇?～二一九）の『金匱要略方論』巻下「菓実菜穀禁忌并治第二五」に、ほぼ同文がある。

棗合生葱食之、令人病。　棗 生葱に合わせ之を食らわば、人を病ましむ。

### 42　杏子と猪膏

[養生要集] 又云、杏子合生猪膏、食之、殺人。（『医心方』巻第二九・合食禁）

「養生要集」に又た云わく、「杏子（杏の実）を生の猪膏を合わせ、之を食らわば、人を殺す」と。

杏は中央アジアのウズベキスタン共和国東部からキルギス共和国に広がるフェルガナ盆地を原産地とする説、中国北部説、ヒマラヤ説などがある。杏はバラ科サクラ属の果実である。

### 43　菰首と白蜜

[養生要集] 又云、菰首不可雑白蜜。食之、令腹中生虫。（『医心方』巻第二九・合食禁）

「養生要集」に又た云わく、「菰首《こしゅ》（まこもの芽）白蜜に雑うべからず。之を食らわば、腹中に虫を生ぜしむ」と。

八世紀の『外臺秘要方』巻三一解飲食相害成病百件に、

張文仲、…………白蜜、不可合菰首食。　張文仲、…………白蜜、菰首に合わせ食らうべからず。

とある。張文仲と白蜜の関係であるが、七世紀末の張文仲の處方である『隨身備急方』に「白蜜、不可合菰首食」とあったものを、『隨身備急方』より後代の『外臺秘要方』が引用したものと理解できる。このことは、すでに第一章「中国古代の月別食忌と食宜」の正月「5　生葱を食べない」に述べた。

『経史證類大観本草』巻一一草部・下品之下「諸草有毒」に、菰首と蜜を食べれば下痢するとある。

菰首蜜食、下痢。　菰首・蜜食らわば、下痢す。

## 44　菱の実と白莧《けん》

［養生要集］又云、菱実合白莧、食之、腹中生虫。（『医心方』巻第二九・合食禁）

「養生要集」に又た云わく、「菱《ひし》の実　白莧《けん》（白ひゆ菜）に合わせ、之を食らわば、腹中に虫を生ず」と。

莧（胡荽）の種類について、一一世紀の陸佃の『埤《ひ》雅』巻一七釈草・莧に、莧には三種類があるという。

莧有紅莧白莧紫莧三色。爾雅曰、蕢赤莧。即今紅莧是也。

莧に紅莧・白莧・紫莧の三色（色は種類という意味。三色は三種類）有り。「爾雅」に曰わく、「蕢《き》は赤莧」と。即ち今の紅莧是れなり。莧の古名は胡荽であるが、今ではジャワ菠薐草《ほうれんそう》とかバイアムともいう。

## 45　蝦と麋の肉・梅・李・生菜

［養生要集］又云、蝦不可合食麋宍及梅李生菜。皆痼人病。（『医心方』巻第二九・合食禁）

「養生要集」に又た云わく、「蝦 麋宍《くし》（くじかの肉、麋はのろ鹿より小さく角がない）及び梅・李《すもも》・生菜と合わせ食らうべからず。皆な人の病を痼す（病気を長引かすこと）」と。

## 46　螺《ら》・蜊《り》と芥（からし菜）

〔養生要集〕又云、諸螺蜊与芥合、食之、使人心痛、三月一動（三日一動?）。（『医心方』巻第二九・合食禁）

「養生要集」に又た云わく、「諸《もろもろ》の螺《ら》（巻貝の総称）蜊《り》（はまぐり）芥（からし）と合わせ、之を食らわば、人をして心痛せしめ、三月《みつき》に一動す（三日に一動す?）」と。

## 47　諸菓と螺・蜊

〔養生要集〕又云、諸菓合諸螺蜊食、令人心痛三日一発。一曰合芥。（『医心方』巻第二九・合食禁）

「養生要集」に又た云わく、「諸の菓（＝果）諸の螺（巻貝の総称）蜊（はまぐり）と合わせ食らわば、人をして心痛せしめ、三日に一たび発す」と。一に曰わく「芥（からし）と合わす」と。

「一曰合芥」に注目すれば、以下のように復元できるであろう。

〔養生要集〕又云、諸菓合芥食、令人心痛三日一発。

「養生要集」に又た云わく、「諸の菓（＝果）芥に合わせ食らわば、人をして心痛せしめ、三日に一たび発す。

## 48　諸菜と螺・蜊・蝸

〔養生要集〕又云、諸菜合煮螺蜊蝸、食之、皆不利人。（『医心方』巻第二九・合食禁）

「養生要集」に又た云わく、「諸菜 螺（巻貝の総称）蜊（はまぐり）蝸（かたつむり）と合わせ煮て、之を食らわば、皆な人を利せず」と。

### 49　猪肉と魚

［養生要集］又云、猪宍合魚食、不利人。一曰入腹成噎。（『医心方』巻第二九・合食禁）

「養生要集」に又た云わく、「猪宍は魚と合わせ食らわば、人を利せず」と。一に曰わく「腹に入らば噎（しゃくり）を成す」と。

### 50　猪肝・脾と鯽魚

［養生要集］又云、猪肝脾鯽魚合食、令人発損消。（『医心方』巻第二九・合食禁）

「養生要集」に又た云わく、「猪の肝・脾　鯽《そく》魚（ふな）合わせ食らわば、人の損消（身体を損ない、また消耗すること）を発せしむ」と。

張機（字は仲景、一五〇？～二一九）の『金匱要略方論』巻下「禽獣魚虫禁忌并治第二四」に、

鯉魚不可合犬肉食之。鯽魚不可合猴雉肉食之。一云、不可合猪肝食

鯉魚　犬の肉に合わせ之を食らうべからず。鯽魚　猴《こう》（さる）の肉・雉《きじ》の肉に合わせ之を食らうべからず。一に云わく、「猪肝に合わせ食らうべからず」と。

とあるが、一説では猪肝と合わせる場合もあるという。そうすれば、「鯉魚不可合猪肝食之」と「鯽魚不可合猪肝食之」があることになる。鯽魚の史料が『養生要集』の記事と一致することになる。

唐の孫思邈《ばく》（？～六八二）の『備急千金要方』巻八〇食治・鳥獣第五「鯽魚」にも、『養生要集』と同じ記事がある。

五月五日、勿以鯉魚子共猪肝。食必不消化、成悪病。

五月五日、鯉魚の子を以て猪肝と共にすること勿れ。食らわば必ず消化せず、悪病を成す。

一三世紀の『養生月覧』巻上・五月にも、『千金方』（『備急千金要方』の初名）を出典として次のようにある。

五月五日、勿以鯉魚子共猪肝食。必不消化、成悪疾。同上（千金方）。

五月五日、鯉魚の子を以て猪肝と共に食らうこと勿れ。必ず消化せず、悪疾を為す。上に同じ（「千金方」）。

## 51　猪肝と鯽魚《そく》の卵

［養生要集］又云、猪肝不可合鯽魚子卵。食之、傷人。（『医心方』巻第二九・合食禁）

「養生要集」に又た云わく、「猪肝は鯽魚（ふな）の子・卵と合わすべからず。之を食らわば、人を傷《そこな》う」と。

張機の『金匱要略方論』巻下「禽獣魚虫禁忌并治第二四」に、
鯉魚不可合犬肉食之。鯽魚不可合猴雉肉食之。一云、不可合猪肝食。

鯉魚　犬の肉に合わせ之を食らうべからず。鯽魚　猴の肉・雉の肉に合わせ之を食らうべからず。一に云わく、

「［鯽魚］　猪肝に合わせ食らうべからず」と。

とあり、『備急千金要方』巻八〇食治・鳥獣第五・鯽魚にも、『養生要集』と同じ記事がある。

五月五日、勿以鯉魚子共猪肝。食必不消化、成悪病。

五月五日、鯉魚の子を以て猪肝と共にする勿れ。食らわば必ず消化せず、悪病を成す。

一三世紀の『養生月覧』巻上・五月にも、『千金方』を出典として次のようにある。

五月五日、勿以鯉魚子共猪肝食。必不消化、成悪疾。同上（千金方）。

五月五日、鯉魚の子を以て猪肝と共に食らうこと勿れ。必ず消化せず、悪疾を為す。上に同じ（「千金方」）。

## 52　猪肝と鯉子・芥菜

［養生要集］又云、猪肝合鯉子及芥菜食之、傷人。（『医心方』巻第二九・合食禁）

「養生要集」に又た云わく、「猪肝　鯉子（鯉の卵）及び芥菜（あぶらな科おおばからし菜）に合わせ之を食らわば、人を傷《そこな》う」と。

張機（字は仲景、一五〇？～二一九）の『金匱要略方論』巻下「禽獣魚虫禁忌并治第二四」に、

鯉魚鮓不可合小豆藿食之。其子不可合猪肝食之。害人

鯉魚の鮓　小豆藿《かく》（小豆の葉）に合わせ之を食らうべからず。其の子（鯉の子・鯉卵）猪肝に合わせ之を食らうべからず。人を害す。

とある。『金匱要略方論』には芥菜がなく、また『養生要集』と言い方は異なるが、主旨は同じである。

孫思邈《ばく》（？～六八二）の『備急千金要方』巻八〇食治・鳥獣第五・鯽魚《そく》（ふな）にも同じ記事がある。

五月五日、勿以鯉魚子共猪肝。食必不消化、成悪病。

五月五日、鯉魚の子を以て猪肝と共にする勿れ。食らわば必ず消化せず、悪病を成す。

一三世紀の『養生月覧』巻上・五月にも、『千金方』を出典として次のようにある。

五月五日、勿以鯉魚子共猪肝食。必不消化、成悪疾。同上（千金方）。

五月五日、鯉魚の子を以て猪肝と共に食らうこと勿れ。必ず消化せず、悪疾を為す。上に同じ（「千金方」）。

とあり、陳元靚《せい》の『歳時広記』巻二一端五・上「謹飲食（飲食を謹む）」にも、孫思邈の『千金方』を出典として同じような記事がある。

千金方、五月五日、勿食鯉魚子。共猪肝食之、必不消化、能成悪病。

「千金方」に、「五月五日、鯉魚の子を食らうこと勿れ。猪肝と共に之を食らわば、必ず消化せず、能く悪病を成す」と。

## 53　諸肝と小豆

〔養生要集〕又云、凡諸肝合小豆食之、傷人心、目不明。（『医心方』巻第二九・合食禁）

「養生要集」に又た云わく、「凡《すべ》て諸《もろもろ》の肝 小豆に合わせ之を食らわば、人心を傷《そこな》い、目明かならず」と。

## 54　生肉と乳汁

〔養生要集〕又云、凡食生宍、合飲乳汁、腹中生虫。（『医心方』巻第二九・合食禁）

「養生要集」に又た云わく、「凡て生宍（宍＝肉）を食らい、合わせて乳汁を飲めば、腹中に虫を生ず」と。

## 55　生の鹿肉と蝦汁

〔養生要集〕又云、生鹿宍合食蝦汁、使人心痛。（『医心方』巻第二九・合食禁）

「養生要集」に又た云わく、「生の鹿宍《ろくし》（宍＝肉）蝦汁《かじゅう》（えびの汁）に合わせ食らわば、人をして心痛せしむ」と。

蝦は節足動物門・甲殻亜門・軟甲綱・一〇脚目のうち、ヤドカリ下目とカニ下目以外の全ての総称で、この定義ではザリガニ、アナジャコ（シャコとは別）なども含まれる。川蝦というから蝦は淡水にも生息する。

## 56　麕《くじか》の肉・鹿の肉と蝦・諸刺生菜

〔養生要集〕又云、麕鹿宍不可雑蝦及諸刺生菜。食之、腹中生虫、不出三年死。（『医心方』巻第二九・合食禁）

「養生要集」に又た云わく、「麋鹿《のろ》（く鹿）の宍（宍＝肉）蝦（えび）及び諸《もろもろ》の刺《とげ》ある生菜に雑うべからず。之を食らわば、腹中に虫を生じ、出でざること三年なれば死す」と。

## 57　鹿肉と鯷魚（なまず）

〔養生要集〕又云、鹿宍（宍は肉の古字）合食鯷魚、之殺人。鮎一名鯷。（『医心方』巻第二九・合食禁）

「養生要集」に又た云わく、「鹿宍《ろくし》 鯷《てい》魚（なまず）に合わせ食らわば、之人を殺す。鮎《ねん》（なまず）一名は鯷」と。

張機（字は仲景、一五〇?～二一九）の『金匱要略方論』巻下「禽獣魚虫禁忌并治第二四」に、

鯷魚合鹿肉生食、令人筋甲縮。　鯷魚 鹿肉に合わせ生食せば、人の筋甲を縮めしむ。

とあり、同一の主旨ではないが、鯷魚と鹿肉の食忌をいう。

鯷魚に関して『太平御覧《ぎょらん》』巻九三七鱗介部九・鮎魚に、

爾雅曰、鮎。別名鮧。江東通呼鮎為鮧。鮧音提。

「爾雅」に曰わく、「鮎《でん》」。別名は鮧《い》。江東（長江下流域）通じて鮎を呼びて鮧と為す。鮧の音は提《てい》。

とあり、『太平御覧』の同条には、

広雅曰、鮷。音鯷。鯷。音遆。鮎也。

「広雅」（魏の張揖の書）に曰わく、「鮷《てい》。音は鯷。鯷《てい》。音は遆《てい》。鮎なり」と。（鮎は「ねん」とも読む）

ともある。鮎魚（なまず）は鮧魚（い魚ともいう）・鮷魚・鯷魚という別名があった。

羅願（一一三六～一一八四）の『爾雅翼』巻二九釈魚・鮧に、

鮧魚。偃額、両目上陳。頭大尾小。身滑無鱗、謂之鮎魚。言其黏滑也。一名鯷魚。此魚及鰌鱓之類、皆謂之無鱗魚。食之蓋不益人。

鮧魚。偃額（横額）にして、両目上に陳《つら》なる。頭は大・尾は小。身滑らかにして鱗なきもの、之を鮎魚と謂う。其の黏《ねん》滑なるを言うなり。一名は鯷魚。此の魚及び鰌（どじょう）鱓《ぜん》（うなぎ）の類、皆な之を無鱗魚と謂う。之を食らうこと蓋《けだ》し人に益ならず（薬効がないことか）。

とあり、「なまず」は黏滑なるが故に鮎魚というと解説する。

### 58　猪汁と杏仁粥

［養生要集］又云、凡銅器盛睹（＝猪）宍汁、経宿、津入宍中、仍以羹作、食杏人（「人」は「仁」の誤記）粥、必殺人。（『医心方』巻第二九・合食禁）

「養生要集」に又た云わく、「凡《すべ》て銅器に猪宍《し》の汁を盛り、宿を経れば（時間が経過すれば）、津（しる）を宍（＝肉）中に入れ、仍《よ》りて以て羹作し、杏仁粥を食らわば、必ず人を殺す」と。

杏子・杏原産地は中央アジアのフェルガナ盆地説、中国北部、ヒマラヤ説がある。バラ科サクラ属の果実。英語ではアプリコット、日本ではカラモモ（唐桃）ともいう。

### 59　白蜜と白黍

［養生要集］又云、白蜜合白黍食之、傷五内（五臓）、令不流。（『医心方』巻第二九・合食禁）

「養生要集」に又た云わく、「白蜜　白黍（白いきび）に合わせ之を食らわば、五臓を傷《そこな》い、流れざらしむ」と。

張機（字は仲景、一五〇？～二一九）の『金匱要略方論』巻下「菓実菜穀禁忌并治第二五」に、

白黍米不可同飴蜜食。亦不可合葵食之。

白黍米（白いきび）・飴《い》（うすみずあめ）・蜜と同じく食らうべからず。亦た葵（冬葵）に合わせ之を食らうべからず。

とあり、同一主旨の記事がある。

また八世紀の王燾《とう》（三五三頁を参照）の『外臺秘要方』巻三一解飲食相害成病百件に、

張文仲、…………黍米、不可合飴糖蜜共食。

張文仲、…………黍米、飴糖（うすみずあめ）・蜜に合わせ共に食らうべからず。

とある。わざわざ「張文仲」とことわりを述べているから、この處方は張文仲の處方なのである。『新唐書《しんとうじょ》』巻五九藝文志《げいもんし》・医術類に「張文仲　隨身備急方三巻」とあり、張文仲は『旧唐書《くとうじょ》』巻一九一方技伝に列伝がある。列伝によれば、彼は久視元年（七〇〇）に尚薬奉御の官で卒している。王燾《とう》の『外臺秘要方』は天宝一一載（七五二）の自序があるから、王燾が『隨身備急方』を閲覧することは可能であり、この記事は『隨身備急方』からの引用である。

飴《い》糖（うすみずあめ）に関しては、『斉民要術』巻九餳餔第八九の註に、

史游急就篇云、饊。生但反。飴餳。楚辞曰、粔籹、蜜餌、有餦餭。餦餭亦餳也。柳下恵見飴曰、可以養老（「柳下恵見飴曰、可以養老」は『淮南鴻烈解』巻一七にある言葉）。然則飴餔可以養老自幼。故録之也。

史游（前一世紀の人）の「急就篇」に云わく、「饊（おこし）。生・但の反《かえ》し。飴（うすみずあめ）餳（かたみずあめ）」と。「楚辞」に曰わく、「粔籹《きょじょ》（おこし）、蜜餌（みずいりしとぎ）、餦餭《ちょうこう》（ほしあめ）有り」と。餦餭（ほしあめ）亦た餳（かたみずあめ）なり。柳下恵（春秋時代の魯の大夫。本名は展禽。柳下に食邑す。恵は諡、それゆえ柳下恵という）飴を見て曰わく、「以て老を養うべし」と（『淮南《わいなん》鴻烈解』巻一七説林訓。『淮南鴻烈』は『淮南子《えなんじ》』ともいう）。然らば則ち飴・餔《ほ》老を養うを以て自ら幼も可なり。故に之を録するなり。

とあり、飴糖は糯《だ》米（もち米）粉、粳米（うるち米、米飯用の米）粉、小麦粉に麦芽を加えて加工精製したもの。効能は補脾益気、緩急止痛、潤肺止咳である。

## 60　白蜜と棗

〔養生要集〕又云、白蜜合食棗、傷人五内。（『医心方』巻第二九・合食禁）

「養生要集」に又た云わく、「白蜜（蜂蜜）は棗《なつめ》に合わせ食らわば、人の五内（五臓）を傷《そこな》う」と。

白蜜と棗の関係は『医心方』巻第二九・合食禁の後部に記載する「失味」箇所にある。

〔養生要集云〕、青州棗合白蜜、食之、失味、戟人咽喉。

「養生要集」に云わく、「青州棗を白蜜に合わせ、之を食らわば、味を失い、人の咽喉を戟（＝刺激）す」と。

普通の棗と白蜜を合食すれば、五臓を傷い、青州棗であれば失味となるのであろうか。普通の棗と青州棗の差異は何であろうか。青州棗は第三章第五節「医心方の失味」の「6　青州棗と白蜜」に述べる。

## 61　白蜜と葱《ねぎ》・韮《にら》

〔養生要集〕又云、白蜜不可合葱韮。食之、傷人五臓。（『医心方』巻第二九・合食禁）

「養生要集」に又た云わく、「白蜜　葱・韮に合わすべからず。之を食らわば、人の五臓を傷う」と。

白蜜は蜂蜜を言い換えた表現である。唐の虞世南の『北堂書鈔』巻一四七酒食部・蜜四一に、

天水白蜜。苑子云、隴西天水出白蜜、價直四百。

天水白蜜。「苑子」（医書の一）に云わく、「隴西《ろうせい》の天水　白蜜を出す、価は直《あたい》四百」と。

とあるが、この白蜜は高価に過ぎ、庶民が葱や韮と食べるような白蜜ではない。『北堂書鈔』には右と同じ条に、

食蜜生武都。本草経云、食蜜。味甘。如飴。性微温。無毒。生武都山崖渓谷。

食蜜　武都（甘粛省地方）に生ず。「本草経」（『神農本草経』？）に云わく、「食蜜。味は甘。飴《あめ》の如し。性は微に温

なり。毒なし。武都の山崖・渓谷に生ず」と。

とある。この蜜は断崖絶壁の蜜蜂の巣から採取した蜜であり、採取に要する費用を計算すれば、高価な蜜となる。食忌にいう蜜は、このような特殊な蜜ではなく、普通の蜜である。

## 62　蜜と生葱

〔養生要集〕又云、食蜜、并噉生葱、反作腹痢。（『医心方』巻第二九・合食禁）

「養生要集」に又た云わく、「蜜を食らい、生葱を并せ噉《く》らわば、反《かえ》って腹痢（腹痛）を作す」と。

張機（字は仲景、一五〇?～二一九）の『金匱要略方論』巻下「菓実菜穀禁忌并治第二五」に、

食糖蜜後、四日内食生葱韭、令人心痛。

糖蜜を食らいて後、四日内に生葱・韭《にら》を食らわば、人の心痛ましむ。

とある。『医心方』は「四日内」と日は限定しないが、蜜と生葱の食べ合わせは同じである。

## 63　甜《てん》酪と大酢

〔養生要集〕又云、食甜酪、勿食大酢。変為血尿。（『医心方』巻第二九・合食禁）

「養生要集」に又た云わく、「甜酪《てんらく》（甘味を加えた酪製品）を食らわば、大酢（酸味の濃い酢）を食らうこと勿れ。変じて血尿を為す」と。

七世紀初頭の隋王朝の医官・巣元方の『巣氏諸病源候総論』巻二七血病諸候・白髪候に、

養生方云、人食甜酪、勿食大酢。必変為尿血。

「養生方」に云わく、「人 甜酪を食らい、大酢を食らうこと勿れ。必ず変じて尿血を為す」と。

とあり、『養生要集』と文字の並びも同じ記事がある。『養生要集』と「養生方」は近縁関係にあり、『養生要集』の處方部分が「養生方」であるか、『養生要集』の別名が「養生方」なのであろう。「養生方」は『外臺秘要方』にも引用がある。これは『外臺秘要方』が直接に「養生方」を見たのではなく、『巣氏諸病源候総論』に引用された「養生方」を再録したものである。

一二世紀初頭に完成した『経史證類大観本草』巻一八獣部・下品「諸肉有毒」にもある。

乳酪及大酢和食、令人為血痢。　乳酪及び大酢和《まぜ》て食らわば、人をして血痢（血の混じった下痢）に為らしむ。

大酢は『斉民要術』巻八「作酢法（酢を作る法）」第七一に記事がある。

作大酢法、七月七日、取水作之。大率、麦䴬一斗、勿揚簸、水三斗、粟米熟飯三斗、攤令冷。任甕大小、依法加之、以満為限。先下麦䴬、次下水、次下飯、直置勿攪之。以綿幕甕口、抜刀横甕上。一七日、著井花水一碗。三七日、旦、又著一碗、便熟。常置一瓠瓢、以挹酢。若用湿器鹹器、内甕中、則壊酢味也。

大酢を作る法、七月七日、水を取り之を作る。大率《おおむね》、麦䴬《ざらこうじ》一斗、揚簸（箕で風選別すること）すること勿れ、水三斗、粟米（イネ科アワ）の熟飯三斗、攤《ひろ》げて冷ましむ。甕の大小に任せ、法に依り之を加え、満ちるを以て限と為す。先ず麦䴬を下して、次に水を下し、次に飯を下し、直ちに置いて之を攪ぜること勿れ。綿（真綿）を以て甕口を幕《おお》し、抜刀（邪気払いの抜き身の刀）を甕上に横たう。一の七日（一×七日目）に、井花水（朝一番に汲んだ井戸水）一碗を著く。三の七日（三×七日目＝二一日）の旦、又た一碗を著くれば、便ち熟す。常に一瓠瓢《こひょう》（両字とも「ひさご」の意）を置き、以て酢を挹《すく》う。若《も》し湿器・鹹《かん》器を用い、甕中に内《いれ》れば、則ち酢味を壊《そこな》うなり。

霍乱とは、夏期に急に倒れる日射病、あるいは真夏に激しく吐き下しする病気の古称である。現代でいう急性胃腸炎、コレラ（虎列剌）、疫痢などの総称に該当する。

## 64　乳酪と魚膾

［養生要集］又云、乳酪不可合食魚膾。腸中生虫。（『医心方』巻第二九・合食禁）

「養生要集」に又た云わく、「乳酪は魚膾（魚のなます・刺身）に合わせ食らうべからず。腸中に虫を生ず」と。

張機（字は仲景、一五〇？〜二一九）の『金匱要略方論』巻下「菓実菜穀禁忌并治第二五」にも同じ記事がある。

食膾飲乳酪、令人腹中生虫、為瘧。

膾を食らい乳酪を飲めば、人の腹中に虫を生ぜしめ、瘧《ぎゃく》（一定の期間をおいて発熱する病気、マラリヤ）を為す。

## 65　乳汁と生肉

［養生要集］又云、乳汁不可合飲生宍。生腸中虫。（『医心方』巻第二九・合食禁）

「養生要集」に又た云わく、「乳汁（動物の乳）は生宍《せいし》（＝生肉）に合わせ飲むべからず。腸中に虫を生ず」と。

## 66　乳汁と生魚

［養生要集］又云、乳汁不可合食生魚。及（＝反）成瘕。（『医心方』巻第二九・合食禁）

「養生要集」に又た云わく、「乳汁 生魚に合わせ食らうべからず。反《かえ》って瘕《か》（腹にこりを生じる病）を成す」と。

『養生要集』は乳汁と生魚を合食した結果を「瘕」となるというのみであるが、七世紀初頭の『巣氏諸病源候総論』巻一八・九蟲《ちゅう》病諸候・寸白蟲候には、より詳しく述べる。

又云、食生魚後、即飲乳酪、亦令生之。其発動則、損人精気、腰脚疼弱。又云、此蟲生長一尺、則令人死。

又た云わく、「生魚を食らいて後、即ち乳酪を飲まば、亦た之（＝寸白蟲・真田虫）を生ぜしむ。其れ発動せば則ち人の精気を損ない、腰・脚疼《うず》き弱らしむ」と。又た云わく、「此の蟲長さ一尺に生《そだ》てば、則ち人を死なしむ」と。

### 67　乳酪と水漿

〔養生要集〕又云、乳酪不可雑水漿。食之、令人吐下。（『医心方』巻第二九・合食禁）

「養生要集」に又た云わく、「乳酪は水・漿（人工の液体）を雑うるべからず。之を食らわば、人をして吐下せしむ」と。

### 68　鳥肉と卵

〔養生要集〕又云、諸鳥宍及卵、和合食傷人。（『医心方』巻第二九・合食禁）

「養生要集」に又た云わく、「諸《もろもろ》の鳥宍《し》（＝鳥肉）及び卵、和《まぜ》て合わせ食らわば人を傷《そこな》う」と。

鳥肉と卵を合せ食べることが食忌ならば、親子丼はどうなることになるか。

### 69　生魚と蒜《にんにく》

神農食経云、生魚合蒜、食之、奪人気。（『医心方』巻第二九・合食禁）

「神農食経」に云わく、「生魚は蒜（にんにく）に合わせ、之を食らわば、人の気を奪う」と。

類似する史料は『備急千金要方』巻七九食治・菜蔬第三・小蒜にある。

黄帝云、食小蒜、噉生魚、令人奪気、陰核疼、求死。

「黄帝」に云わく、「小蒜《のびる》を食らい、生魚を噉《く》らわば、人の気を奪い、陰核疼《うず》き、死を求めしむ」と。

羅願（一一三六〜一一八四）の『爾雅翼』巻五釈草・葫《こ》に、

蒜有大小、大蒜為葫、小蒜為蒜。　蒜《さん》に大小有り、大蒜《おおひる》を葫《こ》と為し、小蒜《こびる》を蒜と為す。

とあり、蒜に大小があり、大蒜を葫・葫蒜という。葫・葫蒜は「にんにく」である。小蒜は蒜ともいい、中国原産の蒜で、小蒜・蒜は「のびる（野蒜）」である。

『神農食経』は著者不明、経籍志・藝文志類に著録がない。八世紀の陸羽の『茶経』七「茶之事」に、次の一条が引用されている。

神農食経、茶茗久服、令人有力悦志。

「神農食経」に、「茶茗久しく服さば、人をして力有らしめ志を悦ばしむ」と。

『太平御覧《ぎょらん》』巻八六七飲食部二五・茗に「神農食経曰、茶茗宜久服。令人有功悦志」と引用されているが、引用はこの一条のみであり、『太平御覧』巻首の「太平御覧経史図書綱目」に「神農食経」の書名がみえないから、この記事は『茶経』の記事と同じであり、『太平御覧』は『茶経』から再引用したものと推定できる。「神農食経」は八世紀後半期の『茶経』の時代に完本が存在したが、一〇世紀の『太平御覧』編纂時には散逸していたのである。

『医心方』巻第二九・飽食禁に、

神農食経云、飽食訖、多飲水及酒、成痞癖。酔当風。

「神農食経」に云わく、「飽食し訖《おわ》り、多く水及び酒を飲まば、痞癖《ひへき》（腹中に「こり」が生じる病気）を成す。酔えば風に当たれ」と。

とあるから、日本に『神農食経』は将来されていた。

## 70　白苣《きょ》（ちしゃ）と略

千金方云、白苣不可共酪食。必作䘌。（『医心方』巻第二九・合食禁）

「千金方」（『備急千金要方』の初名）に云わく、「白苣（ちしゃ）は酪と共に食らうべからず。必ず䘌《じつ》（人の五臓を食う虫）を作る」と。

張機（字は仲景、一五〇?～二一九）の『金匱要略方論』巻下「菓実菜穀禁忌并治第二五」に、

白苣不可共酪同食。作䘌虫。　白苣《きょ》 酪と共に同じく食らうべからず。䘌虫（人の五臓を食う虫）を作る。

とあり、『備急千金要方』巻七九食治・菜蔬第三・白苣に、

黄帝云、不可共酪食。必作蟲（=䘌）。　「黄帝」に云わく、「酪と共に食らうべからず。必ず䘌を作る」と。

とあり、二世紀以来の食忌であった。

『千金方』は「䘌」に作り、『備急千金要方』が「蟲」に作る。両書は同じ書であるから、字が異なるのは奇妙である。これは書が成立した後、書写される過程で誤写が生じた結果であろう。

白苣はキク科アキノノゲシ属の一年草または越年草。葉や茎を折ると乳状の液が出ることから、乳草と呼ばれ、これが転じて知佐（ちさ）、萵苣（ちしゃ）となった。茎は太く、葉は長楕圓形をしており、平らで巻いていない。平らな葉を1枚ずつ下からかき取っていくので、「かきちしゃ」という。これは結球しない種類のチシャである。結球する種類は、明治以降に輸入されて、レタスと呼ばれ普及している。

結球しないチシャの原産地は中国、イランなど諸説ある。日本へは奈良時代に伝わった。一〇世紀の『本草和名』には「白苣・知佐」として記載されている。緑黄色野菜のため、ミネラル類が多く含まれ、血管の老化を防ぎ、動脈硬化の予防によいとされる。

## 71　竹筍と蜜

［千金方］又云、竹筍不可共蜜。食之、作内痔。（『医心方』巻第二九・合食禁）

「千金方」（『備急千金要方』の初名）に又た云わく、「竹筍《ちくじゅん》（たけのこ）は蜜と共にすべからず。之を食らわば、内痔を作す」と。

竹筍に関しては、第一章「中国古代の月別食忌と食宜」の「四月の食忌と食宜」の「1　筍（筍）を食べる」に詳論している。

## 72　竹筍と鯽魚《そく》

孟詵食経云、竹筍不可共鯽魚。食之、使筍不消、成癥病、不能行歩。（『医心方』巻第二九・合食禁）

孟詵《もうせん》の「食経」に云わく、「竹筍《ちくじゅん》（たけのこ）は鯽魚《そく》（ふな）と共にすべからず。之を食らわば、筍をして消えざらしめ、癥《ちょう》病（腹中が硬直する病）を成し、行歩すること能《あた》わず」と。

孟詵については、第一章「中国古代の月別食忌と食宜」の四月の「13　鶉《うずら》の肉を食べない」を参照のこと。孟詵に『食経』という書があることは中国史料には伝えるところがない。

鯽魚について、前漢の史游（前一世紀の人）の『急就篇』（唐の顔師古の註）巻三「鯉鮒蟹鱓鮐鮑鰕」に、

鯉即今之鯉魚也。鮒今之鰿魚也。亦呼為鯽。鰿音積。鯽音即。

鯉は即ち今の鯉魚なり。鮒は今の鰿《せき》魚なり。亦た呼びて鯽と為す。鰿の音は積。鯽の音は即。

とある。鯽魚は鮒魚・鰿魚といった。『太平御覧《ぎょらん》』巻九三七鱗介部九・鮒魚には「広雅曰、鯖鮒也」とあり、鯖は鮒であるが、唐の顔師古（五八一～六四五）の註によれば、「鯖」は「鰿」の誤記としなければならない。「鯖」の音は「積」ではないからである。これは『広雅』の誤記ではなく、『太平御覧』編纂時の錯誤によって生じた誤記であろう。

羅願（一一三六～一一八四）の『爾雅翼』巻二八釈魚・鮒には、

鮒似鯉色黒、而体促肚大而背隆。今謂之鯽魚。其味最美。呉人以菰首為羹、以鯉鯽為膾。謂之金羹玉膾。古者謂鮒為鰿。其字従責。今之鯽字、乃烏鰂之鰂。後世借用、為鮒之別名爾。魚小而耐寒、大者止二三斤。所在有之。

鮒は鯉に似て色は黒、而して体は促《せま》り肚《はら》大にして背は隆し。今之を鯽魚と謂う。其の味最も美し。呉人菰首《こしゅ》（まこもの芽）を以て羹を為り、鯉・鯽を以て膾《なます》を為る。之を金羹玉膾《きんかんぎょくかい》と謂う。古は鮒を謂いて鰿と為す。其の字「責」に従う。今の「鯽」字、乃《すなわ》ち［音は］烏鰂の鰂《そく》（烏鰂は鰞鰂であり、鰂は鱡であるから、鰞鰂は鰞鱡と同じである。現在の「いか」の当て字・烏賊）なり。後世借用し、鮒の別名と為すのみ。魚小にして寒に耐え、大なるものは二・三斤（南朝時代の一斤は二五〇g）に止む。所在（何處にでも）に之有り。

とあり、鮒魚・鯽魚・鰿魚は同じ魚であるという。

『太平御覧《ぎょらん》』巻九三七鱗介部九・鮒魚に、

呂氏春秋曰、魚之美者、有洞庭之鮒。　「呂氏《りょし》春秋」に曰わく、「魚の美《うま》しもの、洞庭の鮒に有り」と。

とあり、一一世紀の陸佃の『埤《ひ》雅』巻一釈魚・鮒に、

呂子曰、魚之美者、洞庭之鮒。鮒小魚也。即今之鯽魚。其魚肉厚而美。

「呂子」に曰わく、「魚の美しもの、洞庭の鮒」と。鮒は小魚なり。即ち今の鯽魚。其の魚肉厚くして美し。

とあり、一三世紀初頭にできた施宿らの『嘉泰《かたい》会稽志』巻一七魚部に（会稽とは現在の浙江省紹興市一帯を指す）、

鯽。一名鮒。呂子曰、魚之美者洞庭之鮒。鮒小魚也。

鯽。一名は鮒。「呂子」に曰わく、「魚の美しもの、洞庭の鮒」と。鮒は小魚なり。

とあり、鯽魚・鮒魚で天下第一は「洞庭の鮒」であるといっている。

漢の高誘が注を加えた『呂氏春秋』巻一四孝行覧第二・本味には、

魚之美者、洞庭之鱄、東海之鮞。洞庭江水所経之沢名也。鱄鮞魚名也。一云魚子也。

魚の美《うま》きもの、洞庭の鱄《せん》、東海の鮞《じ》。洞庭は江水の経る所の沢の名なり。鱄・鮞は魚名なり。一に「魚子」と云うなり。

とあり、「洞庭之鱄」とあって「洞庭之鮒」とはない。いつの時期かに「洞庭之鱄」が「洞庭之鮒」に転化している。「鱄」が「鮒」と同じ魚であるなら、鮒魚は鯽魚・鰿魚という名に加えて鱄魚という名があったことになる。「洞庭之鱄」が「洞庭之鮒」に転化した時期は、一〇世紀以降ではなく、もっと古い時代であるらしい。『太平御《ぎょ》覧《らん》』巻九三七鱗介部九・鮒魚に、

盛弘之荊州記曰、荊州有美鮒、踰於洞庭温湖。

盛弘之の「荊州記」に曰わく、「荊州に美鮒有り、洞庭の温湖を踰ゆ」と。

とあり、荊州の鮒は洞庭湖産の鮒より美味といっている。「荊州記」はよく引用される書であるが、著者の盛弘之に関して伝えるところは少ない。『隋書』巻三三経籍志に「荊州記三巻。宋臨川王侍郎盛弘之撰」とあり、『冊府元亀』巻五六〇国史部・地理に、

宋盛弘之為臨川王侍郎。撰荊州記三巻。

［南朝］宋の盛弘之 臨川王の侍郎と為る。「荊州記」三巻を撰す。

とある史料を信じれば、盛弘之は南朝・宋の時代（四二〇〜四七九）の人である。『荊州記』は六世紀初頭にできた『水経注』に引用されているから、五世紀後半期に『荊州記』は著述され、流布していたことになる。『荊州記』の著述前の五世紀中葉には「洞庭之鮒」といわれていたことになる。

『太平御覧』巻九三七鱗介部九・鮒魚に、

劉邵七華曰、洞庭之鮒、出於江岷。

劉邵《りゅうしょう》の「七華」に曰わく、「洞庭の鮒、江岷より出ず」と。

とある。劉邵について唐の歐陽詢《おうようじゅん》（五五七〜六四一）等の『藝文類聚《げいもんるいじゅう》』巻五七雑文部三・七に、

魏劉邵七華曰、玄休先生、棄世遁名、蔵身於虚廓。………

魏の劉邵の「七華」に曰わく、「玄休先生、世を棄て名を遁れ、身を虚廓に蔵《かく》す。………」と。

とあり、三国・魏の人とするから、「洞庭之鮒」という言葉は遅くとも三国の時代、三世紀にはあったことになる。

### 73　枇杷の実と炙肉・熱麺

［孟詵食経］又云、枇杷子不可合食炙宍熱麪。令人発黄。（『医心方』巻第二九・合食禁）

孟詵の「食経」に又た云わく、「枇杷子（枇杷の実）炙宍《しゃし》（炙り宍＝肉）熱麺に合わせ食らうべからず。人をして黄（黄疸）を発せしむ」と。

### 74　薺《さい》（なず菜）と麺

［孟詵食経］又云、薺不可与麪同。食之、令人悶。（『医心方』巻第二九・合食禁）

孟詵《もうせん》の「食経」に又た云わく、「薺は麺と同じくすべからず。之を食らわば、人をして悶《もだ》えしむ」と。

### 75　鶉《うずら》の肉と猪肉

［孟詵食経］又云、鶉宍不可共猪宍食之。（『医心方』巻第二九・合食禁）

孟詵の「食経」に又た云わく、「鶉宍《しゅんし》（うずらの肉）猪宍と共に之を食らうべからず」と。

『医心方』巻第二九・月食禁に次のような記事がある。

孟詵食経云、四月以後及八月已前、鶉宍不可食之。

孟詵の「食経」に云わく、「四月以後及び八月已前に、鶉の宍は之を食らうべからず」と。

### 76　大豆と猪肉

崔禹錫食経云、食大豆屑後、噉猪宍、損人気。（『医心方』巻第二九・合食禁）

崔禹錫の「食経」に云わく、「大豆の屑《せつ》（きなこ）を食らいたる後に、猪宍を噉《くら》わば、人の気を損なう」と。

張機（字は仲景、一五〇?～二一九）の『金匱要略方論』巻下「菓実菜穀禁忌并治第二五」に、

食大豆屑、忌噉猪肉。　大豆の屑を食らわば、猪肉を噉うを忌む。

とあり、『備急千金要方』巻七九食治・穀米第四・大豆に、

黄帝云、服大豆屑、忌食猪肉炒豆。不得与一歳已上十歳已下小児食、食竟噉猪肉、必擁気死。

「黄帝」に云わく、「大豆の屑を服さば、猪肉・炒豆を食らうを忌む。一歳已上一〇歳已下の小児 食らうことを与《あず》からしむるを得ざれ。食らい竟《おわ》り猪肉を噉《く》らわば、必ず気を擁《ふさ》ぎ死す」と。

とあり、『備急千金要方』では「不得与一歳已上十歳已下小児食、食竟噉猪肉、必擁気死」が増加している。

崔禹錫の『食経』は寛平三年（八九一）ごろに藤原佐世《すけよ》によって作られた『日本国見在《げんざい》書目録』に「食経四巻 崔禹錫撰」とある。崔禹錫の『食経』は『隋書』経籍志や『旧唐書《くとうじょ》』経籍志また『新唐書《しんとうじょ》』藝文志《げいもんし》には著録されない。

崔禹錫に関しては、第一章「中国古代の月別食忌と食宜」の三月の「5　芹を食べない」に述べた。

### 77　胡麻と韮《にら》・蒜《にんにく》

〔崔禹錫食経〕又云、胡麻不可合食韮蒜。令疾血脉。（『医心方』巻第二九・合食禁）

崔禹錫の「食経」に又た云わく、「胡麻（「胡」字があるから西域からの伝来品である）は韮《きゅう》（にら）蒜《さん》（にんにく）に合わせ食うべからず。血脉（血管）を疾《や》ましむ」と。

胡麻はアフリカ（非洲）のサバンナ（薩凡納）に野生種があり、胡麻の起源地はサバンナ地帯、スーダン（蘇丹）東部というのが有力学説である。日本では縄文時代の遺跡から胡麻の種子が出土している。現在、生産上位国はミャン

マー、インド、中国で、三国で世界総生産量の約五割を占める。

胡麻は高栄養価の食品として周知される。黒胡麻、白胡麻、金胡麻があるが、栄養的には差がない。黒胡麻の皮の部分にはタンニン系ポリフェノール色素を多く含んでいる。胡麻にはカルシウム、マグネシウム、鉄、リン、亜鉛等のミネラルが多く含まれ、骨粗しょう症の予防や貧血の改善に効果がある。胡麻には抗酸化物質のセサミンが含まれている。胡麻の脂質はオレイン酸・リノール酸が多くあり、コレステロール抑制にも効果がある。

## 78　蘭蒿草《あららぎ》と鹿脂

〔崔禹錫食経〕又云、蘭蒿草勿合鹿脂食。令人陰痿。（『医心方』巻第二九・合食禁）
崔禹錫の「食経」に又た云わく、「蘭蒿草は鹿脂に合わせ食らうこと勿れ。人をして陰痿にならしむ」と。
蘭蒿草に関して、『医心方』巻三〇・五菜部四「蘭蒿草《らんかくそう》」に、
崔禹［錫］云。食之。［味］辛、香。冷平、無毒。主利水道。辟不祥。不老、通神明。和名、阿良々義。
崔禹錫云わく。「之を食らう。味は辛、香。冷平にして、無毒。水の道を利するを主る。不祥を辟す。不老にして、神明に通ず」と。和名、あららぎ。
とあり、蘭蒿草の和名は「あららぎ」であるという。であれば、蘭蒿草はノビル（野蒜）など野生のネギ属植物を指していることになる。野蒜はヒガンバナ科ネギ亜科ネギ属の多年草。

## 79　雁と生海鼠（生のなまこ）

〔崔禹錫食経〕又云、雁勿合生海鼠食。令腸中冷、陰不起。（『医心方』巻第二九・合食禁）
崔禹錫の「食経」に又た云わく、「雁　生の海鼠《なまこ》に合わせ食らうこと勿れ。腸中を冷し、陰にして起きず」と。

海鼠は漢方薬として古くから滋養強壮薬、皮膚病薬として用いられてきた。海鼠は、その強壮作用から「海の人参」との意味でつけられた名前である。朝鮮人参の薬効成分であるサポニン類は、通常は植物の持つ成分であるが、海鼠やヒトデなど一部の棘皮動物にも含まれている。海鼠が持つサポニンの一種ホロツリンは強い防カビ作用を持ち、白癬菌を原因とする水虫の治療薬「ホロクリンS」として実用化されている。

### 80　李《すもも》の実と牛蘊

［崔禹錫食経］又云、李実不可合牛蘊（牛蘊＝牛蘇）。食之生鼈子。（『医心方』巻第二九・合食禁）

崔禹錫の「食経」に又た云わく、「李の実は牛蘇（蘇は乳汁一升を一合程度に煮詰めた乳製品）に合わすべからず。之を食らわば鼈子《べっし》（すっぽんの子）を生ず」と。

牛蘇は牛乳を煮詰めて半固形化したもの。牛乳を煮詰めて固形化したものには醍醐もある＊。醍醐は醍醐味という言葉が現在でも使用される。周防国や但馬国で蘇を作っていたことが『正倉院文書』から判明する。蘇の実態は現段階では不明である。

＊　醍醐に関して『唐・新修本草』獣禽部巻第一五獣上「醍醐」（三七二頁）の註に「此酥之精液也。好酥一石有三、四升醍醐。熟杵煉、貯器中、待凝。穿中至底、便津出得之（此れ酥（＝乳汁）の精液なり。好酥一石有三、四升の醍醐。熟杵煉、器中に貯え、凝るを待つ。中を穿ち底に至らば、便ち津（しる）出ずれば之を得）」とある。酥（乳汁）一石三斗から四升の醍醐であるから、醍醐はチーズであろう。

### 81　葵と蕨菜《わらび》

［崔禹錫食経］又云、葵不可合蕨菜。食生蛔虫。若覚合食者、取鬼花煮汁、飲一二升、即消去。鬼花者、八月九

月、梨花耳採以為非常之備也。（『医心方』巻第二九・合食禁）

崔禹錫の「食経」に又た云わく、「葵 蕨菜（わらび）に合わすべからず。食らわば蛔虫《かいちゅう》を生ず。若《も》し合わせ食らうことを覚る者は、鬼花を取り汁を煮て、一・二升を飲めば、即ち消去す。鬼花とは、八月・九月、梨花耳 採りて以て非常の備と為すなり」と。

崔禹錫の『食経』は、寛平三年（八九一）ごろに藤原佐世《すけよ》によって作られた『日本国見在《げんざい》書目録』に「食経四巻 崔禹錫撰」とある。崔禹錫の『食経』は『隋書』経籍志や『旧唐書《くとうじょ》』経籍志また『新唐書《しんとうじょ》』藝文《げいもん》志にはみえない。崔禹錫に関しては、第一章の三月「5 芹を食べない」に述べた。

## 82 猪肉と葵菜

馬琬食経云、猪宍合葵菜、食之、奪人気。（『医心方』巻第二九・合食禁）

馬琬の「食経」に云わく、「猪宍は葵菜（冬葵の葉）に合わせ、之を食らわば、人の気を奪う」と。

この記事は本節「22 葵菜（冬葵）と猪肉」と同じ内容である。

〔養生要集〕又云、葵菜不可合食猪宍。奪人気、成病。

「養生要集」に又た云わく、「葵菜は猪宍に合わせ食らうべからず。人の気を奪い、病と成る」と。

類似する記事は張機（字は仲景、一五〇？〜二一九）の『金匱要略方論』巻下「禽獣魚虫禁忌并治第二四」にある。

猪肉和葵食之、少気。　猪肉は葵に和ぜて之を食らえば、気を少なからしむ（気持ちが萎《な》える？）。

馬琬の『食経』は『隋書』巻三四経籍志に「食経三巻 馬琬撰」とあるもので、『隋書』に記載されるから、隋代以前、すなわち七世紀以前に成立した食経である。

葵菜には戎葵（胡葵・蜀葵ともいう）と冬葵がある。青木正児氏は「葵藿考《きかく》」（『青木正児全集 第八巻』所収 春秋社一九七二）において、江戸時代の小野蘭山の『本草綱目啓蒙』（享和三年・一八〇三年刊）の説を紹介し、古来食用の主流を占めた葵菜は冬葵であるとする。

### 83　鹿と雉

〔馬琬〕食経云、鹿雉并煮、食之殺人。（『医心方』巻第二九・合食禁）

馬琬の「食経」に云わく、「鹿の肉・雉《きじ》の肉并せ煮て、之を食らわば、人を殺す」と。

『備急千金要方』巻八〇食治・鳥獣第五・麋脂に馬琬の『食経』記事に類似する史料がある。

生麑肉共雉肉食之、作痼疾。　生の麑《げい》の肉（子鹿の肉）を雉の肉と共に之を食らわば、痼疾（長患い）を作す。

### 84　鯽《そく》魚と鹿肉

朱思簡食経云、鯽魚合鹿肉、生食之、筋急嗔怒。（『医心方』巻第二九・合食禁）

朱思簡の「食経」に云わく、「鯽《そく》魚（ふな）鹿の肉に合わせ、之を生《なま》にて食らわば、筋は急に嗔怒す」と。

朱思簡とその『食経』に関しては史料がない。不明である。

## 第二節　『新修本草』の食忌

### 1　天門冬を服せば、鯉魚を食べることを禁止する

服天門冬、禁食鯉魚。（『唐・新修本草』草部上品之上巻第六・天門冬の註　一五〇頁）

天門冬（ユリ科クサスギカズラの根を乾燥したもの）を服せば、鯉魚を食らうことを禁ず。

晋の葛洪（抱朴子。二八三〜三四三。『晋書』巻七二）の『肘《ちゅう》後備急方』巻七治防避飲食諸毒方第六七「雑果菜諸忌」に「天門冬忌鯉魚」とあり、三世紀になった張機の『金匱要略方論』には、天門冬と鯉魚に関する記事がないから、葛洪のころ、この食忌ができたものであろうか。七世紀末の『備急千金要方』巻一論服餌第八「凡服薬」にも「天門冬忌鯉魚」とあり、八世紀の『外臺秘要方』巻三一解飲食相害成病百件「諸鳥獣陸地肉物忌法」に「天門冬忌食鯉魚」とある。一六世紀末に完成した『本草綱目』巻二序例下・服薬食忌に「紫蘇天門冬丹砂龍骨忌鯉魚（紫蘇・天門冬・丹砂・龍骨は鯉魚を忌む）」とある。天門冬と鯉魚の服薬禁忌は、四世紀以来の服薬禁忌の最たるものである。

天門冬は日本の温暖な海岸地方から東南アジアに自生するユリ科の一年草。鎮咳《がい》、利尿、止渇、強壮、抗菌などの薬効がある。歐陽詢《おうようじゅん》（五五七〜六四一。『旧唐書《くとうじょ》』巻一八九上・儒学上）等の『藝文類聚《げいもんるいじゅう》』巻八一草部上・天門冬に「本草経曰、天門冬、一名顚勒。味苦、殺三蟲」とあり、天門冬は顚勒《てんろく》という異名があった。

また羅願（一一三六〜一一八四）の『爾雅翼』巻七釈草・門冬に、

蘠蘼虋冬。郭璞曰、今門冬也。一名満冬。按虋冬、有二。其一則天門冬、一名顚棘。釈草所謂髦顚棘也。故郭璞注顚棘云、細葉有刺蔓生。其一則麦門冬、生山谷肥地、葉如韭。四季不凋、根有鬚作連珠、形似穬麦顆、故名麦門冬。

蘠《しょう》蘼《び》は虋《ぼん》冬なり。郭璞《かくはく》（二七六〜三二四）曰わく、「今の門冬なり」と。一名は満冬。虋冬を按ずるに、二有り。其の一は則ち天門冬、一名は顚棘《てんきょく》。「釈草」（『爾雅』釈草）謂う所の髦顚棘《ぼうてんきょく》なり。故に郭璞《かくはく》顚棘に注して云わく、「細葉 刺有り蔓生す」と＊。其の一は則ち麦門冬（龍のひげ）、山谷の肥地に生え、葉は韭《きゅう》（にら）の如し。四季凋《しぼ》まず、根に鬚《ひげ》有り、連珠を作《な》し、形は穬麦《こうばく》（春蒔の大麦）の顆《か》（丸いつぶ）に似る、故に麦門冬と名づく。

とあり、顚棘ともいわれた。

＊　『爾雅注疏』巻八に、

髦顚蕀。［郭璞］注、細葉有刺、蔓生。一名商蕀。広雅云、女木也。［陸徳明］音義、髦音毛。顚都年反。蕀古力反。

髦顚蕀《ぼうてんきょく》。郭璞《かくはく》の注に、「細葉にして刺有り、蔓生す。一名は商蕀《しょうきょく》。〈広雅〉に云わく、〈女木なり〉」と。陸徳明の音義に、「髦の音は毛。顚は都・年の反。蕀《きょく》は古・力の反」と。

とあり、『太平御覧《ぎょらん》』巻九九八百卉《き》部五・商蕀《しょうきょく》に、次のようにある。

爾雅曰、髦顚蕀。孫炎曰、一名白棘。郭璞曰、細葉有刺蔓生。一名商蕀。広雅云、女木也。

「爾雅」に曰わく、「髦顚蕀」と。孫炎（『爾雅疏』一〇巻がある。東晋の人）曰わく、「一名は白棘《はっきょく》」と。郭璞曰わく、「細葉にして棘有り蔓生す。一名は商蕀。〈広雅〉（魏の張揖の書）に云わく、〈女木なり〉」と。

## 2　葈耳《し》（おなもみ）と猪肉・米泔《かん》（米のとぎ汁）を合食しない

［葈耳実］忌食猪肉米泔。亦主猘狗毒。（『唐・新修本草』草部・中品之上巻第八・葈耳実の註　二二二頁）

葈耳の実は猪肉・米泔《かん》を食らうこと忌む。亦た猘狗《せいく》（狂犬）の毒を主《つかさど》る。

「おなもみ」の名称に関して、陸佃の『埤《ひ》雅』巻一五釈草・巻耳《けん》（おなもみ）に、

爾雅曰、菤耳苓耳。広雅曰、即枲耳也。幽州人謂之爵耳。或曰形似鼠耳、故有耳之号也。或曰白華、細茎子、如婦人耳璫。故名云。荊楚記曰、巻耳。一名璫草、亦云、蒼耳。叢生如盤。今人以葉覆麦、作黄衣者。所在有之。

「爾雅」に曰わく、「菤耳《けん》・苓耳」と。「広雅」（魏の張揖の書）に曰わく、「即ち枲耳《し》なり」と。幽州の人之を爵耳と謂う。或るひと曰わく、「形 鼠《そ》耳に似る、故に耳の号有るなり」と。或いは白華と曰う、細い茎子、婦人の耳璫《とう》（耳飾りの玉）の如し。故に名づくと云う。「荊楚記」に曰わく、「巻耳《けん》」と＊。一名は璫草《とうそう》、亦た云わく、「蒼《そう》耳」と。叢生すること盤の如し。今人葉を以て麦を覆い、黄衣（ざら麹《こうじ》）を作るなり。所在に之有り＊＊。

とあり、菤耳《けんじ》・苓耳・葈耳《しじ》・爵耳・白華・耳璫《じとう》・巻耳《けんじ》・璫草《とうそう》・蒼耳の名がある。

『備急千金要方』巻七九食治・菜蔬第三・蒼耳に、

蒼耳子。味苦。甘温。葉味苦辛。微寒。濇。有小毒。主風頭寒痛風湿痺四肢拘急攣痛、去悪肉死肌膝痛渓毒。久服益気、耳目聡明、強志軽身。一名胡葈、一名地葵、一名葹、一名常思。蜀人名羊負来、秦名蒼耳、魏人名隻刺。黄帝云、戴甲蒼耳不可共猪肉。食害人。

蒼耳子。味は苦。甘。温。葉の味は苦辛。微寒。濇《しふ》（なめらかならず）。小毒有り。風頭・寒痛・風湿・痺四肢・拘急の攣《れん》痛を主り、悪肉・死肌《しき》・膝痛《しつう》・渓毒（蜮《いさごむし》のこと）を去らしむ。久しく服さば気を益し、耳目聡明にし、志を強くし身を軽くす。一名は胡葈《こし》、一名は地葵、一名は葹《し》、一名は常思。蜀人は羊負来と名づけ、秦は蒼耳と名づけ、魏人は隻刺《そうし》と名づく。黄帝云わく、「戴甲・蒼耳は猪肉と共にするべからず。食らわば人を害す」と。

とある。『経史證類大観本草』巻八草部中品之上「葈耳」の註に、

唐本注云、蒼耳。………（中略）………。忌食猪肉米泔、亦主猘狗毒。

「唐本」（『新修本草』）の注に云わく、「蒼耳（おなもみ）。………（中略）………。猪肉・米泔《かん》（米のとき汁）を食らうこと忌む。亦た猘狗《せいく》（狂犬）の毒を主《つかさど》る」と。

とあり、同書「葈耳」の孫真人の『食忌』には次のようにいう。

蒼耳合猪肉食害人。　蒼耳　猪肉に合わせ食らわば人を害す。

蒼耳（おなもみ）はキク科の一年草で、高さは約一米となる。土を落として天日乾燥させたものを蒼耳という。成熟した果実は九月～一〇月頃に摘み取り、天日乾燥させたものを蒼耳子という。

蒼耳は風邪の解熱・頭痛等に服用し、疥癬《かいせん》・湿疹・虫刺されには、新鮮な葉をよくもんで、患部に塗布すれば薬効がある。あせも・皮膚炎に効果があり、乾燥した葉を入浴剤として利用する。蒼耳子には動脈硬化の予防によいリノー

ル酸が含まれる。

＊　現行本『荊楚歳時記』に「巻耳《けんじ》」の記事はない。

＊＊　『埤雅《ひ》』の「今人以葉覆麦、作黄衣者、所在有之」の「黄衣」とは、黄色の服ではなく「ざら麴《こうじ》」のこと。『斉民要術』巻八「黄衣・黄蒸及糵第六八・黄衣。一名麦䴷《かん》（丸麦のざらこうじ）」の「作黄衣法（黄衣を作る法）」に、次のように製法を述べる。

六月中、取小麦、浄淘訖、於瓮中以水浸之。令醋、漉出、熟蒸之。揞箔上敷席、置麦於上、攤令厚二寸許、預前一日刈蒿葉薄覆。無蒿葉者、刈胡葈、択去雑草、無令有水露気。候麦冷、以胡葈覆之。七日、看黄衣色足、便出曝之、令乾。去胡葈而已、慎勿颺簸。斉人喜当風颺去黄衣、此大謬。凡有所造作用麦䴷者、皆仰其衣為勢、今反颺去之、作物必不善矣。

六月中、小麦を取り、浄に淘《と》ぎ訖《おわ》らば、瓮《もたい》（口の小さく、腹の太い甕）の中に水を以て之を浸す。醋っぱくせしめ、漉《こ》し出し、之を熟蒸す。揞《えびら》かけの箔《えびら》の上に席（くさむしろ）を敷き、蒸し麦を上に置き、攤《ひろ》げて厚さ二寸許《ばか》りにせしめ、預《あらかじ》め前一日に刈る蒿《おぎ》の葉薄く覆う。蒿の葉なきは、胡葈（おなもみ）を刈り、雑草を択去し、有水・露気をなからしめ。麦冷えるを候《ま》ち、胡葈を以て之を覆う。七日して、看て黄衣の色足《た》れば、便ち出して之を曝《さら》し、乾かしむ。胡葈を去るのみ、慎みて颺簸《ようは》（簸にて風の選別をすること）すること勿れ。斉人喜く風颺《ふうよう》に当て黄衣を去る、此れ大いに謬りなり。凡《すべ》て造作する所有りて麦䴷《ばっかん》（ざら麴）を用うは、皆な其の衣（かんだち）を仰いで勢と為すに、今反《かえ》って之を颺去《ようきょ》す、作物必ず善《よろ》からず。

### 3　病人は熊の肉を食べない

瘨病人不可食熊肉。令終身不除愈也。（『唐・新修本草』獣禽部巻第一五獣上・熊脂の註　三七〇頁）

瘨病（持病）の人 熊の肉を食らうべからず。終身 除愈せざるなり。

『新修本草』と同系統の『経史證類大観本草』巻一六獣部・上品「熊脂」の註に、

瘨疾不可食熊肉。令終身不除愈。

瘨疾は熊の肉を食らうべからず。終身 除愈せざるなり。

とある。この禁忌は、古くは張機（一五〇?〜二一九）の『金匱要略方論』巻下「禽獣魚虫禁忌并治第二四」に、

痼疾人不可食熊□（□は肉）。終身不愈。　痼疾の人 熊の肉を食らうべからず。終身愈《いえ》ず。

とあり、八世紀の『外臺秘要方』では、「痼疾人」が単に「病人」となり、「猴肉（猿の肉）」が加わっている。

病人、不可食熊肉及猴肉。（『外臺秘要方』巻三一解飲食相害成病百件「諸鳥獣陸地肉物忌法」）

病人、熊の肉及び猴《さる》の肉を食らうべからず。

## 4　羊の肝と猪肉・梅・小豆を合食しない

羊肝不可合猪肉及梅子小豆食之、傷人心、大病人。（『唐・新修本草』獣禽部巻第一五獣中・羖羊角の註　三七六頁）

羊の肝 猪肉及び梅子・小豆を合わせ之を食らうべからず。人心を傷《そこな》い、大いに人を病ましむ。

張機の『金匱要略方論』巻下「禽獣魚虫禁忌并治第二四」に、

猪肉共羊肝、和食之令心悶。　猪肉は羊の肝を共にし、和《まじ》え之を食らわば、心悶せしむ。

とあり、また『金匱要略方論』巻下「禽獣魚虫禁忌并治第二四」に、猪脂と梅子の食忌をいう。

猪脂不可合梅子食之。　猪脂 梅子を合わせ之を食らうべからず。

また葛洪（抱朴子。二八三〜三四三）の『肘《ちゅう》後備急方』巻七治防避飲食諸毒方第六七「雑鳥獣他物諸忌法」に、

猪肉不可雑羊肝。　猪肉 羊の肝を雑うべからず。

とあり、猪肉と羊の肝の食忌をいい、加えて、次に示す羊の肝・烏梅・山椒の食忌をいう。

羊肝不可合烏梅及椒。　羊の肝は烏梅及び椒に合わすべからず。

『外臺秘要方』巻三一解飲食相害成病百件「諸鳥獣陸地肉物忌法」では、猪肉と烏梅・羊の肝の食忌をいう。

猪肉、不可合烏梅食。一云、不可合羊肝。

猪肉 烏梅を合わせ食らうべからず。一に云わく、「羊の肝を合わすべからず」と。

一四世紀に書かれた、闕名氏（一説に一五世紀初期の熊宗立の編）の『居家必用事類全集』癸集・人元寿「走獣」に、

膏忌烏梅。　膏は烏梅を忌む。

とあり、獣膏と烏梅は対立するものであった。

烏梅は未熟な梅の果実を、薫製にしたもの。黒い色をしているところから烏梅という。六世紀中葉に完成した賈思《かし》勰《きょう》の『斉民要術』巻四種梅杏第三六「作烏梅法（烏梅を作る法）」に、

亦以梅子核初成時摘取、籠盛、於突上薫之、令乾、即成矣。烏梅入薬、不任調食也。

亦た梅子核初めて成るの時を以て摘取し、籠に盛り、突上（煙突上）に之を薫《いぶ》し、乾かしめれば、即ち成る。烏梅は入薬（薬用）、調食（調味料）に任ぜずなり。

とある。強い酸味があり、ほぼ球状の形。表面は真っ黒で皺《しわ》があり、壊れやすい。鎮痛・解毒作用がある健胃整腸の妙薬。煎じて風邪薬や胃腸薬として用いる。熱冷まし、下痢止め、咳止め、食物や薬物の中毒、回虫駆除、止血、すり傷、切り傷の手当に、昔から民間薬として用いられている。

梅には「クエン酸（枸櫞酸）」が多く含まれている。紅花から「紅」の色素を取り出す時、その天然のクエン酸を染色の媒染剤として利用した。「紅花染め」に烏梅は欠くことのできないものであった。

### 5　青牛の腸は犬の肉・犬の血と合食しない

青牛腸不可共犬肉犬血食之。令人成病也。（『唐・新修本草』獣禽部巻第一五獣中・牛角䚡の註　三七八頁）

青き牛の腸 犬の肉・犬の血と共にし之を食らうべからず。人をして病に成らしむなり。

張機（字は仲景、一五〇?～二一九）の『金匱要略方論』巻下「禽獣魚虫禁忌并治第二四」に、

牛腸不可合犬肉食之。　牛の腸 犬の肉に合わせ之を食らうべからず。

とあり、葛洪（『晋書』巻七二。二八三～三四三）の『肘《ちゅう》後備急方』巻七治防避飲食諸毒方第六七「鳥獣他物諸忌法」に、

牛腸不可合犬肉。　牛の腸 犬の肉を合わすべからず。

とあり、八世紀の王燾《とう》の『外臺秘要方』巻三一解飲食相害成病百件にも次のようにある。

牛腸。不可合犬血肉等食。　牛の腸。犬の血肉等を合わすべからず。

### 6　白馬の青蹄なるものは食べない

馬肝及鞍下肉、旧言殺人。食駿馬肉、不飲酒、亦殺人。白馬青蹄、亦不可食。

（『唐・新修本草』獣禽部巻第一五獣中・白馬茎の註　三七九頁）

馬の肝及び鞍下の肉、旧は「人を殺す」と言う。駿馬の肉を食らい、酒を飲まざれば、亦た人を殺す。白馬の青蹄、亦た食らうべからず。

右の記事は「馬肝及鞍下肉、旧言殺人」と「食駿馬肉、不飲酒、亦殺人」と「白馬青蹄、亦不可食」の三部分から構成される。このことを理解しないと意味不明な一文となる。

「馬肝及鞍下肉、旧言殺人」は、張機（一五〇?～二一九）の『金匱要略方論』巻下「禽獣魚虫禁忌并治第二四」に、

馬鞍下肉、食之殺人。　馬の鞍下の肉、之を食らわば人を殺す。

とあり、八世紀の王燾《とう》の『外臺秘要方』巻三一「張文仲」に、

馬鞍下肉、不可食。　馬の鞍下の肉、食らうべからず。

とあり、唐の段成式の『酉陽雑俎《ざっそ》』巻一一広知に、

白馬鞍下肉、食之、傷人五蔵（蔵は臓）。　白馬の鞍下の肉、之を食らわば、人の五臓を傷《そこな》う。

とある。前掲した『外臺秘要方』の記事は、七世紀後半の医官・張文仲の『隨身備急方』に「馬鞍下肉、不可食」という記事があり、それを八世紀の『外臺秘要方』が引用したことを示す。『外臺秘要方』と張文仲の関係は、第一章の「正月の食忌と食宜」の「7　生葱を食べない」において述べた。

「食駿馬肉、不飲酒、亦殺人」は『金匱要略方論』巻下「禽獣魚虫禁忌并治第二四」に、

食酸（＝駿）馬肉、不飲酒、則殺人。　駿馬の肉を食らい、酒を飲まざれば、則ち人を殺す。

とあり、八世紀の『外臺秘要方』巻三一に「張文仲」とあって、次のようにある。

食駿馬肉、不飲酒、殺人也。　駿馬の肉を食らい、酒を飲まざれば、人を殺すなり。

「食駿馬肉、不飲酒、亦殺人」は『史記』巻五秦本紀・穆公一五年の条にある、次に示す史実のことで、「食駿馬肉、不飲酒、亦殺人」は、駿馬の肉を食べ、酒を飲まなかったら、人が死ぬわけではない。

十五年、［晋恵公］興兵将攻秦。繆公発兵、使丕豹将、自往撃之。九月壬戌、与晋恵公夷吾合戦於韓地。晋君棄其軍、与秦争利。還而馬鷙。繆公与麾下馳追之。不能得晋君。反為晋軍所囲。晋撃繆公。繆公傷。於是岐下食善馬者三百人馳、冒晋軍。晋軍解囲。遂脱繆公。而反生得晋君。初繆公亡善馬。岐下野人、共得而食之者三百餘人、吏逐得、欲法之。繆公曰、君子不以畜産害人。吾聞、食善馬肉、不飲酒傷人。乃皆賜酒而赦之。三百人者聞秦撃晋、皆求従。従而見繆公窘、亦皆推鋒争死、以報食馬之徳。於是繆公虜晋君以帰。

一五年（前四一二）、晋の恵公、兵を興し将に秦を攻めんとす。繆公《びゅうこう》兵を発し、丕《ひ》豹をして将《しょう》たらしめ、自ら往きて之を撃つ。九月壬戌、晋の恵公・夷吾と韓の地に合戦す。晋君其の軍を棄て、秦と利を争う。還《めぐ》りて馬鷙《なず》む（旋回して馬が泥に落ち、脱出できないさまをいう）。繆公麾下と馳せて之を追う。晋君を得ること能わず。反って晋軍の囲む所と為る。晋　繆公を撃つ。繆公傷つく。是に於いて、岐下の善馬を食らいし者三百人馳せ、晋軍を冒す。晋軍囲を解く。遂に繆公を脱れしむ。而して反《かへ》って晋君を生得す。初め繆公善馬を亡《うしな》う。岐下の野人、共に

得て之を食らう者三百餘人、吏逐に得、之を法せんと欲す。繆公曰わく、「君子は畜産を以て人を害せず。吾聞く、善馬の肉を食らいて、酒を飲まざれば人を傷《そこな》う」と。乃ち皆な酒を賜いて之を赦《ゆる》す。三百人の者秦の晋を撃つを聞き、皆な従わんこと求む。従いて繆公の窘《くるし》めらるを見、亦た皆な鋒を推し死を争い、以て馬を食らいしときの徳に報ゆ。是に於いて、繆公晋君を虜にして以て帰る。

「食駿馬肉、不飲酒、亦殺人」とは、秦の穆公《ぼっこう》の故事をいうものであって、駿馬の肉を食べ、酒を飲まなかったなら人を殺すという事実はなかったのである。

「白馬青蹄、亦不可食」は張機（一五〇？～二一九）の『金匱要略方論』巻下「禽獣魚虫禁忌并治第二四」に、

白馬青蹄者、不可食之。　白馬の青蹄なるものの［肉］、之を食らうべからず。

とある古い俗信で、唐の孫思邈《ばく》の『備急千金要方』巻八〇食治・鳥獣第五「黄犍沙牛黒牯牛尿」に、

白馬青蹄肉、不可食。　白馬青蹄の肉、食らうべからず。

とあり、『外臺秘要方』巻三一解飲食相害成病百件「諸鳥獣陸地肉物忌法」にも次のようにある。

白馬青蹄肉不可食。　白馬の青蹄の肉は食らうべからず。

### 7　白犬の血は白鴨《おう》の血等々と合食しない

白犬血合白鴨血白鵝肝白羊肉烏鴨肉蒲子羹等、病人不可食。

（『唐・新修本草』獣禽部巻第一五獣中・牝狗陽茎の註　三八一頁）

白犬の血　白鴨（白いあひる）の血・白鵝《が》（白いがちょう）の肝・白羊の肉・烏の肉・鴨の肉・蒲子（がまの実）の羹等を合わせれば、病人食らうべからず。

『外臺秘要方』巻三一解飲食相害成病百件「諸鳥獣陸地肉物忌法」に、

白犬血腎、不可雑白鶏肝白鵝肝。　白犬の血・腎、白鶏の肝・白鵝の肝を雑うべからず。

とあり、『外臺秘要方』の同条には、白羊の肉と鶏肉の食忌をいう。

白羊肉、不可雑鶏肉。　白羊の肉、鶏肉に雑うべからず。

### 8　麕《きん》（く鹿）の肉と鵠《こう》（白鳥）の肉を合食しない

麕肉不可合鵠肉。食之成症痼也。（『唐・新修本草』獣禽部巻第一五獣中・獐骨の註　三八三頁）

麕の肉　鵠（白鳥）の肉を合わすべからず。之を食らわば症痼（長く治癒しない病気）と成るなり。

麕はシカ科シラオジカ亜科ノロジカ属。ユーラシア大陸の中高緯度に分布する。体長は約一米で小型の鹿。角は雄のみが持ち、夜行性である。

### 9　妊婦は兎の肉を食べない

兎肉乃大美。亦益人。妊身不可食、令子唇缺。（『唐・新修本草』獣禽部巻第一五獣中・兎頭骨の註　三八五頁）

兎肉乃《すなわ》ち大いに美《うま》し。亦た人を益す。妊身は食らうべからず、子をして唇缺せしむ。

孫思邈《ばく》『備急千金要方』巻二婦人方・養胎第三・禁忌に、

妊娠食兎肉犬肉、令子無音声并缺脣。

妊娠し兎の肉・犬の肉を食らわば、子をして音声なく并せて脣缺せしむ。

とあり、『外臺秘要方』巻三三養胎法并禁忌に同じ記事があり、陳元靚《せい》の泰定乙丑《いっちゅう》版『事林広記』辛集巻六薬忌門・孕婦人食忌に、七世紀末の『千金方』を出典として「孕婦食兎肉、令子缺唇」とある。

10　兎の肉と白鴨《おう》の肉を合食しない

其肉又不可合白鴨肉、食之、令人面発黄。（『唐・新修本草』獣禽部巻第一五獣中・兎頭骨の註　三八五頁）

其の肉（兎の肉）又た白鴨《はくおう》（あひる）の肉を合わすべからず、之を食らえば、人をして面《かお》に黄（黄疸）を発せしむ。

11　兎の肉と獺《だつ》（かわうそ）の肉を合食しない

合獺肉食之、令人病遁尸。（『唐・新修本草』獣禽部巻第一五獣中・兎頭骨の註　三八五頁）

獺の肉を合わせ之（兎の肉）を食らえば、人をして遁尸《とんし》を病ましむ。

八世紀の『外臺秘要方』巻三一解飲食相害成病百件にも類似する記事がある。

兎肉。不可雑獺肉及白鶏心食。　兎の肉。獺の肉及び白鶏の心（白鶏の心臓）を雑え食らうべからず。

獺はネコ目イタチ科カワウソ亜科に属する哺乳動物の総称である。カワウソ亜科には絶滅したニホンカワウソやラッコなどが属している。豪州大陸地域を除く、世界全域の水辺や海上に生息している。

遁尸については、『巣氏諸病源候総論』巻二三「尸病諸候」遁尸候に、

遁尸者、言其停遁、在人肌肉血脉之間。若卒有犯触、即発動。亦令人心腹脹満、刺痛、気息喘急。傍攻両脇、上衝心胸。瘥後、復発停遁不消、故謂之遁尸也。

遁尸とは、其の停遁《ていとん》し、人の肌《き》肉・血脈（血管）の間に在るを言う。若《も》し卒《にわ》かに触るを犯すこと有らば、即に発動す。亦た人の心腹をして脹満せしめ、刺痛あり、気息喘急ならしむ。傍ら両脇を攻め、上は心胸を衝く。瘥《い》える後、復た発し停遁消えず、故に之を遁尸と謂うなり。

とある。病原が肌肉・血脉の間に留まり、消散しないことを指す言葉であるらしい。

12　麋《び》（おお鹿）の肉と蝦・生菜・梅・李と合食しない

麋肉不可合蝦及生菜梅李果類。食之皆病人。（『唐・新修本草』獣禽部巻第一五獣下・麋脂の註　三八七頁）
麋（おお鹿　となかい）の肉　蝦《えび》及び生菜・梅・李・果の類を合わすべからず。之を食らわば皆な人を病ましむ。

張機（一五〇？〜二一九）の『金匱要略方論』巻下「禽獣魚虫禁忌并治第二四」に、『新修本草』とほぼ同文がある。

麋肉不可合蝦及□□（□□は生菜）梅李果、食之皆病人。
麋の肉　蝦《えび》及び生菜・梅・李・果を合わすべからず。之を食らわば皆な人を病ましむ。

『外臺秘要方』巻三一解飲食相害成病百件「諸鳥獣陸地肉物忌法」には次のようにある。

麋肉、不可合蝦蟆（蟆は衍字）及獺生菜食。　麋の肉、蝦及び獺《だつ》（かわうそ）生菜を合わせ食らうべからず。

『新修本草』に「蝦」とあるのに、『外臺秘要方』が「蝦蟆」とするのは不自然で、「蟆」は衍字である。

13　豚肉を食べ飲酒して、稲藁に寝ない

食其肉、飲酒、不可臥秋稲穰中。（『唐・新修本草』獣禽部巻第一五獣下・豚卵の註　三八八頁）
其の肉（豚肉）を食らい、酒を飲み、秋稲の穰（わら）中に臥《ね》るべからず。

この『新修本草』の食忌は、張機（一五〇？〜二一九）の『金匱要略方論』巻「禽獣魚虫禁忌并治第二四」に、

飲酒食猪肉、臥秫稲穰中、則発黄。　飲酒して猪肉を食らい、秫《じゅっ》稲の穰《じょう》中に臥《ね》れば、則ち黄［疸］を発す。

とあるから、『金匱要略方論』の食忌を継承したものである。

『外臺秘要方』巻三一解飲食相害成病百件「諸鳥獣陸地肉物忌法」に、

食猪肉、不可臥稲穰草中。　猪肉を食らわば、稲穰の草中に臥るべからず。

とあるが、この記事には「飲酒」という二字がない。

14　白猪の蹄に青色が雑るものは食べない

又白猪蹄白雑青者不可食。（『唐・新修本草』獣禽部巻第一五獣下・豚卵の註　三八八頁）

又た白猪の蹄白く青を雑うものは食らうべからず。

15　猪膏は烏梅を忌む

食猪膏、又忌烏梅也。（『唐・新修本草』獣禽部巻第一五獣下・豚卵の註　三八八頁）

猪膏を食らえば、又た烏梅（梅の実の薫製品）を忌むなり。

『外臺秘要方』巻三一解飲食相害成病百件「諸鳥獣陸地肉物忌法」に、

猪肉、不可合烏梅食。一云不可合羊肝。

猪肉、烏梅に合わせ食らうべからず。一に云わく「羊肝を合わすべからず」と。

『経史證類大観本草』巻一八獣部下品・「豚卵」の註に「陶隠居云、………　猪膏又忌烏梅」とあるから、『神農本草経』にあった食忌である。

とあるが、これは「猪肉、不可合烏梅食」と「猪肉、不可合羊肝」となろう。

一四世紀に書かれた、闕名氏（一説に一五世紀初期の熊宗立の編）の『居家必用事類全集』癸集・人元寿「走獣」に、

膏忌烏梅。　　膏は烏梅を忌む。

とあり、猪膏と烏梅はあい入れない関係とされた。

烏梅は未熟な梅の果実を、薫製にしたもの。黒い色をしているところから烏梅と名づけられた。六世紀中葉に完成

した賈思勰《かしきょう》の『斉民要術』巻四種梅杏（梅・杏を種《う》える）第三六の「作烏梅法（烏梅を作るの法）」に、

亦以梅子核初成時摘取、籠盛、於突上薫之、令乾、即成矣。烏梅入薬、不任調食也。

亦た梅子核初めて成るの時を以て摘取し、籠に盛り、突上（煙突の上）に之を薫し、乾かしめれば、即ち成る。烏梅は入薬（薬用）、調食（調味料）に任《た》えざるなり。

とある。強い酸味（クエン酸・枸櫞酸が主成分）があり、ほぼ球状の形。表面は真っ黒でシワがあり、壊れやすい。鎮痛・解毒作用がある健胃整腸の妙薬。煎じて風邪薬や胃腸薬として用いる。熱冷まし、下痢止め、咳止め、食物や薬物の中毒、回虫駆除、止血、すり傷、切り傷の手当に、昔から民間薬として用いられている。

### 16　獺《だつ》（かわうそ）の肉と兔の肉を合食しない

其肉不可与兔肉雑食也。（『唐・新修本草』獣禽部巻第一五獣下・獺肝の註　三九〇頁）

其の肉（獺の肉）兔の肉と雑え食らうべからざるなり。

『備急千金要方』巻八〇食治・鳥獣第五・兔肝にもある。

黄帝云、兔肉和獺肝食之、三日必成遁尸。

「黄帝」に云わく、「兔の肉　獺の肝を和《まぜ》て之を食らわば、三日せば必ず遁尸《とんし》と成る。

獺と兔の肉の関係と遁尸は、本節「11　兔の肉と獺の肉を合食しない」にすでに述べた。

### 17　鴨《おう》（あひる）の卵は葫蒜《にんにく》・李と合食しない

鴨子不可合葫蒜及李子食之。（『唐・新修本草』獣禽部巻第一五禽上・丹雄鴨の註　三九三頁）

鴨《おう》子（あひるの卵）葫蒜《こさん》（にんにく）及び李子と合わせ之を食らうべからず。

「葫《こ》」は、顧野王（五一九～五八一。『陳書《ちんじょ》』巻三〇、『南史』巻六九）の『玉篇』巻一三艸部に「葫。戸都切。大蒜《さん》也（葫。戸都の切。大蒜《さん》なり）」とあり、輯復本『唐・新修本草』草菜部巻一八・葫の註に、

今人謂葫為大蒜、謂蒜為小蒜。以其気類相似也。性最薫臭、不可食。

今人葫を謂いて大蒜（にんにく）と為し、蒜を謂いて小蒜（のびる）と為す。其の気類相い似るを以てなり。性最も薫臭、食らうべからず。

とあり、羅願（一一三六～一一八四）の『爾雅翼』巻五釈草・葫に、

蒜有大小、大蒜為葫、小蒜為蒜。　蒜に大小有り、大蒜《だいさん》を葫と為し、小蒜を蒜と為す。

とあり、葫・葫蒜《こさん》は「にんにく」である。

### 18　烏・鴨《おう》の肉は犬の肝・犬の腎臓と合食しない

烏・鴨肉、不可合犬肝腎食之。（『唐・新修本草』獣禽部巻第一五禽上・丹雄鴨の註　三九三頁）

烏の肉・鴨の肉（あひるの肉）、犬の肝・犬の腎を合わせ之を食らうべからず。

孫思邈《ばく》の『備急千金要方』巻八〇食治・鳥獣第五・丹雄鶏肉には、

鶏肉犬肝腎共食、害人。　鶏肉・犬の肝・犬の腎共に食らわば、人を害す。

とあり、『新修本草』のように「烏肉・鴨肉」ではない。

### 19　鴨は芥葉と蒸して合食しない

又鴨不可合芥葉蒸食之。（『唐・新修本草』獣禽部巻第一五禽上・丹雄鴨の註　三九三頁）

又た鴨（あひる）芥葉（からし菜）を合わせ蒸して之を食らうべからず。

### 20　鴨卵と鼈《べつ》の肉を合食しない

鴨卵不可合鼈肉食之。（『唐・新修本草』獣禽部巻第一五禽上・鶩肪の註　三九四頁）

鴨卵（あひるの卵）鼈の肉を合わせ之を食らうべからず。

張機（一五〇？～二一九）の『金匱要略方論』巻下「禽獣魚虫禁忌并治第二四」に、同一記事がある。

鶏卵不可合鱉肉食之。　鶏卵　鱉《べつ》肉を合わせ之を食らうべからず。

### 21　口を閉じず自死した鳥を食べない

凡鳥自死、口不閉者、皆不可食之。食之殺人。（『唐・新修本草』獣禽部巻第一五禽上・鶩肪の註　三九四頁）

凡《すべ》て鳥の自死し、口閉じざるは、皆な之を食らうべからず。之を食らわば人を殺す。

張機の『金匱要略方論』巻下「禽獣魚虫禁忌并治第二四」に、

凡鳥自死、口不閉翅不合者、不可食之。　凡て鳥の自死し、口閉じず翅《はね》合わざるは、之を食らうべからず。

とある。この食忌は葛洪（二八三～三四三）の『肘《ちゅう》後備急方』巻七治防避飲食諸毒方第六七「雑鳥獣他物諸忌法」に、

鳥獣自死、口不開（開は閉の誤り）者、不可食。　鳥獣自死し、口閉じざるは、食らうべからず。

とあり、九世紀の『酉陽雑俎《ざっそ》』巻一一広知にも、次のようにあり、漢時代から唐の時代に継承された食忌である。

烏（鳥の誤記）自死、目不閉、鴨目白、烏（鳥の誤記）四距、卵有八字、並殺人。

鳥自死して、目閉じず、鴨《あひる》の目白く、鳥の四距（距は蹴爪）にして、卵に「八」字有るは、並びに人を殺す。

### 22　雀の肉と李を合食しない

雀肉不可合李食之。（『唐・新修本草』獣禽部巻第一五禽中・雀卵の註　三九七頁）

雀肉不可合李食之。　雀の肉 李《すもも》を合わせ之を食らうべからず。

張機（一五〇?～二一九）の『金匱要略方論』巻下「禽獣魚虫禁忌并治第二四」に同文がある。

雀肉不可合李子食之。　雀の肉 李子を合わせ之を食らうべからず。

『医心方』巻第二九・合食禁には、

［養生要集］又云、李実合雀肉食、令大行漏血。

「養生要集」に又た云わく、「李の実 雀の肉に合わせ食らわば、大便に血を混じらしむ」と。

とあり、李と雀の肉の合食の結果をいう。

## 23　雀の肉と醤（ひしお）を合食しない

亦忌合醬食。妊身尤禁也。（『唐・新修本草』獣禽部巻第一五禽中・雀卵の註　三九七頁）

亦た［雀の肉を］醤に合わせ食らうことを忌む。妊身尤も禁なり。

この史料は前項の「22　雀の肉と李を合食しない」に連続するものであるから、「雀の肉」を補字した。

『備急千金要方』巻二婦人方・養胎第三に、

妊娠食雀肉并豆醬、令子満面多皯䵳黒子。

妊娠し雀の肉并せて豆醤を食らわば、子の満面をして皯䵳《かんそ》（顔の黒い）黒子多からしむ。

とあり、『外臺秘要方』巻三三養胎法并禁忌に、

又妊娠食雀肉并豆醬、令子満面［多］皯黯黒子。

又た妊娠し雀の肉并びに豆醤を食らわば、子の満面に皯黯《かんあん》（顔の黒い）黒子多からしむ。

とあり、陳元靚《せい》の一四世紀の泰定乙丑《いっちゅう》（一三二五）版『事林広記』辛集巻六薬忌門・孕婦《ようふ》食忌にも同主旨の記事がある。

孕婦食雀并醬、令子面多皯䵟子。　孕婦 雀并びに醬（ひしお）を食らわば、子の面をして皯䵟《かんそ》の子多からしむ。

## 24　燕の肉を食べない

凡燕肉不可食。令人入水、為蛟龍所呑。亦不宜殺之。（『唐・新修本草』獣禽部巻第一五禽下・燕屎の註　三九八頁）

凡《すべ》て燕の肉食らうべからず。人 水に入らば蛟龍の呑む所と為る。亦た宜しく之を殺すべからず。

この記事は張機（字は仲景、一五〇?～二一九）の『金匱要略方論』巻下「禽獣魚虫禁忌并治第二四」にもある。

燕肉勿食。入水為蛟龍所呑。　燕の肉食らうこと勿れ。水に入り蛟龍の呑む所と為る。

益鳥として燕を保護することは『金匱要略方論』の時代からあったのである。

西晋の張華（二三二～三〇〇）の『博物志』にも燕に関する禁忌をいう。『太平御覧《ぎょらん》』巻九二二羽族部九・燕に、

博物志曰、人食燕肉、不可入水。為蛟龍所呑。

「博物志」に曰わく、「人 燕の肉を食らい、水に入るべからず。蛟龍の呑む所と為る」と。

とあり、『太平御覧《ぎょらん》』巻九三〇鱗介部二・蛟に、

〔博物志〕又曰、人食燕肉者、不可入水。為蛟龍所呑。

「博物志」に又た曰わく、「人 燕の肉を食らう者、水に入るべからず。蛟龍の呑む所と為る」と。

とある。『太平御覧』巻八六三飲食部二一・肉に引用された『博物志』には、

博物志曰、食燕肉不可入水。為蛟所呑龍（為蛟龍所呑）。肉以醢則文章生（「肉」以下の七字誤入）。

とあるが、この記事は錯誤の部分があり、釈読不能である＊。

＊　現行本『博物志』巻四食忌には「人食燕肉、不可入水、為蛟龍所呑」とあり、『太平御覧』巻八六三飲食部二一・肉に引用され

た『博物志』と同文は、一八世紀初頭にできた『御定淵鑑類函《ぎょていえんかんるいかん》』巻三八九食物部二・肉一の記事である。『御定淵鑑類函』は内容を吟味せず、機械的に『太平御覧《ぎょらん》』を引用したようである。

## 25　山上の湖沼の鯉魚は食べてはいけない

山上水中有鯉、不可食。（『唐・新修本草』虫魚部巻第一六虫魚上・鯉魚胆の註　四〇七頁）

山上の水中（＝山上の湖沼）に鯉有らば、食らうべからず。

『初学記』巻三〇鱗介部・魚に、

陶弘景本草曰、鯉最為魚中之主、形既可愛。又能神変、乃至飛越山湖、所以琴高乗之。

陶弘景の「本草」に曰わく、「鯉 魚中の主と為すに最たり、形は既に愛すべし。又た能く神変し、乃至は山湖を飛越し、琴高之に乗る所以なり（周代に琴高なる者が鯉に乗って天に昇ったという故事）」と＊。

とあり、山上にある湖沼の鯉魚は天に昇る神魚と考えられたため、食用に供することが憚られたのであろう。

晋の崔豹（四世紀初頭の人）の『古今注』巻中に、

兗州人、呼赤鯉為赤驥、謂青鯉為青馬、黒鯉為黒駒、白鯉為白騏、黄鯉為黄騅。

兗州《えん》（山東省にあった州名）の人、赤鯉を呼びて赤驥《き》（赤い良馬）と為し、青鯉を謂いて青馬と為し、黒鯉を黒駒と為し、白鯉を白騏《き》（白い良馬）と為し、黄鯉を黄騅《すい》（黄色のあしげ）と為す。

とあり、一〇世紀の馬縞が著作した『中華古今注』巻下にも、

兗州人謂赤鯉為赤驥、謂青鯉為青馬、謂黒鯉為黒駒、謂白鯉為白騏、謂黄鯉為黄騅。

兗州の人、赤鯉を謂いて赤驥と為し、青鯉を謂いて青馬と為し、黒鯉を謂いて黒駒と為し、白鯉を謂いて白騏と為し、黄鯉を謂いて黄騅と為す。

とある。何故に鯉に赤驥等々の名を付すのか、『古今注』に説明はないが、宋の羅願（一一三六〜一一八四）は『爾雅翼』巻二八釈魚・鯉に次のような説明をする。

崔豹云、兗州人、謂赤鯉為赤驥、青鯉為青馬、黒鯉為黒駒、白鯉為白騏、黄鯉為黄騅。皆取馬之名、以其霊仙所乗、能飛越江湖故也。

崔豹（四世紀初頭の人）云わく、「兗《えん》州の人、赤鯉を謂いて赤驥《き》と為し、青鯉を青馬と為し、黒鯉を黒駒と為し、白鯉を白騏《き》と為し、黄鯉を黄騅《すい》と為す」と。皆な馬の名を取るは、以うに其れ霊仙（仙人）乗る所にして、能く江湖を飛越するの故なり。

すなわち、鯉に赤驥・青馬・黒駒・白騏・黄騅と名を付けるのは、仙人が鯉に乗って江湖を飛越するからという。唐の段成式の『酉陽雑俎《ざっそ》』続集巻八支動に、

道書、以鯉魚多為龍故、不欲食。

「道書」に、「以うに鯉魚多く龍と為るを以ての故に、食らうことを欲せず」と。

とあり、道教では鯉魚は仙人の乗り物とし、鯉を食べることを憚ったようである。

北宋の銭易の『南部新書』庚集に、

唐律、取得鯉魚、即宜放。仍不得喫。号赤鯶公、売者決［杖］六〇。

「唐律」に、「鯉魚を取得せば、即ち宜しく放つべし。仍ち喫するを得ざれ。赤鯶《こん》公と号し、売る者は杖六〇に決す」と。（唐律に「決杖〇〇」という表現は存在しない）

とあり、一二世紀の葉廷珪の『海録砕事』巻二二上に、

唐律、得鯉魚、即宜放之。号赤鯶。

「唐律」に、「鯉魚を得ば、即ち宜しく之を放つべし。赤鯶と号う《い》」と。

とあり、宋の羅願（一一三六～一一八四）の『爾雅翼』巻二八釈魚・鯉に、

唐律、取鯉魚即宜放。号赤鯶公。売者杖六〇。以国氏李、諱其同音也。故用魚符。蓋取象於鯉。至武后、革李氏則、代之以亀。

「唐律」に、「鯉魚を取らば即ち宜しく放つべし。赤鯶《こん》公と号す。売る者は杖六〇」と。国氏（皇帝の姓）李を以て、其の同音を諱むなり。魚符を故用するは、蓋し鯉に取象す。武后に至り、李氏の則（法律）を革《あらた》め、之に代るに亀を以てす。

とあり、唐代の刑法（唐律）では、鯉魚を捕獲することは禁止され、捕獲して売れば杖六〇の罰があったという。『南部新書』以下の宋代の文献は、唐の段成式の『酉陽雑俎《ざっそ》』巻一七広動植之二・鱗介篇に、

国朝律に、取得鯉魚、即宜放。仍不得喫。号赤鯶公。売者杖六〇。言鯉為李也。

国朝の「律」に、「鯉魚を取得せば、即ち宜しく放つべし。仍お喫するを得ざれ。赤鯶公と号す。売る者は杖六〇」と。鯉は李為《な》るを言うなり。

とある記事に依拠している。一三世紀の岳珂（一一八三～一二四三。父は救国の英雄・岳飛）の『愧郯録《きたんろく》』巻四魚袋に、

又酉陽雑俎載、唐律、取得鯉魚、即宜放。仍不得喫。号赤鯶公。売者決［杖］六〇。

又た「酉陽雑俎」に載す、「唐律に、鯉魚を取得せば、即ち宜しく放つべし。仍お喫するを得ざれ。赤鯶《こん》公と号す。売る者は杖六〇に決す」と。

とあり、岳珂は右の記事は『酉陽雑俎』に依拠したと明言している。『太平広記』巻四六五水族二魚・赤鯶公に、

唐朝律、取得鯉魚、即宜放。仍不得喫。説赤鯶公。売者決［杖］六〇。出酉陽雑俎。

唐朝の「律」に、「鯉魚を取得せば、即ち宜しく放つべし。仍お喫するを得ざれ。赤鯶公と説う。売る者は杖六〇に決す」と。「酉陽雑俎」に出ず。

とあり、『太平広記』も『酉陽雑俎《ざっそ》』に依拠したと明言している。

『酉陽雑俎』は、「唐律」に鯉魚取得に関する規定があるという。『唐律疏議』を検索してみたが、鯉魚に関する規定はない。断言できる。『酉陽雑俎』の「国朝律、………」の記事は根拠がない記事である。『南部新書』、『海録砕事』、『爾雅翼』、『愧郯録《きたん》』は、信頼がある小学（訓詁・字書・韻書に関する学）や筆記類であるのに、『酉陽雑俎』の根拠ない記事を引用したことになる。『南部新書』と雖も、全面的に信用できない例である。

『旧唐書《くとうじょ》』巻八玄宗紀・開元三年（七一五）の条に「二月、禁断天下採捕鯉魚」とあり、『旧唐書』巻八玄宗紀・開元一九年（七三一）正月の条に「己卯、禁採捕鯉魚」とあるから、鯉魚捕獲を禁止する規定はあった。鯉は李と同音であり、李は唐王朝の国姓であるから唐王朝は鯉魚を保護し捕獲禁止としたのである。禁止規定は制書や勅書によって公布される。一度公布されれば、その場限りの禁止ではなく永制の禁止規定となる。禁止規定は律令を補完する「格」となり、律令と同格の法規となる。開元三年と開元一九年の鯉魚捕獲に関する禁止規定は、「開元刑部格」（仮称）の一条であった可能性がある。『酉陽雑俎』は「開元刑部格」を不用意に「国朝律」としたため、無用の混乱を招いているのである。

開元三年と開元一九年の鯉魚捕獲に関する禁止規定が「開元刑部格」（仮称）であるという確證はないが、このように理解しないと、『酉陽雑俎』は虚偽を述べていることになる。『南部新書』以下の宋代の文献は、唐代の『酉陽雑俎』の「国朝律、………」の記事を信頼し、「国朝律」とある部分は、宋代であるから「国朝律」と表記することはできないから、「唐律」と改めて引用していると想定される。

開元年間の鯉魚捕獲に関する禁止規定が「開元刑部格」（仮称）の一条であることを想定させる例を以下に示す。

『唐律疏議』雑律・私鋳銭には次のような私鋳に関する法規がある。

諸私鋳銭者、流三千里。作具已備、未鋳者、徒二年。作具未備者、杖一百。

疏議曰、私鋳銭者、合流三千里。其作具已備、謂鋳銭作具、並已周備。而未鋳者、徒二年。若作具未備、謂有所欠少、未堪鋳銭者。杖一百。若私鋳金銀等銭、不通時用者、不坐。

若磨錯成銭、令薄小、取銅以求利者、徒一年。

疏議曰、時用之銭、厚薄大小、並依官様。輙有磨錯成銭、令至薄小、而取其銅、以求利潤者、合徒一年。

諸《すべ》て私に銭を鋳たる者は、流三千里。作具已に備え、未だ鋳せざる者は、徒二年。作具未だ備えざる者、杖一百。

疏議して曰わく、私に銭を鋳たる者は、合に流三千里たるべし。其れ作具已に備うとは、銭を鋳る作具、並びに已に周く備うを謂う。而るに未だ鋳せざる者は、徒二年。若し作具未だ備えずとは、欠少する所有り、未だ銭を鋳るに堪ざる者を謂う。杖一百。若《も》し私に金銀等の銭を鋳て、時用に通ぜざる者は、坐せず。

若《も》し成銭を磨錯（磨き削ること）し、薄小ならしめ、銅を取り以て利を求む者は、徒一年。

疏議して曰わく、時用の銭、厚薄大小、並びに官様に依る。輙りに成銭を磨錯し、薄小に至らしめ、而して其の銅を取り、以て利潤を求む者有らば、合《まさ》に徒一年（懲役一年）たるべし。

『唐律疏義』は永徽《えいき》三年（六五二）に完成し、永徽四年に頒行された『永徽律疏』は文字の改訂を加えて、そのまま継承され、開元二五年（七三七）の『開元律疏』となった＊＊。『開元律疏』以降、刑法である「律」の編纂はない。『唐律疏議』は『開元律疏』の別名であるから、永徽四年（六五三）以降、唐末に至る刑法一般としてよい。私鋳者は流三千里の流刑である。

ところが、唐の杜佑の『通典《つてん》』巻九食貨典・銭幣下・大唐の条に、

永淳元年五月、勅、私鋳銭造意人及勾合頭首者、並処絞、仍先決杖一百。従及居停主人加役流、各決杖六十。若家人共犯、坐其家長。老疾不坐者、則罪帰以次家長。其鋳銭処、鄰保配徒一年、里正坊正村正各決六十。若有糾告者、即以所鋳銭毀破并銅物等賞糾人。同犯自首免罪、依例酬賞。

永淳元年（六八二）五月、勅す、「私鋳銭造意の人（私鋳銭を造ることを提案した人）及び勾合《いちみ》の頭首の者は、並びに絞に処し、仍お先ず杖一百に決す。従（従犯）及び居停の主人（場所を提供した人）は加役流《えき》、［先ず］各杖六〇に決す。家人の共犯の若きは、其の家長を坐す。老疾坐せざる者は、則ち罪帰するに次の家長を以てす。其の鋳銭の処、鄰保は徒一年に配し、里正・坊正・村正は各六〇に決す。若し糾告有る者は、即ち鋳銭する所の毀破并せて銅物等を以て糾人を賞す。同犯にして自首せば罪を免じ、例に依り酬賞す」と。

とあり、私鋳銭の鋳造を実行した者は絞刑とされ、『永徽《えいき》律疏』規定の刑より重罪となっているが、家人の没官は免除されている。この永淳元年の勅（私鋳銭に関する単行の勅書ではなく、多くの内容を含んだ勅書であったと想定するのが自然）は『永徽律疏』「雑律」の私鋳銭規定の改定であり「格」である。私鋳銭規定の改定は私鋳銭の横行が目に餘る状況を考慮した結果であろう。年間三〇万貫の鋳造量では銭不足が原因で私鋳銭が横行するのは当然であり、私鋳を取り締まるより、鋳造量を増することが最良の解決策であろう。

敦煌文献・ペリオ三〇七八の「神龍（七〇五～七〇六）散頒刑部格」残巻に、

一、私鋳銭人、勘当得実、先決杖一百。頭首処尽、家資没官。従者配流、不得官当蔭贖。有官者仍除名。勾合頭首及居停主人、雖不自鋳、亦処尽、家資亦没官。若家人共犯罪、其家長資財並没。家長不知、坐其所由者、［没］一房資材。其鋳銭処隣保、処徒一年。里正坊正、各決杖一百。若有人糺告、応没家資、並賞糺人。同犯自首告者免罪、依例酬賞。

一、私鋳銭の人、勘当（調査）して実を得ば、先ず杖一〇〇に決す。頭首は尽（死罪）に処し、家資は没官す。従（従犯）は配流し、官当（官と罪を相殺すること）・蔭贖《いんしょく》（保有する爵位と罪を相殺すること）を得ざれ。官に有る者は仍お除名す（官員名簿から名前を削ること）。勾合《いちみ》の頭首及び居停の主人（場所を提供した人）、自ら鋳せざると雖も、亦た尽（死罪）に処し、家資亦た没官す。家人共に罪を犯すが若きは、其の家長の資財並びに没す。

図版10　「神龍散頒刑部格」　敦煌文献・スタイン4673

家長知らず、其の所由の坐する者は、一房の資材を没す。其の鋳銭処の隣保は、徒一年に処す。里正・坊正は、各杖一百に決す。若し人の糺告する有らば、没する家資に応じ、並びに糺人を賞す。同犯にして自首し告する者は罪を免じ、例に依り酬賞す。

とあり、神龍年間（七〇五〜七〇六）の散頒刑部格では、さらに罪が重くなり居停の主人（場所を提供した人）が死罪となり、里正・坊正は杖一〇〇となっている。

『宋刑統』巻二六雑律の「私鋳銭」には、開元二五年（七三七）の刑部格が引用されているが、その刑部格は永淳元年（六八二）五月の「格」とほぼ同じ内容である。

さて、『唐律疏義』の規定は、六五三年以降唐末までの規定としたが、私鋳銭に限れば、永淳元年に規定が改定され、神龍年間（七〇五〜七〇六）には再度の改訂があった。『永徽《えいき》律疏』は開元二五年（七三七）の『開元律疏』となった。『開元律疏』雑律の私鋳銭規定は、「神龍散頒刑部格」の規定を律の条文採用するべきであるのに『永徽律疏』の規定のままである。

『唐律疏議』によって、六五三年以降の量刑を考察するのが普通であるが、私鋳銭はそうではないことが明らかとなった。では、他の条文は『唐律疏義』の規定に依ればよいか、ということになると、私鋳銭の例があるから、一概にそうともいえなくなる。他の条文も追加の刑部格がある可能性が大である。『唐律疏議』は六五三年当時の実情を伝えるものであって、八・九世紀の実情とは異なることに留意しておく必要がある。こうした観点から『唐律疏議』は『永徽《えいき》律疏』であるという学説も出てくるのである＊＊＊。

＊　この記事は『経史證類大観本草』巻二〇蟲魚部・上品・鯉魚膽の註にもある。

＊＊　仁井田陞・牧野巽「故唐律疏議製作年代考」（『東方学報　東京』一号・二号）所収。また律令研究会編『訳註日本律令　一　首巻』（東京堂　一九七八）にも所載されている。

＊＊＊　楊廷福「唐律疏議製作年代考」（『文史』五）所収。

## 26　鯉鮓《さ》（鯉のなれ鮨）と小豆藿《かく》（小豆の葉）

又鯉鮓不可合小豆藿食之。（『唐・新修本草』虫魚部巻第一六虫魚上・鯉魚胆の註　四〇七頁）

又た鯉の鮓《さ》（鯉のすし）は小豆藿に合わせ之を食らうべからず。

張機（字は仲景、一五〇?～二一九）の『金匱要略方論』巻下「禽獣魚虫禁忌并治第二四」に、

鯉魚鮓不可合小豆藿食之。　　鯉魚の鮓　小豆藿に合わせ之を食らうべからず。

とあり、二世紀にはすでに食忌としてあった。八世紀前半に撰進された徐堅の『初学記』巻三〇鱗介部・魚に、

陶弘景本草曰、………（中略）………。又鯉魚鮓不可合小豆藿食。害人。

陶弘景の「本草」に曰わく、「……（中略）……。又た鯉魚の鮓　小豆藿に合わせ食らうべからず。人を害す」と。

とある。陶弘景本草とは『神農本草経』であるから、「鯉鮓不可合小豆藿食之」は『新修本草』の前の『神農本草経』

においても食忌であった。

鯉の鮓《さ》（鯉魚のなれ鮨）に関しては、『斉民要術』巻八「作魚鮓（魚鮓を作る）」第七四に次のようにある。

凡作鮓、春秋為時、冬夏不佳。寒時難熟。熱則非鹹不成、鹹復無味、兼生蛆。宜作裹也、取新鯉魚、魚唯大為佳。瘦魚弥勝、肥者雖美而不耐久。肉長尺半以上、皮骨堅硬、不任為膾者、皆堪為鮓也。去鱗訖、則臠。臠形長二寸、広一寸、厚五分、皆使臠別有皮。臠大者、外以過熟傷醋、不成任食、中始可噉。近骨上、生腥不堪食。常三分収一耳。臠小則均熟。寸数者、大率言耳、亦不可要。然脊骨宜方斬、其肉厚處、薄収皮、肉薄處、小（小は少）復厚取皮。臠別斬過、皆使有皮。不宜令有無皮臠也。手擲著盆水中、浸洗去血。臠訖、漉去、更於清水中浄洗。漉著盤中、以白塩散之。盛著籠中、平板石上迮去水。世名逐水。塩水不尽、令酢臠爛。経宿迮之、亦無嫌也。水尽、炙一片、嘗鹹淡。淡則更以塩和糝。鹹則空下糝、不復以塩按之。炊秔米飯為糝。飯欲剛、不宜弱。弱則爛鮓。并茱萸橘皮好酒、於盆中合和之。攪令糝著魚乃佳。茱萸全用、橘皮細切、並取香気、不求多也。無橘皮、草橘子亦得用。酒、辟諸邪悪、令鮓美而速熟。率一斗鮓、用酒半升、悪酒不用。布魚於瓮中、一行魚、一行糝、以満為限。腹腴居上。肥則不能久、熟須先食故也。魚上多与糝、以竹蒻交横帖上、八重乃止。無蒻、菰［葉］蘆葉並可用。春冬無葉時、可破葦代之。削竹插甕子口内、交横絡之。無竹者、用荆也。著屋中。著日中、火辺者、患臭而不美。寒月穣厚茹、勿令凍也。赤漿出、傾却。白漿出、味酸、便熟。食時手擘。刀切則腥。

凡《すべ》て鮓（すし）を作るは、春秋を時と為し、冬夏は佳《よ》からず。寒時は熟し難し。熱ければ則ち鹹（塩辛い）に非ざれば成らず、鹹は復た味なし、兼ねて蛆《うじ》を生ず。宜しく裹《か》［鮓］を作るべきは、新しき鯉魚を取り、魚は唯に大なるを佳《よし》と為す。瘦魚は弥いよ勝り、肥なるものは美《うま》しと雖も耐久せず。肉の長さ尺半（一尺五寸）以上は、皮・骨堅硬にして、膾《なます》と為すに任《たえ》ず、皆な鮓と為すに堪うなり。鱗を去り訖《おわ》らば、則ち臠《きりみ》にす、臠の形は長さ二寸、広さ一寸、厚さ五分、皆な臠《れん》別（切り身ごと）に皮有らしむ。臠の大なるは、外は過熟を以て傷醋し、食らうに任《た》うと成さず、中は始めて噉《く》らうべし。骨に近き上《あたり》は、生腥にして食らうに堪えず。常に三分して一を収むのみ。臠小なるは則ち均しく熟す。［長さ二寸、広さ一寸、厚さ五分という］寸数は、大率《おおよそ》の言なるのみ、亦た要すべからず（絶対の寸数ではない）。然るに脊骨《せきこつ》は方斬を宜とす、其の肉の厚き處、薄く皮を収め、肉薄き處、少しく復た厚く皮を取《おさ》む。臠別に斬り過し、皆な皮有らしむ。皮なき臠有るは宜ならざるなり。手ずから擲《な》げて盆水の中に著け、浸洗して血を去る。臠訖らば、漉去《ろきょ》し、更に清水の中において浄洗す。漉《こ》して盤中に著け、白塩を以て之を散ず。盛りて籠中に著け、平板な石上で迮《お》して水を去る。世に逐水《みずきり》と名づく。塩水尽きず、酢臠《さくれん》をして爛《な》れしむ。経宿して之を迮《お》すも、亦た嫌うなきなり。水尽きれば、一片を炙《あぶ》り、鹹淡（塩辛い・薄い）を嘗《な》める。淡《うす》ければ則ち更に塩を以て糝（あじめし）に和《まぜ》る。鹹なれば則ち糝に空下し、復た塩を以て之に按せず（あじめしに塩を加えないこと）。秔米（粳米とも書く。うるしね。粘りのない普通の米）の飯を炊いて糝（あじめし）を為る。飯は剛《つよ》き（堅い）を欲し、弱き（柔らかい）は宜ならず。弱なれば則ち鮓を爛せしむ。茱萸・橘皮（橘皮は温州蜜柑の類とする説と陳皮とする説がある）好酒を并《あわ》わせ、盆中において之を合和す。攪《かきまぜ》て糝をして魚に著けば乃ち佳《よ》し。茱萸は全用し（そのまま使用すること）、橘皮は細切し、並びに香気を取《おさ》め、多きを求めざるなり。橘皮なくば、草橘子（レモンエゴマの実）亦た用うを得。酒、諸邪悪を辟け、鮓をして美《うま》く速熟せしむ。率《おお》むね一斗の鮓、酒半升を用い、悪酒は用いず。魚を瓮《かめ》中に布くに、魚を一行とし、糝を一行とし、満を以て限と為す。腹腴（すなずり、腹下の肥肉）を上に居く。肥なれば則ち能く久しからず、熟すれば須《もっ》て先食するの故なり。魚上に多く糝（あじめし）を与《そ》え、竹蒻（竹葉）を以て交横に帖上し、八重にして乃ち止む。蒻なくば、菰葉・蘆葉並びに用うべし。春冬の葉なき時、葦《あし》を破りて代うべし。竹を削り瓮子《おうし》の口内に插し、交横して之を絡む。無なきは、荆（にんじんぼく）を用うなり。屋中に著く。日中・火辺に著くと、臭を患いて美《うま》からず。寒月は穰《わら》で厚く茹《つつ》む、凍らしむこと勿るなり。赤い漿出でれば、傾けて却《すて》る。白い漿出ずれば、味は酸、便ち熟す。食らう時手で擘《ちぎ》る。刀切は則ち腥《なまぐさ》い。

## 27　鯉の卵と猪肝を合食しない

其子（鯉の卵）合猪肝食之、亦能害人爾。（『唐・新修本草』虫魚部巻第一六虫魚上・鯉魚胆の註　四〇七頁）

鯉魚の子（鯉の卵）猪肝に合わせ之を食らわば、亦た能く人を害すのみ。

張機（字は仲景、一五〇？〜二一九）の『金匱要略方論』巻下「禽獣魚虫禁忌并治第二四」に、

鯉魚鮓不可合小豆藿食之。其子不可合猪肝食之。害人。

鯉魚の鮓《さ》（なれ鮨）小豆藿《かく》（小豆の葉）に合わせ之を食らうべからず。其（鯉魚）の子 猪の肝に合わせ之を食らうべからず。人を害す。

とある。「鯉魚鮓不可合小豆藿食之」は前項に述べた。猪の肝と鯉の卵の合食は、三世紀には食忌であった。
唐の孫思邈《ばく》（？〜六八二）の『備急千金要方』巻八〇食治・鳥獣第五・鯽魚にも同じ記事がある。

五月五日、勿以鯉魚子共猪肝。食必不消化、成悪病。

五月五日、鯉魚の子を以て猪肝と共にすること勿れ。食らわば必ず消化せず、悪病を成す。

一三世紀の『養生月覧』巻上・五月にも、『千金方』を出典として次のようにある。

五月五日、勿以鯉魚子共猪肝食。必不消化、成悪疾。同上（千金方）。

五月五日、鯉魚の子（鯉の卵）を以て猪肝と共に食らうこと勿れ。必ず消化せず、悪疾を為す。上に同じ（「千金方」）。

とあり、陳元靚《せい》の『歳時広記』巻二一端五・上「謹飲食（飲食を謹む）にも、孫思邈の『千金方』を出典として、同じような記事がある。

千金方、五月五日、勿食鯉魚子。共猪肝食之、必不消化、能成悪病。

「千金方」に、「五月五日、鯉魚の子（鯉の卵）を食らうこと勿れ。猪肝と共に之を食らわば、必ず消化せず、能

く悪病を成す」と。

『千金方』において、注目されるのが五月五日と鯉の関係である。『金匱要略方論』や『新修本草』では五月五日には言及がない。孫思邈《ばく》の時代になって五月五日と鯉が登場する。現在でも五月五日に鯉幟（鯉のぼり）が立てられる。五月五日と鯉の関係は孫思邈の時代、もしくは孫思邈に関係するものであろうか。

28　鮧《てい》魚（なまず）を食べる時の注意点

其（＝鮧魚）合鹿肉及赤目赤須（須＝鬚）無鰓者、食之并殺人。

（『唐・新修本草』虫魚部巻第一六虫魚上・鮧魚の註　四〇九頁）

鮧魚　鹿肉及び［魚］の赤目・赤須（赤ひげ）・鰓（えら）なきものに合わせ、之を食らわば并びに人を殺す。

この意味は鮧魚に鹿肉以下のものを一括して合わすのではなく、一品でも合わすことをいうものであろう。

「鮧魚」に関しては『唐・新修本草』鮧魚の自註に「此是鯷也（此は是れ鯷《てい》なり）」とあり、羅願（一一三六〜一一八四）の『爾雅翼』巻二九釈魚・鮧（鮧は「い」とも読む）に、

鮧魚。偃額、両目上陳。頭大尾小。身滑無鱗、謂之鮎魚。言其黏滑也。一名鯷魚。此魚及鰌鱓之類、皆謂之無鱗魚。食之、蓋不益人。

鮧魚。偃額（横額）にして、両目上に陳《つら》ねる。頭は大・尾は小。身滑らかにして無鱗なるもの、之を鮎《ねん》魚と謂う。其の黏《ねん》滑なるを言うなり。一名は鯷魚。此の魚及び鰌（どじょう）鱓（うなぎ）の類、皆な之を無鱗魚と謂う。之を食らうも、蓋《けだ》し人を益せず。

とあり、「なまず」は黏滑なるが故に鮎魚という。

顧野王（五一九〜五八一。『陳書《ちんじょ》』巻三〇、『南史』巻六九）の『玉篇』巻二四魚部に、

鮷。大兮切。大鮎也。鯷。大計切鮎也。　鮷《てい》。大・兮の切。大鮎《ねん》なり。鯷。大・計の切。鮎なり。

とあり、「おおなまず」は鮷という。

## 29　魚頭に白色の連珠のような文様がある魚、胆なき魚、鰓《えら》なき魚を食べない

凡魚頭有白色、如連珠、至脊上者、腹中無胆者、頭中無鰓者、并殺人。

（『唐・新修本草』虫魚部巻第一六虫魚上・鱔魚の註　四〇九頁）

凡《すべ》て魚頭に白色の連珠の如き［文様の］有り、脊上《せき》に至るもの、腹中に胆《きも》なきもの、頭中に鰓《えら》なきもの、并びに人を殺す。

張機（字は仲景、一五〇？～二一九）の『金匱要略方論』巻下「禽獣魚虫禁忌并治第二四」に、

魚頭正白如連珠、至脊上、食之殺人。　魚の頭正白にして連珠の如く、脊上に至るもの、之を食らわば人を殺す。

魚頭中無腮者、不可食之。殺人　魚の魚頭中に腮なきもの、之を食らうべからず。人を殺す

とある。『金匱要略方論』は脱字があるようである。また『金匱要略方論』巻下「禽獣魚虫禁忌并治第二四」に、

とあり、『新修本草』の「頭中無鰓者」の部分がある。

前掲の鱔魚の記事は、葛洪（二八三～三四三）の『肘《ちゅう》後備急方』巻七治防避飲食諸毒方第六七「水中魚物諸忌」には、

魚頭有正白連諸脊上、不可食。　魚頭に正白にして諸脊上に連なるもの有らば、食らうべからず。

とあり、同書「水中魚物諸忌」に、

魚無腸膽及頭無魫、勿食。　魚に腸・膽なく及び頭に魫《しん》（頭の骨）なきもの、食らうこと勿れ。

とある点を考えると、鱔魚の記事を『新修本草』は一文で書くが、『金匱要略方論』では三条の記事に分かれていた

と想定できる。

## 30　魚と魚汁は鸕鷀《ろじ》の肉と合食しない

魚汁不可合鸕鷀肉食之。（『唐・新修本草』虫魚部巻第一六虫魚上・鱔魚の註　四〇九頁）

魚汁は鸕鷀（日本でいう鵜）の肉に合わせ之を食らうべからず。

この記事は張機（一五〇？〜二一九）の『金匱要略方論』巻下「禽獣魚虫禁忌并治第二四」に、

魚不得合鸕鷀肉食之。　魚は鸕鷀の肉に合わせ之を食らうべからず。

とあり、二世紀から三世紀に魚と鸕鷀の肉を合食しない食忌はあった。

『爾雅注疏』巻一〇（晋の郭璞注、唐の陸徳明音義、北宋の邢昺《けいへい》疏）釈鳥第一七に、

鶿鷧。注即鸕鶿也。觜頭曲、如鉤。食魚。

鶿鷧。注に「即ち鸕鶿なり。觜頭《しとう》曲り、鉤の如し。魚を食らう」と。

とあり、『太平御覧《ぎょらん》』巻九二五羽族部一二・鸕鷀に、

爾雅曰、鷀鷧。即鸕鷀也。觜角曲如鉤。食魚。

「爾雅」に曰わく、「鷀鷧《しい》は即ち鸕鷀（う飼い漁を行う鳥）なり。觜の角は曲り鉤《かぎ》の如し。魚を食らう」と。

とあり、一一世紀の陸佃の『埤《ひ》雅』巻六釈鳥・鷀に、

楊孚異物志云、鸕鷀能没於深水、取魚而食之。

楊孚（後漢の議郎）の「異物志」に云わく、「鸕鷀能く深く水に没し、魚を取りて之を食らう」と。

とある。『爾雅』は前一〇〇年には、すでに在った中国最古の辞書であり、『異物志』は後漢の議郎である楊孚《ようふ》が撰述した書である。これらの事実から鸕鷀による魚漁は紀元前の中国にあったとしてよい。

鳥による川魚《うお》漁で日本で周知された漁は「鵜飼い」である。『隋書』巻八一倭国伝に、

気候温暖、草木冬青、土地膏腴、水多陸少。以小環挂鸕鷀項、令入水捕魚、日得百餘頭。

気候温暖にして、草木冬に青く、土地膏腴《こうゆ》し、水多く陸少なし。小環を以て鸕鷀《ろじ》の項《くび》に挂《か》け、水に入れ魚を捕えしめ、日に百餘頭を得。

とある。七世紀初頭までの日本に鸕鷀による川魚《うお》漁があった。この漁法は明らかに「鵜飼い」漁であるが、『隋書』倭国伝では「鵜飼い」漁とはいわない。

北宋の沈括（一〇三〇～一〇九四）の『夢渓筆談』巻一六藝文三に、

士人劉克博観異書。杜甫詩有、家家養烏鬼、頓頓食黄魚。世之説者、皆謂夔峡間、至今有鬼戸。乃夷人也。其主謂之鬼主。然不聞有烏鬼之説。又鬼戸者夷人所称、又非人家所養。克乃按夔州図経、称峡中謂鸕鷀為烏鬼。蜀人臨水居者、皆養鸕鷀、縄繋其頸、使之捕魚、得魚則倒提出之。至今如此。予在蜀中、見人家養鸕鷀、使捕魚信然。但不知謂之烏鬼耳。

士人の劉克博く異書を観る。杜甫の詩に有り、「家家　烏鬼を養い、頓頓　黄魚を食らう」と。世の説く者（わけ知り）、皆な謂う「夔《き》・峡《きょう》の間（重慶市の東部付近）、今に至り鬼戸有り。乃《すなわ》ち夷人なり。其の主は之を鬼主と謂う」と。然れども烏鬼有るの説を聞かず。又た鬼戸は夷人称する所、又た人家の養う所に非ず。克乃ち「夔州図経《ずけい》」を按じ、峡中は鸕鷀を謂いて烏鬼と為すと称《い》う。蜀人の水に臨んで居る者、皆な鸕鷀を養い、縄もて其の頸《くび》に繋ぎ、之をして魚を捕えしめ、魚を得ば則ち倒提して之を出す。今に至り此《かく》の如し。予は蜀中に在り、人家鸕鷀を養うを見るに、魚を捕えしむこと信《まこと》に然り。但だ之を烏鬼と謂うを知らざるのみ。

と述べ、長江の上流地域では鸕鷀による川魚漁があり、杜甫のいう烏鬼と鸕鷀は同じとする。一二世紀の黄朝英の『靖康緗素《しょうそ》雑記』巻五烏鬼に、

烏鬼、筆談嘗論。杜甫詩、家家養烏鬼、頓頓食黄魚。世之説者、皆不解其義。唯士人劉克按夔州図経、称峡中人謂鸕鷀為烏鬼。蜀人臨水居者、皆養鸕鷀。縄繋其頸、使之捕魚、則倒提出之。至今如此。予在蜀中、見人家養鸕鷀、使捕魚信然。但不知謂之烏鬼耳。又按東斎記事云、蜀之漁家、養鸕鷀十数者、日得魚可数十斤、以縄約其吭、纔通小魚、大魚則不可食、時呼而取出之、乃復遣去、甚馴狎、指顧皆如人意。有得魚而不以帰者、則押群者啄而使帰、比之放鷹鶻、無馳走之労、得利又差厚。所載此而已。然范蜀公、亦不知鸕鷀乃老杜所謂烏鬼也。案夷貊伝云、倭国水多陸少、以小鐶挂鸕鷀項、令入水捕魚、日得百餘頭、則此事信然。

烏鬼、「筆談」（宋の沈括の『夢渓筆談』巻一六藝文三を指す）嘗て論ず。杜甫の詩に、「家家 烏鬼を養い、頓頓 黄魚を食らう」と。世の説く者、皆な其の義を解けず。唯だ士人の劉克『夔州図経《きしゅうずけい》』を按じ、峡《きょう》中の人鸕鷀《ろじ》を謂いて烏鬼と為すと称う。蜀人の水に臨んで居す者、皆な鸕鷀を養う。縄もて其の頸《くび》を繋ぎ、之をして魚を捕えしめ、則ち倒提して之を出す。今に至りて此《かく》の如し。予蜀中に在り、人家の鸕鷀を養うを見て、魚を捕えしむこと信《まこと》に然なり。但だ之を烏鬼と謂うを知らざるのみ」と。又た「東斎記事」を按ずるに云わく＊、「蜀の漁家、鸕鷀十数を養う者、日に魚数十斤可《ばか》りを得、縄を以て其の吭（のど）を約し、纔かに小魚を通し、大魚は則ち食らうべからず、時に呼んで之を取出し、乃《すなわ》ち復た遣去し、甚だ馴狎し、指顧皆な人の意の如し。魚を得て以て帰せざるもの有らば、則ち押群のもの啄《ついば》みて帰せしむ、之を鷹・鶻を放つに比《くら》ぶるに、馳走の労なく、利を得て又た差厚し」と。載す所此れのみ。然るに范蜀公（范鎮、蜀郡公に封ぜらる。『宋史』巻三三七）、亦た鸕鷀は乃ち老杜（杜甫）謂う所の烏鬼なるを知らざるなり。「夷貊伝《いはく》」を案ずるに云わく、「倭国、水多く陸少なし、小鐶を以て鸕鷀の項《くび》に挂《か》け、水に入れ魚を捕えしめ、日に百餘頭を得」と。則ち此の事信《まこと》に然りなり＊＊。

といい、黄朝英も四川省の鸕鷀による川魚漁を述べ、『東斎記事』を書いた范鎮は、鸕鷀と烏鬼は同じものであることを知らないという。

唐の欧陽詢《おうようじゅん》（五五七～六四一。『旧唐書』巻一八九上・儒学上）等の『藝文類聚《げいもんるいじゅう》』巻九二鳥部下・鷿鵜《へきてい》に、

　爾雅曰、鵜鴮鸅。

「爾雅」に曰わく、「鵜《てい》は鴮鸅《おたく》（がらん鳥。鳥綱ペリカン目ペリカン科に属する水鳥。此の外に犂鶘《れいこ》、逃河、淘鵞《とうが》、納鳥、塘鵞《とうが》、鵜鶘《ていこ》などの別名がある）なり」と。

とあり、『爾雅注疏』巻一〇（晋の郭璞注、唐の陸徳明音義、北宋の邢昺《けいへい》疏）釈鳥第一七に、

　鵜鴮鸅。注、今之鵜鶘也。好羣飛、沈水食魚。故名洿沢。俗呼之為淘河。

鵜は鴮鸅なり。注に、「今の鵜鶘（がらん鳥。ペリカンの中国古称）なり。群飛を好み、水に沈んで魚を食らう。故に洿沢《おたく》と名づく。俗に之を呼んで淘河と為す」と。

とあり、一一世紀の陸佃の『埤《ひ》雅』巻七釈鳥・鵜に、

　「爾雅」巻十釈鳥云、鵜鴮鸅。郭璞曰、今之鵜鶘也。好群飛、沈水食魚。故名洿澤。

「爾雅」巻一〇の釈鳥に云わく、鵜は鴮鸅（がらん鳥）なり。郭璞《かくはく》（二七六～三二四）曰わく、今の鵜鶘（がらん鳥）なり。水に沈んで魚を食らう。故に洿沢と名づく」と。

とあり、『太平御覧《ぎょらん》』巻九二五羽族部一二・鵜鶘に、

　爾雅曰、鵜鴮鸅。郭璞注曰、今之鵜鶘也。好群飛、沈水食魚。故名洿沢。俗呼［之］為淘河。

「爾雅」に曰わく、「鵜は鴮鸅（がらん鳥）なり」と。郭璞《かくはく》の注に曰わく、「今の鵜鶘（がらん鳥）なり。群飛を好み、水に沈んで魚を食らう。故に洿沢と名づく。俗之を呼んで淘河と為す」と。

とあり、鵜は鴮鸅・鵜鶘（がらん鳥。ペリカンの中国古称）であるとする。鸕鷀《ろじ》と鵜を別の鳥としている。

　中国文献は鸕鷀と鵜を別に分類して説明する。鵜がペリカンであれば当然のことである。川魚漁は鸕鷀で行うから、本当は「鸕鷀飼い漁」とするべきである。日本のみ「う飼い漁」の「う」に、「鵜（音はテイ。ペリカンのこと）」字を

当てるから、話がややこしくなるのである。鵜を「う」と読むのは国訓で、鵜（てい）は中国ではペリカンを意味し、川魚を捕る川魚漁の鳥は「鸕鷀」である。

＊　現行本「東斎記事」に鸕鷀の記事はない。

＊＊　『北史』巻九四倭国の条、『隋書』巻八一東夷伝倭国の条に「鸕鷀」の記事があり、『南史』巻七九夷貊《はくい》伝・下「東夷」の中の「倭」には「鸕鷀」の記事がない。『靖康緗素雑記』がいう夷貊伝は、『北史』と『南史』の記憶違いである。

### 31　鯽《そく》魚（ふな）は猴《さる》の肉・雉の肉と合食しない

鯽魚不可合猴雉肉食之。（『唐・新修本草』虫魚部巻第一六虫魚上・鱔魚の註　四〇九頁）

鯽《そく》魚　猴《こう》（さる）の肉・雉《きじ》の肉に合わせ之を食らうべからず。

張機（字は仲景、一五〇？～二一九）の『金匱要略方論』巻下「禽獣魚虫禁忌并治第二四」に、

鯉魚不可合犬肉食之。鯽魚不可合猴雉肉食之。一云、不可合猪肝食。

鯉魚　犬の肉に合わせ之を食らうべからず。鯽魚　猴の肉・雉の肉に合わせ之を食らうべからず。一に云わく、「猪肝に合わせ食らうべからず」と。

この記事は後掲する「33　鯉魚の子は猪肝と合食しない」と同じである。

### 32　鰍《しゅう》（どじょう）・鱔《ぜん》（うつぼ）は白犬の血と合食しない

鰍鱔不可合白犬血食之。（『唐・新修本草』虫魚部巻第一六虫魚上・鱔魚の註　四〇九頁）

鰍・鱔白犬の血に合わせ之を食らうべからず。

後漢の張機（字は仲景、一五〇？～二一九）の『金匱要略方論』巻下「禽獣魚虫禁忌并治第二四」に同文がある。

鰌鱔不可合白犬血食之。　鰌《しゅう》（鰌と鰍は同じ意味の字）鱔 白犬の血に合わせ之を食らうべからず。

### 33　鯉魚の子は猪の肝と合食しない

鯉魚子不可合猪肝食之、鯽魚亦爾。（『唐・新修本草』虫魚部巻第一六虫魚上・鱔魚の註　四〇九頁）

鯉魚の子は猪の肝に合わせ之を食らうべからず、鯽《そく》魚（ふな）亦た爾《しか》り。

後漢の張機の『金匱要略方論』巻下「禽獣魚虫禁忌并治第二四」に類似記事がある。

鯉魚［子］不可合犬肉食之。鯽魚不可合猴雉肉食之。一云、不可合猪肝食［之］。

鯉魚子 犬の肉に合わせ之を食らうべからず。鯽魚 猴《こう》（さる）の肉・雉《きじ》の肉に合わせ之を食らうべからず。一に云わく、「猪の肝に合わせ之を食らうべからず」と。

「一云」以下の箇所を復元すれば、「鯉魚子不可合猪肝食之。鯽魚不可合猪肝食之」となり、この記事と「鯉魚子不可合犬肉食之。鯽魚不可合猴雉肉食之」という記事があり、『金匱要略方論』は、この二条を一文化して、「鯉魚［子］不可合犬肉食之。鯽魚不可合猴雉肉食之。一云、不可合猪肝食［之］」としたものである。「鯉魚子不可合猪肝食之。鯽魚不可合猪肝食之」を、意味を採って一文とすれば、『新修本草』のように「鯉魚子不可合猪肝食之、鯽魚亦爾」となろう。

### 34　青魚の鮓《すし》は生の胡荽（こえんどろ）や麦醤（麦びしお）と合食しない

青魚鮓不可合生胡荽及生葵并麦醤食之。（『唐・新修本草』虫魚部巻第一六虫魚上・鱔魚の註　四〇九頁）

青魚の鮓 生の胡荽《こすい》（セリ科の一年草。今の香菜）生葵并びに麦醤に合わせ之を食らうべからず。

張機（一五〇?～二一九）の『金匱要略方論』巻下「禽獣魚虫禁忌并治第二四」に、

青魚の鮓不可合胡荽及生葵并麦中（麦中＝麦醬の誤？）食之

青魚の鮓《すし》　生の胡荽《こすい》・生葵并びに麦醬（麦びしお）に合わせ之を食らうべからず。

とあるが、「麦中」が理解できない。『唐・新修本草』に従って「麦醬」とする。葛洪の『肘《ちゅう》後備急方』巻七治防避飲食諸毒方第六七「水中魚物諸忌」に「青魚鮓、不可合生胡荽」とある。

胡荽は今の香菜・コリアンダーである。張騫が西域から将来したとされる野菜で、源順《したごう》の『和名類聚鈔』には「魚膾尤為要」とあり、『延喜式』巻三九内膳司には、胡荽に関する耕作労力の規定がある。

『斉民要術』巻八に「作魚鮓（魚鮓を作る）」第七四があり、青魚の鮓も同じ作り方であろう。『斉民要術』巻八「作魚鮓（魚鮓を作る）」第七四は、本節「26　鯉鮓《さ》（鯉のなれ鮨）と小豆藿《かく》」に述べた。

麦醬は『斉民要術』巻八作醬等法第七〇「食経作麦醬法（食経の麦醬を作る法）」にある。

小麦一石漬、一宿、炊臥之、令生黄衣。以水一石六斗塩三升、煮作鹵、澄取八斗、著甕中。炊小麦投之、攪令調均。覆著日中、十日可食。

小麦一石、漬けて一宿し、炊いて之を臥《ね》せ、生の黄衣（ざらこうじ）とせしむ。水一石六斗・塩三升を以て、煮て鹵《かん》（鹹水《しおみず》）を作り、八斗を澄し取り、甕中に著く。炊いた小麦（黄衣のこと）之に投じ、攪《ま》ぜて調均ならしむ。覆《おお》いして日中に著ければ、一〇日して食らうべし。

### 35　蝦の鬚のないもの、腹が黒いもの、煮て腹が白くなるものは食べない

蝦無鬚及腹下通黒［色］、及煮之反白、皆不可食。（『唐・新修本草』虫魚部巻第一六虫魚上・鱔魚の註　四〇九頁）

蝦　鬚なく及び腹下黒色に通ずるもの、之を煮て白に反るものに及んでは、皆な食らうべからず。

張機（一五〇？～二一九）の『金匱要略方論』巻下「禽獣魚虫禁忌并治第二四」に、

鰕無鬚及腹下通黒［色］、煮之反白者、不可食之。

鰕　鬚なく及び腹下黒色に通ずるもの、之を煮て白に反るもの、之を食らうべからず。

とあり、孫思邈《ばく》『備急千金要方』巻八〇食治・鳥獣第五・蟹殻に、

蝦無鬚腹下通烏色者、食之害人。大忌勿軽。

蝦　鬚なく腹下烏色に通《とお》すもの、之を食らわば人を害す。大いに忌み軽んずこと勿れ。

とある。「色」字は『備急千金要方』に従って補字した。

### 36　生蝦の膾《なます》は鴨《おう》（あひる）の肉と合食しない

生蝦膾不可合鴨肉食之。亦損人。（『唐・新修本草』虫魚部巻第一六虫魚上・鱔魚の註　四〇九頁）

生蝦の膾　鴨の肉に合わせ之を食らうべからず。亦た人を損なう。

### 37　鯸鮧《こうてい》魚（河豚）は大毒があり、食べてはならない

鯸鮧魚有毒、不可食。（『唐・新修本草』虫魚部巻第一六虫魚上・鱔魚の註　四一〇頁）

鯸鮧魚（河豚の別名）毒（テトロドトキシン tetrodotoxin）有り、食らうべからず＊。（鯸鮧は鯸鮐《こうたい》に同じ）

鯸鮐魚は左思（一説に二五二～三〇七）の「呉都賦」（『文選《もんぜん》』巻五所収）に出てくる。呉とは蘇州の古名。二二二年に孫権が蘇州を都として呉国を建国したことにより、蘇州を呉都と呼ぶようになった。「呉都賦」には、

躍龍騰蛇、鮫鯔琵琶、王鮪鯸鮐、鮣亀鱕䱜、烏賊擁剣、鼅鼊鯖鰐、涵泳乎其中。

躍龍・騰蛇、鮫（みずち）・鯔《し》（ぼら）・琵琶（あんこう）、王鮪・鯸鮐（ふぐ）、鮣《いん》亀・鱕䱜《はんさく》、烏賊《うぞく》（いか）・擁剣（かに）、鼅鼊《こうへき》（おおがめ）・鯖（青色の魚、魚名不明）・鰐《がく》（わに）、其の中に涵泳す。

とあり、劉逵《き》（三世紀の人。『晋書』巻九二左思伝にみえる）の註に、「鯸鮐」を次のように述べる。

鯸鮐魚、状如科斗。大者尺餘、腹下白背上青黒。有黄文。性有毒、雖小獺及大魚、不敢餤之。蒸煮餤之、肥美。豫章人珍之。

鯸鮐《こうたい》魚、状は科斗（おたまじゃくし）の如し。大なるものは尺餘、腹下は白 背上は青黒なり。黄の文（入れ墨状の黄色の斑点）有り。性として毒有り、小獺《だつ》（小さい獺）及び大魚と雖も、敢て之を餤《くら》わず。蒸し煮て之を餤わば、肥美（大変おいしい）なり。豫章《よしょう》（唐代の洪州、鄱陽湖付近）の人之を珍とす。

右の註にみえる豫章という地名は、長江の江口から約七百キロ上流の鄱陽湖の南岸にあるから、河豚は長江の下流域に広範囲に亘って生息していたことになる。河豚は淡水の河豚（メフグ）と海水の河豚（トラフグが代表的河豚）を食用としていたことになる。「呉都賦」と劉逵《き》の註によって、二世紀ころには鯸（河ふぐ）・鮐（海ふぐ）は、すでに周知された魚であったことが判明する。

鯸鮧魚の名称に関して、一六世紀末の『本草綱目』巻四四鱗之三・河豚の釈名に「鯸鮧。一作鯸鮐。鰗鮧《こい》・鯢魚。一作鮭。嗔魚《てんぎょ》・吹肚魚・気包魚」とあり、『太平御覧《ぎょらん》』巻九三九鱗介部一一・鮠《がい》魚に、

広志曰、鮠魚。一名河豚。　「広志」に曰わく、「鮠魚。一名は河豚」と。

とあるから、河豚は鯸鮧《こうい》魚・鯸鮐《こうたい》魚・鰗鮧《こい》魚・鯢魚《きぎょ》・鮭魚・嗔魚・吹肚《すいと》魚・気包魚・鮠魚・鮔《い》・魺《か》ともいわれた。

『太平御覧』に引用された『広志』は『隋書』巻三四経籍志に「広志二巻　郭義恭撰」と著録されるから、「河豚」という言葉は『隋書』成立以前の七世紀以前にあったことになる。

日本の「ふぐ」も河豚と表記する。「ふぐ」を河豚と表記するのは中国に発祥する。日本は「ふぐ」の表記を中国の表記に従ったことになる。長江下流域やその支流の諸河に「ふぐ」が生息し、それを捕獲して食用としたことから、「ふぐ」を河豚と表記するようになったのである。「ふぐ」は物に触れると体を膨張させ、膨れた形が豚に似ているか

ら「ふぐ」を「河の豚」としたのである。海ふぐなら河豚とは書かないだろう。海ふぐを食する人もいたであろうが、河ふぐを賞味する人が多く、河ふぐを賞味する人の記録が多くあり、ふぐは河豚と表記されたのである。中国の「ふぐ」の賞味は、淡水に生息する河ふぐ（メフグ）から始まったことを「河豚」という字が示している。

顧野王（五一九～五八一。『陳書』巻三〇、『南史』巻六九）の『玉篇』巻二四魚部に、

鯸。胡溝切。鯸鮔鮦也。食其肝殺人。　鯸《こう》。胡・溝の切。鯸は鮔《い》（ふぐ）鮦《か》（ふぐ）なり。其の肝を食らわば人を殺す。

とあり、古来、肝に毒があることは経験によって周知されていた。日本の弥生遺跡から海河豚の骨が出土するから、弥生人は海河豚を食べていたといわれるが、中国のほうが河豚を食べることは古いようである。

河豚毒の解毒に関しては、すでに後漢の張機（一五〇？～二一九）の『金匱要略方論』巻下「禽獣魚虫禁忌并治第二四」の「食鯸鮧魚中毒方」に、

蘆根。　蘆（あし）の根。

右煮汁服之、即解。　右の煮汁之を服さば、即解す（即時に解毒する）。

とあるから、鯸鮧魚は二世紀には賞味され、河豚毒の対処方法も考えられていた。晋の葛洪（二八三～三四三）の『肘《ちゅう》後備急方』巻七「治食中諸毒方」第六六「食鱸魚肝及鯸鮧魚中毒」には、

剉蘆根煮汁、飲一二升良。

蘆の根を剉《けず》り煮たる汁、一・二升（三国・魏の一升は現在の約二合）を飲めば良し。

とあり、『金匱要略方論』と同じく、蘆の根の煎じたものが解毒薬とされた。九世紀の『酉陽雑俎《ざっそ》』続集巻八支動に、

鯸鮧魚肝與子倶毒。食此魚、必食艾。艾能已其毒。江淮人食此魚、必和艾。

鯸鮧魚の肝は子（卵巣）と倶に毒あり。此の魚を食らわば、必ず艾《よもぎ》を食らう。艾能く其の毒を已《いや》す。江淮の人此の魚を食らうに、必ず艾を和《まぜ》る。

とあり、長江下流域の人々は、河豚を食べるときは艾《よもぎ》も食べた。

河豚中毒は『医心方』巻第二九・治食鯸鮐魚中毒方第三四にもある。

病源［候］論云、鮐魚此肝及腹内子有大毒、不可食。食之、往々致死。

「病源候論」（七世紀初頭の巣元方の「医書」）に云わく、「鮐《たい》魚此の肝及び腹内の子（卵巣）大毒有り、食らうべからず。之を食らわば、往々にして死を致す。

と『病源候論』を引用する。しかし、解毒方はいわない。同じ記事は現行本の『巣氏諸病源候総論』（『巣氏諸病源候総論』は一一世紀以降の書名。それより以前は『病源候論』という）巻二六蠱毒病諸候下・食鯸鮐魚中毒候に、

此魚肝及腹内子有大毒、不可食。食之、往往致死。

此の魚（鯸・鮐　鮐は海魚であるから海ふぐ）の肝及び腹内の子（卵巣）に大毒有り、食らうべからず。之を食らわば、往往にして死を致す。

とある。『医心方』巻第二九・治食鯸鮐魚中毒方第三四には、

小品方云、中鮐鯸毒方。

焼鯌魚皮、水服之。無見（見は現）皮、壊刀裝（装）取之。一名鮫魚皮、食諸鮑（鮠の誤字）魚、中毒亦用之。千金方用之。

「小品方」に云わく、「鮐鯸の毒に中たる方」と。

鯌《しゅく》魚（さめ）の皮を焼き、水もて之を服せ。現皮なくんば刀装りを壊し之を取る。一名は鮫魚皮（さめかわ）、諸鮠《がい》魚を食らい、中毒せば亦た之を用う「千金方」之を用う。

とある。『小品方』は『隋書』巻三四経籍志に「小品方十二巻。陳延之撰」とあり、『旧唐書《くとうじょ》』巻四七経籍志・経籍下に「小品方十二巻。陳延之撰」とあり、『新唐書《しんとうじょ》』巻五九藝文《げいもん》志に「陳延之。小品方十二巻」とある。陳延之は五世

紀中頃の人である。

『医心方』巻第二九・治食鯸鮐魚中毒方第三四には、もう一例、河豚の解毒方をいう。

玉箱方云、水中大魚鯸鮧骨、傷人皆有毒。治之方。

焼獺毛皮骨、以傅、矢塗亦佳。

「玉箱方」に云わく、「水中の大魚・鯸鮧の骨、人を傷つくは皆な毒有り。之を治す方。

獺《だつ》（かわうそ）の毛・皮・骨を焼き、以て［傷口に］傅《ふ》し、矢（不明）を塗るも亦た佳し。

『玉箱方』は後漢の張仲景の『金匱玉函方』という書もあるが、書名に省略がなく『玉箱方』とすれば、『宋史』巻二〇七藝文志・医書類に「玉函方三巻」とある書であろう。『太平御覧《ぎょらん》』巻七二二方術部三・医二に、

晋中興書曰、葛洪、字稚川、丹陽句容人。幼覧衆書、近得萬巻。自号抱朴子。善養性之術、撰経出救験方三巻。号曰肘後方。又撰玉函方一百巻、于今行用。

「晋中興書」（南朝・宋の湘東太守・何法盛撰）に曰わく、「葛洪、字は稚川、丹陽句容の人なり。幼くして衆書を覧《み》、近ごろ萬巻を得る。自ら抱朴子と号す。養性の術を善し、「経出救験方」三巻を撰す。号して「肘《ちゅう》後方」と曰う。又た「玉函方一百巻」を撰し、今に行用せらる」と。

とあり、葛洪（二八三〜三四三。『晋書』巻七二）の著作した医書である。

七世紀末期の孫思邈の『備急千金要方』巻八〇食治・鳥獣第五・鯽《そく》魚には、

鯸鮧魚有毒、不可食之。

鯸鮧《こうい》魚　毒有り、之を食らうべからず。

とあり、『経史證類大観本草』巻二〇蟲魚部・上品「鯸鮧魚」に、

鯸鮧魚有毒、不可食之。其肝毒煞人。

鯸鮧魚は毒有り、之を食らうべからず。其の肝の毒は人を煞《ころ》す。

とあり、羅願（一一三六〜一一八四）の『爾雅翼』巻二九釈魚・鯢に、

又云、肝及子、入口爛舌、入腹爛腸。今浙人習之者、亦不甚忌。正爾啖之耳。大抵、海中者大毒、江中者次之。其出有時、率以冬至。

又た云わく、「肝及び子（卵巣）、口に入れれば舌を爛らし、腹に入れれば腸を爛らす。今浙人之を習う者、亦た甚だ忌まず。正しく之を啖《く》らうのみ。大抵、海中のもの大毒、江中のもの之に次ぐ。其れ出ずるに時有り、率《おおむ》ね冬至を以てす」と。

とあり、海ふぐのほうが毒性が強く、淡水ふぐのほうが毒性が弱いという。浙江の人はふぐ毒のことを熟知しており、肝や子（卵巣）を食べないようにすればよいという意味のことを述べている。

一四世紀に書かれた、闕名氏（一説に一五世紀初期の熊宗立の編）の『居家必用事類全集』癸集・人元寿「鱗介」に、

河豘脩治、不如法、殺人。　河豘（河豚に同じ）の脩治、法に如ざれば、人を殺す。

とあるから、河豚には確立された調理方法があり、調理方法に従わなければ死亡するという。文献には河豚は肝に毒があるというから、むやみに食べていたのではなく、作法通りに内臓を取り除いて河豚を賞味していたのである。

一二世紀初頭の江少虞の『事実類苑』巻六三風俗雑誌・魚に、

河豚魚、有大毒、肝与卵人食之、必死。毎至暮春柳花飛墜、此魚大肥。江淮人以為時珍、更相贈遺。臠其肉、襍蔄蒿荻芽、瀹而為羹。或不甚熟、亦能害人。歳有被毒而死者。南人嗜之不已。

河豚魚、大毒有り、肝と卵 人之を食らわば、必ず死す。暮春の柳花（柳絮《じょ》）飛墜するに至る毎《ごと》に、此の魚大肥す。江淮《こうわい》の人以て時珍と為し、更《こも》ごも相い贈遺す。其の肉を臠《き》り、蔄《かん》（ふじばかま）蒿《こう》（よもぎ）荻芽（おぎのめ）を襍《あつ》め、瀹《に》て羹と為す。或いは甚だ熟さざれば、亦た能く人を害す。歳々毒を被りて死す者有るも、南人之を嗜《たしな》みて已《や》まず。

とあり、河豚毒が肝にあることも知っていた。それを知りながら毎年死者が出ているのは、河豚の肝が美味であるこ

とを知っていて、死を賭けて河豚肝を賞味したことになる。

『宋史』巻三五六張根伝に、

自便以朝散大夫終於家。年六十。根性至孝。父病蠱戒塩、根為食淡。母嗜河豚及蟹。母終、根不復食。

自ら便ち朝散大夫を以て家に終わる。年六〇。根の性は至孝なり。父 蠱《こ》（住血吸虫症？）を病めば塩を戒め、根は食淡《うすあじ》に為る。母 河豚及び蟹を嗜む。母終わり、根 復た食らわず。

とあり、張根の母は河豚を嗜好して已むことがなかったという。張根は一二世紀初頭に淮南転運使になった人物であるから、彼の母が河豚を嗜好したのは一一世紀頃のことであろう。一二世紀中葉の范成大（『宋史』巻三八六）の『呉郡志』巻二九土物・河豚魚に、

世伝、以為有毒能殺人魚。無頬無鱗、与目能開闔、及作声者有毒。而河豚備此四五者、故人畏之。此魚自有二種、色淡黒有文点、謂之斑子、尤毒。然人甚貴之。呉人春初会客、有此魚則為盛会。晨朝烹之羹成、候客至、率再温之、以進云尤美。或云其子不可食。其子大如一粟、浸之経宿、則如弾丸。又云中其毒者、水調炒槐花末及龍脳水至宝丹。皆可解。橄欖子亦解魚毒。故羹中多用之。反烏頭附子荆芥諸風薬、服此等薬而食河豚、及食河豚而後、即服薬、皆致死。蘇文定公轍嘗記呉人丁鷺因食河豚而死、以為世戒。

世伝、以為《おもえ》らく毒有り能く人を殺す魚と。頬なし鱗なし、目と与りては能く開闔《かいこう》し、及び声を作すもの毒有り。而して河豚此れを備えること四・五、故に人之を畏る。此の魚自ら二種有り、色は淡黒なる文点（入れ墨のような斑点）有り、之を斑子と謂い、尤も毒あり。然れども人甚だ之を尊ぶ。呉人春初に客と会すに、此の魚有らば則ち盛会と為す。晨朝《しん》（早朝）之を烹て羹を成し、客至るを候《ま》ち、率《おおむ》ね之を再温し、以て進むれば尤も美《うまし》と云う。或るひと云わく、「其の子食らうべからず。其の子大なること一粟の如く、之を浸して経宿せば、則ち弾丸の如し」と。又た云わく、「其の毒に中る者、水調せる炒った槐花の末《まつ》（えんじゅの花の粉末）、及び龍脳水・至宝丹、

皆な解く（＝解毒）べし。橄欖子（カンラン科の常緑高木。インドシナ原産。果実は卵形の核果、油を採るほか、数珠の材料）亦た魚毒を解く。故に羹中多く之を用う。烏頭・附子《ぶす》・荆芥・諸風薬に反し、此れ等の薬を服して河豚を食らい、及び河豚を食らいて後、即ち薬を服さば、皆な死を致す。蘇文定公轍（蘇轍・文定は諡）嘗《かつ》て呉人の丁鷺河豚を食らうに因りて死するを記し、以て世戒と為す。

とあり、一六世紀中葉に完成した蘇州の地方志である『姑蘇志』巻一四土産・鱗之属に、

河豚魚。有毒、烹調失宜、能殺人。呉人甚珍之。

河豚魚。毒有り、烹調宜《ぎ》を失わば、能く人を殺す。呉人甚だ之を珍とす。

とあり、有毒と知りながら河豚を賞味することは、一六世紀になっても止まることはなかった＊。

＊　河豚に関しては、青木正児「河豚」（『青木正児全集　第九巻』所収　春秋社　一九七〇）を参照。

38　鱉《べつ》（鼈の俗字）の肉を食べれば病気となる

此其肉亦不足食。多作症瘕。（『唐・新修本草』虫魚部巻第一六虫魚中・鱉甲の註　四一九頁）

此れ其の肉（鱉《べつ》の肉）亦た食らうに足らず。多く症瘕《しょうか》を作す。

39　目が陥没する鱉を食べ、また鴨子《おうし》と鱉を合食しない

其（鱉）目陥者、及合鴨子食之、殺人。（『唐・新修本草』虫魚部巻第一六虫魚中・鱉甲の註　四一九頁）

鱉《べつ》（淡水にすむ亀、すっぽん）の目陥るものを食べ、及び鴨子（あひるの卵）に合わせ之を食らわば、人を殺す。

張機（字は仲景、一五〇?～二一九）の『金匱要略方論』巻下「禽獣魚虫禁忌并治第二四」に、

鱉目凹陷者、及厭下有王字形者、不可食之。其肉不得合鶏鴨子食之。

鱉の目凹陥するもの、及び厭下（腹）に「王」の字形有るもの、之を食らうべからず。其の肉 鶏子・鴨子に合わせ之を食らうを得ざれ。

とあり、『備急千金要方』巻八〇食治・鳥獣第五・鼈肉にも、腹下「王」字を成すものを食べてはならないとある。

鼈腹下成王字不可食。　鼈の腹下「王」字を成すもの食らうべからず。

## 40　鱉を莧《けん》菜と合食しない

不可合莧菜食之。（『唐・新修本草』虫魚部巻第一六虫魚中・鱉甲の註　四一九頁）

「鱉（すっぽん）肉」莧《けん》菜（ひゆ菜　胡荽）に合わせ之を食らうべからず。

張機（一五〇？～二一九）の『金匱要略方論』巻下「禽獣魚虫禁忌并治第二四」に、

亀鱉肉不可合莧菜食之。　亀の肉・鱉の肉 莧菜に合わせ之を食らうべからず。

とあり、亀の肉・鼈の肉と莧菜の合食禁止は、張機の二世紀の時代からの食忌である。この食忌は七世紀末期に書かれた孫思邈《ばく》の『備急千金要方』巻八〇食治・鳥獣第五・鼈肉にも、

鼈肉共莧蕨菜食之、作鼈瘕、害人。

鼈の肉 莧菜・蕨《けつ》菜（わらび）と共に之を食らわば、鼈瘕《べっか》（鼈に起因する病気）を作し、人を害す。

とあるから、唐代でも食忌の一であった。

『備急千金要方』巻七九食治・菜蔬第三・小莧菜に、

小莧菜。味甘。大寒、滑。無毒。可久食。益気力、除熱。不可共鼈肉食。成鼈瘕。蕨菜亦成鼈瘕。

小莧菜。味は甘し。大寒にして、滑。毒なし。久しく食らうべし。気力を益し、熱を除く。鼈の肉と共にし食らうべからず。鼈瘕と成る。蕨菜亦た鼈瘕を成す。

とあり、鼈の肉と合食してはならないのは、莧菜のうちの小莧菜という。

葛洪（抱朴子。二八三〜三四三）の『肘《ちゅう》後備急方』巻七治防避飲食諸毒方第六七「水中魚物諸忌」には、

鼈肉不可合鶏鴨子及赤莧菜食之。　鼈の肉　鶏子・鴨子及び赤き莧菜に合わせ之を食らうべからず。

とあり、「莧菜」ではなく「赤き莧菜《ひゆな》」とある。「赤き莧菜」と鼈《べつ》の肉の合食が禁止で、赤くない莧菜と鼈の肉の合食は禁止ではない感をうけるが、「赤き莧菜」とは枯れるときに葉が赤くなることではない。『斉民要術』巻一〇・五穀果蓏菜茹非中国物産者（五穀・果蓏・菜茹の中国の物産に非ざるもの）の赤莧に、

爾雅曰、蕢赤莧。郭璞注云、今莧菜之赤茎者。

「爾雅」に曰わく、「蕢《き》は赤莧なり」と。郭璞《かくはく》（二七六〜三二四）の注に云わく、「今莧菜の赤茎なり」と。

とあり、莧菜の赤茎をいうものであることがわかる。莧菜はヒユ科ヒユ属の一年草。インドもしくは熱帯アジアが原産。ジャワホウレンソウともいわれる。観葉植物の葉鶏頭は莧菜を改良したもの。

この鼈の肉と莧菜の合食は唐王朝の食禁であり、食忌・食禁を考察する上で極めて重要である。『唐律疏議』職制律「造御膳犯食禁（御膳を造るに食禁を犯す）」に、

諸造御膳、誤犯食禁者、主食絞。若穢悪之物、在食飲中、徒二年。揀択不精及進御不時、減二等。不品嘗者、杖一百。

諸《すべ》て御膳を造るに、誤りて食禁を犯す者は、主食（殿中省尚食局主食）は絞（絞首刑）。若《も》し穢悪《あいあく》の物、食飲中に在らば、徒二年。揀択するに精ならず及び進御するに時ならざれば、二等を減ず。品嘗《な》めざる者は、杖一〇〇。

とあり、その疏議に、

疏議曰、造御膳者、皆依食経。経有禁忌、不得輙造。若乾脯不得入黍米中、莧菜不得和鼈肉之類。有所犯者、主食合絞。若穢悪之物、謂物是不絜之類。在食飲中、徒二年。若揀択不精者、謂簡米択菜之類、有不精好。及進御

不時者、依礼、飯斉視春宜温、羹斉視夏宜熱之類、或朝期夕日中、進奉失度及冷熱不時者。減罪二等、謂従徒二年減二等。不品嘗者杖一百、謂酸鹹苦辛之味、不品及応嘗不嘗、倶得杖一百之罪。

疏議して曰わく、御膳を造る者は、皆な「食経」に依る。「経」に禁忌有らば、輒《すなわ》ち造ることを得ざれ。乾脯《ほしにく》は黍米（白い黍の実）中に入れるを得ざれ＊。莧菜は鼈《べつ》の肉に和すことを得ざるが若《ごと》きの類なり。犯す所有らば、

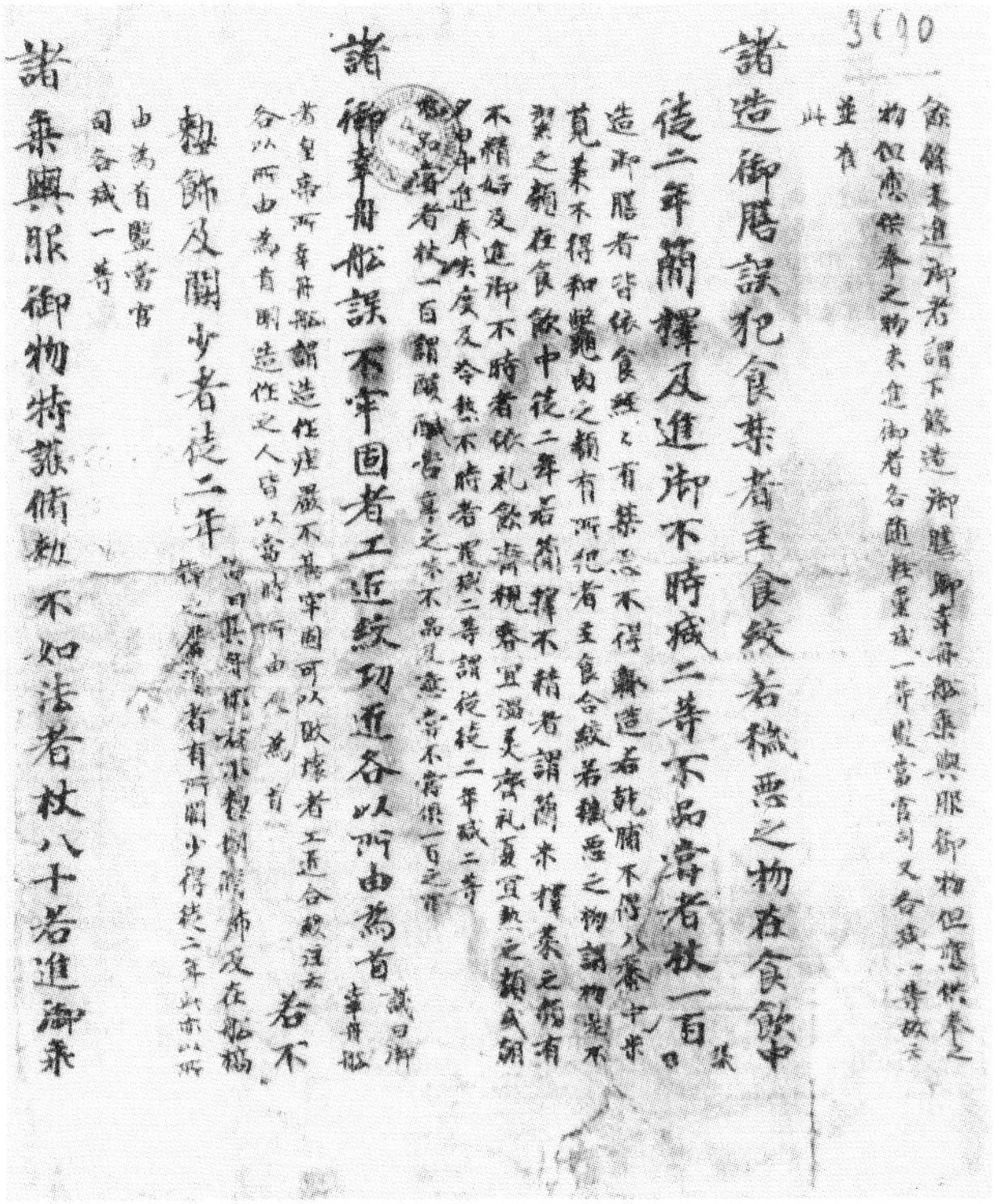
諸造御膳誤犯食禁者主食絞若穢悪之物在食飲中徒二年簡擇不精及進御不時減二等不品嘗者杖一百

諸御幸舟船誤不牢固者工匠絞初造各以所由為首修飾及闕少者徒二年

諸乗輿服御物持護脩整不如法者杖八十若進御乗

図版11　職制律「諸造御膳有誤」（敦煌文献・ペリオ3690）

主食は合《まさ》に絞たるべし。若《も》し穢悪《あいあく》の物、物是れ不絜の類を謂う。食飲（食物・飲み物）中に在らば、徒二年（懲役二年）。若《も》し「揀択すること精ならざる」とは、米を揀び菜を択ぶの類、精好ならざること有るを謂う。「及び進御するに時ならざる」とは、礼に依るに、飯斉（斉は調和、特に温度を適当にすること）は春に視《なぞら》え宜しく温なるべく、羹斉（斉は調和、特に温度を適当にすること）は夏に視え宜しく熱なるべしの類、或いは朝・夕・日中、進奉するに度を失い及び冷熱時ならざるものなり。「罪二等を減ず」

とは、徒二年より二等を減ずるを謂う（徒刑＝懲役刑は一年・一年半・二年・二年半・三年があるから、徒二年より罪二等を減じるとは、徒一年になることをいう）。「品嘗《なめ》ざる者（毒味しない者）は杖一百」とは、酸・鹹・苦・辛の味、品せず（食品の検査をしないこと）及び応《まさ》に嘗《な》むべきに嘗ざれば、倶に杖一百の罪を得るを謂う。

と規定する。右の規定は皇帝の御膳を造る場合の罰則であるが、食経に規定する食禁に違反すれば、直接に御膳を造る当番の主食（殿中省尚食局主食）は「十悪」（死刑となる一〇の悪罪）に規定する「大不敬」に問われ、絞（絞首刑）である。右の規定は「御膳を造るに、誤りて食禁を犯す者」の罪状であるが、誤りでなく、確信して食禁を犯せば「十悪」に規定する、社稷を危くせんと謀る「謀反《ぼうはん》」（「十悪」のうちには謀叛《ぼうはん》もある。謀反と謀叛は同じではない。謀叛とは、国に背き偽に従わんと謀ることをいう）の罪に問われ、極刑の斬首となった。

内外官は毎日役所に出勤するが、この内外官は役所において昼食（廊下食）を提供され、昼食後に退朝となる。この昼食を百官外膳というが、この百官外膳にも食禁違反の法令が適用された。『唐律疏議』職制律「百官外膳」に、

諸外膳、謂供百官。犯食禁者、供膳杖七十。若穢悪之物、在食飲中、及揀択不浄者、笞五十。誤者、各減二等。

諸《すべ》て外膳、百官に供するを謂う。食禁を犯す者は、供膳（二四〇〇人、光禄寺に所属）は杖七〇。若《も》し穢悪の物、食飲中に在り、及び揀択するに不浄の者は、笞五〇。誤る者は、各々二等を減ず。

疏議曰、百官常食以上、皆官厨所営、名為外膳。故注云、謂供百官。犯食禁者、食禁已上解訖。若有犯者、所由供膳杖七十。穢悪之物、謂不浄物之類。在食飲中、及揀択有不浄、其所由者、得笞五十。若有誤失者、各減二等。誤犯食禁者、笞五十。誤揀不浄、笞三十。

疏議して曰わく、百官の常食以上、皆な官厨の営む所にして、名づけて外膳と為す。故に注に云わく、「百官に供するを謂う」と。食禁を犯す者とは、食禁は已に上《のぼ》し解し訖《おわ》る。若《も》し犯すこと有らば、所由の供膳（二四〇〇人、光禄寺に所属）は杖七〇。穢悪の物、不浄の物の類を謂う。食飲（食物・飲み物）中に在り、及び揀択す

るに不浄なる有らば、其の所由の者は、笞五〇を得。若《も》し誤失有る者は、各々二等を減ず（杖刑は六〇・七〇・八〇・九〇・一〇〇があり、笞刑は一〇・二〇・三〇・四〇・五〇がある）。誤りて食禁を犯す者は、笞五〇。誤りて揀ぶに不浄ならば、笞三〇。

とあり、皇帝の御膳のように絞（絞首刑）になることはないが、杖七〇とされた。

時代は下るが明王朝（一三六八〜一六四四）の「造御膳犯食禁」は如何なる規定であったか。『正徳大明《だいみん》会典』巻一二九刑部四・儀制に所載された明律の「合和御薬（御薬を合和す）」には次のようにある。

凡合和御薬、誤不依本方、及封題錯誤、医人杖一百。料理揀択不精者、杖六十。若造御膳誤犯食禁、厨子杖一百。若飲食之物、不潔浄者、杖八十。揀択不精者、杖六十。不品嘗者、笞五十。監臨提調官、各減医人厨子罪二等。若監臨提調官及厨子人等、誤将雑薬至造御膳處所者、杖一百。所将雑薬、就令自喫。門官及守衛官、失於捜検者、与犯人同罪。並臨時奏聞区處。

凡《すべ》て御薬を合和するに、誤りて本方に依らず、及び封題錯誤せば、医人は杖一百。料理揀択し精ならざるは、杖六〇。若し御膳を造りて誤りて食禁を犯すは、厨子（料理人）は杖一〇〇。若し飲食の物、潔浄ならざるは、杖八〇。揀択精ならざるは、杖六〇。品嘗せざるは、笞五〇。監臨・提調の官は、各々医人・厨子の罪二等を減ず。若し監臨提調の官及び厨子人等、誤りて雑薬を将て御膳を造る處所に至らば、杖一〇〇。将《もち》いる所の雑薬、就《つ》いて自喫せしむ。門官及び守衛官、捜検に失する者は、犯人と同罪。並びに臨時に奏聞して区處（處置）す。

「明律」では、錯誤によって食禁を犯しても極刑ではない点、唐律とは異なっている。

＊ 食禁である「乾脯は黍米（白い黍の実）中に入れるを得ざれ」は、張機（一五〇?〜二一九）の『金匱要略方論』巻下「禽獣魚虫禁忌并治第二四」の「治黍米中蔵乾脯、食之中毒方（黍米中に蔵乾脯を蔵し、之を食らう中毒を治す方）」に、

大豆濃煮汁、飲数升、即解。亦治狸肉漏脯等毒。

大豆の濃煮汁、数升を飲めば、即解す（即時に解毒す）。亦た狸の肉脯に漏す等の毒を治す。

とあり、二世紀から注目される食禁の一であったようである。唐の孫思邈の『備急千金要方』巻八〇食治・穀米第四・白黍米に、

黄帝云、久蔵脯腊安米中、満三月、人不知食之、害人。

「黄帝」に云わく、「久しく脯腊を安米中に蔵し、三月（三ヶ月）に満ち、人知らず之を食らわば、人を害す。

とあり、『證類本草』巻二五米穀部・黍米に、黍米と乾脯の関係をいう。

於黍米中雑乾脯通食禁。　黍米中に乾脯を雑えれば「食禁」に通ず。

## 41　鱉の下部に「王」の字形のあるものは食べない

其靨下有如王字形者、亦不可食。（『唐・新修本草』虫魚部巻第一六虫魚中・鱉甲の註　四一九頁）

其の靨《えん》下（鱉《べつ》の下腹）に「王」の字形の如き有るもの、亦た食らうべからず。

張機（一五〇？～二一九）の『金匱要略方論』巻下「禽獣魚虫禁忌并治第二四」に、

鱉目凹陷者、及厭下有王字形者、不可食之。其肉不得合鶏鴨子食之。

鱉の目凹陥するもの、及び厭下に「王」の字形有るもの、之を食らうべからず。其の肉（鱉の肉）鶏・鴨子に合わせ之を食らうを得ざれ。

とあり、『備急千金要方』巻八〇食治・鳥獣第五・鼈肉にもある。

鼈腹下成王字不可食。　鼈の腹下「王」字を成すもの食らうべからず。

## 42　鹿心の柿は多食しない

鹿心柿尤不可多食。令人腹痛利（「證類本草」は腹痛とする。「本草」の利は衍字？）、生柿弥冷。

（『唐・新修本草』果部巻第一七果中・柿の註　四四六頁）

鹿心の柿尤も多食すべからず。人をして腹痛ならしめ、生柿いよいよ冷ならしむ。

「鹿心の柿」とは『経史證類大観本草』巻二三果部・柿に、

陶隱居云、柿有数種。……………。麤心柿尤不可多食。令人腹痛。

陶隱居云わく、「柿に数種有り。……………。麤《そ》心の柿尤も多く食らうべからず。人をして腹痛ならしむ」と。

とあるから、「麤心」とは柿の種類の一であるらしい。明の彭大翼の『山堂肆考』巻二〇七果品・牛心に、

柿有数種。有如牛心者、有如鶏鴨卵者、又有名鹿心者。

柿に数種有り。牛心の如きもの有り、鶏・鴨の卵の如きもの有り、又た鹿心と名づくもの有り。

とあり、「麤心」を「鹿心」と書いて、柿の種類の一とする。『本草綱目』巻三〇果之二・柹に、

烘柹。………（中略）………。気味甘、寒・渋。無毒。弘景曰、生柹。性は冷。鹿心柹尤不可食。令人腹痛。

烘柹《こうし》（烘はあぶる。柹は柿）。………（中略）………。気味甘し、寒・渋。毒なし。弘景曰わく、「生柹。性は冷。鹿心の柹は尤も食らうべからず。人を腹痛ならしむ」と。

とあるから、「麤心」は「鹿心」でなければならないことはないようで、単に音を表す文字のようである。

### 43　朮《おけら》を服せば、桃を食べることを禁止する

服朮、人云禁食桃也。（『唐・新修本草』果部巻第一七果中・桃核仁の註　四五〇頁）

朮を服さば、人は「桃を食らうを禁ず」と云うなり。

『唐・新修本草』巻二服薬食忌例に、

有朮、勿食桃李及雀肉胡荽大蒜青魚鮓等物。

朮《じゅつ》（キク科オケラの根茎を乾燥したもの、白朮・蒼朮の二種あり）有らば、桃李及び雀の肉・胡荽《すい》（こえんどろ。セリ科の一年草）大蒜《だいさん》（おおびる、にんにくの古名）青魚の鮓《さ》（青魚の鮨）らの物を食らうこと勿れ。

とあり、『備急千金要方』巻一論服餌第八に、「白朮」として『唐・新修本草』と同文があり、『外臺秘要方』巻三一解飲食相害成病百件「諸鳥獣陸地肉物忌法」に、

白朮。忌食桃李。　白朮《じゅつ》（キク科オオバナオケラの根茎を乾燥したもの）。桃・李を食らうを忌む。

とあり、泰定乙丑版『事林広記』辛集巻六所載の服薬食忌にも「有朮」とあって、『唐・新修本草』と同文がある。朮（おけら）はキク科の雌雄異株の多年草。茎は硬く直立している。日本、朝鮮、中国東北部に自生する。根茎を乾かしたものは薬用となる。おけらは古名の「うけら」のなまったものといわれる。中国原産のホソバオケラの根茎を蒼朮《そうじゅつ》といい、オオバナオケラの根茎を白朮という。健胃、利尿、解熱、鎮痛剤として用いる。胡荽《こすい》（こえんどろ）は今の香菜で莧菜という。張騫《ちょうけん》が西域から将来したとされる野菜で、源順《したごう》の『和名類聚鈔』には「魚膾尤為要」とあり、『延喜式』（延長五年・九二七年撰進）巻三九内膳司には胡荽の耕作労力の規定がある。

## 44　李は雀肉と合食しない

凡李実熟、食之皆好。不可合雀肉食。又不可臨水上噉之。（『唐・新修本草』果部巻第一七果中・李核仁の註　四五二頁）

凡《すべ》て李の実（すももの実）熟せば、之を食らうこと皆な好む。雀の肉に合わせ食らうべからず。又た水の上《ほとり》に臨んで之を噉《くら》うべからず。

張機（一五〇?〜二一九）の『金匱要略方論』巻下「禽獣魚虫禁忌并治第二四」に同文がある。

雀肉不可合李子食之。　雀の肉　李子に合わせ之を食らうべからず。

とあり、『医心方』巻第二九・合食禁には、李実と雀の肉を合食した結果もいう。

［養生要集］又云、李実合雀肉食、令大行漏血。

「養生要集」に又た云わく、「李の実（すももの実）雀の肉と合わせ食らわば、大行（大便）に血を混じらしむ」と。

孫思邈の『備急千金要方』巻七九食治・果実第二・李核仁に、

李核仁、味苦、平、無毒。主僵仆躋瘀血骨痛。実、味苦、酸、微温、澁、無毒。［主］除固（固は痼）熱、調中。宜心、不可多食。令人虚。

李核仁、味は苦、性は平、無毒。僵仆躋《きょうふせい》・瘀《お》血（血が滞ること）・骨痛を主る。実、味は苦し、性は酸、微か温、澁《しぶ》い、毒なし。痼熱（痼熱は長引く熱）を除き、調中（内臓を整える）を主る。宜しく心すべし、多食すべからず。人を虚ならしむ。

とあり、唐の徐堅の『初学記』巻二八果木部・李第一。叙事に、

本草曰、李根治瘡。服其花、令人好顔色。凡李実熟食之皆好。除固（固は痼）熱、調中。食之、不可合雀肉食。又不可臨水上噉之。李皮水煎含之、治歯痛。

「本草」に曰わく、「李根は瘡（きず）を治す。其の花を服さば、人をして顔色好からしむ。凡て李の実熟さば之を食らうは皆な好し。痼熱（痼熱は長引く熱）を除き、中（内臓）を調える。之を食らうに、雀の肉に合せ食らうべからず。又た水の上《ほとり》に臨んで之を噉《く》らうべからず。李の皮水煎し之を含めば、歯痛を治す。

とある。「主」字は意を以て補字した。

『初学記』の「李根治瘡。服其花、令人好顔色」は『唐・新修本草』（四五二頁）では復元漏れとなっている。

### 45　葫《こ》（にんにく）と肉の膾は食べない

俗人作虀、以噉膾肉、損性伐命、莫此之甚。（『唐・新修本草』草菜部巻第一八菜部下・葫の註　四七六頁）

俗に人［にんにく］の韲《せい》（細切）を作し、以て膾肉を噉《く》らうは、性を損ない命を伐《ころ》すこと、此れ之れより甚しきは莫し。

『経史證類大観本草』巻二九菜部下品「葫」の註に、

陶隠居云、今人謂葫為大蒜、謂蒜為小蒜。以其気類相似也。性最熏臭、不可食。……（中略）……。俗人、作韲、以噉膾肉、損性伐命、莫此之甚。

陶隠居（四五六〜五三六。『梁書』巻五一陶弘景伝）云わく、「今人葫《こ》を謂いて大蒜《だいさん》（にんにく）と為し、蒜を謂いて小蒜（のびる）と為す。其の気類相い似るを以てなり。性最も熏臭し、食らうべからず。……（中略）……。俗人韲を作り以て膾肉を噉わば、性を損ない命を伐すこと、此れ之れより甚だしきは莫し」と。

とあるから、この記事は『神農本草経』の陶弘景の註であり、『新修本草』が陶弘景の註を継承したものである。

### 46　葫《こ》と青魚の鮓《すし》を合食すれば黄疸を発す

此物惟生食、不中煮。用以合青魚鮓食、令人発黄耳。（『唐・新修本草』草菜部巻第一八菜部下・葫の註　四七六頁）

此の物（葫）惟だ生食するのみ、煮るに中たらず。用いるに青魚の鮓に合わせ以て食らわば、人をして黄を発せしむのみ。

### 47　寒熱を患う者は扁豆（ふじ豆）を食べない

患寒熱病者、不可食之。（『唐・新修本草』米部巻第一九・米下・扁豆の註　四九一頁）

寒熱病（周期的に悪寒と発熱を繰り返す病）を患う者は、之（＝扁豆《へんず》、ふじ豆）を食らうべからず。

張機（一五〇？〜二一九）の『金匱要略方論』巻下「菓実菜穀禁忌并治第二五」に、

扁豆。寒熱者不可食之。

扁豆。寒熱の者之を食らうべからず。

と寒熱病と扁豆の関係を述べる。『経史證類大観本草』と『本草綱目』には寒熱病と扁豆の記事はない。

フジ豆は熱帯地方原産のマメ亜科フジマメ属に属する植物。別名に千石豆、味豆など。隠元豆は別種である。アフリカ、アジアを原産地とする。日本には九世紀以降に渡来した。漢方医学では「扁豆」と呼ばれ、消化不良や解毒に効果がある。食用や家畜の餌として栽培される。

『経史證類大観本草』巻二五米穀部中品・藊豆に

藊豆、味甘、微温。主和中下気。葉主霍乱吐下不止。図経曰、音扁。陶隠居云、人家種之於籬。捋其莢、蒸食甚美。無正用取其豆者、葉乃単行用之。患寒熱病者、不可食。

藊豆、味甘、微温。中を和し、気を下すを主る。葉は霍乱して吐下し止まらざるを主る。「図経」に曰わく、「音は扁」と。陶隠居云わく、「人家之を籬《まがき》に種え。其の莢（さや）を捋《と》り蒸して食らわば甚だ美し。正用に其の豆を取る者なく、葉は乃ち単行之を用う。寒熱病を患う者、食らうべからず。

とあり、「藊豆」の字で著録され、『本草綱目』巻二四・穀之三も同様に「藊豆」である。『本草綱目』巻二四・穀之三「藊豆」の「釈名」に、藊豆は沿籬豆・蛾眉豆というとある。

# 第三節　『備急千金要方』の食忌

## 1　葵菜と鯉の鮓《すし》を食べない

凡葵菜和鯉魚鮓食之、害人。（『備急千金要方』巻七九食治・菜蔬第三・冬葵子）

凡《すべ》て葵菜（冬葵の葉）は鯉魚の鮓《すし》（なれ鮨）と和《まぜ》て之を食らわば、人を害す。

『経史證類大観本草』巻二七菜部・上品「冬葵」に引用する孫真人の『食忌』に「葵合鯉魚食、害人矣（葵　鯉魚と合わせ食らえば、人を害す）」とある。

鯉魚の鮓の製法は、第二章第二節「新修本草の食忌」「26　鯉鮓と小豆藿《かく》」において述べている。

葵菜について、青木正児氏は「葵藿考《きかく》」（『青木正児全集　第八巻』所収　春秋社　一九七一）において、江戸時代の小野蘭山の『本草綱目啓蒙』（享和三年・一八〇三年刊）の説を紹介し、小野蘭山がいう冬葵が古来食用の葵菜とする。

## 2　芥菜と兎の肉を共に食べない

黄帝云、芥菜不可共兎肉。食成悪邪病。（『備急千金要方』巻七九食治・菜蔬第三・芥菜）

「黄帝」（『備急千金要方』の「黄帝云、……」がどの書物を指すのか明らかではない）に云わく、「芥菜（あぶらな科おおばからし菜）は兎の肉と共にするべからず。食らわば悪邪な病を成す」と。

この食忌は、すでに張機の『金匱要略方論』巻下「菓実菜穀禁忌并治第二五」にある。

芥菜不可共兎肉。食之、成悪邪病。

芥菜（アブラナ科カラシ菜）兎の肉と共にするべからず。之を食らわば、悪邪の病を成す。

## 3　亀の肉・鼈《べつ》の肉と猪肉を共に食べない

黄帝又云、亀鼈肉共猪肉、食之害人。（『備急千金要方』巻八〇食治・鳥獣第五・鼈肉）

「黄帝」に又た云わく、「亀・鼈の肉（亀とすっぽんの肉）猪肉と共にし、之を食らわば人を害す」と。

### 4　秋の果・秋の菜と亀の肉を共に食べない

秋果菜共亀肉、食之、令人短気。（『備急千金要方』巻八〇食治・鳥獣第五・蟹殻）

秋の果・秋の菜 亀の肉と共にし、之を食らわば、人を短気ならしむ。

### 5　六甲の日に、亀・鼈《べっ》を食べない

六甲日、勿食亀鼈。害人心神。（『備急千金要方』巻八〇食治・鳥獣第五・蟹殻）

六甲の日（甲子《かっし》・甲戌・甲申・甲午・甲辰・甲寅）、亀・鼈（すっぽん）を食らうこと勿れ。人の心神を害す。

亀・鼈は甲羅があるから、「甲」字の付く日に亀・鼈を食べることを忌避したのであろう。もしそうであれば、語呂合わせの食忌である。

一〇干と一二支の組み合わせによる暦日は、最初が甲子で始まるから、甲と組み合わせになる一二支は、子・寅・辰・午・申・戌しかない。つまり、「七甲の日」とか「八甲の日」はない。「八甲田山」の「八甲田」は、別の理由で「八甲田」と命名されたもので、「八」は多い、「甲」は盾の意で、「田」は湿原が多いのに因る。

### 6　螺《ら》・蚌《ほう》と菜を食べない

螺蚌共菜、食之、令人心痛三日一発。（『備急千金要方』巻八〇食治・鳥獣第五・蟹殻）

螺（巻貝の総称）蚌（湖沼に生息するドブ貝）菜と共にし、之を食らわば、人をして心痛すること三日に一たび発せしむ。

### 7　蝦の膾《なます》を猪肉と食べない

蝦膾共猪肉、食之、令人常悪心、多唾、損精色。（『備急千金要方』巻八〇食治・鳥獣第五・蟹殻）

蝦の膾　猪肉を共にし、之を食らわば、人をして常に悪心ならしめ、唾多く、精色を損なわしむ。

### 8　蝦に鬚がなく、腹下が黒いものは食べない

蝦無鬚、腹下通烏色者、食之害人。大忌。勿軽。（『備急千金要方』巻八〇食治・鳥獣第五・蟹殻）

蝦の鬚なく、腹下に烏に通じる色（黒色）のもの、之を食らわば人を害す。大いに忌み、軽ろんじること勿れ。

張機の『金匱要略方論』巻下「禽獣魚虫禁忌并治第二四」に、すでに二世紀の食忌としてある。

鰕無鬚及腹下通黒煮之反白者、不可食之。

鰕　鬚なく及び腹下黒に通じ之を煮て白に反るもの、之を食らうべからず。

### 9　生の麑《げい》肉と蝦汁を共に食べない

黄帝云、生麑肉共蝦汁、合食之、令人心痛。（『備急千金要方』巻八〇食治・鳥獣第五・櫜脂）

「黄帝」に云わく、「生の麑肉（子鹿の肉）蝦汁を共せ、之を合わせ食らわば、人を心痛せしむ」と。

### 10　生の麑《げい》肉と雉肉を共に食べない

生麑肉共雉肉、食之、作痼疾。（『備急千金要方』巻八〇食治・鳥獣第五・櫜脂）

生の麑肉（子鹿の肉）を雉肉と共にし、之を食らわば、痼疾（長患い）を作す。

## 11　鼈《べつ》の肉・兎の肉に芥子醤を混ぜない

鼈肉兎肉、和芥子醤、食之損人。（『備急千金要方』巻八〇食治・鳥獣第五・麋脂）

鼈（すっぽん）の肉・兎の肉、芥子醤（からしびしお）に和《まぜ》て、之を食らわば人を損なう。

六世紀に完成した『斉民要術』巻八・八和韲第七三「作芥子醤法」に、芥子醤の作り方を述べて、

先曝芥子令乾。湿則用不密也。浄淘沙、研令極熟。多作者、可碓擣。下絹簁、然後水和、更研之也。令悉著盆、合著掃箒上少時、殺其苦気。多停則令無復辛味矣。不停則太辛苦。摶作丸子、大如李、或餅子、任在人意也。復乾曝。然後盛以絹嚢、沈之於美醤中、須則取食。其為韲者、初殺訖、即下美酢解之。

先ず芥子を曝し乾かしむ。湿れば則ち用いて密ならざるなり。浄くし淘沙し、研《と》ぎて極熟せしむ。多作は、碓擣《うすづ》きすべし。下して絹簁《きぬごし》し、然る後に水和し、更に之を研《と》ぐなり。悉く盆に著けしめ、合わせて掃箒の上に著けること少時、其の苦気を殺す。多く停めれば則ち復た辛味を無からしむ。停めざれば則ち太いに辛苦なり。丸を摶作し、大きさは李、或いは餅子の如し、人の意に在るに任すなり。復た乾曝す。然る後に絹嚢《きぬぶくろ》を以て盛り、之を美醤中に沈め、須《もっ》て則ち取りて食らう。其れ韲《あえもの》を為るには、初め殺し訖り、即ち美酢に下し之を解く。

とあり、同書巻八・八和韲第七三「食経作芥子醤法（「食経」の芥子醤を作る法）」には、次のようにある。

熟擣芥子、細篩取屑、著甌裏、蟹眼湯洗之。澄去上清、後洗之。如此三過、而去其苦。微火上攪之、少熇、覆甌瓦上、以灰囲甌辺。一宿則成。以薄酢解、厚薄任意。

芥子を熟擣《とう》し、細かに篩《ふる》って屑を取り、甌裏《かめ》に著け、蟹眼湯《かい》（蟹の目のような気泡）もて之洗う。澄むと上清《うわずみ》を去り、後之《のち》を洗う。此の如くを三たび過して、其の苦を去る。微火の上にて之を攪《ま》ぜ、少し熇《かわか》し、甌の瓦の上に覆《ふ》せ、灰を以て甌辺を囲う。一宿せば則ち成る。薄酢を以て解く、厚薄は任意なり。

### 12　鼈の三足なるものを食べない

鼈三足食之、害人。（『備急千金要方』巻八〇食治・鳥獣第五・鼈肉）

鼈（すっぽん）の三足なるもの 之を食らわば、人を害す。

一四世紀の元王朝の時代に書かれた、闕名氏（『千頃堂書目』巻一二には、一五世紀初期の熊宗立の編）の『居家必用事類全集』癸集・人元寿「鱗介」に類似する記事がある。

鱉目陥、三足者、有王字者、殺人。　鱉《べつ》の目陥ち、三足のもの、「王」字有るもの、人を殺す。

### 13　鼈の肉を莧菜や蕨菜と食べない

鼈肉共莧蕨菜、食之、作鼈瘕、害人。（『備急千金要方』巻八〇食治・鳥獣第五・鼈肉）

鼈の肉を莧《けん》菜（ひゆ）蕨《けつ》菜（わらび）と共にし、之を食らわば、鼈瘕《べっか》（鼈に起因する病気）を作し、人を害す。

この食忌は唐の宮廷の皇帝の御膳を造る場合に重視されるもので、もし誤って違反しても死刑となった。このことは第二章第二節「新修本草の食忌」の「40　鱉《べつ》（鼈の俗字）を莧菜と合食しない」において、『唐律疏議』職制律「造御膳犯食禁（御膳を造るに食禁を犯す）」を引用して説明をしている。

### 14　飲酒して亀の肉を食べれば、菰《まこも》・白菜を食べない

飲酒食亀肉、并菰白菜、令人生寒熱。（『備急千金要方』巻八〇食治・鳥獣第五・蟹殻）

酒を飲み亀の肉を食らい、菰・白菜（一般にはアブラナ科アブラナ属の二年生植物。ここでは白菜の祖である結球性の弱いシロ菜をいう）を并せば、人に寒熱（周期的に悪寒と発熱を繰り返す病。マラリア）を生ぜしむ。

## 第四節　『外臺秘要方』の食忌

### 1　白犬の血・腎は白鶏・白鵝《が》の肝に雑えない

白犬血腎、不可雑白鶏肝白鵝肝。（『外臺秘要方』巻三一解飲食相害成病百件「諸鳥獣陸地肉物忌法」）

白犬の血・腎、白鶏の肝・白鵝（白い鵞鳥）の肝に雑うべからず。

### 2　白羊の肉は鶏肉に雑えない

白羊肉、不可雑鶏肉。（『外臺秘要方』巻三一解飲食相害成病百件「諸鳥獣陸地肉物忌法」）

白羊の肉、鶏肉に雑うべからず。

晋の葛洪『肘《ちゅう》後備急方』巻七治防避飲食諸毒方第六七「雑鳥獣他物諸忌法」に「白羊不可雑雄鶏」とある。

### 3　犬の肝は烏・鶏・狗・兎の肉を雑えない

犬肝、不可雑烏鶏狗兎肉。（『外臺秘要方』巻三一解飲食相害成病百件「諸鳥獣陸地肉物忌法」）

犬の肝、烏［の肉］・鶏［の肉］・狗《いぬ》［の肉］・兎の肉を雑うべからず。

### 4　猪肉は烏梅と合食しない

猪肉不可合烏梅食。一云、不可合羊肝。（『外臺秘要方』巻三一解飲食相害成病百件「諸鳥獣陸地肉物忌法」）

猪肉は烏梅（梅の薫製品）に合わせ食らうべからず。一に云わく、「［猪肉］羊の肝に合わすべからず」と。

晋の葛洪『肘《ちゅう》後備急方』巻七治防避飲食諸毒方第六七「雑鳥獣他物諸忌法」に、

食猪肉不可雑羊肝。　猪肉を食らうに羊肝を雑うべからず。

とあるから、「一云」の説も周知された食忌であった。

烏梅は梅の果実を薫製にしたもの。黒い色をしているから烏梅という。強い酸味がある。鎮痛・解毒作用がある健胃整腸の妙薬であり、また煎じて風邪薬等に用いる。民間薬として昔から熱冷まし、下痢止め、咳止め、食物や薬物中毒、回虫駆除、止血、すり傷・切り傷の手当に使用された。

梅にはクエン酸（枸櫞酸）が多く含まれ、紅花から「紅」の色素を取り出す時、梅のクエン酸を染色の媒染剤として利用され、烏梅は紅花染め・口紅・頬紅に欠くことのできない存在だった。

『斉民要術』巻四種梅杏（梅・杏を種《う》える）第三六の「作烏梅法（烏梅を作るの法）」に烏梅の製法をいう。

亦以梅子核初成時摘取、籠盛、於突上薫之、令乾、即成矣。烏梅入薬、不任調食也。

亦た梅子核初めて成るの時を以て摘取し、籠に盛り、突上（煙突の上）に之を薫し、乾かしめれば、即ち成る。烏梅は入薬（薬用）、調食（調味料）に任ぜずなり。

『新唐書』巻四〇地理志・江陵府（荆州）の「土貢」として、

方紋綾・貲布・柑・橙・橘・椑《へい》・白魚・糖蟹・梔子《しし》（くちなし）・貝母（あみ笠ユリの別名）・覆盆（苗代苺・草苺・紅葉苺の総称）・烏梅・石龍芮《ぜい》（田がらし）。

とあり、『太平寰宇記』巻一四六山南東道・荆州の土産の項に、

綿（ま綿）・絹・方綾・甘草・烏梅・貝母・柑子・橙子・白魚・橘。

とあり、烏梅は荆州・江陵郡に多く産出し、荆州の土貢の一でもあった。

烏梅の薬用に関して『旧唐書《くとうじょ》』巻一七二蕭俛伝に付伝された蕭倣《しょうほう》伝に、

咸通末、復為兵部尚書判度支。尋以本官同平章事、累遷中書門下二侍郎、兼戸部兵部尚書。遷左右僕射、改司空弘文館大学士蘭陵郡開国侯。俄而盗起河南、内官握兵、王室濁乱。倣気勁論直、同列忌之、罷知政事、出為広州刺史嶺南節度使。倣性公廉、南海雖富珍奇、月俸之外、不入其門。家人疾病、医工治薬、須烏梅、左右於公厨取之。倣知而命還、促買於市。遇乱、不至京師而卒。

咸通末（八七四）、復た兵部尚書判度支《たくし》と為る。尋《つい》いで本官を以て同平章事、中書門下二侍郎に累遷し（累遷とは順調に官階を昇進すること）、戸部・兵部尚書を兼ぬ。左右僕射《ぼくや》に遷り、司空・弘文館大学士・蘭陵郡開国侯に改めらる。俄にして盗 河南に起こり、内官握兵し、王室濁乱す。倣の気は勁《けい》（つよい）、論は直、同列 之（＝気勁論直なること）を忌み、知政事（政事を知《すべ》る＝宰相）を罷め、出でて広州刺史・嶺南節度使と為る。倣の性は公廉、南海は珍奇に富と雖も、月俸の外、其の門に入れず。家人疾病し、医工の治薬、烏梅を須《もと》め、左右は公厨に之を取る。倣知りて還すを命じ、市に買うを促す。乱に遇い、京師に至らずして卒す。

とあり、官府の厨房にも常備されていた。

### 5　兎の肉は獺《だつ》の肉と白鶏の心臓と合食しない

兎肉、不可雑獺肉及白鶏心食。（『外臺秘要方』巻三一解飲食相害成病百件「諸鳥獣陸地肉物忌法」）

兎の肉、獺（かわうそ）肉及び白鶏の心（白鶏の心臓）に雑え食らうべからず。

輯復本『唐・新修本草』獣禽部巻第一五獣中・兎頭骨（三八五頁）に、『外臺秘要方』に類似する記事がある。

合獺肉食之、令人病遁尸。　獺《だつ》の肉に合わせ之（兎の肉）を食らわば、人をして遁尸《とんし》を病ましむ。

獺はネコ目（食肉目）イタチ科カワウソ亜科に属する哺乳動物の総称である。カワウソ亜科にはニホンカワウソやラッコなどが属している。豪州大陸地域を除く、世界全域の水辺や海上で生息している。

遁戸は本章第二節「11　兔の肉と獺《だつ》（かわうそ）の肉を合食しない」（二七五頁）を参照。

### 6　白馬の肉の黒頭の部分は食べない

白馬、黒頭者不可食。（『外臺秘要方』巻三一解飲食相害成病百件「諸鳥獣陸地肉物忌法」）

白馬［の肉］、［白馬の］黒頭［部分の肉］は食らうべからず。

張機（字は仲景、一五〇？～二一九）の『金匱要略方論』巻下「禽獣魚虫禁忌并治第二四」に、

白馬黒頭者、不可食之。　白馬の黒頭なるもの、之を食らうべからず。

とあり、『経史證類大観本草』巻一七獣部・中品「白馬」に引用する、「食療」にも類似する記事がある。

白馬黒頭食、令人癲。白馬自死、食之害人。

白馬の黒頭なるを食らわば、人をして癲《てん》（発狂）ならしむ。白馬自死するは、之を食らわば人を害す。

### 7　麋《び》（おお鹿）の肉は蝦・獺・生菜と合食しない

麋肉、不可合蝦蟆（蟆は衍字？）及獺生菜食。（『外臺秘要方』巻三一解飲食相害成病百件「諸鳥獣陸地肉物忌法」）

麋肉、蝦及び獺・生菜に合わせ食らうべからず。

この食忌は張機の『金匱要略方論』巻下「禽獣魚虫禁忌并治第二四」の「治食牛肉中毒方」にある。

麋肉不可合蝦及梅李果。食之皆病人。

麋肉を蝦及び梅・李果に合わすべからず。之を食らわば、皆な人を病ましむ。

## 8　麋の脂は梅・李と合食しない

麋脂、不可合梅李食。（『外臺秘要方』巻三一解飲食相害成病百件「諸鳥獸陸地肉物忌法」）

麋《び》（おお鹿の肉）の脂、梅・李に合わせ食らうべからず。

『新修本草』（輯復本『唐・新修本草』史料四七二、三八七頁）獸禽部巻第一五獸下・麋脂には、「麋脂」が「麋肉」と換わり食忌となっている。

麋肉不可合蝦及生菜梅李果類、食之皆病人。

麋の肉 蝦及び生菜・梅・李・果類に合わすべからず、之を食らわば皆な人を病ましむ。

## 9　麋の肉は鵠（白鳥）の肉を雑えて食べない

麋肉、不可雑鵠肉食。（『外臺秘要方』巻三一解飲食相害成病百件「諸鳥獸陸地肉物忌法」）

麋の肉、鵠（雁鴨科の大型の鳥、くぐい）の肉に雑え食らうべからず。

## 10　羊の肝は烏梅・白梅・山椒と雑え食べない

羊肝、不可合烏梅白梅及椒。（『外臺秘要方』巻三一解飲食相害成病百件「諸鳥獸陸地肉物忌法」）

羊の肝、烏梅（梅の薫製品）白梅（梅干し）及び椒（山椒）に合わすべからず。

右の食禁は、すでに晋の葛洪『肘《ちゅう》後備急方』巻七治防避飲食諸毒方第六七「雑鳥獸他物諸忌法」に、

羊肝不可合烏梅及椒。　羊肝は烏梅及び椒に合わすべからず。

とあり、八世紀の『外臺秘要方』巻三一解飲食相害成病百件「諸鳥獸陸地肉物忌法」にもある。

猪肉、不可合烏梅食。一云不可合羊肝。

猪肉、烏梅に合わせ食らうべからず。一に云わく、「［烏梅を］羊肝に合わすべからず」と。

烏梅は未熟な梅の果実を、薫製にしたもの。黒い色をしているから烏梅と名づけられた。強い酸味（クエン酸＝枸櫞酸）があり、ほぼ球状の形。表面は真っ黒でシワがあり、壊れやすい。鎮痛・解毒作用がある健胃整腸の妙薬。煎じて風邪薬や胃腸薬として用いる。熱冷まし、下痢止め、咳止め、食物や薬物中毒、回虫駆除、止血、すり傷・切り傷の手当て等々に民間薬として用いられている。六世紀中葉の賈思勰《かしきょう》の『斉民要術』巻四種梅杏（梅・杏を種《う》える）第三六の「作烏梅法」に、その製法をいう。

亦以梅子核初成時摘取、籠盛、於突上薫之、令乾、即成矣。烏梅入薬、不任調食也。

亦た梅子核初めて成るの時を以て摘取し、籠に盛り、突上（煙突の上）に之を薫し、乾かしめれば、即ち成る。烏梅は入薬（薬用）、調食（調味料）に任ぜずなり。

白梅は梅干しである。六世紀中葉の『斉民要術』巻四種梅杏（梅・杏を種《う》える）第三六の「作白梅法（白梅を作る法）」に製法をいう。

梅子酸。核初成時、摘取、夜以塩汁漬之、昼則日曝。凡作十宿十浸十曝、便成矣。調鼎和齏、所在多任也。

梅子は酸なり、核初めて成る時、摘取し、夜に塩汁を以て之を漬け、昼は則ち日に曝す。凡《すべ》て一〇宿一〇浸一〇曝を作せば、便ち成る。調鼎和齏（料理に膾に）、所在多任なり（＝利用方法は多い）。

## 11　牛の腸は犬の血・犬の肉と合食しない

牛腸、不可合犬血肉等食。（『外臺秘要方』巻三一解飲食相害成病百件「諸鳥獣陸地肉物忌法」）

牛の腸、犬の血［犬の］肉らに合わせ食らうべからず。

晋の葛洪の『肘《ちゅう》後備急方』巻七治防避飲食諸毒方第六七「雑鳥獣他物諸忌法」に「牛腸不可合犬肉」とある。

### 12　青蹄である白馬の肉は食べない

白馬、青蹄肉不可食。（『外臺秘要方』巻三一解飲食相害成病百件「諸鳥獣陸地肉物忌法」）

白馬、青蹄の肉は食らうべからず。

張機（字は仲景、一五〇?～二一九）の『金匱要略方論』巻下「禽獣魚虫禁忌并治第二四」にもある。

白馬青蹄者、不可食之。　白馬の青蹄なるものの［肉］、之を食らうべからず。

### 13　白猪の白蹄・青爪であるものは食べない

白猪、白蹄青爪班班不可食。（『外臺秘要方』巻三一解飲食相害成病百件「諸鳥獣陸地肉物忌法」）

白猪、白蹄・青爪班班（白蹄であること、青爪であることが、著しく明確である）なるものは食らうべからず。

『太平御覧《ぎょらん》』巻九〇三獣部一五・豕《し》（いのこ）に、

養生要集曰、白豕（白いいのこ）。白蹄青爪、不可食也。

「養生要集」に曰わく、「白豕。白蹄にして・青爪なるもの、食らうべからざるなり」と。

とあるが、『医心方』巻第二九には、この記事がない。

『太平御覧』巻九〇三獣部一五・豕に、紀元前ころの中国各地の豬《ちょ》（豚の子）の名を伝えて次のようにある。

方言曰、豬。燕朝鮮之間、謂之豭、関東西、謂之彘、或謂之豕。南楚謂之豨、其子謂之豚、或謂之貕。音奚。呉揚之間、謂之豬子。

「方言」（漢の揚雄撰　晋の郭璞《かくはく》注）に曰わく、「豬。燕・朝鮮の間、之を豭《か》と謂い、関（函谷関）の東西、之を彘《てい》と謂い、或いは之を豕《し》と謂う。南楚では之を豨《き》と謂い、其の子之を豚と謂い、或いは之を豯《けい》と謂う。音は奚《けい》。呉揚の間（長江下流域）、之を豬子《ちょし》と謂う。

14　羽茎が六ある鶏は食べない

鶏、有六翮不可食。（『外臺秘要方』巻三一解飲食相害成病百件「諸鳥獣陸地肉物忌法」）

鶏、六翮《かく》（六本の羽のもと）有るは食らうべからず。

張機（字は仲景、一五〇?～二一九）の『金匱要略方論』巻下「禽獣魚虫禁忌并治第二四」に同じ記事がある。

鶏有六翮四距者、不可食之。

鶏に六翮・四距（四の蹴爪）有るもの、之を食らうべからず。

15　黒色の鶏の白頭のものは食べない

烏鶏白頭不可食之、殺人。（『外臺秘要方』巻三一解飲食相害成病百件「諸鳥獣陸地肉物忌法」）

烏鶏（黒色の鶏）の白頭なるものは之を食らうべからず。人を殺す。

『斉民要術』巻六養鶏第五九に、
龍魚河図曰、玄鶏白頭食之、病人。鶏有六指者亦殺人。鶏有五色者亦殺人。

「龍魚河図《かと》」に曰わく、「玄鶏・白頭なるは之を食らわば、人を病ましむ。鶏に六指有るもの亦た人を殺す。鶏の「翅《つばさ》」五色有るもの亦た人を殺す」と。

とあり、唐の徐堅の『初学記』巻三〇鳥部「鶏第三。叙事」

龍魚河図曰、黒鶏白頭食之、病人。鶏有六指亦殺人。鶏有四距亦殺人。鶏翅有五色亦殺人。

「龍魚河図《かと》」に曰わく、「黒鶏の白頭なるもの之を食らわば、人を病ましむ。鶏の六指有るもの亦た人を殺す。鶏の四距（距は蹴爪）有るもの亦た人を殺す。鶏の［翅《つばさ》］五色有るもの亦た人を殺す」と。

と類似の史料がある。

16　鹿の白膽を誤食してはならない

鹿白膽不可悞食。（『外臺秘要方』巻三一解飲食相害成病百件「諸鳥獸陸地肉物忌法」）

鹿の白膽（白い肝）は悞食《ご》（誤食）すべからず。

17　猪肉を食べ、草中に寝てはならない

食猪肉、不可臥稲穰草中。（『外臺秘要方』巻三一解飲食相害成病百件「諸鳥獸陸地肉物忌法」）

猪肉を食らわば、稲穰の草中に臥《ね》るべからず。

この記事は本章第二節「新修本草の食忌」の「13　豚肉を食べ飲酒して、稲藁に寝ない」を参照。

18　雄鶏の肉は生の葱・生の芥菜と合食しない

雄鶏肉不可合生葱芥菜食。（『外臺秘要方』巻三一解飲食相害成病百件「諸鳥獸陸地肉物忌法」）

雄鶏の肉　生の葱・生の芥菜（あぶらな科おおばからし菜）を合わせ食らうべからず。

晋の葛洪の『肘《ちゅう》後備急方』巻七治防避飲食諸毒方第六七・雑鳥獸他物諸忌法にもある。

雄鶏肉不可合生葱菜。　雄鶏の肉　生の葱・生の菜に合わすべからず。

### 19　鶏子・鴨子《おうし》は蒜《さん》（にんにく）・桃・李・鼈《べつ》の肉・山鶏《やまどり》の肉と合食しない

鶏鴨子、不可合蒜桃李子鼈肉山鶏肉。（『外臺秘要方』巻三一解飲食相害成病百件「諸鳥獣陸地肉物忌法」）

鶏鴨の子（鶏卵・鴨卵）、蒜（にんにく）・桃李子（桃・李の子《み》）鼈の肉（すっぽんの肉）山鶏の肉を合わすべからず。

晋の葛洪の『肘《ちゅう》後備急方』巻七治防避飲食諸毒方第六七「雑鳥獣他物諸忌法」にもある食忌である。

鶏鴨肉不可合蒜及李子。　鶏鴨肉（鶏肉・鴨肉）蒜及び李子に合わすべからず。

### 20　雀の肉を牛肝の落地して、塵の付かないものと雑え食べない

雀肉、不可雑牛肝落地塵不著、不可食。（『外臺秘要方』巻三一解飲食相害成病百件「諸鳥獣陸地肉物忌法」）

雀の肉、牛の肝の地に落ち塵の著かざるは雑え、食らうべからず。

『肘後備急方』巻七治防避飲食諸毒方第六七「鳥獣他物諸忌法」に類似する食忌がある。

生肝投地、塵芥不著者、不可食。　生肝 地に投じ、塵芥著かざるもの、食らうべからず。

### 21　曝脯の乾燥不十分なものは食べない

暴（＝曝）脯不肯燥、及火炙不動、見水而動者、不可食。

（『外臺秘要方』巻三一解飲食相害成病百件「諸鳥獣陸地肉物忌法」）

曝脯（晒した乾し肉）肯燥せず、及び火炙し動かざるもの、水を見て動くものは食らうべからず。

晋の葛洪の『肘後備急方』巻七治防避飲食諸毒方第六七「雑鳥獣他物諸忌法」にも同じ食忌がある。

暴（＝曝）脯不肯燥、及火炙不動、并見水而動、並勿食。

曝脯肯燥せず、及び火炙し動かざるもの、并せて水を見て動くもの、並びに食らうこと勿れ。

22　祭肉の自動し、祭酒の自竭するものは飲食しない

祭肉自動及酒自竭、並不可飲食也。（『外臺秘要方』巻三一解飲食相害成病百件「諸鳥獣陸地肉物忌法」）

祭肉自ら動き及び酒自ら竭《つ》くすものは、並びに飲食するべからざるなり。

祭肉とは祭祀に用いた動物の肉を分配したもの、酒とは祭祀に用いた酒のお下り酒をいうのであろう。

23　鳥獣が自死し、口開かず、翼の合わないものは食べない

鳥獣自死、口不開、翼不合、不可食。（『外臺秘要方』巻三一解飲食相害成病百件「諸鳥獣陸地肉物忌法」）

鳥獣自死し、口開かず、翼合わざるは食らうべからず。

この記事は第二節「新修本草の食忌」の「21　口を閉じず自死した鳥を食べない」を参照。

24　鳥獣の焼死したものは食べない

鳥獣被焼死、不可食。（『外臺秘要方』巻三一解飲食相害成病百件「諸鳥獣陸地肉物忌法」）

鳥獣の焼死を被るもの、食らうべからず。

25　病人は熊の肉と猴《さる》の肉を食べてはならない

病人不可食熊肉及猴肉。（『外臺秘要方』巻三一解飲食相害成病百件「諸鳥獣陸地肉物忌法」）

病人は熊の肉及び猴《こう》（さる）の肉は食らうべからず。

この記事は本章第二節「新修本草の食忌」の「3 病人は熊の肉を食べない」を参照。

26 山羊の肉は鶏卵と合食しない

山羊肉、不可合鶏子食之。（『外臺秘要方』巻三一解飲食相害成病百件「諸鳥獣陸地肉物忌法」）

山羊の肉、鶏子（鶏卵）を合わせ之を食らうべからず。

27 鶏卵は鯉魚と合食しない

鶏子不合鯉魚。（『外臺秘要方』巻三一解飲食相害成病百件「諸鳥獣陸地肉物忌法」）

鶏子（鶏卵）鯉魚を合わすべからず。

28 食物に蝿や蜂が群がっているものは食べない

凡蝿蜂及螻蟻集食上。而食之、致瘻病也。（『外臺秘要方』巻三一解飲食相害成病百件「諸鳥獣陸地肉物忌法」）

凡《すべ》て蝿・蜂及び螻・蟻 食上に集まる。而して之を食らわば、瘻病を致すなり。

29 水と酒を飲む場合、自影が見えないものは飲まない

凡飲水漿及酒、不見影者、不可飲之。（『外臺秘要方』巻三一解飲食相害成病百件「諸鳥獣陸地肉物忌法」）

凡て水・漿（どろりとした液体）及び酒を飲むに、［濁って］影を見えざるは、之を飲むべからず。

30 丙午の日、雉の肉を食べない

丙午日、勿食雉肉。（『外臺秘要方』巻三一解飲食相害成病百件「諸鳥獣陸地肉物忌法」）

丙午の日、雉肉を食らうこと勿れ。

### 31　壬子の日、猪の五臓と黒き獣の肉を食べない

壬子日、勿食猪五蔵及黒獣肉等。（『外臺秘要方』巻三一解飲食相害成病百件「諸鳥獣陸地肉物忌法」）

壬子の日、猪の五蔵（五臓）及び黒き獣肉らを食らうこと勿れ。

### 32　甲子《かっし》の日、亀・鼈《べつ》・鱗物・水族の類を食べない

甲子日、勿食亀鼈鱗物水族之類。（『外臺秘要方』巻三一解飲食相害成病百件「諸鳥獣陸地肉物忌法」）

甲子《かっし》の日、亀・鼈《べつ》（すっぽん）鱗物（鱗のある魚類）水族の類を食らうこと勿れ。

## 第五節　『医心方』の失味

### 1　熊脂と魚の羹

養生要集云、凡飲食相和、失味者、雖云無損、不如不犯膳。有熊白、不宜以魚羹送之。失味。（『医心方』巻第二九・合食禁）
「養生要集」に云わく、「凡《すべ》て飲食相い和し、味を失うものは、損なうことなきと云うと雖も、膳を犯さざるに如《し》かず。熊白（黒熊の脂肪）有り、魚の羹を以て之に送るは宜しからず。味を失う」と。

歐陽詢《おうようじゅん》（五五七～六四一。『旧唐書』巻一八九上・儒学上）等の『藝文類聚《げいもんるいじゅう》』巻九五獣部下・熊に、

本草経曰、熊脂。一名熊白。味甘・微温・無毒。止風痺。

「本草経」（『神農本草経』のこと）に曰わく、「熊脂。一名は熊白。味は甘し・微温・毒なし。風痺（発病原因がまだ体内深部まで侵入していない状態で、痛みやコリが上肢、肩、項脊部に現れる）を止む」と。

とあり、『経史證類大観本草』巻一六獣部上品「熊脂」の註に、

陶隠居云、此脂即是熊白。是背上膏。寒月則有、夏月則無。

陶隠居（四五六～五三六。『梁書』巻五一陶弘景伝）云わく、「此の脂即ち是れ熊白。是れ脊上の膏。寒月則ち有り、夏月則ち無し」と。

とある。熊白は熊脂をいい、冬眠用の熊脂を熊白という。宋の楽史《がくし》の『太平寰宇記《かんうき》』巻一四一山南西道九・商州上洛郡の土産に「熊白。今貢三十觔《きん》（觔＝斤）、入内（内廷に納入）」とある。

## 2　魚の膾《なます》と鶏肉・鴙肉

［養生要集云］、有膳魚膾、不宜食鶏鴙宍。羹送之失味。（『医心方』巻第二九・合食禁）

「養生要集」に云わく、「膳に魚の膾有らば、鶏の宍《にく》・鴙（雉に同じ）の宍《にく》（肉）を食らうは宜しからず。羹之を送らば味を失う」と。

## 3　芥子醬と魚の膾

［養生要集云］、芥子醬合魚膾、食之、失味。（『医心方』巻第二九・合食禁）

「養生要集」に云わく、「芥子醬（からしびしお）を魚の膾に合わせ、之を食らわば、味を失う」と。

芥子醤は六世紀の賈思勰《かしきょう》の『斉民要術』巻八・八和齏第七三の作芥子醤法（芥子醤を作る法）に、

先曝芥子令乾。湿則用不密也。浄淘沙研令極熟。多作者、可碓擣。下絹簁、然後水和、更研之也。令悉著盆、合著掃箒上少時、殺其苦気。多停則冷無復辛味矣。不停則大辛苦。摶作丸、大如李、或餅子、任在人意也。復乾曝、然後盛以絹嚢、沈之於美醤中、須則取食。其為齏者、初殺訖、即下美酢解之。

先ず芥子を曝し乾かしむ。湿ならば則ち用いて密ならざるなり。浄淘し沙研し極熟す。多くを作るは、碓擣《たいとう》すべし。絹簁《ふるい》に下し、然る後に水もて和ぜ、更に之を研るなり。悉く盆に著けしめ、掃箒の上に合著すること少時、其の苦気を殺す。多く停むれば則ち冷となり復た辛味なし。停めざれば則ち大いに辛苦なり。摶《たん》丸（丸い形）を作り、大なること李の如く、或いは餅子、任せて人意に在るなり。復た乾曝し、然る後に盛るに絹嚢《じょう》（絹製の袋）を以てし、之を美醤中に沈め、須《しば》らくし則ち取食す。其の齏を為《つく》るは、初殺訖《おわ》らば、即ち美酢に下し之を解く。

とあり、六世紀中葉に完成した賈思勰《かしきょう》の『斉民要術』巻八・八和齏第七三の「食経作芥醤法（「食経」の芥醤を作る法）」に、芥子醤（芥子ひしお）を作る方法をいう。

熟擣芥子、細篩取屑、著甕裏、蟹眼湯洗之。澄去上清、後洗之。如此三過、而去其苦。微火上攪之、少熇、覆甌甕上、以灰囲甌辺。一宿則成。以薄酢解、厚薄任意。

芥子を熟擣し、細篩もて屑を取り、甕《かめ》裏に著け、蟹眼《かいがん》湯（蟹眼のような気泡のある湯）もて之を洗う。澄めば上清《うはずみ》を去り、後に之を洗う。此の如きこと三過、而して其の苦を去る。微火の上にて之を攪《ま》ぜ、少しく熇《かわか》し、甌《おう》（口が大きく平たい鉢）を甕の上に覆《ふせ》て、灰を以て甌辺を囲む。一宿せば則ち成る。薄酢を以て解き、厚薄は意に任す。

### 4　炙肉の汁と醤

［養生要集云］、炙宍汁着醤清、食之、有臊気、失味。（『医心方』巻第二九・合食禁）

「養生要集」に云わく、「炙宍（宍＝肉）の汁を醬清（醬を濾して液体のみしたもの）に着け、之を食らわば、臊気（生臭さ）有り、味を失う」と。

### 5　蒜《さん》・薺《せい》と椒

［養生要集云］、擣蒜虀（薺の誤字？）、不宜着椒。食之、苦、失味。（『医心方』巻第二九・合食禁）

「養生要集」に云わく、「蒜《さん》（にんにく）・薺《せい》（なずな）を擣《つ》き、椒（山椒）を着けるは宜しからず。之を食らわば、苦く、味を失う」と。（虀は「あへもの」・「つけもの」である。薺の誤字であろう）。

薺はアブラナ科ナズナ属の越年草。別名はぺんぺん草、三味線草ともいう。田畑や荒れ地、道端などに生える。

椒に関して、『太平御覧《ぎょらん》』巻九五八木部七・椒に、

爾雅曰、檓大椒也。檓音毀。　「爾雅」に曰わく、「檓《き》は大椒なり」と。檓の音は毀《き》。

とあり、同じく『太平御覧』巻九五八木部七・椒に、

范子計然曰、蜀椒出武都、赤色者善。秦椒出隴西天水、細者善。

「范子計然」（前五世紀の范蠡《はんれい》と范蠡の師である計然との問答集）に曰わく、「蜀椒は武都に出で、赤色は善。秦椒は隴西《ろうせい》・天水（秦州・天水郡）に出で、細きもの善」と。

とあり、椒は蜀椒と秦椒が銘柄であるが、蜀椒は四川省の蜀ではなく、隴西の武都（武州・武都郡）が産地であった。『斉民要術』巻四種椒第四三に、「熟時収黒子。俗名椒目。………」とあり、収穫時期は椒の実が黒子となった時で、今の様に青い実を採取するのではない。『斉民要術』巻四種椒（椒を種《う》える）第四三に、

候実口開、便速収之。天晴時、摘下薄布曝之。令一日即乾、色赤椒好。若陰時収者、色黒失味。

実の口開くを候《ま》ち、便速に之を収む。天晴の時、摘下し薄く布べ之を曝す。一日で即乾せしめれば、色は赤く椒

好し。若し陰時収めれば、色黒く味失う。

とあり、実が熟した時に収穫する。

『范子計然』の山椒の産地は前五世紀の話である。千年後の産地はどうなっているか。『元和郡県志』巻三九隴右《ろうゆう》道・武州武都郡に「開元貢。蝋燭・椒」とあり、武都の椒は千年後も名産品として残っている。『元和郡県志』巻三三剣南道・黎《れい》州洪源郡に「開元貢。椒一石」とあり、『通典《つてん》』巻六食貨典六賦税下・大唐の「天下諸郡毎年常貢」に「洪源郡。貢蜀椒一石。今黎州」とあるから、剣南道の黎州・洪源郡が天下に名の知られた産地となっていた。『通典』巻六食貨典六賦税下・大唐の「天下諸郡毎年常貢」に「安康郡。貢麩金五両。乾漆六斤。杜仲二十斤。椒目十斤。黄蘗（きはだ）六斤。枳実《しじつ》（からたちの実）六斤。枳殻十四斤。茶芽一斤。椒子一石。雷丸五両。今金州」とあり、金州が椒の産地として登場している。『通典』には「天下諸郡毎年常貢」とあり、「州」を「郡」と改称したのは天宝元年（七四二）以降であるから、『通典』の土貢は天宝年間のものである。

## 6　青州棗と白蜜

〔養生要集云〕、青州棗合白蜜、食之、失味、〔刺〕戟人咽喉。（『医心方』巻第二九・合食禁）

「養生要集」に云わく、「青州棗 白蜜に合わせ、之を食らわば、味を失い、人の咽喉を刺戟す」と。

『医心方』巻第二九・合食禁にも次のようにある。

〔養生要集〕又云、白蜜合食棗、傷人五内。

「養生要集」に又た云わく、「白蜜（蜂蜜）棗と合わせ食らわば、人の五内（五臓）を傷う」と。

青州棗は古来、天下第一とされた棗である。六世紀の賈《か》思《し》勰《きょう》の『斉民要術』巻四種棗（棗を種《う》える）第三三に、

案、青州有楽氏棗。豊肌細核、多膏肥美、為天下第一。父老相伝云、楽毅破斉時、従燕来、齎所種也。

案ずるに、青州に楽氏棗有り。豊肌《き》にして細核、多膏にして肥美、天下第一と為す。父老相い伝えて云わく、「楽毅《がっき》（戦国時代の燕の将軍。前二八四年、斉の湣《びん》王を討つ）斉を破る時、燕より来り、齎《もたら》して種《う》える所なり」と。

とあるのが最も古い記述である。楽毅は『史記』巻八〇に列伝がある。

『太平御覧《ぎょらん》』巻九六五果部二・棗に、
杜宝大業拾遺録曰、［大業］二年八月、信都献仲思棗四百枚。棗長四寸囲五寸、紫色細文、文縐核肥。有味勝、如青州棗。北斎時、有仙人仲思。得此棗、種之、亦名仙棗。時海内惟有数樹。

杜宝の「大業拾遺録」に曰わく、「大業二年（六〇六）八月、信都［郡］（冀州）は仲思棗四百枚を献ず。棗の長さは四寸・囲は五寸、紫色にして細文あり、文縐《しゅう》（ちぢみ）あるも核は肥なり。味は勝れ、青州棗の如くに有り。北斉（王朝名。五五〇～五七八）の時、仙人の仲思有り。此の棗を得て、之を種《う》え、亦た仙棗と名づく。時に海内に惟だ数樹有るのみ」と。

とあり、六世紀に突然変異によってできた美味な仲思棗でも、やっと青州棗に肩を並べる程度であったというから、古代の中国では棗においては、青州棗が第一位の地位を保持したのである。

唐の杜佑（七三五～八一二）の『通典《つてん》』巻六食貨典六賦税・下・大唐の「天下諸郡毎年常貢」に記載された唐代の土貢（特産品）の「河東郡」の条には、
貢綾絹・扇四面・龍骨二十斤・棗八千顆・鳳栖梨三千五百顆。今蒲州。

綾絹・扇（団扇《うちわ》のことで扇子ではない）四面・龍骨二〇斤・棗八千顆・鳳栖梨三千五百顆を貢す。今の蒲州。

とあり、河東郡・蒲州が棗を八千顆を貢納し、同じく「天下諸郡毎年常貢」の北海郡には
貢棗両石・仙文綾十疋。今青州。　棗両石（唐の一石＝約七一瓩）・仙文綾一〇疋を貢す。今の青州。

とあり、北海郡・青州が二石の棗を貢納しているから、青州は唐代でも青州棗の生産地として不動の地位にあった。

宋の孟元老の『東京夢華録《とうけいむかろく》』巻八立秋に、北宋朝の都である開封府で青州棗が売られていた記事がある。

立秋日、満街売楸葉。婦女児童輩、皆剪成花様、戴之。是月、瓜果梨棗方盛。京師棗有数品、霊棗牙棗青州棗亳州棗。鶏頭上市、則梁門裏李和家最盛。

立秋の日、満街に楸（楸は日本では「ひさぎ」説と「きささげ」説がある）葉を売る。婦女・児童の輩、皆な花様に剪成し、之を戴く。是の月（七月）、瓜・果・梨・棗方《まさ》に盛ん。京師の棗 数品有り、霊棗《そう》・牙棗・青州棗・亳《はく》州棗。鶏頭 市（市場）に上り、則ち梁門裏の李和家最も盛ん。

## 7　酢漿粥と酪

［養生要集云］、酢漿粥和酪、食之、失味。（『医心方』巻第二九・合食禁）
「養生要集」に云わく、「酢漿粥（乳酸発酵して酢味のある粥）を酪（牛・羊・馬などの乳を発酵させて作った酸味のある飲料）に和ぜ、之を食らわば、味を失う」と。
酢漿は醋漿に同じ。『太平御覧《ぎょらん》』巻九九八百卉部五・酸漿に「呉氏本草曰、酸漿。一名醋漿（呉氏本草に曰わく、酸漿。一名は醋漿）」とある。酢漿・醋漿は「すゆれみず」という。澱粉質の浸透液を停留して、細菌による糖化及び諸種の複発酵状態、特に乳酸発酵にしたもので、食品加工に用いる。

## 8　酸棗《そう》と酒

［養生要集云］、酸棗食、飲酒、之失味。（『医心方』巻第二九・合食禁）
「養生要集」に云わく、「酸棗（サネブト棗の種子を乾燥したもの）を食らい、酒を飲めば、之れ味を失う」と。
唐の李吉甫の『元和郡県志』巻九河南道・滑州に酸棗県があり、

本秦旧県。属陳留郡。以地多酸棗、其仁入薬用故為名。

本は秦の旧県。陳留郡に属す。地 酸棗多く、其の仁（種子）薬用に入るを以ての故に名と為す。

とある。酸棗県は酸棗を多く産出するがゆえに県名となった。『新唐書』巻三八地理志・河南府河南郡（洛陽）と滑州霊昌郡の条に、土貢として「酸棗仁」がある。洛陽より東部地域は「酸棗仁」を多く産出する地域であった。酸棗は不眠症の特効薬である。

### 9　乳糜《び》と魚鮓《さ》

［養生要集云］、食乳糜、以魚鮓送（送＝食）之、失味。（『医心方』巻第二九・合食禁）

「養生要集」に云わく、「乳糜《び》（乳粥）を食らい、魚鮓《さ》（魚のなれ鮨）を以て之を食らわば、味を失う」と。

### 10　魚膾《なます》と兔の羹

［養生要集云］、膳有魚膾、不宜以兔羹送之、失味。（『医心方』巻第二九・合食禁）

「養生要集」に云わく、「膳に魚の膾（魚のなます）有り、兔の羹を以て之を送るは宜しからず。味を失う」と。

### 11　乳糜《び》（乳粥）と魚肉

［養生要集云］、膳有乳糜、不宜以魚宍送之、失味。（『医心方』巻第二九・合食禁）

「養生要集」に云わく、「膳に乳糜有り、魚宍《し》（宍＝肉）を以て之を送るは宜しからず。味を失う」と。

### 12　蒜《さん》・薺《せい》（なずな）と芥子醤

〔養生要集云〕、蒜薺合芥子醬、食之失味。（『医心方』巻第二九・合食禁）

「養生要集」に云わく、「蒜《さん》（にんにく）・薺《なずな》を芥子醬（からしびしお）に合わせ、之を食らわば味を失う」と。

芥子醬に関しては、本節の「3　芥子醬と魚の膾」において、六世紀の賈思勰《かしきょう》の『斉民要術』巻八・八和齏第七三の「作芥子醬法（芥子醬を作る法）」を引用し説明を加えた。

## 13　大豆と小豆

〔養生要集云〕、大豆合小豆、食之、失味。（『医心方』巻第二九・合食禁）

「養生要集」に云わく、「大豆を小豆に合わせ、之を食らわば、味を失う」と。

大豆はマメ科の一年草。二〇世紀初頭までは、東アジアに限られた食用作物であった。ツル豆が原種と考えられている。東アジアの複数の地域で野生のツル豆からの栽培化が進行し、現在の大豆になったものである。

小豆はササゲ属に属する一年草。原産地は東アジア。野生種のヤブツル小豆は日本からヒマラヤの照葉樹林帯に分布し、栽培種の小豆はヤブツル小豆と同じ遺伝的特徴をもつことから、小豆は東アジア原産としてよい。

小豆の祖先と考えられる野生種が日本でも発見されていることから、東部アジアの各地で独自に栽培が始まった可能性がある。アズキには「小豆」と漢字が当てられるが、その読みはショウズであり、アズキは和名であると考えられるが、アズキの名称の由来については不明である。

## 14　菘子と蕪夷

〔養生要集云〕、菘子合蕪夷、食之、失味。（『医心方』巻第二九・合食禁）

「養生要集」に云わく、「菘子（加布良・かぶら）を蕪夷《ぶい》（山楡の実）に、合わせ、之を食らわば、味を失う」と。

『斉民要術』巻三蔓菁第一八の註に、

爾雅曰、蕦葑蓯。注、江東呼為蕪菁、或為菘。菘蕦音相近。蕦則蕪菁。字林曰、蘴蕪菁苗也。乃斉魯云。広志云、蕪菁有紫花者白花者。

「爾雅」（紀元前二世紀ころ成立した辞書）に曰わく、「蕦《しゅ》は葑《ふう》（蕪菁）蓯《そう》（蕪菁）なり。注に、「江東（長江下流域）呼びて蕪菁（かぶ）と為し、或いは菘（かぶ）と為す」と。菘・蕦の音相い近し、蕦は則ち蕪菁なり。「字林」（南朝・宋の呂忱《しん》撰、文字の訓詁を記す）に曰わく、「蘴《ほう》は蕪菁の苗なり。乃《すなわ》ち斉・魯（いずれも黄河下流域にあった国名）云う」と。「広志」（南朝の郭義恭の撰）に云わく、「蕪菁、紫花なるもの・白花なるもの有り」と。

とある。『爾雅』の註記によれば、蔓菁は江東（長江下流域）では蕪菁というとある。『字林』によれば、斉・魯（黄河下流域）では「蘴」というから、蔓菁というのは黄河中流域になる。

また『斉民要術』巻三蔓菁第一八には、

種菘蘆菔。蒲北反。法与蕪菁同。菘菜似蕪菁無毛而大。方言曰、蕪菁紫花者、謂之蘆菔。案蘆菔根、実粗大。其角根葉並可生食、非蕪菁也。

菘・蘆菔（だいこん）を種《う》える。蒲・北の反。法は蕪菁と同じ。菘菜（かぶら）は蕪菁に似て無毛で大きい。「方言」に曰わく、「蕪菁の紫花なるもの、之を蘆菔と謂う。案ずるに蘆菔の根、実に粗大。其の角（角は不明）根・葉並びに生食すること可、［蘆菔］は蕪菁に非ざるなり。

とあり、唐の丘光庭の『兼明書』巻五雑説・蔓菁に、黄河流域では蔓菁といい、長江流域では菘と呼ぶとある。

今人呼菘為蔓菁。云、北地生者為蔓菁、江南生者為菘。其大同而小異耳。

今人菘を呼んで蔓菁と為す。云わく、「北地に生えるもの蔓菁と為し、江南に生えるもの菘と為す。其れ大同にして小異するのみ」と。

## 15　大豆と小麦

〔養生要集云〕、大豆合小麦、食之、失味。（『医心方』巻第二九・合食禁）

「養生要集」に云わく、「大豆を小麦に合わせ、之を食らわば、味を失う」と。

## 16　小芥と蘘荷《じょうか》

〔養生要集云〕、小芥合蘘荷、食之、失味。（『医心方』巻第二九・合食禁）

「養生要集」に云わく、「小芥（しろからし）を蘘荷（茗荷）に合わせ、之を食らわば、味を失う」と。

芥はアブラナ科アブラナ属の植物で、大芥と小芥に分類され、大芥はおおからし、高菜。小芥はからし菜である。

蘘荷は茗荷ともいう。蘘荷（茗荷）はショウガ科ショウガ属の多年草。温帯東アジアが原産。日本の山野に自生しているものもあるが、すべて大陸から持ち込まれたものが自生していると考えられる。

『斉民要術』巻三「種蘘荷芹藘（蘘荷・芹・藘《きょ》を種《う》える）」第二八に、

葛洪方曰、人得蠱、欲知姓名者、取蘘荷葉、著病人臥蓆下、立呼蠱主名也。

葛洪の「方」に曰わく、「人 蠱《こ》を得、姓名を知らんと欲する者、蘘荷の葉を取りて、病人の臥蓆の下に著ければ、立ちどころに蠱主の名を呼《い》うなり」と。

とあり、蘘荷の効き目をいう。

## 17　芸薹《うんたい》と大芥

〔養生要集云〕、芸薹合大芥、食之、失味。（『医心方』巻第二九・合食禁）

「養生要集」に云わく、「芸薹《うん》（あぶら菜）を大芥（おおからし菜）に合わせ、之を食らわば、味を失う」と。

『欽定授時通考』巻五九農餘・蔬一蕓薹《うんたい》に、芸薹の異称を次のようにいう。

蕓薹菜。塞外有雲臺戌、始種此菜故名。一名寒菜、一名胡菜、一名薹菜、一名薹芥、一名油菜。

蕓薹《うんたい》菜。塞外に雲臺戌《じゅ》（雲臺という名の守備処）有り、始めて此の菜を種える故に名づく。一名は寒菜、一名は胡菜、一名は薹菜、一名は薹芥、一名は油菜。

## 18　韮《にら》と薤《らっきょう》

［養生要集云］、韮薤合、食之、失味。（『医心方』巻第二九・合食禁）

「養生要集」に云わく、「韮《きゅう》（にら）薤《かい》（らっきょう）を合わせ、之を食らわば、味を失う」と。

南朝・梁の顧野王（五一九〜五八一。『陳書《ちんじょ》』巻三〇、『南史』巻六九）の『玉篇』巻一三艸部第一六二に、

薤。胡戒切。菜似韭。亦作韰。　　薤。胡・戒の切。菜は韭に似る。亦た「韰《かい》」に作る。

とあり、薤と韭は似た菜であるという。『玉篇』巻一四韭部第一八七に、

韭。居有切。菜名。一種而久者、故謂之韭。………（中略）………。韰。胡戒切。葷菜也。俗作薤。

韭。居・有の切。菜の名。一種して久しきもの、故に之を韭と謂う。………（中略）………。韰《かい》（おおにららっきょう）。胡・戒の切。葷菜《くんさい》（臭いのある菜）なり。俗に「薤」に作る。

とあり、宋の羅願（一一三六〜一一八四）の『爾雅翼』巻五釈草・韰（＝薤）に、

薤似韭而無実。亦不甚葷。　　薤は韭に似て実なし。亦た甚だ葷ならず。

とある。薤と韭は似た野菜であるから、合食しないということである。

## 19　大芥と水蘵

［養生要集云］、大芥合水蘵、食之、失味。（『医心方』巻第二九・合食禁）

「養生要集」に云わく、「大芥（たか菜）を水蘵（あだしおれ）に合わせ、之を食らわば、味を失う」と。

水蘵に関して『太平御覧《ぎょらん》』巻九七七菜茄部二・蘇に、

本草経曰、芥葅。一名水蘇。呉氏［本草］曰、假蘇。一名鼠実、一名薑芥也。

「本草経」に曰わく、「芥葅《そ》。一名は水蘇」と。「呉氏本草」に曰わく、「假蘇。一名は鼠実、一名は薑芥なり」と。

とあり、芥葅という野菜は水蘇というとある。また『太平御覧』巻九八〇菜茹部五・芥に「呉氏本草曰、芥葅。一名水蘇、一名祖労」とあり、水蘇は芥葅（芥の漬け物）という。水蘇は草名であり、水蘇が芥の漬け物であるはずがない。「芥葅」は「芥蒩」の誤記であろう。『経史證類大観本草』巻二八菜部・中品に、

水蘇。味辛。微温。無毒。………（中略）………。一名鶏蘇、一名労祖、一名芥蒩、音祖。一名芥苴、七余切。生九真池沢、七月採。

水蘇。味は辛し。微温。無毒なし。………（中略）………。一名は鶏蘇、一名は労祖、一名は芥蒩、音は祖。一名は芥苴、七・余の切。九真（広西省からベトナム北部）の池沢に生じ、七月採る。

とあり、鄭樵（一一〇四～一一六二）の『通志』巻七五昆蟲草木略第一・蔬類に、

水蘇、曰鶏蘇、曰労祖、曰芥蒩、曰芥苴、曰臭蘇、曰青白蘇。今人皆呼鶏蘇。亦呼水蘇。不可食。

水蘇、曰わく鶏蘇、曰わく労祖、曰わく芥蒩、曰わく芥苴、曰わく臭蘇、曰わく青白蘇。今人皆な鶏蘇と呼ぶ。亦た水蘇と呼ぶ。食らうべからず。

とあり、水蘇は芥蒩・芥苴ともいうとある。この芥蒩・芥苴が芥葅と誤記されたのである。この誤記は『呉氏本草経』

の誤記ではなく、『太平御覧《ぎょらん》』に『呉氏本草経』が採用される時に誤記が生じたものであろう。

## 20　蓼《たで》と小芥

［養生要集云］、蓼合小芥、食之、失味。（『医心方』巻第二九・合食禁）

「養生要集」に云わく、「蓼を小芥（からし菜）に合わせ、之を食らわば、味を失う」と。

蓼はタデ科イヌタデ属。柳蓼（本蓼）、紅蓼、青蓼、細葉蓼などがある。「蓼食う虫も好き好き」とは、蓼の辛い葉を食う虫もあるように、人の好みはさまざまという意味である。これによって蓼は特有の苦味と辛味を持つことがわかる。紅蓼が最も辛く、青蓼は辛さが少ない。蓼の葉を酢で和えた「蓼酢」は鮎の塩焼きに添えられる。芥はアブラナ科アブラナ属の植物である。大芥と小芥に分類され、大芥はたか菜、小芥はからし菜である。

## 21　糯《だ》（もち米）と食酢・酢菹《そ》

［養生要集云］、膳有糯食酢及酢菹、食之、失味。（『医心方』巻第二九・合食禁）

「養生要集」に云わく、「膳に糯（もちごめ）食酢及び酢菹《さくそ》（乳酸菌発酵した酢っぱい漬け物、ぬか漬け）あり、之を食らわば、味を失う」と。

酢菹に関しては、六世紀の賈思勰《かしきょう》の『斉民要術』巻九作菹并蔵生菜第八八に「作酢菹法（酢菹を作る法）」がある。

三石甕。用米一斗、擣、攪、取汁三升。煮滓、作三升粥。令内菜甕中、輒以生漬汁及粥灌之。一宿、以青蒿薤白各一行、作麻沸湯、澆之、便成。

三石甕にする。米一斗（六リットル）を用い、擣いて、攪《かきま》ぜ、汁（研ぎ汁）三升を取る。滓《ぬか》を煮て、三升の粥を作る。菜を甕中に内《いれ》しめ、輒ち生の漬汁（研ぎ汁）及び粥を以て之に灌《そそ》ぐ。一宿し、青蒿（かわら人参）・薤白（らっきょうの皮をむいたもの）各々一行を以て、麻沸湯を作り、之に澆《そそ》げば、便ち成る。

## 22　餘白録　『外臺秘要方』の王燾《とう》について

餘白を利用して『外臺秘要方』の著者である王燾《とう》の概略に関して述べる。王燾は唐王朝の七世紀初頭の宰相である王珪（五七一～六三九。『旧唐書《くとうじょ》』巻七〇、『新唐書《しんとうじょ》』巻九八）の曾孫である。『新唐書』巻七二中・宰相世系表・烏丸王氏によれば、王珪の孫・王茂時の子である。『旧唐書』巻七〇王珪伝の附伝は、王燾に言及しない。

『新唐書』巻九八王珪伝の末尾には、

珪孫燾旭。燾性至孝。為徐州司馬、母有疾、彌年不廢帯、視絮湯剤。数従高医游、遂窮其術、因以所学作書、号外臺秘要。討繹精明、世宝焉。歴給事中鄴郡太守、治聞於時。旭見酷吏伝。

珪の孫の燾・旭。燾、性は至孝。徐州司馬と為り、母疾有り、彌年帯を廃せず、絮湯剤を視る。数しば高医の游に従い、遂に其の術を窮《きわ》め、因りて学ぶ所を以て書を作り、「外臺秘要」と号す。討繹《えき》精明にして、世の宝なり。給事中・鄴《ぎょう》郡太守（相州刺史）を歴し、治は時に聞こゆ。旭は酷吏伝に見ゆ。

とあり、王珪の孫とするが、孫では世代が合致しない。「曾孫」の間違いである。門下省の要官である給事中から鄴郡太守〈相州刺史〉を歴任し、鄴郡太守の時、安史の乱が起き、顔真卿と連合して反乱軍と対峙するから、鄴郡太守就任以前に『外帯秘要方』（天宝一一載の自序）は著作された。王燾は医業を専業とせず、行政官が専業である。王旭とは兄弟ではなく、再従兄弟（はとこ）である。

# 第三章　『事林広記』の食忌

本草書が本草学の正統とすれば、正統でない日用百科事典の類である泰定乙丑《いっちゅう》（一三二五）版の『事林広記』辛集巻六薬忌門・食忌の記事を、第三章では採り上げる。本草書は「奉勅修」である場合があり、正統であるがゆえに、時流となっている食忌をすぐに採用できない点があるのに対して、日用百科事典は流布を目的とし、その時々の支持を必要とするため、民衆に支持され流行しているものを、取り入れる傾向がある。一三世紀・一四世紀の食忌は『飲膳正要』・泰定乙丑版『事林広記』・『居家必用全集』・『飲食須知』といった日用百科事典の類をみるほうが、当時の食事や食忌の実情が明確となる場合がある。

第一節の「飲食害人」は、『事林広記』に所載する「飲食害人」を採り上げる。飲食して結果が死に至る場合を二二例挙げている。唐代の食忌にない様な事例を挙げているのが目につく。これは時代の変化を映したものであろうか。

第二節の「飲食相反」は、『事林広記』所載の「飲食相反」を採り上げる。食物を雑ぜて食べることを注意したものので、雑多な飲食の結果が死に至らないまでも、何らかの病を発生する飲食事例を二一例あげている。これも唐代の食忌にない事例である。唐代と時代の雰囲気が随分と違うことが理解できよう。

一四世紀末の陶宗儀も『輟耕録《てっこう》』巻一〇飲食相反に、河豚と湯薬の事例をいう。

凡食河豚者、一日内、不可服湯薬。恐内有荊芥。蓋与此物大相反、亦悪烏頭附子之属。予在江陰時、親見一儒者因此喪命。………

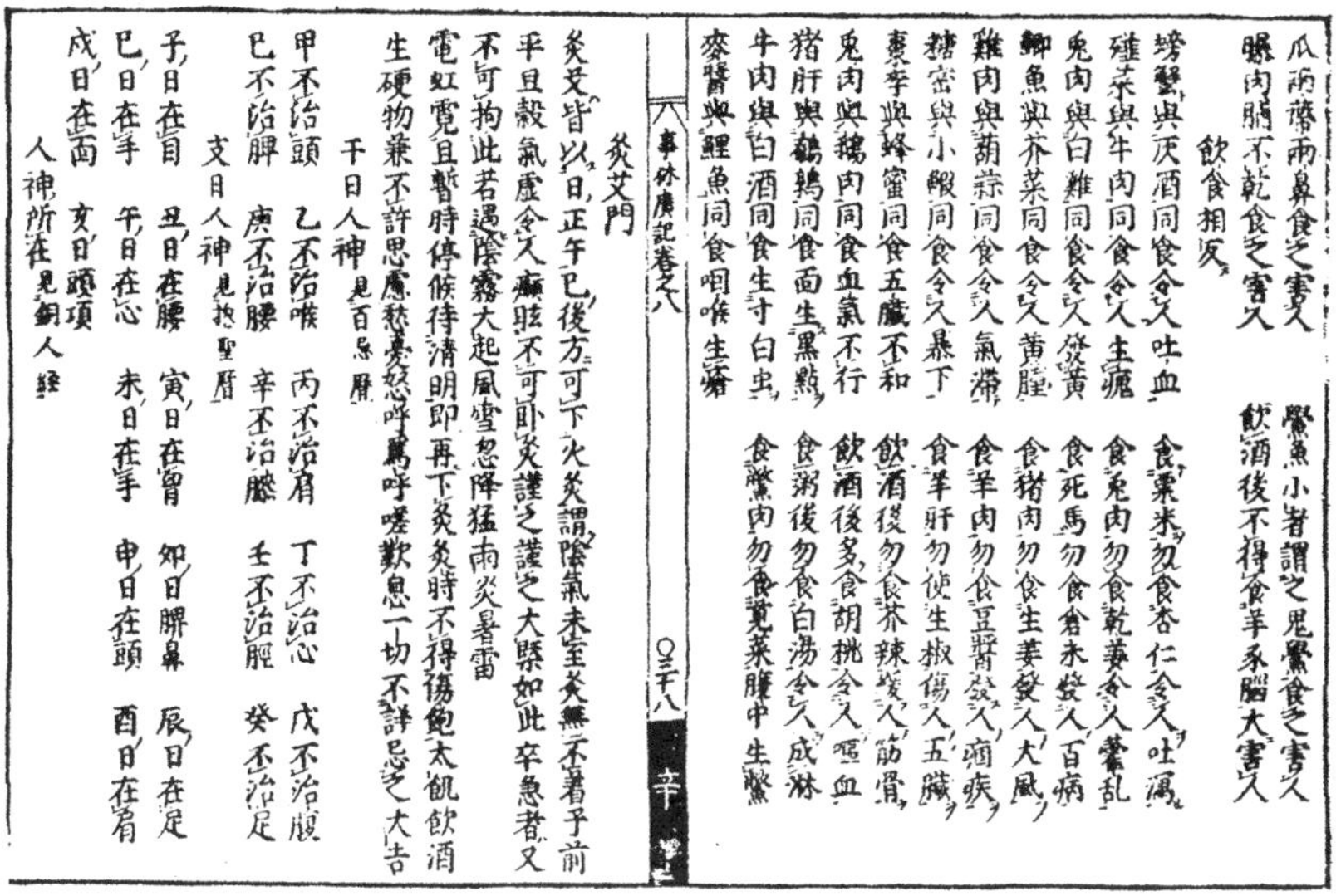
瓜兩蔕兩鼻食之害人
曝肉脯不乾食之害人
鱉魚小者謂之鬼鱉食之害人
飲酒後不得食羊豕腦大害人
飲食相反
螃蟹與灰酒同食令人吐血　食粟米勿食杏仁令人吐瀉
薤菜與牛肉同食令人生瘕　食兔肉勿食乾薑令人霍乱
兔肉與白雞同食令人發黄　食死馬勿食倉米發人百病
鯽魚與芥菜同食令人黄腫　食猪肉勿食生姜發人大風
雞肉與葫蒜同食令人氣滯　食羊肉勿食豆醤發人痼疾
糖蜜與小蝦同食令人暴下　食羊肝勿使生椒傷人五臓
棗李與蜂蜜同食五臓不和　飲酒後勿食芥辣緩人筋骨
兔肉與鶏肉同食血氣不行　飲酒後多食胡桃令人嘔血
猪肝與鵪鶉同食面生黒點　食粥後勿食白湯令人成淋
牛肉與白酒同食生寸白虫　食鱉肉勿食莧菜腹中生鱉
麥醤與鯉魚同食咽喉生瘡
事林廣記巻之八　〇三十八　辛
灸艾門
灸艾皆以日正午已後方可下火灸謂陰氣未至灸無不着予前
平旦穀氣虛令人癲眩不可針灸謹之謹之大槩如此卒急者又
不可拘此若遇陰霧大起風雪忽降猛雨炎暑雷
電虹霓且暫時停候待清明即再下灸灸時不得傷飽太飢飲酒
生硬物兼不許思慮愁憂怒呼罵吁嗟歎息一切不詳忌之大吉
干日人神 見百忌暦
甲不治頭　乙不治喉　丙不治肩　丁不治心　戊不治腹
己不治脾　庚不治腰　辛不治膝　壬不治脛　癸不治足
支日人神 見捻聖暦
子日在目　丑日在腰　寅日在胷　卯日脾鼻　辰日在足
巳日在手　午日在心　未日在手　申日在頭　酉日在肩
戌日在面　亥日頭項
人神所在見銅人經

図版12　飲食相反（泰定乙丑（1325）版『事林広記』辛集巻六薬忌門）

凡《すべ》て河豚を食らう者、一日の内、湯薬を服すべからず。内に荆芥有るを恐るればなり。蓋《けだ》し此の物と大いに相反するは、亦た烏頭・附子《ぶす》の属（共にトリガブトの属）を悪む。予 江陰（長江下流域の南部をいう。蘇州・呉郡の隣の常州・晋陵郡に江陰県がある）に在る時、親しく一儒者の此れに因り命を喪うを見る。………

## 第一節　『事林広記』の飲食害人

### 1　黄鱨《ぎぎ》を食べた後に荆芥を食べない

食黄鱨後、食荆芥、殺人。
（泰定乙丑《いっちゅう》版『事林広記』辛集巻六薬忌門・飲食害人）

黄鱨（ギギ）を食らう後、荆芥（シソ科の一年草）を食らわば、人を殺す。

黄鱨は鱨（鱨の音は常）に同じ。ナマズ目ギギ科の淡水魚。鯰に似た無鱗魚。全長は三〇糎にもなる。腹びれの棘と基底の骨をすり合わせ、「ギーギー」と低い音を出すことから、日本では「ギギ」という名で呼ばれる。「ギギ」

は尾びれが二叉で、触鬚が四対。上顎に二対、下顎に二対、合計八本の口ひげがある。夜間に底生動物や小魚などを食べる。黄頰魚《おうきょう》・鉠軋《おうあつ》・黄軋《おうあつ》ともいい、黄頼魚ともいわれた。『経史證類大観本草』巻二〇蟲魚部上品「八種食療餘黄頼魚」には「不益人也」とある。『淳熙《じゅんき》三山志』巻四二土俗類四・水族・黄頼魚の項に、

一名鉠軋。無鱗、似鮎而小腮。其腮辺有刺、能螫人。其声鉠軋然。

一名は鉠軋。鱗なく、鮎《ねん》（なまず）に似て小腮（えら）。其の腮《えら》の辺に刺有り、能く人を螫《さ》す。其の声鉠軋然たり。

とあり、福建では黄頼魚と呼ばれた。鉠軋という名は出す音から付けられた魚名である。

荊芥はシソ科の一年草で、香りが紫蘇に似ているから假蘇といわれた。中国北部が原産。生薬に用いる荊芥はシソ科ケイガイの開花時の全草を乾燥したもの。発汗、解熱、解毒、消炎、血行促進などの作用がある。

『本草綱目』巻五・水之二・地漿（黄土の上澄み液）の附方に、

黄鱨魚毒。食此魚、犯荊芥、能害人。服地漿解之。集簡方。

黄鱨魚の毒。此の魚を食らい、荊芥を犯さば、能く人を害す。地漿を服さば之を解く。「集簡方」。

とあり、黄鱨と荊芥の食べ合わせと、その解毒方をいう。

南朝・梁の顧野王（五一九～五八一。『陳書《ちんじょ》』巻三〇、『南史』巻六九）の『玉篇』巻二四魚部に「鱨。市羊切。黄鱨魚（鱨《しょう》。市・羊の切。黄鱨魚）」とあり、唐の陸徳明（諱は元朗・字は徳明。?～六三〇。『旧唐書《くとうじょ》』巻一八九上・儒学上、『新唐《しんとう》書《じょ》』巻一九八儒学上）の『経典釈文』巻六「毛詩音義中」の鹿鳴之什第一六の「鱨」に、

音常。楊也。草木疏云、今江東呼黄鱨魚。尾微黄、大者長尺七八寸許。

音は常。楊なり。「草木疏」（陸璣の「草木鳥獸魚蟲疏」二巻）に云わく、「今江東（長江下流域・江表）は黄鱨魚と呼ぶ。尾は微《かすか》に黄、大なるものは長さ尺七・八寸許《ばか》り」と。

とある。北宋の陸佃（一一世紀の人）の『埤《ひ》雅』巻一・釈魚・鱨に、

今黄鱨魚是也。性浮而善飛躍。故一曰揚也。

今の黄鱨《こうじょう》魚是れなり。性は浮きて善く飛躍す。故に一に「揚」と曰うなり。

というが、鱨魚が黄鱨魚と呼ばれたのは北宋ではなく、三国・呉の陸璣の時代には既に黄鱨魚と呼ばれた。理由は二叉に分かれる尾びれが微かに黄色であることによる。

## 2　鯽《そく》魚を麦門冬と合食しない

鯽魚不可与麦門冬。同喫殺人。（泰定乙丑版『事林広記』辛集巻六薬忌門・飲食害人）

鯽魚（ふな）麦門冬（ユリ科ジャノヒゲの塊茎を乾燥したもの）に与からしむべからず。同じく喫せば人を殺す。

麦門冬はユリ科の常緑多年草。ジャノヒゲ・リュウノヒゲともいう。繁殖力が強く、地被植物として利用される。ひげ根の肥大したところを集めて、麦門冬として薬用とする。サポニン、ブドウ糖などを含み、強壮・解熱・鎮咳などの薬効がある。

羅願（一一三六～一一八四）の『爾雅翼』巻七釈草・門冬に、

［麦門冬］、四月開花、淡紅如紅蓼。花実圓碧、如珠。秦名羊韭、斉名愛韭、楚名馬韭、越名羊蓍。謝霊運山居賦曰、二冬並称而殊性。

麦門冬、四月花開く。淡紅にして紅蓼のごとし。花の実は圓く碧く、珠の如し。秦名は羊韭《きゅう》、斉名は愛韭、楚名は馬韭、越名は羊蓍《き》。謝霊運の「山居賦」に曰わく、「二冬並びに称せらるも而るに性を殊にす」と。

とあり、『太平御覧《ぎょらん》』巻九八九薬部六・麦門冬に、「呉氏本草曰」として、三世紀の呉晋の時代における麦門冬の異名を述べる。

呉氏本草曰、麦門冬。一名羊韭、秦名烏韭、楚名馬韭、越名羊韭、斉名愛韭。一名禹韭、一名爨韭、一名忍冬、一名忍陵、一名不死薬、一名禹餘粮、一名僕壘、一名隨脂。

麦門冬。一名は羊韭《きゅう》。秦の名は烏韭、楚の名は馬韭、越の名は羊韭、斉の名は愛韭。一名は禹《う》韭、一名は爨《そん》韭、一名は忍冬、一名は忍陵、一名は不死薬、一名は禹餘粮、一名は僕壘、一名は隨脂。

### 3　蜜を盛った瓶で作った鮓《さ》は食べない

盛蜜瓶作鮓、食之殺人。（泰定乙丑《いっちゅう》版『事林広記』辛集巻六薬忌門・飲食害人）

蜜を盛りたる瓶にて鮓《さ》（なれ鮨）を作り、之を食らえば人を殺す。

南宋王朝の淳熙《じゅんき》一六年（一一八九）ころの張杲の『医説』巻七「食蜜不可食鮓（蜜を食らわば鮓を食らうべからず）」に、蜜と鮓を食べた話がある。

韶州月華寺側民、家設僧供。新蜜方熟、群僧飽食之。有某院長老両人、還至半道、遇村墟買鮓。不能忍、嚵買、食尽半斤、是夕皆死。

韶《しょう》州月華寺の側民、家に僧供（僧侶に食事を提供）を設く。新蜜方《まさ》に熟し、群僧之を飽食す。某院の長老両人有り、還りて半道（道中の半分）に至り、村墟《きょ》（村の市場）に遇い鮓を買う。忍ぶ能わず、嚵《なめ》て買い、食らいて半斤を尽す、是の夕べ皆な死す。

### 4　肉を炙って動かず、乾かないものは食べない

凡肉炙不動、暴（＝曝）之不乾、並殺人。（泰定乙丑版『事林広記』辛集巻六薬忌門・飲食害人）

凡《すべ》て肉を炙り動かず、之を曝すに乾かざるは、並びに人を殺す。

5　菌類の下に紋のないものは食べない

菌下無紋者、食之殺人。（泰定乙丑《いっちゅう》版『事林広記』辛集巻六薬忌門・飲食害人）

菌（不明）の下 紋なきもの、之を食らえば人を殺す。

6　肉汁の通気しないものは危険

肉汁在密器、気不泄者、皆殺人。（泰定乙丑版『事林広記』辛集巻六薬忌門・飲食害人）

肉汁 密器に在り、気の泄《もれ》ざるもの、皆な人を殺す。

7　新しい蕈《じん》（地菌類）の毛のあるものは食べない

新蕈有毛者、食之殺人。（泰定乙丑版『事林広記』辛集巻六薬忌門・飲食害人）

新蕈（地菌類）の毛有るもの、之を食らえば人を殺す。

8　簷《のき》からの滴水で生育した菜は食べてはならない

簷滴水生菜有大毒、食之殺人。（泰定乙丑版『事林広記』辛集巻六薬忌門・飲食害人）

簷《のき》の滴水の生菜は大毒有り、之を食らえば人を殺す。

唐の段成式の『酉陽雑俎《ざっそ》』巻一一広知に、

簷下滴菜有毒。堇（菫の誤り）黄花及赤芥、殺人。一曰介。（一曰介とは「赤芥」の箇所が「芥」とある意味か）

簷下の滴菜は毒有り。菫（むくげ）黄花及び赤芥、人を殺す。一に曰わく「介」と。

とあり、『経史證類大観本草』巻一一草部下品之下「諸草有毒」にもある。

簷溜滴著菜有毒。　簷《のき》の溜滴の著菜は毒有り。

### 9　禽・獣の肝、青いものは食べない

禽獣肝青者、食之殺人。（泰定乙丑《いっちゅう》版『事林広記』辛集巻六薬忌門・飲食害人）

禽・獣の肝青きもの、之を食らわば人を殺す。

三世紀初頭にできた『金匱要略方論』巻下「禽獣魚虫禁忌并治第二四」に、

諸禽肉肝青者、食之殺人。　諸禽獣の肉・肝青きもの、之を食らわば人を殺す。

とあるが、「肉」字は衍字であろう。禽獣の肉を食べて死亡するのであれば、肉食は一切できないこととなる。

### 10　鳥の自死し、口閉じざるものは食べない

凡鳥自死、口不閉者、食之殺人。（泰定乙丑版『事林広記』辛集巻六薬忌門・飲食害人）

凡《すべ》て鳥自死し、口閉じざるもの、之を食らえば人を殺す。

三世紀初頭にできた『金匱要略方論』巻下「禽獣魚虫禁忌并治第二四」に、

凡鳥自死口不閉、翅不合者、不可食之。

凡て鳥自ら死し口の閉じざるもの、翅《し》（つばさ）の合わざるもの、之を食らうべからず。

とあり、一四世紀に書かれた、闕名氏（『千頃堂書目』巻一二には、一五世紀初期の人・熊宗立の編とある）の『居家必用事類全集』癸集・人元寿「飛禽」にも、同様の記事がある。

凡禽自死、口不閉、勿食。　凡て禽自死し、口閉じざるものは、食らうこと勿れ。

ところが『金匱要略方論』巻下「禽獣魚虫禁忌并治第二四」に、

自死肉（「肉」字は衍字）口閉者、不可食之。　自死し口閉じるものは、之を食らうべからず。

とあり、葛洪（二八三〜三四三）の『肘《ちゅう》後備急方』巻七治防避飲食諸毒方第六七「雑鳥獣他物諸忌法」に、

鳥獣自死、口不開者、不可食。　鳥獣自死し、口開かざるものは、食らうべからず。

とあり、一四世紀の泰定乙丑《いっちゅう》版『事林広記』辛集巻六薬忌門の「飲食害人」の記事とは逆のことをいうが、「閉」と「開」は字形が似ているから、どちらか一方に誤記があると考えられる。

## 11　蟹の目、相い向うものは食べない

蟹目相向者、食之殺人。（泰定乙丑版『事林広記』辛集巻六薬忌門・飲食害人）

蟹（イワガニ科の中国モクズ蟹、所謂上海蟹）の目相い向うもの、之を食らえば人を殺す。

三世紀初頭にできた『金匱要略方論』巻下「禽獣魚虫禁忌并治第二四」に、

蟹目相向、足班目赤者、不可食之。　蟹の目相い向い、足班らにして目赤きもの、之を食らうべからず。

とあり、七世紀末期の孫思邈《ばく》の『備急千金要方』巻八〇食治・鳥獣第五・蟹殻に、

黄帝云、蟹目相向、足斑者、食之害人。

「黄帝」に云わく、「蟹の目相い向い、足斑らなるもの、之を食らわば人を害す」と。

とある。「黄帝」は『漢書《じょ》』巻三〇藝文《げいもん》志に「神農黄帝食禁七巻」とある書に該当するとすれば、「蟹目相向、食之害人」は、紀元前の時代から食忌の一条として存在していたことになる。

一三世紀初頭の高似孫の『蟹略』巻一目に、

博物志曰、蟹目相向者、毒尤甚。又有赤目者、有独目者、皆不可食。

「博物志」に曰わく、「蟹の目相い向うも者、毒尤も甚し。又た赤目のもの有り、独目のもの有り、皆な食らうべからず。

とあり、三世紀末の張華の『博物志』を引用しているから、二世紀ころには、一般に周知された食忌の一条であった。

一一世紀中葉の傅肱《ふこう》の『蟹譜《かいふ》』巻上・食證に『食療本草』の蟹目の記事を引用する。

孟詵食療本草云、………（中略）………。又云、蟹目相向者、不可食。

孟詵《もうせん》の「食療本草」に云わく、………（中略）………。又た云わく、「蟹の目相い向うものは食らうべからず」と。

## 12　頭髪 魚鮓内にあるものは食べない

頭髪不可在魚鮓内、食之殺人。（泰定乙丑《いっちゅう》版『事林広記』辛集巻六薬忌門・飲食害人）

頭髪 魚鮓《さ》（魚のすし）の内に在るべからず、之を食らえば人を殺す。

一四世紀の元王朝の時代に書かれた、闕名氏（『千頃堂書目』巻一二には、一五世紀初期の人・熊宗立の編）の『居家必用事類全集』癸集・人元寿「鱗介」にも、同様の記事がある。

鮓有頭髪、悞食殺人。　鮓に頭髪有り、悞食（誤食に同じ）せば人を殺す。

## 13　祭酒（御神酒）の自ら耗るものは飲まない

祭酒自耗者、食之殺人。（泰定乙丑版『事林広記』辛集巻六薬忌門・飲食害人）

祭酒（御神酒《おみき》）の自ら耗《へ》るもの、之を食らえば人を殺す。

一四世紀の闕名氏『居家必用事類全集』癸集・人元寿「飲食」にも同じ記事がある。

祭酒自耗者、食之殺人。　祭酒（御神酒）の自ら耗《へ》るもの、之を食らえば人を殺す。

14　魚頭に白あり、脊《せき》上に連なるものは食べない

魚頭有白、連脊上者、食之殺人。（泰定乙丑《いっちゅう》版『事林広記』辛集巻六薬忌門・飲食害人）

魚頭 白有り、脊上に連なるもの、之を食らえば人を殺す。

張機（一五〇?～二一九）の『金匱要略方論』巻下「禽獣魚虫禁忌并治第二四」に、

魚頭正白如連珠、至脊上、食之殺人。

魚の頭正白にして連珠の如く、脊上に至るもの、之を食らわば人を殺す。

とある。『金匱要略方論』の記事は少々の脱字がある。『肘後備急方』巻七治防避飲食諸毒方第六七「水中魚物諸忌」にも、ほぼ同じ記事がある。

魚頭有正白、連諸脊上、不可食。　魚頭に正白有り、諸脊上に連なるは、食らうべからず。

15　河豚の眼赤いものは食べない

河豚眼赤者、食之殺人。（泰定乙丑版『事林広記』辛集巻六薬忌門・飲食害人）

河豚（ふぐ）の眼赤きもの、之を食らえば人を殺す。

河豚に関しては、第二章第二節「新修本草の食忌」の「37　鯸鮧《こうい》魚（河豚）は大毒があり、食べてはいけない」において述べた。

16　神を祭る肉、故なく動くものは食べない

祭神肉、無故自動者、食之殺人。（泰定乙丑版『事林広記』辛集巻六薬忌門・飲食害人）

祭神の肉（ひもろぎ）、故なく自ら動くものは、之を食らわば人を殺す。

唐の孫思邈《ばく》の『備急千金要方』巻八一道林養生第二に、

祭神肉、無故自動、食之害人。　祭神の肉、故なく自ら動くもの、之を食らわば人を殺す。

とあり、淳熙《じゅんき》一六年（一一八九）ころの張杲《こう》の『医説』巻七雑忌に、

茅屋漏水、堕諸脯肉上。食之成瘕結。及暴肉作脯、不肯乾者、祭神肉無故自動、蜘蛛及行蜂、落食肉上、凡食無故色變、脯腊入火、炙不動、不得火而自動者、皆能殺人。不可食之。

茅屋漏水し、諸々の脯肉の上に堕つ。之を食らわば瘕結を成す。及び肉を暴し脯を作り、乾くを肯ぜざるもの、祭神の肉故なく自ら動き、蜘蛛及び行蜂、食肉の上に落ち、凡て食らうに故なく色変じ、脯腊火に入れ、炙るに動かず、火して自ら動くを得ざるは、皆な能く人を殺す。之を食らうべからず。

とあり、一四世紀の闕名氏『居家必用事類全集』癸集・人元寿「走獣」にも、簡略ながら同様の記事がある。

祭肉、無故自動者、煮不熟者、自死無傷者、皆殺人。

祭肉、故なく自ら動くもの、煮るに熟せざるもの、自死して傷なきもの、皆な人を殺す。

17　羊の肝の竅《あな》あるものは食べない

羊肝有竅者、食之殺人。（泰定乙丑《いっちゅう》版『事林広記』辛集巻六薬忌門・飲食害人）

羊の肝　竅有るものは、之を食らえば人を殺す。

18　生菓（果実）を長時間放置し、傷んだものは食べない

生菓停久、有損處者、食之殺人。（泰定乙丑版『事林広記』辛集巻六薬忌門・飲食害人）

生の果実停めること久しく、損処有るものは、之を食らえば人を殺す。

### 19　瓜の両蔕《たい》・両鼻は食べない

瓜両蔕両鼻、食之殺人。（泰定乙丑《いっちゅう》版『事林広記』辛集巻六薬忌門・飲食害人）

瓜の両蔕（へた）・両鼻（つまみ）、之を食らえば人を殺す。（この記事は、異状な形状の瓜を食べる事を警告する）

九世紀の段成式の『酉陽雑俎《ざっそ》』巻一一広知に「苽両鼻両蔕、食之殺人」とある。

### 20　鱟魚《こう》（かぶとがに）の小さいものは食べない

鱟魚小者、謂之鬼鱟、食之殺人。（泰定乙丑版『事林広記』辛集巻六薬忌門・飲食害人）

鱟魚《こう》（かぶとがに）の小さきもの、之を鬼鱟と謂い、之を食らわば人を殺す。

カブトガニ（甲蟹、兜蟹、鱟、鱟魚）とは、節足動物門・鋏角亜門・節口綱・カブトガニ目・カブトガニ科・カブトガニ属の節足動物である。カブトガニは甲殻類ではなく、クモやサソリに近い。左思の『呉都賦』（『文選』巻五所収）に「乗鱟黿鼉同罛（鱟・黿《げん》・鼉《た》に乗りて同罛《こ》す）」とある。

九世紀の段成式（九世紀の宰相・段文昌の子）の『酉陽雑俎』巻一七広動植之二・鱗介篇に、

雌常負雄而行。漁者必得其雙。南人列肆売之。雄者少肉。旧説過海輒相負於背。高尺餘、如帆、乗風遊行。今鱟殻上有一物、高七八寸、如石珊瑚。俗呼為鱟帆。成式荆州嘗得一枚。至今閩嶺重鱟子醤鱟十二足。殻可為冠、次於白角。南人取其尾、為小如意也。

雌《めす》常に雄を負うて行く。漁する者必ず其の雙（雄・雌）を得。南人 肆《みせ》に列して之を売る。雄は肉少なし。旧説では海を過《よぎ》るに輒《すなわ》ち相い背に負う。高さ尺餘、帆の如くして、風に乗りて遊行す。今鱟の殻の上に一物有り、高さ

図版13　団扇図　新城公主墓東壁北幅侍女図21。左端の侍女が持つ楕円形のものが団扇。出典の詳細は図版目次（13）を参照。

七・八寸（一寸＝三糎）、石珊瑚の如し。俗呼んで鱟帆と為す。成式は荊州にて嘗て一枚を得。今に至り閩嶺（＝閩中・嶺南。福建省と広東省のこと）鱟《こう》子醤・鱟一二足を重んず。殼は冠と為し、白角に次ぐべし。南人は其の尾を取り、小如意と為すなり。

羅願（一一三六～一一八四）の『爾雅翼』巻三一釈魚・鱟に、鱟の形を述べて、恵文冠また便面といっている。

鱟形如恵文、亦如便面。恵文者秦漢以来武冠也。侍中中常侍、則加金璫貂蟬之飾。謂之趙恵文冠。便面古扇也。

鱟の形 恵文の如く、亦た便面の如し。恵文とは秦漢以来の武冠なり。侍中・中常侍、則ち金璫《とう》・貂蟬《ちょうせん》（貂《てん》の尾と蟬《せみ》の羽根。高官の冠の飾り）の飾を加う。之を趙恵文（趙の恵文王。前二九八～前二六五在位）の冠と謂う。便面は古扇（扇は扇子ではなく、団扇《うちわ》を指す）なり。

## 21　不完全な肉脯は食べない

曝肉脯不乾、食之殺人。（泰定乙丑《いっちゅう》版『事林広記』辛集巻六薬忌門・飲食害人）

曝した肉脯の乾かざるもの、之を食らえば人を殺す。

22　飲酒のあと、羊・豕《し》（子豚）の脳を食べない

飲酒後、不得食羊豕脳。大害人。（泰定乙丑《いっちゅう》版『事林広記』辛集巻六薬忌門・飲食害人）

飲酒したる後、羊・豕（子豚）の脳を食らうを得ざれ。大いに人を害す。

## 第二節　『事林広記』の飲食相反

### 1　螃蟹を灰酒と同食しない

螃蟹与灰酒同食、令人吐血。（泰定乙丑版『事林広記』辛集巻六薬忌門・飲食相反）

螃蟹《ぼうかい》（泥がに）を灰酒（酒の一種、詳細は不明）と同食せば、人をして吐血せしむ。

灰酒に関して、宋の陸游（一一二五～一二一〇）は『老学庵筆記』巻五に、

唐人喜赤酒甜酒灰酒。皆不可解　唐人は赤酒・甜酒・灰酒を喜ぶ。皆な解すべからず。

とあり、陸游は唐人《ひと》の赤酒・甜酒・灰酒に関しては不明と述べる。灰酒に関しては不詳である。

### 2　粟米と杏仁を共食しない

食粟米、勿食杏仁。令人吐瀉。（泰定乙丑版『事林広記』辛集巻六薬忌門・飲食相反）

粟米（イネ科アワ）を食らわば、杏仁を食らうこと勿れ。人をして吐瀉せしむ。

杏仁（漢方薬の薬味として使うときは「きょうにん」、菓子などに使うときは「あんにん」と発音）は、アンズの種子の中に

ある仁（さね）を取り出したものである。苦みの強い苦杏仁（くきょうにん）と、甘みのある甜杏仁（てんきょうにん）があり、前者は薬用に、後者は杏仁豆腐（あんにんどうふ）の材料として用いられている。

杏仁は三世紀に編纂された張機の『傷寒論』に記載があり、鎮咳剤・去痰剤として多く用いられている。

杏子・杏は中央アジアのウズベキスタン共和国東部からキルギス共和国、タジキスタン共和国に広がるフェルガナ盆地を原産とする、バラ科サクラ属の落葉小高木。日本ではカラモモ（唐桃）ともいう。

## 3　薤菜《かいさい》と牛肉を同食しない

薤菜与牛肉同食、令人主瘣。（泰定乙丑《いっちゅう》版『事林広記』辛集巻六薬忌門・飲食相反）
薤菜《かい》（らっきょう）牛肉と同食せば、人をして瘣《き》（腫れる病）を主らしむ。
薤はユリ科の多年草。中国原産。ネギ類に属し、特有のにおいがある。地下に卵形の鱗茎がある。

## 4　兎の肉と乾姜を同食しない

食兔肉、勿食乾姜。令人霍乱。（泰定乙丑版『事林広記』辛集巻六薬忌門・飲食相反）
兎の肉を食らい、乾姜（蒸して乾燥した姜）を食らうこと勿れ。人をして霍乱せしむ。
姜はショウガ科ショウガの根茎。生のショウガを生姜といい、蒸して乾燥したものを乾姜という。また、そのまま乾燥したものを乾生姜という。
霍乱とは急に倒れる日射病、あるいは真夏に激しく吐き下しする病気の古称である。現代でいう急性胃腸炎、コレラ、疫痢などの総称に該当する。霍乱という病は多くの病状をいう幅の広い病名である。

5　兎の肉と白鶏の肉を同食しない

兎肉与白鶏同食、令人発黄。（泰定乙丑《いっちゅう》版『事林広記』辛集巻六薬忌門・飲食相反）

兎の肉 白鶏と同食せば、人をして黄（黄疸？）を発せしむ。

6　死馬の肉を食べれば、倉米を食べない

食死馬、勿食倉米。発人百病。（泰定乙丑版『事林広記』辛集巻六薬忌門・飲食相反）

死馬［の肉］を食らい、倉米を食らうこと勿れ。人百病を発す。

一四世紀に書かれた、闕名氏（『千頃堂書目』巻一二には、一五世紀初期の人・熊宗立の編という説もある）の『居家必用事類全集』癸集・人元寿「走獣」に類似する記事がある。

馬肉同倉米食、発病。　馬肉 倉米と同じく食らわば、病を発す。

薬の處方において、「陳廩米」を使用する場合と「倉米」を使用する場合がある。陳廩米は方形の倉庫（廩）の古い米であろう。では倉米とは何か。地面に穴を掘り穀物を蔵する倉庫を「倉」といい、米を蔵する倉庫で地上に建設した倉庫を「廩」というから、倉米とは穴を掘った倉庫の米という意味になる。倉米と廩米は同じことをいうものである。

7　鯽《そく》魚と芥菜を同食しない

鯽魚与芥菜同食、令人黄腫。（泰定乙丑版『事林広記』辛集巻六薬忌門・飲食相反）

鯽魚（ふな）芥菜（あぶらな科おおばからし菜）と同食せば、人をして黄腫せしむ。

「鯽」を「せき」と読ませる辞書がある。前漢の史游（前一世紀の人）の『急就篇』（唐の顔師古注）巻三に、

鯉鮒蟹鱓鮐鮑鰕。鮒音附。鱓音善。一作鱣。鮐音台、又音箈。鮑一作⿰魚邑。於業反。鰕音遐、一作蝦。鯉即今之鯉魚也。鮒今之鰿魚也。亦呼為鯽。鰿音積。鯽音即。

鯉・鮒・蟹・鱓・鮐・鮑・鰕。鮒の音は附《ふ》。鱓の音は善《ぜん》。一は鱣に作る。鮐の音は台《たい》、又た音は箈《ち》（箈は「しの竹」の笋のこと）。鮑一は⿰魚邑《よう》に作る。於・業の反。鰕の音は遐《か》、一は蝦に作る。鯉即ち今の鯉魚なり。鮒は今の鰿魚なり。亦た呼びて鯽と為す。鰿の音は積。鯽の音は即。

とあり、唐の顔師古（五八一～六四五）は「鯽の音は即」というから、鯽魚は「そく魚」である。鮒を鰿《せき》と書けば「せき」魚である。

## 8　猪の肉と生姜を同食しない

食猪肉、勿食生姜。発人大風。（泰定乙丑《いっちゅう》版『事林広記』辛集巻六薬忌門・飲食相反）

猪肉を食らわば、生姜を食らうこと勿れ。人大風（病気の名、詳細は不明）を発す。

一四世紀の元王朝の時代に書かれた、闕名氏（『千頃堂書目』巻一二には、一五世紀初期の人・熊宗立の編）の『居家必用事類全集』癸集・人元寿「走獣」に類似する記事がある。

猪肉用薑、発大風。　　猪肉　薑を用いれば、大風を発す。

姜は薑に同じ。ショウガ科ショウガの根茎。生のショウガを「生姜」、蒸して乾燥したものを「乾姜」という。また、そのまま乾燥したものを「乾生姜」という。健胃、食欲増進、発汗などに効果がある。

唐の張鷟《さく》（八世紀中葉までの人）の『朝野僉載《せんさい》』巻一に大風（大風は大癩？）を患った話がある。

泉州有客。盧元欽染大瘋、惟鼻根未倒。属五月五日、官取蚺蛇膽、欲進。或言、肉可治瘋。遂取一截蛇肉、食之、

三五日後、漸可、百日平復。又商州有人、患大風。家人悪之、山中為起茅屋。有烏蛇墜酒罌中、病人不知、飲酒漸差。罌底尚有蛇骨、方知其由也。

泉州に客有り。盧元欽 大瘋（癩病）に染むも、惟だ鼻根未だ倒れず。属《たまたま》五月五日、官 蚺蛇《ぜんた》（うわばみ）の膽を取り、進めんと欲す（進貢のこと）。或るひと言う、「肉 瘋を治すべし」と。遂に一截《せつ》（こま切れ）の蛇肉を取り、之を食らうに、三・五日の後漸いに可、百日して平復す。又た商州に有り人、大風（大風は大瘋？）を患う。家人之を悪《にく》み、山中に為りて茅屋を起こす。烏の蛇を酒罌《かん》中に墜す有り、病人知らず、飲酒せば漸《ようや》く差《いえ》る。罌底尚お蛇骨有り、方《まさ》に其の由を知るなり」と。

## 9　鶏肉と葫蒜《こさん》を同食しない

鶏肉与葫蒜同食、令人気滞。（泰定乙丑《いっちゅう》版『事林広記』辛集巻六薬忌門・飲食相反）

鶏肉 葫蒜（にんにく）と同食すれば、人の気をして滞らしむ。

葫蒜《こさん》。（蒜、大蒜、葫、忍辱）はネギ属の多年草で、球根（鱗茎）を香辛料として用いる。日本ではにんにく・のびる（の蒜）など根茎を食用とする臭いの強い（ネギ属の）植物を総称して蒜（ひる）としたが、特にのびると区別する場合にはオオヒル（大蒜）とも称した。生薬名は大蒜（たいさん）。にんにくの語源は「忍辱」とされる。

「葫」は、五四三年にできた顧野王（五一九～五八一。『陳書《ちんじょ》』巻三〇、『南史』巻六九）の『玉篇』巻一三艸部に「葫。戸都切。大蒜也」とあり、輯復本『唐・新修本草』草菜部巻一八・葫（史料六二七、四七六頁）の註に＊、

今人謂葫為大蒜、謂蒜為小蒜。以其気類相似也。性最薫臭、不可食。

今人葫を謂いて大蒜と為し、蒜を謂いて小蒜（のびる）と為す。其の気類相い似るを以てなり。性最も薫臭、食らうべからず。

とあり、羅願（一一三六～一一八四）の『新安志』巻二蔬茹に「蒜之大者曰胡蒜。自西域来者也（蒜の大なるもの胡蒜《こさん》と曰う。西域より来《きた》るものなり）」とある。

＊　輯復本『唐・新修本草』は、一九八一年に安徽科学技術出版社から出版された書である。

### 10　羊の肉と豆醤《まめびしお》を同食しない

食羊肉、勿食豆醤。発人痼疾。（泰定乙丑《いっちゅう》版『事林広記』辛集巻六薬忌門・飲食相反）

羊の肉を食らい、豆醤（豆を発酵させた調味料）を食らうこと勿れ。人 痼疾（治癒しがたい病気）を発す。

### 11　糖蜜と小鰕を同食しない

糖蜜与小鰕同食、令人暴下。（泰定乙丑版『事林広記』辛集巻六薬忌門・飲食相反）

糖蜜（糖分を含んだ液体）小鰕《か》（小えび）と同食せば、人をして暴《にわか》に下さしむ（急性の下痢）。

### 12　羊の肝と生椒を食べない

食羊肝、勿使生椒。傷人五臓。（泰定乙丑版『事林広記』辛集巻六薬忌門・飲食相反）

羊の肝を食らわば、生椒を使うこと勿れ。人の五臓を傷《そこな》う。

一四世紀の元王朝の時代に書かれた、闕名氏（『千頃堂書目』巻一二には、一五世紀初期の人・熊宗立の編という）の『居家必用事類全集』癸集・人元寿「走獣」に、

羊肝生椒、傷五臓。　羊の肝・生椒は、五臓を傷う。

とあり、葛洪（二八三～三四三）の『肘《ちゅう》後備急方』巻七治防避飲食諸毒方第六七「雑鳥獣他物諸忌法」に、

羊肝不可合烏梅及椒。　羊肝は烏梅及び椒（山椒）と合わすべからず。

と類似する記事がある。

烏梅に関して、六世紀の『斉民要術』巻四種梅杏（梅杏を種《う》える）第三六の中の「作烏梅法」に次のようにある。

亦以梅子核初成時摘取、籠盛、於突上薫之、令乾、即成矣。烏梅入薬、不任調食也。

亦た梅子の核初めて成るの時を以て摘取し、籠に盛り、突（煙突）上に之を薫し、乾かしめれば、即ち成る。烏梅は入薬（薬用）にして、調食（調味料）に任ぜずなり。

烏梅は未熟な梅の果実を、薫製にしたもの。黒い色をしているところから烏梅という。強い酸味があり、表面は真っ黒で、壊れやすい。鎮痛・解毒作用がある。煎じて風邪薬や胃腸薬として用いる。熱冷まし、下痢止め、咳止め、食物や薬物中毒、回虫駆除、止血、すり傷・切り傷の民間薬として使用される。三世紀の『金匱要略方論』に「烏梅」があるから、紀元前後には周知された薬であった。

### 13　棗・李と蜂蜜を同食しない

棗李与蜂蜜同食、五臓不和。（泰定乙丑《いっちゅう》版『事林広記』辛集巻六薬忌門・飲食相反）

棗・李　蜂蜜と同食せば、五臓和せず。

棗はクロウメモドキ科の落葉高木の実である。夏に実を付けるから棗という。原産地は中国から西アジアである。果実は菓子材料として、また生薬としても用いられる。大棗は棗の実を乾燥させたもので、強壮作用・鎮静作用がある。生姜と組み合わせて、副作用の緩和などを目的に多数の漢方方剤に配合されている。棗の種子だけを生薬としたものは酸棗仁という。

### 14　飲酒の後に芥辣《かいらつ》を食べない

飲酒後、勿食芥。緩人筋骨。（泰定乙丑《いっちゅう》版『事林広記』辛集巻六薬忌門・飲食相反）
酒を飲んだ後、芥辣《けいらつ》（からし）を食らうこと勿れ。人の筋骨を緩める。
一四世紀に書かれた、闕名氏（『千頃堂書目』巻一二には、一五世紀初期の人・熊宗立の編という）の『居家必用事類全集』癸集・人元寿「飲食」にも同じ記事がある。
酒後、食芥辣物、多則緩人筋骨。　酒の後、芥辣の物を食らわば、多く則ち人の筋骨を緩《ゆる》ましむ。

### 15　兎の肉と鵞（がちょう）の肉を同食しない

兎肉与鵞肉同食、血気不行。（泰定乙丑版『事林広記』辛集巻六薬忌門・飲食相反）
兎の肉　鵞《が》（がちょう）の肉と同食せば、血気行かず。
鵞鳥（が鳥）はカモ目カモ科ガン亜科の鳥。雁の仲間。白い姿はアヒルに似ているが互いに別の種。体は大きく太っており、飛ぶ力はない。粗食に耐え短期間で成長し、肉質が優れる。ハイイロガンを原種とするヨーロッパ系種と、サカツラガンを原種とする中国系のガチョウに大別される。

### 16　飲酒のあと胡桃を多食しない

飲酒後、多食胡桃、令人嘔血。（泰定乙丑版『事林広記』辛集巻六薬忌門・飲食相反）
飲酒の後、多く胡桃を食らわば、人をして嘔血《おうけつ》（＝吐血）せしむ。
胡桃はクルミ科クルミ属の落葉高木。原産地は東欧西南部かアジア西部である。『斉民要術』巻一〇果蓏《ら》（蓏は核がない果実）に「博物志曰、張騫使西域、還得安石榴胡桃蒲桃（『博物志』に曰く、〈張騫《ちょうけん》西域に使し、還りて安石榴《ざくろ》・胡桃・蒲桃《ぶどう》を得る〉）」とあるが、西域から伝来したものは、すべて張騫に附会されるから、本当に張騫が将来したかどうかは疑わしい。

胡桃は米国の加州と中国が二大生産地である。胡桃は数種類あるが、日本の胡桃はオニグルミである。種子（仁）を食用とするが、種子の七割は脂質であり、脂質にはビタミンEをはじめとするビタミンやミネラルを多く含み、栄養価の高い種子である。胡桃の木はウォールナットといい、チーク、マホガニーとともに世界の三大銘木といわれる。

胡桃は五月から六月にかけて開花し、その後に假果と呼ばれる実を付ける。假果の中に核果があり、その内側の種子を食用とする。脂質が実全体の七割を占めている。

### 17　猪の肝と鵪鶉《あんじゅん》を同食しない

猪肝与鵪鶉同食、面生黒点。（泰定乙丑《いっちゅう》版『事林広記』辛集巻六薬忌門・飲食相反）

猪の肝、鵪鶉（ふなしうずら）と同食せば、面《かお》に黒点を生ず。

### 18　粥を食べた後に白湯を飲まない

食粥後、勿食白湯。令人成淋。（泰定乙丑版『事林広記』辛集巻六薬忌門・飲食相反）

粥を食らう後に、白湯（さゆ）を食らうこと勿れ。人 淋（尿の出が悪い病気。膀胱炎か尿道炎）と成らしむ。

### 19　牛肉と白酒を同食しない

牛肉与白酒同食、生寸白虫。（泰定乙丑版『事林広記』辛集巻六薬忌門・飲食相反）

牛肉　白酒（濁り酒）と同食せば、寸の白虫（長さ寸なる腹中の虫）を生ず。

一四世紀に書かれた、闕名氏（『千頃堂書目』巻一二には、一五世紀初期の人・熊宗立の編という）の『居家必用事類全集』癸集・人元寿「飲食」にも同じ記事がある。

飲白酒、食牛肉、生虫。　　白酒を飲み、牛肉を食らわば、虫を生ず。

『旧唐書《くとうじょ》』巻一九〇下「文苑下」の杜甫伝に、杜甫は牛肉を食べ、白酒を飲み頓死したとある。

永泰二年、啗牛肉白酒、一夕而卒於耒陽。時年五十九。

永泰二年（七六六）、牛肉・白酒を啗《くら》い、一夕にして耒陽《らいよう》（衡州耒陽県）に卒す。時年五九。

白酒とは『斉民要術』巻七白醪麹第六五に醸白醪法（白醪を醸す法）にある、次の製法による酒であろう。

取糯米一石、冷水浄淘、漉出著甕中。作魚眼沸湯浸之。経一宿、米欲絶酢。炊作一餾飯、攤令絶冷。取魚眼湯沃、浸米泔二斗、煎取六升、著甕中、以竹掃衝之、如茗渤。復取水六斗、細羅麹末一斗、合飯、一時内（内は納か）甕中和。攪令飯散。以氈物裹甕、并口覆之。経宿米消、取生疎布漉出糟。別炊好糯米一斗作飯、熱著酒中為汎、以單布覆甕。経一宿、汎米消散、酒味備矣。若天冷、停三五日弥善。一釀一斛米、一斗麹末、六斗水、六升浸米漿。若欲多釀、依法別甕中作、不得作在一甕中。四月五月六月七月、皆得作之。其麹預三日以水洗令浄、曝乾用之。

糯《だ》米（もちごめ）一石を取り、冷水もて浄に淘《と》ぎ、漉出し甕中に著ける。魚眼沸湯（一たちした湯）を作り之を浸す。一宿を経、米は絶《はなは》だ酢ならんと欲す。炊いて一餾《りゅう》飯（蒸飯）を作り、攤《ひろ》げて絶《はなは》だ冷たくせしむ。魚眼湯を取り沃ぎ、米泔《かん》（米汁）二斗を浸し、煎じて六升を取り、甕中に著け、竹掃（ささら）を以て之を衝くこと、茗《めい》渤（茶を点る）の如し。復た水六斗に、細羅（細かく篩《ふる》った）麹末一斗を取り、飯に合わせ、一時に甕中に納め和《まぜ》る。攪《かきまぜ》て飯を散らしむ。氈物を以て甕并せて口を裹《つつ》み、之を覆う。経宿して米消え、生の疎布を取り糟を漉出す。

別に好い糯《だ》米一斗を炊き飯を作り、熱酒中に著け汎（うき）と為し、単布を以て甕を覆う。一宿を経て、汎米消散し、酒味備わる。若し天冷ならば、三・五日を停むればいよいよ善し。一醸は一斛（一〇斗。一斗＝一八ℓ）の米、一斗の麹末、六斗の水、六升の浸米漿なり。若し多く醸さんと欲すれば、法に依り別甕中に作り、一甕中に在りて作るを得ざれ。四月・五月・六月・七月、皆な之を作る得。其の麹預《あらかじ》め三日［前］に水を以て洗い浄ならしめ、曝乾（天日乾燥）して之を用う。

「寸白蟲」は、七世紀の隋王朝の医官を務めた、巣元方の『巣氏諸病源候総論』巻一八「九蟲病諸候」寸白蟲候に次のように説明し、体内に寄生する虫とする。

寸白者九蟲内之一蟲也。長一寸而色白、形小褊。因府蔵虚弱而能発動。或云、飲白酒以桑枝貫牛肉、炙食、并生栗所成。又云、食生魚後、即飲乳酪、亦令生之。其発動則損人精気、腰脚疼弱。又云、此蟲生長一尺、則令人死。

寸白は九蟲《ちゅう》内の一蟲なり。長さ一寸にして色は白、形は小褊（少し狭い）なり。府蔵（＝腑臓）の虚弱に因りて能く発動す。或るひと云わく、「白酒（濁り酒）を飲むに桑枝を以て牛肉を貫き、炙り食らい、并せて生栗所成す（生栗を食すこと）」と。又た云わく、「生魚を食らう後、即ち乳酪を飲めば、亦た之を生ぜしむ。其れ発動せば則ち人の精気を損ない、腰脚疼弱す」と。又た云わく、「此の蟲長さ一尺に生《そだ》てば、則ち人をして死なしむ」と。

## 20　鱉《べつ》肉を食べたら、莧《けん》菜を食べない

食鱉肉、勿食莧菜。腹中生鱉。（泰定乙丑《いっちゅう》版『事林広記』辛集巻六薬忌門・飲食相反）

鱉《べつ》肉（鱉は鼈の俗字、鱉肉はすっぽんの肉）を食らい、莧菜（ひゆ菜）を食らう勿れ。腹中に鱉を生ず。

一四世紀の元王朝の時代に書かれた、闕名氏（『千頃堂書目』巻一二には、一五世紀初期の人・熊宗立の編とある）の『居家必用事類全集』癸集・人元寿「鱗介」に、

鱉肉与莧菜同食、生鱉瘕。　鱉《べつ》肉を莧菜と同じく食らわば、鱉瘕を生ず。

とある、鼈《べつ》（鱉）と莧菜の合食は三世紀の『金匱要略方論』の時代から食忌とされ、唐王朝では刑法に抵触する食忌・食禁であり、死罪になることもあった。このことは第二章第二節「新修本草の食忌」の「40　鱉《べつ》（鼈の俗字）を莧菜と合食しない」において、『唐律疏議』職制律「諸造御膳犯食禁」を引用して述べている。

## 21　麦醤と鯉魚を同食しない

麦醤与鯉魚同食、咽喉生瘡。（泰定乙丑《いっちゅう》版『事林広記』辛集巻六薬忌門・飲食相反）

麦醤（麦ひしお）鯉魚と同じく食らわば、咽喉に瘡（腫れ物）を生ず。

麦醤は『斉民要術』巻八作醤等法第七〇「食経作麦醤法（食経の麦醤を作る法）」に製法を記す。

小麦一石漬、一宿、炊臥之、令生黄衣。以水一石六斗塩三升、煮作鹵、澄取八斗、著甕中。炊小麦投之、攪令調均。覆著日中、十日可食。

小麦一石（一〇斗）、漬けて一宿し、炊いて之を臥せ、生の黄衣（ざら麹）とせしむ。水一石六斗・塩三升を以て、煮て鹵《かん》（鹹水《しおみず》）を作り、八斗を澄し取り、甕中に著く。炊いた小麦（黄衣のこと）之に投じ、攪《まぜ》て調均ならしむ。覆して日中に著ければ、一〇日して食らうべし。

# 第四章　服薬食忌

一三世紀初頭の張世南の『遊宦紀聞』巻一に、

図経本草、人家最不可缺。医者處方、則便可知薬性。飲食果菜、則便可知避忌。然其間有常用之薬、而載以異名、卒難尋究。鄱郡官書、有本草異名一篇。尽取諸薬它名登載、似覚繁冗。今摘常用者書於此、以備博知。

「図経本草」、人家最も缺くべからず。医者の處方、則《すなわち》便薬性を知るべし。飲食せる果菜、則《すなわち》便避忌を知るべし。然るに其の間に常用の薬有り、而して載するに異名を以てし、卒《にわか》に尋究するに難し。鄱郡（饒《じょう》州・鄱陽郡。今の江西省鄱陽。張世南の故郷）の官書に、「本草異名」なる一篇有り。諸薬の它名を尽取し登載するも、繁冗に覚ゆるに似たり。今常用するものを摘し此に書き、以て博知に備う。

と述べ、『図経本草』は各家庭に常備するべき書であり、薬の薬性、飲食の避忌は須知すべきという。こう述べるからには、現実はこれと異なる状況にあったのである。しかし、これは士大夫階級・知識人の世界での話であり、一般の民衆はこの埒外にあったと想定するべきであろう。

張世南もいうように、薬の特性を知るべきである。服薬食忌を知らないことは、即時に落命という結果を招くことになりかねない。『唐律疏議』職制律に「合和御薬（御薬を合和す）」という刑法の規定がある。これは皇帝の薬を調合する規定であるが、その冒頭部分は次のようである。

諸合和御薬、誤不如本方、及封題誤者、医絞。

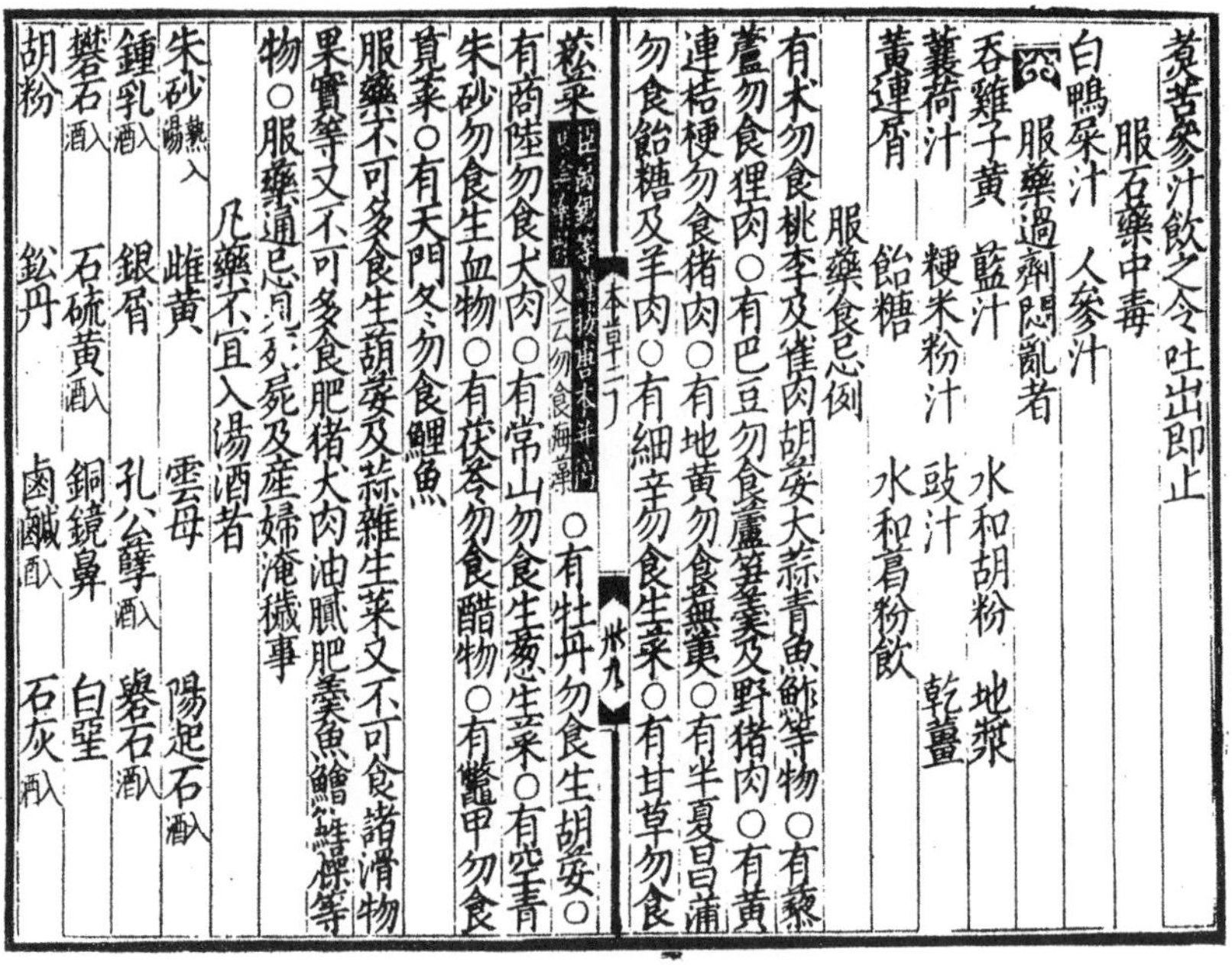
煮苦參汁飲之令吐出即止
服石藥中毒
白鴨屎汁　人參汁
解 服藥過劑悶亂者
吞雞子黃　藍汁　水和胡粉　地漿
蘘荷汁　粳米粉汁　豉汁　乾薑
黃連屑　飴糖　水和葛粉飲
服藥食忌例
有朮勿食桃李及雀肉胡荽大蒜青魚鮓等物○有藜
蘆勿食狸肉○有巴豆勿食蘆筍羹及野猪肉○有黃
連桔梗勿食猪肉○有地黃勿食蕪荑○有半夏菖蒲
勿食飴糖及羊肉○有細辛勿食生菜○有甘草勿食
菘菜[illegible]又云勿食海藻○有牡丹勿食生胡荽○
有商陸勿食犬肉○有常山勿食生葱生菜○有空青
朱砂勿食生血物○有茯苓勿食醋物○有鼈甲勿食
莧菜○有天門冬勿食鯉魚
服藥不可多食生胡荽及蒜雜生菜又不可食諸滑物
果實等又不可多食肥猪犬肉油膩肥羹魚膾腥臊等
物○服藥通忌見死尸及產婦淹穢事
凡藥不宜入湯酒者
朱砂熟入湯　雌黃　雲母　陽起石入酒
鍾乳入酒　銀屑　孔公孽入酒　礜石入酒
礬石入酒　石硫黃入酒　銅鏡鼻　白堊
胡粉　鉛丹　鹵鹹入酒　石灰入酒

図版14　「服薬食忌例」（『経史證類大観本草』巻二序例下所載）

疏議曰、合和御薬、須先處方、依方合和、不得差誤。若有差誤、不如本方、謂分両多少、不如本方法之類。合成、仍題封其上、注薬遅駃冷熱之類、并写本方倶進。若有誤不如本方、及封題有誤等、但一事有誤、医即合絞。医、謂当合和薬者。名例大不敬条内已具解訖。

諸《すべ》て御薬を合和するに、誤りて本方の如くせず、及び封題誤らば、医（合和に従事した医師）は絞（絞首刑）。

疏議して曰わく、御薬を合和するに、須《すべから》く先に處方し、方に依りて合和すべく、差誤することを得ざれ。若《も》し差誤有り、「本方の如くせず」とは、分両の多少、本方法の如くせざるの類を謂う。合すること成らば、仍《な》お其の上に題封し、薬の遅・駃（速いこと）冷・熱の類を注し、并せて本方を写し倶に進む。若し誤り有りて本方の如くせず、及び封題誤り有る等、但だ一事誤り有らば、医は即ち合に絞《まさ》（絞首刑）なるべし。「医」とは、当に《まさ》薬を合和すべきものを謂う。名例（＝名例律）の「大不敬」条の内に已に具《つぶさ》に解き訖る。

この規定の基礎には、当時の服薬食忌があり、これに宮廷の細かい規定が付加され、御薬の調合がある。『唐律疏議』雑律「医合薬不如方（医合薬するに方（處方）の如くせず）」という刑法の規定がある。この規定は医師の合薬によって人、を殺傷させた場合の罰則を規定したものである。

諸医為人合薬及題疏針刺、誤不如本方、殺人者、徒二年半。

疏議曰、医師為人合和湯薬、其薬有君臣分両。題疏薬名、或注冷熱遅駛、并針刺等、錯誤不如本方者、謂不如今古薬方及本草。以故殺人者、医合徒二年半。若殺傷親属尊長、得罪軽於過失者、各依過失殺傷論。其有殺不至徒二年半者、亦従殺罪減三等。假如誤不如本方、殺旧奴婢、徒二年減三等、杖一百之類。傷者、各同過失法。

其故不如本方、殺傷人者、以故殺傷論。雖不傷人、杖六十。即売薬不如本方、殺傷人者、亦如之。

疏議曰、其故不如本方、不依旧法、殺傷人者、以故殺傷論。尊長卑幼貴賤並依故殺之律。雖不傷人、謂故不如本方、於人無損猶杖六十。於尊長及官人、亦同毆而不傷之法。即売薬不如本方、謂非指的為人療患、尋常売薬、故不如本方。雖未損人、杖六十。已有殺傷者、亦依故殺傷法。故云亦如之。

諸《すべ》て医人の為に薬を合し及び題疏・針刺、誤りて本方の如くせず、人を殺したる者は、徒（懲役）二年半。

疏議して曰わく、医師人の為に湯薬を合和するに、其の薬は君臣の分両有り。薬名を題疏し、或いは冷熱遅駛を注し、并びに針刺等、錯誤して本方の如くせざる者とは、今古の薬方及び本草の如くせざるを謂う。故を以て人を殺す者、医は合《まさ》に徒二年半たるべし。若《も》し親属尊長を殺傷し、罪を得ること過失より軽き者、各々過失殺傷に依りて論ず。其れ殺有るも徒二年半に至らざる者は、亦た殺の罪より三等を減ず。假如《たとえ》ば誤りて本方の如くせず、旧《もと》の奴婢を殺せば、徒二年より三等を減じ、杖一百の類なり。傷つけたる者、各々過失の法に同じ。

其れ故《ことさら》に本方の如くせず、人を殺傷する者、故殺傷を以て論ず。人を傷つけずと雖も、杖六〇。即《も》し薬を売るに本方の如くせず、人を殺傷する者、亦た之《かく》の如し。

疏議して曰わく、其れ故《ことさら》に本方の如くせず、旧法によらず、人を殺傷する者、故殺傷を以て論ず。尊長・卑幼・貴賤並びに故殺の律に依る。人を傷つけざると雖もとは、故《ことさら》に本方の如くせざるも、人に於いて損なうことなきを謂う。猶お杖六〇。尊長及び官人に於いても、亦た毆りて傷つけざるの法に同じ。即《も》し薬を売りたるに本方の如くせずとは、人の為に患を療すことを指的するには非らず、尋常に薬を売りたるに、故《ことさら》に本方の如くせざるを謂う。未《いま》だ人を損なわざると雖も、杖六〇。已に殺傷有りたる者、亦た故殺傷の法に依る。故に云う「亦た之の如し」と。

医師の合薬は「錯誤して本方の如くせざる者とは、今古の薬方及び本草の如くせざるを謂う」とあるから、合薬の基礎は『新修本草』であった。当時の服薬食忌の基礎も奉勅修の『新修本草』にあったとしてよい。安徽科学技術出版社から一九八一年に出版された輯復本『唐・新修本草』巻二に「服薬食忌例」がある。これは宋代の『経史證類大観本草』巻二序例下「服薬食忌例」等々を参考にして、復元されたものであり、ほぼ『新修本草』の原形と考えてよい。『新修本草』巻二「服薬食忌例」は、唐代（七世紀～九世紀）の服薬食忌の基準といってよい。第一節は『新修本草』の服薬食忌を概観する。なお宋代の『経史證類大観本草』もしくは『政和新修経史證類備用本草』の「服薬食忌例」を省略したのは、『新修本草』の服薬食忌例と同文の故に依る。

第二節「事林広記の服薬食忌」においては、服薬食忌の若干例のみを示した。一四世紀の泰定乙丑《いっちゅう》版『事林広記』辛集巻六薬忌門・服薬食忌には多くの服薬食忌があるが、『新修本草』の服薬食忌と重複するものがある。重複を避けて泰定乙丑版『事林広記』の服薬食忌のみにみえる、服薬食忌を採り上げたから若干例となった。『新修本草』の服薬食忌例と異なる、新しい服薬食忌が登場することは、時代が変化していることの反映であろう。

# 第一節　『新修本草』の服薬食忌

## 1　朮《じゅつ》を服用する時、桃李・雀の肉・胡荽《こすい》・大蒜《だいさん》・青魚の鮓《さ》等を忌む

有朮、勿食桃李及雀肉胡荽大蒜青魚鮓等物。（『唐・新修本草』巻二服薬食忌例）

朮（キク科オケラの根茎を乾燥したもの、白朮・蒼朮の二種あり）有らば、桃・李及び雀の肉・胡荽（こえんどろ。セリ科の一年草）大蒜（おおびる、にんにくの古名）青魚の鮓（青魚の鮨）らの物を食らうこと勿れ。

『備急千金要方』巻一論服餌（服餌《じ》を論ず）第八に「白朮」として『唐・新修本草』と同文があり、泰定乙丑《いっちゅう》版『事林広記』辛集巻六薬忌門の服薬食忌にも、『唐・新修本草』と同文がある。

『藝文類聚《げいもんるいじゅう》』巻八一草部上・朮に、

〔神農〕本草経曰、朮。一名山筋。久服不饑、軽身延年。生鄭山。

「神農本草経」に曰わく、「朮。一名は山筋。久しく服さば饑《うえ》ず、身を軽くし年を延ばす。鄭山に生ず」と。

とあり、朮の別名に関しては『藝文類聚』巻八一草部上・朮に「呉氏本草曰、朮。一名山連、一名山芥、一名天蘇、一名山姜」とある。『神農本草経』にいう「鄭山」に関して、『太平御覧《ぎょらん》』巻二一時序部一六・五月五日に『養生要集』を引用し、秦嶺山脈の南の漢中（唐代の梁州・興元府）とする。

養生要集曰、朮。味苦・小温。生漢中南鄭山谷、五月五日、採之。

「養生要集」に曰わく、「朮。味は苦・小温。漢中の南鄭の山谷に生え、五月五日、之を採る」と。

胡荽は香荽《すい》、胡菜、芫《げん》荽という。張騫《ちょうけん》が西域から将来したとされる野菜で、今は芫荽と呼ばれている。「芫」とは

茎や葉が散布したように広がっている様をいう。山西省では香荽《こうすい》と呼ぶ。良い香りがして、そのままでも食べることができるが、漬物にしてもよい。

『経史證類大観本草』巻二七菜部・上品「胡荽《すい》」に引用された「孫真人［食忌］」に、

食之、令人多忘、発痼疾。　之を食らわば、人を多忘ならしめ、痼疾（治癒しがたい病気）を発す。

とあり、羅願（一一三六〜一一八四）の『爾雅翼』巻五釈草・茖《かく》（山葱　ぎょじゃにんにく）に、

今道家亦有五葷。乃謂韭蒜芸薹胡荽薤也。　今道家亦た五葷有り。乃ち韭《きゅう》・蒜《さん》・芸《うん》薹・胡荽《こすい》・薤《かい》を謂うなり。

とあり、一二世紀の道家では五葷の一とされる。

大蒜《さん》（にんにく・蒜・葫《こ》・忍辱）はヒガンバナ科ネギ属の多年草で、原産地は中央アジアとされる。五四三年にできた顧野王（五一九〜五八一。『陳書《ちんじょ》』巻三〇）の『玉篇』巻一三艸部に「葫。戸・都の切。大蒜也」とあり、また輯復本『唐・新修本草』草菜部巻一八・葫（史料六二七、四七六頁）の註に＊、

今人謂葫為大蒜、謂蒜為小蒜。以其気類相似也。性最薫臭、不可食。

今人葫を謂いて大蒜（にんにく）と為し、蒜を謂いて小蒜（のびる）と為す。其の気類相い似るを以てなり。性最も薫臭、食らうべからず。

とある。球根を香辛料・薬用として用いる。日本では「にんにく」や「のびる」などネギ属を総称して蒜《さん》（ひる）と呼んだ。特に「のびる」と区別する場合には「おおひる（大蒜）」という。

胡荽（セリ科の一年草）は現在の香菜・コリアンダーである。張騫《ちょうけん》が西域から将来したとされる野菜で、源順《したごう》の『和名類聚鈔』には「魚膾尤為要」とあり、『延喜式』巻三九内膳司には、胡荽に関する耕作労力の規定がある。

＊　輯復本『唐・新修本草』は、一九八一年に安徽科学技術出版社から出版された書である。

### 2　藜蘆《れいろ》を服用する時、狸の肉を忌む

有藜蘆、勿食狸肉。（『唐・新修本草』巻二服薬食忌例）

藜蘆（棕櫚草）有らば、狸の肉を食らうこと勿れ。

藜蘆はユリ科のバイケイソウ（梅蕙草）属植物やその亜種、変種などの根をつけた根茎。藜蘆は風痰を催吐する作用が著しい。また藜蘆は殺虫止痒の作用がある。体質が弱い者、出血症のある人、妊婦には禁忌薬である。『新修本草』草部・下品之上巻第一〇・藜蘆では「一名葱苒《そうぜん》、一名葱葵、一名山葱」とあり、『太平御覧《ぎょらん》』巻九九〇薬部六・藜蘆には「呉氏本草曰、藜蘆。一名蔥葵（蔥＝葱）、一名山葱、一名豊蘆、一名憨葱《かんそう》、一名葱」とある。なお『呉氏本草』は、三国・魏の呉晋の著作した本草書。

### 3　巴豆を服用する時、蘆笋の羹と野猪の肉を忌む

有巴豆、勿食蘆笋羹及野猪肉。（『唐・新修本草』巻二服薬食忌例）

巴豆（トウダイグサ科ハズ属の植物）有らば、蘆笋（蘆の若芽、アスパラガス）の羹及び野猪の肉を食らうこと勿れ。『備急千金要方』巻一論服餌《じ》（服餌を論ず）第八に『新修本草』と同文がある。巴豆の種子から取れるハズ油は、クロトン酸のほか、オレイン酸・パルミチン酸・チグリン酸などを含む。巴豆は三世紀の『金匱要略方論』に記載される古い漢方薬であるが、内用すると激しい下痢作用があり、外用すると炎症作用があり、ハズ油には発ガン作用があるため、現在では毒薬または劇薬に指定されている。『太平御覧』巻九九一薬部一〇・巴豆に「呉氏本草経曰、巴豆。一名菽」とある。

## 4　黄連・桔梗を服用する時、猪肉を忌む

有黄連桔梗、勿食猪肉。（『唐・新修本草』巻二服薬食忌例）

黄連・桔梗（桔梗科の多年性草本植物）有らば、猪肉を食らうこと勿れ。

『外臺秘要方』巻三一解飲食相害成病百件「諸鳥獣陸地肉物忌法」に同文があり、葛洪（二八三～三四三）の『肘《ちゅう》後備急方』巻七治防避飲食諸毒方第六七・雑果菜諸忌に「桔梗忌猪肉」とある。

黄連はキンポウゲ科オウレン属の常緑の多年草。根茎を乾燥させたものを生薬として用いる。緩和作用、止渇作用がある。漢方では最も基本的な薬草である。黄連には抗菌作用、抗炎症作用等があるベルベリンというアルカロイドが含まれ、健胃、整腸、止瀉等の作用がある。

桔梗はキク目キキョウ科の多年草。山野の日当たりの良い所に育つ。桔梗の家紋があるように、桔梗は日本で自生し、「トラジ」（桔梗）という民謡があるように、朝鮮半島でも自生する。桔梗は日本、朝鮮半島、中国東北部、東シベリアに自生する多年草である。開花時期は六月中旬から始まり、夏を通じて初秋の九月頃までである。

桔梗の根はサポニンを多く含み、生薬として利用される。去痰、鎮咳、鎮痛、鎮静、解熱作用があり、鎮咳・去痰薬などに使われる。

桔梗の異名を伝えて、前漢の史游（前一世紀の人）の『急就篇』（唐顔師古の註）巻四「亭歴桔梗亀骨枯」に、

桔梗。一名利如、一名梗艸。□□□

桔梗。一名は利如、一名は梗艸《きょうそう》□□□。

とあり、『太平御覧《ぎょらん》』巻九九三薬部一〇・桔梗に、

呉氏本草経曰、桔梗。一名符蔰、一名白薬、一名利如、一名梗草、一名盧如。

「呉氏本草経」に曰わく、「桔梗。一名は符扈《ふこ》、一名は白薬、一名は利如、一名は梗草、一名は盧如《ろじょ》」と。

とある。三国・魏の張揖の『広雅』巻一〇釈草に「犁如桔□（□＝梗）也（犁如は桔梗なり）」とある。

### 5　地黄を服用する時、蕪荑を忌む

有地黄、勿食蕪荑。（『唐・新修本草』巻二服薬食忌例）

地黄（ゴマノハグサ科の植物の一種）有らば、蕪荑（楡の実）を食らうこと勿れ。

地黄は中国原産。地黄は根を陰干した生地黄、生地黄を天日乾燥した乾地黄、生地黄を酒と共に蒸してできる熟地黄がある。一般的に地黄と呼ばれるものは乾地黄を指すことが多い。甘味は生地黄、乾地黄、熟地黄の順に強くなる。地黄を使用した漢方として六味地黄丸、八味地黄丸がある。

蕪荑《ぶい》に関しては『爾雅注疏』巻九釈木第一四に、

無姑其実夷。注、無姑姑楡也。　無姑 其の実は夷。注に、「無姑は姑楡なり」と。

無夷は楡の実であり、蕪荑と書いても同じ。楡は中国東北部、朝鮮半島、シベリア東部に自生するチョウセンニレ科の落葉小高木である。楡の実を採取して日干し、種子を取り出し、水に浸して発酵させ、これを加工したものが蕪荑である。漢方では駆虫・消積の効能があり、とくに小児の栄養障害と回虫による腹痛に用いる。

### 6　半夏《はんげ》・菖蒲を服用する時、飴糖《いとう》及び羊肉を忌む

有半夏菖蒲、勿食飴糖及羊肉。（『唐・新修本草』巻二服薬食忌例）

半夏（サトイモ科の烏柄杓《からすびしゃく》）菖蒲有らば、飴糖《いとう》（うすみずあめ）及び羊の肉を食らうこと勿れ。

『備急千金要方』巻一論服餌（服餌《じ》を論ず）第八に「半夏菖蒲忌飴糖及羊肉」とあり、『外臺秘要方』巻三一解飲

食相害成病百件「諸鳥獣陸地肉物忌法」に「半夏菖蒲忌食羊肉」とあり、泰定乙丑版『事林広記』辛集巻六薬忌門の服薬食忌に「有半夏菖蒲、飴糖羊肉並忌」とある。

半夏《はんげ》はサトイモ科の烏柄杓《からすびしゃく》。半夏は鎮吐作用のあるアラバンを主体とする多糖体を多く含んでいる。他にサポニンを多量に含んでいるため、痰きりやコレステロールの吸収抑制効果がある。

菖蒲は水辺生える多年生の草。単子葉植物の一種。ショウブ目ショウブ科のショウブ属に属する。ユーラシア大陸に広く分布する。アヤメ科のハナショウブとよく混同されるが、全く別の植物である。薬用に利用するのは菖蒲の近縁種の「白菖」で、鎮痛、鎮静、健胃薬にされる。歐陽詢《おうようじゅん》（五五七〜六四一。『旧唐書《くとうじょ》』巻一八九上・儒学上）等の『藝《げい》文類聚《もんるいじゅう》』巻八一草部上・菖蒲に「呉氏本草曰、菖蒲。一名堯韭《ぎょうきゅう》、一名昌陽」とある。

飴《たい》（うすみずあめ）に関しては、『斉民要術』巻九餳餔第八九の註に、

史游急就篇云、饊。生但反。飴餳。楚辞曰、粔籹、蜜餌、有餦餭。餦餭亦餳也。柳下恵見飴曰、可以養老（「柳下恵見飴曰、可以養老」は『淮南鴻烈解』巻一七にある言葉）。然則飴餔可以養老自幼。故録之也。

史游（前一世紀の人）の「急就篇」に云わく、「饊（おこし）。生・但の反し。飴（うすみずあめ）餳《とう》（かたみずあめ）」と。「楚辞」に曰わく、「粔籹（おこし）、蜜餌（みずいりしとぎ）、餦餭《ちょうこう》（ほしあめ）有り」と。餦餭（ほしあめ）亦た餳（かたみずあめ）なり。柳下恵（春秋時代の魯の大夫。本名は展禽。柳下に食邑す。恵は謚、それゆえ柳下恵という）飴を見て曰わく、「以て老を養うべし」と（『淮南《わいなん》鴻烈解』巻一七説林訓。『淮南鴻烈』は『淮南子《えなんじ》』ともいう）。然らば則ち飴・餔 老を養うを以て自ら幼も可なり。故に之を録するなり。

とあり、飴の種類を述べる。飴糖は糯《だ》米（もち米）粉、粳米（うるち米、米飯用の米）粉、小麦粉に麦芽を加えて加工精製したもの。前漢の史游（前一世紀の人）の『急就篇』巻二には、

棗杏瓜棣饊飴餳。餳、叶音唐。饊、思但反。飴、以之反。餳、辞盈反。又音唐。

棗・杏・瓜・棣・饊《さん》・飴《い》・餳《とう》。餳音は唐に叶《したが》う。饊《さん》、思・但の反。飴《い》、以・之の反。飴、辞・盈の反。又た音は唐。

とあり、『斉民要術』の引用と少し異なる。

「楚辞曰、………」の箇所は、漢の王逸の『楚辞章句』巻九招魂章句第九に次のようにある。

粔籹、蜜餌、有餦餭些。餦餭餳也。言以蜜和米麪、熬煎作粔籹、擣黍作餌。又有美餳、衆味甘美也

粔籹《きょじょ》、蜜餌、餦餭《ちょうこう》有り。餦餭は餳なり。蜜を以て米麪《めん》に和《まぜ》て、熬煎して粔籹を作り、黍を擣《つ》き餌を作るを言う。又た美餳有り、衆味甘美なり。

## 7　細辛を服用する時、生菜を忌む

有細辛、勿食生菜。（『唐・新修本草』巻二服薬食忌例）

細辛有らば、生菜を食らうこと勿れ。

『備急千金要方』巻一論服餌（服餌《じ》を論ず）第八に「細辛忌生菜」とあり、泰定乙丑《いっちゅう》版『事林広記』辛集巻六薬忌門の服薬食忌に「有細辛遠志、忌生菜」とある。

細辛はウマノスズクサ（馬の鈴草）科の常緑多年のつる草。薬用植物。ウスバサイシン（本州から北九州の山地、中国大陸に分布）、オクエゾサイシン（奥蝦夷＝樺太＝サハリン、北海道に生える細辛。東北の八甲田山では標高九〇〇米以上の高地に本種がある）、ケイソンサイシン（日本の中国地方から東北地方に分布する奥蝦夷細辛の変種）の根茎を乾燥したもの。芳香と辛みを有し、咳止め、発汗、鎮痛薬などに用いられる。

遠志《おんじ》はヒメハギ科のイトヒメハギの根を乾燥させたもの。すでに『神農本草経』の草部上品にみえる。精神安定、健忘、不眠、去痰などの薬効がある。日本には自生しない。

## 8　甘草を服用する時、菘菜を忌む

有甘草、勿食菘菜。（『唐・新修本草』巻二服薬食忌例）

甘草（マメ科の多年草）有らば、菘菜（しゃくし菜）を食らうこと勿れ。

晋の葛洪（二八三～三四三）の『肘《ちゅう》後備急方』巻七治防避飲食諸毒方第六七・雑果菜諸忌に「甘草忌菘菜」とあり、『備急千金要方』巻一論服餌《じ》（服餌を論ず）第八に「甘草忌菘菜海藻」とあり、『外臺秘要方』巻三一解飲食相害成病百件「諸鳥獣陸地肉物忌法」に「甘草忌食菘菜」とある。

甘草は世界各地に自生するマメ科の多年草。薬用植物であり、根（一部は根茎を含む）を乾燥させ生薬として用いる。甘味成分は主としてグリチルリチンである。グリチルリチンは低カロリーなため、食品の甘味料として使用される。甘草は健康的な食品添加物でもあるとともに、各種の生薬を緩和・調和する目的で多数の漢方方剤に配合され、日本で発売されている漢方薬の約七割に用いられている。グリチルリチンを加水分解して得たグリチルレチンは、その消炎作用から目薬としても用いられている。

## 9　牡丹を服用する時、生の胡荽《すい》を忌む

有牡丹、勿食生胡荽。（『唐・新修本草』巻二服薬食忌例）

牡丹（ボタン科ボタンの根の皮を乾燥したもの）有らば、生の胡荽《こすい》（こえんどろ。セリ科の一年草。香菜・コリアンダー）を食らうこと勿れ。

晋の葛洪（二八三～三四三）の『肘後備急方』巻七治防避飲食諸毒方第六七・雑果菜諸忌に「牡丹忌胡荽」とあり、『外臺秘要方』巻三一解飲食相害成病百件「諸鳥獣陸地肉物忌法」に「牡丹忌胡荽」とある。

牡丹は葛洪以前の『金匱要略方論』にも出てくるが、それは生薬として細々存在している牡丹である。牡丹の花が愛好され史上に登場するのは、かなり新しく八世紀の玄宗皇帝のころである。それまで牡丹が世に登場しないのは、生薬として餘りたいした薬効がないからであろう。『唐・新修本草』草部中品之下・牡丹には「一名鹿韭《ろくきゅう》、一名鼠姑《そこ》。生巴郡山谷及漢中」とあり、牡丹は四川省や湖北省という田舎の植物であった。『唐・新修本草』牡丹の「謹案」には「土人謂牡丹」とある。四川省や湖北省の現地の人が「牡丹」と呼んでいたので、牡丹という名称にした。

牡丹はボタン科ボタン属の落葉小低木。または、ボタン属の総称。別名は百両金・富貴花・百花王・花王・花神など多数。従来は種からの栽培しかできなかったが、近年に芍薬を使用した接ぎ木が考案され、急速に普及した。根の樹皮部分は「牡丹皮」といい、消炎・止血・鎮痛などに用いる。

原産地は中国西北部の四川省である。元々は薬用として小規模に利用されていたが、盛唐期以降、牡丹の花が「花の王」として、他のどの花よりも愛好されるようになった。

清代以降、一九二九年までは中国の国花とされたこともあるが、清朝政府が公的に制定した記録はみられない。一九二九年、当時の中華民国政府は国花を梅と定めた。中華民国政府が臺湾に移った後、公式の国花は定められていなかった。中華人民共和国政府は新しく国花を制定する協議を行い、牡丹、蓮、菊、梅、蘭などの候補が挙げられたが、決定に至っていない。

胡荽は今の香菜・コリアンダーである。張騫《ちょうけん》が西域から将来したとされる野菜で、源順《したごう》の『和名類聚鈔』には「魚膾尤為要」とある。

### 10　商陸《やまごぼう》を服用する時、犬の肉を忌む

有商陸、勿食犬肉。（『唐・新修本草』巻二服薬食忌例）

商陸（ヤマゴボウ科ヤマゴボウ）有らば、犬の肉を食らうこと勿れ。

張機（字は仲景、一五〇?～二一九）の『金匱要略方論』巻下「菓実菜穀禁忌并治第二五」に「商陸以水服、殺人」という怖い史料もあるが、『備急千金要方』巻一論服餌（服餌《じ》を論ず）第八に「商陸忌犬肉」とあり、『外臺秘要方』巻三一解飲食相害成病百件「諸鳥獣陸地肉物忌法」に「商陸忌白犬肉」とある。

商陸はナデシコ目ヤマゴボウ科ヤマゴボウ属する双子葉植物。中国が原産地。別名を逐蕩、當陸、白昌、章柳という。「美商陸」というヤマゴボウがあるが、これはヨウシュヤマゴボウで、北米大陸が原産地で、今では世界各地に帰化して雑草化している。茎が赤みがかり、花序が垂れ下がることによって本来の商陸と容易に区別できる。「美商陸」と呼ばれるのは美国（米国）からきた商陸という意味である。

商陸の名は『延喜式』（律・令に対する施行細則＝式を集大成した法典。五〇巻。九二七年撰進）巻三七典薬寮の「諸国進年料雑薬」の山城国の条に見え、平安時代には中国から伝来していた。九一八年の深根輔仁の『本草和名』には、和名としてイオスキといわれた。

漬け物で「やまごぼう」といわれるものは、ヤマゴボウとはまったく別の植物であるキク科の多年草であるモリアザミである。商陸の根には利尿作用がある多量の硝酸カリウムが含まれ、古くから利尿薬として利用されてきた。

## 11　常山を服用する時、生葱・生菜を忌む

有常山、勿食生葱生菜。（『唐・新修本草』巻二服薬食忌例）

常山（ユキノシタ科の落葉低木の根）有らば、生葱・生菜を食らうこと勿れ。

葛洪（二八三～三四三）の『肘《ちゅう》後備急方』巻七治防避飲食諸毒方第六七・雑果菜諸忌に「常山忌葱黄連」とある。

七世紀末の『備急千金要方』巻一論服餌（服餌《じ》を論ず）第八に「恒山桂心忌生葱生菜」とあり、泰定乙丑《いっちゅう》版『事林

広記』辛集巻六薬忌門の服薬食忌に「有常山、忌葱菜」とある。

常山は熱帯から亜熱帯に植生するユキノシタ科の落葉低木。六月から七月ごろ、紫陽花（あじさい）に似た青い花をつける。このことから常山を「常山あじさい」ともいう。漢方で根を常山、若枝を蜀漆という。常山・蜀漆ともに解熱・催吐剤に用い、マラリアの特効薬である。

## 12　空青・朱砂を服用する時、生の血物を忌む

有空青朱砂、勿食生血物。（『唐・新修本草』巻二服薬食忌例）

空青・朱砂（硫化水銀）有らば、生の血物を食らうこと勿れ。

泰定乙丑《いっちゅう》版『事林広記』辛集巻六薬忌門の服薬食忌に「有朱砂、忌生血」とある。

空青は炭酸ナトリウムと藍銅鉱の鉱物を含み、球状で中は空洞。孔雀石が空青である。目や耳を良くし、脈拍を安定させ、気力を養う。主に眼疾患に用いる。歐陽詢《おうようじゅん》（五五七〜六四一。『旧唐書《くとうじょ》』巻一八九上・儒学上）等の『藝文類聚《げいもんるいじゅう》』巻八一草部上薬・空青に、効能と産地を述べて次のようにある。

本草経曰、空青生山谷。久服軽身延年。能化銅鉛作金。生益州。

「本草経」に曰わく、「空青　山谷に生ず。久しく服さば身を軽くし年を延す。能く銅・鉛を化し金《きん》を作る。益州に生ず。（「本草経」は「神農本草経」である）

朱砂は水銀の硫黄化合物である硫化水銀である。水銀は原子番号80の元素。元素記号はHg。常温、常圧で凝固しない唯一の金属元素。辰砂（HgS　別名は朱砂・丹砂）または自然水銀として主に産出する。

元素記号のHgはhydrargyrumの略。古代日本語では「みづかね」という。漢字では「汞」（こん）と書き、「水銀」は通称である。水銀化合物は、その特性や外見（硫化水銀である辰砂は鮮血色）から、中国では不老不死の薬、「仙

丹」の原料と信じられ、五臓の百病を良くし、精神と肉体の安定をもたらし、老いず、神通力を得ると信じられてきた。このため、中国の医書に辰砂・朱砂が記載される。

水銀の鉱山としては、前三七二年から二〇〇四年の生産停止に至るまで、辰砂及び自然水銀を産出していたスペインのアルマデン鉱山が有名。日本では丹生（にう、にぶ）という地名を有する場所が、古代より水銀化合物を産出した場所で、伊勢の丹生（にう）水銀鉱山（三重県多気郡多気町）が著名である。長崎県佐世保市の佐世保層群相浦層（明治までに採掘をほぼ終了）、北海道常呂郡留辺蘂（るべしべ）町のイトムカ鉱山（自然水銀の産出が多いことでも有名。「イトムカ」はアイヌ語で「光輝く水＝水銀」という意味であるから、明治以前から留辺蘂の自然水銀は周知されていたことになる）、奈良県宇陀市菟田野《うたの》の水銀鉱が知られている。

## 13　茯苓を服用する時、醋《さく》のものを忌む

有茯苓、勿食醋物。（『唐・新修本草』巻二服薬食忌例）

茯苓（サルノコシカケ科の松の根につく茯苓茸の菌核）有らば、醋の物を食らうこと勿れ。

葛洪（二八三〜三四三）の『肘後備急方』巻七治防避飲食諸毒方第六七・雑果菜諸忌に「茯苓忌大醋」とあり、七世紀末の『備急千金要方』巻一論服餌（服餌《じ》を論ず）第八に「茯苓忌醋物」とある。

茯苓はサルノコシカケ科の茯苓茸の菌核。マツホド（松塊）という。赤松や黒松の根に寄生して形成される丸みを帯びた塊状のもの。多糖類ステロイドなどを含む。他の生薬と配合して、利尿、下痢、慢性胃炎の治療に用いる。

## 14　鼈甲を服用する時、莧菜《けん》（ひゆ菜）を忌む

有鼈甲、勿食莧菜。（『唐・新修本草』巻二服薬食忌例）

鼈甲《べっ》（すっぽんの背および腹甲の生乾燥品）有らば、莧菜《けんさい》（ひゆ菜）を食らうこと勿れ。

『備急千金要方』巻八〇食治・鳥獣第五「鼈」に「鼈肉共莧蕨菜食之、作鼈瘕害人」とあり、泰定乙丑《いっちゅう》版『事林広記』辛集巻六薬忌門の服薬食忌に「有鼈甲、忌莧菜」とある。

鼈甲とはスッポン科のシナスッポンの背および腹甲の生乾燥品。または皮膚を除いた骨質乾燥品をいい、海亀の甲羅を指す鼈甲ではない。動物性ニカワ、ヨウ素質などを含み、解熱、肺結核、マラリアの治療などに使用する。

鼈の肉と莧菜が唐代では宮廷の食禁であったことは、第二章第二節「新修本草の食忌」の「40　鱉《べっ》（鼈の俗字）を莧菜と合食しない」において述べた。

## 15　天門冬を服用する時、鯉魚を忌む

有天門冬、勿食鯉魚。（『唐・新修本草』巻二服薬食忌例）

天門冬（ユリ科クサスギカズラの根を乾燥したもの）有らば、鯉魚を食らうこと勿れ。

『新修本草』草部上品之上巻第六「天門冬」（輯復本『唐・新修本草』「史料九一　一五〇頁）の註に、

服天門冬、禁食鯉魚。　天門冬を服せば、鯉魚を食らうことを禁ず。

とあり、「天門冬服用と鯉魚を食べる」関係を注意喚起している。両者の関係は三世紀に遡ることができる。葛洪（二八三～三四三）の『肘後備急方』巻七治防避飲食諸毒方第六七「雑果菜諸忌」に「天門冬忌鯉魚」とある。七世紀末の『備急千金要方』巻一論服餌（服餌を論ず）第八「凡服薬」にも「天門冬忌鯉魚」とあり、『外臺秘要方』巻三一解飲食相害成病百件「諸鳥獣陸地肉物忌法」に「天門冬忌食鯉魚」とある。一一世紀の『経史證類大観本草』巻二序例下「服薬食忌例」に「有天門冬勿食鯉魚」とあり、泰定乙丑版『事林広記』辛集巻六薬忌門の服薬食忌に「有天門冬、忌鯉魚」とあり、『本草綱目』巻二序例下「服薬食忌」に「紫蘇天門冬丹砂龍骨忌鯉魚」とある。天門冬と鯉

魚は四世紀以来、一六世紀の『本草綱目』にも採用された服薬食忌である。

16　薬を服用すれば、生の胡荽及び蒜・雑生菜を食べない

服薬、不可多食生胡荽及蒜雑生菜。（『唐・新修本草』巻二服薬食忌例）

薬を服せば、生の胡荽《すい》（こえんどろ。セリ科の一年草）及び蒜《さん》（大蒜・小蒜）雑多な生菜を多食すべからず。

胡荽は今の香菜・コリアンダーである。張騫《ちょうけん》が西域から将来したとされる野菜で、源順《したごう》の『和名類聚鈔』には「魚膾尤為要」とある。

17　薬を服用すれば、諸の滑物・果実らを食べない

又不可食諸滑物果実等。（『唐・新修本草』巻二服薬食忌例）

又た諸《もろもろ》の滑物（ぬめりのあるもの）果実らを食らうべからず。

18　薬を服用すれば、猪・犬の肉・油膩《じ》・肥羹・魚膾・腥臊ら物を食べない

又不可多食肥猪犬肉油膩肥羹魚膾鯹臊等物。（『唐・新修本草』巻二服薬食忌例）

又た肥えた猪の肉・犬の肉・油膩《ゆじ》（油濃いもの）肥羹《ひかん》（肉類の多い羹）魚膾・腥臊《せいそう》（なまぐさいもの）らの物を多食すべからず。

19　薬を服用すれば、死尸《しし》及び産婦の汚穢を見ない

服薬、通忌見死尸及産婦汚穢事。（『唐・新修本草』巻二服薬食忌例）

薬を服せば、通じて死尸《しし》及び産婦の汚穢《おわい》の事を見るを忌む。

## 第二節　『事林広記』の服薬食忌

### 1　朱砂を服用する時は、生血を避ける

有朱砂、忌生血。（泰定乙丑《いっちゅう》版『事林広記』辛集巻六薬忌門・服薬食忌）

朱砂あらば、生血を忌む。

朱砂は水銀の硫黄化合物である硫化水銀である。水銀は原子番号80の元素。元素記号は Hg。常温、常圧で凝固しない唯一の金属元素。辰砂（HgS　別名は朱砂・丹砂）または自然水銀 として主に産出する。

元素記号の Hg は hydrargyrum の略。古代の日本語では「みづかね」という。漢字では「汞」（こん）と書き、「水銀」は通称である。

水銀化合物は、その特性や外見（硫化水銀である辰砂は鮮血色）から、中国では不老不死の薬、「仙丹」の原料と信じられ、五臓の百病を良くし、精神と肉体の安定をもたらし、神通力を得ると信じられてきた。このため、中国の医書に辰砂・朱砂が記載される。歴代皇帝も不老不死を求め、仙丹を使用し、命を縮めている。唐代皇帝を例にとっても、仙丹に手を染めなかったのは数人であり、憲宗皇帝は方士の作った、いかがわしく胡散臭い不老不死の薬「金丹」を服用し寿命を縮めている。金丹を服用し早死した皇帝としては、太宗・高宗・穆宗・敬宗・武宗・宣宗の各皇帝が指摘でき、唐代皇帝のほぼ半ばを数える。不出世の英邁な皇帝として中国史上、評価の高い太宗文皇帝も金丹を服用している。金丹を服用すれば不老不死になれ、もし黄泉《よみ》の国に行ったとしても、神仙になれると信じて服用するのであ

るから、もうこれは信仰であり、止めることはできない。唐代皇帝のうち、金丹の被害に遇わなかった皇帝は、初代皇帝の高祖・女帝の則天武后・粛宗・代宗・徳宗・文宗・懿宗・僖宗・昭宗である。このことは清代の趙翼（一七二七〜一八一二。清朝の考證学者。一七六一年の進士合格）が『二十二史箚記《さっき》』巻一九「唐諸帝多餌丹薬（唐の諸帝多く丹薬を餌す）」に述べる。玄宗皇帝は道教の信奉者ではあったが、金丹の被害者として名前がないから、金丹を服用していなかったのであろう。水銀鉱山に関しては、本章第一節「新修本草の服薬食忌」の12に述べている。

## 2　大棗を服用する時は、地黄を避ける

有大棗、忌地黄。（泰定乙丑《いっちゅう》版『事林広記』辛集巻六薬忌門・服薬食忌）

大棗あらば、地黄《じおう》を忌む。

ナツメはクロウメモドキ科ナツメ属の落葉高木。南欧かアジア西南部が原産地で、中国にも自生している。和名は夏に入って芽が出ること（＝夏芽）に由来する。ナツメまたはその近縁植物の実を乾燥したものは大棗、種子は酸棗仁（サネブトナツメの種子）という生薬である。

大棗を天日乾燥させて蒸したもの、また天日乾燥にしたものを生薬として用い、食用には干し棗を用いる。大棗は緩和、強壮、利尿、鎮痙、鎮静などに用いる。

地黄（ゴマノハグサ科の多年草）は中国原産の多年草。地黄は根を陰干ししてできる生地黄、生地黄を天日乾燥してできる乾地、生地黄を酒と共に蒸してできる熟地黄と呼ばれるものがある。一般に地黄と呼ばれるものは、乾地黄を指すことが多い。甘味は生地黄、乾地黄、熟地黄の順に強くなる。地黄を使った漢方としては地黄丸がある。

## 3　烏頭《うず》・烏喙《うかい》を服用する時は、豉《し》汁を避ける

有烏頭烏啄（啄は喙の誤記）、忌豉汁。（泰定乙丑《いっちゅう》版『事林広記』辛集巻六薬忌門・服薬食忌）

烏頭（うず）烏喙《かい》（烏頭の別名）あらば、豉《し》汁（味噌や納豆など豆製品の上澄み液）を忌む。

トリカブト（烏兜）は、キンポウゲ科トリカブト属の総称。日本の三種の有毒植物（他に毒ウツギ・毒ゼリ）の一つとされる。日本には約三〇種のトリカブト属が自生し、花の色は紫色のほか、白、黄色、ピンク色など。トリカブトの名は、花の形が古来の衣装である烏兜に似ているからとも言われる。塊根を乾燥させ漢方薬や毒として用い、烏頭または附子（生薬名は「ぶし」、毒に使うときは「ぶす」）と呼ばれる。附子《ぶす》は球根の周りに着いている側根部分。中央部は烏頭、子球のないものを天雄（てんゆう）と呼ぶ。不美人を「ブス」というが、これはトリカブトの中毒で神経に障害が起き、顔の表情がおかしくなったのを指すといわれている。

毒の主成分はアルカロイドのアコニチンである。食べると嘔吐・呼吸困難などから死に至ることもある。経皮吸収・経粘膜吸収され、経口から摂取後、数十秒で死亡する即効性がある。死因は心室細動ないし心停止である。

烏頭の異名を伝えて『太平御覧』巻九九〇薬部七・烏頭に、次の七種の異名をいう。

呉氏本草曰、烏頭。一名茛、一名千秋、一名毒公、一名果負、一名耿子。

「呉氏本草」に曰わく、「烏頭。一名は茛《りょう》、一名は千秋、一名は毒公、一名は果負、一名は耿子《こうし》」と。

七世紀の蘇敬の『新修本草』（この書は散逸し、今は輯復本がある）草部・下品之上巻第一〇に、トリカブトの記事があり、烏頭（奚毒・即子・烏喙ともいう）天雄（白幕ともいう）附子の記事があり、ともに「大毒あり」とある。また、

八月採、為附子、春採、為烏頭。

八月採るを、附子《ぶす》と為し、春採るを、烏頭と為す。

とある。天雄は烏頭の茎で、『千金翼方』巻三草部・下品之上「烏喙」には「長三寸以上為天雄（長さ三寸以上を天雄と為す）」とあり、烏頭の茎三寸以上のものを天雄という。六世紀にできた顧野王（五一九～五八一。『陳書』巻三〇、『南史』巻六九）の『玉篇』巻一三艸部に、

蓟。阻力切。蓟子薬名。一歳為蓟子、二歳為烏喙、三歳為附子、四歳為烏頭、五歳為天雄。

蓟《そく》。阻・力の切。蓟子（そくし）は薬の名。一歳を蓟子と為し、二歳を烏喙《うかい》と為し、三歳を附子《ぶす》と為し、四歳を烏頭（うず）と為し、五歳を天雄と為す。

とあり、トリカブトには、蓟子、烏喙、附子《ぶす》、烏頭《うず》、天雄の種類がある。

### 4　水銀・粉生銀を服用する時は、生血を避ける

有水銀粉生銀、忌生血。（泰定乙丑《いっちゅう》版『事林広記』辛集巻六薬忌門・服薬食忌）

水銀・粉生銀（銀を粉末にしたもの）有らば、生血を忌む。

朱砂は水銀の硫黄化合物である硫化水銀である。水銀は原子番号80の元素。元素記号は Hg。常温、常圧で凝固しない唯一の金属元素。辰砂（硫化水銀HgS　別名は朱砂・丹砂）または自然水銀として産出する。元素記号の Hg は hydrargyrum の略。古代日本語では「みづかね」という。漢字では「汞」（こん）と書き、「水銀」は通称である。水銀化合物は、その特性や外見（硫化水銀である辰砂は鮮血色）から、中国では不老不死の薬、「仙丹」の原料と信じられ、五臓の百病を良くし、精神と肉体の安定をもたらし、不老不死、神通力を得ると信じられてきた。このため、中国の医書に辰砂・朱砂が記載される。水銀鉱山は第一節「新修本草の服薬食忌」の「12　空青・朱砂を服用する時、生の血物を忌む」に述べている。

### 5　孔公孼《げつ》・陽起石・礬《はん》石・硇《こう》砂・半夏《はんげ》を服用する時は、羊の血を避ける

有孔公蘖陽起石礬石硇砂半夏、皆忌羊血。（泰定乙丑版『事林広記』辛集巻六薬忌門・服薬食忌）

孔公孼（鍾乳石の一種）陽起石・礬石・硇砂・半夏有らば、皆な羊の血を忌む。

孔公孽に関して『本草綱目』巻四玉石部中品に、

孔公孽。味辛、温、無毒。主傷食不化邪結気悪瘡疽瘻痔、利九竅、下乳汁、男子陰瘡、女子陰蝕及傷食病、常欲眠睡。一名通石、殷孽根也。青黄色。生梁山山谷。

孔公孽《こうこうげつ》。味は辛、温、無毒。傷食不化・邪結気・悪瘡（悪性の腫れ物）・疽瘻・痔、九竅（目・鼻・口・耳・尿道・肛門の九孔）を利し、乳汁を下し、男子の陰瘡（陰部の皮膚病）、女子陰蝕（陰部の皮膚病）及び傷食病、常に欲眠睡を欲すること主る。一名は通石、殷孽の根なり。青黄色。梁山の山谷に生ず。

とあり、孔公孽は陰部の病気の特効薬であるようである。

陽起石は緑閃石ともいう。ケイ酸塩鉱物の一種で、鉄をほとんど含まないと透閃《とうせん》石になる。鉄が多いものは鉄緑閃石という。成分により灰白色から緑色。マグネシウムを多く含むものは灰白色で、鉄が多くなると緑色が強くなる。緑色片岩などの変成岩中に含まれることが多い。

礬石《ばんせき》（明礬）はカリウムとアルミニウムの含水硫酸塩鉱物。火山岩が変質した所に多く、繊維状・塊状で産出する。明礬の原料、カリ肥料の原料となる。『太平御覧《ぎょらん》』巻九八八薬部五・礬石には「呉氏本草曰、礬石。一名羽涅《うでつ》、一名羽沢《うたく》」とある。

硇砂《こうさ》は火山の溶岩の中や温泉に存在する天然のハロゲン化合物類の鉱物、塩化アンモン石の結晶。透明ないし半透明の繊維状、粒状の白色結晶である。純水の塩化アンモニウムは無色透明の結晶である。硇砂には塩化アンモニアのほかに少量の鉄などが含まれている。医薬品としては利尿剤、去痰剤として用いる。現在はアンモニア水を塩酸で中和したり、アンモニアソーダ法により炭酸ナトリウムを製造する際の副産物として得られる。

半夏《はんげ》はサトイモ科の烏柄杓。半夏は鎮吐作用のあるアラバンを主体とする多糖体を多く含んでいる。他にサポニンを多量に含んでいるため、コレステロールの吸収抑制効果がある。

# 第五章　道教と年中行事

「道教と年中行事」は、もとは『道教　2』（平河出版社　一九八三）に「道教と年中行事」と題して発表したものである。この論考は大阪大学教授・守屋美都雄博士の『校注荊楚歳時記　中国民俗の歴史的研究』（帝国書院　一九六三）を改訂して、平凡社東洋文庫から『荊楚歳時記』（平凡社　一九七八）として、再刊する作業に関係したことが縁で、原稿依頼が舞い込んできた。当時、私は『大唐六典《りくてん》』を中心とした隋唐制度史、特に官人制と密接に関連する皇帝文書の王言（詔・勅）文書に興味があり、当時は年中行事とは何かもまったく知らなかった。道教と関係する年中行事を書くようにということであった。「年中行事」とは何かも知らず、また「道教」とは何たるかも知らない者が、道教と関連する年中行事が書けるわけがない。即座にお断りをしたが、聞き入れられなかった。

『荊楚歳時記』の改訂再刊作業の時も同じである。自分の力量を考え、再刊作業の手伝いを固辞したが叶わなかった。当時、私は「歳時」という研究分野があることも、まったく知らなかった。慌てて本を読み、基本的知識を自己流に仕入れた次第である。制度史とは餘りにも異なる史料で、四書五経、『史記』『漢書《かんじょ》』から詩文までが出てくる。唐代と漢代の文語文は少し違いがある。加えるに四書五経、詩文である。ただただ途方に暮れた次第であった。今となっては『荊楚歳時記』の故郷の一である、長江中流域の嘗ての荊州・江陵府へ行ってみたい気もする。

「道教と年中行事」は、私の年中行事に関する一作目の論考なので、本書に加えることとする。今、読み返してみると、言葉足らずの箇所がある。この点を考慮して加筆した箇所がある。論点の主旨は変えていない。

## 一　はじめに

年中行事とは慣行習俗の中で、特に年間のある特定の時季に、社会で特殊な集団的行事が毎年くり返し行なわれ、行事に参加することを民衆に対して、一種の地域的共同社会の規制が加えられて行われる行事をいう。年中行事は一年間の時間的流れに節目《ふしめ》をつけ、ある特定の節目において、特殊な行事を行うことにより、次の節目へと拍車をかける意味を持っている。農耕社会の年中行事は農耕の開始とともに、年間の農事暦の中で定着した社会習俗である。四季の到来を知り、神々に豊作を祈願し、収穫を感謝するのが農耕的年中行事の原初的形態であり、農耕等の諸技術が拙劣な時代ほど、年中行事の意義は大である。年中行事は労働と休暇と祭祀とが一体となって結合することに特徴がある。各行事は、祭祀物忌《ものいみ》の日に行われるから、各行事を通して、その背後にある民族固有の信仰の一端を明らかにすることも可能であろう。

中国民衆の生活の節序を示す年中行事には、道教が民間信仰・民衆文化の代表である以上、当然に道教的信仰と関係の深い行事が含まれる。本稿では清代における道教と年中行事の関係を考察しようと考える。清代の年中行事といえば、潘栄陛《はんえいへい》の『帝京歳時紀勝』や敦崇の『燕京歳時記』によって、これまで北京の年中行事が一般には関心を持たれてきた*。しかし、広大な中国において年中行事は一様ではない。これまでよく紹介されている北京・華北型とは異なる華中型の代表として、ここでは、日本でいうと江戸時代後期の人である顧禄（字は鉄卿。一七九六〜？）の『清嘉録』によって、蘇州の道教的年中行事を採り上げ、行事の由来を考證し、各行事を通じて華中の歳時の循環を考えることとしたい。中国の年中行事は、大別すると華北・華中・華南に分類され、華南型に属する福建省の年中行事は、道教と深く関連して展開するが、福建の年中行事までは言及できなかった。

＊　清代の年中行事に関しては、潘栄陛《はんえいへい》の『帝京歳時紀勝』と敦崇の『燕京歳時記』がある。そのうち、『燕京歳時記』は小野勝年氏によって、岩波文庫や平凡社東洋文庫から訳書が出版されている。

## 二　清代蘇州の年中行事

**財神の生日**　正月五日は路頭神《ろとう》（財神）の生日である。顧禄（字は鉄卿。一七九六〜？）の『清嘉録』巻一「路頭神」には、「五日、路頭神の誕辰となす。金鑼《ドラ》・爆竹し、牲醴《れい》（供物と酒）ことごとく陳《の》べ、以て先を争い利市をなす。必ず早起して、これ（路頭神）を迎う。これを接路頭という」とあり、五日に迎える財神を路頭神といっている。北京の年中行事を伝えた『燕京歳時記』には、北京においては正月二日に財神を祭るといい、その神は関帝（関羽《かんう》）であることが多く、蘇州と北京では財神の内容が異なることが注意される。

中国の財神は多数ある。玄壇《げんだん》神・関帝・比干《ひかん》（殷代の王子。帝辛・紂王《ちゅうおう》の叔父に当たる。名は比で、干の国に封じられたので比干と呼ばれる。『史記』殷本紀によると、甥の紂王が暴政を行い、西方の周の西伯昌・後の文王の勢力が増大していた頃、紂王を諫めたが聞き入れられなかった。周で文王が死んで発・後の武王が立つと周の勢力はますます増大し、殷の他の者達は逃げ出してしまったが、比干は「臣下たる者は命をかけて諫言しなければならない」と紂王に対して諫言をした。しかし紂王はこれを聞かず、「聖人の心臓には七つの穴が開いているそうだ」といって比干を殺害した。その後、紂王は周の武王に討たれ、殷は滅亡した。武王は比干の墓に厚く土盛をして比干に対する哀悼の念を捧げた。武王が比干の忠烈を称《たた》え、比干の子の堅がその後を継ぎ、子孫は林氏と称したと伝わる）を初めとし、五路の集財を祈る五路神、五路神の神名から変化したと伝えられる五顕財神があり、五人兄弟で財神とされる増盛五哥哥《かか》があり、増福財神、聚宝財神、如意財神があり、また中国東北部から華北地方にかけては、胡三大爺《たいや》と尊称する狐を本体とする財神があり、行（ギルド）の祖神として祭る地方もあって、中国の財神は一様でなく、地方差が大きい。蘇州における正月五日の財神＝路頭神は玄壇神（三月一五日生）、関帝（五月一三日生）と無関係なことは、彼等の生日から明白である。『清嘉録』は「接路頭」の注記において、五祀（戸・井・竈《そう》・中霤《りゅう》・行）の行神は東南西北中の五方に分たれ、五方に神性を認め、五方の財を集めるという願望から、商人は五方の神を五路神と呼ぶとする見解をとる。したがって、路頭神も五路神の別称と理解してよい。『無錫《むしゃく》県志』に「五路神、姓は何、名は五路。元末に倭寇《わこう》を禦《ふせ》ぎて死す。因りて之を祀る」とあるが、顧禄は『清嘉録』において無錫地方で五路神を何五路に関連させて理解するのに批判を加えている。五路は五方の神とする顧禄の説からは当然の批判である。正月五日が五路神（路頭神）の生日とされたのは、一年の人間生活の開始と大いに関係がある。すなわち、正月休暇から通常の生活に還るのが五日ころであり、商家の営利活動も五日から開始されることによって、五路神の生日も五日に定着したと考えられる。五路神は浙江の風俗を伝えた長崎奉行・中川忠英《ただてる》（一七五三〜一八三〇）監修の『清俗紀聞』（一七九九年刊行）巻一「年中行事」にも、毎月二日と一六日に五路財神を祀ることが見え、華中一帯に展開する個有の財神であるとしてよい＊。

＊　中国の財神に関しては、永尾龍造『支那民俗誌　第二巻』（丸善　一九四〇）八頁以下、また井岡大輔『意匠資料　満州歳時考』（村田書店　一九三九）一二頁以下を参照。

**玉皇大帝の生日**　正月九日は、道教の最高神である玉皇《ぎょくこう》大帝の生日である。『清嘉録』巻一「斎天」には「九日、玉皇の誕辰となす。玄妙観の道侶、道場を弥羅《みら》宝閣に設け、名づけて斎天という。酬願《しゅうがん》（がんかえし）するもの駢集《べんしゅう》す。或いは穹窿《きゅうりゅう》（蘇州府西南にある山名）の上真観に赴き焼香するものあり」と蘇州における斎天の様子を伝える。

玉皇大帝は最高神であるから、民衆にとっては少し縁遠い存在ではあった。玉皇大帝が民衆から最も敬畏されたの

図版1　玉皇大帝

は竈《ろう》神との関係においてである。『清嘉録』巻一二「接玉皇」には「[十二月]、是の日（二五日）また相い伝う。『玉皇下降の辰《あした》となす』と。人の善悪を察す。各々香案を設け之を迎う。之を接玉皇という」とある。すなわち、一二月二五日、玉皇大帝は竈《そう》神の報告を受け、行為の善悪によって、その人の来年の吉凶禍福を示すため地上に降臨するのであって、民衆は玉皇大帝が人間の運命を握ると考え敬畏したのである。

玉皇大帝の生日が創作されたのは古くない。唐代の年中行事において、正月元日より八日までを各々動物の日に当てる行事（八占）は存したが、「九天十地」（正月九日を天帝＝玉皇の日、十日を地の日）の行事はみられないから、「九天十地」は玉皇大帝の生日が一般化した宋代以降のことであろう。玉皇大帝の名は、唐の元稹《しん》の詩にみえることを窪徳忠氏は明らかにされているから、玉皇に対する信仰は九世紀初めに、その起源を求めることは可能である＊。

しかし、その信仰が深化拡大したのは北宋時代に入ってからである。北宋の元豊年間（一〇七八～一〇八五）の高承が撰述した『事物起原』巻二崇奉褒冊《すうほうほうさつ》部「玉皇《ぎょくこう》号」には『宋朝会要』や『真宗実録』を引用し、真宗皇帝が大中《たいちゅう》祥符《しょうふ》七年（一〇一四）九月、《玉皇》の聖号を上り、「太上開執符御歴含真体道玉皇大天帝」としたことを伝える。真宗皇帝は茅山《ぼうざん》派道士の策謀によって、天書降下を妄信し、泰山封禅《ほうぜん》を挙行するほど、道教に心酔した皇帝であり、真宗《しんそう》皇帝の力によって、玉皇大帝は民間にまで一般化され、信仰が拡大してゆくのである。

玉皇大帝の生日を正月九日とするものに『夢粱録《むりょうろく》』（元初の呉自牧撰）がある。すなわち、巻一九「社会」に「正月初九日の玉皇上帝の誕日の如《ごと》きは杭城《こうじょう》（南宋の都、杭州府）行香し、諸富室、承天観に就き閣上に建会す」とあるから、南宋期においては、玉皇大帝の生日を正月九日とすることが確立していたのである。

玉皇大帝の生日はもう一説ある。『清嘉録』「斎天」の注において、顧禄は「然るに、『広月令』に、『十月朔を以て天誕節となす』」といっているから、地方によっては一〇月一日を玉皇大帝の生日とし、「斎天」の行事を行う所もあったのである＊＊。

＊　窪徳忠『道教史』（山川出版社　一九七七）二四八頁。

＊＊　玉皇大帝の詳細に関しては、永尾龍造『支那民俗誌　第二巻』（丸善　一九四〇）二六五頁以下を参照。

### 劉猛将軍の生日

正月一三日は駆蝗《くこう》の神、劉猛将軍（単に猛将ともいう）の生日である。『清嘉録』巻一「祭猛将」には「十三日、官府は劉猛将軍の［誕］辰を致祭す。游人、吉祥庵（劉猛将軍の廟名）に駢集《べんしゅう》す。庵中、銅燭二を燃す。大なること栝棬《まげもの》の如《ごと》し。半月にして始めて滅ゆ。俗は大蝋燭と呼ぶ。相い伝うに神能《よ》く蝗《いなご》を駆《お》い、天、旱にして雨を禱《いの》れば輒《すなわ》ち応じ、福を畎畝《けんぽう》に為す。故に郷人の酬答、尤も心愫《そ》たり。前後の数日、各郷の村民、牲《せい》を撃ち醴《れい》を献じ、像を擡《かつ》ぎ街を游し、以て猛将の神を賽《さい》し、之を待猛将という。穹窿《きゅうりゅう》山一帯、農人は猛将を舁《か》き、奔走すること飛ぶが如《ごと》し。傾跌《けいてつ》して楽をなし、慢褻《まんわい》となさず。名づけて趚《そう》（呉語で急走すること）猛将と曰う」とある。『燕京歳時記』には駆蝗《くこう》神に関する行事はない。北京は消費都市であって、農事神とは無縁であるからであろうか。

『清嘉録』巻七「焼青苗」には「是の時（七夕）、田夫の耕転甫《はじめ》て畢《おわ》る。各々醵銭《きょせん》し以て猛将の神を賽す。神を場に舁《か》き、牲を撃ち醴《れい》を設け、鼓楽して以て酬ゆ。四野、偏《あまね》く五色の旗を挿す。謂うこころは、是の如《ごと》くせば、則ち飛蝗、災をなさずと。之を焼青苗という」とあって、七夕にも猛将を祭ると伝え、浙江の各地には猛将堂（劉猛将軍廟）があって、六月七月ころに猛将の祭りを挙行する。

正月の「祭猛将」は一年の農業生産活動を開始する節目における、農業神に対する感謝と豊穣祈願であり、七夕のそれは実際の生産活動に入り、猛将を真に必要とする時期の祭りである。その年の農業生産開始の節目にあって、劉猛将軍が祭られることは、この神がいかに農民達の厚い崇望を一心に集めたかを示すものであり、この神こそは数多い農事神の中で最も重要な神であったといえよう。

駆蝗《くこう》神・劉猛将軍に関しては、諸説あって一致しない。劉錡《き》（『宋史』巻三六六）・劉鋭（『宋史』巻四四九）・劉宰（宋史巻四〇一）・劉韐《こう》（『宋史』巻四四六）・劉承忠が劉猛将軍に比定されている。沢田瑞穂氏は、「劉猛将とは、古来の農事神が分化して、虫害駆除を本務とする神が想定され、それがある時代になって国家の祀典上の必要から、漠然たる田の神では都合が悪いというので、しいて史上の某姓がそれであるというように擬定されたものと考えてよいであろう」と述べている＊。したがって、駆蝗《くこう》神・劉猛将軍は全国一律、劉某がその人であるとしなくともよい。その土地土地に適合した人物が各々の駆蝗神として存在してよいのであって、駆蝗神と目される劉某が五名いてもよいのである。

劉某五名のうち、最も早い時期に属す人物は劉錡である。景定四年（一二六三）、彼が駆蝗神となったのは、後世の駆蝗神の起源を考える上で重要である。彼は清代まで続く駆蝗神の最古の人物であって、彼以前において駆蝗神となった人物はない。彼以前においても駆蝗神は存在したはずである。では何故、劉錡以前の駆蝗神の姓名が伝わらないのか。彼以前の駆蝗神は「漠然とした田神」であって、劉錡以後、史上に実存した人物が駆蝗神となり、清代まで続いたとみることはできないだろうか。とすれば駆蝗神は農業開始以来存在したが、史上の人物を駆蝗神に付会する起源は、せいぜい南宋末期までしか遡及できないことになる。

＊　沢田瑞穂「駆蝗神」（『中国の民間信仰』所収、工作舎　一九八二）一二七頁。

**三官大帝の生日**　上元（正月一五日）、中元（七月一五日）、下元（一〇月一五日）を、道教では、それぞれ天官大帝・地官大帝・水官大帝の生日とする。『帝京歳時紀勝』正月「三元」に「十五の上元、七月中元、十月下元。三官の聖誕となす。天官賜福、地官赦罪《しゃざい》、水官解厄を曰う。壇を設け致祭す。素食（精進料理）するものあり」とある。『清嘉録』巻一「三官素」には「上元・中元・下元の日、三官の誕辰となす。俗、正・七・一〇月の朔（一日）より望日（一五日）に至り、素（精進料理）を嗜《たしな》むを以て、之を三官素と謂う。あるいは月の一日・七日・一〇日を以て持斎す。之を花三官と謂う。三元の日に遇いて、士庶は香を拈《つま》み、院観の神像あるものに駢集す。郡西の七子山、三官の行宮あり。釈氏香火を奉じ、日（生日）に至り、輿《よ》舫絡繹《ほうらくえき》し、香潮もっとも盛ん。帰するに灯籠を持つ。上に『三官大帝』の四字を銜《は》む。紅黒相い間す。門首に懸けて云う。『厄を解くべし』と。あるいは小杌《ごつ》を以て香を抽《ひ》き、燭を供え、一歩一拝して山に至る者あり。拝香という」とある。

清代の歴史学者・趙翼（一七二七〜一八一二。清朝の考證学者。一七六一年の進士合格）の『陔餘叢考《がいよそうこう》』巻三五「天地水三官」に「道家、いわゆる天地水三官なるものあり。帰有光の『震川集』（明の帰有光の撰）に、三官廟記（巻一五）ありて云う、『その説、道家より出ず。天地水を以て三元となし、能《よ》く人のために賜福・赦罪・解厄す。皆な帝君を以て尊称す』と。……　郎瑛（一四八七〜一五六六。字は仁宝。杭州仁和の人。『七修類稿』等々の著あり）また但《ただ》に謂う。『天気は生木を主り生候となす。地気は成金を主り成候となす。水気は化水を主り化候となす。其れ用《もっ》て三界を司る。而して三時の首月を以て之を候《うかが》う。故に三元という。三元はまさに三臨の官を当つべし、故にまた三官という」とある。すなわち、生候・成候・化候の最も顕著な月が正月・七月・一〇月に当たり、これを三元といい、三元に一官ずつ配当するから三官というのである。三官は天帝から天上・天下のあらゆるものの考籍を監視することを委嘱された神々であり、天官は上元一品天官賜福大帝といい、地官は中元二品地官大帝といい、水官は下元三品水官大帝と呼ばれる。天官大帝の生日は上元張灯節と重なり、地官大帝の生日は仏教的年中行事の盂蘭盆会と重なり、非常な賑いをみせるが、水官大帝の生日は、それと重複する行事がないため、他の二帝の生日に比して盛況さは一段劣る。

三官と天地水に関する最古の文献は、『三国志』魏書巻八張魯伝に引用された『典略』である。熹平《きへい》中（一七二～一七八）、太平道や五斗米道らの宗教結社が大いに起こった。張陵を首領とする五斗米道の病気治療法に関し『典略』には、「諸禱の法、病人の姓名を書き、服罪の意を説く。三通を作り、其の一は之を天に上り、山上に著く。其の一は之を地に埋む、其の一は之を水に沈む。之を三官手書と謂う」とあり、天地水を三官とする考え方は、後漢末の五斗米道の出発点にはすでに存在していた。『魏書』巻七高祖本紀・太和四年（四九〇）一〇月癸未の条に所載する文明太皇太后の葬儀に関する詔書の一節に「普《あまね》く州鎮に下し、長く三元に至り、告慶の礼を絶たしむ」とある「三元」を以て、後世の三元節の成立と見倣すのが通説となっている＊。しかし『荊楚歳時記』に「正月一日、是れ三元の日なり」とあり、正月元日を三元の日とする。隋の杜臺卿（『隋書』巻五八）の『玉燭宝典《ぎょくしょくほうてん》』正月の条は「三元」に注を加えて「歳の元、時の元、日の元」としており、七世紀初頭では「三元」は元日を指す語であった。したがって『魏書』の「三元」も三元節の「三元」ではなく、元日の意味かも知れない。

三元節の成立を北魏の寇謙之《こうけんし》（『魏書巻一一四釈老志）に求める通説を打破して、新説を提示したのは秋月観暎氏である。秋月氏は道教の三元思想は『洞玄霊宝三元玉京都大献経』等によって、六世紀中葉から七世紀初頭において、仏教の孟蘭盆会の影響をうけて成立したものとされる＊＊。六世紀中葉といえば、西域より伝来した正月一五日の観灯が爆発的な流行をみせはじめる時期であり、当時の民間行事に道教側が三官手書の思想を再編して三元思想とし、付会した可能性は十分考えられる。

『冊府元亀』巻五三帝王部・尚黄老に、「[開元] 二十二年（七三四）一〇月、勅して曰わく、道家の三元、誠に科誡あり。朕常に精意禱《いの》ることまた久し。而して初めていまだ福を蒙らず。念《おも》いは茲《ここ》にあらず。今月一四日一五日は是れ下元の斎日なり。都人まさに屠宰あらば、河南尹・李適之をして句当せしめ、総て贖取《とくしゅ》に与《あずか》らしむ。其れ官司の諸厨、〔是の〕日に肉料あらば、また責数して奏来せよ。併せて百姓の間、是の日すべて宰殺・漁猟等、兼ねて肉料食を停めしむ。自今已後、両都及び諸州、毎年正月七月一〇月〔三〕元の日、一三〔日〕に起り一五〔日〕に至りて、兼ねてよろしく禁断すべし」とあるから、唐代中期において、三元は道家の節目だけではなく、民衆の生活に影響を与えるほどになっていたのである。「上元」の語も唐代文献にみられるようになり、正月望日の張灯も上元張灯と呼ばれた。

『宋史』巻四六一苗訓伝に、苗訓の子の苗守信に関して「端拱の初（九八八〜九八九）、太子洗馬・判司天監に改めらる。淳化二年（九九一）、守信上言す。『正月一日は一歳の首となし。毎月八日、天帝下り人世を巡り善悪を察す。………（中略）………。三元の日、上元天官・中元地官・下元水官各々人の善悪を主録す』」とあるから、宋初には後世の三元信仰の原型が確立していたとしてよいであろう＊＊＊。

＊　『陔餘叢考』の著者・趙翼自身その見解を採用している。「陔餘」とは親に仕える余暇の意味。

＊＊　秋月観暎「三元思想の形成について—道教の応報思想—」（『東方学』二二輯）

＊＊＊　三官大帝に関する民俗学的研究は、永尾龍造『支那民俗誌　第二巻』（丸善　一九四〇）三一六頁以下を参照。

## 三　二月・三月の神々

### 土地神の生日

二月二日は蘇州の土地神の生日である。『清嘉録』巻二「土地公公生日」には「二日、土地神の誕となす。俗、土地公と称《い》う。大小の官廨《かんかい》、みな其の祠ありて、官府謁祭す。吏胥、香火を奉ずる者、各々牲楽し以て酬ゆ。村農また家戸壺漿し、以て神釐《しんりん》を祝《いの》る。俗は田公・田婆と称う」とある。何だか餘り華々しくない印象を受ける。同巻「解天餉《しょう》」には「春中、各郷の土地神廟、解天餉の挙あり。香火を司るもの、其の事を董《とりしま》る。廟中に櫃《はこ》を設け、阡張の元宝（冥銭）を収納す。俗、銭糧と呼ぶ。凡《すべ》て属境内の居民、毎戸献納す。一副・一〇副・数十副と等しからず。一副を完《まっとう》するごとに、必ず制銭若干文を輸納す。名づけて解費銭（おくりつかう銭の意）と曰う。ようよう、遅れて人を沿街に遣《や》り、鑼《どら》を鳴らし聞かしめる。之を催銭糧という。頭限・二限・三限の目（種類）あり、限満る日、儀従・鼓楽・戴甲馬を盛設し、神を舁《か》いて穹窿《きゅうりゅう》山の上真観に至り、銭糧を以て玉帝（玉皇大帝）の殿庭に焚き、境内居民のために福を祈る。名づけて解天餉という」とあるから、「土地公公生日」は官祭の土地神生日をいっているのであり、「解天餉」は土地神の生日に限定はできないが、土地神の祭りを伝えたものであろう。

その中で「春中、各郷の土地神廟、解天餉の挙あり」とあるから、蘇州地方の土地神廟の祭りは「春中」であって、一定の日に一斉に祭りが行われるのではない。『燕京歳時記』正月「土地廟」には、北京の土地廟は毎月「三」の日に縁日市が立ち、餘り高価なものは売っていないといっている。北京の土地神廟の祭日は蘇州地方とは異なり、年一回ではなく定期市化している。この両者の相違は都市と農村の差に帰するといえよう。すなわち、土地神はその土地を守護する神であるが、蘇州の場合は農村色が比較的色濃いがゆえに、土地神＝農業神の側面が残り、年一回盛大にお祭りが行われるのではなかろうか。

土地神の生日は、嘗ての春の社日に相当する。社日の起源は古い。『礼記《らいき》』月令には「［仲春］元日を択び、人に命じて社せしむ」とある。しかし同書郊特性には「日、甲を用うるは日の始めを用うるなり」とあって、元日とは決っていない。後漢の崔寔《さいしょく》（一〇三?〜一七〇?、『後漢書』列伝四二崔駰伝付伝）の『四民月令』には、一定した社の期日は示されていない。晋の嵆含の「社賦序」（『藝文類聚《げいもんるいじゅう》』巻五社）には、漢・魏・晋の社日を伝えるが、時代によって社日は変化している。唐代では立春・立秋後の第五戊が社日であった（『通典《つてん》』礼典「諸里祭社稷」）。

社の起源に関して、一三世紀後半の人である陳元靚《せい》の『歳時広記』巻一四「祭稷神」には「『孝経緯』に、社は土地の主なり。土地闊く、ことごとく祭りすべからず。故に土を封じて社をつくり、以て功を報ずなり。稷は五穀の長なり。穀衆《おお》く偏《あまね》く祭りすべからず。故に稷神を立て以て之を祭ると」あり、社を土地の主とするが、この説が社の起源として承認されているわけではなく、現在、社の起源に関しては一〇説に餘る假説が提出されている＊。

しかし、社日に社会して神を祭り、会食する行事自体は、唐末の韓鄂《かんがく》（九世紀末から一〇世紀の人）の『歳華紀麗《さいかきれい》』巻一「社日」の「秋報春社」の注に「春祭は五穀の生を祈る所以なり、秋祭は五穀の熟を報ずる所以なり」とある記事や、前掲した『孝経緯』の記事から推測して、春社の場合は農作業の開始を目前にして、土地神に対する五穀豊穣祈願であり、秋社は豊穣に対する神への感謝の祭りであるとしてよかろう。

この場合の社神は、古代の社稷の系統に属し、儒教の礼で扱われ、道教的神とは縁のうすい存在である。土地神が道教神の一に変化するには、民衆信仰の中の土地神で、前掲「土地公公生日」において顧禄が「陳確庵の遅遅土地廟序の如《ごと》きは云う。社は以て山林・川沢・原・隰（湿り気のある低地）の神を祀る。之を地祇廟という。以て先代の功徳ある者を祀る。これを人鬼という。今の［蘇州の］土地廟は乃《すなわ》ち陸宣公（陸贄。蘇州出身、唐代徳宗皇帝の宰相）伍子胥（春秋時代、呉王夫差の智将）の称あり、則ち、地祇・人鬼を合わせて一とするなり」と注するように、ここでは本来の社神に、その土地出身者で悲劇的な生涯を送り、民衆に人気を博する先人（人鬼）を合祀することが行なわれている。それによって、道教神としての土地神の一つの形式をみることができる。なお、道教の土地神は、華北・華中・華南とでは、それぞれ特性があって、その信仰の内容も異なっている＊＊。ここでは華中の一例を示しただけで、明らかに華北のものとは異なっている点を留意しなければならない。

＊　守屋美都雄訳注、布目潮渢・中村裕一補訂『荆楚歳時記』（平凡社東洋文庫　一九七八）九五頁以下を参照。

＊＊　酒井忠夫「中国江南史上の道教信仰―特に土地神信仰をめぐる文化の地域性―」（仏教史学会三〇周年記念『仏教の歴史と文化』所収　同朋舎　一九八〇年）。

## 城隍《じょうこう》神の出巡

三月清明は蘇州城隍神が出巡（江南では「出会」という）する日である。明の丘濬《しゅん》の『大学衍《だいがくえん》義補《ぎほ》』巻六一「治国平天下之要」城隍には「明《めい》には礼楽あり、幽には鬼神あり。蓋《けだ》し守令を置き以て民生を昭昭の際に治め、城隍を設け以て民命を冥冥の中に司る」とある。太守県令を陽官とすれば、城隍神はそれに相当する陰官であって、都市の守護神であるとともに、管内民衆の生死を司る神と認識され、人間の善悪の行為に基づき生死を判定し、天帝に報告するがゆえに、生死と大いに関係のある病気平癒の祈願も、城隍神に対して行われるに至った。

清代蘇州の年中行事記である『清嘉録』巻三「犯人香」には、城隍神の出巡を次のように伝える。「府の城隍廟、俗に大廟と称う。郡中の市肆、旌《はた》八行を懸け、以て聚規罰規に及ぶ。みな廟臺に在り、牲を撃ち劇を演ず。香火の盛は他の神祠に什伯し、士庶の答賽もっとも心愫となす。大堂二堂みな其の像あり、三節（清明の日、七月半、一〇月朔）、壇に入り、則ち二堂の像を舁《か》く。俗「これを」『出会』と呼ぶ。城隍の寝宮、夫人を塑装す。之を後宮という。人病めは、其の戚もしくは友、名を連ね疏（願文）を廟に具し、以て神佑を祈る。之を保福という。痊《せん》（病気の回復）を告ぐ、之を抜状という。或いは神に許願して病すでに愈えれば、富家、優伶（役者）を召し劇を演じ、冠袍鞾履を供献す。貧寠《ろう》の子また必ず祝史を倩《やと》い牲を献ず。之を還願（ねがいかえし）という。日々これなきはなし。女子は後宮の侍従となり、男子は廊下の隷卒となり、名を腰牌上に署《しる》し、服役の月日年紀を注す。其の人、死ねば則ち廟に肖像す。或いは病む者、暗に罪人に充つ。生を畢《おわ》り、神犯となるものあり、五年三年を歴して満となるものあり。之を暗犯という。清明節に遇り、殿庭に焼香し批文を焚化す。名づけて犯人香という。七月半ば、十月朔（一日）の節もまたかくの如《ごと》し。三五日前（一五日前？）すでに紛紛として投到す。「投到以前に」すでに死すれば、真に犯鬼となるを恐る。また必ず疏（願文）を焚き釈しを求む。廟の左右の紙馬鋪、街を攔《さえぎ》り香燭銭糧を掗《あばい》売して絶えず。廟の祝司香、神前の残蝋を収めて燭肆に売る。俗、［これを］回残蝋燭と呼ぶ」。長崎奉行所の公的著書ともいうべき『清俗紀聞』巻一年中行事「清明」にも、清明のうちに諸州県はその土地の城隍廟の神像を出会（出巡）すると述べている。

『燕京歳時記』は清明節の城隍神に言及しないで、四月二二日に宛平県城隍神の出会（北京では出巡という）をいい、五月朔日に大興県城隍神出巡と都城隍廟の縁日をいう。したがって、城隍神の出会（出巡）は全国一律でなく、地方によって差異があったのである。『燕京歳時記』において興味深いのは、七月の条の「江南城隍廟」である。この城隍廟は康熙年間（一六六二～一七二二）の創建にかかるが、「［境］内に城隍行宮あり。毎歳、中元及び清明・十月一日、廟市あり。都人、賽して祀孤（無縁仏）を迎う」とある。この城隍廟の祭日は蘇州のものと一致し、「江南城隍廟」とあるから、浙江地方の城隍廟が北京に移祀されたものとみてよいだろう。

右に述べたような城隍神は、いつごろ成立したものであろう。明の『春明夢餘録』は「蕪湖（安徽省）城隍祠。呉の赤烏二年（二三九）建つ」とするが*、何が典拠であるのか明らかではないので、城隍神の起源とするには問題がある。『北斉書』巻二〇慕容儼《ぼようげん》伝に天保六年（五五五）、彼が郢《えい》州（湖北省）に鎮したとき「城中、先に神祠所あり。俗、城隍神と号し、公私毎に祈禱あり」とあり、「城隍神」の存在をいう。郢州の城隍神に関しては『南史』巻五三邵陵王王蕭綸伝にも大宝元年（五五〇）、彼が郢州に至ったとき「城隍神」が存したと伝えているから、六世紀中葉に存在したことは動かし難く、城隍神が長江下流域に初見することは注意してよい。しかし、この時期の城隍神がいかなる性格のものであったか十分明らかではない。

城隍神の性格が明らかになるのは唐代である。李陽冰の江南道處州「縉雲《しんうん》県城隍神記」（『唐文粋』巻七一所収）に「城隍神、祀典これなし。呉越これあり。風俗、水旱・疾疫に必ず禱《いの》る。有唐乾元二年（七五九）秋七月、雨ふらず、八月既に望なり。縉雲県令李陽冰、躬《みずか》ら神に祀り、神と約して曰わく、………」とある。これによれば、唐代の城隍神は、王朝の祀典に規定されない土俗神であって、呉越地方を中心とし県城にまで拡大していたことが判明する。

また『太平広記』巻三〇三「宣州司戸」は『紀聞』を引用して、「呉俗、鬼を畏る。州県ごとに必ず城隍神あり」とあり、続けて開元末年（七四〇ごろ）、宣州の司戸参軍事が死んで城隍神に謁見した。神は参軍事の生前の行いを質問し、参軍事は罪枉《ざいおう》なきことを陳《の》べたところ、神は「録」を見て、『然り』君を人間世界に去らしむべし」と答えた。また神は参軍事に対して「私を知っているか」と質問し、参軍事が「知らない」と答えると、神は「吾れはすなわち晋の宣城の内史・桓彝《かんい》なり。是の神となりて郡（宣州のこと）を管すのみと」といった。参軍事は蘇生してこの話を皆なに聞かせた、という説話を伝えている。この「宣州司戸」の説話は、城隍神の起源ともいうべきものであろうと考える。後世の城隍神は人間の生死を司り、その土地に関係深い人物が城隍神となったことを考えるとき、この二つの要件を「宣州司戸」の説話は充たすものである。したがって、後世的性格をもつ城隍神の起源は、唐代に求めてもよいのではなかろうか＊＊。

＊　窪徳忠氏は前掲書一三五頁において、城隍神の赤鳥二年起源説を紹介されている。

＊＊　城隍神に関しては、『陔餘叢考』巻三五「城隍神」、那波利貞「支那における都市の守護神に就いて」（『支那学』七―四、三）。

**玄壇神の生日**　三月一五日は財神・玄壇《げんだん》神の生日である。『清嘉録』巻三「斎玄壇」には「一五日。玄壇神の誕辰となす。謂《おも》うに、神、財を司り、よく人に富を致す。故に居人多く像を塑して供奉《ぐぶ》す。また謂うに、神は回族《イスラム》にして猪《ぶた》を食らわず。毎祀、焼酒・牛肉を以てす。俗、斎玄壇と称う」とある。明代の蘇州の地誌である『姑蘇志』巻二七「壇廟」に「玄壇廟は玄妙観の前にあり。神の姓は趙、名は朗、字《あざな》は公明なり」とあり、財神の名を趙朗とし、明代は玄壇神が存在したと伝える。この財神の由来について『重増捜神記』巻四「趙元帥」では、秦のとき世を避け山中に修行し、玉皇《ぎょくこう》の旨を奉じて正□玄増を授かった人物とし、『封神演義』では、殷の紂王の臣で、紂王のために周の武王と戦い、戦死した人物で死後、金龍如意正一龍虎玄壇真君に封ぜられたとする。また趙玄朗とする説もあり、彼は大中祥符《たいちゅうしょうふ》五年（一〇一二）に降下した天尊で、聖祖天尊大帝という。このように玄壇神に関しては諸説あって、玄壇神の由来は明らかではない。

永尾龍造氏は玄壇神の顔は黒色で騎虎しているとし、「東西南北中の五路の富を集める必要から、四方に往来交通することを商業上の主要条件としているので、自然に各方位ごとに一位ずつの神を認めるようになってから、其の神々の像を画くに、其の顔面に彩色を施すにも、五行説によって、割りあてられた色の配置によって、東方の神は青に塗り、南方の神は赤に、西方の神は白に、北方の神は黒に、中央の神は黄というふうに分けて、その顔を色どるのが習慣となったのである。たとえば、今日財神といえば直ぐに玄壇神といわれる程此の神は北方の財を司る神と称せられているから、其の顔は黒く塗られているのである。これを『礼記《らいき》』の月令に依って考えると、五祀のうちの行は北方に当てられ、その神には玄冥があてられる。また鄭玄の『周礼註』には玄壇を北郊の壇と解しているなどを見ると、行神は五祀の「行」に基づき、其の行と五行の意味を以て割当てられた北方の神たる玄冥と、また北方の壇を玄壇という点などから、いつしか行神は玄壇に祭られた神を指していうことになり、其の神は、また行の意味から財神とされるようになったものであろうと思われる」と述べられ、五祀の「行」に玄壇神の起源を求めている＊。

沢田瑞穂氏は玄壇《げんだん》神の起源を西南中国に求めている。インドには摩訶迦羅＝大黒天・大黒神と呼ぶ黒面の護法善神があり、チベットでも同様に祀られた。雲南省では趙伽羅とその弟子・大黒天神の説話があり、嶺南の廉州に陳王神という摩訶迦羅に似た黒面白眼の神があり、貴州にも黒神廟があったことを紹介され、「こう考えてくると、黒面の玄壇神も、果たして北方の神だから玄で黒だと簡単に片附けてよいかどうか。名が似ているからとて、ただちに聖祖天尊大帝・趙玄朗だとしてよいかどうか。チベットやインドやビルマなどとも境を接する中国西南諸省には怪奇な異邦外道の神の信仰が伝わることも多かったであろう。その中には黒面の異形神を部族の護法神・守護神・財福神として祭祀する風習があり、それが漢民族にも浸漸して、中国風に壇羅神だの玄壇神だのという名をもつに至ったとも考えられる」と述べ、玄壇神の外来神説の可能性を提示されている＊＊。

財神を回教徒に見たて、豚肉を食べないとするのは外来者を珍重し、珍しい知識を尊重した結果、外来人を偉人とし財神と見たと永尾氏はいわれる＊＊＊。平凡な一般人であれば、絵にならないし、ましてや、関心度の高い財神にはならない。財神の絵として民衆を引きつけようとすれば、通常の中国人の顔では絵にならなかったのではなかろうか。それゆえ、容貌が異なるペルシア系回教徒の顔が財神とされたことも十分考えられる。唐の李商隠の『李義山雑纂』（『説郛』所収）に「不相称（つりあわぬもの）」として「窮《きゅう》波斯《はし》（貧乏なペルシア人）」の語があるように、西域人で陸路・海路を経由して中国に往来する者は商売が主目的であり、中国人の目撃する西域人は、宋末・元初における福建泉州の回教徒貿易商の蒲寿庚《ほじゅこう》の例から明らかなように、富人が多かったのではないか。とすれば、ペルシア系回教徒が財神とされたのも無理からぬことである。

＊　永尾龍造『支那民俗誌　第二巻』（丸善　一九四〇）一六頁。
＊＊　沢田瑞穂「黒神源流」（『中国の民間信仰』所収　工作舎　一九八二）三一八頁。
＊＊＊　永尾龍造『支那民俗誌　第二巻』（丸善　一九四〇）三五頁。

**東岳神の生日**　三月二八日は東岳泰山府君の生日である。東岳は泰山の別名で、泰山は岱岳、岱宗、太山、太岳ともいう。東岳泰山は山東省中部を走る泰山山脈の主峰（標高一五三二米）である。

泰山は有史以来、中国第一の聖山として中国史と深い関連を有してきた。中国の聖山に関しては、すでに『尚書』舜典には岱岳（泰山）、南岳（衡山）、西岳（華山）、北岳（恒山）の名が見え、最初は四岳が聖山とされたが、五行思想の影響で前一世紀ごろ、中岳（嵩岳）が加えられ五岳となった。この聖五岳における東岳泰山の占める位置は、後漢の劉向の『五経通義』（『初学記』巻五所引）に、一に曰く岱宗《たいそう》。言うこころは、王者命を受け姓を易う。功を報じ成を告ぐは必ず岱宗においてす。東方は萬物の始め、交代の處。宗は長なり。群岳の長たるをいうなり。

とあるように、五岳の最も東方に位置し、東方は萬物生成の始めであるから、その長に位置づけられ、始皇帝の封禅《ほうぜん》に始まり、歴代王朝の封禅の場所であったことからも明らかなように、天に最も近い場所と認識され、歴代王朝と深く関わりを持った山である。

『清嘉録』巻三「東岳生日」は東岳泰山府君の生日を次のように伝える。「二十八日、東岳天斉仁聖帝の誕辰となす。［蘇州］城中の圓妙観、東岳帝の殿あり。俗にいう、「神は天下人民の死生を権《はか》る」と。故に酬答もっとも虔《つつし》む。あるいは子、父母の病危のために疏《そ》（願文）を焚き年を假《か》る。之を借寿という。あるいは病中、語言顚倒《てんとう》せば人をして殿前に魂を関《あずか》らしむ。之を請喜という。祈恩・還願（願かえし）すること終歳絡繹《らくえき》す。誕日に至りて、もっとも盛んなり。邨隅僻壌《そんぐうひじょう》（片田舎）といえども多く其の祠あり。婁《ろう》門外にあるもの、龍墩《りゅうとん》の各邨人《そんじん》、廟に賽会《さいかい》し、張灯演劇し、百戯競い陳《つら》ね、遊観狂うるがごとし。郡西の巏山《かんざん》、また行宮あり、関の内外吏胥、香火を奉ず。好事のもの社会を安排し、醮《しょう》を設け神に酬ゆ。俗、誕日の前後を以て香を進むもの、郷人多きに居る。呼びて草鞋香《そうあい》となす」。

また『燕京歳時記』三月「東岳廟」にも「東岳廟は朝陽門外二里ばかりに在り。朔望を除くの外、三月に至る毎《ごと》に、十五日より起り廟を開くこと半月。士女雲集す。二十八日に至り、もっとも盛んとなす。俗、之を撣塵会《たんじんえ》という」とあり、三月二八日の生日には盛大な聖誕祭が催されると伝える。

王朝が泰山に興味を示すことは理解される。では、一般民衆は何故に東岳泰山府君の生日を祝うのであろうか。『清嘉録』に「俗にいう。神は天下人民の死生を権《はか》ると。故に酬答もっとも虔《つつし》む」とあり「借寿」とあったように、泰山府君は人間にとって最も関心があり、重要な死生を司る神と認識されていたのである＊。泰山を司命神とする起源に関して、『後漢書《ごかんじょ》』巻一一二下・許曼伝に、彼の祖父が病気をしたとき「太山に謁して命を請うた」とあり、同書巻一二〇烏桓《うがん》伝に、烏桓の葬送習俗を述べ、烏桓族の魂は赤山に帰すが、それは「中国人の死者の魂、岱山に帰す如《ごと》きものなり」とあるから、後漢時代に求めることは可能である。晋の張華の『博物志』（『太平御覧《ぎょらん》』巻三九地部・泰山所引）には「泰山、一に天孫と曰う。言うこころは天帝の孫となすなり。人魂を召すを主る。東方は萬物始成す。故に人の生命の長短を知《おさ》むなり」とあり、干宝の『捜神記』（二〇巻本）巻四に「泰山府君」の話があり、『龍魚河図』（『太平御覧』巻八八一神鬼部二・神上所引）には「東方の太山君。神の姓は圓、名は常龍」とあるから、魏晋のころには、泰山神を人格化し、天帝の孫であるという信仰が一般に流布していた。南北朝になると、泰山は漢訳仏典に登場し、仏教の地獄餓鬼畜生と関連して考えられるようになった。泰山が地獄閻羅《えんら》と対比して仏典が漢訳されたことは、当時の泰山が仏教でいう地獄に近似すると考えられた結果であって、一般民衆にまで泰山は死生を司り、魂は泰山に帰すと広く信仰された反映と理解しなければならない。唐代になると泰山神は前代までの役割に加えて、治病の効ありとする考えが加えられた。『清嘉録』巻三「東岳生日」に「請喜」という語が登場するが、その起源は唐代ころに求めることができ、後世の泰山信仰（娘娘《にゃんにゃん》は除く）の原形は唐代までに確立したとしてよい。なお、泰山信仰の詳細に関しては酒井忠夫氏の研究を参照のこと**。

『重増捜神記』巻一「東岳」には、「東岳三月二十八日生。泰山は乃《すなわ》ち群山の祖なり。五岳の宗なり。天地の神なり。神霊の府なり」とあり、次に泰山神の誕生説話を述べ、「『唐会要』を按ずるに曰わく、武后の垂拱二年（六八六）七月初一日、東岳を封じて神岳天中王となし、武后の萬歳通天《ばんざいつうてん》元年（六九六）四月初一日、尊して天斉君となし、玄宗の開元十三年（七二五）天斉王を加封す。宋の真宗の大中祥符《たいちゅうしょうふ》元年（一〇〇八）一〇月一五日、詔して東岳天斉仁聖王に封じ、祥符四年（一〇一一）五月日、尊して帝となし、東岳天斉仁聖帝と号す。淑明皇后。聖朝（＝元朝）『大生』の二字を加封し、餘の封は故の如《ごと》し」とあり、唐代になると、封号の授与が開始され、その制度が宋以後に継承されることになる。前掲『唐会要』を現行本のそれと比較するとき、その封号授与例は発見できない。東岳を権威づけるための潤色であろうか。東岳に対する封号が、史料的に確実になるのは開元一三年（七二五）、玄宗皇帝の泰山封禅《ほうぜん》からである。唐の杜祐の『通典《つてん》』巻四五礼典に「開元十三年。泰山神を封じて天斉王となす」とある。この封号は『大唐郊祀録』巻八「祭岳鎮海瀆」に「東岳岱山《たいざん》斉天（天斉）王を兗《えん》州界に祭り、南岳衡山司天王を衡州界に祭り、………」とあり、その注に「玄宗の先天二年（七一三）、華山岳神を封じて金天王となし、開元十三年に至り、泰山を封じて斉天王となす。天宝五載（七四六）、南岳神を封じて司天王となし、中岳神を中天王となし、北岳神を安天王となす」とあるように、東岳神のみが特別に封号を授与されたのではなく、唐中期における山川信仰の高揚の中における授与の一例であって、東岳神だけが特別の扱いを受けた結果でない点に注意を要する。

明清時代に通じる東岳神の各地への分祠の直接の出発点になったのは、北宋の真宗皇帝の泰山封禅《ほうぜん》であった。前掲『重増捜神記』が伝えるように、大中祥符《たいちゅうしょうふ》元年に天斉仁聖王となり、四年には天斉仁聖帝に進封された。東岳は五岳の宗であり、人間の死生を司る神として後漢以来、民衆に敬畏されてきたが、真宗皇帝の封禅によって宋人に強烈な印象を与え、前代より一層の崇拝を獲得し、王朝の保護とともに東岳廟の分祠が各地に行われるに至った。

蘇州の東岳廟に関して、南宋の范成大（一一二六～一一九三）の『呉郡志』巻一三祠廟下に「東岳廟は常熟県福山鎮にあり」とし、注に引用する『重修岳廟記』には「維《こ》れ、我宋真宗皇帝、東のかた泰山に幸《みゆき》し、功を天に告げ、大いに封禅《ほうぜん》の礼を修む。泰山の神、顕冊褒嘉《けんさくほうか》し、位号崇隆す。………」とある。この『重修岳廟記』の記年は政和七年（一一一七）八月であり、蘇州の東岳廟は真宗皇帝の封禅《ほうぜん》が契機となって建立され、北宋期より存在したことが確認される。しかし、東岳廟の分祠は時期を同じくして一斉に行われたものではない。『帝京歳時紀勝』三月「東岳廟」には「朝陽門外二里ばかりにあり。延祐中（一三一四～一三二〇）に、廟を建て、以て東岳天斉仁聖帝を祀る」とあり、北京の東岳廟は元代の建立である。一二世紀の福建省福州の地誌『淳熙《じゅんき》三山志』巻四〇土俗類「三月二十八日」の条には「東岳焚香す。州民、是の日を以て岳帝の生日とし、結社して薦献す。観るもの堵俚《とり》の如《ごと》し。詩に『三月二十八日、郭東を出ず』の句あり、けだし其の来るや古し」とあり＊＊＊、呉自牧の『夢粱録《むりょうろく》』巻二「東岳聖帝誕辰」には、「三月二十八日は乃《すなわ》ち東岳天斉仁聖帝聖誕の日なり。其の神、天下人民の生死を掌る。諸郡邑みな行宮ありて香火す。杭州、行宮あるもの五」とあるから、北宋以降、全国に東岳神の分祠が行われたのである。

東岳泰山府君は後漢ころより司命神として民衆に敬畏され、北宋以降、各地に分祠されて全国神となった。東岳神が全国神になる原因には、もう一つの理由がある。それは唐代中期以降に一般化する城隍《じょうこう》神信仰と関連する。城隍神に関しては「城隍神の出巡」で述べた。地域に密着して民衆の厚い信仰を得た城隍神と東岳神は同じ司命神であるところから、現実の皇帝と官人の関係に擬制され、東岳神が城隍神の上級神、すなわち、冥界において東岳神は皇帝、城隍神は官人と比定されたのである。司命神として城隍神が民衆に敬畏されると、東岳神はその上級神として一層霊顕あらたかな神として、民衆の支持を受け尊崇されることになったのである＊＊＊＊。こうした東岳神と城隍神の関係の成立は、宋代以降の君主独裁制の成立と無関係ではなく、古来より存した東岳信仰と唐代以降隆盛をみた城隍神信仰が、宋代になって組織化されることとなったが、その組織化においては現実の皇帝支配が模倣されたのであって、東岳神と城隍神の関係は、現実の君主独裁制が生み出したものと言ってよいだろう。

＊　沢田瑞穂「借寿考」（『中国の民間信仰』所収　工作舎　一九八二）三八頁以下を参照。

＊＊　酒井忠夫「太山信仰の研究」（『史潮』七巻二号）を参照。

＊＊＊　福州の州治に烏石山（うせきざん。高い所が八六米の丘）于山（うさん。福州州治のほぼ中央にある小高い丘）屏山が鼎立するので、福州を別名で三山という。

＊＊＊＊　東岳泰山に関しては、顧炎武の『日知録』巻三〇「泰山治鬼」、『陔餘《がいよ》叢考』巻三五「東岳天帝」を参照。

# 四　衆生済度に尽くす神仙たち

## 呂神仙の生日

四月一四日は呂神仙（本名は呂巖、字は洞賓。孚佑《ふゆう》帝君、純陽真人とも呼ぶ）の生日である。『清嘉録』巻四「神仙生日」には、四月一四日の蘇州の様子を伝えて次のようにある。「一四日、呂仙の誕となす。俗、神仙の生日と称《い》い、米粉五色の餻《こう》（米粉を固形にしたもの、落雁）を食らい、神仙餻と名づく。帽鋪《ほ》（帽子屋）は、垂鬚鈸帽《すいしゅはつ》を製り以て售《う》り、神仙帽と名づく。医士あるいは楽部伶人を招き、庁事に集い牲を撃ち以て酬ゆ。あるいは水を酌み花を献じ、以て仙（呂神仙）の誕を慶《よろこ》ぶ」とあり、「朳《あつ》神仙」にも「仙の誕日、官ために祭を福済観に致す。観中、崇醮会《すうしょうえ》を修め、香客駢集《べんしゅう》す。相い伝うに、仙人化けて襤褸乞丐《らんるいこつかい》（乞食のこと）となる。観中混迹す。居人の奇疾ある者、日（生日）に至りて焼香せば往々にして瘳《りょう》をえるなり。謂うに、仙人その誠を憐み、救度するなりと。之を朳《あつ》神仙という。観中もと迎仙閣あり。この日、衆仙閣中に聚飲すと。のち玉皇閣《ぎょくこう》を建つ。呂仙［は玉皇《ぎょくこう》大帝への］朝参を恐れ、ついにまた至らず」とあり、「神仙花」にも「遊人、福済観に集い、争いて龍爪葱《そうそう》を買う。帰りて種えれば、則ち滋長を易《やす》むと。売る者みな虎丘の花儂《のう》なり。前後数日、また必ず競いて小盎《おう》（小鉢）の草木本鮮花を擔ぎ、観に入りて售《う》るを求む。号して神仙花となす」とある。

呂神仙＝呂祖は宋代以降の神仙説話として著名な「八仙説話」の筆頭に位置する人物である。呂祖が近世の中国において、広く民衆に親しまれる神仙となり、その生日が年中行事の一にまでなったのは、彼は北宗道教と王重陽の南宗道教（全真教）の分岐点に立つ人物であるという道教史上の重要性と、民衆が真心をもって祈れば必ず応える「有求必応」の萬能力をもち、衆生済度に全力を尽し、衆生済度ののち、自らも昇仙するという神仙としての呂祖の願望が元明以来の俗文学、すなわち戯曲小説の題材となり、平易な形で民衆に受容されたことによる。馬致遠の元曲の

「呂洞賓三酔岳陽楼」「邯鄲道省悟黄粱夢」らは、その早期のものである。呂祖は神仙の常として丹薬に精通し、病気治癒の神仙として尊崇を受ける。前掲史料に医士が酬答し、福済観詣りをすれば病気が治るというのは、まさにそのことを示している。

呂洞賓の伝記に関しては『純陽呂真人文集』『呂祖志』『呂祖全書』らがある。呂洞賓は貞元一四年（七九八）の生まれで、本貫地は河東蒲坂（一説に京兆）である。呂洞賓は三度貢挙試（科挙試験）に失敗し、長安の飲み屋で鍾離権（字は雲房）に会い、長安の南に位置する終南山に入り、彼から霊宝畢法一二科を授かり、神仙となった。呂洞賓の名は『宋史』巻四五七陳摶《ちんせん》伝にみえ、呂洞賓は剣術をよくし、百餘歳になるが童顔であって、よく陳摶のところへ来て食事をしたとあるから、唐末から宋初に生きた実在の仙人として人口に膾炙《かいしゃ》している。彼は一〇八種に変身し衆生済度に変幻自在に活動するところから、民衆に絶大の人気を博し、民衆神として尊崇されたのである。この呂洞賓の実在性に関して疑問を持ち、その実在を否定したのは浦江清（一九〇四～一九五七）であった（『浦江清文録』に「八仙考」として所収）。浦江清は所論において、呂祖伝説は北宋の慶暦年間（一〇四一～一〇四六）、岳陽を中心に伝説が形成され流布されたとする。近年、小野四平氏は伝説の形成時期を五代・宋初に求められている＊。

＊　小野四平「呂洞賓伝説について」（『東方宗教』三二号）・なお呂洞賓一般については、吉岡義豊「呂祖の信仰と中国の民衆神」（『日本仏教教学会年報』二二）、同氏『アジア仏教史　中国編Ⅲ　現代中国の諸宗教』（佼成出版社　一九七四）一七四頁以下を参照。

**張天師の魔よけ符**

陰暦五月は悪月である。『清嘉録』巻五「修善月斎」には「釈氏（僧・尼）・羽流（道士・女冠）、期に先んじ文疏（願文）を檀越に印送す。姓氏を填注《てんちゅう》し、朔日（一日）に至らば殿庭に焚化す。之を修善月斎という。是の月（五月）、俗また称いて毒月となす。百事、禁忌多し」とあり、その注に「呉の俗、「五月を」善月と称う。けだし悪月を謹み善となすなり」とあり、清代の蘇州では、五月を悪月とはいわず、特に善月といっていた。『燕京歳時記』五月「悪月」にも「京師の諺に曰う。善は正月、悪は五月」とあり、北京でも五月は悪月とされていた。『礼記《らいき》』月令に「是の月や、日長至り、陰陽争い、死生分る」といっている。夏至は太陽が高く天中にあり、最も日の長い時であるが、夏至の正午を境に日は短くなり始める。午月午日午時（端午・瑞五）こそは陽と陰の分岐点として重視されたのであり、端午の節日はこの節目の節日であったのである。五月を悪月として忌むのは、端午を境に陰となることに加えて、気温が上昇し悪疫が猖獗《しょうけつ》を極め、生活上、不都合な事態の発生する率が高くなるためと考えられる。

　悪月五月を迎えた蘇州では『清嘉録』巻五「貼天師符（天師符を貼る）」に、「朔日（一日）、道院貽《おく》るところの天師符を以て庁事に貼り、以て悪を鎮む。粛拝して焼香し、六月朔に至りて始めて焚して之を送る。梵氏（仏教寺院）より貽《おく》らるものあり。また多く紅黄白紙を以てし、朱墨を用いて韋陀《いだ》（韋駄天《いだてん》、仏法を守護し、悪魔を駆除する神）を画き凶を鎮む。則ち天師符に非ざるなり。小戸また多く五色の桃印綵符を貼る。毎に姜《かん》太公財神を画に描き、聚宝盆・揺銭樹の類に及ぶ。符を受くる者、必ず院観（道教の寺院）に至り香を拈《つま》み、答るに銭文を以てす。之を符金という」とあるように、五月の一ケ月間、天師符を貼って悪月の護符とした。『燕京歳時記』五月「天師符」には、端午の節日に天師符を中門に貼り、祟りや禍を避けるといい、蘇州のように五月中、

図版２　張天師符

天師符を貼らないようである。

五月を悪月とする伝統は古い。西晋の周處（?〜二九七。『晋書』巻五八）の『風土記』に「是の月（五月）、俗、禁多し。屋を蓋い及び薦席を曝《さら》すを忌む」とあり、『荊楚歳時記』五月の条に「五月は俗に悪月と称《い》い、牀（ベッド）の薦席を曝すを忌み、及び屋を蓋うを忌む」とあり、六世紀には五月を悪月としていた。『風俗通義校釈』（天津人民出版社、一九八〇）「逸文篇」二〇には「五月、屋を蓋《おお》えば人の頭を禿しむ。また曰わく、床の席薦（薦席）を曝すを得ざれ」とある。これは周處の『風土記』の禁忌と同じであって、漢代に五月を「悪月」とする明證はないが、それに類する禁忌が存するのであるから、五月を悪月とする習俗は、すでに漢代には存在したとしてよいだろう。

天師符は五月の邪気を払うための護符であるが、古くは別のものが用いられた。『後漢書《ごかんじょ》』礼儀志中「仲夏之日」の条に「故に五月五日を以て、朱索五色の印を以て門戸の飾りとなし、以て悪気を難《はば》み止む」とあり、『荊楚歳時記』五月には「五綵の糸を以て臂《ひじ》に繫く。名づけて辟兵と曰う。人をして瘟《おん》を病まざらしむ。………。一に長命縷《る》と名づけ、一に続命縷と名づけ、一に辟兵繒《ぞう》と名づけ、一に五色絲と名づけ、一に朱索と名づけ、名の擬すもの甚だ多し。………。『抱朴子』に曰わく、五月五日を以て赤霊符を作り、心《むね》の前に著くと。今の釵頭《しゃとう》符は是れなり」とあり、唐代の『四時宝鏡』には「五日、艾《よもぎ》を採り戸上に懸け以て毒気を禳《はら》う」とあり、五色絲・赤霊符・艾らが邪気を払うために使用され、天師符は登場しない。したがって、天師符を用いて五月の邪気を払うという習俗は、唐代以降に出現したものと考えられる。

天師符に関して、文献を渉猟したわけではないが、南宋末期の呉自牧の『夢粱録《むりょうろく》』巻三「五月五日」の条に「艾を以て百草と縛り天師を成《つく》り、門額の上に懸く」とあり、一三世紀後半の人である陳元靚《ちんげんせい》の『歳時広記』巻二一「端午」には『歳時雑記』を引用し「端五、都人は天師像を画き以て売る。また泥を合せ張天師を做《つく》る。艾を以て頭をつくり、蒜《さん》（にんにく）を以て拳をつくり門戸の上に置く」とあり、『嘉泰会稽志《かたいかいけいし》』巻一三「節序」に「［五月］五日、戸戸みな土偶の張天師を以て門額の上に置く、或いは艾の束を以て人形を作り、土を以て天師の頭を作り、竹もて剣を作り、木もて印を作る」とあり、『至順鎮江志』巻三「歳時」端午にも「天師像を画く。『歳時雑記』に、端午。都人、張天師を画き以て売る」とあり、南宋末期には張天師像が端午に売られていたと伝えるから、天師符は天師像から派生したものではないだろうか。ともかく、天師が端午に登場するのは南宋期には確認される。なお、天師とは後漢末期、蜀（四川省）を中心に展開した五斗米道の創始者・張陵（張道陵）のことである。

鍾　馗　五月は悪月である。『清嘉録』巻五「挂鍾馗図（鍾馗図を挂《かけ》る）」には「堂中、鍾馗の画図を挂ること一月、以て邪魅を祛《はら》う」とあり、五月になると、蘇州では鍾馗図をかけた。『燕京歳時記』五月の条にも、毎年端陽になると市肆《みせ》では尺幅の黄紙に朱印をおし、その下方には天師や鍾馗の像、あるいは符咒《ふじゅ》（符呪に同じ）の形を画いて売り出し、北京の人々は争って購入し、それを家の中門に帖り、祟りや禍を避けることを伝えている。また長崎奉行・中川忠英《ただてる》が監修し、長崎奉行所の公的著作である『清俗紀聞』巻一年中行事「端午」には、邪気を払う意味で堂上には鍾馗・関帝の画像を掛けるとある。地域によって、五月の邪気を払う方法は異なるようであるが、その中心に鍾馗があることは注意される。

五月を悪月とするのは、三世紀初頭の応劭《おうしょう》の『風俗通』に記事があり、二千年の長きに亘って習俗として継承されてきた。旧暦五月を悪月として忌む所以は、気温の上昇に伴って病気の発生率が高くなり、生活する上で好ましい時期ではない。それゆえ、五月の邪気・悪霊を払うため種々の方策が古来より講じられた。六世紀になった『荊楚歳時記』五月五日には、艾《よもぎ》の人形を門戸に懸け毒気を禳《はら》い、菖蒲酒を作り、五綵の絲を臂《ひじ》に繋け、病気避けのまじないにしたとある。これらの習俗は『清嘉録』や『燕京歳時記』にもみえ、清代まで継承された。これらの習俗に加えて、新たに邪気を払う方法として登場するのが鍾馗である。

図版3　鍾馗

鍾馗は唐の玄宗皇帝が夢の中で小鬼を見たとき、それを退治した人物であり、夢からさめた玄宗皇帝は呉道玄に命じて、その像を画かせたという。この説話を伝える最も古い文献は『逸史』である（『歳時広記』巻四〇「夢鍾馗」を参照）。『逸史』は大中元年（八四七）になった書であるから、唐末にはすでに玄宗皇帝との関係で鍾馗説話が成立していたのである。また鍾馗像に関しては、張彦遠の『歴代名画記』巻九呉道玄の条には「十指の鍾馗、代に伝わる」とあり、玄宗皇帝時代の画家・呉道玄によって鍾馗像は実際に画かれた。宋の沈括の『夢渓補筆談《むけいほひつだん》』巻三「異事」にも「禁中に旧呉道子画く鍾馗あり、其の巻首に唐人の題記あり」とあるから、玄宗皇帝と鍾馗の説話はともかくとして、玄宗皇帝時代に鍾馗像が画かれたのは確実である。唐代において鍾馗は暦日と一組になって登場する。例えば『劉夢得文集』巻一七「又た杜相公に代り鍾馗・暦日を謝す」には「臣に鍾馗一・新暦日一軸を賜う。星紀方《まさ》に回り、歳冬に逢うも思輝忽《たちま》ちに降り、已に春の来るを覚ゆ。云云。伏して以うに威神を図写し、群厲を駆除し肆暦を頒行し、四時を敬授す」とあるから、この鍾馗は新年初めの悪気を除く役割を有したものであって、五月の邪気を払う鍾馗ではない。暦日と一組となった鍾馗は『文苑英華』巻五九六所収の張説《ちょうえつ》の『謝賜鍾馗及暦日表』にあり、その起源は開元年間（七一三〜七四一）に求めることは可能である。唐代においては、新年に悪気を払う目的で鍾馗画像が用いられたが、後世に五月の邪気悪霊を払うのに用いられるようになったものであろう＊。

＊『陔餘《がいよ》叢考』巻三五「鍾馗」を参照。「陔餘」とは親に仕える余暇の意味。

### 関帝（関羽《かんう》）の生日

　蘇州地方では五月一三日を関帝の生日とし、その生日の行事を『清嘉録』巻五「関帝生日」には次のように伝える。「十三日、関帝の生日となす。官ために祭を周太保橋の廟に致す。呉城は五方雑處し、人煙稠密にして貿易の盛んなること天下に甲たり。他省の商賈、各々関帝祠を城西に建て、主客の公議・規条の所となす。棟宇壮麗なり。号して会館となす。十三日前、已に牲を割き劇を演じ、華灯萬盞にして拝禱《とう》ただ謹行するのみ。鼓声爆響して街巷相い聞え相い伝う。九月十三日は神となる辰となす。其の儀は一に五月十三日の制の如《ごと》し。俗、此の二日の雨を以て関帝磨刀雨となす。人口の平安を主るなり」と。

　また『清俗紀聞』巻一年中行事「関帝帰天」にも「五月十三日は関聖帝帰天の祭日。二月、八月の戊日を春秋の祭日とし、神廟何れも祭祀あり。諸人信仰の神故に、神像へ香・燭・三牲種々の供物をし深く尊敬す」とあり、浙江地方の関帝祭のようすを伝える。ここで注意すべきは『清俗紀聞』は五月十三日は関帝の帰天日（神になった日）とすることであり、『清嘉録』にいう生日と異なっていることである。顧禄は『清嘉録』の注において、このことに注意を払い、荊楚《けいそ》地方においては関帝は六月二三日に生まれ、子の関平が五月一三日に生まれたとする説があることを紹介し、「則ち今の五月十三日を以て生まるとすは非なり。惟《こ》れ考えるに、永楽北征の時、つねに神（関帝）の前駆凱旋を見る。乃《すなわ》ち崇祀を制《つく》り、五月十三日を以て祭る」といい、明の永楽帝の時に五月一三日が生日と定められたとする。『燕京歳時記』は六月二四日を関帝祭とし、五月一三日は「磨刀雨」の日とし、関帝が孫権に会見した日との俗説が流布している。清初の『帝京歳時記勝』五月には「関聖廟は天下に偏《あまね》し、而して京師尤も勝る。…………歳の五月十三日は単刀会となし。是の日雨多し、天、磨刀水を賜うと謂う。云云」とあり、北京では荊楚《けいそ》地方の俗説に近い六月二四日を関帝《かんてい》の生日としていたのである。このように関帝の生日は地方によって一定していない。

肥前・長崎における関帝の生日祭は一七八三年まては、旧暦五月一三日に行われ、以後は正月一三日であった＊。

図版4　関帝

関羽は『三国志』蜀書巻六に列伝がある実在の人物であり、忠義と武勇に優れた人物であった。彼が何故に旧中国社会において最も人気のある神として崇められるに至ったのであろうか。関羽は唐代においては王朝の保護する武神の一、仏教においては湖北省玉泉寺の伽藍守護神として登場するに過ぎない。ところが、北宋末期から、関羽の廟は急激に種々の封号が王朝から授与されるようになった。これは宋王朝が北方で常に遼・金・元という異民族と対峙したことと無関係ではなく、中国王朝は忠義な武神を推奨することが必要であったのである。元代における関羽信仰の特色は彼の生地である山西省解県を中心に、塩地の守護神、もしくは財神として関羽廟が展開したことである。関羽の里還りであって、これには『三国志通俗演義』や戯曲らの大衆文芸の隆盛によって、平易な形で関羽が民衆に受容された結果の一である。明代になると、解県の関羽廟は崇寧真君という道教的称号を有するに至る。このように、明代初期において、関羽は忠義な武神、仏法の守護神、道教の神として登場し、全能の神として民衆の間に深く浸透する基盤が確立された。

明の永楽帝（一三六〇～一四二四）が北征した時、関羽は明軍の先導役を演じたことによって、北京遷都ののちは、武神として特に明王朝の保護が厚く、関羽廟は白馬廟とも通称された。白馬廟とは別に、北京には洪武二〇年（一三八七）に建立された関羽廟の月城廟がある。これは観音廟と対に建立され、道教的関羽廟である。関聖廟（関羽廟）

は明末の萬暦四二年（一六一四）、帝号を授与され「関帝廟」となった。この帝号授与の背景には、明中期以降における「北虜南倭《ほくりょなんわ》」と表現される外患があった。明王朝は忠義かつ雄猛な関羽を積極的に顕彰したのであり、民間では『三国志通俗演義』らを通して関羽の名は広く喧伝され、全能の神として関帝は不動のものとなったのである。蘇州における関帝廟は財神として崇められた。それは蘇州の地が「貿易の盛んなること天下に甲たり」という事情によるものであり、北京では災難・病気を禦ぎ、かつ財神とされ（『燕京歳時記』）、各地方に適した神として全中国で祭祀されることになるのである**。

*　孫伯醇・村松一弥編『清俗紀聞　1』（平凡社東洋文庫　一九七七）四七頁注①参照。

**　関帝廟の成立・変遷に関しては『陔餘叢考』巻三五「関壮繆」・「漢寿亭侯」、井上以智為「関帝祠廟の由来並に変遷」（『史林』二六の一・二、永尾龍造『支那民俗誌　第二巻』（丸善　一九四〇）四二頁以下を参照。

## 五　治水・治病に祈られる神々

**二郎神の生日**　六月二四日は清源妙道真君・灌口《かんこう》二郎神の生日である。『清嘉録』巻六「二郎神生日」には「是の日、また二郎神の生日なり。瘍《よう》（できもの）を患う者、葑《ふう》門内の廟に拝禱し、之を祀るに必ず白雄鶏を以てす。先夕、土人の廟中において螢灯・荷花（蓮の花）泥嬰《えい》（泥人形）を売る者、市の如《ごと》し」とある。蘇州において二郎神は、病気治癒の神の感を受ける。

南宋の曾敏行の『独醒雑誌』巻五「有方外士為言（方外の士有り言を為す）」には「灌口二郎神は乃《すなわ》ち李冰《ひょう》父子を祠るなり。冰、秦の時、其の地（蜀）に守（行政長官）たり。龍あり孽《げつ》（罪）をなす。冰之を離堆の下に鎖す。故に蜀人これを徳とし、毎歳羊を用い［て祭り］、四萬餘［口］に至る」とあり、二郎神は秦の蜀郡太守・李冰父子が治水に功績あって祠られたものとする。

一方、『重増捜神記』巻三「灌口二郎神」では、二郎神は趙昱《ちょういく》といい、道士の李珏《かく》に従い蜀の青城山（道教の名刹）に隠遁していたのを隋の煬帝《ようだい》が召し出し、蜀の嘉州太守に任じ、任地にあって蛟龍を退治し、治水に功績あり、蜀人はその徳を感じ廟を灌江口に建てたとし、二郎神を隋の趙昱とする。

この二郎神＝趙昱説は『重増捜神記』に初見するものではなく、唐の柳宗元の『龍城録』（『重較説郛《じゅうこうせっぷ》』匀《いん》二六所収）の「趙昱斬蛟（趙昱 蛟を斬る）」が出典であり、二郎神＝趙昱説話は唐末に成立していたと考えられる。光緒八年（一八八二）の『蘇州府志』巻三八「常熟県社稷壇」の清源妙道真君廟の注には、南宋の周虎（一一六一～一二二九）の『記略』を引用し、開禧二年（一二〇六）の和州戦役において、周虎の夢枕に趙昱＝二郎神が立ち、彼の加護によって勝利したことを述べ、その後に趙昱の由来を述べているが、それは『重増捜神記』の趙昱の説話とほぼ同一である。こう考えれば、二郎神＝趙昱説話は『龍城録』に端を発し、宋元に継承され『重増捜神記』に採録されたとしてよく、二郎神＝趙昱説話は有力な一説として、かなり流布していたと考えてよい。

一〇世紀に完成した楽史の『太平寰宇記《たいへいかんうき》』巻七三彭州九龍県灌口鎮には「蜀守・李冰祠」を伝え、同巻の永康軍の条にも「李冰祠」の存在を伝えるが、趙昱祠はない。南宋の『夷堅志』丁巻六「永康太守」には、蜀の灌口神が官民に厚く崇拝されている様を伝えるが神の本体は伝えない。『宋史』巻一〇五礼志「諸祠廟」には「永康軍の李冰廟、已に広済王に封ず。近く乃《すなわ》ち霊応公に封ず」とあり、『元史』巻三四文宗紀・至順元年（一三三〇）八月の条には、「告す。秦の蜀郡太守・李冰を封を加え、聖徳広裕英恵王となし、其の子の二郎神を英烈昭恵霊顕仁裕王となす」とあるから、宋・元の王朝国家の祀典において、二郎神は李冰父子とされていたのである。

では、なぜ『龍城録』の趙昱説話が二郎神と結合し、道教神の一となるのであろうか。それは趙昱の治績が李冰父子の治績と類似した治水であり、治水の場所も同じ蜀にあった。また趙昱は道教の聖地の一である青城山に関係を有する人物であって、二郎神が蜀の一地方神より全国的崇拝を受けるまでになったとき、神の本体を道教と関係の深い趙昱にすり替えることによって、道教の宣伝を図ったとは考えられないであろうか。二郎神が李冰父子あるいは趙昱であるにしろ、その神の性格は治水神であることに変わりはない。『東京夢華録《とうけいむかろく》』巻八「六月」二十四日、神保観生日」には「二十四日、州の西。灌口二郎の生日なり。最も繁盛をなす。廟は萬勝門外一里許《ばかり》にあり。神保観を勅賜す」とあり、北宋末における二郎神の開封府分祠を伝え、『咸淳臨安志』巻七三「二郎祠」の条には「官巷にあり。紹興元年（一一三一）立つ。旧志にいう、〈東京、祠あり〉と。即ち、清源真君なり」とあり、杭州臨安府の二郎神の建立と、杭州近隣諸州府における建立を伝えるから、二郎神は宋代以降になって、全国に分祠されるようになったと考えられる。分祠された二郎神が、その土地で本来の治水神の性格を維持するとは限らない。蘇州の場合は病気治癒の神に変化したように、治水とは無関係な土地に分祠された場合は、本来の治水の性格を失い、別の神に変わる。沢田瑞穂氏は北京の二郎神は幼童保護神に変質したことを指摘されている＊。

＊　沢田瑞穂「二つの二郎神　―信仰と環境―」（『中国の民間信仰』所収　工作舎　一九八二）、吉田隆英「二郎神攷」（「集刊東洋学」三三）、また『陔餘叢考』巻三五「灌口神」も参照。

娘娘《にゃんにゃん》の生日　八月八日は蘇州では女性の神である娘娘（娘娘は母・貴婦人の意）の生日とする。娘娘には天作、天仙、天妃らの名があり、娘娘の役割によって、子孫、送子、授児、催生、眼光、治眼、痘神らの名がある。娘娘は殷の紂《ちゅう》王の忠臣であった趙高明の三女が、その起源と一般に信じられている。華北地方で絶大な人気を博する天仙聖母碧霞元君は東岳神の女児「玉女大仙」とする説、西崑真人が神化して「玉女」となったとする説、華山（西岳）の玉人が神化して「玉女」となったとする説、華山（西岳）の玉女説、後漢の明帝のとき石守道の妻・金氏が産んだ女児・王葉が泰山に登り、天仙娘娘になったとする説もある。天仙娘娘の生日は四月一八日である。天

図版５　娘娘

仙娘娘の本廟がある泰山には多数参詣者があり、王朝はその参詣人からは「香税」と称する入山料を徴収したほどである＊。『燕京歳時記』四月にも北京近郊五カ所（西頂・妙峰山・髎髻《りょうきつ》山・北頂・東頂）における娘娘廟の開廟を伝え、その盛況さは「北京に人なし」といわしめたほどであった。北京の蟠桃《ばんとう》宮（北京市外三区東便門内後河沿一〇号）王母殿には、主神の王母娘娘（西王母）を中心にして、左壁に天仙娘娘・子孫娘娘・乳母娘娘・眼光娘娘・后土上帝・天右聖母の六娘娘、右壁には癍疹《はんしん》娘娘・痘疹《とうしん》娘娘・催生娘娘・送姓娘娘・離山老母・天左聖母の六娘娘が配置されている＊＊。

娘娘《にゃんにゃん》は女性神である。その神の職掌も女性に関することが多く、豊穣と多産に対する願望が根底にあって成立した神々である。この娘娘にあって、ひときわ異彩を放つのは天妃（天后）娘娘である。この女性神は他の娘娘と異なって、航海守護神（海神ではない）であり、民間では媽祖《まそ》と通称される。この神は宋代の福建の莆田《ほでん》地方に発祥し、福建人の海外移住、福建船の海外進出によって、広く東亜細亜諸地域の海港において崇拝された。長崎三寺（福済寺・興福寺・崇福寺）の媽祖堂はその一證である。天妃娘娘に関しては李献章氏の研究に詳しい＊＊＊。

この娘娘という道教神の登場の背景には、唐より始まる仏教の観音信仰の高まりがあることを考慮しなければならないだろう。「もし無量百千萬億の衆生ありて、諸々の苦悩を受けんに、この観世音菩薩を聞きて、一心に名を称えば、観世音菩薩は即時にその音声に観じて、皆な解脱を得しむ」（『法華経』普門品第二五。所謂『観音経』）とあるように、平易な形で民衆に解脱を説く観音信仰が展開すると、それに対抗して道教でも女性神を創出する必要があったのである。娘娘は観音娘 娘《にゃんにゃん》と呼ばれることがあることから類推しても、観音信仰の影響によることは無視できない。

さて、八月八日は蘇州では娘娘の生日と定めていた。『清嘉録』巻八「八字娘娘生日」には「八字の娘娘の生日となす。北寺中に其の像あり。誕日、香火はなはだ盛んなり。香を進むもの多し。年老の婦人、予日に麦草を編み、錠式をつくり、竹籮《ら》の中に実し、籮は金紙を以て之を糊づけす。両籮対合して封固し、上に「某門某氏姓」を書く。是の日、殿庭に焚化す。名づけて金飯籮という。謂《おもう》に是の如《ごと》くせば、よく他生して豊足を致すと」あり、女性との関係で娘娘祭祀をいう。蘇州の娘娘は八月八日であって、華北地方で四月一八日生まれとされる天仙娘娘と生日が異なることが注意される。もし蘇州で天仙娘娘が祭られていたとしても、かなり江蘇の風土に順応した天仙娘娘であったものと想定される。この蘇州の娘娘は、年老の婦人が金飯籮を献じ、生まれ変わって纏足《てんそく》でない（男性に生まれることを厭《いと》ったのであるから、航海の守護神・天妃娘娘の生日でないことは明らかである。「八字の娘娘」とは天仙聖母碧霞元君・眼光聖母明白元君・子孫聖母広嗣元君らの八字の称号を有する娘娘をさし、四月一八日でなく八月八日が生日とされたのは「八字」に付会したものであろう。また娘娘廟の有無に関しても、「北寺中にその像あり」とし、独立した廟の存在を伝えないから、華北地方ほど熱心な信仰を集めていなかったと思われる。

＊　沢田瑞穂「泰山香税考」（『中国の民間信仰』所収　工作舎　一九八二）。

＊＊　沢田瑞穂「蟠桃宮の神々」（『中国の民間信仰』所収　工作舎　一九八二）。

＊＊＊　李献章『媽祖信仰の研究』（泰山出版社　一九七九）。本稿においては李献章氏の研究に多くの紙面を費すことができなかった。李氏の『媽祖信仰の研究』は近年における中国民俗学研究の白眉ともいうべきものであって、宋代以降の民間信仰ならびに中国と海外との交流史を研究する者にとっては必読すべき研究書である。

### 竈《そう》神の送迎

『清嘉録』巻一二「念四夜送竈（念四夜に竈を贈る）」に蘇州の竈神（東厨司命真君とか灶神《そうしん》ともいう）送りに関して次のように伝える「俗、臘月二十四日の夜を呼びて念四夜（＝廿四夜）となす。是の夜、竈を送る。之を送竈界という。比戸（＝家々）、膠牙餳《こうがとう》を以て之を祀る。俗、糖元宝と称う。また米粉を以て豆沙餡《かん》を裹み餌《じ》をつくる。名づけて謝竈糰《しゃそうだん》という。祭時に婦女あずかるをえず。期に先んじ僧尼、檀越に竈経を分貽《い》す。是れ至り姓氏を塡写《てんしゃ》し焚化して災を禳《はら》う。篝灯《とうとう》に竈馬を載せ、竹筯《ちくちょ》を刺し通して損（担ぎ棒）を作り、竈神の簥《かご》をつくり、神を舁《か》きて天に上る。焚きて門外に送る。火光昼の如《ごと》し。灰中の篝盤のいまだ燼きざるものを撥《のぞ》き、遺りて竈中に納む。之を接元宝という。稲草を寸断して青豆に和ぜ、神秣馬具をつくり、屋の預に撒く。俗、馬料豆と呼ぶ。其の餘を以て之を食らわば眼亮《あきらか》なり」と竈神送りの行事を伝え、また「接竈」には「竈神の馬を竈陘《けい》の龕《がん》に安んじ、祭るに酒果・餻餌《こうじ》を以てす。之を接竈という。謂うこころは、念四夜（＝廿四夜）より天に上り、是れに至りて始めて下降すなり。あるいは遅れて上元の夜に至り接（下降）するあり」とあり、大晦の接竈行事を伝える。「接竈」の注によれば、接竈日は蘇州地方においても一定しておらず、蘇州の地方志である『崑新合志』（崑山県・新陽県の合志）、『常昭合志』（常熟県・昭文県の合志）は上元の夜（正月一五日）に接竈するといい、「杭［州］の俗は元日接竈す」とある。蘇州の『清嘉録』には、竈神に関する記事は多い。正月一三日夜は「点竈灯」といって竈《そう》灯を厨下に懸け、六月には「謝竈」があり、八月三日は「竈君生日」であり、同月二四日は精米に赤豆を和ぜ糰を作り竈に祀る「養糰」があり、一二月は竈公・竈婆が儺の儀式を行う「跳竈王」があり、「竈神送り竈神迎え」がある。

蘇州の年中行事は竈神を中心に展開しているといってよいほどである。これはとりも直さず、竈神は民衆に最も親しまれ、最も重要な神であったことを示すものである。『燕京歳時記』によれば、北京では一二月二三日に蘇州と同様な竈神送りが行なわれているが、竈神送りは一体どのような意味がこめられていたのであろうか。

竈神の起源は古い。『論語』八佾《いつ》篇には「その奥に媚《こび》んよりは、むしろ竈に媚よ」という俗諺があるほどである。

しかし、竈神の性格を論じるのは主題ではないので、ここでは民間信仰の一として存在した竈神は人間にとって、どのような神であったかを探ることとする。『淮南萬畢術《わいなんまんひつ》』に「竈神は晦日、天に帰りて人の罪を白ぐ」とあり、『漢書《かんじょ》』巻四五息夫躬伝に「躬の母・聖は竈を祠り、上（哀帝）を呪詛《じゅそ》するに坐す。大逆不道なり。聖、棄市（公開処刑）せらる」とある。『淮南方畢術』のいうように、竈神が天上への使者であるがゆえに、竈神に哀帝の悪口を伝えた疑いで大逆不道とされたものであろうか。漢代において、竈神は「天界の使者」という認識は成立していたとしてよい。晋の葛洪（抱朴子。二八三～三四三。『晋書』巻七二）の『抱朴子』巻六微旨篇には「是れを以て［鬼は］庚申の日に到る毎《ごと》に輒《すなわ》ち天に上りて司命に告げ、人の為す所の過失を道い、また月晦の夜、竈神もまた天に上りて人の罪状を白ぐ。大ならば紀を奪う。紀とは三百日なり。小ならば算を奪う。算とは三日なり」とあり、竈神は天上において人の罪過を司命に報告し、罪の大小によって寿命を奪うと明記する。これは前掲『淮南萬畢術』の発展した形と考えられる。

ここまで述べれば、清代蘇州の「竈神送り」の意味は明らかであろう。竈神は天に上りて人の罪状を告げ、寿命を奪うのである。人間は天帝に餘計なことを報告されると困るので、膠牙餳《こうがとう》らを供物として御機嫌をとり、餳《あめ》の粘りによって、竈神の口を封じようとしたのである。天帝への報告が来年の吉凶禍福に関係するから、竈神送りの儀式は新年を迎える儀式と同等の荘重さの中で挙行された。北京では、この日を俗に「小年下」（小歳暮）という。

ところで、『抱朴子』のいう竈《そう》神は、月晦に天界に上るのであって、一二月の行事と限定してはいなかった。しかし、『荊楚歳時記』は竈神送りを一二月八日とし、唐の李綽《りしゃく》の『輦下《れんか》歳時記』も「都人、年夜に至れば僧道に請いて看経す。酒果を備えて神を送る。竈馬をかまどの上に帖り、酒糟を以て竈門の上に抹《ぬ》る。之を酔司命という。夜は竈裏において灯を点ず。之を照虚耗《しょうきょもう》という」とあり、九世紀末の韓鄂《かんがく》の『四時纂要』一二月の条にも「祀竈」とあるから、六世紀から唐代にかけては、一二月の行事に定着したとみるべきであり、宋の孟元老の『東京夢華録《とうけいむかろく》』巻九の一二月の条には「二十四日。交年［節なり］。都人は夜に至り、僧道に請い看経し、酒果を備えて神を送る。［竈神を］

焼合するに家々は銭紙に替代す。竈馬を竈上に帖り、酒糟を以て竈門に塗抹《とまつ》す。之を酔司命という。夜、牀底《しょうてい》に点灯す。之を照虚耗という」とあり、北宋時代には、竈神送りは一二月二四日となっていた。

竈神送りの行事に婦女は参加できなかったことは、前掲『清嘉録』も明記しており、乾隆四八年（一七八三）の『欽定日下旧聞考《じっかきゅうぶんこう》』巻一四八「風俗」の条にも「臣等謹しんで案ずるに、京師の居民、竈を祀るに猶ほ旧俗に仍り、婦女の祭を主るを禁ず。家、男子なくば或いは隣里の代を迎う」とあり、北京地方においても婦女の参加は禁止されていた。南宋の范成大の『呉郡志』巻二風俗には「二十四日に至り、竈を祭る。婦女あずかるを得ざれ」とあり、婦女参加禁止の起源は古い。参加禁止の理由として、一般的に女性はおしゃべりで竈神に餘計なことを聞かれては困るという配慮からだという説明もあるが、竈神送りは、その家の来年の吉凶を占う重要な行事であり、家長もしくはそれに準ずる男子が参加するのが当然という慣習が確立し、女性は参加できなかったと考えるのが妥当であろう＊。

＊　竈神に関しては、森三樹三郎「竈神」（『中国古代神話』所収　清水弘文堂　一九六九）、狩野直喜「支那の竈神について」（『支那学文藪』所収　みすず書房　一九七三）、津田左右吉「シナの民間信仰における竈神」（『津田左右吉全集』一九巻所収　岩波書店　一九八六）、池田末利「支那に於ける竈祭の起源」（『宗教研究』一二四）、永尾龍造『支那民俗誌　第一巻』（丸善　一九四〇）。

### 門　神

『清嘉録』巻一二「門神」には「〔大晦の〕夜分、門神を易《か》う。俗、秦叔宝（名は瓊《けい》）・尉遅《うっち》敬徳（名は恭）の像を画き、紙に彩印し、小戸に之を貼る」とあり、同じく「神荼鬱塁《とうつるい》」の条には「或いは朱紙もて神荼・鬱塁を書き、以て門丞に代え、左右の扉を安んず。或いは〈鍾道士〉の三字を書き、後戸に斜貼し以て鬼を卻《しりぞ》く」とあって、蘇州で用いられる門神は秦叔宝・尉遅敬徳・神荼・鬱塁・鍾馗の五神であった。

前掲史料に秦叔宝・尉遅敬徳の像は「小戸之を貼る」とあるから、通常の家（小戸）では、門神に秦叔宝と尉遅敬徳を用いることが多かったことが判明する。また「門丞」に関しては、「門神」の注に「また門丞と曰うは、今の道家、左を謂いて門丞といい、右を戸尉という」とあるが、前掲「神荼鬱塁」にいう「門丞」は「左扉を門丞という」の門丞ではなく、門番の意味である。右の門神五神のうち、秦叔宝と尉遅敬徳は唐代の実在の人物であり、鍾馗は玄宗皇帝との関連で辟邪神《へきじゃ》となった人物で、唐の開元年間（七一三〜七四一）には、すでに歳末に暦日とともに頒布され、正月の辟邪神となっていたことは、五月の「鍾馗」の条で述べた。したがって、最も古い門神は神荼と鬱塁ということになる。

図版6　雲南の門神（左右一対）

『漢旧儀』に「……。因りて桃梗を門戸の上に立て、茶と鬱塁を画き、葦索を持ち兇鬼を禦ぐ。虎を門に画く、当に鬼を食べるべきなり」とあり、『荊楚歳時記』正月の条に「絵がきたる二神、戸の左右に貼る。左は神茶、右は鬱塁。俗、之を門神という」とあり、古くは神荼と鬱塁が門神であった。この二神は後漢以後の文献に登場するのが特色で、後漢の時代に門神となったと推定される。東海の度朔山にいて萬鬼を支配監督する、この二神の本体については上原淳道・守屋美都雄両氏の論考を参照されたい＊。

鍾馗が辟邪神《へきじゃ》になった由来について、清の趙翼（一七二七〜一八一二。清朝の考證学者）の『陔餘叢考《がいよそうこう》』巻三五「鍾馗」では、古人は椎（終葵）で鬼を逐っていた。しかし、永い時間の中で終葵は辟邪用の道具であることが忘れられ、邪を逐う人間であったかのようになり、鍾馗（終葵）という人物が実在したと考えられるようになった、と説いている。鍾馗は唐代において門神として登場する。呉自牧（一三世紀中葉以降の人）の『夢粱録《むりょうろく》』巻六「十二月」の条には「歳日、邇《じ》（近い）に在り（歳日が間近となる）。席鋪に貨有り、門神・桃符・迎春の牌子を画き、紙馬鋪は鍾馗・財馬・廻頭馬等を印し饋りて主顧《おとくい》に与う」とあり、同書「除夜」には「十二月尽く。俗に「月窮歳尽の日」と云う。之を除夜と謂う。士庶の家、大小の家によるなく、倶に門閭を洒掃し、塵穢《じんあい》を去り、庭戸を浄め、門神を換え、鍾馗を挂け、桃符を釘うち、春牌を貼り、祖宗を祭祀す」とあるから、南宋時代には門神の一として扱われていたことがわかる。鍾馗は最初、門神として登場するのであるが、後世になると五月五日の辟邪《へきじゃ》神として有名になる。この理由について、永尾龍造氏は門には左右の扉があり、左右の扉に一神ずつ辟邪神を貼るのであるが、鍾馗は一人であるため、左右のつりあいがとれず、五月の辟邪神へ変化したのであろうと推測されている＊＊。蘇州の鍾馗は門神としての古い形を残してはいるが、鍾馗は「後戸」、すなわち、裏門の左右門扉に斜貼される存在であって、正月における門神の主役ではない。

秦叔宝（『旧唐書《くとうじょ》』巻六八『新唐書《しんとうじょ》』巻八九、諱は瓊、字は叔宝）、尉遅《うっち》敬徳（『旧唐書』巻六八『新唐書』巻八九）はどちらも、七世紀初頭の唐の初めに生きた実在の武人で、太宗皇帝の親衛隊の将軍である。彼等が後世の門神となったのは『西遊記』と『重増捜神記』巻六「門神」所収の次の話からである。

その話とは、龍王がある事件で玉皇大帝から死刑を宣告され、唐の太宗皇帝に助命の口添を依頼した。太宗皇帝はそれを承知したが、助命の嘆願を玉皇大帝にしないうちに、龍王は斬首されてしまった。龍王は太宗皇帝が約束を履行しなかった怨みを述べに毎夜、太宗皇帝の夢枕に現われ太宗を苦しめたので、太宗は重病になった。そこで登場するのが、武人の秦叔宝と尉遅敬徳である。毎夜、太宗皇帝を苦しめる悪鬼を鎮めるため、二人で宿直をした。しかし連夜の宿直は無理があるため、画師に命じて二人の勇姿を画かせ、宮門の門扉の左右に掛けさせ、宿直の代りとしたところ太宗皇帝の病いは全快した。この説話が契機となって、二人は門神となり、神荼《と》や鬱塁《うつ》・鍾馗を凌いで最も人

図版7　桃符
『清俗紀聞』所載

気ある門神となったのである。『西遊記』は明の呉承恩の作品であり、『重増捜神記』も明代に成立したものであるから、秦叔宝・尉遅敬徳の二人が門神となったのは、かなり新しい時期と考えねばならない。図版7の桃符は『清嘉録』と同時代の一八世紀末に著作された、日本の『清俗紀聞』巻一「年中行事」に所載された浙江地方の桃符である。『清嘉録』にいう桃符も『清俗紀聞』の桃符と同様なものと連想できる。

＊　上原淳道「神荼・鬱塁について」（『東方宗教』一号）、守屋美都雄訳注、布目潮渢・中村裕一補訂『荊楚歳時記』（平凡社東洋文庫　一九七八）一六頁以下を参照。

＊＊　永尾龍造『支那民俗誌　第一巻』（丸善　一九四〇）二六六頁以下を参照。

## 六　おわりに

以上、顧禄（字は鉄卿。一七九六～?）の『清嘉録』を通して清代蘇州の道教的年中行事の主たるものを概観した。その結果として、蘇州の年中行事の重要な節目には、必ず道教的年中行事が配置されており、道教を語らずして蘇州の年中行事は語れないのであって、清代蘇州の民衆は道教の神々とともに、四季の節目を通過し、次の節目へ拍車をかけたといってよいだろう。

清代蘇州の年中行事のうち、あるものは道教成立以前から存在するものもある。たとえば龍神信仰がそれである。しかし、時間的流れの中にあって、それらの民間信仰・民間行事は道教的意味づけをされ、道教的行事に変化する。その変化が著しくなり、道教的色彩を強く帯びてくる時期は宋代に始まり、明代で頂点に達し、盂蘭盆会のように仏教に起源を有する行事であっても、しだいに変質し道教から説明可能となってくる。

この現象は、支配者階層の主導によって発生したものではなく、広く民衆が生み出し、年中行事として定着したものである。正史等を読む限りにおいては、儒教が前面に登場し、中国社会全体は礼教国家の観を受けるが、それは建て前論であって、一歩、民衆の世界に入れば、道教的な思考が満ちあふれていることを実感するのである。年中行事を通してみた、中国の民族固有の信仰は何かと問われれば、道教的信仰を指摘しなければならないだろう。

# 本書の要約

以上、中国古代の月別の食忌と食宜、日々の食忌、味失、泰定乙丑版『事林広記』の飲食害人と飲食相反、『新修本草』の服薬食忌等々を、『金匱要略方論』、『新修本草』、『医心方』、『備急千金要方』等々の食忌記事から概観した。植物学と漢方医学の本を書いているようで、植物の同定を行うのが大変で、また難解であった。私は子供の時、女竹でくす玉鉄砲を作ったが、くす玉鉄砲の玉に使用する藍色の実が、麦門冬の実であることを、この歳になって初めて知った。くす玉鉄砲は懐かしい思い出ではあるが、餘りの無知に恥入る次第である。

中国の古食忌・古食禁は本書に示した記事にほぼ尽きると考える。二、三の採用漏れの記事はあるかも知れないが、本書に倍する古食忌・古食禁の記事が取り残しになって埋もれていることはない。『医心方』の食忌記事、『備急千金要方』の食忌記事を示した後に、『医心方』の食忌記事、『備急千金要方』の食忌記事に関連する、後漢の張機（字は仲景。一五〇？～二一九。長沙太守）の『金匱要略方論』の食忌記事を示したため、『医心方』の食忌記事、『備急千金要方』の食忌記事に合致しない『金匱要略方論』の食忌記事は引用していない。『金匱要略方論』の食忌記事の中で、本書に未採用となっている記事があることは確かである。ともかく、三世紀の『金匱要略方論』以降の中国の古食忌・古食禁を、月別の食忌、日々の食忌、服薬食忌等々に分け概観した。

鼈《べつ》の肉と莧菜の合食は極刑に値する唐王朝の公式的な食禁であり、食忌・食禁を考察する上で極めて重要である。唐の「職制律」「造御膳犯食禁（御膳を造るに食禁を犯す）」の疏議に、

「経」（食経）に禁忌有らば、輒《すなわ》ち造ることを得ざれ。乾脯は黍《しょ》米（白い黍の実）中に入れるを得ざれ。莧《けん》菜（ひゆ菜）は鼈《べつ》の肉に和《まぜ》ることを得ざるが若《ごと》きの類なり。

とある。「莧菜は鼈の肉に和ることを得ざれ」は、第二章第二節「新修本草の食忌」の「40　鱉《べつ》（鼈の俗字）を莧菜と合食しない」にある。しかし「乾脯は黍米（白い黍の実）中に入れるを得ざれ」という食禁は、「新修本草の食忌」にはない。これは史料集として使用した輯復本『唐・新修本草』（安徽科学技術出版社　一九八一）が不備なのではなく、もともと『新修本草』米部巻第一九に、黍米と乾脯に関する註記もない。『新修本草』を検討して、唐王朝の刑法に抵触する食禁事項を探ろうとしたが、この企図は成功しなかった。

やはり、唐の「職制律」「造御膳犯食禁（御膳を造るに食禁を犯す）」の疏議に、

「経」に禁忌有らば、輒《すなわ》ち造ることを得ざれ。

とあるように、食禁は『食経』に規定してあったから、唐代の『食経』、それも個人的に書いた恣意的な『食経』ではなく、唐王朝の公的で権威のある『食経』が残存していなければ、正確な食禁の解明は無理なようである。『新唐《しんとう》書《じょ》』巻五九藝文《げいもん》志に「太官食法一巻　太官食方十九巻　四時御食経一巻」とあり、『旧唐書《くとうじょ》』巻四七経籍志に「大官食法一巻　大官食方十九巻」とある。百官に食事を提供するのは光禄寺太官署であるから、『太官食法』とある食経は、百官に食事を提供する廊下食に関する『食経』であろう。『四時御食経』一巻は書名から推定して皇帝に関する『食経』を予想させる。寛平三年（八九一）ごろに藤原佐世《すけよ》によって作られた『日本国見在《げんざい》書目録』には「食禁一巻」とある。この書は唐代の食禁の書であろうが、現在に残存する唐代の公的で権威のある『食経』は一書もないから、唐代の食忌や食禁は『備急千金要方』等々の食忌記事から、断片的に窺い知るしか方法はないようである。

月別の食忌において、「鼠の残べ残しを食べない（鼠が齧ったものを食べない）」は、鼠の有する菌の恐怖を想起すれば、合理的食忌である。鼠が齧ったものを好んで食べる人はないだろう。「虎や豹の肉を食べない」とあるが、虎や

豹の肉は、誰もが手軽に入手できるものではない。特殊事例としてよい。合食食忌として「猪肝と鯉の卵の合食」・「鱉《べっ》子と鮑魚子の合食」があるが、それぞれ合食しなければよいのであって、どちらか一方を食べることは食忌を犯すことにはならない。一方の食忌食品を食べないようにすれば、食忌を守ったことになる。

日々の食忌に関して、張湛《たん》の『養生要集』は八〇例に餘る食忌を列挙する。煩雑であり遵守された食忌かとも思うが、八〇に餘る食忌は「干秫《じゅつ》米と猪肥」・「小麦と菰」とあるように、食品の組み合わせの食忌であり、どちらか一方を食べることは、食忌に触れたことにならない。八〇例に餘る食忌は煩雑のように思えるが、案外、遵守することが簡単な食忌であり、食品の組み合わせを覚え、食忌に触れないように一方の食品だけを食べればよいのである。八〇例に餘る食忌は遵守された食忌としてよいであろう。前近代社会は、自給自足が原則であり、日常的に食品が満ち溢れているわけではない。大多数の人は健康を願い、神仏（中国の神仏とは、道教の神と仏ということになる）の加護に頼り、先人から伝えられた食忌を遵守して、日々生活していたと考えてよい。

『養生要集』の記事は他の中国文献と一致することが少なく、孤立した文献である。しかし、巣元方が撰述した『巣氏諸病源候総論』に出てくる「養生方」の記事と一致する箇所がある。例えば、『医心方』巻第二九・月食禁に、

養生要集云、正月、勿食鼠残食。立作鼠瘻、発出於頭頂。或毒入腹脾、下血不止。或口中生瘡、如月蝕、如豆許。

「養生要集」に云わく、「正月、鼠の残食（食べ残し）を食らうこと勿れ。立ちどころに鼠瘻（鼠が原因する腫れ物）を作し、頭頂に発出す。或いは毒は腹脾に入り、下血して止らず。或いは口中に瘡（できもの）を生じ、月蝕［の瘡］の如く、豆許《ばか》り（豆のほど大きさ）の如し」と。

とあり、『巣氏諸病源候総論』巻三四瘻病諸候・鼠瘻候に、

養生方云、正月、勿食鼠残食。作鼠瘻、発於頸項。或毒入腹、下血不止。或口生瘡、如有蟲食。

「養生方」に云わく、「正月、鼠の残食を食らうこと勿れ。鼠瘻（腫れ物）を作し、頸項に発す。或いは毒は腹に

入り、下血して止らず。或いは口に瘡を生じ、蟲食あるが如し」と。とある。この記事は文字のならびも大体において合致するから、『養生要集』と『巣氏諸病源候総論』の「養生方」は、関係が極めて深いことを推測させる。

『医心方』にある『養生要集』は「肉」字を「宍」字に作るが、「養生方」は「肉」字に作る。これは平安時代に肉食の禁忌があって、『医心方』が『養生要集』を引用する際に、元の史料に「肉」とあったものを「宍」字に書き換えた可能性が高く、他にも改変があるかも知れない。

フグは何故に「河豚」と書くのか考えたこともなかった。また河豚を食べるのは、日本だけと思っていた。『新修本草』や関連文献を読んで、中国のほうが断然に古いことを知った。河豚食の起源を『山海経』に求める向きもあるが、清朝時代の『山海経』に関する註を頼りにしてよいものであろうか。『山海経』より史料的にみて疑う餘地のない史料から河豚食の起源を求めるのが正道であろう。後漢の張機（一五〇?～二一九）の『金匱要略方論』巻下「禽獣魚虫禁忌并治第二四」に「食鯸鮧《こうい》（「こうてい」とも読む）魚中毒方」があり、河豚毒の解毒方法が書いてある。河豚は二世紀の中国において賞味され、河豚毒の対処方法も考えられていることは、二世紀以前から賞味されていたことになる。秦漢王朝は関中に都を置いた。河豚は長江下流域で食べられた。都と長江下流域は距離がある。長江下流域の河豚食の習俗が秦漢王朝の都に十分に届いていたかどうかは疑わしい。それでも二世紀以前には伝達されていたから、河豚食の起源が二世紀以前にあることは疑うことはできない事実であろう。中国と河豚の関係は古い。フグを河豚と書くのは長江流域の淡水のメフグを食べたことによる。中国文献に記す解毒方を薬学的に解析すると、結果はどのようになるであろうか。興味がある。

第五章は以前に書いた「道教と年中行事」を再録した。一〇世紀ころまでの年中行事と、それ以降の年中行事は時代の雰囲気が異なり、一〇世紀以降の年中行事においては、それ以前の年中行事が徐々に消滅し、新しい年中行事が出てくる。この事実を言わんがために「道教と年中行事」を採りあげ説明しようとしたためである。
一〇世紀以降の年中行事においては、民衆に支持される道教の神々がたびたび登場する。それ以前も道教は存在したが、民衆に支持される神々は記録上は餘り登場しない。これは一〇世紀以前は史料の残存が十分でないためではない。民衆に支持される道教の神々が一〇世紀以前には、まだ誕生していなかったからである。一〇世紀以降の年中行事において、屠蘇酒・寒食や西域伝来の年中行事が消滅し、道教の神々がよく登場するのは、時代の雰囲気の変化を示すものであろう。聞き古した言葉ではあるが「唐宋の変革」といわれるが、これは年中行事においても例外ではない。一〇世紀を境として、その前と後では時代の雰囲気が異なる。このことを言おうとして「道教と年中行事」を再録した次第である。

二〇一八年九月

中村裕一　識

# 附録一　紅葉山文庫本『養生月覧』（国立公文書館内閣文庫蔵）

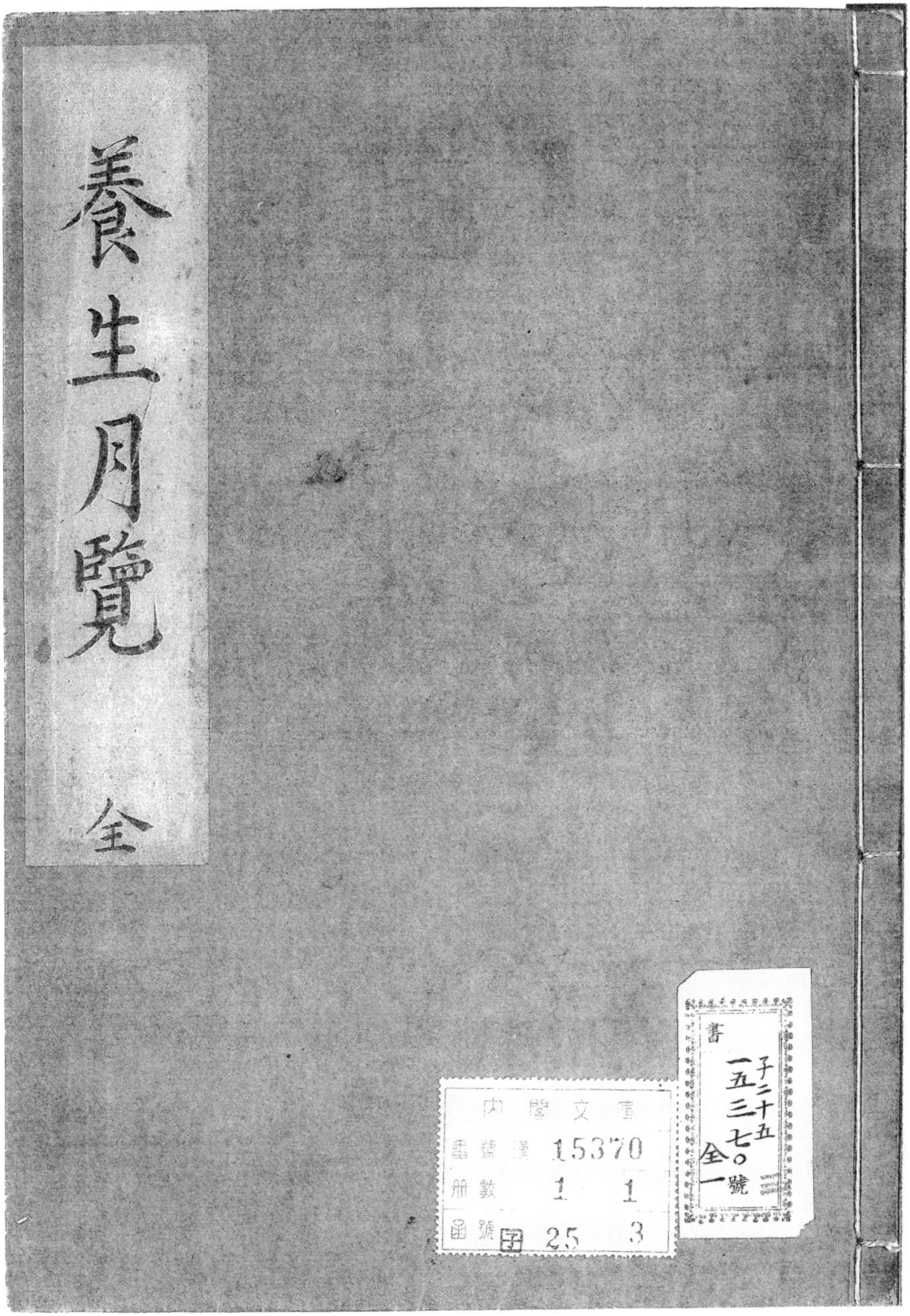
養生月覧
全
内閣文庫
書號 漢 15370
冊數 1 1
函號 子 25 3
書
子二十五
一五三七〇號
全一

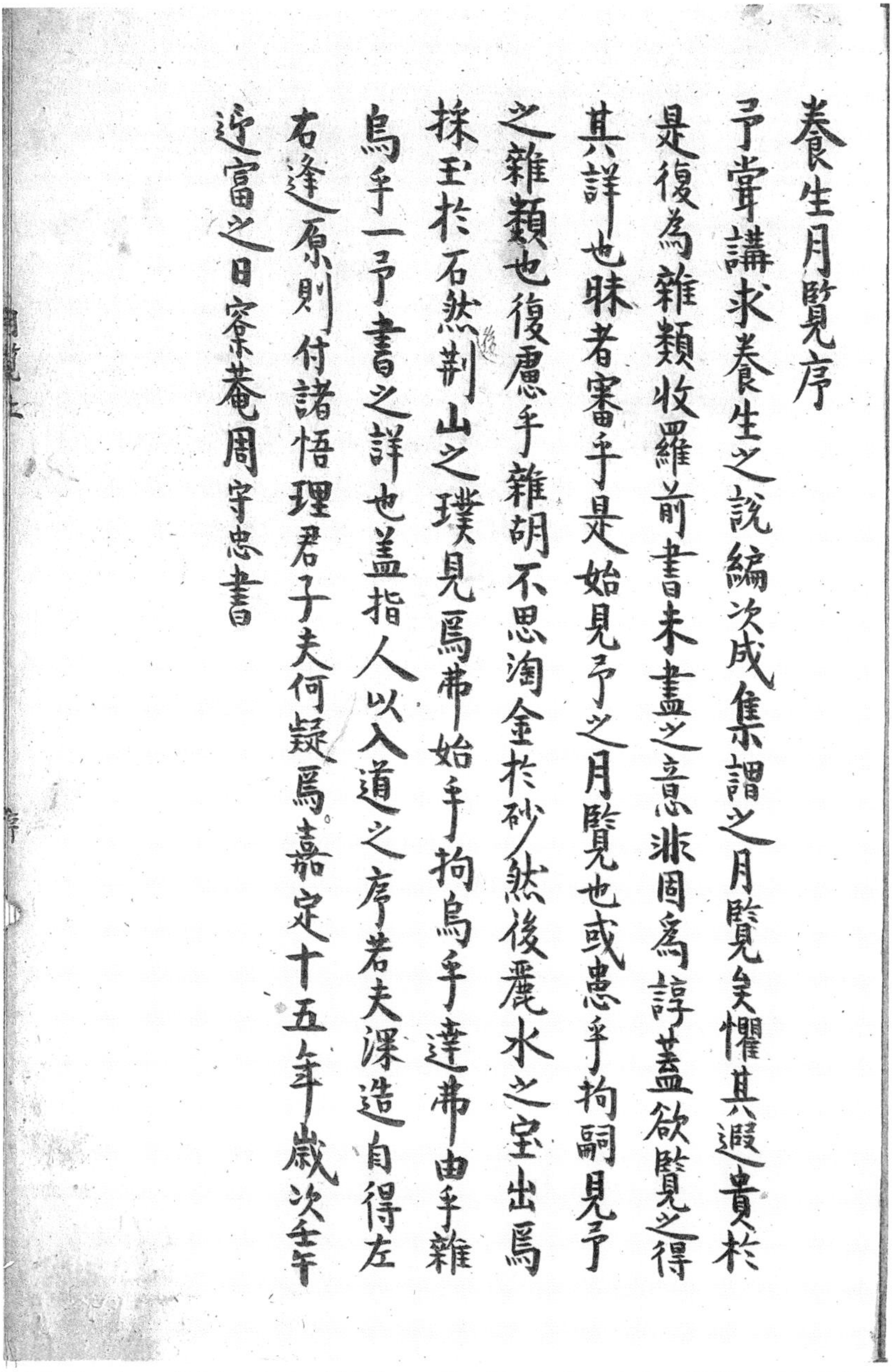
養生月覧序

予嘗講求養生之説編次成集謂之月覧矣懼其遐貴於
是復為雜類收羅前書未盡之意非固為諄蓋欲覧之得
其詳也昧者審乎是始見予之月覧也或患乎拘嗣見予
之雜類也復慮乎雜胡不思淘金於砂然後麗水之宝出焉
採玉於石然後荆山之璞見焉弗始乎拘烏乎達弗由乎雜
烏乎一予書之詳也蓋指人以入道之序若夫深造自得左
右逢原則付諸悟理君子夫何疑焉嘉定十五年歳次壬午
迎富之日寮菴周守忠書

最終行にある「迎富之日」は旧暦の２月２日のことである。詳細は『中国古代の年中行事』第１冊　春、325頁を参照。

養生月覧目録

上巻

正月　三十四條　　二月　三十五條
三月　四十六條　　四月　三十二條
五月　八十條　　六月　廿九條

下巻

七月　五十三條　　八月　三十三條
九月　二十八條　　十月　三十二條
十一月　二十五條　　十二月　五十條

養生月覧目録

# 養生月覧上

察菴周守忠　纂集
郷貢進士錢塘縣知縣樵陽謝頬校正重刊

## 正月

正月一日子丑時燒粟糠掃令人倉庫不虚　月令圖經
元日子後丑前呑赤小豆七粒椒酒一合吉　同上
正月旦鷄鳴時把火遍照五果及桑樹上下則無虫時年有桑果実生虫者元日照者必免実　四時纂要
元日寅時飲屠蘇酒自幼及長　雜五行書
正月旦及正月半以麻子赤豆二七顆置井中辟瘟病甚効　同上
元日平旦呑塩豉七粒終歳不於食中誤吃蠅子　呂公歳時雜記

正月一日燒朮及飲朮湯　同上

元日服桃湯桃者五行之精厭伏邪氣制百鬼　荆楚歳時記

元日縷懸葦炭桃棒門戸上却癘疫也　同上

元日日未出時朱書百病符懸戸上　月令圖經

正月一日未明小兒不長者以手攀東墻勿令人知或云於狗竇中使人牽拽　瑣碎録

元日庭前爆竹以辟山臊悪鬼也山臊在西方深山中長尺餘性不畏人犯之令人寒熱病畏爆竹声　太平御覧

元日造五辛盤正元日五熏鍊形注曰五辛所以發五藏氣

正月一日取五木煑湯以浴令人至老鬚髪黒徐偕注云道家謂青木香為五香亦云五木　雜修養書

元日進椒栢酒椒是玉衡星精服之令人身輕能音奈老栢是
仙藥又云進酒次第當從小起以年少者為先崔氏四民月令

元日造桃板著戸謂之仙木像欝壘山桃樹百鬼畏之玉燭宝典

歳旦服赤小豆二七粒面東以虀汁下即一年不疾病家人悉令
服之四時纂要

元日取小便洗腋氣大効

正月一日取枸杞菜煑作湯沐浴令人光澤不病不老雲笈七籤

正月一日取鵲巣燒之著於厠能辟兵四時纂要

歳旦日埋敗履於庭中家出印綬墨子秘録

正月朝早将物去塚頭取古塼一口将咒要斷一年無時疫懸安
大門也本草

臘月鼠向正旦朝所居處埋之辟瘟疫　梅師方

昔有齊人歐明者乗舡過青草湖忽遇風晦暝而逢青草湖君邀帰止家堂宇謂歐明曰惟君所須富貴金玉等物吾當与卿明未知所答傍有一人私語明曰君但求如願並勝餘物明依其人語湖君嘿嘿然須臾便許及出乃呼如願即是一少婢也湖君語明曰君領取至家如要物但就如願所須皆得明至家數年遂大富後至歳旦如願起晏明鞭之願以頭鑚糞帚中漸没失所後明家漸〻貧令人歳旦糞帚不出户恐如願在其中　搜神記

正月一日取鵲巣燒灰撒門重衣辟盗　墨子秘録

正月三日買竹筒四枚置家中四壁上令田蚕萬倍錢財自来　四時纂要

正月四日拔白永不生凌晨拔神仙拔白日他月倣此拔白鬚髪　同上

正月五日取商陸根細切以玄水漬之三日陰乾可治為末服三寸匕玄水服下日三服百日伏尸盡下出如人状醮埋之祝曰伏尸當屬地我當屬天無復相召即去随故道　還顧常先服之禁一切血肉辛葷物　四時纂要

正月七日上會可齋戒　四時纂要

正月七日男呑赤豆七顆女二七顆竟年不病　雜五行書

人日夜多鬼鳥過人家槌床打戸捩狗耳滅灯以禳之　荊楚歳時記

正月八日沐浴去灾禍神仙沐浴日　四時纂要

正月十日人定時沐浴令人歯堅凡齋戒沐浴皆當盥沐五香湯其五香湯法用蘭香一斤荊花一斤零陵香一斤青木香一斤白檀一斤凡五物切之以水二斛五斗煮取一斛二斗以自

洗浴也此湯辟悪除不祥烝降神旲用之以沐并治頭風
云笈七籤

厠前草月初上寅日燒中庭令人一家不著天行　四時纂要

正月上寅日擣女青末三角絳囊盛繫帳前帳中大吉能辟瘟病女青草也　用後方

正月十五日殘餻糜熬令焦和穀種之能辟虫也　四時纂要

正月十五日作膏粥以祠門戸　玉燭宝典

正月十五日作豆糜如油膏箕上以祠門戸　荊楚歳時記

正月十五日燈盞令人有子夫婦共於冨家局會所盗之勿令人知安床下當月有娠　本草

正月望日以柳枝揷戸上随柳枝所指處祭之致酒脯祭之　齊諧

記云吳縣張成夜於宅東見一婦人曰我是地神明日月半宜以饍糜白粥祭我令君家蚕桑万倍後用如言今人謂之粘銭財　歳時記

上元日可齋戒誦黄庭度人經令人資福壽　纂要

立春日食生菜不可過多取迎新之意及進漿粥以導和氣　千金月令

上学之士當以立春之日清朝煮白芷桃皮青木香三種東向沐浴　云笈七籤

立春日鞭土牛庶民爭之得牛肉者其家宜蚕　亦云治病　呂公歳時雜記

後生於立春并社日食虀者至納婦拜門日腰有声如嚼虀然皆以為戒　同上

打春時春牛泥撒在簷下蚰蜒不上　瑣碎録

立春後有庚子日温蕪菁汁合家大小並服不服多少可理時疫　傷寒類要

入春宜晩脱綿衣令人傷寒霍亂　雲笈七籤

正月之節宜加綿襪以煖足　千金月令

正月宜進桑枝湯及造煎以備用其桑枝湯方取桑枝如箭簳大者細剉以酥熬作湯又桑枝煎方取桑枝大如箭簳者細剉三升熬令微黄以水六升煎三升去滓以重湯煎取二下白蜜三合黄明膠一两炙作末煎成以不津器封貯之　同上

正月韭始青可以食凡韭不可以作羹損人作虀佳凡作虀必先

削一所地去上一寸土取韭不洗便投沸湯中漉出鋪所削
新土上良久然後入水淘擇 同上

正月不可釋綿襦宜食粥凡粥有三等一日地黄以補虚取地黄
四兩擣取汁候粥半熟即下之以綿裹椒一百粒生薑一片
投粥中候熟出之下羊腎一具去脂膜細切如韭葉大加少
塩食二曰防風以去四肢風取防風二大分煮取汁作粥
三曰紫蘇以去擁氣取紫蘇子熬令黄香以水研濾
取汁作粥 同上

正月勿食虎豹狸肉令人傷神損氣 千金方

正月不得食生葱令人面上起遊風 同上

正月勿食梨 梅師方

正月食鼠残多為鼠瘻小孔下血者是此病　本草

正月之節食五辛以辟癘氣蒜葱韭薤薑也　食醫心鏡

正月雨水夫妻各飲一盃還房當獲時有子神効也　本草

正月初婚忌空房多招不祥不可不謹不可得已當以熏籠置
床上禳之　瑣碎録

正月甲子拔白晦日汲井花水服令鬚髪不白　四時纂要

正月未日夜蘆苣火照井廁中百鬼走　荊楚歳時記

正月寅日燒白髪吉　千金方

正月二月取章陸根三十斤浄洗麁切長二寸許勿令中風也
絹囊盛懸屋北六十日陰燥為末以方寸匕水服旦先
食服十日見鬼六十日使鬼取金銀宝物作屋舎随意所

欲八十日見千里百日登風履雲久服成仙　雲笈七籤

春不可食肝為肝王時以死氣入肝傷魂也　金匱要畧方

春服小續命湯五劑諸補散各一劑百病不生　千金方

春月飲酒茹葱以通五藏　莊子

春三月每朝梳頭三百下至夜欲臥須湯去声熱塩湯一盆從膝下洗至足方臥以通泄風毒脚氣勿令壅滯　四時養生論

春七十二日省酸增甘以養脾氣　千金方

春間不可食鯽魚頭其中有虫也　瑣碎録

春三月夜臥早起　此出黄帝素問又按雲笈七籤曰季春月宜臥起俱早

趙先生曰欲除尸虫之法春月擇甲乙夜視歳星所在朝之再拜正心竊祝曰願東方明星君扶我魂接我魄使我壽如松

栢生年万歳生不落顧為甲除身中三尸九虫盡走消滅常擇潔浄頻行之為善此仁徳樂生君木也木剋尸去妙訣秘之雲笈七籤

太虚真人曰常以春甲寅日夏丙午日秋庚申日冬壬子日暝臥時先擣朱砂雄黄雌黄三物等分細擣以綿裹之使如棗大臨卧時塞両耳中此消三尸錬七魄之道也明日日中時以東流水沐浴畢更整飾牀席易著衣物浣故者更履屐先除澡之都畢又掃洒於寢牀下通令眠住一室浄潔平安枕卧向上閉氣握固良久微呪曰天道有常改易故新上帝吉沐浴為真三氣消尸朱黄安魂寶錬七魄与我相親此道是消錬尸穢之上法改易

真形之要訣也四時各一日為之 同上

春日宜脳足俱凍 同上又按千金月令曰正月之節宜加綿襪煖足

凡臥春欲得頭向東有所利益 同上

## 二月

二月二日取枸杞菜煮作湯沐浴令人光澤不病不老 雲笈七籤

二月二日不欲眠 千金月令

昔巣氏時二月二气得人子歸養之家便大富後以此日出野田中
　採蓬茨向門前以祭之云迎富 歳華紀麗

二月六日八日宜沐浴齋戒天祐其福 雲笈七籤

二月八日拔白神仙良日 四時纂要

二月八日黄昏時沐浴令人輕健　雲笈七籤
二月九日忌食一切魚鼈　同上
二月九日勿食魚仙家大忌　白雲先生雜忌
二月十四日忌遠行水陸並不可往　雲笈七籤
二月勿食黄花菜及陳葅發痼疾動痼氣勿食大蒜令人氣壅
關膈不通勿食蓼子及雞子滯人氣勿食小蒜傷人志性
勿食兎肉令人神魂不安勿食狐狢肉傷人神　同上
二月腎藏氣微肝藏正王宜膳去疾宜泄皮膚令得微汗以
散去冬溫伏之氣　同上
二月勿食黎　梅師方
二月勿食蓼傷腎　白雲先生雜忌

二月勿食雞子令人常惡心　千金方
二月宜食韭大益人心　同上
二月行途之間勿飲陰地流泉令人發瘧瘴又損脚令軟　本草
二月初便頃灸兩脚三里絶骨對穴各七壯以泄毒氣至夏即
無脚氣衝心之疾　四時養生論
二月之節不可食生冷　千金月令
二月中不可吊喪問疾可衣夾衣　同上
毎至二月吐痰緣中年向後癘多用備心至於風労氣冷多起自
痰涎可取牛蒡子一合以羌活一兩同午蒡子擣為末入
五更初投新汲水一椀并令勿畧起東向脈之便卧良久
以撩背膈當吐以盆盛之勿令起坐凡是壅滞痰涎出盡

至黄臈水最妙與漱訖取蒸餅切火上炙令黄便喫之仍煎
姜蜜湯下至老不染瘴癘縱病亦不能害人　頤生論

二三月内天晴日取薯蕷洗去土小刀子刮去黒皮後又削去第二
重白皮約厚一分已來於浄紙上着篩中曬至夜收於紙
籠内着微火養之至來日曬以乾為度如未乾天色陰即
火焙便為乾薯藥入丸散用其第二重白皮依前別曬焙
取為麺絶補益　四時纂要

二月取百合根曝乾擣作麺細篩絶益人　同上

二月上壬日取土泥蚕屋宜蚕　同上

二月上丙日沐髪愈疾南陽太守目盲太原王景有沉痾用之
皆愈　同上

二月上辰日取道中土泥門戸辟官事　同上

二月上壬日取土泥屋四角大宜蚕也　同上

二月乙酉日〻中北首臥合陰陽有子即貴也　四時纂要

桃杏花二月丁亥日收陰乾為末戊子日和井花水服方寸匕日三
　服療婦人無子大驗　同上

二月庚寅日勿食魚大悪　千金方

驚蟄日以石灰糁門限外免虫蟻出　瑣碎録

春分後宜服神明散其方用蒼朮桔梗各二両附子一両炮烏頭
　四両炮細辛一両右搗篩為散絳嚢盛帯之方寸匕一人
　帯一家無病有染時〻氣者新汲水調方寸匕服之取汗便
　差　千金月令

春秋二社是日人家皆戒兒女夙興以舊俗相傳苟為晏起則社翁社婆遺屎其面上其後面黃者是其驗也　呂公歲時雜記

社日小学生以葱繫竹竿上於窓中托之謂之開聡明或加之以蒜欲求能計筭也　同上

社日学生皆給假幼女輟女工云是日不廢業令人懵　同上

社日飲酒治聾　同上

三月

三月一日不得与女人同處大忌之　雲笈七籤

三月三日勿食百草　外臺秘要方

三月三日採艾為人以挂戸以備一歳之灸用凡灸避人神之所在　千金月令

三月三日取桃花未收之至七月七日取烏雞血和塗面及身三二日後光白如素太平公主祕法 四時纂要

三月三日收桃葉曬乾擣篩井花水服一錢治心痛 同上

三月三日是神日勿食諸鱗物 百一方

三月三日乃上巳日可以採艾及蔓菁花療黄病 月令

上巳日取黍麴和菜作羹以壓時氣 荊楚歲時記

三月三日取薺菜花鋪灶上及床席下可辟虫螘極驗 瑣碎録

三月三日收苦練花或葉於席薦下可辟蝨蚤 同上

三月三日勿食鳥獸五藏及一切果菜五辛等物大吉 千金方

三月三日取桃葉一云桃根擣取汁七升以大醋一升同煎令得五六分先食頓服之隔宿無食即尸虫俱下 本草

三月三日勿食五藏肉百草心　雲笈七籤金書仙誥戒

三月三日取枸杞葉煮作湯沐浴令人光澤不病不老　雲笈七籤

三月六日申時洗頭令人利官七日平旦浴日入時浴並招財　雲笈七籤

三月六日日入時沐浴令人無厄　雲笈七籤

三月十一日老子拔白日　真誥

三月十三日拔白永不生　四時纂要

漢末有郭虞者有三女一女以三月上辰一以上巳二日面三女產乳並亡迄今時俗以為大忌故於是月是日婦女忌諱不復止家皆適東流水上就適遠地祈祓自潔濯也　風土記

三月十六日忌遠行水陸倶不可往　雲笈七籤

三月二十七日宜沐浴　同上

三月宜食韭大益人心 此出千金方又按雲笈七籤曰季春食韭發疾

三月勿食生薤 本草

三月勿食小蒜傷人志性 千金方

三月中可服單衣 千金月令

三月採桃花未開者陰乾百日與赤椹等分擣和臘月猪脂
塗禿瘡神効 四時纂要

三月食雞子終身昏乱 白雲先生雜要

三月之節宜飲松花酒其法取糯米淘百遍以神麴和凡米一
斗用神麴五両春月取松花精長五六寸者至一尺餘鼠
尾者各三両枚細剉一升蒸之絹袋盛之酒一升浸
取五日堪服一服三合日三服久服神仙 千金月令

三月勿食脾乃是季月土旺在脾故也 千金方

三月羊糞燃乾烟灰存性和輕粉麻油可傳惡瘡一名百草霜 瑣碎録

三月勿食鮫龍肉及一切魚肉令人飲食不化發宿傷人神氣恍惚 此出千金方又按纂要曰三月庚寅日食魚凶

三月入衡山之陰取不見日月松脂煉而餌之即不召而自來服之百日耐寒暑二百日五藏補益服之五年即見西王母 同上

三月不得食陳葅夏熱病發惡瘡 本草

三月採章陸一名商陸一名當陸如人形者神逐陰之精此神草也殺伏尸去面䵟黒益智不忘男女五勞七傷

婦人乳産餘病帯下結赤白皆俞右用麹十斤末三斗加天門冬成末一斗釀酒清章陸六日便齊服五日食減二十日穀膓肥容氣充茂諸虫皆去耳目聡明皆滅以月宿與鬼日加丁時取商陸服如棗日三道士常種此藥草於静室之園使人通神令人不老長生去三虫治百病毒不能傷矣　雲笈七籤

春季月食生葵令飲食不消化發宿疾　食療本草

春季月末一十八日省甘増鹹以養腎氣　千金方

季春月陽熾陰伏勿發泄大汗以養藏氣勿食馬肉令人神魂不安勿食麞鹿肉等損志　雲笈七籤

季春月肝藏氣伏心當向王宜益肝補腎是月火相水死

勿犯西北風勿久處濕地必招邪毒勿大汗當風勿露躰
星宿下以招不祥之事 同上

世傳婦人死于産蓐者其鬼唯於一百五日得自滌濯故人家於
寒食前一日皆畜水是日不上井以避之 呂公歳時雜記

寒食日取黍穰於月德上取土脫墼一百二十口安宅福德上
令人致福 四時纂要

寒食日以細袋盛麺挂當風處中暑調水服 瑣碎録

寒食日水浸糯米逐日換水至小滿漉出曬乾炒黄礪末水調
療打撲傷損及諸瘡腫 同上

寒食一百五日預採大蓼曝乾能治氣痢用時擣羅為末
食前粥米飲調下一錢最効 同上

清明前二日夜雞鳴時炊黍米熟取釜湯遍洗井口甕邊地則無馬蚿百虫不近井甕甚神驗 斉民要術

清明日日未出時採薺菜花枝候乾夏日做挑灯杖能祛蚊薺菜亦名護生草於清明日取花陰乾暑月置近燭則能令蚊蛾不侵 瑣碎録

清明日熨斗内着火炒棗子於臥帳内上下令烟氣出令一人問炒甚底荅曰炒狗蚤凡七問七荅狗蚤不生矣 同上

## 四月

四月四日日昳時沐浴令人無訟 雲笈七籖

四月七日沐令人大富 四時纂要

四月八日不宜遠行宜安心靜念沐浴齊戒必得福慶　攝生月令

四月八日勿食百草　外臺秘要方

四月八日勿殺草伐樹　金書仙誌戒

四月八日取枸杞菜煮作湯沐浴令人光澤不病不老　雲笈七籤

四月九日日沒時浴令人長命　四時纂要

四月十六日拔白則黑髮　同上

四月食雉令人氣逆食鱔魚害人　白雲先生雜忌

四月之節宜服　衣宜進温食宜服煖藥宜食羊腎臛造羊腎臛法右以兎絲子一兩研煮取汁濾之溲麪切煮服以羊腎一具切炒作臛服之尤療眼暗及赤痛　千金月令

四月之節宜服附子湯其方用附子一枚炮勿令焦為末分

作三服以生姜一片用水一升煎取五合明早空腹
服同上

四月之節宜食笋以寛湯滂滿先旋湯轉然後投笋於中令其自轉不得攪〻即破候熟出之如此則色青而軟〻而不爛可以食和皮劈開内粳米飯細切羊肉并韮椒鹹豉汁塩花等却以麺封之文火燒聞香即熟去皮厚一寸截之以進笋味此最佳同上

四月之節可以飲椹酒尤治風熱之疾可以造椹煎其造椹煎用法椹汁三斗白蜜两合酥一两生姜汁一合以重湯煮椹汁取三升入塩酥等煑令得所於不津器中貯之每服一合和酒調服理百種風疾同上

四月為乾　生氣卯死氣酉　是月也萬物以成天地化生勿冒極熱勿
大汗後當風勿暴露星宿皆成悪疾　摂生月令
四月勿食雉肉勿食生薤　同上
四月宜補腎助肺調和胃氣無失其時　同上
四月勿食葫傷人神　損膽氣令人喘悸服助氣　千金方
四月勿食暴雞肉作内疽在胸腋下出漏孔丈夫少陽婦人
絶孕虚勞之氣　同上
四月勿食蛇肉鱓肉損神害氣　同上
四月不得入房避陰陽純用事之月也　同上
四月勿食生蒜傷人神　損膽氣　食醫心鏡
孟夏夜臥早起思無怒勿泄大汗　云笈七籤

凡卧夏欲得頭向東有所利益 同上

夏不用枕冷物鉄石等令人眼暗 同上

夏月不得大醉 四時養生論

夏三月毎朝空心喫少ノ葱頭酒令血氣通暢 同上

風毒脚氣因腎虚而得人生命門属在於腎夏月腎氣衰
絶若房色過度即傷元氣而損壽亦不宜多ノ服疎薬
云笈七籤

夏三月宜用五枝湯澡浴浴訖以香粉傅身能袪瘴毒疎
風氣滋血脉其五枝湯方用桑枝槐枝楮枝柳枝桃
枝各一握麻葉二斤右牛六味以水一石煎至八斗許
去滓温浴一日一次其傅身香粉方粟米一斤 作粉妙

夏七十二日省苦増辛以養肺氣 千金方
夏月宜食苦蕒以益心 瑣碎録
夏三月夜卧早起無厭於日使志無怒
夏不可食諸心 金匱要略方

五月

五月一日日中時沐浴令人身光 此出雲笈七籤又按荊楚歳
時記日五月一日沐浴令人吉利
五月一日取枸杞菜煮作湯沐浴令人光澤不病不老 雲笈
七籤
塚上去及磚石主温疫五月一日取之瓦器中或埋之著門外

堦下合家不患時氣 本草

五月五日朱索五色桃印為門戶飾以止惡氣 續漢書礼儀志

五月五日取蟾蜍可合惡疽瘡取東行螻蛄治婦難産 崔寔四民月令

五月五日蓄採衆藥以蠲除毒氣 太平御覧

五月五日荊楚人将艾以為人懸門戶上以禳毒氣 荊楚歳時記

五月五日以五彩絲繫臂者辟兵及鬼令人不病温 風俗通

五月五日未明時採艾見似人處攬而收之用灸有験 荊楚歳時記

五月五日午時採艾治百病 四時纂要

五月五日取浮萍陰乾燒烟去蚊子　千金月令
五月五日午時採百藥心相和擣斆桑樹心作孔内藥於其中以泥封之滿百日開取暴乾擣作末以傳金瘡　同上
五月五日粽子菁勿多食々訖以菖蒲酒投之取菖蒲根節促者七莖各長一寸清酒中脤之治傷損　同上
五月五日午時聚先所畜時藥燒之辟疫氣或止燒木　歳時雜記
五月五日正午時於堦畔面東不語取蚯蚓𡙇乾而收之或為魚刺鯁以許擦咽外刺即消謂之六一泥　同上
五月五日生目者以紅絹或開花凡紅赤之物以拭目而弃之云得之者代受其病　同上

五月五日取青蒿搗石灰至午時丸作餅子收畜凡金刄所傷者
錯末傳之 同上

五月五日午時宜合瘧疾鬼哭丹先以好銚半両細碎安放鉄銚
内以寒水石一両為末圍定然後以瓷椀蓋却濕紙封椀
縫炭火熬煙出熏紙黄色即止取出以紙襯放地上出
火氣毒良久細研為末入龍腦射香各少許研匀後
以蒸餅水泡為丸如梧桐子大朱砂為衣每服一丸發日
早晨於功德堂香煙上度過面北方井花水呑下忌熱
食魚麪生果十數日永水此藥合時忌婦人僧尼雞犬
及孝服人見如女人有疾可令男子拈入口内服之立効藥不
吐瀉 四時養生論

五月五日用熨斗燒一棗置床下辟狗蚤　瑣碎録

五月五日作赤灵符着心前禁辟五兵　抱朴子

五月五日午時以朱砂寫茶字倒貼之　不敢近　瑣碎録

五月五日五更使一人堂中向空扇一人問云扇甚底荅蚊子凡七問乃已則無蚊虫　同上

五月五日午時寫白字倒貼於柱上四處則無蠅子　同上

五月五日午時望太陽將水吃曰天上金雞吃蚊子腦髓灯心上吸太陽氣念呪七次遇夜將燈心點照辟去蚊子　同上

五月五日取鼈爪着衣領中令人不忘　同上

五月五日萵苣成片放厨櫃内辟虫蛀衣帛等物收萵苣葉亦得　同上

五月五日取臘水洗屋下辟蚊蠅 同上

五月五日以葵子微炒搗羅為末患淋疾者毎食前以温酒調下一錢最驗 同上

五月五日取鯉魚枕骨燒服止久痢 千金方

五月五日勿以鯉魚子共猪肝食必不消化成悪疾 同上

五月五日鱉魚子共鮀魚子食之作癉 同上

五月五日取露草一百種陰乾燒為灰和井花水重煉令為餅腋下挾之乾即易主腋氣臭當抽一身間瘡出即以小便洗之 本草

五月五日日中時取葛根為屑療金瘡斷血亦療瘧 同上

五月五日取猪歯治小児驚癇燒灰服并治蛇咬 同上

五月五日取蝙蝠倒懸者曬乾和桂薫陸香為末燒之蚊子去　同上

五月五日取東向桃枝日未出時作三寸木人著衣帯中令人不忘　千金翼方

五月五日採莧菜和馬歯莧為末等分調与妊娠服之易産　食療本草

五月五日勿見血物　雲笈七籤

五月五日午時桃人一百箇去皮尖於乳鉢中細研成膏不得犯生水候成膏入黄丹三銭丸如梧桐子大毎服三丸當瘧發日面北用温酒呑下如飲酒井花水亦得合時忌雞犬婦人見　本草

端午日午時或歳除夜收猪心血同黄丹乳香相和研為丸
如雞頭大以紅綃裝盛挂於門上如有子死腹中者冷
酒磨下一丸 博濟方
端午日取白礬一塊自早日曬至晩收之凡百虫所嚙以此末傳
之 瑣碎録
五月五日以蘭湯沐浴 大戴禮
五月五日取蚕蛾為末津調塗刺頭上刺良久即出本法
兩頭有節者於一頭錐穿放入蛾塞之令自在乾死遇
有竹木等刺肉内不能出者取少許為末點刺上即出
廣恵方
五月五日取百草頭細剉晒乾用紙裹收之要用取一撮以白紙

封角勿令病人問以絳帛繫藥先以眼案臂面北繫裹臙藥下以當三錢眞繫之男左臂女右臂治一切瘧疾極有驗 千金方

五月五日取蒜一片去皮中破之刀割 令容巴豆一枚去心皮内蒜中令合以竹挾以火炙之取可熟擣為三圓遇患瘧者未發服一圓不止復與一圓 肘後方

五月五日及夏至日取日未出時面東汲井花水一盞作三漱門閫中如此四十日即口臭永除矣 墨子秘録

五月五日取螢火虫研 汁虹撚鬚髪白即黒矣 同上

五月五日勿食一切菜發百病 瑣碎録又出千金方

端午日午時書儀方二字倒貼於柱脚上能辟蚊子 瑣碎録

端午收蜀葵赤白者各掛陰乾治婦人赤白帯下赤者
治赤白者治白為末酒服之 四時纂要
端午日採桑上木耳白如魚鱗者患喉閉者擣碎綿裹
如弾丸蜜浸食之便差 同上
端午日日未出時採百草頭唯藥苗多〻即尤佳不限多少擣
取濃汁又取石灰三五升取草汁相和擣脱作餅子曝
乾治一切金瘡血立止兼治小児悪瘡 同上
端午日取葵子燒作灰收之有患石淋者水調方寸服之立
愈 同上
獨頭蒜五顆黄丹一两午月午日午時中擣蒜如泥調黄丹為
丸如雞頭子大晒乾患心痛醋磨一丸服之 同上

端午日午時不可取井花水沐浴一年瘦氣不去　瑣碎録

端午日午時有雨將天雨水研朱砂於好紙上書龍字如小錢大次年端午日午時有雨用黒筆亦畫龍字如前字大二字合之搓成小圓臨産用乳香煎湯呑下男左女右握手本日午時無雨則前字不可用矣　同上

蔓一名雞腸草主積聚瘡痔不愈者五月五日日中採之乾燒作焦灰

小蒜五月五日採暴乾疹　主心煩悶解諸毒小兒丹疹　同上

五月二十日宜拔白

五月君子齊戒節嗜欲適寒温五月五日六月十六日別寢犯之三年致大病

五月五日六日七日十五日十六日十七日二十五日二十六日二十七日
九毒日忌房事犯之不過三年 瑣碎録

五月俗稱悪月俗多ク六齋放生案月令仲夏陰陽交死生
分君子齊戒止聲色節嗜慾也

五月勿食韭令人乏氣力 此出金匱要畧ノ方又白雲先生雜忌云

俗忌五月上屋害人五月脱精神如上屋即自見其形魂魄則
不安矣 酉陽雜俎

俗忌五月曝床薦席 按説苑云新野庾寔嘗以五月曝席忽
見一小児死在席上俄失之其後寔子遂亡 太平御覧

五月宜服五味子湯其方取五味子一大合以木杵臼擣之置
小瓷瓶中以百沸湯之入少蜜即蜜封頭置火邊良久

乃堪服　千金月令

五月勿食肥濃勿食　伏陰在内可食温煖之味　月令図経

五月勿食麞肉傷人神氣　千金方

五月勿食馬肉傷人神氣　同上

五月勿食澤中停水人患鱉瘕病也　本草

五月戊辰日用猪頭祭灶令人百事通泰　墨子秘録

五月勿食鹿傷神　本草

五月食未成核果令人發癰節及寒熱　同上

仲夏勿大汗當風勿暴露星宿皆成悪疾勿食雞肉生癰疽

漏瘡勿食蛇鱔等肉食則令人折算壽神氣不安

云笈七籤

夏至浚井改水可去温病　續漢書礼儀志
夏至着五綵辟兵題曰游光厲鬼知其名者無温疾　風俗通
京輔旧俗皆謂夏至日食百家飯則耐夏然百家飯難集
相會於姓栢人家求飯當之　呂公歳時雜記
夏至一陰生皆服餌硫黄以折陰氣　同上令服金液丹也
夏至日採映日果即無花果也治咽喉　同上
夏至後迄秋分勿食肥膩餅臛之属此与酒漿果瓜相妨入
秋節変生多諸暴　云笈七籤
六月一日沐令人去疾攘灾　四時纂要
六月六日沐浴齊戒絶其営俗　此出云笈七籤　又按瑣碎録云
六月六日忌沐浴俗云令人狐臭

六月六日勿起土　金書仙誌戒

六月七日八日二十一日浴令人去疾禳灾　四時纂要

六月十九日拔白永不生　同上

六月二十四日老子拔白玉　真誥

六月二十四日忌遠行水陸倶不可往　云笈七籤

六月二十七日食時沐浴令人輕健　同上

六月二十七日取枸杞菜煑作湯沐浴令人光澤不病不老　同上

六月可以飲烏梅漿止渴其造梅漿法用破烏梅并取核
中人碎之以少蜜内熟湯調之　千金月令

六月可以飲木瓜漿其造木瓜漿法用木瓜削去皮細切以湯
淋之加少姜汁沉之井中冷以進之　同上

六月勿食澤水令人病鱉癥 四時纂要

六月食韭目昏 千金方

六月勿食脾乃是季月土旺在脾故也 同上

六月勿食茱萸傷神氣 同上

六月勿食羊肉傷人神気 同上

六月勿食鶩肉傷人神氣 同上

六月勿食鴈肉傷人神氣 同上

季夏増醎減甘以資腎藏是月腎藏気微脾藏絶王宜減
肥濃之物宜助腎氣益固筋骨切慎賊邪之氣勿沐浴
後當風勿專用冷水浸手足慎東来邪風犯之令人手
癱緩躰重氣短四肢無力 云笈七籤

季夏勿食羊血損人神魂少志健忘勿食生葵必成水癖 同上

夏季月末一十八日省甘增鹹以養腎氣 千金方

夏季月食露葵者犬噬終身不瘥 四時纂要

夏季之月土王時勿食生葵菜令人飲食不消化發宿病 千金方

暑月不可露臥 瑣碎録

暑月極熱扇手心則五體俱涼 同上

造醬於三伏內黄道日浸豆黄道日蒸拌黄忌婦人見即無
蛆虫 同上

六月伏日並作湯餅名為辟悪 荊楚歳時記

伏日切不可迎婦婦死已不還家 四時纂要

三伏日宜服腎瀝湯治丈夫虚羸五勞七傷風温腎藏虚渇耳

龍膽目瞎其方用乾地黄六分黄芪六分白伏苓六分五味子
四両羚羊角屑四両桑螵蛸四両破炙地骨皮四両桂心四両麦
門冬去心五分防風五分磁石十二分砕如碁子洗至十数
遍令黒汁盡白羊腎一具猪亦得去脂膜奸右葉切右
以水四大升先煮腎耗水升半許即去水上肥沫等去
腎滓取腎汁煎諸藥取尖大合絞去滓澄清分為三服
三伏日各服一剤極補虚復治丈夫百病藥亦可以隨人加
減忌大蒜生葱冷陳滑物平旦空心服之 此出四時纂要又按
千金方云夏大熱則服腎瀝湯三剤百病不生

養生月覧上

# 養生月覽下

窠菴周守中纂集
鄉貢進士錢塘縣知樵陽謝頻校正重刊

## 七月

七月七日勿念惡事仙家大忌　白雲先生雜忌

七月七日取麻勃一升人參半升合烝氣盡令遍服一刀圭令人知未然之事　四時纂要

七月七日取商陸根細切以玄水漬之三日陰乾可治為末服方寸匕以水服下日三服百日伏尸盡下出如人狀醮埋之祝曰伏尸當屬地我當屬天無復相召即去隨故道無還顧常先服之禁一切血肉辛菜物　雲笈七籤

七月七日取菖蒲酒服三方寸匕飲酒不酔好事者服之獲験不
可犯鉄若犯之令人吐逆 千金方
七月七日採松子過時即落不可得治服方寸匕日三四一云一服三
合百日身軽二百日行五百里絶穀服昇仙得飲水亦可
和脂服之丸如梧桐子大服十丸 同上
七月七日午時取生瓜葉七枚直入北堂面向南立以拭面靨即
當滅矣 淮南子
七月七日取烏雞血和三月三日桃花末塗面及遍身二三日
肌白如玉 太平御覧
七月七日採守宮陰乾合以井花水和塗女身有文章如以
丹塗之塗不去者不淫去者有姦 此出淮南萬畢術又按

愽物志曰蝘蜓以器養之以朱砂体尽赤所食満七斤擣万
杵以點女人支体終身不滅

七月十五日中元日可行道建齋修身謝過　正一修真旨要

七月十五日取佛座下土着臍中令人多智也　四時纂要

七月十五日收赤浮萍用筲箕盛故桶盛水曬乾為末遇
冬雪寒水調三銭服又用漢椒末浮萍擦身上則熱
不畏寒詩云不傍江津不傍岸用時須用七月半冷
水嚢面下三銭假饒鉄人也出汗　瑣碎録

當以七月十六日去手足爪燒作灰服之即自滅消九虫下三
尸　雲笈七籤

七月二十二日沐令髪不白　四時纂要

七月二十五日浴令人長壽 同上
七月二十五日早食時沐浴令人進道 雲笈七籤
七月二十八日拔白終身不白 四時纂要
七月丑日取富家中庭上泥社令人冨勿令人知 此出本草又
按墨子秘録云七月内取富家田中土塗社大富也
七月食蓴上有蠋虫害人 白雲先生雜忌
七月食薤損目 同上
七月收角蒿置氈褥書籍中辟蛀虫 四時纂要
七月之節宜出衣服圖畫以暴之 千金月令
七月勿食蔆芰作蟯虫 千金方
七月勿食茱萸傷神氣 同上

七月勿食生蜜令人暴下發霍乱　同上

七月勿食麞肉動氣　本草

七月勿食鴈傷神　孫真人食忌

立秋日人未動時汲井花水長幼皆呷之　呂公歳時雜記

故號曰守宮又按万畢術曰守宮飾女臂有
文章取守宮新合陰陽已牝牡各一藏之甕中陰百
日以飾女臂則生文章与男子合陰陽輙滅去

七月七日其夜洒掃於庭露施几筵設酒脯時果散香粉於
筵上以祈牽牛織女見天漢中有奕奕白氣有光耀五色
以此為徵應見者便拜而願乞富乞壽無子乞子唯得乞
一不得兼求二年乃得言之頗有受其祚者　風土記

七月七日取赤小豆男呑一七粒女呑一七粒令人畢歳無病 韋氏月録

七月七日晒曝革裘無虫 同上

七月七日取蜘蛛網一枚着衣領中令人不忘 此出四時纂要又按 墨子秘録云七夕日取蜘蛛陰乾内衣領中令人不忘記事多〆

七月七日取苦瓠瓤白絞取汁一合以酢一升古銭七文和漬微火煎之減半以沫内眼眥中治眼暗 千金方

七夕日取烏雞血點塗手面三日爛白如玉傳身亦三日以温湯浴之 墨子秘録

七夕日取露蜂蛹子百枚百日令乾礦末用蜜和塗之可除䵟黷 同上

七夕日取螢火虫二七枚撚髪自黒矣 同上

七夕日取百合根熟擣用新瓦器盛密封挂於門上挂陰乾百日拔白髮用藥搽之即生黒髮矣

七夕日取螢火虫蝦蟇端午日鼠膽伏翼和脹半寸七三七日見鬼可与語指伏室矣 同上

七夕日取赤腹蜘蛛於屋下陰百日乾取塗足可行水上矣 同上

七月十一日取枸杞菜煮作湯沐浴令人光澤不病不老 云笈七籤

立秋日以秋水下赤小豆云止赤白痢 同上

立秋日太陽未昇採楸葉熬為膏傳瘡癤立愈謂之楸葉膏 瑣碎録

立秋日不可浴令人皮膚麁燥因生白屑 同上

立秋後五日瓜不可食 千金月令

入秋小腹多冷者用古磚煑汁服之主噦氣又令患處熨之三五度差 本草

七月中暑氣將伏宜以稍冷為理宜食竹葉粥其竹葉粥法取淡竹葉一握梔子兩枚切熬以水煎澄取漬即細淅粳米研取泔下米於竹葉梔子汁中旋點泔煑之候熟下塩花進之 千金月令

秋服黃芪等丸一兩劑則百病不出 千金方

秋不可食諸肺 金匱要略方

立秋後宜服張仲景八味地黃圓治男子虛羸百疾衆醫不療者久服輕身不老加以攝養則成地仙其方用乾地黃半斤 乾暑藥 四両 白茯苓 二両 牡丹皮 二両 澤瀉 二両

附子炮二両　肉桂一両　山茱萸四両湯炮五遍　右擣篩蜜為圓如梧
桐子大毎日空腹酒下二十圓如稍覺熱即大黄圓一服通
輕尤妙　此出四時纂要又按養生論内一味用熟乾地黄
秋三月早臥早起與雞倶興　黄帝素問
秋七十二日省辛増酸以養肝氣　千金方
秋日宜足脳倶凍　云笈七籤
凡臥秋欲得頭向西有所利益　同上
秋初夏末熱氣酷甚不可於中庭脱露身背受風取涼五藏
兪穴並會於背或令人扇風或揎露手足以中風之源若
初涼諸疾便宜服八味圓大能補理腑臓驅衛邪氣仍
忌三白恐衝剋藥性　出四時養生論其八味圓方已具在

前後前方用乾地黄此方用熟乾地黄

## 八月

八月一日已後即微火煖足勿令下冷無生意　千金方

弘農鄧紹八月朝入華山見一童子以五色嚢承取栢葉下露〻皆如珠子亦云赤松先生取以明目今八月朝作眼明嚢也　續齊諧記

八月三日宜浴　四時纂要

八月四日勿市附足物仙家大忌　同上

八月七日沐令人聡明　同上

八月八日以枸杞莖煑作湯沐浴令人光澤不病不老　雲笈七籤

八月八日不宜眠　千金月令

八月十日四民並以朱點小兒頭名為天灸以厭疾也　荊楚歳時記

八月十九日拔白永不生　四時纂要

八月二十二日日出時沐浴令人無非禍　云笈七籤

八月二十日宜浴　四時纂要

八月辰日施銭一文日倍還富貴　墨子秘録

八月可食韭并可食露葵　千金月令

八月勿食生蒜傷人神損膽氣

八月勿食葫傷人神損膽氣令人喘悸脇肋氣急　千金方

八月勿食姜傷人神損壽　同上

八月勿食猪肺及粭和食之至冬發疽　同上

八月勿食雞肉傷人神氣 同上

八月勿食雉肉損人神氣 同上又云八月建酉日食雞肉令人短氣

八月食麞肉動氣 本草

八月勿食芹菜恐病蛟龍瘕發則似癲面色青黃小腹脹 同上

八月行途之間勿飲隂地流泉令人發瘧瘴又損脚令軟 同上

仲秋宜増酸減辛以養肝氣無令極乾令人壅 云笈七籤

八月勿食生蜜多作霍亂 同上

八月勿食生果子令人多瘡 同上

仲秋肝藏少氣肺藏独王宜助肝氣補筋養脾胃 同上

八月起居以時勿犯賊邪之風勿増肥腥令人霍亂 同上

八月勿食雞子傷神 四時纂要

八月宜合三勒漿非月則不佳矣其法用訶梨勒毗梨勒菴摩
勒以上並和核用各三兩擣如麻豆大用細白蜜一斗以新
汲水二斗熟調投乾淨五斗瓷瓮中即下三勒末熟
攪數重紙密封三四日開更攪以乾淨綿拭去汗候發定
即止但密封此月一日合滿三十日即成味至甘美飲之醉人
消食下氣 同上

八月陰氣始盛冷疾者宜以防之 千金月令

八月採楮實水浸去皮穰取中子日乾仙方單服其實正赤
時取中子陰乾篩末水服二錢匕益久乃佳 本草圖經

八月前毎箇蟹腹内有稲穀一顆用輸海神待輸芒後過
八月方食未經霜有毒 食療本草

秋分之日不可殺生不可以行刑罰不可以處房帷不可吊喪問疾
不可以大醉君子必齊戒靜專以自檢　千金月令

九月

九月九日採菊花与茯苓松柏脂丸服令人不老　太清諸草木方
九月九日俗以茱萸房揷頭言辟悪氣而禦初寒　同処風土記
九月九日佩茱萸食　飲菊花酒令人長壽　西京雜記
九月九日以菊花釀酒其香且治頭風　呂公歳時雜記
九月九日天欲明時以片餻搭兒頭上乳保祝禱云如與云百事
皆高　同上
九月九日收枸杞浸酒飲不老亦不髪白兼去一切風　四時纂要

九月九日菊花暴乾取家糯米一斗烝熟用五兩菊花末溲
　拌如常醞法多用細麺麹為候酒熟即醡之去滓每煖
　一小盞服治頭風頭旋　聖恵方
九月九日真菊花末飲服方寸匕治酒醉不醒　外臺秘要方
九月九日勿起床席　金書仙誌戒
九月十六日老子拔白日　真誥
九月十八日忌遠行不達其眂　云笈七籤
九月二十日宜齋戒沐浴淨念必得吉事天祐人福　同上
九月二十日雞三唱時沐浴令人辟兵　同上
九月二十一日取枸杞菜煑作湯沐浴令人光澤不病不老　同上
九月二十八日宜浴　四時纂要

九月之節始服夾衣陰氣既衰陽氣未伏可以餌補修之藥 千金月令

九月中宜進地黄湯其法取地黄淨洗以竹刀子薄切暴乾毎
　作湯時先微火熬碾為末煎如茶法 同上

九月食姜損目 此出千金方八月九月勿食姜傷人神損壽

九月勿食脾乃是季月土旺在脾故也 同上

九月勿食犬肉傷人神氣 同上

九月食霜下瓜血必冬發 此出本草又孫真人云食霜下瓜

九月食麞肉動氣 同上

州縣城及人家九月内於戌地間穴深三尺以上埋炭五斤或五或
　五十斤或五百斤戌火墓也自然無火災 千金方

穐季月末一十八日省甘増鹹以養胃氣 同上

秋季之月土王時勿食生葵令人飲食不化發宿病　同上

季秋節約生冷以防厲疾勿食諸姜食之成痼疾勿食小蒜傷神損壽魂魄不安勿食茱子損人志氣勿以猪肝和餳同食至冬成嗽病經年不差勿食雉雞肉損人神氣勿食雞肉令人魂不安魄驚散　玄笈七籤

季秋肝藏氣微肺金用事宜增酸以益肝氣助筋補血以及其時　同上

九月十月取章陸根三十斤浄洗麁切長二寸許勿令中風也絹囊盛懸屋北六十日陰燥為末以方寸匕水服之旦先食服十日見鬼六十日使鬼取金銀宝物作屋舎随意所欲八十日見千里百日身飛行登風履雲腸化為筋久

服成仙矣 同上

## 十月

十月一日宜沐浴 四時纂要

十月四日勿責罰人仙家大忌 同上又按云笈七籤云十月五日勿責罰人也

十月十日宜拔白 同上

十月十三日老子拔白日 真誥

十月十四日取枸杞葉煮作湯沐浴令人光澤不病不老 云笈七籤

十月十五日下元日可行道建齋修身謝過 正一修真旨要

十月十八日雞初鳴時沐浴令人長壽 云笈七籤

十月上亥日採枸杞子二升 採時面東摘生地黄汁三升以好
酒二升於瓷瓶内浸二十一日取出研 令地黄汁同浸攪之

却以三重封其頭了更浸候至立春前三日開已過遂
日空心飲一盃至立春後鬚髮変白補益精氣服之耐老
輕身無比　経驗後方

十月上巳日採槐子服之槐者虚星之精去百病長生通神　太清
草木方

十月之節始服寒服　千金月令

十月宜進棗湯其棗湯法取大棗除去皮核中破之於文武
火上翻覆炙令香然後煮作湯　同上

十月勿食猪肉發宿病　白雲先生雜忌

十月勿食椒損心傷血脉　千金方

十月勿食生薤令人多涕唾　同上

十月勿食被霜菜令人面上無光澤眼目濇痛 同上

十月不得入房避陰陽純用事之月也 同上

十月食獐肉動氣 本草

冬七十二日省鹹増苦以養心氣 千金方

冬月勿以梨攪熱酒而飲令頭旋不可枝梧 瑣碎録

冬不可食猪腎 金匱要略方

冬夜伸足臥則一身俱煖 同上

冬夜臥衣被蓋覆太煖睡覺張目出其毒氣則永無眼疾 同上

凡臥冬欲得頭向西有所利益 云笈七籤

冬日宜温足凍腦 同上

孟冬早臥晩起必候天曉使至温暢無泄大汗勿犯氷凍温養

神氣無令邪氣外至 同上
冬不用枕冷物鉄石等令人眼暗 同上
冬月夜長及性熱少食温軟物食訖搖動令消不爾成脚氣 同上
冬月食芋不發病他時月不可食 本草
冬月不宜多食葱 同上
冬三月早卧晩起必待日光 黄帝素問
冬服藥酒兩三剤立春則止終身常爾則百病不生 千金方
冬月宜服鍾乳酒主補膏髓益氣力逐湿其方用乾地黄八分
苣藤一升熬別爛擣牛膝四両 五加皮四両 地骨皮四両 桂心
二両 防風二両 仙霊脾三両 鍾乳五両甘草湯浸三日以半升牛
乳瓷瓶中浸炊於炊飯上蒸之牛乳盡出暖水浄陶洗碎如

麻豆右諸藥並細剉布袋子貯浸於三斗酒中五日後可
取飲出一升清酒量其藥味即出藥起十月一日至立春止
忌生葱陳臭物 四時纂要

## 十一月

十一月十日十一日拔白永不生 四時纂要
十一月十一日不可沐浴仙家大忌 同上 并云笈七籤 又按千金月令云
十一月宜沐浴
十一月十一日取枸杞菜煮作湯沐浴令人光澤不病不老 云笈七籤
十一月十五日過夜半時沐浴令人不憂畏 同上
十一月十六日沐浴吉 四時纂要
十一月勿食龜鼈黿令人水病 同上

十一月勿食陳脯　同上又按千金方云十一月勿食經夏臭脯成水病頭
　眩陰痿

十一月勿食鴛鴦令人悪心　同上

十一月勿食生菜令人發宿疾　同上

十一月勿食生薤令人多涕唾　千金方

十一月勿食鼠肉燕肉損人神氣　同上　食

十一月勿食鰕蚌著甲之物　同上

十一月食獐肉動氣　本草

十一月陰陽爭冬至前後各五日別寢　四時纂要

十一月取章陸根淨洗麁切長二寸許勿令中風也絹嚢盛懸
屋其六十日陰燥為末以方寸匕水服之且先服十日見鬼六

十日使鬼取金銀室物作屋舍隨意所欲八十日見千里
百日身飛行登風履雲騰化為筋久脈成仙矣 云笈七籤
仲冬勿以炎火炙腹背勿食蝟肉傷人神魂勿食焙肉宜減鹹增
苦以助其神氣勿食螺蚌蟹鼈等物損人志氣長尸蟲
勿食經夏黍米中脯暗食之成水癖疾 同上
仲冬腎氣正王心肺衰宜助肺安神補理脾胃無乖其時勿暴
温煖切慎東南賊邪之風犯之令人多汗面腫腰脊強痛四
肢不通 同上
十一月之節可以餌補藥不可以餌大熱之藥宜早食宜進
宿熟之肉 千金月令
共工氏有不才子以冬至日死為疫鬼畏赤小豆故冬至日以赤小豆

粥飲之 四時纂要

冬至日鑽燧取火可去温病 續漢書礼儀志

冬至日陽氣帰内腹中熱物入胃易消化 養生要集

冬至日勿多言一陽方生不可大用 瑣碎録

每冬至日於北壁下厚鋪草而卧云受元氣 千金方

冬至日取胡芦盛葱汁根莖埋於庭中到夏至發之盡為水以漬金玉銀青石各三分自消矣曝令乾如飴可休粮久服神仙名曰神仙消金玉漿又曰金漿 二洞要録

仲冬之月日短至陰陽争諸生蕩君子齊戒處必掩身身欲寧去聲色禁嗜欲安形性事欲靜以待陰陽之所定 礼記

## 十二月

十二月一日宜沐浴 云笈七籤

十二月二日宜浴去灾 四時纂要

十二月三日宜齋戒燒香念仙 云笈七籤

十二月七日拔白永不生 四時纂要

十二月八日沐浴轉除罪障 荊楚歳時記

十二月十三日夜半時沐浴令人得玉女侍房 云笈七籤

十二月十五日沐浴去灾 四時纂要

十二月二十三日沐吉 同上

十二月二十四日牀底點灯謂之照虚耗也 夢華録

十二月勿食牛肉傷人神氣 千金方

十二月勿食生薤令人多涕唾 同上又按云笈七籤云季冬勿食

生薤増痰飲疾

十二月勿食蟹鼈損人神氣又六甲食之害人心神 同上

十二月勿食鰕蚌著甲之物 同上

十二月勿食脾乃是季月土旺在脾故也 千金方

冬季之月土王時勿食生葵菜令人飲食不化發宿疾 同上

冬季月末一十八日省甘増鹹以養腎氣 同上

季冬去凍就温勿泄皮膚大汗以助胃氣勿甚温煖勿犯人雪是
月肺藏氣微腎藏方王可減鹹増苦以養其神宜小宜不
欲全補是月衆陽倶息水氣獨行慎邪風勿傷筋骨勿
妄針刺以其血澁津液不行 云笈七籤

季冬勿食猪㹠肉傷人神氣勿食霜死之果菜夭人顔色勿

食自死肉傷人神𩲡勿食生椒傷人血脉　同上
十二月癸丑日造門令盗賊不敢来　墨子秘禄
十二月上亥日取猪肪脂内新瓦器中埋亥地百日主癰疽名䏶
　脂方家用之又一斤脂著雞子白十四枚更良　本草
宣帝時陰子方者臘日晨炊而社神形見子方再拜以黄羊
　祀之自是以後暴至巨富故後當以臘日祠社　捜神記
歳暮臘埋圓石於宅隅雜以桃核七枚則無鬼疫　淮南万畢術
臘夜持椒三七粒卧井旁勿與人言投于井中除温疫　養生
　要術
臘日掛猪耳於堂梁上令人致富　四時纂要
臘日收猪脂勿令經水新器盛埋亥地百日治癰疽　此月收亦得同

上又按孫真人食忌云臘月猪肪脂可煎膏用之

臘月取皂角燒爲末遇時疫早起以井花水一錢服之妙効差 同上

臘月勿歌舞犯者必凶 千金方

臘月空心用蒸餅巻板猪脂食之不生瘡疥久服身体光滑 瑣碎録

臘日取猪脂四両懸於廁上入夏一家即無蠅子 同上

臘日取活鼠以油煎爲膏湯火瘡滅瘢疵極良 本草圖經

臘後遇除日取鼠 頭燒灰於子地上埋之永無鼠耗 瑣碎録

臘月好合藥餌經久不暍 四時纂要

臘月水日晒薦蓆能去蚤蝨 瑣碎録

臘月收雄狐膽若有人卒暴亡未移時者温水微研灌入喉即活常須預備救人移時即無及矣 續傳信方

臘月好合茵陳圓療瘴氣時疫温黄等若嶺表行此藥常須随身其方用茵陳 四兩 大黄 五兩 豉心 五合熬令香 恒山 三兩 梔子人 三兩熬 芒硝 三兩 杏人 三兩去皮尖熬研後入之 鼈甲 二兩灸去膜酒及醋塗灸 巴豆 一兩去皮心熬別研入之 右九味擣篩蜜和為圓初得時氣三日旦飲服五圓如梧桐子大如人行十里或利或汗或吐或不吐不汗利等更服一圓五里久不覚即以熱飲促之老小以意酌度凡黄病痎癖時氣傷寒瘧瘴小兒熱欲發癇服之無不差療瘴神効赤白痢亦効春初一服一年不病忌人莧芦笋猪肉收瓶中以蠟固瓶口

置高處逐時減出可三二年一合 四時纂要

臘月取青魚膽陰乾如患喉閉及骨鯁即以膽少許口中含咽津即愈 齊人千金月令

十二月暮日掘宅四角各埋一大石為鎮宅主灾異不起 本草

十二月三十日取枸杞菜煑作湯沐浴令人光澤不病不老 此出云笈七籤 又按四時纂要云三十日浴吉去灾也

十二月晦日前兩日通晦三日齊戒燒香靜念仙家重之 四時纂要

十二月晦日日中懸屠蘇沉井中令至泥正月朔日平曉出藥置酒中煎數沸於東向户中飲之屠蘇之飲先從小起多少自在一人飲一家無疫一家飲一甲無疫飲藥酒得三朝還滓置井中能仍歳飲可世無病當家内外有井皆悉

著藥辟温氣也其方用大黄十六銖 白朮十八銖 桔梗十五銖去芦頭 蜀椒十五銖去目 桂心十八銖去皮 烏頭六銖炮去皮臍 茇葜十二銖 右七味㕮咀絳袋盛之 出和剤局方一方又有防風一両去芦頭

歳暮日合家髪投井中祝曰勅使某甲家口眷竟年不患傷寒辟却五瘟鬼 墨子秘録

歳除夜積柴於庭燎之辟灾而助陽氣 四時纂要

歳除夜空房中集衆燒皂角令烟不出眼瀀出為限亦辟疫氣 呂公歳時雜記

除夜戒怒罵婢妾破壊器皿仍不可大醉也 瑣碎録

歳除夜集家中所不用藥焚之中庭以辟疫氣 呂公歳時雜記

除夜神佛前及所堂房圂沓明灯至曉主家宅光明 瑣碎録

夜於富家田内取土泥社 主招財 同上

歳除夜四更取麻子小豆各二七粒家人髪少許 投井中終歳不遭傷寒温疫 萬龍河圖

除夜五更使一人堂中向空扇一人問云扇甚底答云扇蚊子咫七問乃已則無蚊虫也 瑣碎録

養生月覧下

# 附録二　『中国古代の年中行事』索引

# 凡例

（1）本索引は、『中国古代の年中行事』春冊・夏冊・秋冊・冬冊および補遺冊（本冊）の総合索引である。
（2）「春冊」を①、「夏冊」を②、「秋冊」を③、「冬冊」を④、「補遺冊」を⑤として、冊数を示した。
（3）漢字は、概ね常用漢字を用いた。旧漢字を使用した文字については、それぞれの冊の「凡例」を参照されたい。
（4）項目の配列は、漢字単位の五十音順とした。
（5）複数のよみ方が想定される項目は、それぞれのよみを該当するところに配した。
　例：啄木　　きつつき・たくぼく、双方に配列。
「假寧」は「かねい」と読み、「けにょう」には項目を配していない。
（6）本冊「食忌」の項目は、例えば「猪肉と魚」の場合は、「魚と猪肉」でも検索出来るように按配した。
（7）本文の誤字は、訂正して採録した。
（8）配列のため、「一〇→十」・「一一→十一」・「一二→十二」など各冊本文の数字表記を改めたところがある。

## あ

亜献　①341・③279
亜歳　④392・④417
阿育王寺　②248
阿育王寺の仏舎利塔　②235
阿育王塔　②235
阿形像　④742
阿史那氏　②619
阿修羅神　④337
阿婆清（酒名）　①491
厦門虎　⑤53
藺蒿草と鹿脂　⑤261
哀帝の諡号と廟号　③666
鞋履　②475
鞋履子　①647
青楓の枝　①685
青魚の鮓と生の胡荽　⑤301
葵と黍　⑤228
葵と蕨菜　⑤262
赤小豆粥　①216・④446
赤小豆二七粒　①59
赤小豆を飲む　③130
赤小豆を飲む（立秋）　③165
藜・苦菜・生薤　⑤229
暁に鳴る太鼓　①58
秋　荊門を下る（李太白集）　③798
秋風の異称　③54
秋珊瑚　③741
秋の異称　③53
秋の果菜と亀の肉　⑤323
秋は柞楢の火　④439
秋を収成　④63
悪逆　①175
悪逆以上　③417・③608
悪月　②213・②353・②354・②387・③614
悪五月　②358
悪霊　①63
小豆と諸肝　⑤245
小豆と大豆　⑤347
小豆二七粒　①59
小豆の花葉　②591
小豆の葉　⑤124
小豆を呑む　④761
新しい寒食日　②435
新しい蕈（地菌類）の毛　⑤359
悪気　①69
悪鬼を辟く　①102
熱い膩物と冷たい酢漿　⑤218
熱い食べものと冷たい酢漿　⑤219
羹と膾（六世紀）　③796
甘菊の茎　②595
甘みを省き鹹を減じる　⑤173
雨乞い　②516・②782
雨未だ晴れず　③417・③608
雨で死刑が延期された例　③422
雨降りの日　③419
雨を乞う　③5
雨を乞う習俗　③3

粟おこし　②759
袷（あわせ）　①298・①479・③245
安居　②305・②307・③226
安居の月　①259・②391
安産の薬　②597
安東公　①367
安寧（冬の異称）　④63
安禄山　④296
案比　③570
鵪鶉と猪の肝　⑤375


## い


井戸の毒気　②614
井戸を浚える　②638
伊吾瓜　②838
夷則　③51
夷獠　③242・③486
衣一具　②499・②501・②502
衣一襲　②503・②504
衣一副　②477・②490・②491・②492・②499・②500・②501・②502・②504・②724・②891・④709
衣の単位　②499
衣服の虫干し　②684
衣服を寝廟に薦める　③624
衣両副　③803
韋月将の処刑　③420
韋節の西蕃記　②717
韋荘　①668
移　②90・②97
移式　②87・②100
移春檻　①486
葦　①74
葦茭　①63・①69・①76
葦索　①69・①73・①74・①76
葦炭　①79
違勅罪　③385
違令　①224・②381・④123・④581
維夏　②55
飴と粥　⑤220
飴餳と蒜　⑤223
慰労制書　③522・③831
遺詰　③670
遺詔　③669・③670
遺詔の偽造　②727
家家乞巧して秋月を望み　③92
家貧しく村学　③503
怒ること勿れ　③248
出雲国計会帳　②707
一月　①47
一史　④280
一時の暑を避く　②753
一日行香行道　①84
一日の境界と時刻　③435
一日の計　①64
一日の始まり　③442
一日を鶏　①200
一年の計　①64
一陽巾　④441

一里病なし　①90
一臘　③357
一家に病なし　①92
一家飲め　①90
一家病なく　①90
一更　②72・②73
一更三点　③449
一更三点、鐘声絶え、人の行くを禁ず　③467
一切悪事尽消滅　②419
一切経音義　③209・③212
一切の獣肉を食べない(甲子の日)　⑤205
一尺二寸　③412
一春　①64
一晨　①64
一船の水主は五〇人　②536
一点　②72・②73
一頓　①595
一百五(牡丹の名称の一)　①732
一般人の誕生日　③331

五日一会　③314
五日の綵綖　③312
五日を馬　①201
詐りて瑞応を為る　①112
犬の肝と烏・鶏・狗・兎の肉　⑤327
犬の血・犬の肉と牛の腸　⑤332
犬の肉を食べない　⑤172
犬酸漿　⑤231
狗と鼠の残食を食べない　⑤197
狗を以て蠱を禦ぐ　②741
猪の肝と鵪鶉　⑤375
猪の肝・脾と鯽魚　⑤242
猪の五臓及び黒い獣の肉を食べない　⑤206
猪の肉と生姜　⑤370
印綬　①141・①148
印綬の子　①141
印綬を帯びる　①148
印章五字　④85
淫　②702

淫祠　④3
淫祠(唐代)　④5
陰威　③738
陰君子　③738
陰月　②55
陰子方　④645・④647
陰地の水を飲まない　⑤161
陰地の流水・泉水を飲まない　⑤66
陰風　④67
陰陽の陽　③417
飲酒のあとの胡桃　⑤374
飲酒のあと羊・豕の脳　⑤367
飲酒の後の芥辣　⑤374
飲酒の次第　①95・①96
飲食の会　②752
飲続　②487
隠逸花　③738
隠飛鳥　①198

## う


于闐国の宴楽　④528
于闐国の採玉開始の月　③808
右街　③472
右廂は七月七夕に乞巧す　③96
右翊府中郎将府　③472
羽茎が六ある鶏　⑤334
羽流　②358
芋郎君　①219
盂蘭餅餤　③229
盂蘭餅餡　③229
盂蘭盆　③190・③191・④195
盂蘭盆（供物を盛る器）　③189
盂蘭盆会　①208・②272・③179・③187・③228
盂蘭盆会（会昌の廃仏）　③214
盂蘭盆会（隋代）　③188
盂蘭盆会（唐代）　③189
盂蘭盆会（太原）　③214
盂蘭盆会（敦煌）　③194
盂蘭盆会（嶺南）　③192
盂蘭盆会（六世紀）　③188
盂蘭盆会の禁止　③215
盂蘭盆会の俗講　③220
盂蘭盆経　①208・③175・③186
盂蘭盆行事　②242
盂蘭盆斎　③213
盂蘭盆とは　③209・③210
盂蘭盆の経典　③196
盂蘭盆の語源　③209
盂蘭盆は容器（唐代）　③211
盂蘭盆は容器（宋代）　③212
盂蘭盆を進む　③211
盂蘭盆を其の間に置く　③211
雨安居　②309
雨神　②784
禹王　①728
禹王の生日　①727
禹王廟　①727・①729
烏・鴨の肉と犬の肝　⑤279
烏・鶏・狗・兎の肉と犬の肝　⑤327
烏桓族　①765
烏桓族（烏丸）　④433
烏鬼　②869
烏頭　③244
烏頭・烏啄を服用　⑤398
烏頭網　②869
烏梅漿　②842
烏梅と猪膏　⑤237
烏梅と猪肉　⑤327
烏薬を合す　③139
烏藍婆拏　③210
雩　③4・③5
鵜飼い　②868
外郎　②160
回鶻　②617
兎の羹と魚膾　⑤346
兎の肉と鶩の肉　⑤374

兔の肉と芥菜　⑤236・⑤322
兔の肉と干薑　⑤234
兔の肉と乾姜　⑤368
兔の肉と獺の肉　⑤275
兔の肉と白鴨の肉　⑤275
兔の肉と白鶏の肉　⑤369
兔の肉は獺の肉と白鶏の心臓　⑤329
兔の肉を食べない　⑤65
牛の腸と犬の血・犬の肉　⑤332
薄茶　①714
鶉の肉と猪肉　⑤259
鶉の肉を食べない　⑤103
鶉の肉を食べる　⑤165
歌垣　①396
団扇　②468
尉遅敬徳　①75
蔚林　②63
鬱　①73
鬱壘　①59・①63・①68・①71・①72・①73・①74・①75・①76・①79
鱓魚を食べない　⑤99
鱔を食べない　⑤202
産湯（代宗皇帝）　③354
産湯の礼　③349
梅熟して雨ふる　②360・②362
梅熟す時　②365
瓜の賞味　②837
瓜の両蔕・両鼻　⑤365
漆瘡薬　②597
鱗や甲羅のあるものを食べない（六甲の日）　⑤207
吽形像　④742
芸薹と大芥　⑤349
運脚　③478
運命の赤い糸　②601・②609・②894
運命を司る神　①769
雲開節　①206
雲翹の舞い　②162
雲仙散録　②607
雲物　①109・①115
暈　②860
蕓輝堂　②805
蕓薹（あぶら菜）　④325
饂飩　②756

## え

淮南子　③83
慧思　④383
慧文　④383
衛士の選抜　①205
衛士の帳（名簿）を上る　④477
永興公　①367
永楽大典　①787
映山紅　①520
郢酒坊　②655
郢州城隍神　④4
営室（星の名）　③75
易火　②644
易水　②644

疫鬼 ①278
疫鬼を辟ける ①101
疫病を辟く ①101
液雨 ④58
駅券 ③614
越王勾践 ②435・②521・②525
謁 ④429
蝦・蚌・著甲の物を食べない ⑤191
蝦と蠒肉・梅・李・生菜 ⑤240
蝦膾を猪肉と食べない ⑤324
蝦の腹が黒いもの ⑤302
蝦の鬚なく・腹が黒いものを食べない ⑤208
蝦の鬚のないもの ⑤302
鰓なき魚 ⑤295
延慶節 ③336・③339
延慶節（懿宗皇帝の生日） ④378
延資庫 ②465
延年 ②487・③738
延年の菊花酒 ③714
炎夏 ②63
炎節 ②63
炎颪 ②63
兗国公 ③287
冤とは ④130
冤を告ぐを訴う ④130
宴銭を賜う ③713
焉耆国 ②206・③759
焉耆国の牀撤 ③759
圜丘 ④396
圜丘を祀る ①201
圜銭を為り ③193
圜珍 ②219・③216
圜仁 ③3
塩豉 ②484
塩酒を飲む（契丹） ③756
塩州に城《きず》く ③510
塩鉄使 ③471
塩鉄使月進銭 ②464
縁起 ③221
閻羅王 ①764・①769
鴛鴦（おしどり）を食べない ⑤188
艶花 ①487


## お


和尚 ③217
王杞 ③759
王言 ③522
王言の制 ②90
王昌遇 ③758
王杖 ③569・③576
王杖を受くる ③575
王杖を賜う ③574
王朝国家の意思 ①118
王鎮悪（五月五日生） ②557
応鍾 ④53
応聖公 ①367
応天節 ②615・③339
往五天竺国伝 ②206

桜珠　②288
桜笋厨　②333
桜笋の会　②300
桜筍厨　②298・⑤88
桜桃　①472・②85・②287
桜桃宴（進士合格者）　②303
桜桃園　②293
桜桃厨　②86・②295
桜桃に三種有り　②291
桜桃の種類　②291
桜桃の花　②289
桜桃を寝廟に進む　②86
桜桃を食べる　⑤87
桜桃を賜う（漢代）　②292
桜桃を賜う（唐代）　②293
黄柑　①221
黄絹幼婦外孫虀臼　②572
黄金の洗児銭　③349
黄丹丸　②595
黄米糕　③719
黄連・桔梗を服用する時　⑤386
膃腽　③162
鴨（かも）　②652
鴨と芥葉　⑤279
鴨子（かもの卵）と鱉　⑤310
鴨卵と葫蒜　⑤278
鴨卵と鼈の肉　⑤280
襖子を贈る　④166
扇　②397・②468・②495
扇（団扇）　②647
扇（敦煌）　②471
扇の贈答　②398
扇を把り餛飩を喫す　④103
楝の葉　②455
大蒜を食べない　⑤92
大酔しない　③415
麋の脂と梅・李　⑤331
麋の肉と蝦・獺・生菜　⑤330
麋の肉と鵠の肉　⑤331
雄雉の肉　⑤225
乙夜　③472
温食　②436
温泉　④319
温泉（唐代）　④308
温庭筠　③471
温湯（驪山）　④310
温湯と楊貴妃　④312
温湯に行く理由　④311
温帽を被る　④166
雄鶏の肉と生の葱・生の芥菜　⑤335
遠忌の日　④566
瘟　①59・②421・②447・②494・②568
瘟疫　①98
瘟疫を病まず　①94
瘟気を辟く　①144・①268
瘟気を禳う　①142
瘟病　①144・②639・③716・③740

## か

下学集　②589
下元休暇　④195
下元斎　③180
下元節　①222・④195
下元節の殺生禁止　④200
下元日（隋代）　④198
下元日休暇一日　④198
下若酒　①491
火蛾児　①212・①214・①219
火耕水耨　①319・③487・④362
火城　①106・①107・①108・③458・④420
火食　②436・④497
火井　①705
火前の春　①704
加役流　②835
「可」字　③775
瓜瓢姑娘　①254
何媚　①258
花王　①731・①735・①755
花萼楼　③277・③310・③319
花鴿　②568
花糕　③719
花綵の楼閣　②474・②482
花勝　①187・①188
花信風　①395・①522・②371・②372・③386
花相　①732・①735
花朝　①381・①382
花朝月夕　①382・①383・③366
花朝節　①381・①382・①383・③366
佳得　④335
佳茗　①712
河魁　②761
河鼓　③75・③78・③109
河鼓・織女に祈請す　③77
珂傘　④105・④421
珂繖　①478・①479
科挙　①407
夏雨　②365
夏雨の諺　②703
夏禹　③805
夏課　②817・③550
夏月　②63
夏扈　②329
夏樹　②365
夏正を用う　④86
夏税の納入月（唐代）　②821
夏税の納入月（五代）　②822
夏税の納入月（六月）　②820
夏税は六月内　②822
夏糴（夏の穀物の買入れ価格）　①135
夏獮　④68
家醞　③126
家長隣保　③181
華岳　③154・③155
華岳参詣　③160
華岳参詣（隋唐）　③158
華岳題名　③150・③158・③160

華岳封禅　③156
華歳　①47
華山女（韓愈）　③156
華山碑　③821
華勝　①185・①186
華信風（花信風）　②368
華清宮　①109
華清宮（温泉宮・温湯）　④307
華清宮行幸と十月　④307
華佗の法　①98
假花　①574・①579・①583
假花菓　①88・①89・①90
假作僧道　③290
假寧の節　②632・②886・③141・③688・④93・④197・④409・④592
假寧の節有り　②375
假寧之節　①560・②189
假寧令　①8・①560・①785
過夏　②894・③550
過夏（夏課）　②817
過所　②91・②92・④294・④300
過食の戒め　⑤213
過堂　①446
嫁樹　①68・①281・①282
嫁棗　①68・①281
嘉会節　①475・①476・③336・③339
嘉月　①515
嘉祥大師　④383
樺燭　①106・①107・④420
裹束調度　③478
蝦汁と生の麞肉　⑤324
蝦汁と生の鹿肉　⑤245
課は租　③491
鍜磨斎　④769
牙尺　④708
瓦舎　①502
画雛子　①81
画鶏　①68・①69・①79
画鷁　②528
画刺　④430
賀嘉雨　②700
賀正使　①111
衙鼓　暮復た朝　③446
蝦蟆陵　①491
蝦蟇　②541
餓鬼　③188
餓鬼囚徒　③184
餓鴟　④690
甄俎　②636
鵞（あひる）を食べる　⑤119
鵞（がちょう）の肉と兎の肉　⑤374
丐巧　③108
介山　①533・①534・①535・①551・①552・④488
介子推（介子綏）　①530・①539・①544・①548・①550・①579・①581・②402・②431・②432・④487
介子推焼死説　①533
介子推の故事　①527
介子推の五月五日焼死説　①549

介子推廟　①552
介子綏（介子推）　①527・②432
会計報告　④767
会稽典録　②573
会昌の廃仏　①356・①378・②241・②383・③214・③610・④578
会昌の廃仏と三長月　③610
回鶻（ウイグル）　②617
回湯武庫（湯餅）　④671
灰酒と螃蟹　⑤367
戒火　④128
戒火草　①404・①501・①504
改火（管子）　②644
芥　④328
芥菜及び雉肉を食べない　⑤125
芥菜と兔の肉　⑤236・⑤322
芥菜と鯽魚　⑤369
海嶽春　①494
海東青　②153
偕簿　④204
開遠門　②263
開元　①55・①57
開元通宝銭　②828
開元通宝銭の爪跡　②829
開元天宝遺事　②607・②609
開元の治　①372・③840
開元文字音義　①698
開元礼　④280
開皇学令　③283
開歳　①47
開春　①47
開成五年暦　②740
開通元宝銭　②829
開蜜　②864
解　②95
解祠　②424
解試　③552
解式　②97
解除　①275
解送　①448
解粽　②415
解粽宴　②415
解粽節（宋代）　②414
解とは　②819
解頭　②819
槐衙　①662
槐子　④341
槐実から薬を作る　③129
槐檀の火　①685
薤菜と牛肉　⑤368
醢　③6
蟹　③509
獬豸　②454
艾虎　②495
艾糕　②458
艾餻　②457
艾子　③743
艾酒　②474・②482・②488
艾葉酒　②482
亥日　餅を食べる　⑤184

街巡使　③476
角黍（ちまき）　②404・②428・②429・②430・②455・②475・②479・②495・②631・②649・⑤116
角黍の製法　②480
角黍を食べる　⑤115
角糉　②479・②480・②497・⑤117
角抵　①227
角觝　①227・①692
角力　①227・①634・①693
角力記　②545
茖（ぎょうじゃにんにく）　⑤101
郭虞の遺風　③173
霍山廟　①366
霍乱丸　②592
穫穀　②599
学館修了者　②819
学館の学生　②378
学究一経　④280
学士に氷を賜う　②765
学問神　①329
岳鎮海瀆　②778
岳鎮海瀆の祭祀　②166
岳鎮海瀆の祭祀に関する祠令　④154
楽車　①483
楽を動ず　③181
鵲の巣　②593
鵲の窠　②595
鵲の橋を架く　③83
梶や桑で炙った牛肉を食べない　⑤203
甲子の日、亀・鼈・鱗物・水族　⑤339
甲子の日、獣肉を食べない　⑤196
咊漱　②146
郝姑の祭祀　②284
郝女君　②285・②287
郭公　②329・②599
聒庁　④823
葛燕　①212
獲穀（農時を告げる鳥）　②328
餲餅　①587・③402
合食禁　⑤209
門松　①80
蟹（清嘉録）　③509
蟹（唐代）　③509
蟹と生菜　⑤236
蟹と鼈を食べない　⑤200
蟹の出まわる時期　③509
蟹の目相い向うもの　⑤361
神々の生日祭の揺籃　③310
神を祭る肉、故なく動くもの　⑤363
髪を洗う　③248
髪を濯う　④378
亀・鼈と六甲の日　⑤323
亀・鼈を食べない　⑤188・⑤201
亀・鼈を食べない（六甲の日）　⑤207
亀・鼈・鱗物を食べない（甲子の日）　⑤205
亀の肉と秋の果菜　⑤323
亀の肉・鼈の肉と猪肉　⑤322
亀の肉・鼈の肉と猪肉を食べない　⑤201

芥子醤と魚の膾　⑤340
芥子醤と蒜・薺　⑤346
芥子醤と鼈の肉・兔の肉　⑤325
芥と螺・蜊　⑤241
辛き物を合食しない　⑤229
川獺漁　②873
獺の肝　②600
獺漁　②868・②871
厠に神を迎う　①257
干薑と兔の肉　⑤234
干秫米と猪肥　⑤221
広東の西瓜　②841
甘菊の茎　②595
甘草と蕪夷・蓼　⑤234
甘草を服用する時　⑤390
甘味と生菜　⑤221
旱澇（日照りと長雨）　③13
官健　③802
官司の印　③413
官場　①611
官人制　②87
官人の出勤時刻　③454
官人の俸給　①359
官俗の三日休暇　①125
官と職に就任　②386・②388
官奴婢　②833
官奴婢に冬衣を支給する　③800
官府の元日行事　①123
看花馬　①483
看仏牙　①472
桓譚　④496
浣花宴　②311
浣花宴（元代）　②312
浣花宴（五代）　②313
浣花宴（宋代）　②311
浣花渓　②313
浣花遨頭　②310・②311
浣花水　②295
浣花の佑聖夫人　②312
浣花夫人　②313・②314・②315
乾鱠　③796
乾糗　③121
乾糗を作る　③128
乾姜と兔の肉　⑤368
乾粥　①548・①553・①581・①582・②439・②440・④491
乾腊肉　④704
乾封湯　④309
乾白沙糖　②864
乾和節　③336・③339・③678
寒衣　④96
寒柯　④68
寒卉　④68
寒禽　④68
寒具　①587・①588・③401
寒景　④67
寒皐　②568
寒条　④68
寒食　①10・①83・①150・①383・①386・①526・①579・④835・④836

寒食（一ヶ月）　②433
寒食（魏晋以降）　①549
寒食（五月五日）　②436
寒食（後漢）　①528・①530
寒食（江州）　①569
寒食（江南）　①569
寒食（高昌国）　①572
寒食（三世紀）　①538
寒食（寺観参詣）　①596
寒食（隋唐）　①530
寒食（成都）　①567
寒食（前漢・後漢・三国）　④487
寒食（長安）　①567
寒食（唐代）　①553
寒食（敦煌）　①568
寒食（并州）　②432
寒食（并州妬女泉）　①570
寒食（揚州）　①568
寒食（四世紀の華北）　②439
寒食一月節　①555
寒食五日（寒食三日）　④498
寒食記事（最古）　④496
寒食期間の変化　④498
寒食休暇　①561
寒食休暇（囚人）　①562
寒食行事　②431
寒食禁止　①539
寒食五月五日説　②432
寒食時期（本来）　④488
寒食時期の変遷　②438
寒食習俗の衰退　①573
寒食上墓　①594
寒食・清明休暇　①560
寒食・清明休暇（宋代）　①562
寒食・清明の休暇　①558
寒食節　①296・①554・①591
寒食節の宮宴　①563・①564
寒食節の如し　④94
寒食節の洛陽　①582
寒食通清明　①559
寒食長きに非ず　①556
寒食なし（嶺南と安南）　①570
寒食に紙銭を焼く　①598
寒食に灯燭なし　①555
寒食の禁令　①557
寒食の紙銭　①597
寒食の時期　①547
寒食の酒食　①578
寒食の習俗　①528・①549
寒食の蹴鞠　①536
寒食の消滅　④487
寒食の相撲　①634
寒食の節　①538・②434
寒食の節物　①574・①582
寒食の打毬　①603
寒食の闘鶏　①629
寒食の二字　①537
寒食の拝墓　①592
寒食の日の呪い　①558
寒食の由来　①527

寒食拝墓　①6・①590
寒食拝墓の起源　①592
寒食墓参　①655
寒食三日　①548・①553
寒食を禁止　①543
寒食を禁断す　②442
寒食を断ず　①550
寒辰　④67
寒水を飲む　②875
寒鳥　④68
寒熱を患う者と扁豆　⑤320
寒風　④67
萱草　③582
閑居賦　②752
閑古鳥が鳴く　②330
漢魏の伏日　②753
漢の高祖の祭祀（徐州）　②627
関　②97
関宴　①468・①469・②734・②735
関讌　①472
関市令　③413
関試　①466・①469
関式　②98
関帝（関羽）の生日　⑤429
関帝廟の祭祀　①6
関撲　①127・④408
監決　③417・③608
監考使　①775
監国　④379
橄欖子　①724
翰林院　④370
翰林学士　②477
環釧　①587
環餅　①172・①397・③401・③402
観月（隋代）　③369
観月（蘇頲と李乂）　③370
観月詩（白楽天）　③372
観察経略使　③493
観察使　③493
観察団練使　③493
観察防禦使　③493
観世音　②857
観打魚　①606
観打魚歌　①606・③580
観潮（杭州）　③377
観潮を詠む　③378
観音経　②857
韓卓　④643
灌県の都江堰　②791
灌口二郎神の生日　②790
灌口神の如し　②800
灌頂　②107
灌頂道場　②108・②110
灌仏　②189・②274
灌仏（印度）　②190
灌仏（漢代）　②193
灌仏（荊楚地方）　②196
灌仏（三国・呉）　②193
灌仏（隋代）　②199
灌仏（石勒）　②194

灌仏（宋代）　②200
灌仏（唐代）　②200
灌仏（南朝）　②194
灌仏（二月八日）　②199
灌仏会　②188
灌仏経　②200
灌仏とは　②189
鐶餅　①587
餛餅　①398
元日　①55・①59・①83・①89
元日（焉耆）　①149
元日（亀茲）　①149
元日（新羅）　①148
元日鶏鳴の時　①139
元日始会　①119
元日節物　①104
元日に椒酒　①102
元日の異称　①55
元日の占い　①128
元日の大雪　①145
元日の行事　①59
元日の五更　①94
元日の黄雲気　①130
元日の寺観参詣　①124
元日の椒酒　①90
元日の青雲気　①131
元日の赤気　①131
元日の俗信　①138
元日の食べ物　①85
元日の朝賀　①116
元日の朝会　③318
元日の朝廷行事　①121
元日の屠蘇酒　①90
元日の寅の時　①94
元日の爆竹　①63
元日の始まる時刻　①58
元日の八風　①137
元日の呪い　①101
元日の呪い酒　①101
元日の門戸の飾り　①68
元正　①55
元旦　①55・①57
元旦の楊柳　①76
含元殿　①109・①116・①118・①119・①121
含膏茶　①721
含随竹　④501
含桃　②85
玩月羹　③372
眼明嚢　③269・③270・③275
眼明袋　③274
眼薬の製法　③136
雁と生海鼠（生のなまこ）　⑤261
雁の肉を食べない　⑤131
雁を食べない　⑤153
顔回を先師　①336・③284・③286

## き

きささげ　③164
几杖　③577

木耳　②594
気毬　①574・①583
妓囲　④486
岐伯　③269
希夷真君　③430
忌月　③614
忌作　①394・③398
忌日　①579・②625・④562・④579
忌日の飲酒　④581
忌日の紙銭　④592
忌日の設斎　④590
忌日不楽　④579
季夏土王の日　②773・②778
季夏は桑柘の火　④439
季月　②699・⑤80
季札　①728・③805
季秋　③593
季秋大節（揚州府）　③763
季春　①515
季商　③593
季禄　①359・①361・③431
季禄（日本）　③432
季禄の制度　①360
季禄の日割り支給　③433
祈儀会　②310
祈報　③7
枳実　③684
帰省　①65・①66
帰寧　①674・②415・④395
桔梗・黄連を服用する時　⑤386
起溲　②757
起盆　③241
鬼子母　②274
鬼子母失子縁　②275
鬼子母神　②273・②274
鬼子母神（本事詩）　②280
鬼子母神信仰　②277
鬼子母神信仰（荊楚地方）　②278
鬼子母神信仰（交州）　②281
鬼子母神信仰（敦煌）　②281
鬼子母神信仰（南朝時代）　②277
鬼子母神信仰（唐代）　②279
鬼子母神の故郷　②276
鬼車　①197
鬼車鳥　①198
鬼神祭（漢代）　②678
鬼神の府　①763
鬼神を祭る　②681
鬼節　④98
鬼鳥　①197・①198
鬼魅　①77
鬼名　①76・①77
亀茲国　②206
喜子　③108
喜信　①449・①450
期年　③234
葵菜と鯉の鮓　⑤321
葵菜と猪肉　⑤227・⑤263
葵子（葵の実）　②593
貴妃の生日　④312

箕帚　①105
綺羅の服　②530
聞くに忍びず　①446・④580
魁実　③744
徽宗皇帝　②555
徽宗皇帝（五月五日生）　②559
騎打毬（ポロ）　①191・①611
餽歳　④813
麒麟　①70
伎児鳥　①506
宜春　①156
宜春院の面会日　①680
宜春苑　①664
「宜春」字　①155
宜春酒　①302・①313
宜城　①494
宜男草　③581・③582
偽経　②378・③186・③196
義浄三蔵　②191
儀制令　①8
擬判　②537・②746
議　②317
菊黄蟹肥（菊花のころ蟹が肥える）　③509
菊花　③684
菊花酒　③704・③721・③722
菊花酒（六世紀）　③724
菊花酒（唐代）　③725
菊花酒（発酵）　③725
菊花酒の初見　③723
菊花節　③684・③686
菊花の異称　③738
菊花の簪　③713
菊花は延寿客　③716・③729
菊華酒　③687
菊酒（漢代）　③721
菊酒は頭痛薬　③739
菊水（後漢）　③685
菊月　③593
麹糵（こうじ・酒母）　③126
鞠　①536
麯米春　①492
麴米春　①493
蘜　③738
如月　①295
雉と鹿　⑤264
雉肉と生の麞肉　⑤324
雉肉を食べない　⑤96
雉肉を食べない（丙午の日）　⑤206
吉蔵　④383
乞寒の胡戯　④535
乞巧　③74・③100・③104・③106
乞巧（華清宮）　③110
乞巧（宮中）　③109
乞巧（荊楚地方）　③108
乞巧（他月）　③112
乞巧（南朝）　③107
乞巧（唐代）　③108
乞巧（唐代洛陽）　③109
乞巧市　③98
乞巧果子　③117

乞巧の初見　③105
乞巧棚　③99
乞巧楼　③110
乞子　③100
乞子（上巳）　①659
乞寿　③100
乞富　③100
吉祥文字　①72
吉鳥　②426
吉方　①61
吉利　①266・④645
契丹国志　②631
喫巧　④430
喫茶の開始時期　①698
鵠鶺　②329
啄木　②590
啄木を捕獲　②570
狐・兔を食る　④670
砧→「ちん」　③506
砧青磁　③507・③781
黍と葵　⑤228
君見ずや青海の頭　③517
胆なき魚　⑤295
却鬼丸　①95・①96
九醞　①491・①494
九夏　②63
九曲池　③710
九曲の亭子　①661
九玄・七祖の父母　③184
九孔針　③115
九孔の針　③110
九索　①682
九子糉　②480・⑤116
九州の任土　①113
九秋　③53
九春　①47
九冬　④62・④65
九等の考第　④223
九は陽数　③692
九雌十雄　③509
九部の楽　③310
九龍池　①667
休暇一日　①378
休暇五日　②430
休暇三日　①378・①380
休咎　①146
休日（女子）　①394
求雨と求晴の方法　③18
急急律令の如し　②417・②419・②722・③127
急就　③496
急就篇　④500・④541
急程茶　①710・①712
宮懸の楽　①109
宮女（唐代）　①675
宮女の面会　①674
宮人斜　③493・③494
宮人の葬處　③494
宮中及び京城の昼夜巡警の法　③471
宮とは　②775

宮漏三声　③52
救火草　①504
毬　①536
毬場　①617・①756
給舎（給事中・中書舎人）　②460
鳩杖　③575・③576・③577
鳩杖下賜（唐代）　③577
鳩鳥　③569
鳩盤荼　②280
窮　①276
窮紀　④521
窮九　①278
窮日（漢代）　②629
窮日（唐代）　②630
窮日（厄日）　②629・③172・③762
窮秋　③593・③595
窮冬　④526
窮稔　④521
窮を送る　①276
糗　①553・①581・②440
糗餌　③718
牛臥の占い　①144
牛角を焼く　②609
牛蘸と李実　⑤262
牛僧孺　②788
牛蹄を埋める　②609
牛肉と薤菜　⑤368
牛肉と白酒　⑤375
牛肉を食べない　⑤202
牛皮船　②395
去故納新　①206
去甫　②541
挙子　④350
挙子忙し　②818
挙場（試験場）　①414
挙人　①407・④272
挙人とは　④272
秬黍　③411・③412
粔籹　①587・③402
渠逸鳥　①199
魚膾と兔の羹　⑤346
魚膾と乳酪　⑤252
魚鮓と乳糜　⑤346
魚醬　④595
魚藻宮　③711
魚頭に白あり、脊上に連なるもの　⑤363
魚頭に白色　⑤295
魚肉と乳糜（乳粥）　⑤346
漁猟の禁止　①222
匈奴の祭祀　②678・③639
匈奴の俗　②680
匈奴民族　②678
夾衣　①298
夾衣（夏服）を衣る　③416
夾衣（冬服）　③245
夾衣を着る　③800
夾鍾　①295
夾服　②328
杏園　①660・①663・②735
杏園の宴　①470・①472・②733

杏花雨　①686・①687
杏子（あんず）と猪膏　⑤239
杏粥　①580
杏仁粥　①578
杏仁粥と猪汁　⑤247
杏仁と粟米　⑤367
杏酪　②653
杏酪粥　①580
姜岐　②866
教（占いの道具）　③387
経蔵点灯　④767
郷貢　④280
郷貢秀才　④282
郷貢俊士　④282
郷貢進士　①448・②17・③562・④272・④282・④332・④358
郷貢武挙　①344・④274
郷貢武挙の人　③306
郷貢明経　②17・③562・④272・④282・④358
郷人儺し　④754
郷人の儺　④741
郷土宜を異にする　④360
郷法　④360
蛩秋　③769
薑（はじかみ）と甜粥　⑤219
薑を食べない　⑤163・⑤169
襁褓（おしめ）　③353
鴞　②424
鴞炙　②424
鏡聴　①146
競舟　②527
競渡　②435・②519・②521・②522
競渡（袁州）　②533
競渡（岳州）　②527
競渡（岳陽）　②524
競渡（宮廷）　②534
競渡（荆州）　②526
競渡（江南）　②525
競渡（杭州）　②531
競渡（襄州）　②529
競渡（滇王国）　②522
競渡（舟くらべ）　②518
競渡（揚州）　②530
競渡する　②428
競渡船の水主　②535
競渡賭銭判　②537
競渡の起源　②524
競渡の行事　①552
競渡の初見　②521
競渡の発祥地　②525
競渡の判　②536
競渡の目的　②525・②526
競渡の由来　②520
競渡を観る　②312
競猟　②587
響卜　①146・①147
響卜（近代）　④777
響卜（清代蘇州）　④777
響卜（宋代）　④778

響卜（唐代）　④778
響卜（明代）　④778
行觴　③173
行城　①349・②202・②207・②211・③375
行城（契丹）　①355
行城（行像）　①352
行城（西域）　②203
行城（隋）　①353
行城（敦煌）　①354
行像　①347・③375
行像（印度）　②202
行像（于闐国）　②204
行像（焉耆国）　②206・③377
行像（亀茲国）　②203
行像（契丹国）　②211
行像（行城）　②201
行像（隋唐）　②210
行像（成都）　②210
行像（東晋）　②207
行像（南朝）　②209
行像（北魏）　②207
行道　③310・③665
蕘　④327
翹関　①692・③555
曲阿　①494
曲江　①664
曲江宴　①276・①315・①790
曲江宴（進士）　①694
曲江宴の起源　①660
曲江拾菜　①322・①324
曲江春游　①578
曲江地　①663・①664
曲江池　②735
曲江の宴　①470
曲江の賜宴　③711
曲江の大会　①471
曲江の頭（ほとり）　①660
曲江の遊賞　①661
曲赦　③645
曲水の宴　①10・①641・①643・①646・①650・①651
曲水の禊亭　③312
曲水を成す　③173
玉（軟玉・硬玉）　②577
玉皇大帝の生日　⑤405
玉鈎斜　③494・③495
玉泉寺　④383
玉団　②578
玉壁城　③835
玉梁餻　①212・①219
切傷薬　②590
今上帝九五　①84
斤　③412
均田制　④289
芹菜と生の猪肝　⑤232
芹菜を食べない　⑤131
金烏伝を飛して　④269
金花銀器　②498
金花帖子　①451・①452・①453・①454
金羹玉鱠　③798・⑤257

金距　①630
金鏡の綬帯　②408・③312・③324
金鶏　①73
金吾の騎士　③458
金谷園　③798
金沙泉　①708
金針　③113
金齏玉鱠　③797
金銭　①485
金瘡薬　②594
金丹の服用　①377
金天王　③155
金部格　④294
金陵春　①7・①493・①494
金録斎　③310・③327・③665
金録大斎　③178
金籙斎　③178
菌類の下に紋なきもの　⑤359
勤政務本楼　③319
琴操　②432
禽・獣の肝の青いもの　⑤360
鈞石を正し　③410
禁烟　①587
禁烟節　①566
禁火三日　①554
禁兵器を私有　②675
禁防参軍　③58
禁猟期間　①524
錦波浮玉春　①494
錦標　②534・②535
釁浴　③173
吟蛩　③769
銀枝子　③266
銀針　③113
銀寸尺　①309

く

九月下旬の山東半島　③763
九月九日　①641・①662・③689
九月九日（後漢）　③684
九月上卯の北風　③679
九月上卯の西風　③680
九月上卯の東風　③680
九月重陽　①663
九月の異称　③593
九月の占い　③600
九月の風と雨　③597
九月の雑事　③809
九月の食禁　③815
九月の俗信　③814
九九　③496
九九消寒句　④474
九九消寒詞　④471
区明（歐明）　①140
功徳使　②243・②327・③215
百済国の祭天　④511
供物の容器とする　③210
苦蚘　②541
苦瓠汁を飲む　③136

苦菜と藜　⑤229
苦蘵　⑤232
苦酒（食酢）　②484
苦竹（まだけ）の笋　②334
苦竹の筍　②297
苦芙　②597
枸杞酒　③731
枸杞酒を飲む　④305
枸杞湯で沐浴する　④194
蜘蛛の巣の呪い　③132
鴝鵒　③408
鴝鵒の雛を飼う（南朝）　②567
懼風　②855
グミ　③741
供奉官　①109
具足戒　②326
具注暦　②740・③382
颶とは　②855
颶風　②856・②859
颶風（臺風）　②854
颶風（唐代）　②858
颶母　②856・②860
空青・朱砂を服用する時　⑤393
禺氏の玉　②577
鼈の肉・蝦と諸刺菜　⑤229
鼈の肉と鵠の肉　⑤274
鼈の肉を食べない　⑤173
薬を服用する時　⑤396
口を閉じず自死した鳥を食べない　⑤280
屈原　①535・①552・②401・②402・②435・②439・②520
屈平　②521
履・韈を贈る　④441
栗と生魚　⑤236
黒い獣を食べない（六甲の日）　⑤207
君子は斎戒す　③416
君臣関係　③522
裙幄　①482
薫天　①195
薫風　②368
郡県村社の競渡　②531
郡県の宴会（後漢）　④303
郡邸　④203・④206


## け


掛搭　②307
下行文書　②95
下州は一人　③560
下生信仰　②196
下痢止め薬　②592
化俗法師　③217
夏安居　②305・②309・③225
夏坐　②305
夏至　①386
夏至（漢代）　②430・②638
夏至（蘇州）　②655
夏至（朝節）　②630
夏至休暇（漢代）　②631
夏至休暇（唐代）　②632

夏至節の日　②455
夏至に鶩を食べる　⑤111
夏至に菊灰を作る　②658
夏至に祖先を祭る　②656
夏至に葅亀を食べる　⑤112
夏至に角黍（粽）を食べる　⑤110
夏至の雨　②361
夏至の占い　②662
夏至の行事　②430
夏至の五更二点　③442
夏至の節物　②646
夏至の占風　②664
夏至の前後、脂濃いものを摂らない　⑤114
夏至の食べ物　②429・②649
夏至を重んず　②631
解安居　③225
解夏　②307・③225・③228
解制　②307・③225・③228
解制（解夏）　③187
解制（宋代）　③228
解制（唐代）　③227
解制（六世紀）　③226
解脱するを得　③184
刑獄参軍　③58
刑罰を行わない　③415
刑部格　②836
京官三品已上　④109
京官の考課簿の提出日　④106
勁風　④67
荊楚記　②444・③265
荊楚歳時記　②442
荊楚歳時記の漬物　④479
荊桃　②288・⑤89
荊南の梅　①9・①55
計会　②704
計会式　②87・②88
計会式（日本）　②103
計会する　②88
計会帳　②86・②88・②708
計会とは　②86
計偕　④204
計偕簿　④204
計帳　①778
計帳（郷ごとの手実）　①51
計帳使　②88・②704・②705
計帳の作成終了日　①777
桂苑叢談　③495
桂月　③253
桂と葱　⑤226
経書を曝す　③77
経略使　③493
敬宗皇帝の生日　②722
敬老行事の一環　③571
景天草　①504
景天草（漢代）　①505
軽駛　②535
禊　①636・①637
禊飲　①651・①656
禊飲（唐代）　①657

禊飲踏青　①660
慶成節　①210・③336・③339・④136
慶成節休暇三日　④139
慶成節制定以前　④138
慶成節の曲江宴　④142
慶陽節　②725・③339
擎像人　①354
擎重　③554
薊北の雪　①55
薊北（幽州）の雪　①9
螢雪の功　②668
巂　①518
瓊花露　①494
鶏毬　①557・①574・①579・①583
鶏子・鴨子と蒜・桃・李　⑤336
鶏子（鶏卵）を食べない　⑤63・⑤166
鶏子と鼈の肉・山鶏の肉　⑤336
鶏子を食べない　⑤84
鶏腸　②596
鶏肉・鳮肉と魚の膾　⑤340
鶏肉と葫蒜　⑤371
鶏肉と白羊の肉　⑤327
鶏肉を食べない　⑤97・⑤167
鶏卵　⑤63
鶏卵と鯉魚　⑤338
鶏足　③744
迎気の日　②778
迎紫姑　①254
迎神　①59
迎神の行事　①60・①61
迎神の香花　①60
迎節　③235
迎濤　③381
迎年佩　①105・①106
迎婆娑神　②574
迎梅　①524
迎梅雨　①524
迎富　①152・①325・①326
迎富節　①326
迎涼の草　②804
撃穀　②330
激厠姑　①254
激風　③54
決罪帳の提出　④220
結杏子　②650・③267
結夏　②305・②306・②307・②309・②310・③225・③226
結制　②306・②307・③226
結制（安居）　②304
結制（印度）　②305
結制（荊楚）　②306
結制（宋代）　②310
結制（唐代）　②308
結制（四世紀）　②305
結冬　②305・③225
結羊腸　①271
潔恵侯　①553
蕨菜（わらび）と葵　⑤262
月燕　①104
月建の日に、雄の鳮肉を食べない

⑤60・⑤67・⑤85・⑤105・⑤115・⑤147・⑤160・⑤168・⑤175・⑤185・⑤204
月氏　③639
月進　②320
月夕　①381・①382
月灯閣　①694・①695
月灯打毬　①472
月俸銭　③431
撃鞠　①566・①612・①614
撃毬　①565・①612・①614・①616
見とは　④358
巻耳　②598
建寅之月とは　①150
建茶　①702・①714
建中会盟　③521
建灯　①233
建茗　①701
県官　①76
研膏茶　①713・①714・①715・①717・①719・①720・①723・①724
祆祠　④534
乾元殿　①109
乾和節（哀皇帝の生日）　③666
乾和蒲萄　①491
健児　③802
牽牛織女河橋を渡る　③92
牽牛織女星　④314
牽牛像と織女像　③84
牽牛と織女の古詩　③84
牽牛とは　③73
牽紅絲　②606
牽鈎　①225・①226・①690
莧菜（ひゆ）　②597
莧菜と鱉　⑤311
莧菜と鼈の肉　⑤326
莧菜と鱉肉　⑤377
罥索　①627
萱草麪　④669
献歳　①47
献春　①47
献生子　①301・①312・①315
憲兵　③476
縑　③246
繭卜　①218
懸を廃し　③5
權衡を平らか　③410
元会　①106・①110・①120
元会とは　①119
元会の儀式　④420
元会の中止　①115・①120
元会の餘興　①122
元亨利貞　①72
元稹　③503
元正　①82・①112
元正日　①82
元宝鈔　③467
元夜　①235
元陽　①55・①57・①89
元陽臠　①57・①89
玄英　②63・④62

玄月　③593
玄元皇帝　①365・①369・①370
玄元皇帝の降生日　①378
玄元皇帝廟　①365・①373・①376
玄節　④67
玄熟　①218
玄奘三蔵　②203
玄宗皇帝と老子　①371
玄壇神の生日　⑤416
玄鳥至る　①403
玄鳥の命　③312
玄都の旧法　③184
玄都大献　③184
玄都大献経　①208
玄冬　④62
玄氷丸　②180
玄氷丸で暑気を払う　②653
言　②746
言語　③555
還俗　②242
厳風　④67

## こ

子授かり　③74
子授りの呪い　①266
子供を学に入れる　③496
子なきは子を乞う　③78
子を願う　③102
小作料の権利確定日　③767
小春　④53・④55・④56・④842
小春（錦繡萬花谷）　④59
小春（啓劄青銭）　④60
小春（古今事文類聚）　④57
小春（歳時広記）　④57
小春（事林広記）　④58
小春（夢粱録）　④60
小春　梅蘂綻ぶ　④62
小春八月説　④61
小麦と菰　⑤223
小麦と菰菜　⑤223
小麦と菰首（まこもの芽）　⑤223
小麦と大豆　⑤349
戸口調査　③569
戸婚律　③479
戸税　②821
戸籍　①51
戸等　①181
戸部式　①320・④70・④361
古社　③394
古薬を焼く　②589
呼韓邪単于　③639
固形砂糖　②862
姑　①516
姑獲鳥　①198
姑洗　①515・①516
虎頭を戸上に懸ける　①147
虎鼻　①148
故火を替える　②643
故とは　③465

胡葱を食べない　⑤101
胡菜　②598
胡荽を食べない　⑤96・⑤167
胡餅　①173・③659・⑤38
胡餅の起源　①173
胡餅の実体　①173
庫部式　②676
袴　①477
袴褶（はかま）　①477・①478・③310
袴褶着用　④104
袴褶を服す　④105
湖州茶　①707
湖州放生池記　②227
湖茶　①712
菰菜　③795
菰菜と小麦　⑤223
菰首（まこもの芽）と白蜜　⑤239
菰首と小麦　⑤223
葫（にんにく）　⑤79
葫蒜（にんにく）　⑤79
葫蒜と鶏肉　⑤371
葫と肉　⑤319
葫と青魚の鮓　⑤320
葫を食べない　⑤162
辜月　④347
鼓市　②399
鼓扇　②470
皷造（ふくろう）　②425
顧渚　①706・①709・①712
顧渚泉　①711
顧渚貢焙　①707
蠱　②564
蠱蓄を禦ぐ　④387
蠱とは　②741
蠱の解毒　②566
蠱を蓄める　②564
互市　④294・④295
互市（安禄山）　④296
互市（官営）　④298
互市（私営）　④298
互市（唐代）　④293
互市牙郎　④296
互市格　④294
互市禁制品　④298
互市とは　④297
互市の開催時期　④293
互市の規定　④297
互市の罰則規定（私互市・宋代）　④300
互市郎　④296
五戒　②326
五岳　②777
五岳四瀆　①159
五岳の一　③154
五月（俗講を開く）　②390
五月悪月　②554
五月五日　①641
五月五日（華中）　②426
五月五日（華北）　②431
五月五日（契丹国）　②457
五月五日（唐代）　②446

五月五日（北方）　②431
五月五日（六世紀）　②441
五月五日生　②553
五月五日生子　②892
五月五日の競渡　②518
五月五日の生子　②551・②552・②554・②555
五月五日の生子を忌む　②403・②553
五月五日（端五）の成立　②402
五月五日の沐浴習俗　②540
五月五日の由来　②401
五月午日　②418
五月一日の生子　②560
五月の悪疫　②486
五月の雨　①524・②359
五月の異称　②353
五月の蚕　②671
五月の風　②368
五月の雑事　②681
五月の情景　②373
五月の食忌　②692
五月の生子　①508・②552
五月の生子を忌む　②546・②551
五月の俗信　②687
五月の俗講　②393
五月の仏事　②385
五月は悪月　②386
五月晦の占い　②666
五月を悪月という　②355
五月を善月という　②357
五月を毒月という　②358
五経　③505・④280
五行と臘日　④600
五行の精　①70・①71・①96
五胡　②679
五胡十六国　③640
五孔針　③114
五更　①204・②72
五更五点　①106・②73
五更三籌　③435・③465
五更三籌の初見　③439
五更三点　①58・①59・①94・①106・②71・②73・②74・③436・③449・④420
五更三点、鐘声動き、人の行を聴す　③467
五更三点鵷行（＝行列）に入る　③455
五更二点　①58・①59・①94・①106・②71・②73・②74・③440・③473
五更の鼓角の声悲壮　③445
五更法　③437
五穀の神　①60
五穀の熟　③383
五穀の生　③383
五穀の精　①145
五采　①68
五采の絲　②401
五彩絲　②421
五綵　②446
五綵絲　②494
五綵嚢　③270・③274

五綵の寿絲縷　②495
五時花　②478
五時図　②478
五色糕　③715
五色餻　③717
五色絲　②422・②428・②431・②456・②529
五色辛盤　②431・②440
五色繪　②422
五色土　①81
五色の印　②420・②421
五色の香水　②198
五色縷　②428・②431
五七斎　③233
五種類の武器　③811
五十少進士　①462・③567
五辛　⑤35
五辛菜　①87・⑤36
五辛と猪肉・生魚　⑤228
五辛とは　①86
五辛の種類　⑤35
五辛盤　①59・①85・①86・①87・①89・①90・①95・①102・①175
五辛盤（春盤）　⑤34
五参（五蔘）　⑤7
五臓を食べない（壬子の日）　⑤206
五臺山　②242・②732
五斗米道　①208・②625
五骰　①494
五道神　①764
五品以上官で退官した者　③434
五府　④572
五兵　②413・③811
五味粥　④538
五味腊　④704
五味脯　④321
五里塚　④271
午後の六刻　②745
午（正午）にして退く　③454
午前二時五九分　③442
午前四時四八分　③442
伍員　②521・③805
伍子胥　①539・①728・②434・②435・②521・②525・③381・④491
呉桜桃　⑤91
呉氏本草　③744
呉茱萸　③741・③742
呉船録　②797
呉楚の俗、淫祠多し　③805
後唐の出自　②620
胡麻と韮・蒜（にんにく）　⑤260
護火草　①505
護花鈴　①487
護符　①79
鯉の鮓と葵菜　⑤321
鯉の卵と猪肝　⑤293
口脂　④656
口脂衣　④665
口脂の製法　④658
口脂の贈答（民間）　④658
口脂を下賜する　④666

口の字　②416
公験　①241
公的造営　③298
公的労働が中功　③290
公文書の伝達速度例　④250
勾　②93
勾官　②92・②93・②705
勾司　②93
勾践廟　④8
勾芒神　①301・①302
勾龍（共工氏の子）　①341
孔公孼を服用する時　⑤400
孔子廟の南面　③287
孔子を先師　①336・③286
孔子を先聖　①336・③284・③286
孔宣父の廟　①335
孔宣父廟　①337・③278
功過　④223
広恵公　②784
広潤王　①367
広成湯（汝州）　④307・④308・④318
広沢王　①367
広徳王　①367
広寧公　①367
広目天王　③627
広利王　①367
甲乙膏　①506
甲致書乙文書　③530
甲頭官　①777
甲令　③316
交年　④755
交年節　④651
后稷（農事を司る神）　①341
江心鏡　②514・②515
江心鏡の形　②516
江東の大酒飲み　③796
江東の阮籍　③796
江東の歩兵　③796
江南梅雨の天　②62・②656
考課簿　①774・④107・④204・④222
考課簿（地方官）の提出日　④221
考課令（五代）　④224
考功令（五代）　④224
考使　①775・④218
行香　②730・③191・④569・④570
行香廃止　④578
行軍　③512
行觴　③173
行盗　③241
行能　④223
行楽　①275
劫数を簡定　③184
坑三姑娘　①254
孝経潭　②519
孝経　④499
宏辞登科　②746
更　③302・③436
更生　③738
更点　③435
更には太鼓　③438

庚申の御遊 ④471
庚申の夜 ④469
庚申の夜に眠らない ④471
昊天 ②63・③53
咬牙餳 ①85・①87・①89・①90
咬春 ①172
後伏 ②739
洪州放生池碑 ②223
皇女湯 ④318
皇城内の西南 ②777
皇地祇を祭祀する（隋代） ②637
皇地祇を祀る ②635
皇帝敬問某（前漢） ③540
皇帝敬問某。云云 ③522
皇帝の私的意志 ①118
皇帝の生日 ③179
皇帝問某。云云 ③522
皇帝問賛普 ③523
紅絲綫 ②607
紅雪一合 ①310
紅雪の製法 ④663
紅線毯 ④331
紅糟 ④538
紅餤 ①577・①578
紅躑躅 ①520
荒月 ②55
香囊 ④665
香湯に浴す ①147
校（首かせ） ③422
羔 ①480・④637
耗磨 ①268
茭櫻 ②480・⑤116
貢挙 ①118
貢挙応試 ④357・④366
貢挙合格者の任官 ①466
貢挙試 ①407・①408・①410・①412・①428・①443・①447・①466・②67・②68・②111・②533・②817
貢挙試の科目 ①427
貢挙試の管轄 ①410
貢挙試の試験時間 ①415
貢挙試の時期 ①413
貢挙試の受験資格 ②819
貢挙人 ①408・④201
貢挙人の上京 ④272
貢挙その人に非ず ④276
貢挙の科目 ④280
貢挙の開始年 ④281
貢献 ②462
貢人 ①118・①407・②17・③560・④272
貢茶 ①703・①709
貢茶（蜀） ①704
貢茶（唐代） ①702
貢茶（冬） ④302
貢茶院 ①710・①711
貢物奏上 ①113
降 ②263
降聖 ③608
降聖閣 ①373
降聖節 ①85・①378

降聖節（老子の生日）①375
降聖節の創設 ①377
降誕会 ①344・②188
降誕斎 ②730・②732
降誕の斎 ②728
降誕日に僧尼を度す ④179
降誕日の行香 ④177
高会極歓 ③397
高句麗国の祭天（十月） ④333
高秋 ③53
高昌国 ②206
高辛氏悪子 ②445
高祖の生日（漢代） ②628
高覇 ④336
高風 ③54
高齢の進士及第者 ①463
康居国 ②715
康国の乞寒 ④513
皐月 ②353
黄衣の道士 ③224
黄気 ①131
黄麾の仗 ①109
黄鱨（ぎぎ）を食べる ⑤355
黄砂 ①298
黄雀 ③599
黄雀雨 ③599
黄雀風 ②701・②703
黄鍾 ④347
黄鍾とは ②775
黄草 ④68
黄巣の乱 ①667・②249
黄巣の乱後 ①668
黄帝 ③268
黄帝祭祀（後漢） ②774
黄帝祭祀（隋代） ②775
黄帝祭祀（唐代） ②776
黄帝壇の形と規模 ②776
黄帝壇の場所 ②776
黄帝土公 ②721
黄梅雨 ②361・②362・②365
黄連丸 ②592
黄録斎 ③178・③327
殽觴 ②628
硬玉 ②577
蛟龍の肉と魚肉を食べない ⑤84
隍 ④3
硇砂を服用する時 ⑤400
絳嚢（赤い袋） ①92・①94
蒿（よもぎ） ②589
鉤 ②93
膏環 ①587・③402
膏粥 ①251
膏糜 ①220・①251・①279・①386・②481・②496・②743・④635・⑤117
膏肓穴 ③269
膠牙餳 ①65・①85・①86・①87・①88・①95・①96
膠牙の餳 ①103
糕 ②160・③718
糕糜 ②282

講　②390
講唱体　③221
講経体　③221
講武する　④505
講論　②320
餻　①220・①279・②160
餻糜　①216・①220・①251・①253・①254・①279・③267
餻麋　②160
鱟魚の小さいもの　⑤365
合家富貴　②609
合歓結　②457
合歓索　②458
合醤　②720
合閙蛾　①212
郷飲酒礼　①335・①343・③280・③305・③564
郷飲酒礼（唐代）　④677
郷学・村学の教師　③503
郷学に就学した　③501
郷学の設立と振興　③499
遨床　②312
遨頭　②312
螯蟹　③509
麹を作る（七日）　③125
麹を作る祝文　③127
麹を作る日　③66
氷と酒を賜う　②654
氷を賜う　②763・②767
氷を頒つ　②764
冰を恩賜されるを謝するの状　②768
告身　②90
告身の発給　①775
国王の一日交替（焉耆）　④145
国忌　①85・①223・③181・④561・④586
国忌一覧　④568
国忌月の演奏　④583
国忌設斎の規模　④571
国忌と飲酒　④581
国忌と音楽　④579
国忌と科罰　④585
国忌と北里の休業　④582
国忌に楽を作す　④580
国忌の起源　④563
国忌の禁令　④579
国忌の禁令を破った実例　④586
国忌の行香　④574
国忌の日に飲酒　④581
国忌日　①84
国忌日に設斎　④572
国忌日の殺生禁止　④588
国忌日は鞭笞せず　④586
国子監　③562
国清寺　④383
国清百録　②217
斛斗秤度　③411・③413
黒山（契丹）　①772
黒山を祭祀　④431
黒死病　⑤44
黒色の鶏の白頭　⑤334

黒帝土公 ②721
黒帝を北郊に祀る ④147
黒風 ②855・②857・②858
穀醋を醸す ②720
獄官令 ③418
九日節 ③682・③683・③703・③723
九日節（西京雑記） ③687
九日節（唐代） ③687
九日節の起源 ③683
九日節の菊花 ③686
九日節の休暇 ③688
九日節の殺生解禁 ③689
九日節の名称 ③691
九日の登高 ③702
九日の長寿薬 ③744
芴菁 ④327
骨髄を焼く ④761
衣替えの月 ②328
今正（元日）臘（臘日）の旦 ④641
昆飩（うどんの類） ①102・④96

昆明池 ③85
金剛力士 ④541・④742
金比羅神 ③629
崑崙の玉 ②577
餛飩 ④103・④452
餛飩（清代の北京） ④453
餛飩（宋代） ④452
権知貢挙 ④278
権知礼部貢挙 ④278・④279


## さ


叉手を教う ③497
左街 ③472
左廂は七月六日を以て乞巧 ③96
左蔵庫 ①114・③344
左右街使 ③459・③469・③472
左右金吾衛大将軍・将軍の職 ③471
左右巡使 ③460・③473
左右神策軍 ③476
左翊府中郎将府 ③472
白湯と粥 ⑤375
佐職以下 ④365
沙河湯 ④309
沙陁 ②620
沙糖 ②864
沙糖の伝来 ②862
砂淋 ②593
蜡祭（開皇四年以降） ④623

蜡祭（後漢）　④623
蜡祭（北周と隋初）　④623
蜡祭（唐代）　④622
蜡祭（宋代）　④624
蜡祭と臘祭の祠令　④625
鮓と蜜　⑤358
醝汁　②759
坐夏　②309
坐贓　③412・③654・④360
座主　③217
西域の行像　②203
再期　③234
災祥の類　①112・①113
災とは　①113
采葑　④327
宰相の身辺警護　①108
柴門　②624
崔禹錫　⑤77
崔信明　②555
崔信明（五月五日生）　②558
崔寧の妾　②314
採玉（于闐国）　②577
採薬（端午）　②585
斎　②196・②310・③214・③310・③665
斎会　②196・②318
斎戒（五月）　②385
斎戒焼香　①61・④764
斎居の月　②383
斎月　①51・②382・②387
斎月静居す　③609
斎月の断屠　①223・③180・③611
斎七　③230
祭酒（御神酒）の自ら耗るもの　⑤362
祭肉の自動するもの　⑤337
祭肉を食べない（午の日）　⑤205
細辛を服用する時　⑤389
細柳新蒲　①666
菜と螺・蚌　⑤323
菜盤　⑤37
釵子　②498
釵頭符　②451・②452
歳華紀麗　③265
歳貢品　②152
歳盞　①87
歳儺　①127
歳時雑記　④548
歳時の伏臘　②752
歳日　①55・①90
歳日家宴　①87
歳日の賞物　①88
歳首（康国）　①149・④529
歳首（昆弥国）　④530
歳首（西域諸国）　②713
歳首（諸国）　①151
歳首（秦漢）　④84
歳首（南詔国）　①150
歳首（武帝）　④85
歳首（勃泥）　④536
歳首雑占　①130
歳首の占い　①200

歳首の門神 ①75
歳首を正月 ④85
歳除 ④609
歳除（賈島） ④772
歳除の日の薄晩 ①92
歳節（元日） ④127
歳旦 ①59
歳旦酒 ①96
歳末に囚人を一時解放 ④732
綵燕 ①168・①169
綵花 ①167
綵絵 ②535
綵鶏 ①168
綵勝 ①165・①166・①187
綵杖 ①162
綵條 ②495
綵扇 ②631
綵幢 ②158
綵楼の看棚 ②531
薺と麺 ⑤259
賽咿呪 ②457
賽咿呪奢 ③235
賽神 ④319
賽白帝 ②408・③312・③313・③324
賽離 ③235
賽離捨 ③235
灑涙雨 ③67・③119・③120
曬書会 ③125
曬書節 ③125
在京長上官の季禄 ③434
財神の生日 ⑤404
財を争うを訟 ④130
罪刑法定主義 ②678・③181・④587
罪止 ①206・④276
逆子は遺棄する ②563
魚・鼈を食べない ⑤62
魚と猪肉 ⑤242
魚と鸕鷀 ⑤296
魚の膾と芥子醬 ⑤340
魚の膾と鶏肉・鴙肉 ⑤340
魚を食べない ⑤61
魚を食べない（庚寅の日） ⑤81
冊授対象官 ④354
冊書 ③522
柞楢の火 ①685
朔日雨 ①322
朔日の風雨（五月） ②395
朔旦 ①102
朔望 ①386・③417・③419・③608
索餅 ②756
索郎酒 ③736
酢漿粥と酪 ⑤345
酒依存症の薬 ②591
酒と酸棗 ⑤345
酒を醸す（十月） ④323
樧 ③741
雑戯 ①563
雑五行書 ①100
雑綵の鶏子 ①574
雑草 ②63

雑宝蔵経　②274
雑律　③411
里帰り　①674
里帰り（宋代）　③398
三禁　③8
三禁一祈　③6・③8
三夏　②63
三月最初の巳の日　①641
三月上巳　①636・①638・①639・①640・①663・②428
三月の雨　①524
三月の異称　①515
三月の風と雨　①522
三月の食忌と食宜　①780
三月の俗信　①779
三月三日　①636・①640・①641・①662
三月八日　①344・②188
三官　①207
三官大帝の生日　⑤409
三官は人の善悪を録する　④197
三韓　②680
三教講論　④380
三駆の礼　③606
三経　④280
三元　①49・①55・①207・②624
三元斎　③178・③327・④195
三元思想　③175
三元思想の成立時期　③186
三元節　①123・①209・①210・③176
三元の日　③180
三元日　①5・①51・①208・①222・③175・③179・③611・④199
三元日休暇三日　④593
三元日の漁猟　①224
三元日の断屠　③181
三元日の屠宰を禁ずるの勅　④200
三元品戒経　③186
三功　②77
三功の作業量　②78・③293・④71
三功の写字量　②79
三斎月　②385
三朔　①55
三煞　②762
三尸　②383・③610・④469
三史　④280
三司使　①107・④420
三始　①55・①57
三時雨　②366・②700
三七斎　③233
三秋　③53
三十老明経　①462・③567
三春　①47
三神変月　②378
三神足月　②378
三神通月　②378
三倉　③496
三大節　①563
三大年節　④394
三大令節　①299・③687
三蟲　③742・④469

三長月　①50・②357・②378・②383・②386・②388・②391・③179・③218
三長月（十世紀以降）　③613
三長月（隋代）　③604
三長月（殺生禁止の月）　③603
三長月（唐代）　③605
三長月には官職に就任しない　③615
三長月の起源　③604
三長月の殺生禁止　③607
三長月の断屠は廃止　③612
三長月の廃止　③612
三長月の復置　③612
三長斎月　②378・②392・③603
三朝　①49・①55・①57
三伝　④280
三都　④572
三冬　④62・④64・④302
三内　①362
三白　④524
三武一宗の法難　③610
三伏　②700・②739
三伏の内　②744
三伏の際　②753・②754
三伏の日は寝ず　②761
三伏を重んず　②745
三仏斉　④536
三彭　④469
三品官以上の門　③459
三令節　①274・①302・③688
三礼　④280
三勒漿　①494
三勒漿類酒　①491
三論玄義　④383
山茱萸　③741・③743
山茱萸酒　③743
山上の鯉魚は食べない　⑤283
山臊の悪鬼　①63
山東半島の十月　④75
山法師　③741
山羊の肉と鶏卵　⑤338
参軍落帽　③700
衫　①479
蚕具・蚕室を修む　①696
蚕月　①515・②55
蚕功　②422
蚕市　①327
蚕絲飯　①253
蚕室の鼠よけの呪い　④765
蚕神を祀る　①251
散牙　①704
散官　①467
散斎　①180・①181・④569
蒜（にんにく）・薺と芥子醬　⑤346
蒜・薺と椒　⑤342
蒜と生魚　⑤253
蒜と飴餳　⑤223
蒜と胡麻・韮　⑤260
算　④278・④648
酸棗と酒　⑤345
饊　①588・③401

饊子　①588
鑽火　①683
鑽燧改火　①689
残暑　⑤81
斬西市　②222
斬独柳樹　②222

## し

しだれ柳　①298
シャーマニズム　③640
子規　①518・②330
子在辰　②12
子推　①579
子推燕　①585
子推餅　①574・①583・①585
子孫を録す　②123
子夜呉歌　③508
史科　④280
史思明　④296
司寒を祭る（十月）　④291
司寒を祭ることを止める（宋代）　④293
司馬貞　④558
四岳　②778
四月、生衣を着る　②327
四月晦朔大雨　②325
四月の異称　②55
四月の雑事　②330
四月の食忌　②346
四月の俗信　②338
四月晦日の雨　②325
四月八日　①344・①346・①347・①351・②188
四月八日の寺院参詣　②273
四月八日の写経　②271
四月八日の食べ物　②282
四月八日の納経　②271
四月八日の仏教行事　②268
四季衣　④81
四始　①55
四時に国火を変う　④439
四時の火　②643
四秋　③57
四九日斎　③234
四川産の茘枝　②850
四大天王　③617
四天王とは　③627
四鎮　②784
四瀆　②777
四輔　④572
四方館　①111
死刑を奏決するを得ず　③417
死刑を停止（立春）　①175
死馬の肉と倉米　⑤369
自然斎　③178
芝麻　①79
私寒食　①554
私忌　④586・④591
私忌休暇　④592
私忌の日の音楽　④580

私試　②818・③550
私社　③622
私醸　③181
私鋳　②833
私鋳者　②834
私鋳銭の人　②835
私白　①595・①596
私暦　①62
刺　②97・④429
刺謁　③470
刺史の進奉　②463
注連縄　①69・①79・①80
指天　②283
指天餕餡　②283
施鈎　①225・①627・①690
師曠占　①135・①136・①510・②155・②325・②447・③66・④131
師郎　③193
祠部新式　①376・②189・②376・②402・②414・②633・②742・③88・③141・③689・④143・④147・④198・④409
祠部牒　②243
紙衣を焼く行事　④96
紙銭　①597・④790
紙銭飛ぶ　①597
紙銭の起源　①599
紙銭の形状　①601
紙銭を焼く　①601
脂花餤　④668
脂水　③785
梓潼神　①328・①330・①332
豉　①506
歯冑　③279
歯冑の礼　③645
歯痛薬　②590
粢盛　③10
紫雲楼　①663
紫姑　①255
紫姑神　①254・①257
紫姑神の神体　①256
紫姑卜　①254
紫姑を賽す　①256
紫笋　①715
紫笋茶　①699・①703・①704・①706・①712・①713
紫笋とは　①706
紫筍　①706
紫赤嚢　①105
紫雪　④664
紫微宮　①373
絲鶏　①104・①212
絲籠　①215・①220
羨陽　①710
葈耳　②598
葈耳と米汁　⑤266
葈耳と猪肉　⑤266
獅子会　③720
獅蛮糕　③719
葸耳の実を採る　③128
試児　③331

詩経の牽牛と織女　③76
資聖寺　④178
屣履　③420
緇流　③289
賜錦綵十段　②891
賜錦綵某段　②510
賜雑綵十段　②509・②891
賜雑綵某段　②507
賜射　①649・①650・③746
賜射（隋代）　③748
賜射の廃止　③751
賜十段　②506
賜蕃客錦綵十段　②511
賜氷（清代）　②764
賜氷（石勒）　②766
賜氷（宋代）　②765
賜氷（唐代）　②767
賜氷（日本）　②769
賜物一千段　②608
賜物雑綵十段　②510
賜物十段　②505・②507・②891
賜物某段　②505・②506
賜物六百段　②506
賜餔三日　③391
餈　③718
鴟梟（悪鳥）　①70
ジャードム　③447
二郎神　②795
二郎神（五代）　②798
二郎神（宋代）　②797
二郎神の生日　⑤431
地黄湯を進む　③791
地黄を采る者（白楽天）　③792
地黄を服用する時　⑤387
地葵　②598
地獄の餓鬼　③175
寺観参詣　①239
次（とばり）　③642
次相識　①472
自雨亭（王鉷）　②803
自死する豕肉を食べない　⑤202
自死する鳥・牛を食べない　⑤202
自恣　③214・③225・③227
自然斎　③327
侍に従事　③434
治聾酒　①399
持国天王　③627
時新物　③626
時服下賜（宋代）　②492
時服の下賜（唐代）　②489
滋味を薄くする　②386・⑤110
慈恩寺　①663
慈恩寺題名　①472・①474・①788・②733・②735
慈恩塔題名　①473
慈氏菩薩　②196・②583
辞　②95
餌餻　③718
四時の禁　③606
鹿と雉　⑤264

鹿肉と蝦　⑤245
鹿肉と鯽魚　⑤264
鹿肉と鯷魚　⑤246
鹿肉を食べない　⑤109
鹿の白膽　⑤335
職事官　①467
職分田　②323・②324
宍（肉）　⑤42
七月一五日（四世紀中葉）　③187
七月一五日の寺観参詣　③191
七月の異称　③51
七月の果物（開封）　③61
七月の竹葉粥　③240
七月の生子　③242
七孔金細針　③115
七孔針　③108・③109・③113・③114
七菜の羹　①193
七七斎　③232
七七日　③234
七十歳で退官した者　③434
七十歳で致仕　②824
七十錬　②515
七井を開く　②809
七夕の成立　③77
室利仏逝　④537
疾風　③256
疾を問わない　③415
漆器の手入れ　③245
漆瘡薬　②597
質明（夜明け）　③393
蟋蟀（こおろぎ）　③769
実職　①467
霜見草　③738
社　①341・①384・①386・①390
社宴　①393・③397
社翁雨　①395・①522・②371・③386
社会　②442
社祭　①390
社祭（秋）　①388
社祭（春）　①388
社日　①384・①390・①394・①395
社稷　①340・③299
社稷（太社・太稷）　③300
社稷を祈る　③4
社稷を祀る　③299
社神　①389
社神は樹木に宿る　③394
社とは　①387
社の起源　①387
社の祭祀　①391
炙肉と枇杷の実・熱麵　⑤259
炙肉の汁と醬　⑤341
舎利　①355・②234
舎利感応記　②236
舎利を諸州に頒つ　②244
赦書　④225
赦書日行五百里　④225
赦書の速度　④225
釈迦像の出巡（北魏の洛陽）　②158
釈迦の生日　②625

釈迦文成道の時 ①353
釈迦文仏成道の時 ①349
釵子 ②498
煮餅を食べない ⑤113
謝食 ②301
邪気 ①63
尺 ③412
尺を賜う ①301
石楠茶 ②159
芍薬 ①732・①734
斫餅 ①386・②743・③116・④635
借春 ④446
釈子護生の日 ②308・③226
釈氏下生の日 ①349・①353
釈尊降誕の日 ①348
釈尊成道の日 ①348
釈尊入滅の日 ①363・①364
釈尊の生日 ①730
釈尊の誕生 ②186・②890
爵里刺 ④430
鵲枕 ②593
若下 ①494
若下酒 ①492
若下春 ①492・①493
手実 ①51・①777・①778
手実計帳 ①51
手詔 ②410・③313
手動の扇風器 ②810
手裏行厨 ①674
主客式 ①114・①115
主司故縦の罪 ③466
主典 ②93・④365
守庚申 ④469・④821
守歳 ①106・④745
守歳（宋代） ④823
守歳とは ④821
守歳の詩 ④824
守歳の俗言 ④824
守歳盤 ①88
守捉 ④113
朱羸 ③738
朱夏 ②63
朱索 ②402・②421・②422・②428・②431・②456
朱砂・空青を服用する時 ⑤393
朱砂を服用する時 ⑤397
朱墨 ③265
朱泚 ③264
朱泚の反乱 ②327
朱泚の乱 ②320
朱桃 ②288・⑤89
朱明 ②63・②162
朱耶氏 ②620
取夏衣 ①675
狩猟用の毒薬 ③243
茱萸 ③687・③722・③740
茱萸酒 ③729
茱萸酒（契丹（遼国）） ③731
茱萸酒（白楽天） ③730
茱萸酒で辟悪す（契丹） ③755

茱萸酒の初見 ③727
茱萸酒を飲む（契丹） ③756
茱萸嚢 ③714
茱萸の簪 ③715
茱萸は辟邪翁 ③716・③729
茱萸を酒に浮かべる所以 ③729
茱萸を食べない ⑤134・⑤152
首夏 ②55
首歳 ①47
首秋 ③51
首春 ①47
首祚 ①55
修禅寺 ④383
酒食の会 ②753
酒価（唐代） ①495・①496
酒旗 ①489・③598
酒旗の青紵 ①490
酒三行 ③754
蛛絲「萬」字 ③109
衆生解夏 ③226
綜藝種智院式并序 ③498
銖 ③412
戌 ④116
戌鼓 人行断ゆ ③445
寿昌節 ②735・③336・③339
寿昌節の殺生禁止 ②738
寿昌節は休暇三日 ②737
受戒 ②326
受戒壇 ②326
受信記録簿 ②87
授衣 ③593
授衣（宋代） ④80
授衣假 ②375・②376・③770
授田（十月） ④289
授田は課を先にし不課を後 ④290
綬帯 ②494
樹下に屋を作る ③392
囚徒餓鬼 ③185
収成 ③53
州府試の合格者数 ③559
州府試の時期（宋代） ③551
州府試の時期（唐代） ③552
州府の宴会 ④143
州府の貢挙試 ③822・③838
州府の貢挙試（解試） ③550
秀才 ①428・④278・④280
秀才科 ①431・④277・④280・④283
秀才に挙げられ及第 ④283
秀才に挙げられ高第 ④283
周盈 ③739
周挙 ②433・④489
周公を先聖 ①336・③286
周處 ②426
周の文王 ③304
秋座 ①264
秋社 ③382
秋社詩（韋壮） ③390
秋社の休暇 ③383
秋社の禁令 ③384
秋社の俗信 ③405

秋社の食べ物　①397
秋射（唐代）　③750
秋射（北斉）　③747
秋樹と秋雨　③56
秋税は一一月内　②822
秋税を納入する　④476
秋千　①628
秋韆　①624
秋冬二季は秋に給す　③431
秋分以降は雨乞い（雩）をしない　③428
秋分休暇一日　③407
秋分の夕　③409
秋分の占い　③423
秋分の禁忌　③414
秋分の雑占　③426
秋分の夕　①401・①402
秋分の占気　③424
秋分の占風　③425
秋分の日　①400
秋獮　④68
修容　③332
修理の功徳銭　③634
終葵と鍾馗　④725
終献　①341・③279
終身の計　①64
終南山　②781
終南山五臺　②240・②242
終南山祠堂碑　②782
終南山祠を立つるの勅　②783
就学年齢　③497
衆僧自恣　③210
集賢院　④370
愁　③56
楸　③164
楸葉を挿す（北宋）　③163
綉草宣台　①576
僦屋銭　①127
僦勾　③478
褶　①477
鞦韆　①192・①536・①574・①583・①605・①623・①624
鞦韆（寒食）　①623
鞦韆の習俗　①625・①626
蹴鞠　①536・①604・①606・①634・①692・①693
蹴毬　①604・①610・①631・①757
蹵鞻　①604
鰍・鱔と白犬の血　⑤300
襲衣　②489
十一月の異称　④347
十一月の雪（咸通四年）　④350
十一月の雪（長安）　④349
十一月の雑事　④514
十一月の雑占　④351
十一月の食禁　④516
十一月の占雨　④350
十一月の俗信　④515
十月、寒服を着る　④79
十月（岳州）　④78
十月（江州）　④77

十月（杭州）　④79
十月祭天　④334
十月歳首　③569
十月一日に蕎麦を賞味　④101
十月一日の行事　④835
十月一日の拝墓（宋代）　④97
十月一日の拝墓（宋代蘇州）　④97
十月一日の拝墓（唐代）　④94
十月朔日（漢）　④87
十月朔日（三国・魏）　④89
十月朔日（隋代）　④91
十月朔日（宋代）　④92
十月朔日（唐代）　④86
十月朔日（北朝）　④91
十月朔日（六世紀）　④90
十月旦日の拝墓（顧炎武の説）　④95
十月旦の会　④86
十月の異称　④53
十月の華清宮行幸　④835
十月の砧（江州）　④78
十月の雑事　④338
十月の雑占　④81
十月の食禁　④344
十月の俗信　④339
十五入小学　③497
十合　③411
十斎日　①50・③179・③606・③616・③620
十斎日と死刑　③622
十斎日と殺生禁止　③621
十斎日と宋代　③623
十斎日の出現　③619
十三入小学　③497
十尺　③412
十升　③411
十寸　③412
十直日　③419・③622・③624
十二月尽く　①60
十二月の異称　④521
十二月の雑事　④828
十二月の雑占　④526
十二月の食禁　④831
十二月の俗信　④829
十二月の雪　①118
十二月は蝦・蚌・著甲のものを食べない　⑤203
十年の計　①64
十分　③412
十望　④572
十鑰　③411
「充」字　③775
戎葵と烏子　⑤233
戎州・南渓郡の茘枝　②847
柔然　②616
重九　①641・③682・③691・③694
重五　①641・②401
重午　②401
重三　①641
重耳（晋の文公）　①527・②432
重醸酒　①589
重数節日　②422・②425・②428・②435・

②438・②453・②522・⑤3
重数節日の成立　②402・②891・③78・③683
重精　①70
重明の鳥　①70
獣肉を食べない（毎月十日）　⑤205
獣目　①705
祝禱の語　①72
宿垢を祓除　①636
宿歳の儲　①206
宿歳の飯　①206
宿直　③466
宿病（長く治癒しない病気）　⑤84
粥と飴　⑤220
粥と白湯　⑤375
蹙鞠の会　①695
熟食　①553・①555
出梅　②364
十戒　②326
十干の禁忌　②4
十干の習俗　②4
朮（おけら）　②591
朮を服せば　⑤317
朮を服用する時　⑤383
朮羹　②474・②482
述異記　②418
俊士　④280
俊士科　④280・④283
春（酒名）　①492
春衣　②328
春衣を支給　④706
春宴（藩鎮）　①756
春燕　①168
春関の宴（進士合格の宴会）　②666
春座　①264
春詞　①72
春社　①384
春社の行事　①388
春社の祭祀　①394
春社の酒食　①396
春社の日　①384・①385
春秋二社　①385・①387
春秋の社　②391
春書　①156
春雪　①118・④524
春中寒食　①544
春盤　①65・①85・①86・①87・①103・①171
春盤（五辛盤）　⑤34
春盤（立春）　⑤37
春旛勝　①170
春服　①313
春分休暇　①399
春分の朝　①401・①402
春分の占い　①405
春分の禁忌　③416
春分の日　①400・①404
春牌　①60
春餅　①171・①172
春遊　①481

春猟　④68
春聯　①70・①71
浚猊　①72
巡使　③469
筍厨　②295・②296
蓴（じゅんさい）を食べない　⑤153
蓴羹　③795
醇酎　②408・③324
且月　②699
初夏　②55
初月　①47
初献　①341・③279
初歳　①47
初歳（臘の翌日）　④687
初七斎　③232
初秋　③51
初伏　②738
所知　②475
書　②746・④278
書館　④499・④500
書師　④499
書籍の陰干し　②684
書判抜萃　①660
書判抜萃登科　②746
處士　③420
暑月　②353
暑月に薨ずる者　②768
暑中　⑤81
暑服　②328
暑を驪山宮に避く　③111
黍臛　①386・②301・②743・④56・④89・④90・④99・④635
黍臛を食べる　⑤176
黍麹菜　①672
黍粟の献上　①305
諸菓と螺・蜊　⑤241
諸肝と小豆　⑤245
諸菜と螺・蜊・蝸　⑤241
諸罪を懺悔　③184
諸刺菜と鼈の肉・蝦　⑤229
諸州の賀表　①110・①122
諸州の貢献　①109
諸州の貢物　①113・①115・①119
諸州の土貢　①110
諸州の表　①109
諸天の聖仙　③184
諸蕃の貢献　①109・①110・①114・①115
諸品の虫干し　②684
諸門を開く　②71
諸門を禁る　③4・③6
諸陽を閉じ、諸陰を縦ち　③17
諸陵献物　①557
女花　③738
女華　③738
女工を輟む　①394
女児節　①675
女児節（明清時代）　②415
女室　③738
女性の休日　③398
女性を陰　③17

如願　①268
如願の故事　①138・①139・①140
助軍銭　②464
助賞　②464
杼を祭る　③113
除月　①658
除斎　③193
除日の焼薬　④776
除日の薄暮　①92
除夕に紙銭を焼く　④760
除貧鬼　①278
除免官当　②678
除夜　①60・①61・①88・①94・①106・④753・④835・④837
除夜（漢代）　④391
除夜（寺院）　④767
除夜（冬至の前夜）　④390
除夜（唐代）　④390
除夜（裴度）　④772
除夜（洛陽）　④765
除夜（嶺南）　④766
除夜四更の呪い　④826
除夜とは　④391
除夜の鐘　④769・④835・④839・⑤3
除夜の鏡卜（響卜）　④776
除夜の諸行事　④760
除夜の焼薬　④774
除夜の焼薬（宋代）　④776
除夜の食べ物　①88
除夜の逐儺（歳除）　④736
除夜の庭燎　④781
除夜の爆竹　④781・④782・④787
除夜の爆竹（火薬）　④787
除夜の爆竹（宋代）　④786
除夜の爆竹（唐代）　④785
除夜の爆竹萬歳　④789・④790
除夜の萬歳　④791・④840
絮衣　②458
舒雁　②631
舒展　②684
小盎　②304
小鰕と糖蜜　⑤372
小芥と蘘荷　⑤349
小寒食　①555・①573・④465
小歳　①55・①57・④465
小歳（漢代）　④686
小歳（唐代）　④685
小歳（臘の翌日）　④685
小歳の占い（前漢）　④687
小歳の酒　①57
小蒜を食べない　⑤66・⑤79
小至　④464
小豆藿　⑤124
小瑞　①112
小相識　①472
小重陽　③760
小重陽（輦下歳時記）　③760
小なる城門は二十人　③472
小児節（宋代）　③93
小児の悪瘡　②595

小児の額腹　③263
小児の頭額に点ず　③264
小児は論語を学ぶ　③497
小児六歳入学　③497
小部とは　④312
小風の孔より来るを颫　②854
小風を颾　②854
小舗は五人　③472
小方　①704
小盆報恩経　③196
小陽春　④57
小より起める　①90
少道理、村学堂講書　③503
少牢　①344・②627・③6
召厠姑　①254
召紫姑　①254
正月　①47
正月（真臘国）　④334
正月（嶺南）　④767
正月元日　①68
正月五月子を挙ぐるを諱む　②546
正月朔旦の平暁　①93
正月中　①126
正月一日　①81
正月の異称　①47
正月の家宴　①66
正月の酒　①67
正月の俗信　①283
正月の旦　①57・①60・①101
正月の望夜　①257
正月二日の燃灯　①151
正月晦日　①68・①662
正月三日の行事　①152
生姜と猪の肉　⑤370
抄冬　④521
尚饗　③5・③9
尚書祠部　③215
尚書主客　③215
承露（続斉諧記）　③274
承露（風土記）　③272
承露絲嚢　③269・③270
承露嚢　②408・③277・③310・③312・③313・③324・③326
承露仙人掌　③271
承露盤　③271・③272
承露盤（三国・魏）　③272
承露盤（前漢）　③271
招魂続魄　③173
昌辰　①379
杪秋　③593
松花酒　①780
松醪春　①492
庠序　③283
昭宣光烈孝皇帝　③667
昭宗皇帝の弑逆　③668
相公　③3・④562
省符　②90
祥瑞　①109・①110・①112
祥瑞の奏上　①111
祥とは　①113

秤稷　②480・⑤116
粆蜜　②497
商秋　③53
商節　③56
商風　③54
商陸　①519
商陸を服用する時　⑤391
崧菜　④327
章敬寺　④178
菖蒲・半夏を服用する時　⑤387
菖蒲酒　②475・②486
菖蒲の花　②486
菖蒲の人形　②449
菖蒲風呂　②540
菘　④329・④330
菘子と蕪荑　⑤347
掌托　②757
椒酒　①59・①60・①101・①102・①103
椒酒（山椒の実を浸した酒）　①95
椒酒を飲む習慣　①103

椒葱酒　①102
椒と蒜・薺　⑤342
椒柏酒　①87・①95・①96
椒を食べない　⑤179
焼衣節　④95・④98
焼香燃灯　③184
焼春　①7・①492・①493・①494
詔書出る日　①361・③433
詔書冊　②639
詔書は制書　③670
象洞　①494
傷寒（熱病）　①101
照虚耗　④762
精進料理　③610
精進料理（五月）　②383
障癘不毛の地　③480
漿粥　①174
餉食　②440
燋糖　④103・④104
瘴気　④509

鍾馗　①60・①80・①93・④719・④756・⑤427
鍾馗（敦煌）　④727
鍾馗画の登場　④723
鍾馗と端午　④728
醬麹　②720
醮飯　③228
丈（十尺）　③412
上下弦　③608
上会の日　①196・①197
上九　③682・③691・③692
上下弦　③417
上計　④202
上計吏　④203
上計吏（漢代）　④202
上元観灯　①675
上元休暇　①210
上元節　①5・①151・①207・①208・①209・①210・①240・④195
上元節の禁令　①222

上元節の節物　①212
上元節の食べ物　①216
上元張灯　①283・②70・④195
上元灯　①240
上元燃灯　①566
上元の夜　①676・③176
上元油飯　①218
上行文書　②95
上歳（豊稔）　①138
上索　②158
上巳　①636
上巳（隋代）　①643
上巳（洛陽）　①644
上巳禊飲　①654
上巳節　①10・①275・①299・①635・①642・①664・③688
上巳節なし　①645
上巳節の起源　①635
上巳の休暇　①643
上巳の行事　①646
上巳の曲江宴　①660
上巳の習俗　①641
上巳の節物　①670
上巳の俗信　①681
上巳の食べ物　①671
上巳の茶宴　①653
上巳の日　①383・①667
上巳祓禊　①639
上日　①49・①55
上州は三人　③560
上秋　③51
上春　①47
上除　①658
上生信仰　②196
上信　①523・②370・③53
上信風　③52
上瑞　①112
上奏と勅牒　④189
上天　④66
上都進奏院　④215・④217
上都知進奏院　④217
上都留後　④215
上都留後院　④217
上冬　④53
上頭　①689
上伏　③258
上陽白髪の人　①677
成道会　①345・①350・②256・④537
条桑　①515
条達　②428・②455・②456
条脱　②456
条脱（腕輪）　②455
状　②95
状元　①447
状頭　②819
乗之　③161
城　④3
城隍神　③4・④3
城隍神（太平府＝唐代の宣州）　④4
城隍神と民の生死　④14

城隍神と民衆　④12
城隍神の出巡　⑤414
城隍神の濫觴　④4
城隍神を祭る文（洪州）　④10
城隍廟　①6
城隍廟（杭州）　④10
城隍廟（唐代）　④9
城隍廟は淫祠　④7
城隍を祭る文　④10
城頭伝鼓角　③302
城門を禁る　③8
貞元（年号）　②321
常貢　④331
常参官　②300
常山を服用する時　⑤392
常思　②598
常食料　①564・①579・②301
常楽会　①364
蒸祭　④688
蒸豚　①397
蒸餅　①398・①579・①583・①586
蒸裏　④103・④104
縄橛　①635
蘘荷根　②566
蘘荷の葉　②566
蘘荷と蠱　④483
蘘荷と小芥　⑤349
蘘荷を塩蔵する　④482
禳爨の事　①69
禳祭　①69
禳礼　①69
食忌　⑤3
食忌（服薬）　⑤8
食禁　⑤3
食禁（八月）　③587
食経（崔禹錫）　⑤76
食経（崔浩）　⑤77
食茱萸　③741・③742
食酢・酢菹と糯　⑤352
食に与り倶に飽き　③184
食羊銭　②385
食鹿糕　③719
食を貯うるの器　③210
蜀芥（たか菜）　④325
蜀葵　②593・⑤82
蜀酸棗　③744
蜀漆丸　③121・③128
蜀州青城の丈人山　③430
蜀茶　①704・①706・①716
蜀に梅雨なし　②365
稷　①341・①390
稷神　①390
燭三条　①420・①425
織女　③74
織女臺　③116
織女を渡す　③82
職分田とは　③764
職分田の面積（外官）　③766
職分田の面積（京官）　③765
蓐収　③162

白粥　①251・②758
白沙糖　②864
白蜜と菰首　⑤239
白蜜と青州棗　⑤343
白蜜と棗　⑤249
白蜜と葱・韮　⑤249
白蜜と葱・薤　⑤225
白蜜と白黍　⑤247
城の北門を祭る　③11
心痛治療薬　②595
身　②746
身言書判　①466
身材　③555
辛芥　④327
辛盤　④446
辰砂　③268
辰臘　④631
侲子　④745
信宿　②315
信風　①523・②360・②367・②370・②372・③52
神麹を造る　②720・②722
神麹を造る法　②721
神策軍　③473
神水　①156・②599
神水を汲む　①156
神像　①72
神荼　①68・①72・①73・①74・①75・①76・①79
神保観神の生日　②793
晋の文公　④487
秦叔宝　①75
秦菘　④328
秦の歳首　④89
秦の歳首に由来　④87
秦婦吟　①668
秦婦吟秀才　①668
清源妙道真君廟　②791
清俗紀聞　②419・②585・②720
進献　②462
進貢開始（紫笋茶）　①711
進士　①428・④278・④280
進士下第　②817・③552・③566
進士科　④277
進士及第　①407
進士曲江宴　①471
進士試験　①419
進士題名　②734
進士の下第　③568
進士の合格者数　①461
進士の題名　①473・②733
進奏院　④204・④215
進奏官　④215
進奉　②320・②462・②737・③334・③342
進奉助軍銭　②465
進奉の盛行　④176
祲沴　①113
慎火草　①504
新火　①683
新課　②818

新薤と陳薤　⑤228
新茶一斤　①707
新茶の進貢　①703
新茶を煮る　①703・①722
新年の寅時　①60・①94
新豊　①494
新豊驪山の温湯　④307
新暦　①62・①63・①64・①102
新暦を造る　④369
新論　④497
縉雲県城隍廟記　④10
薪炭の納入　④126
薪炭を準備　③773
人日　①100・①182・①184
人日休暇　①184
人日の行事　①188
人日の俗信　①196
人日の由来　①182
人生は志に適すを得るを貴とし　③796
人定の後　③369
壬子の日・猪の五臓　⑤339
任氏伝　③435
尽七　③234
尽日閉ず　②749

## す

スキタイ文化　③639
相撲　①224・①227・①634・④422
酢と糯　⑤352
酢を作る　②489
頭陀　③214
頭痛　③269
頭風薬　②595
水桜桃　⑤91
水官　人間の善悪を検察す　④196
水官解厄の日　④196
水官を下元　④196
水銀・粉生銀を服用する時　⑤400
水車　②520
水漿と乳酪　⑤253
水蘊と大芥　⑤351
水馬　②520
水浜に祓う　③174
水部式残巻　③489
西瓜　②839・②840
垂楊　①298
炊熟　①585
衰草　③56
衰颯　④67
推敲の故事　④774
酔司命　④650
酔司命（宋代）　④649
酔司命（唐代）　④649
錐櫻　②480・⑤116
隋代の庭燎　④783
瑞応とは　①112
瑞雪　④524
瑞炭　③776
瑞とは　①112

粹賓　②353・②354
崇玄学　①373
崇玄館　①373
崇聖寺の仏牙閣　②304
陬月　①47
嵩山封禅　②780
鱸（後漢の松江）　③794
鱸（松江）　③793
鱸の膾　③793
鱸の鱠を思う（張翰）　③793
雀肉と李　⑤318
雀の肉と醤　⑤281
雀の肉と李を合食しない　⑤280
雀の肉と李実　⑤237
李と雀肉　⑤318
李と蜜　⑤238
寸　③412


## せ


正日　①55・①60
井花水　①98
井氷臺　②766
正始　①55・①57
正旦　①55・①57
正旦の飲酒　①91
正旦の五更　①81
正朝　①55
正統道蔵　③182
正陽月　②55・②57・②58・②353・④54
正を避ける　③5
生菓を放置したもの　⑤364
生蝦の膾と鴨（あひる）の肉　⑤303
生海鼠（生のなまこ）と雁　⑤261
生薤（生のらっきょう）と蔾・苦菜　⑤229
生薤を食べない　⑤78・⑤98・⑤183・⑤190・⑤199
生葵を食べない　⑤173
生魚と栗　⑤236
生魚と五辛　⑤228
生魚と蒜（にんにく）　⑤253
生魚と蓼　⑤235
生魚と蓼の葉　⑤236
生魚と乳汁　⑤252
生菜と蟹　⑤236
生菜と甘味　⑤221
生菜を食べない　⑤189
生蒜（生のにんにく）を食べない　⑤166
生祠　②116・②124
生祠碑　②118・②124
生七斎　③232
生日行事（官人）　③346
生日行事（民間）　③345
生日祭　①6
生日設斎　③347
生日節の禁屠　③339・③340

生日節の進奉　②319
生日節の素食　③340
生日の進奉　③344
生椒と羊の肝　⑤372
生辰節道場　③333
生徒　④280
生冷を食らわず　③416
成実寺　②248
成実（誠実）道場　②248
成秋　③56
成都の薬市　③757・③758
成童　④302
成童を学に入れる（後漢）　④301
成徳公　①367
西海　③148
西岳・華山　③148
西羌　④336
西京賦の牽牛と織女　③86
西皓　③162
西市　②221
西市腔　①491・①494
西字の岳鎮海瀆とは　③148
西字の岳鎮海瀆を祀る　③148
西鎮・呉山　③148
西都賦の牽牛と織女　③85
西瀆　③148
西内　①362
制科宏詞　①660
制挙　④281
制挙試　①416
制授官　④354
制授告身式　①774
征人とは　①205
征人の逃亡　④124
斉女　③239
斉の武帝の乞巧　③107
斉民要術の塩漬け法　④480
青花・黄花の菜や韮を食べない　⑤127
青旗　①489・①490・①493
青牛の腸と犬肉　⑤270
青湖君　①140
青州棗と白蜜　⑤343
青春　①47
青女月　③593・③594
青色水　②198
青精飯　①589
青帝祭祀　①157
青帝土公　②721
青蹄の白馬　⑤333
青銅鏡　②514
青幡勝　①169
青陽　②63
青林楽　③239
政月　①49
政事を聴かない　②642
星回節　④696
凄辰　③55
凄風　③54
清化坊　①680
清化坊（洛陽）　①679

清華宮に避暑　②811
清嘉録　②720・⑤403
清景　③55
清資官　④279
清明　①150・①384・①386・①548・①554
清明（唐代）　①682
清明風　②368
清明休暇　①561
清明節　①516・①559・①579・①585・①652・①667・①683・④302
清明節（宋代）　①689
清明節の闘鶏　①632
清明に楡・柳の火　②644
清明の貢茶　①702
清明の新茶　①704
清明の俗信　①696
清明の日　①688
清夜遊　③370
清涼飲　②839
済順王　①332

歳暮の夕　①101
聖姑祠　②286
聖寿節　③339
聖祖廟　①123
誠敬夫人・洗氏　④386
誠実寺　②248
請厠姑娘　①254
薺麦　③254
脃腊　④705
税米一石二斗　③492
夕月壇　③410
石液　③784
石液（延州）　③785
石巖　①520
石脂　③784
石脂水　③788
石漆　③784・③785・③787・③788
石漆河　③790
石燭　③784・③785
石針　③113

石炭（元代）　③782
石炭（隋代）　③780
石炭（宋代）　③781
石炭（東方見聞録）　③782
石炭（唐代）　③780
石炭（唐代の太原）　③777
石炭の初見　③778
石凍春　①491・①492・①493・①494
石墨　③778
石門湯　④308
石油　③784・③791
石油（元代）　③790
石油（西域）　③789
石油（宋代）　③784
石油（唐代）　③788
石油（六世紀）　③787
石油の初見　③786
赤烏二年（二三九）　④4
赤口の字　②416
赤山　①773

赤山（烏桓）　①765・④432
赤山信仰　①766
赤松先生　③274
赤帝壇　②163
赤帝壇の所在　②164
赤帝土公　②721
赤帝を南郊に祀る　②161
赤霊符　②451・②452
釈奠　①337・①338
釈奠（嶺南）　③288
釈奠する　③278
釈奠の礼　①334
腊とは　④321
腊を造る　④700
積石鎮　④121
屑肉餤　①580
殺生戒　②212
殺生禁止の月　②378・②383
殺生禁止の日　③179
殺生をしない　③414
殺生をせず　③416
浙西の茶　①712
接神　①61
設　①684・②767
設斎　②196・②199・②728・③341・③679・④562・④569・④570
設斎献寿　②730
設斎講　③334
雪水に種子を浸す　④507
雪柳　①212・①215
節花（重陽節の花）　③738
節気　①154
節後三日　①82
節日　①5・①8・①81・①123・①210・①274・①643
節日で休暇の日　③420
節日の贈答禁止　②459
節酒　④395
節前三日　①82
節度観察使　③493
節度使　①111・③493
節度使の勤務評定　③492
節用集　②589
薜延陁　②620
蝉売り　③238
芹を食べない　⑤75
千秋　①627・①628
千秋観　③323
千秋金鏡録　③325
千秋節　①6・①208・①362・①560・①729・②375・②406・②408・②633・③141・③270・③277・③307・③312・③338
千秋節の儀式次第　③319
千秋節の雑技　③328
千秋節の制定　③309
千声　③507
千僧斎　③231
仙家　①61
仙蟲社　③239
仙人が集会する（立秋）　③165

仙木　①59・①68・①70・①71
先師　③562・④366
先師（顔回）　①334・③283
先師（孔子）　④366
先師の顔回　③279
先師の釈奠　①334
先聖（孔子）　①334
先聖・孔子　③283
先聖・周公　③283
先聖と先師の改正　③283
先聖の孔宣父　③279
先聖の釈奠　①334
先亡倒懸の苦　③210
宣尼廟　①370
宣政殿　①118
宣宗皇帝の生日　②735
洗　①516
洗児（南宋）　③349
洗児（北宋）　③356
洗児金銀銭（安禄山）　③352
洗児金銀銭（金鑾密記）　③355
洗児金銀銭（南唐）　③355
洗児金銭　③351
洗児銭（王建）　③355
洗児銭（近世）　③352
洗児の金銀銭　③353
洗児の習俗　③348
洗児礼　③349
洗車雨　③67・③120・③257
洗濯祓除　①636・①640
洗頭　①153
浅妄書　②772・②816・④267・④271
浅妄の書　②607・②609
穿札　③555
穿針楼　③107
扇市　②398・②470
扇市（宋代）　②399
扇市（長安）　②397
扇子　②397・②400・②475
扇天　③112
牋　④227
煎茶　①722
煎餳　④451
煎餅　①194・①220・①386・①673・②481・②496・②743
羨餘　②464
銓選　①773
銭塘の弄潮　②532
銭龍宴　①649
箭筍（竹の子）　③798
翦綵花　①168
賤糶　③13・③14
擅興律　②674
薦席を暴す　②428
鮮魚を食べない　⑤62
鮮卑族　③639・④433
顓頊　④645
蟾蜍（漢代）　②541
蟾蜍（玄中記）　②543
蟾蜍（唐代）　②544

蟾蜍（南朝時代）　②543
蟾蜍（抱朴子）　②542
饌　①597
籤符到る日　③433
籤符（告身）到る日　①361
前資　①595
単于　②679・③639
善月　②353
善月斎　②358
禅師　③217
漸耳　①78
「聻」字　①60・①76・①77・①78・①93


## そ


ソグド商人　③236
「其の人に非ず」とは　④276
徂暑　②699
祖先祭　②618
祖先祭（五代）　②619
祖先祭（突厥）　②616
胙　①390
租粟二石　③492・④363
租の納期　④364
租の納付　④363
租庸調制の対象外地域　③481
素（精進料理）　②384・②386・③614
素秋　③51・③53
素食　②730・②732・③339
素食（精進料理）　④144
素節　③56
素風　③54
素木　④68
疏　②224・②258
楚国先賢伝　④502
葅（漬物）　④328
葅亀　②430・②483
葅亀（亀の料理）　②651
葅亀を食べる　⑤119
鼠矢　③744
鼠麺菜汁　①673
踈木　③56
蕎麦　④101
蕎麦と猪肉　⑤224
蕎麦花　雪の如し　③247
蕎麦を糶る　③246
蘇州年中行事記　②720
蘇とは　①92
蘇蓼　②484
壮月　③253
早秋　③51
早々に退朝する　②749
宋刑統　②836
宋無忌　①501
宋無忌（火神）　②785
宋無忌（大明一統志）　②789
宋無忌廟　②786
皂隷　①591
宗廟を祈る　③4

宗懔 ②443
奏授告身 ①777
奏授告身式 ①774
奏抄 ②90
奏弾 ②90
相月 ③51
相思薬 ②592
相念薬 ②593
相攢 ②545
相攢（力くらべ） ②544
相攢の戯 ②545
荘厳 ②158・②202
草芍薬 ①736
送寒衣 ④95
送窮 ①277・①278
送歳 ①206・④816
送歳（隋唐） ④820
送鞦韆 ①625
送節 ③235
送梅 ①524・②368
倉庫令 ②507
倉米と死馬の肉 ⑤369
桑鳩 ②330
桑柘の火 ①684
桑樹を照らす ①140
桑椹酒の作り方 ②337
桑落 ①494
桑落酒 ①590・③732・③736
桑落酒と索郎酒 ③735
桑落酒の値段 ③734
桑落酒は重陽酒に非ず ③733
桑落酒を飲む詩 ③734
掃晴娘 ②366
曹娥 ②402・②555
曹娥碑 ②402・②521・②571・②893
曹植の九詠 ③87
爽は明るい ③443
棗 ③62
棗杏の火 ①684
棗餬 ①585
棗糕 ①586
棗糰 ①586
棗湯を飲む ④306
棗糒 ②337
棗栗糕（宋代） ③719
僧一千人斎 ②731
僧伽 ③53
僧講 ①259・②390・②391・③216
僧道の講論 ②729
粽（ちまき） ②401
粽糉 ②481
粽糦 ①386・②481・②496・②743・④635
粽子を多く食べない ⑤119
総持 ④383
総章寺 ①356
聡慧を乞う ③109
聡明 ③74
聡明を願う ③103
糉（ちまき） ②428・②429・②430・②455・⑤116

糉糭　⑤116
糉子　②477・②479・②497・⑤120
澡身を浴　④541
澡豆　④661
澡豆の製法　④662
澡浴　④546
薔薇露　①494
霜柯　③56
霜筠　③56
霜辰　③55
竈　②162
竈神　①61・①93
竈神が天に上る　④648
竈神の送迎　⑤435
竈神の名　④648
竈神を迎祀　①60
造花を作る（荊楚地方）　②270
造酒（四民月令）　④323
造酒（斉民要術）　④323
造酒（蘇州）　④324
増長天王　③627
蔵鉤（漢代）　④690
蔵鉤（晋）　④692
蔵鉤（隋代）　④693
蔵鉤（唐代）　④694
蔵鉤（風土記）　④691
蔵鉤（臘月以外）　④695
蔵鉤（六世紀）　④693
蔵鉤の戯　①67・④689
蔵彄　①67
蔵氷　④709
蔵氷（春秋左氏伝）　④709
蔵氷（宋代）　④712
蔵氷（唐代）　④711
蔵氷（南朝・宋）　④710
蔵氷に関する祠令　④713
贓重き者　③412
贓重き者とは　④360
贓罪　③655
束帛有差　②511・②512・②513
鯽魚と猪の肝・脾　⑤242
鯽魚と芥菜　⑤369
鯽魚と猴の肉　⑤300
鯽魚と鹿肉　⑤264
鯽魚と竹筍　⑤256
鯽魚と麦門冬　⑤357
鯽魚の卵と猪肝　⑤243
粟黍（あわちまき）　⑤116
粟米と杏仁　⑤367
続寿の衣服　②475
続命縷　②422・②428・②431・②456・②472・②476・②648
率土の浜　③830
俗講　①80・①259・②391・②394・②442
俗講（官許）　①264
俗講（三長月）　②390
俗講（道教）　③223
俗講（保唐寺）　④132
俗講（奉勅）　①260
俗講（揚州）　①263・③222

俗講とは　①126・③216
俗講の開催日　②890
村学　①52・③503
村学に就学　③502
村学の実例　③498
村閭の社会　③314
尊号　④561

## た

タラスの会戦　③633
只だ聴く朝暮の鼓　③446
多聞天王（毘沙門天王）　③627
食べ合わせの戒め　⑤215
打　③580
打衣糧　①606・③581
打可　①606・③581
打灰堆　①139
打鞠　③580
打毬　①191・①192・①536・①566・①603・①604・①605・①615・①616・①757・①788・③580
打毬（女性）　①611
打毬戯　①608
打毬の会　①694・①695
打毬落馬　①603
打魚　①606・③580・③581
打傘　①606・③581
打試　①607・③581
打字について　①606
打車　①606・③581
打水　①606・③581
打船　①606・③581
打簇の戯　①258
打竹簇　①254
打黏　①606・③581
打飯　①606・③581
打標　②531
打毾毲　①446・③550
打耗　④754
打野胡　④754
打量　①607・③581
荼毘　③237
駄都　②234
糯と食酢・酢葅　⑤352
儺　①160
儺（隋代）　①778

儺（逐除・逐儺）　④390
儺翁　④742
儺母　④742
大盈庫　③344
大火の禁止　②644
大逆　②678
大逆罪　③654
大逆不道　③575
大業の故事　①336
大酢と甜酪　⑤250
大祀が挙行される日　③419
大赦　①204・④468
大尺一尺　③412
大春　①515
大節七日假　①563
大儺　④745
大平公主の野望　③309
大酺　③389
大宝鏡輪　③614
大呂　④521
大両一両　③412
太一神　①231・①232
太乙神　①231・①232
太極殿　①109・①118
太原府の盂蘭盆会　③190
太公　①343・③304
太公（軍神）　①340
太公尚父廟　③305
太公とは　③303
太公廟　①343・③278・③299・③306
太公廟署　③304
太公廟の設置　③305
太公望　①343・③308
太歳とは　①147
太山地獄　①762
太山天斉王　①766
太上玄元皇帝　①371
太上玄元皇帝宮　①373
太上皇　③321
太上洞玄霊宝三元玉京玄都大献経　③182
太上洞玄霊宝中元玉京玄都大献経　③175・③182
太上道君　③184
太上老君　①366
太清宮　①365・①373
太簇　①47
太白山　②781
太白山祠堂碑　②782
太伯　①728
太伯（呉）　③805
太伯（泰伯）　③804
太伯廟　③804
太伯廟（宋代）　③806
太伯廟の祭祀（唐代）　③808
太伯廟を祀る（蘇州）　③804
太伯を祀る　①11
太微宮　①373
太陽穴　③269
太陽神ミスラ　②585
太牢　①343・②627・③7・③279・③299・

③306
対捍制使　②222
岱　①759
岱岳　①758・①759
岱宗　①758・①759
松明　①106・①108
松明行列　④420
帝釈天　②387
待漏院　③456
耐賽籬　②458
退官者の安否を奏聞する　④220
泰山　①758・①765・④432
泰山（後漢）　①764
泰山三郎　②477
泰山信仰　①766・①772・①773
泰山太守　①763
泰山府君　①762・①764・①766
泰山府君（唐代）　①769
泰山府君神　①759
泰山封禅　③155
泰社を祠る　③387
臺榭　②801・③724
臺榭（高殿）　③710
臺榭に宴す　③709
蹛林に大会　③640
餹糕（隋代）　③718
餹拍（むし餅）　①218
大芥　④327
大芥と芸薹　⑤349
大芥と水蘊　⑤351
大寒食　①554・①585
大金吾　①107
大祭祀　③306・③417・③608
大棗を服用する時　⑤398
大蒜（にんにく・おおひる）　⑤79
大祀　①180
大豆と小豆　⑤347
大豆と小麦　⑤349
大豆と猪肉　⑤259
大瑞　①112
大相識　①472
大唐内典録　③196
大唐の春　①57
大徳　③217
大なる城門は百人　③472
大麦麪　④102
大不敬　③654
大富　②609
大辟罪　③417・③443・③608
大辟罪（死罪）　④228
大鋪は三十人　③472
大盆浄土経　③196
大明宮　①109・①119・①121
大明宮造営　①118
大目健連　③188
代宗皇帝の生日　④173
醍汁　②759
題名会　①472・②733
鷹（新羅国）　②150
鷹（渤海国）　②150

鷹狩り　③237・④332
鷹匠（隋唐）　②146
鷹匠（北魏）　②147
鷹の進献禁止　②148
鷹の捕獲　③358
鷹の養生　②145
瀧川政次郎の食経節　⑤76
啄木　②590
啄木を捕獲　②570
磔とは　②741
濯枝雨　②368・②701
濯髪を沐　④541
竹の生日　②298
竹の大扇　②478
筍（筝）を食べる　⑤85
辰日に哭す　②10
辰日の禁忌　②3・②4・②6・②7・②8・②9・②11・②19
辰日不哭　②5・②6・②7・②8
磔鶏　①69
獺（かわうそ）の肝　②600
獺の肉と兔の肉　⑤278
蓼　⑤48
蓼と甘草・蕪夷　⑤234
蓼と生魚　⑤235
蓼の葉と生魚　⑤236
蓼を食べない　⑤64
蓼を食べる　⑤48
七夕（唐代）　③88
七夕休暇　③88
七夕行事の形成　③80
七夕聚会　③87
七夕聚会の諸研究　③72
七夕聚会の由来　③74
七夕と竇皇后　③81
七夕の習俗　③78
七夕の情景　③97
七夕の願い事　③99
七夕の粉筵　③312
七夕の明星酒（洛陽）　③119
狸の肉　⑤49
卵と鳥肉　⑤253
丹魚　②660
丹鳳楼　①121
丹筆　④73
炭神　③780
探花宴　①408・①470・②733
探花使　①470
探官璽　①217
探官帋　①218
探春　①282
探春璽　①217
淡葅　④481
短功　①320・②76・③291
短功規定　②75・④70
短功規定の作業量　④69
短功月　③291
端　②405・②412・②428
端一　②412
端月　①47・①49

端五　②401・②405・②409・②412・②428・②890・③312
端五が登場　②558
端五と端午　②411
端五の初見　②404
端午　①552・②401・②405・②406・②412
端午と内蔵庫　②462
端午に衣を下賜する　②490
端午の扇　②470
端午の休暇　②414
端午の江心鏡（揚州）　②513
端午の採薬　②586・②587
端午の酒　②484
端午の賜物　②489
端午の初見　②405
端午の食忌と食宜　②610
端午の進献の禁止　②458
端午の進奉　②466
端午の節物　②476
端午の贈答　②458
端午の贈答（隋代）　②461
端午の贈答（敦煌）　②467
端午の贈答の禁止　②458
端午の俗信　②599
端午の符　②450
端午の沐浴　②454
端午の浴蘭　②454
端午日衣を賜う　②489
端午を喜ばず　②631
端正月　③253
端二　②412
撣塵会　①760
誕生会　①344・②188
団結　③802
団扇　②468
団糉　②475・②493
団茶　①715・①717・①718
団茗（固形茶）　②493
団練使　③493
男女輟業　①395
段　②506
断火寒食　①542
断火の儀礼　①549
断火冷食　①527
断月　②387・③614
断獄律　③418
断屠月　②387・③420
断屠の月日及び暇日　③417・③608
断屠の月　③419
断屠日　③420
断屠を指示　③679
弾　④580
暖寒の会（宋代）　④485
暖寒の会（唐代）　④485
暖手　④486
暖帳　④126
暖帳会　④126
暖房開始（寺院）　④127
暖房開始（民間）　④127
暖房の開始　④125

煖炉会　④125
壇して屋せず　③392

## ち

千代見草　③738
地官校勾　③184・③185
地官を中元　④196
地窖　④303
地税　②821
地方官の考課簿　④218
地方に下向　③567
地方にも夜禁の法規　③464
地方の貢人　②819
池陽　②631
池陽の風俗　②631
血を見ない　②600
治癰　③738
知貢挙　①411・①422
致斎　①179・①180・①181・③417・③608
致斎の期間　③419
致仕官の安否を問う　②823
致仕せず（白楽天）　②825
致書（書を致す）　③531
致書用敵国礼　③521
智顗　②217
智者大師　④383
癡風　②858
魑魅　①70
竹枝歌　①191・①325
竹枝の曲（忠州の民謡）　③731
竹筝と鯽魚　⑤256
竹筝と蜜　⑤255
竹神の生日　②621
竹酔日　②621・②622
竹筒　②555
竹皮で粽を包む　②482
竹萌　②334
竹迷日　②623
竹葉　①494
竹葉春　①493・①494
竹林の七賢　③796
逐疫　④391
逐除の疫神　④614
逐儺（高麗）　④757
逐儺（清代蘇州）　④756
逐儺（隋王朝）　④740
逐儺（隋代）　④741
逐儺（隋代の朝廷）　④743
逐儺（隋唐）　④741
逐儺（宋代の民間）　④753
逐儺（唐代）　④742
逐儺（唐代の朝廷）　④744
逐儺（日本）　④759
逐儺（北斉）　④736
逐儺（北宋王朝）　④752
逐儺に関する祠令　④750
逐儺日（北魏・北斉）　④738
逐儺日（六世紀の荊楚）　④737
逐儺の起源　④614

逐儺の儀式（後漢）　④615
逐儺の儀式（州県）　④748
逐儺の儀式（朝廷）　④746
逐儺の行事　④609
茶経　①698・①712・①715
茶述　①715
茶筅　①723
茶について　①697
茶の学名　①697
茶の収穫　②330
茶の創字　①698
茶譜　①715・②160・④303
中尉　③470
中岳・嵩山　②778
中岳・嵩山を祀る　②777
中岳の封号　②780
中官　①595
中元（契丹）　③234
中元休暇　③176・③177
中元玉京玄都大献経　③182・③185・③186・③188
中元斎　③188
中元施食を説く道教典　③182
中元節　①208・①210・③174・④195
中元節の起源　③175
中元節の代表的教典　③185
中元の設斎　③177
中元の断屠　③179
中功　①320・②76・③291
中功規定　②75・④70
中功規定の作業量　③291
中功月　③291
中歳　①138
中州は二人　③560
中秋（亀茲国）　③375
中秋（新羅国）　③373
中秋節　③329
中秋月　③254
中秋の酒食（宋代）　③373
中春　①295
中書門下　①445
中瑞　①112
中天王　②780
中表　②273
中伏　②739・③258・④325
中峯　①705
中和　①664
中和尺　①310
中和酒　①302・①306
中和節　①6・①274・①299・①663・③688・③689・④394
中和節勅　①300
仲夏斎戒月　②384
仲夏端五　②428
仲夏の端五　②404・②412
仲思棗　③63
仲秋　③253
仲秋の上丁　①335
仲秋の上戊　①340
仲春　①295

仲春の上丁　①335
仲春の上戊　①340
仲商　③253
仲陽　①295
仲呂　②55
忠義堂帖　②228・②230
昼夜巡警の事を督す　③472
昼漏　②71・③435
鋳銭作業の休業月　③242
鋳銭の休業月　②831
鍮針　③113
貙　③294
貙劉　③162
貙劉の行事　③161
貙膢　③293
猪肝と鯉子・芥菜　⑤244
猪肝と鯉の卵を合食しない　⑤123
猪肝と鯽魚の卵　⑤243
猪膏と烏梅　⑤237・⑤277
猪膏と杏子（あんず）　⑤239
猪汁と杏仁粥　⑤247
猪肉と烏梅　⑤327
猪肉と鶉の肉　⑤259
猪肉と亀の肉・鼈の肉　⑤322
猪肉と葵菜　⑤227・⑤263
猪肉と魚　⑤242
猪肉と蕎麦　⑤224
猪肉と五辛　⑤228
猪肉と草中　⑤335
猪肉と大豆　⑤259
猪肉を蝦膾と食べない　⑤324
猪肉を食べない　⑤170・⑤182
猪肺と胎胙を食べない　⑤160
猪肥と干秫米　⑤221
弔喪・問疾をせず　③416
帖　③3
帖繰毬　①576
長安から興元府の行程　③804
長安志　④217
長安春　①297
長安城の守護神　③638
長安城の西　③409
長安の十月　④76
長安の春　①297
長安の氷雪　②763
長安の雪　①53
長嬴　②63
長干寺（阿育王寺）　②235
長官　②93
長功　①320・②76・③291
長功規定　②75・④70
長功月　③291
長行専使　④226・④247・④251
長恨歌伝　④311
長刺　④430
長寿　②486・③74
長寿の呪い　③746
長寿を祈念　①90
長寿を願う　③101
長秋寺　②158

長上官　①774・④107・④222
長生花　①105
長孫昕の処刑　③421
長垜　③555
長命斎　③348
長命洲　②213・②214
長命縷　②422・②428・②431・②455・②456・②458・②476
長命を祈る　①80
長養の節　③226
長楽駅　③638
長吏輒りに碑を立つ　②117・②124・②127
長流参軍　③58
挑蔬　②285
重陽　③682・③692・③697
重陽（契丹・遼国）　③754
重陽（桑落酒）　③732
重陽節　①275・①299・③688
重陽と小重陽　③762
重陽の麼水符（洛陽）　③716
重陽の宴　③709
重陽の宴会　③712
重陽の儀礼（契丹）　③754
重陽の迎涼脯（洛陽）　③720
重陽の酒　③721
重陽の賜宴　③710
重陽の射圃　③312
重陽の節　③698
重陽の節物　③713
重陽の食べ物　③716
重陽の日　③713
重陽の別会　③712
重陽の別会（集賢院）　③713
重陽の羊肝餅（洛陽）　③720
張悪子　①329・①332
張説　③311
張翰の故事（鱸鱠）　③795
張簡　③504
張騫　③639
張女郎神　③359
張女郎神（郴州）　③361
張女郎神（六世紀）　③360
張女郎神（唐代）　③361
張女郎神（敦煌）　③363
張女郎神を祀る　①11
張女郎廟（漢水）　③363
張女郎廟（慶州）　③362
張女郎廟（梁州）　③362
張昌齡の貢挙合格　④284
張天師の魔よけ符　⑤424
張灯　①228
張魯の生日　②625
張魯の風　②624
釣星　①198
鳥子と戎葵　⑤233
鳥獣・五辛を食べない　⑤71
鳥獣の焼死　⑤337
鳥信　①524・②370・③53
鳥信風　①523
鳥卜　④336・④337

朝賀　①106・①108・①110・①111・①115・④417
朝賀せず　②645
朝賀の儀式　①116・①117・①118・①119・④420
朝賀の儀式に参加　④201
朝賀の中止　①115
朝賀の表　①110
朝会　①113
朝集（辺要州）　④212
朝集使　①109・①122・①774・①775・②17・②18・④108・④201・④353
朝集使（唐代）　④209
朝集使邸　④204・④206・④213
朝集使の引見　④353
朝集使の上京日　④201
朝集使の創設　④205
朝集使の邸舎　④213
朝集使の任務　④218
朝集使の廃止　④214
朝集の例に在らず　④212
朝節　②630
朝鮮刊本の四時纂要　③262
朝廷の年始の儀式　①121
朝堂　①118・④354
朝服　①109
朝を放す　①113
牒　②96
牒式　①771・②87・②96
跳鍾楦　④756
暢月　④347
肇歳　①47
肇祚　①55・①57
肇秋　③51
趙昱　②791
潮旗　③379
潮信　①523・②370・③52
潮熱　③255
澄景　③55
澄水帛　②807
雕印　④375
糶　②157
直官（当直官）　③454
勅旨　②109・④179
勅旨依奏　②137
勅旨と勅牒　②132
勅使看墓　①595・①596
勅牒　②109・④179
勅牒と編纂史料　④193
勅牒様式　②136
勅頭　②819
勅某。云云　③522
砧（きぬた）　③506
砧杵動く　③506
砧声　③372
砧声長安に満つ　③508
砧とは　③506
砧を打つ　③506
砧を聞く　③506
陳薤と新薤　⑤228

陳薤と葱　⑤227
陳渉　④557
陳子昂　③501
陳虀を食べない　⑤74
陳菹を食べない　⑤75
陳平の故事　③385
鴆　②424
鎮　④116
鎮悪　②354
鎮戍　③512・④113
鎮戍（隋代）　④117
鎮宅埋石　④652
鎮宅埋石（玉燭宝典）　④654
鎮宅埋石（荊楚歳時記）　④653
鎮宅埋石（遵生八牋）　④655

## つ

追賜進士及第　①464
追儺　①278
鎚糭　②480・⑤116
通天冠　①119
通判　②93
通判官　④365
月窮まり歳尽くの日　①60
月の始　①57
月夜に閣に登りて暑を避く　③476
月を国城の西に祭る　③409
漬物の時期　④478
綱引き　①227
燕　①403
燕の肉を食べない　⑤282
露葵を食べない　⑤139

## て

てりてり法師　②366
てれてれ坊主　②366
照る照る坊主　②366
照る照る坊主の起源　②366
丁防　④113
呈榜　①455・①456
定婚店　②605
定時法　②72・③436
邸報　④215
程伊川　④597
葶藶　④325
鄭餘慶書儀　③267
鮧魚を食べる時の注意点　⑤294
鯷魚と鹿肉　⑤246
鶗鴂　③408
泥金信　①450
泥金帖子　①450・①451
狄仁傑　③805
狄仁傑祠　②114
狄仁傑の生祠　②117
狄仁傑の生祠（魏州）　②116
狄仁傑の生祠（江州）　②119
狄仁傑の生祠（蔡州）　②122
狄仁傑の生祠（舒州）　②123

狄仁傑の生祠（寧州）　②120
狄仁傑の後を録す（宋代）　②112
狄仁傑の後を録す（唐代）　②111
敵国と何か　③519
敵国礼　③519
敵国礼（対等礼）　③830
敵国礼文書　③526・③528・③530
敵国礼文書（五代・後晋）　③534
敵国礼文書（対等礼文書）　③832
敵国礼様式の文書　③537
敵国礼を用う　③520
敵前逃亡　④124
擲金銭　①485
躑躅　①519・①520
鉄勒（テュルク）　②616
輟朝　③318・③422
寺子屋と教師　③499
寺参り　①658
天医節　③268
天曰　③53
天下秋を知る　③60
天下第一の霊山　①768
天下の大川　②777
天下の名山　②777
天下放生池碑　②226
天下放生池碑銘　②227
天街踏み尽す　①668
天官　①207
天官を上元　④196
天漢　③52
天灸　③265・③268・③269
天灸（元代）　③268
天灸（後漢）　③263
天灸（清代蘇州）　③263
天灸（隋代）　③266
天灸（宋代）　③267
天灸（唐代）　③266
天灸（敦煌文献）　③266
天灸（明代）　③269
天灸とは　③263
天灸日　③262
天灸日（六世紀江南）　③264
天荒解　①447・①448・①449・②894・③838
天興節　③337・③338・④174
天竺国の冬至　④377
天成地平節　③321・③336・③338・③641・③662・③664・③822
天聖令　③413
天穿日　①273
天孫　①763
天尊　③215
天帝釈　②386
天臺五小部　④383
天臺三大部　④383
天臺山　②732・④383
天臺大師・智顗　④383
天臺大師・智顗の忌日　④384
天地水三官　④195
天地の萬神　①60
天中皇帝　②780

天中節（宋代）　②416
天中節（唐代）　②417
天中節（北朝）　②418
天長観　③323
天長節　②633・③322・③338・③665
天帝釈　③614
天帝女　①199
天帝少女　①198
天帝の銭　③75
天寧節　②555
天皇誕生日　③310
天平地成節　②317・②318・③641・④136
天彭牡丹譜　①754
天宝の治　①372・③839・③840
天目茶碗　①723
天門冬　⑤69
天門冬を服用　⑤264
天門冬を服用する時　⑤395
典饋　④323
点（時刻の単位）　③302
点艾の杖子　③267
点灸枝　③266・③267
点灸杖子　③267
点茶　①722
点茶の起源　①721
点茶法　①723
点灯張楽　①151
点は鐘　③438
甜粥と薑　⑤219
甜酪と大酢　⑤250
転日　①58
滇王国　②522
滇王之印　②523
黏銭財　①252
顚飲　①488
田假　②375・②376
田假（日本）　②377
田假の規定（唐代）　②375
田神　①392
伝延年　③739
伝柑　①221
伝公　③738
伝坐　①66・①67
伝坐酒　①67
伝座　①66
伝書鷹　④268
伝書燕　④270
伝書鳩　④267
伝生酒　①67
伝法講　②391・③216
殿三年　①595

## と

土地神　①384
土地神の生日　⑤411
斗酒　④637
斗桶を角しく　③411
吐火　②158
杜　①520

杜宇　①518
杜鵑　①517・①519・①520
妬女　①570
涂月　①658・④521
荼　①76・①698
荼蘇　①95
都進奏官　④217
屠牛　③181
屠宰を禁ずる　③608
屠殺を断つ　③606
屠蘇　④665
屠蘇酒　①5・①59・①60・①65・①85・①86・①87・①89・①90・①91・①92・①93・①94・①95・①96・①98・①99・①100・①101・①103・①790
屠蘇酒の飲用　①100
屠蘇酒の起源　①95・①99
屠蘇酒の習俗　①95・①99
屠蘇酒の作り方　①91
屠蘇酒の法　①98
屠蘇とは　①94
屠蘇の起源　①95
屠蘇の由来　①94
屠蘇は庵なり　①94
屠とは　①92
塗炭斎　③178・③327
酴醾酒　①564・①589・①590
ドンソン文化　②523
土王　②773・⑤80
土牛　①160・①162・④716
土行之君　④631
土窟春　①491・①492・①493・①494
土鶏　①68
土貢　④201
土貢の提出　④219
土貢品名一覧　④219
土徳　④557・④632
土用　②773・⑤80
度朔山　①74・①76
度人経　③186
度僧（北魏）　②268
度量衡の検査　③410・③411
度量を一　③410
刀魚　②285
冬安居　②305・③225
冬衣は十月に支給　③803
冬葵　④325・⑤82
冬魚（王延）　④502
冬魚（王祥）　④504
冬景　④67
冬月、断獄（判決）する（漢代）　④72
冬月の雑占　④73
冬至　①82・①83・①112・①386・④393
冬至（契丹国）　④431
冬至（後漢）　④428
冬至（清代蘇州）　④395
冬至（占城国）　④382
冬至（宋代）　④430
冬至（長安）　④415
冬至（唐代）　④393

冬至（揚州）　④414
冬至、南郊上帝を祀る（唐代）　④396
冬至暇五日　④410
冬至改火　④436
冬至休暇（漢代）　②632・④410
冬至休暇（宋代）　④409
冬至休暇（唐代）　④408
冬至休暇（奴婢）　④410
冬至後の占い　④465
冬至後の赦の占い（漢代）　④467
冬至後百五日　①546・①547・①548・①552・④492
冬至節　①123・④409
冬至節を賀す　④431
冬至に赤小豆粥を食べる　⑤193
冬至に昊天を祀る祠令　④398
冬至に餛飩を食べる　⑤191
冬至に関所を閉じる　④435
冬至に祖先を祀る　④407
冬至に弔問せず（南朝）　④433
冬至の兔　④450
冬至の詩（白楽天）　④416
冬至の宴会　④443
冬至の会　④419
冬至の宜盤　④451
冬至の儀式　①108
冬至の五更二点　③442
冬至の餛飩　④452
冬至の祭祀（漢）　④402
冬至の祭祀（三国・魏）　④403
冬至の祭祀（晋）　④404
冬至の祭祀（隋）　④406
冬至の祭祀（北魏）　④405
冬至の祭祀（北斉）　④405
冬至の雑占　④461
冬至の囚人一時解放　④411
冬至の習俗　④433
冬至の除夜　④393
冬至の節物　④441
冬至の占雲　④456
冬至の占気　④456
冬至の占風　④459
冬至の俗信　④453
冬至の食べもの　④446
冬至の朝賀　④417
冬至の南郊祭祀　④835・④836
冬至の餅　④449
冬至の豊作占い　④454
冬至の翌日＝小至　④464
冬至は三大節日　④394
冬至盤　④395
冬至夜　④395
冬至夜（清代蘇州）　④393
冬住（宋代の福建）　④392
冬筍　④500
冬除（宋代）　④392
冬釀酒　④324
冬中寒食　①545
冬淩粥　①582
冬獵　④68

灯盞等を偸む　①266
灯節の起源　①231
豆（器の名称）　②636
豆花雨　③258
豆粥　①253
豆醤と羊の肉　⑤372
豆糜　①252
東海　①159
東海祠（海神祠）　①160
東岳・泰山　①159・①160
東岳神の生日　⑤418
東岳大帝　①760・①761
東岳大帝の生日　①758
東岳大帝の生日（清代）　①760
東岳天斉王　①766
東岳の生日（宋代）　①761
東宮献寿　①122・④419
東京賦の大儺　④617
東市　②397
東女国　④337
東女国の歳首　④512
東女国の鳥卜　④336
東鎮・沂山　①159・①160
東都貢挙　①425・①426
東瀆の淮　①159
東瀆の淮瀆　①160
東内　①362
東方見聞録　③468
東盟　④334
倒懸　③210
唐開元占経　②396
唐皇帝の生日節名　③338
唐国に閭塾や郷学がある　③498
唐代の元日食　①85・①86
唐代の進奏院名　④217
唐代の庭燎　④785
唐代の名酒　①491
唐代の茘枝　②848
唐の歳時の節物　①87
桃印　①69・②420
桃花酒　①103
桃梗　①69
桃枝　②600・②601
桃樹　①59・①71・①74・①76
桃人　①63・①74・①76・①79
桃人（玄中記）　④730
桃都山（度朔山）　①73
桃湯　①87・①96
桃湯（桃樹の葉・枝・茎を煎じたもの）　①95
桃版　①71
桃板　①68・①70・①71・④729
桃符　①59・①60・①70・①71・①72・①93・④729・⑤440
桃符（五代・後蜀）　④731
桃符（唐代）　④730
桃木　①74
桃葉を集める　①681
桃蒴　①150
荳花雨　③258

討　②457
討賽呷呪　②457
透索　②204・③375
涷　②702
涷雨　②702
盗铸　②833
盗に準じて論ず　③412
盗を以て論ず　③412
湯谷河　④318
湯餅　②301・②755・③118・④103
湯餅（七夕）　③118
湯餅会　③351
湯餅を食べる　⑤159
湯餅を食べる（三伏日）　⑤143
登高　①189・①662・①663
登高・宴会（契丹）　③754
登高（吉州永新県）　③704
登高（九日）　③699
登高（続斉諧記）　③699
登高（唐代）　③703
登高詩（王維）　③706
登高詩（崔国輔）　③706
登高詩（張謂）　③706
登高詩（杜甫）　③707
登高詩（白楽天）　③708
登高の起源　③703
登高の禁令　③708
等第　②820・③556
筒射　③555
筒粽　②475
筒糉（筒ちまき）　②402・②428・②455・②480・⑤116
跳脱　②455
鬧蛾　①214
鬧蛾児　①215
踏青　①324・①646・①656
踏青節　①324
踏青の鞋履　①671
踏青の行事　①276
糖蜜と小鰕　⑤372
頭髪　魚鮓内にあるもの　⑤362
蹋蹴　①536
蹋百草の戯　②452
餳杏仁粥　①578
餳粥　①557・①564・①574・①578・①579・①583
餳麦粥　①578
闘鴨　①610・①631
闘花　①486
闘鶏　①630・④422
闘鶏（隋唐）　①630
闘鶏の起源　①629
闘鶏の達人　①633
闘鶏の表　①630
闘殺傷　④360
闘百草　②452
虋虋鼓　③438
禱姑　②285
同心膾を食べる　⑤158
同心鱠　③117

同中書門下三品（宰相）　④109・④110
洞庭春　①494
洞庭春色　①175・①787
堂印　①455
堂厨　②296・②298・②333
堂厨（政事堂厨）　⑤88
堂帖　①455
童子　④280
童子科　①431
道　①161・③569
道観に行道する　④199
道挙　①441・④280
道挙科　①365・①373
道教　②624
道教の俗講　①262・②392
道経　③184
道経の講義　①211
道講　①126・②390・②394
道者　③217
道祖の籙　③312
道徳経　③178
道徳南華等の経　④200
道仏講論　②724
道路に行車なし　②749
銅鼓　②523・③242
導引　①404
導引す　③416
時の始　①57
特牲　③6
得度　④575
徳音　②263・④225
徳政碑　②116・②124・②890
徳政碑建立の勅旨　②137
徳政碑建立の勅牒　②132
徳政碑を建立する　②130
徳陽節　②728
徳陽日　②728・③341
犢鼻褌（ふんどし）を中庭に挂く　③122
毒気を蠲除　②586
毒月　②353・②354
独頭の蒜（にんにく）　②595
独柳樹　②221・②222
歳の始　①57
突厥　②616
突厥神　②619
突厥の祖先　②617
富を乞い寿を乞う　③78
虎　①63
虎一頭の賞金　⑤55
虎退治　②115
虎の絵　①76
虎の肉　⑤49
虎の別名　⑤51
虎を門に画く　①74・①79
鳥肉と卵　⑤253
鳥の自死し口閉じざるもの　⑤360
敦煌の瓜　②838
敦煌の四天王　③638
遁戸　⑤275
呑刀　②158

貪婪　①103

## な

南無不可思議功徳　③224
南無不可聴聞　③224
内　①362
内庫　③344
内人　①610
内蔵庫（大盈庫・瓊林庫）　④176
内典　④543
内道場　③189・③333・③666・③679
長雨に北門を閉じる　③15
流し雛の習俗　①670
夏の氷　②763
夏の三月　②76
夏は棗杏の火　④439
夏を長瀛　④63
夏を経た肉脯を食べない　⑤186
棗　③62
棗・李と蜂蜜　⑤373
棗と白蜜　⑤249
棗と生葱　⑤227
棗と葱　⑤239
七草粥　①193・①788・⑤40
七草粥（日本）　⑤41
七草の羹　⑤40
七種の菜　⑤40
七十錬　②515
七日行香　①84
七日斎　③230・③234
七日斎（圓仁）　③233
七日斎（五代・宋）　③234
七日斎（唐代）　③232
七日斎の初見　③231
七日を人日　①201
生肉と乳汁　⑤252
生葱と鶏肉　⑤225
生葱と棗　⑤227
生葱と蜜　⑤226・⑤250
生葱と鯉魚　⑤226
生葱を食べない　⑤45
生の葵菜を食べない　⑤81・⑤141・⑤197
生の麑肉と蝦汁　⑤324
生の麑肉と雉肉　⑤324
生の鹿肉と蝦汁　⑤245
生の諸菜を食べない　⑤122
生の猪肝と芹菜　⑤232
生の冷たいものを食べない　⑤65
生蜜を食べない　⑤148
南華経　③178
南海寄帰内法伝　②191
南海神廟　②172
南海神廟碑　②173
南海神を祀る　②172
南郊の祭祀　①201・①204
南郊を祀る　①203
南字の岳鎮海瀆　②164
南選制　①389・④222
南贍部洲　③614
南中八郡志　④509

南内　①362
南呂　③253
軟玉　②577

## に

二王の後（北周と隋の子孫）　①109
二月一五日　①363・①365
二月半ば　①381
二月の異称　①295
二月の食忌と食宜　①511
二月の生子　①507・①508・②552
二月の俗信　①507
二月八日　①344・①347・①351・①363・②188
二月八日（契丹）　①349
二月八日（荊楚地方）　①349
二月八日（蜀）　①351
二月八日（敦煌）　①350
二月八日の釈尊の生誕　②252
二経　④280
二十（念）　④330
二十四気　③417・③608
二十四節気の初日　③419
二十四銖　③412
二十四日、竈を祭る　④651
二大節　①82
肉汁の通気　⑤359
肉醤　④594
肉食の禁止　①222
肉陣　④486
肉と葫（にんにく）　⑤319
肉と五辛を食べない　⑤68
肉を食べない　⑤42
西突厥の始祖祭　③549
日在辰　②12
日晡の時　③169
日至休吏　②632
日至（夏至）　②425・②632
日進　②320
日精　③738
日本国の扇　②400
日本扇（宋代）　②399
日本刀　②400
娘娘（にゃんにゃん）の生日　⑤433
入唐求法巡礼行記　①786
入学の暇　①53
入梅　②364
乳汁と生魚　⑤252
乳汁と生肉　⑤252
乳糜と魚鮓　⑤346
乳糜（乳粥）と魚肉　⑤346
乳酪と魚膾　⑤252
乳酪と水漿　⑤253
如意圓　②482
尿道結石の薬　②593
韮と薤　⑤350
韮と蒜（にんにく）・胡麻　⑤260
韮と露葵を食べる　⑤166
韮の虀　⑤58

韮を食べない　⑤108・⑤132
韮を食べるべし　⑤63・⑤79
鶏の日　①104
人勝　①185・①187・①188
任国夫人　②315
妊婦と兎の肉　⑤274

## ぬ

奴婢・部曲の主殺し　③416

## ね

涅槃会　①363・①364
涅槃忌　①364
涅槃勝会　①381
涅槃兜　①365
葱・韮と白蜜　⑤249
葱・薤と白蜜　⑤225
葱と桂　⑤226
葱と陳薤　⑤227
葱と棗　⑤239
鼠の残食　⑤43
鼠の肉・燕の肉を食べない　⑤190
鼠よけの呪い　①145
熱麵と枇杷の実・炙肉　⑤259
年月日、甲致書乙　③534
年月日、甲は書を乙に致す　③832
年月日、児皇帝書を父皇帝に致す　③537
年末の情景　④717
念（二十）　④330
捻頭　①588・③401
粘米　②484
燃灯　①5・①54・①151・①228・①254・①351
燃灯（宮中）　①236
燃灯（杭州）　①246
燃灯（沙州）　①250
燃灯（襄州）　①247
燃灯（成都）　①244
燃灯（楚州）　①248
燃灯（蘇州）　①246
燃灯（滄洲）　①249
燃灯（長安）　①233
燃灯（定州）　①244
燃灯（汴州）　①249
燃灯（幽州）　①249
燃灯（揚州）　①245
燃灯（洛陽）　①243
燃灯（涼州）　①248
燃灯行事　①66
燃灯の起源　①228
燃灯の期間　①237
黏黍　②429・②480
鯰魚　④322

## の

ノインウラ　③640
野焼き　④359

野焼き禁止　①319
納戒　②326
納涼装置（払菻国）　②803
農候鳥　①506
農書を進める　①303
簷からの滴水で生育した菜　⑤359
喉の薬　②594
麞鹿の肉を食べない　⑤109

## は

はなみずき　③741
巴豆を服用する時　⑤385
叭叭鳥　②567
伊吾瓜　②838
波斯胡寺　④534
波斯国　②713
波斯国の宴楽　④529
破鏡　②424
破天荒　①447・①448・③838
淡竹の筍　②297
淡竹葉　③241
晴れを乞う　③5
晴れを乞う祠令　③6
晴れを乞う習俗　③3
晴れを乞う隋代の祠令　③7
晴れを乞う武徳・貞観祠令　③8
霸上に祓う　③174
馬嵬駅　③659
馬韓の祭祀　②680
馬射　③555
馬槍　③555
馬肉を食べない　⑤109
馬璘の山池　③711
婆官　①524・③53
婆娑とは　②575
婆利国の大祭　④511
拝掃を重んず　①591
拝墓の規則　①594
敗箒　①279
敗箒を焼く　①142・④765
敗履を庭に埋める　①141
廃務　①84・④564・④566
裴漸　①78
裴汶　①715
売白餳　①88
梅雨　②62・②359・②360・②361・②364・②703

梅雨なし　②364
梅花酒　①103
梅花粧　①100
梅花風　①522
焙　①710・①711・①712
買花（白氏文集）　①744
買春銭（酒を買う銭）　①6
白花　③738
白鶴　③273
白鶴鳴く　③254
白苣と酪　⑤254
白魚（蘇州太湖）　②661
白鶏の肉と兎の肉　⑤369
白鶏・白鵝と白犬の血・腎　⑤327
白莧と菱の実　⑤240
白犬の血　④387
白犬の血・腎と白鶏・白鵝　⑤327
白犬の血と白鴨の血　⑤273
白犬を買う（漢代）　④387
白氏長慶集序　③499

白酒と牛肉　⑤375
白粥　①251・②758
白熟餅　①172・①397
白黍と白蜜　⑤247
白霜　③256
白蔵　②63・③53
白打　①610・①693
白沢　①72
白猪の蹄の青色　⑤277
白猪の白蹄・青爪　⑤333
白紵布　④331
白帝　③162
白帝祭祀の祠令　③145
白帝土公　②721
白帝を西郊に祀る（漢代）　③143
白帝を西郊に祀る（隋代）　③144
白帝を西郊に祀る（唐代）　③144
白乳　①717
白馬の青蹄　⑤271
白髪を抜く　③249

白羊の肉と鶏肉　⑤327
白楽天の「納粟」詩　④477
白楽天の「売炭翁」詩　③775
白龍皮　②806
白露降り　③255
伯労（もず）　①283
柏子を服す　③134
柏酒　①90・①95・①103
柏樹　①103
柏葉酒　①103
柏葉の露　③274
柏梁体　③334
陌刀　③459
博扇　①396
博羅　①491・①494
搏頬　④645
薄持　②757
薄餅　①172
麦英　②288・⑤89
麦麹を造作　②721

麦秋　②61・②62・②288・②360・②372
麦秋説　②63・②65
麦秋の出典　②64
麦粥　①220・①279・①386・①578・②440・②481・②496・②743・④635
麦信　①523・①524・②370・③53
麦信風　②369・②575
麦門冬と鯽魚　⑤357
博打に勝つ呪い　②601
膜拝　②263
駁議　①565
駁正　①565・③753
霡霂　②702
曝衣　③120
曝衣（郝隆）　③123
曝衣（阮咸）　③122
曝衣（後漢）　③121
曝衣閣（前漢）　③120
曝衣楼　③121
曝書　③120
曝書（後漢）　③121
曝書（宋代）　③125
曝書と曝衣（唐代）　③124
曝書と曝衣（北魏）　③123
曝書と曝衣（六世紀）　③124
曝脯の乾燥不十分なもの　⑤336
爆竹　①59・①61・①63・①64・①81・①102
爆竹の起源　④781
爆槊　①107
初めて打つ開門の鼓一声　③446
蓮の花を採る　③135
八・九月皆な乞巧す　③112
八佾　②162・③162
八佾の舞　①344
八佾之舞　③306
八月観月　③365
八月小春　③255
八月十五日の節　③374
八月十五夜　③372
八月端午　②406・②407
八月一日の露　③275
八月半ば　①381
八月の雨　③259
八月の異称　③253
八月八日　①363
八月を以て羊・酒を致す　③572
八字とは　②270
八字仏を迎える（荆楚地方）　②269
蜂蜜と棗・李　⑤373
蜂蜜の収穫　②864
撥鏤尺　①309
八哥鳥　②567
八戒　③616
八関斎　②209
八関斎戒　①349・①353
八斎戒　②326
八歳入小学　③497
八蚕繭　②671
八神散　①92

八節斎　③178・③327
八節の端　①55・①57
発酵の菊花酒　③726
発歳　①47
発日勅書　③612
発春　①47
発信記録簿　②87
撥穀　②329・②599
潑火雨　①686
潑寒　④533
潑寒（唐代）　④531
潑寒（北周）　④535
潑寒の胡戯　④531
抜河　①224・①690・①692
抜解　②818・②819・②820・②894・③550・③568
抜解及第　②820
麦餻　①581・①582・②440
麦醤と鯉魚　⑤378
駁還　①565
韈（靴下）を贈る　④167
花　雪の如し　①516・①669
春黄金花　③741
春の社日　①384
春は楡柳の火　④439
春を発生　④63
半課　③490
半夏・菖蒲を服用する時　⑤387
半夏を服用する時　⑤400
半釭（軸受け）に膏す　③787
半税　③490
半仙　①624
半輪　③490
半禄支給　③434
犯夜　①241・②66・②71・③435・③462・③464・③467・④744
犯夜の解禁　①241
犯夜の規定　③471
犯夜の実例　③468
犯夜の所管官府　③471
判　①466・②537・②746
判官　②93・④365
判官の進奉　②463
幡・宝蓋荘厳　③184
藩帥　③492
蘩蔞　②597
蘩縷菜　②596
伴食宰相　②296
晩衙　③454
晩春　①515
萬歳　①109・①119・④835・④838
萬歳（後漢）　④793
萬歳三称　①110・①122
「萬歳」説　④806
萬歳の起源　④792・④798
萬象糕　③719
萬声　③507
萬人斎　③231
萬物が成長する　③417
萬里橋　②313

萬里の長城　②679
蛮夷重訳の方　③480
盤飡　①253
蕃夷進献　①114・①115
礬石を服用する時　⑤400

ひ

日出でて事を視　③454
日出處天子　③531
日暮れ、鼓声四動す　③466
日の出が一日の始まり　③443
日の出時刻以前　③302
日の始　①57
日没處天子　③531
日和坊主　②366
比屋の飲　①698
氷室　①480
批勅　③313
批答　②228
批破　②132
肥　③784・③790
肥（漢代の石油）　③786
肥有り肉汁の如し　③787
卑路斯　②713
飛蛾　①215
飛鳥　④690
飛皃　②520
被霜の瓜と肉を食べない　⑤171
被霜の生菜を食べない　⑤178
被霜の野菜を食べない　⑤169
被髪左衽　②644
郫筒　①494
悲風　③54
脾を食べない　⑤80・⑤134・⑤172・⑤200
碑を立つ　②129
擯　②545
避諱　①49
避暑（煬帝）　②802
避暑に洞穴を利用　②808
避暑の会　②807
避暑の方法　②801
避暑方（王元宝）　②808
避暑方（霍仙鳴）　②809
避暑方（元載）　②804
避暑方（鄭駙馬）　②807
避暑方（同昌公主）　②807
避暑方（李徳裕）　②805
避暑方（李輔国）　②804
枇杷の実と炙肉・熱麵　⑤259
毘沙門神　③636
毘沙門天（通化門上）　③637
毘沙門天が軍神となる　③631
毘沙門天信仰　③630
毘沙門天像（長安各寺）　③634
毘沙門天王信仰　③634
毘沙門天王像を入れ墨　③634
媚男の薬　②593
渼波春　①492
微風を颸　②854

糜　①220・①279・②160
糜粥　③569
糜粥飲食を賜う　③571
麋（おお鹿）の肉と蝦　⑤276
麋豹　③804
燧を鑽り火を改む　②639
蓽の羹　②425
久木（ひさぎ・比佐岐）　③164
菱の実と白莧　⑤240
醤を作る　①280
醬と炙肉の汁　⑤341
醬を造る　④593
左手を穢（けがれ）　②862
必里遅離　③755
羊・酒を賜う　③571
羊の肝と烏梅・白梅・山椒　⑤331
羊の肝と梅　⑤269
羊の肝と生椒　⑤372
羊の肝と猪肉　⑤269
羊の肉と豆醤　⑤372
羊の肉を食べない　⑤139
人の日　①104
単衣　①521
薄（ひとえ）　③245
百花師子　①577
百花獅子　①671
百花潭　②314
百官厨　②296・②298
百官の厨　②333
百官は曲江宴有り　③713
百忌日　②4
百忌歴　②760
百鬼　①59・①69・①71・①74・①75・①76・①79
百鬼を制す　①96
百戯　①566
百戯（見せ物）　③192
百索　②428・②456・②477・②494
百索の市　②470
百策綬帯　②494
百司厨　⑤88
百日　③234
百日斎　③233
百神の像　①61
百草頭　②594
百草を蹋む　②428
百虫を避ける　①696
百道判　②537・②746
百病を治す　②587
百錬鏡　②513
氷屋　②770
氷山　②771
氷獣を作る　②771
氷を賜う　②763・②767
冰麨　②766
冰麨麺　②766
表　②95・②258
表式　③521
表式文書　②228
表様式　③313

豹の肉　⑤49
豹尾　⑤57
標　②535
病気を追い払う効果　③741
病人と熊の肉　⑤268・⑤337
廟号　④561
廟号のない皇帝　③667
牝馬　①521
貧家の節日　②274
貧道　②218
貧を先にし富を後　④290
賓就　④336
殯　③237
鬢鬚ある子は遺棄する　②563
便殿　④76

ふ

フン族　③639
不違県の禁水を渡る　④508
不噎　③569
不完全な肉脯　⑤366
不空三蔵　②108
不考　①595
不孝鳥　②425
不祥の鬼　①73
不祥を厭う　①81
不祥を祓除　①636
不祥を辟除　④387
不托　②757
不定時法　②72・③436
不老　③135・④305
不老不死　①377
夫差廟　④8
夫妻相愛　②599
夫餘国の祭天　④705
父母と同月子は遺棄する　②562
父母同月生　②552
父母の生月　①508
父母を拝す（南朝）　②657
布穀　②329・②599
吹き流し　①80
扶南国　④334
扶南土俗　③618
芙蓉苑　①663
芙蓉園　①665
府兵制　①205・③512
河豚の眼赤いもの　⑤363
河豚は食べない　⑤303
負重　③555
風土記の成立　②426
風土記の内容　②428
婦人茱萸嚢を帯びる　③714
婦人病の薬　②593
符　①69・①79・②90・②96
符式　①771・②87・②100
符籙　①59
符籙（道教の護符）　①102
符籙とは　①126
富家の中庭の土を取る　③249

富水　①494
富水春　①491・①492
普光王寺　②242
普天の下　③830
普度醮　③228
粰粇　③402
敷于散　①95・①98
敷於散　①96
糐綴　②475
粰麨　②682
餺飥　②757
餺飩　④101
餺飩（嶺南）　④103
分　③412
武器の手入れ（五月）　②673
武器保有禁止　②674
武挙及第　①407
武挙人　③305
武候鋪　③472
武貢挙　③305・③554
武貢挙の試験科目　③554
武三頭　②819
武成王　③308
武成王廟　③308
武宗皇帝の生日　②725・②890
武徳二年の制文　③484
武徳の旧制　①336
部曲奴婢告主　②678
無射　③593・③738
葡萄　①494
蒲萄酒　②206
蒲萄風　③258
舞踏　①110・④359
舞踏萬歳　①120
蕪夷と菘子　⑤347
蕪夷と蓼・甘草　⑤234
蕪菁（かぶら）　④325
蕪菁（嶺南）　④327
蕪菁の別名　④326
夫婦別寝（漢代）　②627
夫婦別寝（宋代）　②625
夫婦別寝（唐代）　②626
夫婦別寝する（冬至の前後）　④388
封還　③753
封駁　③751・③753
風光春　①494
風俗通の織女　③86
風潮　②855
富貴　③74
富貴の呪い　①266
富貴の呪い（立春）　①156
富貴を願う　③100
馮漸　①78
楓橋夜泊　③448
伏　①386
伏日　①9・②738
伏日（漢魏）　②748
伏日（北宋）　②745
伏日出何典憲判　②746
伏日と東方朔　②748

伏日に関する判　②746
伏日に囚人を解放　②751
伏日の起源　②741
伏日の休暇　②742
伏日の酒宴（漢魏）　②751
伏日の酒食　②754
伏日・厲鬼行く　②752
伏日を択ぶ　②747
伏臘の費　②752
服薬食忌　⑤8
副　②498
茯苓を服用する時　⑤394
梟　②424・②425・②426
梟の羹　②423・②424
豚肉と飲酒　⑤276
二日を狗　①200
祓禊　①638・①639・①651・①662・①663
祓禊（唐代）　①657
祓禊洛浜　①644・①652
祓除　①637・①638

祓除釁浴　③173
祓除する（漢代の魯郡）　③173
祓除とは　③173
福建茶　①700
福建の七夕　③91
福建の茶　①715
福建の虎　⑤52
仏牙　②245
仏牙開く　②238
仏牙楼　②238
仏忌　①364
仏講　①126
仏国記　②202・②204
仏骨を論じるの表　②259
仏斎　③232
仏歯（仏牙）　②244
仏舎利（崇聖寺）　②304
仏舎利（太原府）　②240
仏舎利（代州五臺山）　②238
仏舎利（唐代）　②247

仏舎利（普光王寺）　②239
仏舎利（法門寺）　②245・②247・②248
仏舎利供養　①355・①356
仏舎利供養（印度）　②234
仏舎利供養（隋）　②235
仏舎利供養（唐）　②237
仏舎利供養（南北朝）　②235
仏舎利供養（二月）　①356
仏舎利供養の禁止　②242・②243
仏舎利塔（開宝寺）　②246
仏舎利塔の起源（中国）　②235
仏舎利の奉迎　②263
仏舎利の供養　①730・②234
仏舎利の実体　②243
仏舎利の初見（法門寺）　②250
仏舎利の長安・洛陽将来（法門寺）　②251
仏舎利は偽物　②246
仏生会　①344・①730・②186・②248・②256
仏生会（法門寺）　②264
仏説盂蘭盆経　③196・③198

仏説鬼子母神経　②274
仏説浄土盂蘭盆経　③196・③202
仏説普曜経　②190
仏説報恩奉瓫経　③196・③197
仏説浴像功徳経　②191
仏誕　①344
仏誕会　②188
舟遊び　①652
冬に至る毎に・断獄　④73
冬に肥え年に痩せる　④394
冬の三月　②76
冬は槐檀の火　④439
冬服　②328
冬服を着る　③800
冬を安寧　④63
汾陽宮の建造　②802
粉　②478
粉餻　③717
粉脂嚢　②631・②648
粉餈　③718
粉団　②478
粉茘枝　①104・①212
分歳　④815
分番官　①774・④107・④222
文官銓選　①773
文昌帝君　①328
文宣王　③287
文宗皇帝の生日　④134
聞喜　①472
聞喜宴　①408・①468・①470

へ

丙午の日の雉肉　⑤338
平行文書　②97
平康坊　④133
平射　③555
平出　②228
平章事（宰相）　④109
并州の俗　①550
兵器を蓄うを得ず　②677
兵甲を蔵す　②676
兵車行　③513・③834
兵農一致の原則　②821
兵を寝む　②642
兵を寝む（漢代）　④435
閉門　②72
病　①515
病月　①515
餅餤　①574・①583
餅茶　①714
米錦　③717
辟悪　②454
辟悪散　①96
辟悪の茱萸嚢　③714
辟瘟扇　②469・②470・②474
辟瘟梳　②474
辟瘟丹　①142
辟鬼　②421
辟蟲　①141

## ほ

牡丹（浙江）　①751
牡丹（宋代四川）　①754
牡丹（宋代洛陽）　①752
牡丹（渤海国）　①752
牡丹宴（進士）　①748
牡丹咲く　①731
牡丹栽培の名人　①749
牡丹の別名　①734
牡丹の名所（長安）　①745
牡丹を尚ぶ　①740
牡丹を服用する時　⑤390
墓前で焼献　④97
暮歳　④521
暮秋　③593
暮春　①515
暮春　沂に浴す　③174
暮商　③593
暮節　④521
暮冬　④521
簿録する　③184
ポロ競技　①604・①605・①613・①615・①616
ポロの伝来　①607
ポロの名手　①618
方夏に戮　③421
方丘壇　②635・②636
方山茶　①702
方粽　②482
方飩　④87・④101
方略策　④283
抛車雲　③53
抛青春　①493・①494
芳歳　①47
芳春　①47
奉詔撰　⑤211
奉詔訳　①260
奉觴　④141
奉勅　①260・①455
奉勅校定　⑤211
奉勅刪定　⑤210
奉勅纂　⑤211
奉勅修　⑤210
奉勅重修　⑤211
奉勅俗講　②392
奉勅注　⑤210
奉勅編集　⑤211
奉勅訳　①260・⑤210
宝糖餛　①218
放生　②214
放生会　②201・②212
放生池　②213・②229
放生池（賀知章）　②224
放生池（長安東西市）　②220
放生池（天臺大師）　②217・②219
放生池（唐代後半期）　②226
放生池（南朝）　②216
放生とは　②212
放榜　①456・①468
放牓　①443・①446
放牓日　①462

放牧の開始　②153
法王禁足の辰　②308・③226
法王料斗　④538
法空宝覚尊者　④383
法歳　③227
法歳周圓　②311
法歳周圓の日　③228
法門寺　②242・②248
法門寺の仏舎利　②247
法門寺仏舎利（北宋）　②267
法楽を為す　②270
俸銭（月俸）　①359
袍　①479
堋口　①705
萌　②334
報恩奉瓫経　③196
報暁鳥　③455
報秋鳥　③407
報春鳥　①713・③408
報娘恩　①675
報風　②858
彭沢湖　①140
豊作祈願　①225
豊穣の呪い　①153
豊年の前兆　④525
豊年を占う　①697
雹突　④328
蓬艾　②589
蓬餌　③722
蓬室　②624
蓬はアカザ　②589
蓬はよもぎ　②589
蓬はよもぎに非ず　②588
蓬莱春　①494
鳳凰湯（岐州）　④308
鳳泉湯　④349
鳳泉湯（岐州）　④307・④318
鄷　③304
豐　④327
乏月　②55・②60
邙山　①679・③709
坊市の歌舞　②732
坊市の北門を閉じる　③14
坊内三絶　③460
坊内に在り　③475
坊内は通行自由　③469
防禦使　③493
防秋　②62・③509・③513・③822・③834
防秋体制　③547
防人　④112・④116
防人の休暇　④124
防人の交替　④122
防人の逃亡　④123
防丁　④113
房帷を處す　③415
茅屋　①502
茅山派の道士　①371
某年月日昧爽より已前　①58
某の後を録す　②111
某部侍郎平章事　④110

望月臺　③371
彭越子　①726
彭蚑子　①727
彭蜞子　①727
榜　①459
牓　①460
牓帖　①451・①452
貌閲　③570
暴雨　②702
螃蟹と灰酒　⑤367
謀反　②678
謀叛　②678
北苑　①715
北岳・恒山　④149
北岳祭祀の題記　④150
北山湯　④308
北字の岳鎮海瀆を祀る　④149
北主　②214
北鎮・医無閭山　④149・④153
北門を閉じる習俗　③12
北里（花街）　④133
復　①371
卜竈法　①146
鶩（あひる）の肉を食べない　⑤131
星見草　③738
螢狩り　②667・②670
北海と北瀆の廟　④153
北郊に望祭　③4
北方青磁　③781
北方の護法神　③638
法顕伝　②202・②204
没官　①224・②382・②835
本生譚　②213
本草食禁　⑤42
本道駈使　④297
本品　①467
品階別の季禄料　③432
盆浦の竹（『白氏文集』）　④77
梵網経　②212・②378・③230・③603
湓水　①491・①494

## ま

麻花　③129
麻葛糕　①386・②743・④635
麻葛餻　③717
麻葛餻を食べる　⑤174
麻羹豆飯　④89・④91
麻羹豆飯（麻豆羹飯）　④99
麻子二七粒　①59
麻豆羹　④91
麻豆羹飯を食べる　⑤177
麻豆鑚　④91
麻餅　①174
麻勃を飲む　③135
摩訶を行う　②188
摩睺羅　③195
魔除け　②638
昧爽　③442・④228
昧爽とは　③443

味は暗い　③443
菰と小麦　⑤223
末伏　②739
抹茶の飲用　①723
抹茶の起源　①723
抹茶の源流　①789
松の内　①126
豆を撒く　②762
萬花輿　①575・①582
蔓菁（かぶら）　④325・④326・④328・④329・④330

## み

三つ子は遺棄する　②561
未秋　③593
未熟な果実　⑤59
未熟な果実を食べない　⑤106
未春　①515
未明の出勤　①108
未来仏　②585
身を澡う　④378
味江　①705
弥勒　②196
弥勒下生　②196
弥勒下生経　②198
弥勒下生の日（焉耆国）　②583
弥勒菩薩　②583
右手を以て浄　②862
水引餅を食べない　⑤113
水辺の宴楽　①274・①275
自ら徳政碑を刻む　②128
晦日　①184
晦日（正月末）　①278
晦日雨　①322
晦日休暇　①273
晦日の節日　①5
晦日の占い　②325
晦日の俗信　①281
路の南頭を閉ず　③3
三日の休暇　①83
三日の曲水　①640
三日を猪　①200
密樹　②63
蜜と鮓　⑤358
蜜と李　⑤238
蜜と竹笋　⑤255
蜜と生葱　⑤226・⑤250
南五臺山　②240
民間の正月食　①86
民事訴訟を受理する　④128
民社　①389・③391
民衆の参詣　③192
民謡・孟姜女　③721

## む

無遮会　②196
無遮斎　②196
無勝等　②196・②583

無病の呪い　①144
無名子　①446・③550
無憂王寺　②253
無憂王寺（法門寺）　②248
無を先にし少を後　④290
夢真容碑　①375
六日を牛　①201
麦刈り　②373
麦を刈るを観る　②374
麦を食べない　⑤151

## め

名刺　④429
明眼　①689
明経　①428・④278・④280
明経及第　①407
明算　①428・④280
明字　④280
明書　①428
明真斎　③178・③310・③327・③665
明罰令　①538・①790・②434・④489
明罰令の疑問点　①539
明法　①428・④278・④280
茗　①698・①699
冥衣　③229
冥衣の属を焼く　④98
冥菁　④327
鳴鶴　③273
鳴鳩　②330
螟蝗　①54
面脂の製法　④660
面薬　④659
面薬を下賜する　④666
綿雨　②365
緜上の山中　①533
麪麫　①217・①218
麪糕　③719
鮸魚の乾膾（五月の蘇州）　②671
麵と薺　⑤259

## も

もの忘れを防止する呪い　②600
茂樹　②63
茂草　②63
茂林　②63
喪を弔わない　③415
毛詩　③76
毛文錫　④303
孟夏　②61
孟夏（四月）　③4
「孟姜女」十二月の歌　④700
孟宗と筍　④501
孟秋　③51
孟春　①47
孟嘗君　②403・②546・②892
孟嘗君の故事　②892
孟仁　④502
孟陬　①47

孟宗竹　⑤86
孟宗の話　②296
孟陽　①47
盲風　③256
猛風を颶　②854
蒙山　①710
蒙頂　①705・①706・①710
蒙頂茶　①699
蒙頂の石花　①704
艨艟　④56・④89
木芍薬　①736・①738・①741
木炭使　③774
木版印刷　④376
目連尊者　③187・③213
目連尊者の救母の話　③196
目連悲哀し　③188
目連変文　③222
沐とは　④339・④378
沐浴　②453・④541
沐浴（隋代）　④543
沐浴（宋代）　④546
沐浴（唐代）　④545
裳を湔ぐ　①275
木瓜　②843
木瓜漿　②842
物差しの贈答　①310
物差しを賜う　①306
桃　①70・①71
桃の木　①71
諸の妙花菓　③184
文書主義　②87
文書の計会　②890
文選　③504
門戸の飾り（六世紀）　①68
門神　①60・①68・①73・①74・①75・⑤438
門の飾り　①71

## や

夜間試験　①421
夜間通行禁止　①566・②66
夜間の通交　①241
夜間のポロ　①618
夜禁　①204・①235・①241・①566・②66・②68・②70・③449・③462・③464
夜禁（漢代）　③462
夜禁（元代）　③467・③468
夜禁（晋代）　③464
夜禁（唐代）　③464
夜禁の法　③467
夜行する　③463
夜行遊女　①198
夜市　②70
夜砧を聞く　③507
夜半に鐘声が聞こえることはない　③448
夜半の寺鐘　③448

弥生 ①515
野菜の貯蔵（宋代） ④484
野菜を収穫する ④325
野菜を蔵す ④481
野菜を食べない ⑤94
野菜を貯蔵 ④478
厄を禳う ②402・③689
厄を度る ①275
薬市 ③757・③759
薬市（宋代四川） ③757
薬市（唐代梓州） ③758
薬酒を飲む習慣 ①90
薬水 ④58
薬草 ②586
籥 ③411

## ゆ

油衣の作り方 ②683
油画明珠 ①218
油灑の毬場 ①620
油餡 ①218
油幕 ①481・①482
楡莢雨 ②703
楡柳の火 ①683・①684・①685
輸課税物違期 ③479
唯我独尊 ②190
佑聖夫人 ②313
邑の四門 ④387
幽芥 ④327
浥魚（塩魚） ④322
遊附 ④690
熊脂と魚の羹 ⑤339

## よ

与同罪 ③411
余 ①658
余月 ①658・②55
夜明け前 ③420
夜未だ明けず ③417・③608
夜なべ仕事 ③506
預修生七斎 ③232
餘月 ④521
餘春 ①515
餘饌（供物の餘り） ①594
餘胙 ③387
八日を穀 ①201
幼童を学に入れる ④498
羊桐飯（岳州） ②284
羊負来 ③129
妖神を賽す（荊楚地方） ④319
妖巫 ③242
要州 ④212
庸調銀 ③480
庸調銀（嶺南） ③487・③822
庸調銀四個 ③488
庸調とは ③477
庸調布一端 ③479
庸調を納付する ③478

揚一蜀二　③223
揚州看競渡序　②530
揚州之盛　②69
揚と楊　②538
陽起石を服用する時　⑤400
陽九の厄　③716
陽月　④53・④54
陽羨　②426
陽羨茶　①701・①709
陽春　①47
陽畜　②742
陽浜に祓う　③174
傭丐　①591
楊花粥　①575・①582
楊貴妃と荔枝　②849
楊子院　③470
楊太真外伝　④312
楊桃枝　①75
楊桐草の餻　②159
楊桐飯　①589
楊柳　①647
楊柳の枝　①76
煠蟹（ゆで蟹）　③509
腰帯　②499
養蚕の功　②423
養生要集　⑤209
養蜂　②865
養老関市令　③414
擁剣　①727
灘湖茶　①700
鷹犬を進献　②150
浴化斎　①344・②188
浴する　③249
浴とは　④339・④378
浴仏会　②201・④538
浴仏斎会　②201
浴蘭　②403・②453
浴蘭節　②452・②453
浴蘭節（荊楚地方）　②538
四日を羊　①201
澱んだ水を飲まない　⑤128
嫁の休暇日（江南）　③680
嫁を娶らない　②762
艾で虎形を作る　②449
艾の人形　②447
艾を戸上に懸ける　②428
艾を採る　①658・②587・②588

## ら


菈蓬　④327
莱菔　④326
辣鶏臠　③404
辣鶏臠（社飯）　①396
螺・蚌と菜　⑤323
螺・蚌と菜を食べない（六甲の日）　⑤208
螺・蜯を食べない　⑤182
螺・蜊・蝸と諸菜　⑤241
螺・蜊と芥　⑤241
螺・蜊と諸菓　⑤241
螺を食べない　⑤102
羅威の温蓆　④504
羅睺羅飯　③116
羅村　①706
蘿菔　④329・④330
蘿蔔　④325
蘿蔔（大根）　④326
蘿蔔を食べる　①172
雷子車　①557・①575
雷車　②646
洛下麦秋の月　②62・②656
洛陽牡丹記　①742・①744・①752
落地した果実・生麦を食べない　⑤152
落梅風　②360・②367
楽遊苑　①662・①663
楽遊原　①663・①664
楽を作すを得ず　①594
酪と酢漿粥　⑤345
酪と臼苣　⑤254
落下した果実を食べない　⑤130
蕹と韮　⑤350
蕹の羹　⑤59
婪貪　①103
婪尾　①103
婪尾酒　①733
婪尾春　①731・①733
藍丸　③121・③128
藍尾酒　①65・①87・①103
嬾婦　③769
蘭月　③51
蘭秋　③51
蘭草　①638・③173
蘭陵　①494
鸞鳳　①70


## り


利市波　③53
利市婆官　③53
利人市　②221
李娃伝　②67・③466
李義山雑纂　③503
李三郎　③309
李実と牛蘸　⑤262
李実と雀の肉　⑤237
李商隠　③503
李冰祠　②793

李邕の刑死　③654
里学　①52
里社　①389
里社の樹　①390
里正　①778
俚戸　③490
梨園　①691
梨園の弟子　④314
梨花春　①488・①489・①493・①494
梨枝　③266
履端　①55・①57
離合風（立秋の風）　③142
鯉魚と生葱　⑤226
鯉魚と麦醤　⑤378
鯉魚の子と猪の肝　⑤301
鯉魚の骨を焼いて食べる　⑤123
鯉魚風　③597・③598
鯉鮓と小豆藿　⑤290
鯉子・芥菜と猪肝　⑤244
驪山湯　④309
六合　③708
陸羽　①715
陸修静　③186
立夏　②160
立夏の占い　②181
立夏の占風　②184
立秋　③140
立秋から立冬まで　③141
立秋休暇　③141
立秋の占い　③166
立秋の占気　③168
立秋の占風　③170
立秋の天気　③171
立秋の後五日・瓜を食べない　⑤156
立春　①154
立春休暇　①155
立春の雲気　①164
立春の祭祀　①157
立春の雑占　①163
立春の正西風　①164
立春の西南風　①164
立春の西北風　①165
立春の食べ物　①171
立春の土牛　①160
立春の東南風　①164
立春の東風　①165
立春の南風　①165
立春の幟　①156
立春の日　①155
立春の北東風　①164
立春の北風　①165
立冬休暇　④146
立冬の気候　④146
立冬の祭祀　①160・④147
立冬の雑占　④168
立冬の占気　④170
立冬の占風　④171
立冬の不寒の呪い　④168
立碑（白氏文集）　②125
律座主　③217

律大徳　③217
律に罪名なし　③182
律は無射　③738
律は無射に中り　③715・③730
栗粽　③720
陸渾湯　④308
流蘇　①577
柳衙　①662
柳圏　①648
柳圏の贈答　①647
柳棬　①647・①651
柳枝　①59
柳絮を採る　①658
柳城鎮　④118
流火　③51
流虹の感　③312
留客雨　②366
榴花（ざくろの花）　②455
劉猛将軍の生日　⑤407
龍忌の禁　①530・①544・②433
龍葵　⑤231
龍筋鳳髓判　②537・②746
龍華会　①344・①349・②188・②196
龍華三会　②198・②584
龍山　③701
龍子（蜥蜴）　⑤76
龍樹　④383
龍舟　②519・②526・②535
龍舟綵舸　②313
龍舌拌　①672
龍舌餅　①671・①673
龍擡頭　①299・①308
龍頭　②535
龍の生日　②621・②622
龍皮の扇子　②809
龍尾　②535
龍鳳団　①718
龍鳳茶　①715・①718・①719
龍鱗　②535
龍城に大会　③640
呂尚　③303
呂神仙の生日　⑤423
両京間の文書伝達速度　④250
両軍　③470
両税　②820
両税とは　②821
両重陽　③762
両都貢挙　①427
良月　④53
涼秋　③593
涼風　③54
凌波軍　②531
料銭制　③431
梁州地方の宴会（隋代）　②623
涼月　③51
涼州郊外遊望　③395
涼風を瀏　②854
涼棚　②806・②807
陵園妾　①677
楞厳会　②310

蓼花風　③256
菱芰（ひし）を食べない　⑤157
領取　③314・③522
遼国　②631
遼東　②838
緑荷包子　②758
緑芽十片　①704
緑醽（酒の名）を醸す　③126
林鐘　②699
倫言汗の如し　①118
霖　②702
霖霪　②360
霖雨　③3・③4・③7・③8

る

流杯曲水の飲　①673
流杯亭　①653
流盃曲水の飲　①640・①650
流盃の宴　①10

壘　①73
類升　③555

れ

令月　①295
令書　③673
令書式（皇后）　③677
令書の発信者　③674
令に禁制有り　③182
令に違う　①224
令に違う者　④582
礼部貢院　①433・①445
礼部試不合格　③564
礼部式　①112・②382・③182
礼部知貢挙　④272
冷・熱の食べ合わせ　⑤218
冷粥　①703
冷食　①566・①581・②439・④487
冷淘粉粥　②301

茘枝　②811・②844
茘枝香　②811・②812・②814・④312・④313・④314
茘枝の産地　②846
茘枝譜　②844
厲風　④67
霊溪　①494
霊慧大師　④383
霊谿　①491
霊女廟を祭祀する（漢代）　④200
霊武郡城で即位　③641
霊武郡に即位　③660
嶺南税制（唐代）　③491
嶺南税制の諸説　③480
嶺南税米制　③486
嶺南の租調は米　③489
癘（悪霊）を辟く　③725
藜蘆を服用する時　⑤385
麗卿　①258
醴酪　①548・①578

暦日　①59・④370・④373
暦日作成（敦煌）　④376
暦日の頒布　④369
歴代三宝紀　③196
列校　③470
裂葉風　③257・③258
鴷斲木　②570
連珠文様　②715
楝花風　①522・②370・②372
楝樹（梅檀）　②401
楝木の葉　②448
楝葉を佩びる　②454
楝葉を帯ぶ　②401
蓮花洞　②808
練　③246
輦下（京師の称）　④350

## ろ

盧綰の生日（前漢）　③344
廬江　②838
廬山　④383
濾水を渡る　②394
蘆筍　②287
蘆菔　①171・④326・④327・④328
露布　②90
驢打毬　①191・①609・①612
驢打毬（女性）　①611
鱸鱠　③796
鱸鱠（隋代）　③796
鱸魚の鱠の為ならず　③798
鸕鷀　②868
鸕鷀と魚　⑤296
老君の誕会　①381
老君廟　①371
老子　①365・①368
老子廟　①366・①370
老杜事実　②607
労瘵　③269
弄潮　③378
牢丸　②757
郎官鱠　③799
郎官清　①491・①494
朗景　③55
廊下食　②296・②300・⑤8
廊飡　②300
廊餐　②296・②299・②300・⑤8
楼閣（紙細工）　①576
蝋燕　①104
蝋珠　⑤91
蝋茶　①714
蝋面茶とは　①714
蝋面茶　①713・①715・①716・①717・①718・①719・①720・①721・①723・①724・①725・①726
蝋薬　④548
撈玉　②582
膢　③294
臈月（臘月）　④557
臘　①386・④557

臘月　④521
臘月の乞寒　④533
臘月の製薬（後漢）　④550
臘月の製薬（晋代）　④549
臘月の製薬（宋代）　④547
臘月の製薬（唐代）　④548
臘月八日　①346・②188
臘鼓　④541
臘蜡　③294
臘祭　④323・④522
臘祭の後　①67
臘日　③161・④391・④546・④557
臘日（漢）　④603
臘日（魏）　④604
臘日（百済国）　④681
臘日（荊楚地方）　④550
臘日（五胡）　④606
臘日（五代）　④608
臘日（晋）　④605
臘日（秦）　④602
臘日（隋）　④607
臘日（宋）　④608
臘日（天竺国）　④697
臘日（唐代）　④630
臘日（南朝・宋）　④605
臘日（北魏）　④606
臘日（嶺南）　④634
臘日休暇（漢代）　④637
臘日休暇（囚人）　④638
臘日に定日なし　④551・④843
臘日に竈神を祠る　④643・④645
臘日の宴　④672
臘日の宴会　④676
臘日の休暇　④634
臘日の宮宴　④672
臘日の口脂　①310
臘日の郷飲酒礼　④676
臘日の祭（後漢）　④642
臘日の賜物と賜銭　④655
臘日の贈薬　④656
臘日の俗信　④682
臘日の食べもの　④668
臘日の鎮宅埋石　④652
臘日の爆竹　④640
臘酒を造る　④680
臘除（独断）　④611
臘除（風俗通）　④610
臘除（臘日の前夜）　④609
臘除の夕　①74・①76・①79
臘除の桃人　④729
臘雪　①118・④523・④524
臘とは　④597
臘の起源　④596
臘の別名　④599
臘麦　④377
臘八　①345
臘八会　④537
臘八粥　④538
臘八とは　④537
臘八の燃灯（敦煌）　④539

臘八の白粥　④539
臘八の沐浴　④540
臘八の浴仏　①345
臘面　①715
鏤鶏　①583
鏤鶏子　①579・①584
鏤人　①670
六一菜　①193・①194・①788・⑤40
六月三伏の節　②741
六月の雨と風　②700
六月の異称　②699
六月の食忌　②880
六月の清華宮行幸　②814・②815
六月の俗信　②876
六甲　③496
六斎月　③616
六斎日　②378・③603・③616
六斎日（唐代）　③619
六斎日（南朝・梁）　③618
六斎日（日本）　③618
六斎日（扶南）　③618
六斎放生　②213・②354
六神　③264
六神日　③263
六夕　③93・③96・③97
六夕（宋代）　③95
六夕（唐代）　③94
六夕を禁止　③96
六雄　④572
鹿脂と蘭蕎草　⑤261
鹿心の柿　⑤316
鹿葱　③582
鹿鳴の詩　③559
禄令　③431
録とは　②111
六甲の日と亀・鼈　⑤323
論語　④499
論事勅書　③522

## わ

吾が首を南門に懸けよ　③381
和顧送達　③478
笑うべき書　②606
我に楽天・微之の詩を教う　③499

# THE ANNUAL EVENTS
# OF
# THE CHINESE ANCIENT TIMES

## Volume Ⅴ

## Combination of Foods（合食禁）in Old China
## Index and Supplements to the Annual Events Series

BY

NAKAMURA　HIROICHI

中村　裕一

KYUKO SYOIN

TOKYO

2018

## 著者紹介

中　村　　裕　一（なかむら　ひろいち）

1945年　兵庫県宍《し》粟《そう》郡生まれ

1968年　関西学院大学文学部史学科卒業

1973年　大阪大学大学院文学研究科博士課程修了

1992年　博士（文学　大阪大学）


### 著　書

『唐代制勅研究』（汲古書院　1991）　学位論文

『唐代官文書研究』（中文出版社　1991）

『唐代公文書研究』（汲古書院　1996）

『隋唐王言の研究』（汲古書院　2003）

『唐令逸文の研究』（汲古書院　2005）

『大業雑記の研究』（汲古書院　2005）

『中国古代の年中行事　第一冊　春』（汲古書院　2009）

『中国古代の年中行事　第二冊　夏』（汲古書院　2009）

『中国古代の年中行事　第三冊　秋』（汲古書院　2010）

『中国古代の年中行事　第四冊　冬』（汲古書院　2011）

『唐令の基礎的研究』（汲古書院　2012）

『大唐六典の唐令研究』（汲古書院　2014）

『中国古代の年中行事　第五冊　補遺』（汲古書院　2018）

『訳註　荆楚歳時記』（汲古書院　2019）

『荆楚歳時記新考』（汲古書院　2021）


中国古代の年中行事　第五冊　補遺

二〇一八年十二月十七日　第一版発行

二〇二一年十月十五日　第二版発行

著　者　中　村　裕　一

発行者　三　井　久　人

整版印刷　富　士　リ　プ　ロ　㈱

発行所　汲　古　書　院

〒101-0065東京都千代田区西神田二-四-三

電　話　〇三（三二六五）九七六四

FAX　〇三（三二二二）一八四五

牧製本印刷

ISBN978 - 4 - 7629 - 6621 - 7　C3322





KYUKO-SHOIN, CO., LTD. TOKYO.